KB011980

한마디의 인문학, 고사성어 사전

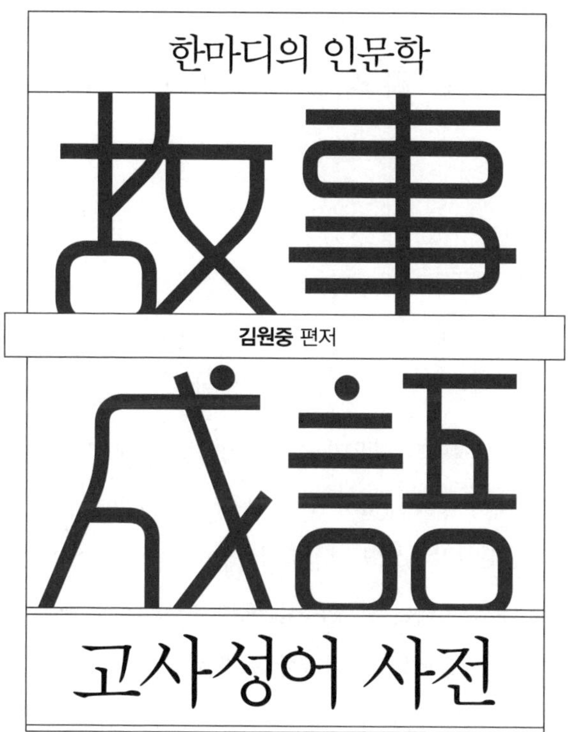

Humanist

서문

인문학의 정수, 고사성어

고사성어에는 동양인의 사유가 집약되어 있다. 대체로 경서經書와 역사서, 사상서에서 많이 나왔고 문학서도 빠질 수 없다. 경서나 사상서에서 나온 고사성어는 삶의 지침이나 교훈을 담은 내용이 많고, 역사서나 문학서에서 유래한 고사성어는 정치·사회적 현실을 반영한 것이 많다. 이처럼 고사성어는 다양한 토대 위에서 세월을 거치면서 당대 인물들의 논의가 덧붙여지기도 하고 논란의 쟁점으로 부각되기도 하면서 시공을 초월한 인문학적 정수를 담게 되었다.

고사성어에는 각 시대를 살다 간 인물들의 삶의 편린이 녹아 있어, 오늘날 우리 삶을 비추는 거울이 되고 있다. 필자는 감히 모든 인간사를 담고 있는 고사성어야말로 인문학의 보고라 생각한다. 고사성어의 기본 구도는 인물이나 사건을 중심으로 하면서도 그 근본에는 인간의 본질에 대한 촌철살인寸鐵殺人의 통찰이 담겨 있다.

더구나 우리는 오랫동안 한자문화권에 속해 있었기에 고사성어에 담긴 역사문화적 자산이 비단 남의 것이 아니다. 중국의 고전을 근간으로 하면서도 우리의 언어문화와 접목되어 새롭게 만들어진 고사성어도 적지 않다. 어느 쪽이든 고사성어는 당대를 살아간 인간들의 날카로운 통찰이 담겨 있기에 고사성어를 인문학의 보고라고 하는 것이다. 그렇기 때문에 고사성어는 위기에 빠진 인문 정신을 되찾는 소중한 방편이 될 수 있다고 확언한다. 물질 만능주의가 팽배한 우리 사회에서 보면 더욱 그러하다.

이러한 점을 염두에 두고 필자는 고사성어의 문화적 맥락과 인문학적 의의에 주목하면서 그 현대적 의미를 적극적으로 드러내고자 힘썼다. 물론 이 과정에서 원전을 철저하게 확인하고 그 원전에 담긴 맥락을 정확하게 전달하는 데 적지 않은 공을 들였다. 그리고 고사성어가 담고 있는 당대적 맥락을 오늘의 시각으로 되살리면서 고전과 현대인이 소통하는 자리를 마련하고자 했다.

거의 매 학기에 전공 혹은 교양 강의에서 학생들을 대상으로 고사성어를 강의했고, 주요 일간지에도 오랫동안 고사성어와 관련 인물에 대해 연재했다. 강의실에서 학생들과 함께 고사성어에 담긴 내용을 가지고 토론하면서 고사성어가 세대와 시공간을 뛰어넘어 수천 년 동안 우리 마음속에 삶의 지혜로 자리 잡았다는 것을 거듭 느꼈고, 신문 연재를 통해 만난 독자들의 반응 역시 크게 다르지 않았다. 아주 오래전 인물들의 이야기를 오늘날의 삶에 비추어보아도 전혀 어색하지 않은 것이다. 그만큼 고사성어가 담고 있는 세계는 열린 세계이자 소통의 공간임을 확인하는 소중한 시간이었다.

이 책의 초판본은 벌써 20여 년 전인 1996년(을유문화사 간)에 출간되었다. 그사이 이 책은 15쇄를 찍은 스테디셀러로 자리 잡았다. 그러나 필자가 원전을 확인하는 과정이나 번역에서 미처 살피지 못한 부분이 있어 마음의 빚으로 남아 있었다.

이번 전면 개정 증보판은 기존 판본의 면모를 찾아보기 힘들 만큼 대폭 수정, 보완했다. 고사성어의 유래와 유사어 등을 추가하고 관련된 문장은 물론이고, 고사성어의 탄생 배경이 되는 대화 장면 등에는 해당 원전을 함께 넣었다. 이 책을 통해 자연스럽게 원전의 묘미와 번역문의 맛을 함께 누리면서 한문 공부에도 도움이 되는 일석삼조의 효과를 살려보고자 했다.

늘 그렇듯이 새벽에 일찍 일어나서 하는 이 작업을 통해 고전 속에 스며 있는 선현들의 삶의 지혜를 되새겨 나 자신의 삶을 다시 한번 되돌아보는 소중한 시간이었다. 이런 청복淸福을 누린다는 것이 고전을 공부하는 즐거움이 아니겠는가? 고사성어 한마디에 담긴 인문학의 정수를 통해 독자들의 삶의 의미 또한 깊어지리라고 기대해본다.

2019년 12월

선효재宣曉齋에서

김원중

차례

ㄴ

ㄷ

ㅁ

ㅂ

ㅅ

ㅇ

ㅊ

ㅌ

ㅍ

* **일러두기**

1 이 책에는 춘추전국시대부터 근대까지 총 530여 항목의 고사성어가 수록되어 있으며, 대체로 유가 경전을 비롯한 제자백가의 문장들이 많다.

2 고사성어는 ㄱㄴㄷ 순으로 배치해 찾아보기 쉽게 했다.

3 고사성어의 뜻풀이는 물론 유래와 고사성어가 탄생한 원문을 수록해 깊이 이해할 수 있도록 도왔다.

4 이 책에 실린 원문은 널리 통용되는 선본에 의거했다. 별도의 교감 작업을 하지는 않았으나, 필요에 따라 일부 교감했다. 판본은 참고 문헌에 수록했다.

5 인용문은 대부분 원문에 충실하게 직역했는데, 의미가 다소 불분명한 부분은 의역을 곁들여 독자의 이해를 도왔다. 원전의 맥락을 살펴야 이해할 수 있는 경우가 많아 인용문이 길더라도 모두 원문을 수록했다.

6 고사성어가 원문에 나온 경우 두꺼운 글씨로 표시했다.

7 찾아보기는 인명을 위주로 작성했다.

8 《논어》·《맹자》·《손자병법》·《한비자》 같은 고전에는 작품 옆에 '편'을 넣고, 《사기》·《한서》·《삼국지》 같은 역사서에는 '편'을 뺐다.

9 본문에 사용된 문장 부호의 의미는 다음과 같다.

《 》: 전집이나 총서 또는 단행본

〈 〉: 개별 작품 또는 논문

" ": 대화 또는 인용

' ': 강조 또는 인용문 속 인용문

가정맹호苛政猛虎

가혹할 **가** 정사 **정** 사나울 **맹** 범 **호**

'가혹한 정치는 호랑이보다 무섭다'는 말로, 가정맹어호苛政猛於虎에서 '어於' 자를 생략한 것이다. 가렴주구苛斂誅求와 같다. 여기서 정政은 '세금을 징수한다'는 뜻이다. 징수한다는 의미의 징徵과 통하는 말이다.

중국에서 '예禮'의 본질과 의미를 상세하게 기록한 《예기禮記》〈단궁 하檀弓下〉 편에 나오는 말이다.

어느 날 공자孔子가 수레를 타고 제자들과 태산泰山 기슭을 지나가고 있었다. 그때 어디에선가 여인의 애절한 울음소리가 들려왔다. 공자가 발길을 멈추고 주위를 살펴보니 길가 풀숲에 무덤 셋이 보이고, 그 무덤 앞에서 한 여인이 울고 있었다.

공자는 용맹한 제자 자로子路에게 그 까닭을 알아보라고 했다. 자로가 여인에게 다가가 물었다.

"당신께서 우는 게 한결같이 무겁고도 근심스러워 보입니다子之哭也壹似重有憂者."

여인은 깜짝 놀라 고개를 들더니 이렇게 대답했다.

"옛날에 저의 시아버지가 호랑이에게 죽었고, 제 남편도 그것에게 죽었는데, 지금 제 아들이 또 그것에게 죽었습니다昔者, 吾舅死於虎, 吾夫又死焉, 今吾子又死焉."

"어찌하여 [이곳을] 떠나지 않으십니까何爲不去也?"

여인은 고개를 가로저으며 말했다.

"혹독한 세금이 없기 때문이지요無苛政."

옆에서 이 말을 들은 공자가 말했다.

"너희는 가혹한 정치가 호랑이보다 무섭다는 것을 명심해라小子識之, 苛政猛於虎也."

이 말은 춘추春秋시대 말 공자의 고국인 노魯나라의 대부大夫 계손씨季孫氏가 세금을 혹독하게 거두고 재산을 강제로 빼앗은 일을 빗댄 것이다.

한편 이 말에 대해 당唐나라의 관리이자 문학가인 유종원柳宗元은 이런 말을 남겨놓았다.

“공자께서 ‘가혹한 정치는 호랑이보다 무섭다.’고 말씀하셨는데, 나는 일찍이 이런 견해에 의문이 있었다孔子曰: ‘**苛政猛於虎**也.’ 吾嘗疑乎是.”

각자위정各自爲政

각기 **각** 스스로 **자** 할 **위** 정사 **정**

'각자 스스로 정치를 한다'는 뜻으로, 여러 사람이 각자 제멋대로 행동하여 전체적인 조화를 생각하지 않는다는 말이다. 각행기시各行其是라는 말도 있는데, '각자가 하는 행동이 옳다고 여긴다'는 뜻이다.

기원전 722년부터 기원전 481년까지를 다룬 역사서 《춘추좌씨전春秋左氏傳》 선공宣公 2년조에 의하면, 기원전 607년 초楚나라 장왕莊王은 실력을 과시하려고 동맹국인 정鄭나라에 송宋나라를 치도록 했다. 정나라 목공穆公은 즉시 출병했다.

결전을 하루 앞둔 날 밤, 송나라의 화원華元은 특별히 양고기를 준비하여 병사들의 사기를 북돋우며 싸움에 대비했다. 그런데 화원의 수레를 모는 양짐羊斟만은 양고기를 먹지 않았다.

까닭을 묻자 그는 퉁명스럽게 이렇게 대답했다.

"수레를 모는 사람에게까지 양고기를 줄 필요는 없습니다. 수레꾼하고 전쟁은 관계가 없다고 생각합니다."

이튿날 싸움이 시작되자, 양쪽 병사들은 혼신의 힘을 쏟아 싸웠으나 승패가 나지 않았다. 화원은 양짐에게 수레를 적군이 드문 오른쪽으로 돌리라고 명했다. 그런데 양짐은 화원의 명령과는 반대로 왼쪽으로 수레를 몰았다.

당황한 화원이 방향을 바꾸라고 소리치자 양짐이 말했다.

"어제저녁 양고기는 당신이 다스린 것이고, 오늘의 일은 내가 다스리는 것입니다疇昔之羊, 子爲政, 今日之事, 我爲政."

그러고는 정나라 병사들 쪽으로 있는 힘을 다해 달려갔다.

화원은 결국 정나라에 붙잡히고 그 병사들은 전의를 잃고 뿔뿔이 흩어지고 말았다. 정나라가 대승을 거둔 것은 말할 것도 없었다. 양짐이 화원의 지휘에 따르지 않고 자기 생각대로 행동했기 때문이다.

각주구검刻舟求劍

새길 각 배 주 구할 구 칼 검

'배에 새겨 칼을 구한다'는 뜻으로, 사리에 어두워 어리석은 행동을 하거나 시대 변화를 모르고 옛것만 고집하는 완고한 사람의 행동을 비유한다. 각주방검刻舟訪劍이라고도 한다. 교주조슬膠柱調瑟 · 교주고슬膠柱鼓瑟 · 수주대토守株待兎와 같으며, 각주刻舟 · 각선刻船 · 각현刻舷이라고도 쓴다.

전국戰國시대 말기 진秦나라의 정치가 여불위呂不韋가 편찬한 《여씨춘추呂氏春秋》〈찰금察今〉 편에 나오는 이야기다.

전국시대 초나라 사람이 무척 아끼는 칼 한 자루를 가지고 배에 올랐다. 그는 칼을 가슴에 품고 장강長江을 건너고 있었다. 강 중간쯤 이르렀을 때, 옆 사람과 이야기를 하다가 그만 실수로 칼을 강물에 떨어뜨리고 말았다. 그는 재빨리 손을 뻗어 칼을 잡으려 했지만 이미 때는 늦어 칼은 물속으로 자취를 감추어버렸다. 이 사람은 허리춤에서 또 다른 칼을 꺼내 황급히 배의 그 자리에 표시를 해두었다.

그 모습을 보던 사람들이 말했다.

"그렇게 해서 칼을 찾을 수 있겠소?"

"여기가 내 칼이 떨어진 곳이오是吾劍之所從墜."

얼마 뒤에 배가 강가에 다다르자 재빨리 표시해둔 부근의 물속을 열심히 뒤지기 시작했다. 그러나 배는 칼이 떨어진 곳을 멀리 지나왔기에 찾을 수가 없었다.

"배는 이미 떠났으나 칼은 떠나지 않았으니 칼을 구하는 게 이와 같으면 또한 미혹되지 않겠는가舟已行矣, 而劍不行, 求劍若此, 不亦惑乎?

계속하여 칼을 찾는 모습을 지켜보던 사람들은 그의 어리석은 행동에 웃지 않을 수 없었다.

간담상조肝膽相照

간 **간** 쓸개 **담** 서로 **상** 비출 **조**

'간과 쓸개가 서로 비춘다'는 말로, 친구 간에 서로 진실을 털어놓고 허물없이 사귄다는 뜻이다. 출폐간상시出肺肝相示가 원말이며, 복심상조腹心相照 · 기미상투氣味相投 · 심조신교心照神交라는 말과도 비슷한 뜻이다.

한유韓愈는 당나라의 뛰어난 문장가로서 그보다 다섯 살 어린 유종원柳宗元과 함께 고문운동古文運動을 이끌면서 '글로써 도를 실어야 한다文以載道'는 기치를 내걸고 복고復古와 숭유崇儒, 척불斥佛을 주장했다. 환관 출신인 그는 어릴 때부터 총명하여 유가儒家의 깊은 학문을 익히고 문장가로 명성이 자자했으며, 환관 출신으로 일찌감치 진사에 급제하여 관직에 발을 들여놓은 유종원과 깊은 우정을 맺었다.

유종원은 순종順宗이 즉위한 뒤 왕숙문王叔文 등이 주도하는 정치 개혁에 적극적으로 가담했으나, 당시 수구파와의 싸움에 밀려 소주자사邵州刺史로 폄적되고, 다시 10년 동안 영주사마永州司馬로 좌천되어 지냈다. 그는 이 기간에 천하의 명문을 많이 남기기도 했다. 마흔두 살에 유주자사柳州刺史로 거듭 좌천되어 5년 후에 세상을 떠난 유종원을 위해 한유는 〈유자후묘지명柳子厚墓誌銘〉이라는 글을 썼는데, 이 글에서 한유는 유종원의 가세家世와 생애, 교우 관계, 문장의 풍모, 정치적 재능 등을 소상히 적었다. 바로 여기에 이런 구절이 나온다.

"아! 선비가 궁하면 곧 절개와 의리를 볼 수 있다嗚呼! 士窮乃見節義."

한유는 이렇게 한탄하며 다음과 같이 말했다.

"오늘날 평상시에는 골목에서 서로 그리워하고 기뻐하며 술 마시고 밥 먹으며 즐겁게 희희낙락하고 서로를 찾고 좇으며, 기뻐 들떠 있으면서 억지로 웃고 서로 아래를 차지하겠다고 말하며 악수하고 폐와 간을 서로 보여주며 해를 가리켜 눈물을 흘리고 생사를 서로 배반하지 않는다고 맹세하여 참으로 믿을 만한 것 같았다. 하루아침에 겨우 머리카락에 비교될 만한 작은 이해를 만나면 도리어 서로 모르는 사람처럼 눈을 돌린다. 함정에 빠져도 손을 뻗어 구해주기는커녕 오히려 더 깊이 차 넣고 돌을 던지는 게 대부분이다. 이런 행위는 짐승이나 오랑캐도 차마 하지 못하는 바인데 그런 사람들은 스스로 계책을 얻었다고 자부하나, 유자후의 풍모를 들으니 또한 다소 부끄럽다고 할 수 있다今夫平居裏巷相慕悅, 酒食遊戲相徵逐, 詡詡強笑語以相取下, 握手**出肺肝相示**, 指天日涕泣, 誓生死不相背負, 真若可信. 一旦臨小利害, 僅如毛發比, 反眼若不相識. 落陷穽, 不一引手救, 反擠之, 又下石焉者, 皆是也. 此宜禽獸夷狄所不忍爲, 而其人自視以爲得計. 聞子厚之風, 亦可以少愧矣."

간장막야干將莫耶

방패 간 장수 장 없을 막 어조사 야

'간장과 막야가 만든 칼'로 천하에 둘도 없는 명검이나 보검을 뜻한다.
비슷한 말로 웅검雄劍이 있다.

오吳나라와 월越나라의 역사적 사실을 적은《오월춘추吳越春秋》〈합려내전闔閭內傳〉에 나오는 말이다.

오나라에 유명한 대장장이 간장干將이 그 아내 막야莫耶와 오순도순 살고 있었다. 당시 오나라 왕이던 합려闔閭는 간장을 불러 명검 두 자루를 만들도록 명령했다. 간장은 나라에서 제일가는 대장장이임을 공식적으로 인정받았기에 최선을 다해 칼을 만들려 했다.

간장은 정선된 청동만으로 칼을 주조하기 시작했는데, 3년이 지나도록 청동이 녹지 않았다. 왕은 매일매일 독촉하고, 청동은 녹을 기미조차 보이지 않으므로, 그는 걱정이 이만저만이 아니었다. 어떻게 하면 이 청동을 하루속히 녹여 칼을 만들 수 있을까 하는 걱정에 그는 뜬눈으로 밤을 새우는 날이 많았다.

그러던 중 아내 막야가 청동을 녹일 방법을 알아냈다. 그것은 부부의 머리카락과 손톱을 잘라 용광로에 넣고 소녀 300명이 풀무질을 하는 것이었다. 막야의 말대로 하자 청동은 정말 천천히 녹기 시작했다. 칼은 명검으로서 손색이 없을 만큼 제 모습을 드러냈다.

간장은 칼이 완성되자, 음양의 원리에 따라 양陽으로 된 칼에는 '간장'이라는 이름을 새기고 음陰으로 된 칼에는 '막야'라고 새겼다. 이 칼은 그 어느 칼보다 단단하고 예리하므로 높이 평가받았고, 이로부터 '간장막야'는 명검을 나타내는 말이 되었다.

유가이면서 예禮에 입각한 이상사회 건설과 합리적 사상을 펼친 것으로 평가받는 순자荀子의《순자荀子》〈성악性惡〉편에 이런 말이 있다.

"[제齊나라] 환공桓公의 총蔥, 강태공姜太公의 궐闕, 주나라 문왕文王의 녹錄, 초나라 장왕의 홀曶, 오왕 합려의 간장과 막야, 거궐鉅闕과 벽려辟閭,

이것들은 모두 고대의 훌륭한 검이다. 그러나 [명검도] 숫돌에 갈지 않으면 날카로워질 수 없고, 사람의 힘을 들이지 않고는 자를 수도 없다桓公之蔥, 太公之闕, 文王之錄, 莊君之曶, 闔閭之**干將 · 莫邪**, 鉅闕 · 辟閭, 此皆古之良劍也. 然而不可砥厲, 則不能利, 不得人力, 則不能斷."

순자는 인간의 본성과 자질은 주변 환경이나 사람의 영향을 크게 받는다고 주장한 것이다.

갈불음도천수渴不飮盜泉水

목마를 갈 아니 불 마실 음 도적 도 샘 천 물 수

'목이 말라도 도둑의 샘물은 마시지 않는다'는 말로, 제아무리 어려운 처지에 놓였을지라도 의롭지 못한 일은 하지 않는다는 뜻이다. 지조를 지키는 기개를 의미한다.

중국 한漢나라의 유향劉向이 어지러운 세상을 살아가는 846가지 이야기를 담은 《설원說苑》의 〈설총說叢〉에 이런 이야기가 있다.

하루는 공자가 승모勝母라는 마을을 지나가게 되었다. 공자가 그 마을에 이르렀을 때는 이미 해가 저물어 사방이 어두컴컴했으며, 식사 때가 지나 배도 몹시 고팠다. 그러나 그는 그곳에서 머물지 않고 온종일 걸어 지친 발길을 재촉했다. 그 까닭은 '승모'라는 마을 이름이 '어머니를 이긴다'는 뜻이기 때문이었다. 그는 자식 된 자로서 그러한 이름을 가진 마을에서 유숙한다는 것은 있을 수 없는 일이라고 생각했다.

얼마 뒤 도천盜泉(산둥성山東省 쓰수이泗水강 동쪽)이라는 샘물을 지날 때도, 갈증이 몹시 났지만 그 샘물에 눈길 한 번 주지 않고 그 자리를 떠났다. 그 까닭은 '도천'이 '도둑의 샘물'이라는 뜻을 가졌으므로, 그 샘물을 마시는 것조차 도덕군자로서 할 수 없는 일이라고 생각했기 때문이다.

또한 《문부文賦》로 유명한 진晉나라 육기陸機(자子는 사형士衡)가 쓴 〈맹호행猛虎行〉이라는 시에도 이런 구절이 있다.

"목이 말라도 도천의 물은 마시지 않고, 더워도 악목의 그늘에서는 쉬지 않는다. 악목에 어찌 가지가 없으랴, 뜻있는 선비는 괴로운 마음이 많구나 **渴不飮盜泉水**, 熱不息惡木陰. 惡木豈無枝, 志士多苦心."

육기도 고결한 선비의 길을 걷고 있으므로 '도천'이나 '악목'처럼 나쁜 이름을 가진 곳에는 가지 않겠다는 말이다.

당唐나라 시인 백거이白居易는 〈감학感鶴〉이라는 시에서 이렇게 노래했다.

"학은 무리를 만들지 않고 들녘에서 날아다니는구나. 굶주려도 썩은 쥐를 쪼아 먹지 않고, 목이 말라도 도천의 샘물을 마시지 않는구나鶴有不群者, 飛飛在野田. 饑不啄腐鼠, **渴不飮盜泉**."

갈택이어竭澤而漁

마를 **갈** 못 **택** 말 이을 **이** 고기 잡을 **어**

'연못을 말려 고기를 잡는다'는 말로, 눈앞의 이익만을 좇으며 앞날은 생각하지 않음을 가리킨다. 분수이전焚藪而田, 분림이전焚林而田과 같다.

《여씨춘추呂氏春秋》〈효행람孝行覽〉 편에 나오는 말이다.

진晉나라 문공文公은 성복城濮에서 초나라와 일대 접전을 벌이게 되었다. 그러나 초나라 병사 수가 아군보다 훨씬 많을 뿐만 아니라 병력도 막강하므로 이길 방법이 없었다. 그래서 좋은 방법이 없을까 궁리하다가 구범咎犯을 불러서 물었다.

"초나라는 많고 우리는 적은데 어떻게 하면 되겠는가楚衆我寡, 柰何而可?"

구범은 이렇게 대답했다.

"신은 예절을 번거롭게 따지는 임금은 꾸밈에 만족하지 않고, 싸움을 자주 일으키는 임금은 속임수 쓰는 것에도 만족하지 않는다고 들었습니다. 임금께서는 속임수를 써보십시오臣聞繁禮之君, 不足於文, 繁戰之君, 不足於詐. 君亦詐之而已."

조금 있다가 문공은 또다시 구범의 말을 옹계雍季에게 이야기해주고 옹계의 생각을 물었다. 옹계는 구범의 속임수 작전에 동의하지 않았다. 그러나 뾰족한 방법이 없으므로 이렇게 비유를 들어 말했다.

"연못 물을 모두 퍼내어 물고기를 잡으면 어찌 잡지 못하겠습니까? 그러나 그 이듬해에는 잡을 물고기가 없게 될 것입니다. 산의 나무를 모두 불태워 짐승을 잡으면 어찌 잡지 못하겠습니까? 그러나 이듬해에는 잡을 짐승이 없을 것입니다. 거짓으로 속이는 방법은 지금은 비록 구차한 이익을 얻을 수 있어도 나중에는 이득을 얻지 못하므로 장기적인 술책이 되지 못합니다**竭澤而漁**, 豈不獲得? 而明年無魚. 焚藪而田, 豈不獲得? 而明年無獸. 詐僞之道, 雖今偷可, 後將無複, 非長術也."

《회남자淮南子》〈본경훈本經訓〉 편에도 관련 고사 내용이 나온다.

"숲을 태워 사냥하고 연못을 다 퍼내어 물고기를 잡는다焚林而田, **竭澤而漁**."

감당애甘棠愛

달 감 감당(팥배나무) 당 사랑 애

'감당나무를 사랑한다'는 말로, 정치를 잘하는 사람을 사모하는 마음을 나타낸다. 감당지애甘棠之愛라고도 쓴다.

중국 한나라의 사마천司馬遷이 상고上古시대 황제黃帝에서부터 전한前漢 무제武帝까지 역대 왕조의 사적을 엮은 역사서《사기史記》〈연소공세가燕召公世家〉에 나오는 말이다.

주대周代 연燕나라 시조인 소공召公은 소召에 채읍采邑이 있어 붙여진 이름이다. 그는 섬서陝西 지역을 다스릴 때 선정을 베풀어 백성의 존경을 한 몸에 받았다.

소공은 시골 마을이나 도시를 순시할 때마다 감당나무(배나무와 비슷하면서도 작은데, 2월에 흰 꽃이 피어 배보다 작은 열매가 열리며 서리가 내릴 때쯤 먹을 수 있다)를 심어놓고 그 아래에서 송사를 판결하거나 정사政事를 처리했다. 그리고 후侯와 백伯 같은 귀족부터 농사짓는 일반 백성에 이르기까지 적절히 일을 맡김으로써 직무나 직업을 잃은 사람이 한 사람도 없도록 했다.

소공이 죽자 백성은 그의 정치적 공적을 사모하며, 감당나무를 그리워한 나머지 그 나무를 기르고, 〈감당甘棠〉이라는 제목의 시를 지어 그 공덕을 노래했다.

무성한 감당나무 자르지도 베지도 마라,
소백이 머무르시던 곳이니.
무성한 감당나무 자르지도 꺾지도 마라,
소백이 쉬신 곳이니.
무성한 감당나무 자르지도 휘지도 마라,
소백이 마음을 달래던 곳이니.
蔽芾甘棠, 勿翦勿伐, 召伯所茇.
蔽芾甘棠, 勿翦勿敗, 召伯所憩.

蔽芾甘棠, 勿翦勿拜, 召伯所說.

《시경詩經》〈국풍國風〉 편에 나오는 이 시는 소공이 백성을 위하여 일하다 감당나무 아래에서 쉬었으므로 그 나무를 건드리지 말라는 것으로, 소공에 대한 애정과 존경을 담고 있다. 정치를 할 때 당리당략에 치우치지 않고 백성을 위한, 진정 제대로 된 위정자 소공의 마음가짐에 대한 찬미다.

감어지수鑑於止水

거울 감 어조사 어 그칠 지 물 수

'정지되어 있는 물에 비추어본다'는 말로, 《장자莊子》〈덕충부德充符〉 편에 나온다.

노魯나라에 형벌로 한쪽 발이 잘린 왕태王駘라는 불구자가 있었다. 그는 덕망이 매우 높아서 그를 따라 배우는 이가 공자의 제자와 비슷할 정도였다. 그래서 노나라의 현자賢者 상계常季(공자의 제자로 보기도 함)가 공자에게 이렇게 물었다.

"왕태는 외발이입니다. [그런데] 그를 따르는 이가 선생님의 제자와 노나라 인구를 나눌 정도입니다. 서서 가르치지도 않고 앉아서 의논하지도 않았는데, 빈 마음으로 찾아가면 꽉 채워서 돌아옵니다. 본래 말 없는 가르침이라는 게 있어서 형체가 없어도 마음이 완성된 사람이 아니겠습니까? 이는 어떤 사람입니까王駘兀者也. 從之遊者, 與夫子中分魯. 立不教, 坐不議, 虛而往, 實而歸. 固有不言之教, 無形而心成者邪? 是何人也?"

공자는 이 말에 그분은 성인이라면서 스승으로 삼고자 하며 온 천하 사람들을 이끌고 가서 그를 따르고자 한다고 말했다. 상계는 궁금하여 공자에게 왕태라는 사람이 스스로 수양하여 그 마음을 터득하고, 그 마음으로 변함없는 본심을 터득했을 뿐인데, 왜 세상 사람들이 그에게 모여드냐고 재차 물었다.

공자가 말했다.

"사람은 흐르는 물을 거울로 삼지 말고 멈추어 있는 물을 거울로 삼아야 하니, 오직 멈추어 있어야 모든 멈추어 있는 것을 멈추게 할 수 있다人莫鑑於流水, 而**鑑於止水**, 唯止能止衆止."

공자의 말은 '지수止水', 즉 흐르지 않고 정지되어 가라앉은 물만이 비춤이 가능하듯, 왕태에게 제자들이 달려가는 이유는 그가 사람들을 일부러 불러 모으는 것이 아니라 모여들게 하는 보이지 않는 힘이 있기 때문이라는 것이다. 말하자면 상심常心을 얻은 자는 사물을 객관적으로 바라볼 수 있는 시각을 확보할 수 있지 않은가.

그런 뒤 공자는 소나무와 측백나무만이 늘 푸른 것도 바로 정기를 지니고 있기 때문이며, 순舜임금과 같은 성군聖君만이 중생衆生들의 마음을 올바르게〔正〕 할 수 있다고 하면서 상계와의 문답을 끝냈다.

강노지말強弩之末

강할 **강** 쇠뇌 **노** 어조사 **지** 끝 **말**

'강한 쇠뇌(여러 개의 화살이나 돌을 연달아 쏘게 되어 있는 큰 활)의 끝'이라는 말로, 영웅이라도 세력이 없어지면 아무 일도 하지 못함을 뜻한다. 강노지극強弩之極, 강노말시強弩末矢 또는 노말弩末이라고도 한다. 충풍지말沖風之末이란 성어도 같은 의미다.

중국 후한後漢 시대의 역사가 반고班固가 쓴 기전체 역사서《한서漢書》〈한안국전韓安國傳〉과 사마천司馬遷의《사기史記》〈한장유열전韓長孺列傳〉에 나온다.《사기》에는 '강노지극彊弩之極'이라고 나온다.

한나라 때 한안국韓安國이라는 이가 있었다. 그는 법령을 어겨 관직을 박탈당했다가, 무제의 조정에서 태위太尉로 있던 전분田蚡에게 뇌물을 주어 도위都尉가 되었고, 훗날 어사대부御史大夫까지 올라갔다.

하루는 흉노匈奴가 사자를 보내 화친을 요청했다. 무제는 이 문제를 대신들과 상의하여 결정하기로 했다.

오랫동안 변방에서 근무한 왕회王恢가 말했다.

"우리나라가 흉노와 화친을 한다 해도 몇 년 지나지 않아 흉노가 또다시 약속을 어길 테니, 받아들이지 말고 군대를 일으켜 치는 편이 낫습니다."

그러자 한안국이 말했다.

"천 리 밖으로 나가 싸우는 것은 군대에게 이롭지 못합니다. 지금 흉노는 병사가 강하고 말이 튼실한 것만 믿고 금수 같은 마음을 품고 새 떼처럼 흩어졌다 모였다 하며 이리저리 옮겨 다니므로 제압하기 어렵습니다. 우리가 그 땅을 얻더라도 땅을 넓혔다고 할 수 없고, 그 백성을 가진다고 해도 강성하지 않습니다. [그래서] 상고시대부터 그들을 예속시켜 천자의 백성으로 취급하지 않았던 것입니다. 우리 군대가 수천 리 밖에서 그들과 이익을 다툰다면 사람과 말이 지칠 테고, 흉노는 우리 군대가 지친 틈을 타서 제압할 것입니다. 강력한 쇠뇌도 끝에 가서는 아주 얇은 노나라 비단조차 뚫을 수 없고 회오리바람의 끝은 가벼운 기러기 털조차 움직일 수 없습니다. 처음부터 강력하지 않은 게 아니라 끝에 가서는 힘이 쇠약해지게 마련입니다. 흉노를 치는 것은 불리하니 화친하는 편이 더 낫습니다千里而戰, 兵不獲利. 今匈奴負戎馬之足, 懷禽獸之心, 遷徙鳥擧, 難得而制也. 得其地不足以爲廣, 有其衆不足以爲強. 自上古不屬爲人. 漢數千里爭利, 則人馬罷, 虜以全制其敝. 且**彊弩之極**, 力不能穿魯縞; 沖風之末, 力不能漂鴻毛. 非初不勁, 末力衰也. 擊之不便, 不如和親."(《사기》〈한장유열전〉)

무제와 대신들은 한안국의 의견이 타당하다고 여겨서 흉노와 화친을 맺었다.

《한서》〈한안국전〉에는 이렇게 나온다.

"강한 쇠뇌의 끝은 노나라 비단도 뚫을 수 없고, 회오리바람이 쇠하면 털과 깃을 일으킬 수도 없다**強弩之末**, 不能入魯縞; 沖風之衰, 不能起毛羽."

강랑재진江郎才盡

물 이름 **강** 사내 **랑** 재주 **재** 다할 **진**

'강랑의 재주가 다했다'는 말로, 학문이 두각을 나타낸 뒤에 퇴보함을 뜻한다. 원말은 강엄재진江淹才盡이다. 재사고갈才思枯竭, 검려기궁黔驢技窮과 비슷한 말이다. 초로봉망初露鋒芒, 재고팔두才高八斗와는 반대되는 말이다.

이연수李延壽가 중국 남조南朝의 역사를 다룬 정사正史《남사南史》〈강엄전江淹傳〉에 나온다.

위진남북조魏晉南北朝시대 양梁나라에 저명한 문학가 강엄江淹이 살았다. 그는 매우 가난한 집에서 태어났으나 학문에 뜻을 두고 열심히 노력하여 훗날 유명한 문장가가 되었으며, 벼슬도 광록대부光祿大夫까지 올랐다. 그렇지만 나이가 들면서 그의 문장은 성숙하지 못하고 오히려 점점 뒷걸음질했다.

어느 날 강엄이 배를 타고 여행을 하다가 선령사禪靈寺 기슭에 이르렀을 때 깜박 잠이 들었다. 꿈에 장경양張景陽이라는 이가 비단을 돌려달라고 하여 품에서 꺼내주었다. 그런데 그 뒤부터 강엄은 좋은 글을 쓰지 못했다고 한다.

또 다른 일화로 이렇게 기록되어 있다.

강엄이 야정冶亭에서 잠을 자게 되었는데, 꿈에 곽박郭璞이라는 이가 나타나 강엄에게 다음과 같은 괴이한 말을 했다.

"내가 가지고 있던 붓이 당신에게 간 지가 몇 년 되었으니 가슴을 보시오."

강엄이 자신의 가슴 안을 보니 오색 붓이 있어 그에게 주었다. 그러고 난 다음 시를 지었는데 글이 되지 않았다. 붓을 돌려달라고 해서 품속에 있던 오색 붓을 꺼내주었는데, 이때부터 훌륭한 글이 나오지 않았다고 하여 "당시 사람들은 그의 재주가 다했다時人謂之才盡."고 했다.

이 고사성어는 종영鍾嶸의《시품詩品》에 거의 비슷하게 다음과 같이 나온다.

"처음 강엄이 선성군宣城郡을 물러나 드디어 야정에 묵었다. 꿈에 한 잘생긴 대장부가 스스로 곽박이라 칭하고 강엄에게 말하기를 '내가 갖고 있던 붓이 경卿이 있는 곳에 두어진 지 여러 해가 되었으니 돌려받는 것이 좋겠다.'라고 했다. 강엄이 생각을 더듬던 중, 다섯 색깔의 붓을 집어서 그에게 주었다. 그 후에 시를 지으려 했지만 다시는 말을 이루지 못했다. 그러므로 세간에 전하기를 강엄의 재주가 다했다고 했다初, 淹罷宣城郡, 遂宿冶亭. 夢一美丈夫, 自稱郭璞, 謂淹曰: '我有筆在卿處多年矣, 可以見還.' 淹探懷中, 得五色筆授之. 而後爲詩, 不復成語. 故世傳**江淹才盡**."

강안여자強顏女子

——— 굳셀 **강** 얼굴 **안** 계집 **녀** 아들 **자** ———

'얼굴이 굳센(두꺼운) 여자'라는 말로, 수치심을 모르는 여자를 뜻한다. 강안強顏은 후안厚顏, 철면피鐵面皮와 같은 말이다.

유향劉向의 역사 고사 모음집인 《신서新序》〈잡사雜事〉에 이런 내용이 있다.

제나라에 무염읍無鹽邑 출신의 종리춘鐘離春이라는 여인이 있었다. 그녀가 너무 못생겨서 사람들은 '무염녀無鹽女'라고 불렀다. 그녀의 모습은 이러했다.

"절구 머리에 퀭하니 들어간 눈, 남자 같은 골격, 들창코에 목젖이 나와 있고, 두꺼운 목, 적은 머리털, 굽은 허리, 튀어나온 가슴에다 피부는 옻칠한 것 같았다臼頭深目, 長壯大節, 卬鼻結喉, 肥項少髮, 折腰出胸, 皮膚若漆."

그녀는 서른 살이 되도록 아내로 데려가는 사람이 없어 혼자 살고 있었다. 그래서 그녀는 짧은 갈옷을 입고 직접 선왕宣王이 있는 곳으로 가서 만나뵙기를 청하며, 알자謁者에게 이렇게 말했다.

"소첩은 제나라에서 아무도 데려가지 않는 여자입니다. 군왕의 성스러운 덕에 대해 들었습니다. 원컨대 후궁으로 들어가 사마문 밖에 있도록 해주십시오. 왕께서는 허락하실 것입니다妾齊之不讎女也. 聞君王之聖德. 願備後宮之埽除, 頓首司馬門外. 唯王幸許之."

알자가 그녀의 말을 선왕에게 아뢰었다. 선왕은 마침 점대漸臺에서 술을 마시고 있었다. 왕 곁에 있던 사람들은 이 말을 듣고 웃지 않는 이가 없었다.

선왕은 좌우를 둘러보며 이렇게 말했다.

"이는 천하에서 가장 뻔뻔스러운 여자다. 어찌 괴이하지 않으랴此天下**強顏女子**也. 豈不異哉!"

물론 이 이야기는 여기서 끝나지 않는다.

어느 날 종리춘은 선왕에게 본인이 몸을 잘 숨기는 재주가 있다고 하고는 홀연 사라졌다가 이틀쯤 지나 나타나서, 나라가 위태로운 네 가지 이유가 있다고 하면서 이렇게 말했다.

"서쪽으로는 진秦나라의 우환이 있고 남쪽으로는 초나라의 근심이 있으며 안으로는 간신들이 많아 민심이 어지럽고 선왕의 춘추가 마흔이나 건강미도 없으며 사직이 불안정한 것이 첫 번째 위태로움이요, 점대라는 누각은 다섯 겹으로 황금과 백옥과 각종 보석으로 치장되어 있으나 만백성은 파탄이 극에 달해 있으니 이것이 두 번째 위태로움이요, 현명한 자들은 산림에 숨어 있고 아첨하는 자들이 측근에 달라붙어 있으며 사악하고 위선적인 자들이 조정에 서 있고 간언하는 자들은 들어올 수조차 없으니 이것이 세 번째 위태로움이요, 음주로 밤을 지새우고 왕의 곁에는 여악과 배우들이 곁에서 모시며 희희낙락하고 있어 밖으로는 제후들의 예가 없고 안으로는 국가의 다스림의 방향을 잡지 못하니 이것이 네 번째 위태로움입니다."

선왕은 탄식하며 말했다.

"애통하구나, 무염군의 말이여! 지금이라도 곧 한번 들어보겠노라痛乎, 無鹽君之言! 乃今一聞."

그러고는 점대를 부수고 여악을 내쫓고 아첨하는 자들을 물리치고 병마를 갖추고 창고를 가득하게 하고 직언하는 자들을 받아들여 곁에 두고 길일을 택하여 태자를 세우고 무염녀를 후비后妃로 삼았다. 그러자 제나라는 크게 안정되었으니 무염녀의 힘이었다.

거경지신巨卿之信

―― 클 거 벼슬 경 어조사 지 믿을 신 ――

'거경의 신의'라는 말로, 굳은 약속을 뜻한다. 계서지교鷄黍之交라고도 한다. 일낙천금一諾千金과 비슷한 말이다.

중국 남북조시대 송나라의 범엽範曄이 기전체로 기록한 역사서인《후한서後漢書》〈독행전獨行傳〉 범식範式 이야기에 나온다.

범식은 자가 거경巨卿이고, 산양군山陽郡 금향金鄕 사람이다. 일명 범氾이라고도 한다. 그는 어려서부터 태학太學에서 학문을 닦아 제생諸生이 되었다.

어느 날 여남汝南의 친구 장소張劭와 고향으로 돌아가는 이야기를 했다.

범식이 장소에게 말했다.

"2년 뒤에 마땅히 돌아가게 되면 자네 부모님께 절하고 자네를 보겠네後二年當還, 將過拜尊親, 見孺子焉."

그러고는 날짜를 약속했다.

그 약속한 날이 다가오자 장소는 어머니에게 범식을 위해 음식을 마련해달라고 부탁했다.

장소의 어머니가 말했다.

"2년 동안 헤어져 있었고 천 리에서 약속을 했으니, 너는 어찌 서로 믿음을 지킬 수 있겠느냐二年之別, 千里結言, 爾何相信之審邪?"

그러자 장소가 말했다.

"거경은 신의 있는 선비로, 반드시 약속을 어기지 않을 것입니다巨卿信士, 必不乖違."

어머니가 말했다.

"그렇다면 당연히 너를 위해 술을 준비해야지若然, 當爲爾醞酒."

그날이 되자 거경은 약속대로 도착했다. 그는 당에 올라 장소의 부모님께 절하고 술을 마시며 한껏 회포를 풀고 떠났다.

거불피수거불피자擧不避讎擧不避子

—— 천거할 **거** 아니 **불** 피할 **피** 원수 **수** 천거할 **거** 아니 **불** 피할 **피** 아들 **자** ——

'적임자를 천거할 때는 원수와 아들이라도 피하지 않는다'는 뜻으로, 공과 사를 철저히 구분해서 인재를 추천해야 한다는 말이다. 비슷한 뜻으로 대공무사大公無私, 지공무사至公無私가 있다.

《한비자韓非子》〈외저설 좌하外儲說左下〉 편에 나오는 말이다. 한비韓非는 이런 예를 들었다.

중모中牟에 현령이 없어 진晉나라 평공平公이 조무趙武에게 물었다.

"중모는 [우리] 진나라의 넓적다리와 팔뚝과 같은 것이고 한단으로 가는 어깨와 넓적다리와 같소. 과인은 그곳에 훌륭한 현령을 두고 싶소. 누구를 시키면 좋겠소中牟, 三國之股肱, 邯鄲之肩髀. 寡人欲得其良令也. 誰使而可?"

조무가 말했다.

"형백의 아들이 좋겠습니다邢伯子可."

평공이 말했다.

"그대의 원수가 아니오非子之讎也?"

[조무가] 말했다.

"저는 사사로운 원한을 공적인 일에 들이지 않습니다私讎不入公門."

평공이 또 물었다.

"중부中府(군주의 재물을 보관하는 곳)의 장관으로는 누구를 시키는 것이 좋겠소中府之令, 誰使而可?"

[조무가] 말했다.

"신의 아들이 좋겠습니다臣子可."

그래서 [어떤 사람이] 말했다.

"친척 이외의 사람을 추천할 때는 원수라도 피하지 않고, 친척 중에서 추천할 때는 아들도 피하지 않는다外**擧不避讎**, 內**擧不避子**."

조무가 추천한 자는 46명인데, 조무가 죽자 각기 빈객의 자리에 있었다. 그가 사사로운 은정을 펴지 않은 것은 이와 같았다.

조무에 대하여 다음 일화도 나온다.

평공이 숙향叔向에게 물었다.

"신하들 중 누가 현명하오群臣孰賢?"

[숙향이] 말했다.

"조무입니다趙武."

평공이 말했다.

"그대는 자신이 섬기는 사람이라 편드는 것이오子黨於師人?"

[숙향이] 말했다.

"조무는 서 있을 때는 마치 입은 옷을 감당할 수 없을 만큼 허약했고, 말할 때는 마치 입을 벌릴 줄도 모르는 사람 같았다. 그러나 그가 천거한 인사 수십 명은 모두 그가 추천한 의도에 이르렀고, 나라에서도 이들을 매우 신뢰하고 있습니다. 하물며 조무는 살아서는 집에 이로운 일을 하지 않았고, 죽어서는 자식을 부탁하지도 않았습니다. 신은 감히 그가 현명했다고 생각합니다武立如不勝衣, 言如不出口. 然其所擧士也數十人, 皆令得其意, 而公家甚賴之. 況武子之生也不利於家, 死不託於孤. 臣敢以爲賢也."

조무는 자신과 사사로운 관계를 따지지도 않았고, 자신에게 어떤 대가를 지불할 것을 요구하지도 않았으며, 오직 그 일에 누가 적합한가만 고민했다.

모든 조직의 발전과 몰락은 인사와 관련 있는 것이 사실이다. 온정주의 인사라는 말이 난무하는 것도 다 공정성과 객관성의 잣대를 적용하지 않아 생기는 것이다. 조직의 구성원들을 진심으로 설득하는 힘은 원수든 아들이든 오로지 일의 적합 여부만을 따지고 임명하는 원칙에서 나온다.

거일반삼擧一反三

——— 들거 한일 되돌릴반 석삼 ———

'하나를 들어 세 가지를 돌이킨다'는 말로, 스승에게 하나를 배우면 다른 것도 유추해서 안다는 뜻이다. 비슷한 말로 문일지십聞一知十이 있다. 반대말은 우이독경牛耳讀經이다.

《논어論語》〈술이述而〉 편에 나오는 말이다

능력과 성향에 맞는 교수법으로 유명한 공자는 다음과 같이 말했다.

"[배울 때] 분발하지 않으면 열어주지 않고, 애태우지 않으면 발휘하도록 말해주지 않는다. 한 귀퉁이를 들어 보였을 때 [다른] 세 귀퉁이로써 반응하지 않으면 [더 이상] 반복해서 가르치지 않는다不憤不啓, 不悱不發. 擧一隅不以三隅反, 則不復也."

교육을 받는 사람인 제자가 자신의 부족함을 깨달아 적극적으로 배움에 참여하기를 바라는 뜻이 담긴 말로, 오늘날의 자기 주도 학습과 크게 다르지 않다. 즉, '거일반삼擧一反三'에는 하나를 배우면 다른 것까지도 유추해서 안다는 의미가 들어 있다. 공자의 이러한 교육 방법은 일방적인 지식 전달보다는 제자의 적극적인 참여를 유도하려는 것이었다.

《논어》〈공야장公冶長〉 편을 보면 공자의 제자 안회顔回(자子는 연淵)는 '하나를 들으면 열을 안다'고 해서 '문일지십聞一知十'이라는 칭송을 들었다.

거재두량車載斗量

——— 수레 **거** 실을 **재** 말 **두** 헤아릴 **량** ———

'수레에 싣고 말(斗)로 헤아린다(잰다)'는 뜻으로, 인재가 아주 많음을 두고 하는 말이다. 혹은 물건이나 인재 등이 많아 귀하지 않음을 비유하기도 한다. 비슷한 말로 불가승수不可勝數, 불계기수不計其數, 수불승수數不勝數가 있다. 굴지가수屈指可數가 반의어다.

명明나라 초기에 나관중羅貫中의 연의소설《삼국지연의三國志演義》에는 무수한 인물이 나오는데, 그중 세객說客으로 이름을 날린 재사才士도 꽤 많았다.

장송張松이라는 세객이 있었다. 그는 익주목사益州牧使 유장劉璋의 밑에서 일하고 있었다. 어느 날 유장이 장로張魯에게 공격을 받았다. 장로는 자기 어머니와 동생을 죽인 유장에게 원한을 품고 대대적인 복수전을 펼치고 있었다. 다급해진 유장은 회의를 소집하고 대책을 강구했지만 이렇다 할 방법을 찾지 못했다. 이때 장송이 조조曹操의 지원을 요청하겠다고 유장에게 말했다.

그러나 조조는 당시 천하의 3분의 2를 차지하고 명실공히 천하의 제왕으로 군림하고 있었다. 그가 장송 따위를 만날 까닭이 없었다. 천하의 인재가 조조에게 있으며, 천하의 맹장 마초馬超와 싸워서도 이긴 조조가 아닌가. 장송은 조조를 사흘이나 기다렸다가 가까스로 만날 수 있었다.

장송의 설득에 조조는 듣기만 하고 있었다. 때마침 조조의 모사 양수楊修가 들어와 장송의 의도를 짐작하고 비꼬듯 말했다.

"유장에게 이토록 인재가 없단 말이오?"

장송은 이 말을 듣고 다음과 같이 되받아쳤다.

"문무를 모두 겸비하고 지혜와 용기가 족히 갖추어져 있으며 충성스럽고 의롭고 비분강개하는 선비가 거의 백을 헤아리오. 나처럼 재능 없는 무리는 수레에 싣고 말(斗)로 잴 수도 기록할 수도 없을 만하오文武全才, 智勇足備, 忠義慷慨之士, 動以百數. 如松不才之輩, **車載斗量**, 不可勝記."

한편, 《삼국지三國志》 〈오서吳書〉 '오주손권전吳主孫權傳'에는 오왕吳王 손권孫權이 위魏나라에 도움을 요청하려고 조자趙咨를 보낸 이야기가 예시로 나온다.

거호거오去好去惡

버릴 거 좋을 호 버릴 거 싫어할 오

'좋아하는 것과 싫어하는 것을 버린다'는 말로, 지도자의 위치에 있는 사람은 감정 표현을 드러내지 않고 경계해야 한다는 뜻이다.

중용中庸의 미덕은 얼굴에 희로애락喜怒哀樂을 나타내지 않는 것을 의미하며 절제를 강조하는 것이다. 《한비자韓非子》〈이병二柄〉 편에는 다음과 같은 말이 나온다.

"군주는 [자신이] 좋아하는 것을 버리고 싫어하는 것도 버려야 신하들이 본바탕을 드러낸다. 신하들이 본바탕을 드러내면 위대한 군주의 [눈과 귀는] 가려지지 않을 것이다去好去惡, 群臣見素. 群臣見素, 則大君不蔽矣."

군주는 글자 그대로 절대 권력을 갖고 있으므로 저마다 군주의 기호에 맞추려 속이는 자들에게 둘러싸이게 된다. 그러다 보니 군주가 모르는 사이에 주위에는 비위를 맞추는 신하로 가득 차 있고, 그의 말을 거역하는 자가 한 명도 없게 된다.

군주가 좋음과 싫음을 드러냈을 때 주위 상황이 바뀌는 사례는 많다. 예전에 월나라 왕 구천句踐이 용맹함을 좋아하자 백성 가운데에는 죽음을 가볍게 여기는 사람이 많아졌고, 초나라 영왕靈王이 허리가 가는 여자를 좋아하자 도성 안에는 음식을 일부러 먹지 않는 사람들이 많아졌다. 제나라 환공桓公이 남자를 질투하고 여색을 매우 밝히자 수조豎刁라는 자는 스스로 거세해 후궁들을 관리하는 내시가 되었다.

이 모든 일이 따지고 보면 다 군주의 뜻에 영합하여 자신의 이익을 채우려는 술책이라고 한비韓非는 말한다. 그리고 이런 일들이 일어나는 이유는 군주가 신하들을 경계하지 않고 자신의 속내를 쉽게 드러냈기 때문이라고 주장한다. 군주가 싫어하는 기색만 보여도 신하들은 무조건 감추게 되고, 군주가 어떤 것을 좋아하면 신하들은 물불을 가리지 않고 따르는 척하게 된다는 것이다. 그러니 그 반대로 군주의 속내를 볼 수 없을 때 신하들은 본마음을 드러내기 마련이다. 현명한 군주라면 자신의 감정을 드러내지 않아 신하들이 하는 아부의 싹을 잘라버려야 한다는 것이 한비의 논점이다.

건곤일척乾坤一擲

—— 하늘 **건** 땅 **곤** 한 **일** 던질 **척** ——

'건곤'은 본래《주역周易》의 두 가지 괘명으로 '천지天地와 천하天下'를 뜻하고, '일척'은 '모든 것을 단 한 번에 내던짐'을 뜻한다. 따라서 '건곤일척'은 '하늘과 땅을 내걸고 승부나 성패를 겨룬다'는 말이다. 원말은 일척도건곤一擲賭乾坤이다. 즉, 흥하든지 망하든지 하늘에 자기 운명을 맡기고 어떤 일을 단행함을 비유하며 일결자웅一決雌雄, 일결승부一決勝負와 같다.

당나라 시인 한유韓愈는 초나라 항우項羽와 한나라 유방劉邦이 경계로 삼아 천하를 양분하고 싸움을 멈춘 홍구鴻溝를 지나다가 〈과홍구過鴻溝〉라는 회고시懷古詩를 지었다.

용은 피로하고 호랑이도 지쳐 강을 사이로 언덕을 나누니
억만창생의 목숨이 보존되는구나.
누가 군왕에게 권하여 말 머리를 돌리게 해서
진정 한 번 던져 하늘이냐 땅이냐를 걸 것인가.
龍疲虎困割川原, 億萬蒼生性命存.
誰勸君王回馬首, 眞成**一擲賭乾坤**.

당시 장량張良과 진평陳平은 유방이 철군하려 하자 항우와의 일전을 이렇게 권했다.

"한나라는 천하의 거의 절반을 차지했고 제후들도 모두 귀의했습니다. [이에 반해] 초나라 군사들은 지치고 식량도 떨어졌으니, 이는 하늘이 초나라를 망하게 하려는 것입니다. 따라서 이 기회를 틈타 [그 나라를] 빼앗는 것이 낫습니다. 지금 놓아주고 공격하지 않으면 이는 이른바 '호랑이를 길러 스스로 화를 남기는 꼴'입니다漢有天下太半, 而諸侯皆附之. 楚兵罷食盡, 此天亡楚之時也. 不如因其機而遂取之. 今釋弗擊, 此所謂'養虎自遺患'也."《사기史記》

〈항우본기項羽本紀〉)

이 말에 유방은 항우와 결전을 벌여 그 이듬해 해하垓下에서 대승했다. 이에 항우는 애희愛姬 우미인虞美人에게 스스로 목숨을 끊게 하고 자신도 오강烏江에서 목숨을 끊었다. 이렇게 하여 유방은 한漢 제국을 세웠다.

걸해골乞骸骨

빌 걸 뼈 해 뼈 골

'해골을 [돌려받으려] 빌다'라는 뜻으로, 늙은 재상이 나이가 들어 조정에 나오지 못하게 되었을 때 왕에게 모든 관직에서 물러나기를 주청하는 말이다. 걸해乞骸, 걸신乞身, 원사해골願賜骸骨, 청로請老라고도 한다.

왕족 출신이면서 파란만장하게 산 항우項羽의 삶을 그린 《사기史記》〈항우본기項羽本紀〉에 나오는 말이다.

한나라 유방劉邦이 초나라 항우에게 쫓겨 고전하고 있을 때의 일이다. 유방은 항우가 팽월彭越과 전영田榮, 진여陳餘 등의 반란군을 토벌하는 틈을 타서 관중關中을 합병하고, 의제義帝 시해에 대한 징벌을 명분으로 수십만 대군을 이끌고 당시 초나라 도읍이던 팽성彭城을 차지했다. 그러나 얼마 못 가 항우의 반격으로 아버지와 아내까지 적중에 남겨두고 목숨만 부지한 채 형양衡陽으로 달아났다.

그로부터 몇 달 뒤, 유방은 군량미까지 바닥나 더 이상 싸우는 게 불가능해지자 항우에게 휴전을 제의했다. 그러면서 형양을 국경으로 하기로 했다. 항우도 오랜 싸움에 지쳤으므로 유방의 제의를 받아들이려 했다. 그런데 이때 범증範增이 유방의 상황이 절박함을 간파하고 오히려 형양성을 포위하도록 건의하여 이에 따른다.

유방의 참모 진평陳平은 난국을 타개하려고 단순하고 성급한 항우의 성격을 이용하여 이간책을 쓰기로 하고 진영 안에 소문을 퍼트렸다.

"범증이 유방과 내통하고 있다."

이 소문이 항우의 귀에까지 들어가 항우는 범증을 의심하고 유방과 강화하려고 사신을 보냈다.

진평은 대신들과 함께 음식을 푸짐하게 준비하여 항우의 사신들을 정중히 맞이했다. 진평이 사신에게 물었다.

"나는 아보의 사자라고 생각했는데 도리어 항왕의 사자였구나吾以爲亞父

使者, 乃反項王使者!"

그러고 나서는 성대한 음식을 도로 가지고 가서 형편없는 음식을 항왕의 사자에게 먹게 했다. 사자가 돌아와 항왕에게 보고하자, 항왕은 범증과 한왕이 사사로운 관계가 아닐까 의심해 그 권력을 차츰 빼앗았다. 이에 범증이 크게 화를 내며 말했다.

"천하의 일이 대체로 정해졌으니, 군왕께서 스스로 처리할 수 있게 되었습니다. 이제 해골이나 다를 바 없는 저를 고향으로 돌아가게 해주십시오 天下事大定矣, 君王自爲之. **願賜骸骨**歸卒伍."

이리하여 어리석은 항우는 지장智將 범증을 잃고 말았다.

구중궁궐에 갇혀 사는 군주는 자신이 원하든 원치 않든 늘 사람의 장막에 가려 눈과 귀가 막히기 쉽다. 간신이 판을 치고 올곧은 신하가 내쳐지는 이유는 의외로 자명하다. 권력욕에 눈이 어두워 칭찬보다 칭송과 아첨을 일삼는 것이 궁정의 속성이라고 하면 지나친 것일까.

부연하면, 《한서漢書》〈조충국전趙充國傳〉에도 "조충국이 해골을 빌자, 네 필의 말이 끄는 호화로운 안거를 내렸다充國**乞骸骨**, 賜安車駟馬."라는 말이 나온다.

격물치지格物致知

—— 궁구할 **격** 만물 **물** 이를 **치** 알 **지** ——

'사물의 이치를 궁구하여 온전한 지식을 이룬다'는 말로, 개인의 내적 성숙을 위해서는 외적 성장도 서로 보완 및 조화를 이루어야 한다는 뜻이다. 줄여서 격치格致라고 한다.

본래 《예기禮記》의 한 편명이었던 《대학大學》은 3강령과 8조목이 있으며, 《논어論語》·《맹자孟子》·《중용中庸》과 더불어 사서四書로 꼽힌다.

3강령은 밝은 덕을 밝히고明明德, 백성을 새롭게 하며親民, 지극한 선에 멈추는 것止於至善이다.

8조목은 이 3강령을 실현하는 차례요 단계다. 그 순서는 격물格物, 치지致知, 성의誠意, 정심正心, 수신修身, 제가齊家, 치국治國, 평천하平天下다. 이 8조목에는 각 조목을 설명하는 전傳이 있는데, 격물과 치지에 관한 전만 없다.

《대학》의 문장을 보자.

"사물이 궁구한 이후에 앎이 이르고, 앎이 이른 후에 뜻이 성실해지고, 뜻이 성실해진 이후에 마음이 바르고, 마음이 바른 이후에 몸이 닦여지고, 몸이 닦여진 이후에 집안이 다스려지고, 집안이 다스려진 이후에 나라가 다스려지고, 나라가 다스려진 이후에 천하가 평정된다**格物**而後知**至**, **知**至而後意誠, 意誠而後心正, 心正而後身修, 身修而後家齊, 家齊而後國治, 國治而後平天下."

정현鄭玄은 격물을 이렇게 해석했다.

"그 지혜가 선에 깊으면 선한 일을 따라오게 하고, 그 지혜가 악에 깊으면 악한 일을 따라오게 한다. 일은 사람이 좋아하는 것에 따라오게 됨을 말했다."

만물은 나무 한 그루, 풀 한 잎마다 제각기 이치를 가지고 있어 이 이치를 캐 들어가면 어느 땐가는 만물의 안과 밖, 정밀함과 거침이 이르지 않음이 없을 것이다.

인간의 본성이 사물에도 똑같이 내재되어 있다고 인식하고 있으므로 사물에 대한 탐구야말로 인간에 대한 탐구를 위한 전제가 된다는 것이다. 이렇듯 격물치지는 '사물의 참된 모습을 밝혀 명확한 지식을 얻는다'는 뜻으로, 깊이 몰두하여 만지고 느끼고 토론하며 고민해 지식을 덧붙여 새로운 지식에 이르는 것을 말한다.

견소왈명見小曰明

볼 견 작을 소 가로 왈 밝을 명

'작은 것을 보고도 밝다고 한다'는 뜻으로, 사소한 변화를 감지하는 명철한 지혜와 날카로운 통찰력을 의미하며 《노자老子》 52장에 나온다. 비슷한 말로 견미지저見微知著, 이상지빙履霜知氷이 있다.

"작은 것을 보는 것을 밝음이라 하고, 부드러움을 지키는 것을 강함이라고 한다見小曰明, 守柔曰強."

'명明'과 '강強'의 대비가 인상적인 이 구절에서 노자老子가 말하는 기준은 우리의 상식을 뛰어넘는다. 작은 것을 보는 것을 '명明'이라고 하고, 부드러움을 지키는 것을 '강強'이라 한다. '명'은 외부의 어떤 것을 아는 것이 아니라 자기 자신을 제대로 아는 명철함을 말한다. 그리고 그 명철함은 자신의 시각에 갇혀 있지 않은 것이다. 유약은 조작됨이 없는 자연自然의 상태이며, 그것의 운행은 무리 없는 활동이므로 좀 더 큰 활동성을 지니고, 또 그 극치에 이르러서는 형상도 없고 움직임도 없는 것처럼 보이지만, 오히려 참된 생명력과 도道의 위대한 작용이 있는 것이다. '견見' 역시 의도적이고 능동적으로 보려는 그런 행위를 의미하는 것이 아니라, 그런 통찰력이 있으면 저절로 보이는 피동성을 갖고 있다.

이 말의 의미를 한비韓非는 《한비자韓非子》 〈유로喩老〉 편에서 법가法家적으로 이렇게 재해석했다.

"옛날 주왕紂王이 상아젓가락을 만들자, 기자箕子(은殷나라의 마지막 왕인 주왕의 숙부로 태사太師 벼슬을 지냈으며 기箕 땅을 하사받았으므로 기자라고 부른 것이다)가 두려워했다. '상아젓가락은 반드시 흙으로 만든 그릇에 사용할 수 없고 반드시 무소뿔이나 옥으로 만든 그릇에 사용할 것이다. 상아젓가락에 옥으로 만든 그릇을 쓰게 되면 반드시 채소로 만든 국을 먹지 않고 반드시 쇠고기나 코끼리 고기, 표범 고기만을 먹게 될 것이다. 쇠고기나 코끼리 고기, 표범 고기를 먹으면 반드시 베로 만든 짧은 옷을 입거나 초가집 밑에서 살려고 하지 않을 것이다. 그러면 반드시 비단옷에 구중궁궐이나 고대

광실에 살려고 할 것이다. 나는 그 최후가 두렵기 때문에 상아젓가락을 만든 처음을 걱정한다'昔者紂爲象箸而箕子怖. '以爲象箸必不加於土鉶, 必將犀玉之杯; 象箸玉杯必不羹菽藿, 則必旄象豹胎; 旄象豹胎, 必不衣短褐而食於茅屋之下; 則錦衣九重, 廣室高臺. 吾畏其卒, 故怖其始'."

노여워한 주왕은 기자를 감옥에 가두었으며, 자신이 잘못되었다고 생각하지 않았다. 심지어 간언한 지 5년이 지났을 무렵 주왕은 포락炮烙이란 형벌을 만들어 마음에 들지 않는 자들에게 죄를 뒤집어씌워 처벌했다. 포락은 기름을 바른 구리 기둥을 숯불 위에 걸쳐 달군 뒤, 그 위로 죄인을 맨발로 걷게 하는 형벌이다. 미끄러지면 불에 타 죽었다. 어디 이뿐인가. 술을 마시며 여인들과 지새우다가 술지게미가 언덕을 만들 정도였다.

기자의 통찰력에서 알 수 있듯, 모든 일의 조짐은 사소한 데서 나타나기에 주변의 미묘한 상황을 읽어내는 세심한 관찰력이 필요하다. 어리석은 자와 지혜로운 자의 차이는 결국 큰 위기가 닥칠 가능성을 미리 아느냐 모르느냐에 달려 있다.

견토지쟁犬兎之爭

개 견 토끼 토 어조사 지 다툴 쟁

'개와 토끼의 다툼'이라는 말로, 쓸데없는 다툼을 뜻하기도 하고, 양자의 싸움에서 제삼자가 이익을 보는 것을 비유하기도 한다. 어부지리漁夫之利, 방휼지쟁蚌鷸之爭과 같은 말이다.

유향劉向이 180년간 영웅들의 무용과 책사策士들의 활약상을 담은《전국책戰國策》〈제책齊策〉에 이런 이야기가 나온다.

전국시대 제나라의 세객 순우곤淳于髡은 재치 있는 변론으로 유명했다. 그가 제나라 선왕宣王에게 중용되었을 때 일이다.

하루는 선왕이 위魏나라를 공격하려는 뜻을 비치자, 순우곤이 이런 비유를 들어 그 뜻을 거두라고 간언했다.

"한자로韓子盧는 천하의 빠른 개입니다. 동곽준東郭逡은 천하의 교활한 토끼입니다. 한자로가 동곽준을 쫓느라 산기슭을 세 바퀴나 돌고 산을 다섯 번이나 오르는 바람에 [지쳐서] 토끼는 앞에서 힘이 다하고 개는 뒤에서 쓰러져 개와 토끼가 다 그곳에서 죽고 말았습니다. [때마침 그곳을 지나던] 농부가 그것을 보고 힘도 들이지 않고 모두 얻었습니다. 지금 제나라와 위나라는 오랫동안 대치하여 병사와 백성이 지칠 대로 지쳐 있습니다. 신은 강한 진秦나라나 큰 초나라가 그 뒤를 이어 농부의 공이 있을까 걱정입니다韓子盧者, 天下之疾犬也. 東郭逡者, 海內之狡兔也. 韓子盧逐東郭逡, 環山者三, 騰山者五, 兔極於前, 犬廢於後, 犬兔俱罷, 各死其處. 田父見之, 無勞倦之苦, 而擅其功. 今齊魏久相持, 以頓其兵, 弊其衆. 臣恐強秦大楚承其後, 有田父之功."

이 말을 들은 선왕은 두려워하여 자신의 계획을 그만두고 병사와 백성을 쉬게 함으로써 '견토지쟁'의 결과를 낳지 않았다.

순우곤은 견문이 넓고 기억력이 뛰어났으며 어떤 한 학설에 국한하여 배우지 않았다. 그는 군주에게 충고하고 소신 있게 말했지만 때로는 비위를 맞추어 말했으니 오늘날에도 어떻게 평가해야 할지 논란이 많은 학자다.

결초보은結草報恩

——— 맺을 결 풀 초 갚을 보 은혜 은 ———

'풀을 묶어 은혜를 갚는다'는 말로, 죽어서라도 은혜를 저버리지 않고 보답함을 가리킨다. 각골난망刻骨難忘, 결초結草, 난망지은難忘之恩, 난망지택難忘之澤, 백골난망白骨難忘이라고도 한다.

《춘추좌씨전春秋左氏傳》 선공 15년조에 나온다.

춘추시대 진晉나라에 위무자魏武子라는 이가 살았는데, 그에게 애첩이 하나 있었다. 위무자는 병에 걸린 지 얼마 안 되어 아들 과顆에게 명령하여 말했다.

"반드시 개가시키는 것이 옳다必嫁是."

그러나 병이 아주 위독해지자, 위무자는 다시 과를 불러 이렇게 말을 바꾸었다.

"반드시 순장시키도록 해라必以爲殉."

그러고 나서 며칠 뒤 위무자가 죽었다. 과는 아버지의 마지막 유언대로 자기 서모를 순장시키지 않고 처음 한 말에 따라 개가시켰다. 서모는 과가 아버지 유언대로 하지 않은 것이 의아하여 그 까닭을 물었다.

"질병이 있으면 [정신이] 혼란하므로 저는 [병이] 다스려지고 있을 때를 따랐을 뿐입니다疾病則亂, 吾從其治也."

얼마 뒤에 진秦나라 환공이 두회杜回를 앞세워 진晉나라로 쳐들어왔다. 이 싸움에서 과는 참패했고, 목숨마저 위태로운 지경에 이르렀다. 두회를 피해 있는 힘껏 도망치다가, 과는 한 노인이 풀을 엮어 두회에게 맞서는 것을 보았다顆見老人**結草**以亢杜回. 두회가 넘어져 자빠졌고, 과는 그를 사로잡았다.

그날 밤 과의 꿈속에 한 노인이 나타나 이러한 말을 했다.

"나는 그대가 개가시켜준 여자의 아비요. 그대가 선친의 바른 유언에 따랐기 때문에 나는 보답하고자 한 것이오余, 而所嫁婦人之父也. 爾用先人之治命, 余是以**報**."

경광도협傾筐倒篋

기울 **경** 광주리 **광** 엎을 **도** 상자 **협**

'광주리를 기울이고 상자를 엎는다'는 말로, 자신이 가진 모든 것을 동원하여 다른 사람을 극진히 환대함을 뜻한다. 원문에는 경광도기傾筐倒庋라고 나온다.

당나라 때 방현령房玄齡과 이연수李延壽 등이 당나라 황제의 명命에 따라 펴낸 진晉나라의 정사正史《진서晉書》〈왕희지전王羲之傳〉에 나오는 말이다.

진나라의 태위 치감郗鑒에게는 재색을 겸비한 딸이 있었다. 치감은 그 딸을 애지중지하며 훌륭한 배필을 구해주려 했다. 그는 백방으로 수소문한 끝에 왕도王導의 아들들이 이목구비가 뚜렷하고 총명하다는 것을 알게 되었다. 그래서 그의 문하생에게 왕도의 집으로 가 왕도 아들들의 면모를 하나하나 꼼꼼히 살펴보고 오게 했다.

왕도의 자식들도 치감의 딸이 썩 괜찮은 규수임을 익히 알고 있었다. 그녀 집에서 사람이 온다는 소식을 듣자 모두 어떻게든 잘 보여 사위로 뽑히고 싶었다. 그러나 한 아들만은 이 일에 관심이 없다는 듯 평소 하던 대로 행동했다. 그는 문하생이 와서 지켜보는데도 개의치 않고 동쪽 침상에서 배를 드러내놓고 음식을 먹었다. 이들을 살펴보고 돌아온 문하생은 치감에게 자세히 보고했다.

그러자 치감이 말했다.

"바로 그 배를 드러내고 음식을 먹은 이가 내 사윗감일세."

그는 바로 후대에 서예가로 이름을 날린 왕희지王羲之였다.

치감의 딸은 왕희지와 혼례를 올렸다. 그 뒤 친정에 놀러왔다가 남동생들에게 말하는 내용이 《세설신어世說新語》〈현원賢媛〉 편에 이렇게 나온다.

"왕가王家 사람들이 사안謝安(자字는 안석安石)과 사만謝萬이 온 것을 보고 곧바로 광주리와 상자 속에 있던 음식을 꺼내 극진히 대접하면서 너희가 오면 평상시처럼 대접하니 너희는 번거롭게 다시 왕래하지 않도록 해라王家見二謝, **傾筐倒庋**, 見汝輩來, 平平爾, 汝可無煩復往."

훗날 사안은 왕희지처럼 행서를 잘 써서 이름을 날렸으며, 나이 마흔이 넘어 벼슬길에 나아가 재상까지 승승장구했다.

경국지대업經國之大業

다스릴 **경** 나라 **국** 어조사 **지** 큰 **대** 일 **업**

'나라를 다스리는 큰 사업'이라는 말로, 문장文章을 비유한다.

중국 문학에서는 조조曹操 · 조비曹丕 · 조식曹植을 삼조三曹라 일컬으며, 이들의 문학성을 인정하고 있다. 이 삼부자는 중국 정치사에서 적지 않은 비중을 차지하는 인물들이지만, 특히 문학을 좋아하여 당시 문학 발전에도 많이 기여했다. 이들은 중국 최초의 문학 집단으로 건안칠자建安七子를 필두로 하는 문인들을 모아 문단을 결성한 중추 세력이었다.

조비는 일찍이 《전론典論》 〈논문論文〉에서 문장의 중요성을 이렇게 정의했다.

"대체로 문장은 나라를 다스리는 큰 사업이며, 썩지 않는 성대한 일이다蓋文章**經國之大業**, 不朽之盛事."

여기서 말하는 문장은 문학과 역사, 철학 등 다방면에 걸쳐 글로 쓰인 모든 것을 뜻한다. 이 글은 조비가 태자일 때 문인들이 서로 경시하는 풍토를 보고 그 당시 문인들에게 경고의 메시지인 동시에 봉건시대에 글의 중요성을 일깨워준 명언이다.

경국지색傾國之色

기울 **경** 나라 **국** 어조사 **지** 빛 **색**

'나라를 기울여 위태롭게 할 만한 미색'이라는 말로, 절세미인을 가리킨다. 경국傾國이라고 줄여 쓰기도 한다.

《사기史記》〈항우본기項羽本紀〉에 이런 이야기가 나온다.

한나라 유방이 항우에게 부모와 처자식을 포로로 빼앗겨 괴로워하고 있을 때, 후공侯公이라는 이가 변설辯舌로 이들을 구출한 일이 있다. 이때 유방은 이런 말을 했다.

"이 사람은 천하의 변사로 그 변설이면 나라도 기울게 할 것이오此天下辯士, 所居**傾國**."

유방은 여기서 '경국'이라는 말로 나라를 기울게 할 정도로 뛰어난 후공의 변설을 칭찬했다.

《한서漢書》〈이부인전李夫人傳〉에도 이런 이야기가 있다.

한나라 때 무제를 모시던 가수 이연년李延年이라는 사람이 있었다. 그는 음악에 재능이 있어 노래는 물론 편곡이나 작곡에도 뛰어났으며, 춤 솜씨도 뛰어나 무제의 총애를 듬뿍 받았다.

하루는 무제 앞에서 춤을 추며 〈가인가佳人歌〉라는 노래를 불렀다.

북방에 아름다운 여인 있어
견줄 만한 상대 없이 홀로 섰네.
눈길 한 번에 성이 기울고
눈길 두 번에 나라가 기우네.
성을 기울이고 나라를 기울게 함을 어찌 모르리
아름다운 여인은 다시 얻기 어렵다네.

北方有佳人兮, 絶世而獨立兮.
一顧傾人城兮, 再顧傾人國兮.
寧不知傾城**傾國**, 佳人難再得.

무제는 이 노래를 듣고 정말 이러한 여인이 있는지 물었다. 곁에 앉아 있던 누이 평양공주平陽公主가 이연년의 누이동생이 바로 그러한 미인이라며 귓속말로 속삭였다. 무제가 곧바로 그녀를 불러들였는데, 이연년의 노래대로 매우 아름답고 춤도 잘 추었다. 무제는 한눈에 그녀의 아름다움에 빠져들었다. 이 여인이 바로 이부인李夫人이다.

경원敬遠

공경할 **경** 멀리할 **원**

'귀신을 공경하되 멀리한다'는 공자의 태도에서 비롯된 말로, 경이원지 敬而遠之의 준말이다.

《논어論語》〈옹야雍也〉 편에 나오는 말이다.

하루는 공자의 제자 번지樊遲가 지혜에 대해 묻자 공자가 말했다.

"백성들이 [지켜야 할] 의로움에 힘쓰고, 귀신을 공경하되 멀리한다면 지혜롭다고 할 수 있다務民之義, **敬**鬼神**而遠之**, 可謂知矣."

사람은 죽어 '귀鬼'가 된다. 이와 달리 산천의 신은 '신神'이다. 공자가 상례나 제례의 중요성을 깊이 인지하면서도 귀신을 멀리하라고 한 말은 한 번 되새겨볼 만하다.

《논어》〈술이述而〉 편에도 이런 글이 보인다.

"공자께서는 괴이한 일(怪), 위세 부리는 일(力), 어지럽히는 일(亂), 귀신에 관한 일(神)에 대해서는 말씀하시지 않았다子不語怪力亂神."

공자가 군신君臣, 부자父子, 부부夫婦 등을 중심으로 윤리 도덕을 역설한 것도 현실적 삶에 충실한 그의 태도를 보여준다.

공자는 귀신 같은 불가사의한 존재에 의지하여 인격을 완성하기보다는 현실 세계에서의 도덕적 면모와 인간성을 중요시하여 이러한 말을 한 것이다. 그러나 '경원'은 그 본뜻에서 벗어나 '자신보다 실력이나 인격이 더 빼어나면 사귀기를 꺼리고 멀리한다'는 뜻으로 바뀌었다.

소설 《삼국지연의三國志演義》에 나오는 예형禰衡도 사람을 비꼬는 오만한 성질이 있어 윗사람들에게 경원시敬遠視되었다.

계구우후鷄口牛後

닭계 입구 소우 뒤후

'닭 부리와 소의 꼬리'라는 말로, 닭 부리가 될지언정 쇠꼬리는 되지 말라는 뜻이다. 이 고사성어의 원말의 일부인 영위계구寧爲雞口 혹은 무위우후無爲牛後라고 쓰기도 한다.

《사기史記》〈소진열전蘇秦列傳〉에 이런 이야기가 나온다.

전국시대 동주東周에 소진蘇秦이라는 종횡가縱橫家가 있었다. 그는 당시 한창 세력을 뻗치던 진秦나라의 위협을 받는 제齊·연燕·한韓·위魏·조趙·초楚, 여섯 나라를 돌아다니며 진나라에 대항할 방책, 이른바 합종책合縱策(여러 약소국이 합쳐서 강대한 한 나라를 공격하는 것)을 제시했다.

소진은 한韓나라 선왕宣王을 이렇게 설득했다.

"한나라는 북쪽에 공읍鞏邑과 성고成皐 같은 튼튼한 고을이 있고, 서쪽에는 의양宜陽과 상판商阪 같은 요새가 있으며, 동쪽에는 완읍宛邑과 양읍穰邑과 유수洧水가 있고, 남쪽에는 형산陘山이 있으며, 땅은 사방 900여 리이고, 무장한 병력은 수십만 명이며, 천하의 강한 활과 모진 쇠뇌는 모두 한나라에서 나옵니다. …… 이런 한나라가 강대한 병력과 현명한 대왕을 모시고 있으면서 서쪽으로 진나라를 섬겨 팔을 맞잡고 복종한다면, 그것은 국가를 부끄럽게 만들고 천하 사람들의 놀림거리가 되는 일이니 이보다 더 심한 수치는 없을 것입니다. 대왕께서는 이 점을 깊이 생각하시기 바랍니다.

대왕께서 진나라를 섬긴다면 진나라는 의양과 성고 땅을 요구할 것입니다. 지금 그 땅을 바치면 내년에는 또다시 [다른] 땅을 떼어달라고 요구할 것입니다. …… 차라리 닭 부리가 될지언정 쇠꼬리는 되지 말라는 말이 있습니다. 지금 [대왕께서] 서쪽으로 팔을 모아 복종해 신하로서 진나라를 섬긴다면 쇠꼬리가 되는 것과 무엇이 다르겠습니까? 무릇 대왕의 현명함과 강한 군대를 가지고도 오히려 쇠꼬리라는 오명을 얻게 된다면, 신이 생각하기에 대왕을 위해서는 부끄러울 뿐입니다大王事秦, 秦必求宜陽, 成皐. 今

茲效之, 明年又復求割地. …… 寧爲**雞口**, 無爲**牛後**. 今西面交臂而臣事秦, 何異於牛後乎? 夫以大王之賢, 挾彊韓之兵, 而有牛後之名, 臣竊爲大王羞之."

그 뒤 소진은 다른 나라 군주도 설득하여 합종책을 성공시켰으며, 여섯 나라 재상을 두루 지냈다.

계군일학鷄群一鶴

——— 닭**계** 무리**군** 한**일** 학**학** ———

'닭 무리 속의 한 마리 학'이라는 말로, 평범한 사람들 속에 뛰어난 인물이 있음을 가리킨다. 군계일학群鷄一鶴, 계군고학鷄群孤鶴, 학립계군鶴立鷄群이라고도 한다.

남북조시대 송나라 유의경劉義慶이 쓴, 후한 말부터 동진東晉까지 명사들의 일화집인 《세설신어世說新語》〈용지容止〉 편에 나오는 말이다.

위진남북조시대에는 혼란한 세상을 피해 산속으로 들어가 문학과 인생을 이야기하며 세월을 보내는 선비가 많았다. 이들 중 죽림칠현竹林七賢이라고 불린 선비 일곱 명이 있었는데, 완적阮籍 · 완함阮咸 · 혜강嵇康 · 산도山濤 · 왕융王戎 · 유영劉伶 · 상수向秀 등이다.

그중 혜강은 문학과 음악에 뛰어난 재능이 있었는데, 무고하게 죄를 뒤집어쓰고 처형당하게 되었다. 당시 그 자식으로는 열 살배기 아들 혜소嵇紹가 있었다. 혜소는 자라면서 아버지 모습을 많이 닮아갔다.

혜강의 친구 중 한 사람이 혜소를 무제武帝에게 천거하며 이렇게 말했다.

"《서경書經》〈강고康誥〉 편을 보면 아버지와 자식 사이의 죄는 서로 연좌하지 않는다고 했습니다. 혜소는 비록 혜강의 아들이지만, 춘추시대 진晉나라의 대부 극결郤缺(기주冀州에서 아내와 정답게 농사지으며 살다가 문공의 대부가 됨)에 뒤지지 않을 만큼 총명합니다. 그를 비서랑秘書郎으로 임명하십시오."

무제는 밝은 낯으로 말했다.

"경의 말대로라면 승丞 자리를 줘야 할 것이오."

그러고는 혜소를 비서승에 임명했다.

혜소가 궁궐로 들어가던 날, 그 모습을 멀리서 지켜보던 어떤 이가 다음 날 왕융을 찾아와 이렇게 말했다.

"혜소는 뛰어난 것이 들판의 학이 닭 무리 속에 있는 것 같았습니다嵇延祖卓卓如野**鶴**之在**鷄群**."

그러자 왕융이 대답했다.

"자네가 그 부친을 보지 않았기 때문일세君未見其父耳."

결국 혜소는 나중에 시중侍中으로 승진하여, 혜제惠帝를 모시고 올바르고 곧게 처신하며 보필하는 데 온 힘을 기울였다.

계륵鷄肋

닭 계 갈빗대 륵

'닭의 갈비뼈'라는 말이다. 닭의 갈비뼈는 고기가 별로 없어 먹자니 먹을 게 없고 버리자니 아까운 부위로, 특별히 쓸모가 있는 것은 아니지만 그렇다고 버리기는 아까운 사물을 비유한다. 비슷한 말로 진퇴양난進退兩難, 양수집병兩手執餠, 승소僧梳가 있다.

《후한서後漢書》〈양수열전楊脩列傳〉을 보면 비극적인 인물 양수楊脩에 관한 내용이 나온다.

위나라의 조조曹操 군대가 촉蜀나라 유비劉備와 한중漢中을 서로 점령하려고 한창 싸울 때 일이다. 한중은 사방이 산으로 둘러싸여 있고 중간에 한수漢水(장강의 지류)가 가로놓여 작은 분지를 형성하지만, 토지는 비옥하고 물산이 풍부하여 조조와 유비의 전략 요충지였다. 한중은 익주의 북방의 큰 관문으로, 나아가 관중을 공략할 수 있고, 물러나 익주를 방어할 수 있는 곳이었다. 조조가 한중을 얻으면 익주는 수비할 방법이 없으므로 유비에게는 직접적인 위협이 될 수밖에 없었다. 말하자면 한중은 쌍방의 교두보였고, 유비가 처한 상황에서는 생사가 걸려 있는 전략지였던 셈이다.

조조는 직접 대군을 이끌고 이 한중 탈환에 나섰다. 그러나 촉나라 군대가 이미 한중에 이르러 그곳을 점령하려 하고 있었다. 조조와 유비의 병력은 팽팽하여 수개월에 걸친 지구전으로 들어갔다. 그렇지만 조조 군대는 자기 본거지로부터 너무 멀리 떨어져 있고 장기전을 대비하지 않아 군량미와 병력 모든 면에서 최악의 상태였다. 더군다나 유비의 군대가 식량 보급로를 모두 차단하고 있으므로 옴짝달싹할 수 없는 처지였다. 시간이 흐를수록 병사들 가운데 굶주림을 참다못해 달아나는 자가 점점 늘어났다.

조조는 일대 결단을 내려야 했다. 그런데 하루는 국그릇에 닭갈비가 있는 것을 보고는 퍼뜩 머리를 스치는 것이 있어 이렇게 되뇌었다.

"계륵, 계륵鷄肋, 鷄肋."

마침 그때 하후애夏侯藹가 들어와 암호를 물었다. 조조는 '계륵鷄肋'이라고 명을 내렸다. 그 말뜻을 유일하게 알아들은 행군주부行軍主簿로 있던 재사 양수는 부하들에게 철수하라고 명했다. 양수는 그 기재奇才로 인해 천하의 조조조차 자기 재주가 30리는 떨어진다고 말할 정도였다.

조조의 말뜻을 깨닫지 못한 사람들이 양수에게 그 뜻을 묻자, 양수는 이렇게 대답했다.

"무릇 닭갈비란 버리기도 아깝고 먹어도 먹을 게 없어 한중과 비교되니 대왕께서는 돌아가려고 하신 것입니다夫雞肋, 棄之如可惜, 食之無所得, 以比漢中, 知王欲還也."

위의 대답은 배송지裴松之가 《삼국지주三國志注》에서 인용한 진晉나라 사마표司馬彪의 《구주춘추九州春秋》에 실려 있는 글이기도 하다.

조조는 제멋대로 군령을 내린 양수를 참형에 처했다. 그러나 끝내 조조는 얼마 뒤 군대를 철수시켜 위나라로 돌아갔다.

이러한 내용과 아주 비슷한 내용이 《삼국지연의三國志演義》 72회에 나온다. 양수가 '계륵'이란 암호에 대해 다음과 같은 논리를 들어 설명하는 내용이 있다.

"오늘 밤 명을 내린 것에 의거하여 위왕(조조를 지칭)께서 하루도 못 되어 장차 병사들을 퇴각하여 돌아가시리라는 점을 알게 되었습니다. 닭갈비란 먹자니 고기도 없고 버리자니 맛이 있습니다. 지금은 진격해도 승리할 수 없고 물러나면 남들에게 비웃음거리가 될까 두려우니 이곳에 있는 것은 이로움이 없어 일찌감치 돌아가는 것이 낫습니다. 내일 위왕은 반드시 군사를 되돌릴 것입니다. 그러므로 먼저 행장을 꾸려 다급히 떠날 때의 황당함과 혼란을 면할 것입니다以今夜號令, 便知魏王不日將退兵歸也. 雞肋者, 食之無肉, 棄之有味. 今進不能勝, 退恐人笑, 在此無益, 不如早歸. 來日魏王必班師矣. 故先收拾行裝, 免得臨行慌亂."

하후애가 말했다.

"공은 진정으로 위왕의 폐부를 알고 계시는군요公真知魏王肺腑也!"

그러고는 자신도 행장을 꾸리기 시작했다. 물론 장수들도 철군할 준비를 서두르고 있었다. 조조가 심란하여 순시하다가 행장을 꾸리는 것을 보고 크게 놀라 하후애에게 물어보니 하후애는 이렇게 말했다.

"주부 양덕조(양수)가 먼저 대왕께서 돌아가려 하신다는 뜻을 알고 있었습니다主簿楊德祖, 先知大王欲歸之意."

조조가 양수를 불러 물어보니 양수는 '계륵'의 뜻을 들어 대답했다. 조조는 더욱 크게 노하여 다음과 같이 말했다.

"네가 어찌 감히 말을 만들어 우리 군대의 마음을 어지럽히느냐汝怎敢造言, 亂我軍心!"

그러고는 도부수刀斧手에게 명하여 양수를 베고 그의 머리를 성문에 걸어두게 했다.

계명구도鷄鳴狗盜

닭 계 울 명 개 구 도둑 도

'닭 울음소리를 잘 내는 사람과 개 흉내를 잘 내는 도둑'이라는 말이다. 본래는 배워서는 안 될 재주를 가진 소인배를 가리켰는데, 작은 꾀를 부려 성공하려는 사람이나 보잘것없는 기능을 가진 사람도 꽤 쓸모 있을 때가 있음을 비유한다. 비슷한 말로 계명지객鷄鳴之客, 함곡계명函谷鷄鳴, 검려지기黔驢之技 등이 있다.

《사기史記》〈맹상군열전孟嘗君列傳〉에는 춘추전국시대에 식객食客 300명을 거느렸던 맹상군孟嘗君에 관한 이야기를 담고 있다.

제나라 민왕湣王 25년에 맹상군은 왕명으로 진秦나라에 가게 되었다. 진나라 소양왕昭襄王(별칭은 소왕昭王)은 맹상군을 자기 나라 재상으로 삼으려 했다. 그러자 어떤 사람이 이렇게 말했다.

"맹상군은 현명한 인물로서 또한 제나라의 일족입니다. 지금 그를 진나라 재상으로 삼으면 반드시 제나라의 이익을 먼저 생각하고 진나라의 이익은 뒤로 미룰 것입니다. 그러면 진나라는 위태로워집니다孟嘗君賢, 而又齊族也. 今相秦, 必先齊而後秦. 秦其危矣."

진나라 소왕은 맹상군을 재상으로 삼으려던 생각을 그만두고, 그를 가두고 계략을 짜내 죽이려고 했다. 이에 맹상군은 사람을 시켜 소왕이 아끼는 첩에게 가서 풀어주기를 청하도록 했다. 소왕의 첩은 이렇게 말했다.

"저는 맹상군이 가지고 있는 여우 겨드랑이의 흰 털로 만든 가죽옷을 갖고 싶습니다妾願得君狐白裘."

맹상군은 호백구狐白裘를 한 벌 가지고 있었는데, 진나라 소왕에게 이미 바쳐서 또 다른 옷은 없었다. 맹상군이 빈객들에게 널리 그 대책을 물었지만 속 시원히 대답하는 이가 없었다. 그때 맨 아랫자리에 앉아 있던 사람 중 개 흉내를 내어 좀도둑질하는 자가 있었는데, 그가 이렇게 말했다.

"제가 여우 가죽옷을 구해올 수 있습니다臣能得狐白裘."

밤이 이슥해지자 그는 개 흉내를 내어 진나라 궁궐의 창고 안으로 들어가 전날 소왕에게 바쳤던 여우 가죽옷을 훔쳐 돌아왔다. 맹상군이 이것을 진나라 소왕의 첩에게 바치니, 첩이 맹상군을 위해 소왕에게 말해 소왕이 맹상군을 풀어주었다.

"한밤중이 되어 함곡관函谷關에 이르러서야 소왕은 맹상군을 놓아준 것을 후회하고 잡으려 했으나 이미 도망갔기 때문에 즉시 사람을 시켜 뒤쫓게 했다. 맹상군이 함곡관에 이르렀는데, 관문의 법규는 첫닭이 울어야만 객들을 내보내게 되어 있었기 때문에, 맹상군은 뒤쫓는 자들이 닥칠까 봐 어쩔 줄을 몰랐다. 그때 빈객 가운데 맨 끝자리에 앉은 자가 닭 울음소리를 흉내 내자 닭들이 다 울어서 무사히 빠져나올 수 있었다夜半至函谷關, 秦昭王後悔出孟嘗君, 求之已去, 即使人馳傳逐之. 孟嘗君至, 關法**鷄鳴**而出客, 孟嘗君恐追至. 客之居下坐者有能爲**鷄鳴**, 而鷄齊鳴, 遂發傳出."

처음 맹상군이 좀도둑과 닭 울음소리를 잘 내는 사람을 빈객으로 삼았을 때, 다른 빈객들은 모두 같은 자리에 앉는 것을 부끄러워했다. 그런데 맹상군이 진나라에서 곤경에 처했을 때, 결국 이 두 사람이 그를 구했다. 그 뒤로 빈객들은 너 나 할 것 없이 맹상군을 따르게 되었다.

계찰계검季札繫劍

끝 계 패 찰 매달 계 칼 검

'계찰이 검을 매달아 놓는다'는 말로, 신의를 중시함을 뜻한다. 계포일낙季布一諾과 비슷한 말이다.

《사기史記》〈오태백세가吳太伯世家〉에 나오는 말이다.

춘추전국시대 오나라 왕 수몽壽夢에게 네 아들이 있었는데, 그중 막내아들이 계찰季札이었다. 계찰은 형제들 가운데 가장 현명하고 재능이 있어서 수몽은 그에게 왕위를 물려주려고 했고, 백성도 같은 마음이었다. 그러나 계찰은 왕위는 맏아들이 이어야 한다면서 가족을 떠나 농사를 지으며 거절하는 뜻을 분명히 나타냈다. 계찰의 형들도 그의 높은 인격과 굳은 절개를 칭찬하며 차례로 집권하여 왕위가 그에게까지 이르도록 하려 했다. 그렇지만 계찰은 자신이 왕위에 오를 순서가 되자 다른 곳으로 달아났다.

계찰이 처음 사신으로 떠났을 때, 오나라 북쪽으로 올라가는 도중 서군徐君을 알현하게 되었다. 서군은 평소 계찰의 보검을 갖고 싶었으나 그것을 달라고 할 수 없었다. 계찰도 속으로는 서군이 자신의 보검을 원하는 줄을 알고 있었으나, 사신으로 중원 각 나라를 돌아다녀야 하므로 줄 수가 없었다. 여러 나라를 방문하고 돌아오는 길이었다.

사마천은 이렇게 기록하고 있다.

"서徐나라에 와보니 서군은 이미 죽고 없었다. 이에 계찰은 자기 보검을 풀어 서군의 무덤에 있는 나무에 걸어놓고 떠났다. 옆에서 따르는 이가 물었다. '서나라 군주는 이미 죽었는데 또 누구에게 주려는 것입니까'還至徐, 徐君已死. 於是乃解其寶劍, 繫之徐君塚樹而去. 從者曰: '徐君已死, 尚誰予乎?'"

계찰이 대답했다.

"그런 말을 하지 마라. 내 마음은 이미 그에게 주기로 허락했는데, 어찌 [그가] 죽었다고 해서 내 마음을 거스를 수 있겠느냐不然. 始吾心已許之, 豈以死倍吾心哉?"

태사공太史公 사마천은 계찰의 인물됨을 다음과 같이 평가했다.

"연릉계자의 어진 마음과 연모하는 의로움은 다함이 없으며 하찮은 자취를 보면 사물의 맑음과 흐림을 알 수 있다. 아, 또한 어찌 그가 견문도 넓고 학식도 매우 높은 군자가 아니겠는가延陵季子之仁心, 慕義無窮, 見微而知清濁. 嗚呼, 又何其閎覽博物君子也!"

계포일낙季布一諾

끝계 베포 한일 승낙할낙

'계포의 승낙 한마디'라는 말로, 분명한 약속을 뜻한다. 계락季諾, 금낙金諾, 일낙천금一諾千金, 천금지락千金之諾이라고도 한다.

《사기史記》〈계포난포열전季布欒布列傳〉에 이런 이야기가 나온다.

계포季布는 항우와 유방이 천하를 다툴 때 항우의 대장으로 용맹을 떨친 인물로서, 자신이 한 약속은 반드시 지키는 신의 있는 사람이었다. 유방은 싸움에서 이기자 현상금으로 천금을 걸어 계포를 수배하고, 그를 숨겨주는 자가 있으면 삼족을 멸하겠다고 했다. 그렇지만 계포를 알고 있는 사람들은 현상금에 눈이 어두워 그를 체포하려는 이가 없었으며, 오히려 유방에게 그를 중요한 직책에 임명하도록 권했다. 그래서 계포는 유방의 조정에서 벼슬하면서 의로운 일에 힘썼으며, 모든 사람의 신임과 사랑을 받게 되었다.

초나라 사람 조구생曹丘生은 말솜씨가 뛰어난 선비로, 여러 차례 권세를 빌려 사람들의 일을 처리해주고 그 대가로 돈을 받았다. 그는 황제의 외척인 두장군竇長君과 사이가 좋았다. 조구생은 초나라로 돌아가면서 계포를 만나려고 두장군에게 소개장을 받으려 했다. 이에 두장군이 말했다.

"계 장군은 그대를 좋지 않게 생각하고 있으니 가지 마시오季將軍不說足下, 足下無往."

그러나 조구생은 굳이 소개장을 받아 떠났다. 조구생은 먼저 사람을 시켜 계포에게 두장군의 소개장을 보냈다. 계포는 짐작대로 몹시 화가 나서 조구생을 기다리고 있었다. 조구생은 도착하자 계포에게 절하고 나서 이렇게 말했다.

"초나라 사람들 속담에 '황금 100근을 얻는 것이 계포의 승낙 한마디를 받는 것만 못하다.'라는 말이 있습니다. 당신은 어떻게 양나라와 초나라 사이에서 이러한 명성을 얻게 되셨습니까? 저도 초나라 사람이고 장군도 초나라 사람입니다. 제가 떠돌면서 장군의 이름을 천하에 널리 알린다면 귀하게 되지 않겠습니까? 당신은 어찌하여 저를 매몰차게 거절하십니까楚人諺曰: '得黃金百斤, 不如得**季布一諾**', 足下何以得此聲於梁楚閒哉? 且僕楚人, 足下亦楚人也. 僕游揚足下之名於天下, 顧不重邪? 何足下距僕之深也!"

계포는 이에 크게 기뻐하며 그를 안으로 맞아들여 여러 달 동안 머물게 하고 상객上客으로 정성껏 대접한 다음 많은 선물을 주어 보냈다. 계포의 명성이 더욱더 높아진 것은 조구생이 그의 이름을 알리며 돌아다녔기 때문이다.

고복격양鼓腹擊壤

두드릴 **고** 배 **복** 부딪칠 **격** 땅 **양**

'배를 두드리고 땅을 구르며 즐거워한다'는 말로, 태평성대를 뜻한다. 비슷한 말로 강구연월康衢煙月, 격양가擊壤歌, 격양지가擊壤之歌, 요순지절堯舜之節, 태평성대太平聖代가 있다.

중국 원元나라의 증선지曾先之가 '십팔사'를 요약하여 초보 교재 수준으로 편찬한《십팔사략十八史略》〈제요帝堯〉에 나오는 말이다.

중국에서 가장 이상적인 임금으로 손꼽히는 인물은 요堯임금과 순舜임금이다. 요임금은 자신을 위한 정치가 아니라 백성을 위한 좋은 정치를 하려고 힘썼다.

요임금이 하루는 이 세상이 자기가 생각하는 것처럼 잘 다스려지고 있는지 궁금했다. 그래서 그는 평상복 차림으로 변장하고 궁궐 밖으로 나가 백성의 삶을 구석구석 살펴보기로 했다. 이곳저곳을 살펴보고 있는데 어디에선가 어린아이들의 노랫소리가 들려왔다.

우리 백성이 이처럼 사는 것은
임금님의 지극한 [덕] 아님이 없네.
아무것도 알지 못하지만
임금이 정하신 원칙대로 따라가네.
立我烝民, 莫匪爾極.
不識不知, 順帝之則.

이것은 바로 요임금의 덕을 칭송하는 노래로 '강구요康衢謠'이다. 요임금은 만면에 흐뭇한 미소를 지으며 다른 곳으로 발걸음을 옮겼다.

"천하가 크게 평화롭고 백성이 일이 없었다. 팔구십의 노인이 있는데 땅을 구르며 노래를 불렀다天下大和, 百姓無事. 有八九十老人, **擊壤**而歌."

해가 뜨면 일하고 해가 지면 쉰다네.
우물을 파서 마시고 밭을 갈아서 먹으니
임금의 힘이 어찌 내게 필요하겠는가.
日出而作, 日入而息.
鑿井而飮, 耕田而食, 帝力何有於我哉.

중국 고대와 중세의 악부樂府 작품을 집대성한 《악부시집樂府詩集》에 〈격양가擊壤歌〉라고 된 이 노래를 들어보니 요임금이 이상적으로 생각하던 정치 모습이었다. 백성이 그 누구의 간섭도 받지 않고 스스로 일하고 먹고 쉬는, 이른바 무위지치無爲之治였다. 그래서 요임금은 자신이 지금 정치를 잘하고 있다는 생각에 뿌듯했다.

고어지사枯魚之肆

마를 **고** 물고기 **어** 어조사 **지** 가게 **사**

'목마른 물고기의 어물전'이라는 말로, 매우 곤궁한 처지를 뜻한다. 비슷한 말로 철부지급轍鮒之急, 학철부어涸轍鮒魚가 있다.

《장자莊子》〈외물外物〉 편에 나오는 말이다.

장자莊子는 집안 형편이 매우 어려웠다. 하루는 먹을거리가 떨어져 인색하기로 소문이 자자한 감하후監河侯에게 꾸러 갔는데 그가 말했다.

"알겠습니다. 내가 곧 세금을 거두어들일 텐데 거둔 후에 300금金을 빌려드리면 되겠습니까諾. 我將得邑金, 將貸子三百金, 可乎?"

당장 먹을 게 없는 장자는 그 말에 화가 치밀어 이런 비유를 들었다.

"어제 오는 길에 절 부르는 게 있었습니다. 돌아보니 수레바퀴 자국에 있는 붕어였습니다. 제가 물었습니다. '붕어야! 넌 어찌 이렇게 되었느냐?' 그 붕어가 대답했습니다. '저는 본래 동해에 사는 신하입니다. 당신은 한 되의 물로 저를 살려주시겠습니까?' 그래서 저는 말했습니다. '그렇게 하겠다. 내가 곧 남쪽의 오나라와 월나라 땅에 놀러가는데, 서쪽 강줄기를 대어주어 너를 맞이하면 되겠느냐?' 그러자 붕어는 화를 내며 말했습니다. '나는 나와 항상 함께하던 [물을] 잃었기 때문에 처할 곳이 없는 것입니다. 지금 내게는 물 한 말이나 한 되만 있으면 살 수 있는데 당신이 이렇게 말하면 일찌감치 나를 목마른 물고기의 어물전에 가서 찾는 게 더 나을 것입니다'周昨來, 有中道而呼者. 周顧視車轍中, 有鮒魚焉. 周問之曰: '鮒魚來! 子何爲者邪?' 對曰: '我, 東海之波臣也. 君豈有斗升之水而活我哉?' 周曰: '諾. 我且南遊吳越之王, 激西江之水而迎子, 可乎?' 鮒魚忿然作色曰: '吾失我常與, 我無所處. 吾得斗升之水然活耳, 君乃言此, 曾不如早索我於**枯魚之肆**.'"

장자의 이런 비유에 감하후는 아무 말도 하지 못했다.

고주일척孤注一擲

외로울 **고** 물댈 **주** 한 **일** 던질 **척**

'노름꾼이 도박에서 계속 잃을 때 남은 돈을 한 번에 다 걸고 모험하는 것'을 말한다. 온 힘을 다해 어떤 일을 모험하는 것을 비유한다. 고주일결孤注一決이라고도 쓴다. 간단히 고주孤注라는 말로도 쓰인다.

이 말은 북송北宋 때의 학자 사마광司馬光의 《속수기문涑水記聞》 6권에 보인다.

거란군이 송나라로 쳐들어오자 송나라는 힘껏 맞서 싸웠으나 역부족이었다. 거란군이 송나라 수도를 향해 점점 다가오자 진종眞宗은 대신들을 불러 모아 긴급회의를 열었다. 당시 재상이던 구준寇準이 말했다.

"폐하께서 직접 병사들을 지휘하여 사기를 북돋우시면 이길 수 있을 것입니다."

진종은 구준의 의견대로 직접 병사들을 지휘했다. 그러자 거듭된 패배로 사기가 땅에 떨어졌던 병사들은 용기백배하여 승리를 거두었다. 이 일로 진종은 구준을 남다르게 총애했다.

그런데 왕흠약王欽若이라는 간신이 있어, 틈만 나면 진종에게 구준을 헐뜯었다.

하루는 왕흠약이 진종과 함께 도박을 했다. 그는 절호의 기회라고 생각하고 이렇게 말했다.

"지난번 거란과의 싸움에서 폐하께서 직접 군사를 이끌고 진두지휘한 것은 '고주孤注'와 같이 적과 도박한 것입니다."

진종은 자기 일을 도박에 비유한 참언을 듣고는 화가 나서 구준을 재상에서 섬주지부陝州知府로 좌천시키고 말았다.

한편 이 내용은 《송사宋史》 〈구준전寇准傳〉에 아주 비슷한 취지로 나온다. 맨 마지막의 왕흠약의 말은 이렇다.

"폐하께서는 도박을 들어보셨는지요? 도박이란 돈을 다 쏟아부어 곧 항아리에 넣고 그것을 다 꺼내는 것인데, 이것을 '고주'라고 합니다. 폐하께는 구준이 고주인 것이니 이는 역시 위험한 것입니다陛下聞博乎? 博者輸錢欲盡, 乃罄所有出之, 謂之**孤注**. 陛下, 寇准之**孤注**也, 斯亦危矣."

고침이와高枕而臥

높을 **고** 베개 **침** 어조사 **이** 누울 **와**

'베개를 높이 하고 편안히 눕는다'는 말로, 걱정 근심 없이 편안한 상태를 뜻한다. 고침무우高枕無憂, 고침안면高枕安眠, 안침이와安枕而臥라고도 한다.

《사기史記》〈장의열전張儀列傳〉에 나오는 말이다.

전국시대 말기에 뛰어난 화술로 제후들에게 유세遊說하여 패업霸業의 기초를 다진 이들이 있었는데, 종횡가 가운데 소진蘇秦과 장의張儀는 각각 합종책과 연횡책連衡策으로 이름을 떨쳤다.

먼저 소진은 제齊·연燕·한韓·위魏·조趙·초楚 여섯 나라가 동맹을 맺어 진秦나라에 대항하도록 했다. 이러한 소진의 합종책을 뒤집어 진나라가 다른 한 나라와 동맹하여 또 다른 나라를 공격하는 연횡책을 제시한 사람이 바로 장의다.

장의는 본래 진秦나라 혜왕惠王의 신임을 받았다. 그는 진나라를 위해 일부러 재상직을 버리고 위나라의 재상이 되어 위나라 애왕哀王에게 진나라를 섬기도록 설득했다. 그러나 애왕은 당시 합종에 가담하고 있었으므로 장의의 주장을 내치고 듣지 않았다. 그러자 장의는 몰래 진나라로 연락하여 위나라를 두 차례나 공격하도록 했으며, 그다음 해에는 한韓나라를 쳐서 병사 8만여 명을 죽였다.

일이 이렇게 되자 위나라의 애왕뿐만 아니라 다른 제후들도 위협을 느껴 불안에 떨었다. 이 기회를 포착한 장의가 애왕에게 말했다.

"위나라 땅은 사방 1000리가 못 되며 병사는 겨우 30만 명입니다. 국토는 평탄하여 제후들이 사방에서 마음대로 쳐들어올 수 있습니다. 이름난 산이나 큰 하천이 가로막고 있지 않으며 신정新鄭에서 대량大梁까지 200여 리는 수레나 말을 몰고 사람이 달려도 쉽게 이를 수 있습니다. 위나라는 남쪽으로 초나라와 국경을 맞대고 있고, 서쪽으로는 한나라와 이웃하고 있으며, 북쪽으로는 조나라와 국경을 맞대고 있고, 동쪽으로는 제나라와 경계를 마주하고 있습니다. 사방을 지키는 병사와 변방 보루를 지키는 자가 10만 명이 넘어야 합니다……. 대왕을 위한 계책으로는 진나라를 섬기는 것이 가장 좋습니다. 진나라를 섬기게 되면 틀림없이 초나라와 한나라는 감히 움직이지 못할 것입니다. 초나라와 한나라의 근심이 없다면 대왕께서는 베개를 높이 하고 편안히 누우실 수 있고, 나라에는 틀림없이 아무런 근심이 없을 것입니다爲大王計, 莫如事秦. 事秦則楚韓必不敢動; 無楚, 韓之患, 則大王高枕而臥, 國必無憂矣."

세 치 혀에 넘어간 애왕은 합종에서 빠져 진나라와 우호조약을 맺게 되었다. 장의는 나머지 다섯 나라도 방문하여 주나라 난왕赧王 4년에 연횡을 성립시켰다.

고희古稀

옛 고 드물 희

'예로부터 드물다'라는 뜻으로 일흔 살을 말한다. 비슷한 말로 종심從心, 희수稀壽가 있다. 중국인들은 보통 나이를 말할 때 직접적으로 말하지 않고 비유를 들기 좋아했다. 예를 들면 열다섯 살은 지학志學, 스무 살은 약관弱冠, 서른 살은 이립而立, 마흔 살은 불혹不惑, 쉰 살은 지천명知天命, 예순 살은 이순耳順이라는 말이 있다.

'고희'라는 말은 시성詩聖으로 추대받는 중국 최고의 시인 두보杜甫의 시 〈곡강曲江〉에 나온다.

조정에서 돌아오면 봄옷을 저당 잡히고
매일 강어귀에서 만취되어 돌아오네.
술빚은 늘 가는 곳마다 있건만
인생 칠십은 예로부터 드물구나.
꽃 속으로 날아드는 나비는 그윽하고
물 위로 꽁지를 닿을 듯 나는 잠자리는 유유하네.
내 전하고픈 말은 풍광과 함께 흐르노니
잠시나마 서로 즐기고 부디 저버리지 말라는 것이라네.
朝回日日典春衣, 每日江頭盡醉歸.
酒債尋常行處有, 人生七十**古**來**稀**.
穿花蛺蝶深深見, 點水蜻蜓款款飛.
傳語風光共流轉, 暫時相賞莫相違.

입신양명을 추구하던 작자는 좌습유左拾遺가 되었으나, 정치적 사건에 연루되어 벼슬살이는 곧 좌절된다. 이 시는 그런 실망감을 곡강을 배경으로 노래한 작품이다. 봄에 도취되었던 작자는 이제 자신을 필요로 하지 않는 세상에 대한 뼈아픈 현실에 통탄할 뿐이다. 자신은 충성하고자 하나 관직을 박탈당해 포부를 펼칠 길이 없으니 술로 마음을 달랠 수밖에 없다.

두보는 폐결핵과 신경통에 시달리며 유랑을 계속하다가 지병인 고혈압으로 이순도 넘기지 못하고 세상을 떠나고 말았다. 늘 병마와 싸운 그였기에 생사에 초연할 수 없었고, 술로 마음을 달래곤 했다.

곡고화과曲高和寡

가락 **곡** 높을 **고** 화할 **화** 적을 **과**

'가락의 수준이 높으면 화답하는 사람이 적다'는 뜻으로, 문장의 품격이 너무 높으면 읽는 사람이 적음을 말한다. 비슷한 말로 양춘백설陽春白雪이라고도 하며, 아속공상雅俗共賞 · 하리파인下里巴人이 반대어다.

중국 양나라 소통蕭統이 130권으로 엮은 문장 선집인 《문선文選》의 〈송옥대초왕문宋玉對楚王問〉에 이런 이야기가 있다.

전국시대 말엽 굴원屈原과 더불어 대표적인 남방 시인으로 손꼽히던 송옥宋玉의 문장은 꽤 유명했다. 그러나 그 문장이 어려워서 제대로 이해하기 힘들고, 그 글을 읽는 사람도 드물 수밖에 없었다. 초나라 왕은 송옥에게 그 까닭을 물어보았다.

"대체 무엇 때문에 경의 문장을 읽는 사람이 드문 것이오?"

송옥은 왕의 말뜻을 알아차리고 다음과 같은 비유를 들어 말했다.

"어떤 가수가 있었습니다. 어느 날 길에서 노래를 부르는데, '하리파인下里巴人'이라는 쉬운 통속 노래를 불렀습니다. 주위에 있던 사람들이 대부분 알아듣고 따라 불렀습니다. 그러나 곧이어 조금 수준이 있는 '양아해로陽阿薤露'라는 노래를 부르자 따라 부르는 사람이 훨씬 줄었습니다. 다시 더 어려운 '양춘백설陽春白雪'이라는 노래를 부르자 겨우 10여 명만이 따라 불렀습니다. 나중에는 상조商調와 우조羽調로 부르다가 치조徵調를 섞어 부르니 따라 부를 수 있는 이는 몇 사람뿐이었습니다."

그러고는 이렇게 말했다.

"이는 곡이 높은 수준일수록 더욱더 화답하는 사람이 적어지는 것입니다. 그러므로 새 중에는 봉황도 있고 물고기에는 곤이라는 것도 있습니다. 봉황은 구천 리를 치고 올라가 구름을 뚫고 푸른 하늘을 등에 지고 떠다니는 구름을 어지럽히며 날개를 펼치고 높게 날아오를 수 있습니다. 무릇 울타리를 넘나드는 참새가 어찌 구름 위에 봉황과 천지의 높고 낮음을 논할 수 있겠습니까? 곤은 아침에 곤륜산에서 출발하여 큰 바닷가로 내려가 등지느러미를 드러내놓고 헤엄을 칩니다. 한 척밖에 안 되는 연못 속 작은 물고기가 어찌 곤과 더불어 바다의 깊고 넓음을 헤아릴 수 있겠습니까? 그러므로 유독 새가 봉황만 있고 물고기가 곤만 있겠습니까? 사람(선비)도 이와 같으니, 무릇 성인의 높은 생각과 행동은 초연하여 홀로 있는 법인데, 세속의 백성이 또 어찌 신이 하는 것을 알겠습니까 是其**曲彌高**, 其**和彌寡**. 故鳥有鳳而魚有鯤. 鳳凰上擊九千里, 絕雲霓, 負蒼天, 足亂浮雲, 翱翔乎杳冥之上; 夫藩籬之鷃, 豈能與之料天地之高哉? 鯤魚朝發崑崙之墟, 暴鬐於碣石, 暮宿於孟諸; 夫尺澤之鯢, 豈能與之量江海之大哉? 故非獨鳥有鳳而魚有鯤也? 士亦有之; 夫聖人瑰意琦行, 超然獨處, 世俗之民, 又安知臣之所爲哉?"

초나라 왕은 송옥의 비유를 듣고 느끼는 바가 있었다.

대중성과 예술성 사이에서 고민하는 것은 예나 지금이나 다르지 않다. 본원에 천착하여 대중의 기호嗜好를 거스르는 경우도 비일비재하기 때문이다.

곡돌사신曲突徙薪

굽을 **곡** 굴뚝 **돌** 옮길 **사** 땔나무 **신**

'굴뚝을 꼬불꼬불하게 만들고 아궁이 근처의 땔감을 다른 곳으로 옮기라'는 말로, 어떤 큰일이 터지기 전에 미리 방지함을 비유한다. 유비무환有備無患과 비슷하며, 망양보뢰亡羊補牢와 반대의 뜻이다.

《한서漢書》〈곽광전霍光傳〉에 나오는 말이다.

한 나그네가 어떤 사람의 집 앞을 지나게 되었다. 그는 지나치면서 주인이 있는 쪽을 슬쩍 보았다. 그 집 부엌에는 굴뚝이 반듯하게 뚫려 있고 곁에는 땔감이 쌓여 있었다. 그는 주인에게 말했다.

"굴뚝을 다시 [꼬불꼬불하게] 하고, 그 땔감은 멀리 옮기도록 하시오. 그러지 않으면 앞으로 불로 인한 근심이 될 것이오更爲**曲突**, 遠**徙**其**薪**. 不者, 且有火患."

그러나 주인은 이 나그네의 말을 듣지 않았고, 끝내 불이 나게 되었다. 마을 사람들이 힘을 합쳐 그를 구해주었고 다행히 불길은 잡혔다. 그는 소를 잡고 술상을 차려 마을 사람들에게 고맙다는 인사를 했다. 이때 사람들은 주인에게 이렇게 말했다.

"만일 나그네 말을 들었다면 소와 술을 낭비하지 않아도 되었을 테고, 결국 불로 인한 근심도 없었을 것이오. 지금 공과 상을 논하여 굴뚝을 꼬불꼬불하게 하고 땔감을 다른 곳으로 옮기라고 한 이에게는 은택이 없고, 머리를 그을리고 이마를 태워가며 [불을 끈 사람이] 상객이 되었구려鄕使聽客之言, 不費牛酒, 終亡火患. 今論功而請賓, **曲突徙薪**無恩澤, 焦頭爛額爲上客耶."

이 글에서는 논공행상論功行賞을 불공평하게 시행함을 비꼬는 글이나, 화근이 될 만한 것은 미리 사전에 없애라는 유비무환有備無患의 정신을 보여준다.

곡학아세曲學阿世

굽을 곡 학문 학 아첨할 아 인간 세

'학문을 굽혀 세상에 아첨한다'는 말로, 정도正道에서 벗어난 학문을 닦아 세상에 아부한다는 뜻이다. 약자인 지식인이 자기 한 몸의 편안함을 위해 강자인 권세에 아부함을 말한다. 곡학아사曲學阿私라고도 하며, 어용학자御用學者와 비슷한 말이다.

《사기史記》〈유림열전儒林列傳〉에는 전한前漢까지의 유학자들 이야기가 실려 있다.

전한의 효경제孝景帝는 즉위하자마자 천하의 어진 선비들을 구했는데, 제일 먼저 명망 있는 원고생轅固生을 불러 박사博士로 삼으려 했다. 원고생은 산동山東 출신으로 당시 아흔이나 되는 고령이었다. 그는 효경제의 부름에 감격하여 이렇게 마음먹었다.

'젊은이들에게 결코 지지 않으리라.'

원고생은 백발이 성성한 머리를 바람에 날리며 궁궐로 향했다.

원고생은 일찍이 경제의 어머니인 두 태후竇太后가 즐겨 읽던 《노자老子》라는 책에 대해 묻자, 정도의 글이 아니라고 거절했다가 노여움을 사서 죄를 받았는데 경제의 도움으로 벗어난 일이 있었다. 이렇듯 그는 권력을 두려워하지 않고 직언을 서슴지 않는 인물이었다. 젊은 학자들은 그의 임용을 강력히 저지하려 했다. 학자들은 효경제에게 원고생은 시골에서 증손자들이나 돌볼 늙은이라며 온갖 비난과 중상모략을 했다. 그렇지만 효경제는 그들의 비난을 듣지 않고 원고생을 곁에 두었고 원고생은 소임을 다하고 병으로 사퇴했다.

무제武帝가 즉위하여 그를 다시 불렀을 때, 함께 등용된 인물 중에 공손홍公孫弘이라는 젊은 학자가 있었다. 공손홍도 원고생을 대하는 태도가 사이비 학자들과 별반 다를 게 없었다. 그러나 원고생은 불쾌히 여기지 않고 공손홍에게 지금의 학문의 길은 어지럽고 속설만이 유행하고 있으며, 이대로 두면 유서 깊은 학문의 전통은 요사스러운 학설로 제 모습을 잃게 된다고 하면서 이렇게 당부했다.

“공손자여, 바른 학문에 힘써 바르게 말하고 학문을 굽혀 세상에 아첨하지 말게公孫子, 務正學以言, 無曲學以阿世.”

이 말을 들은 공손홍은 자신의 무례함을 부끄러워하며 용서를 구하고 그의 제자가 되었다.

사마천도 공손홍의 사람됨이 비범하며 견문이 넓다고 평가했다. 공손홍은 베로 이불을 만들어 덮고 밥 먹을 때는 고기반찬을 두 가지 이상 놓지 않았으며, 계모가 죽었을 때는 3년간 상복을 입기도 했다. 조정에서 회의가 열릴 때면, 그는 찬반의 실마리만을 진술하여 임금이 스스로 결정을 내릴 수 있도록 하고, 얼굴을 맞대고 상대방의 잘못을 지적하며 논쟁하기를 즐겨 하지 않았다. 그래서 천자는 그의 행실이 돈후하고 변론에 여유가 있으며, 법률이나 관리 능력에도 뛰어나고, 또 유가 학설 속에서 근거를 찾는 것을 보고 매우 좋아했다. 그는 각별한 신임을 얻게 되었다.

공수신퇴功遂身退

공 공 이룰 수 몸 신 물러날 퇴

'공이 이루어지면 자신이 물러난다'는 뜻으로, 물러날 때와 장소를 구분하지 못하는 우리 인간의 어리석음을 빗댄 말이다. 비슷한 말로 지난이퇴知難而退, 급류용퇴急流勇退가 있다.

《노자老子》9장에 나오는 말이다.

"가지고 있으면서 그것을 채우려 하면 그만두는 것만 못하니, [날을] 다듬으면서 그것을 뾰족하게 하면 오래 보존할 수 없다. 금과 옥이 집 안에 가득 차도 그것을 지킬 수 없고, 부귀하면서 교만하면 스스로 허물을 남기게 되니, 공이 이루어지면 자신이 물러나는 것이 하늘의 이치다持而盈之, 不如其已, 揣而銳之, 不可長保. 金玉滿堂, 莫之能守, 富貴而驕, 自遺其咎, **功遂身退**, 天之道也."

'공성신퇴功成身退'라는 말은 사람이 공을 세우고 자리를 차지하는 것이 오래되면 안 되며, 물러나지 않고 자리를 차지하려고 버둥거리면 결국 해를 당한다는 의미를 담고 있다. 해와 달도 그렇듯이, 만물은 성함이 있으면 반드시 쇠함이 있으며 즐거움이 극에 이르면 슬픔도 있게 되는 순리를 따르라는 메시지다.

사물이 극에 이르면 돌아가게 되는 것이 세상의 이치다. 일정한 만족을 얻으면 즉시 그만두어야 후환이 없다. 어리석은 인간은 움켜쥐고 놓지 않으려 하니 가진 것을 송두리째 잃을 수밖에 없다. 이미 부귀나 재물, 명예를 갖고 있다면 그것을 갖고 있다는 사실 자체를 잊어버리는 게 좋다.

〈낙화落花〉라는 시에서 물러날 때를 알고 떠나는 그런 뒷모습을 보고 아름답다고 노래한 시인도 있다.

공자천주孔子穿珠

구멍 공 아들 자 뚫을 천 구슬 주

'공자가 구슬을 꿴다'는 말로, 자기보다 못한 사람에게 모르는 것을 묻는 게 부끄러운 일이 아님을 뜻한다. 불치하문不恥下問과 같다.

송대宋代 목암선경睦菴善卿이 펴낸《조정사원祖庭事苑》에 이런 이야기가 실려 있다.

공자가 진陳나라를 지나갈 때 일이다. 공자는 어떤 사람에게 귀한 구슬을 얻었는데, 그 구멍이 아홉 구비나 되었다. 그는 이것을 실로 꿰려고 여러 방법을 다 써보았지만 꿸 수가 없었다. 문득 바느질하는 아낙네들이라면 쉽사리 꿸 수 있을 거라는 생각이 들었다. 그래서 뽕밭에서 뽕을 따고 있던 한 아낙네에게 그 방법을 물었다.

여인은 이렇게 대답했다.

"곰곰이 꿀(蜜)을 생각해보세요."

공자는 그 말대로 조용히 차근차근 생각해보았다. 조금 있다가 그녀의 말뜻을 깨닫고 무릎을 탁 쳤다. 그러고는 나무 아래로 왔다 갔다 하는 개미를 한 마리 붙잡아 그 허리에 실을 맸다. 그 개미를 한쪽 구멍으로 밀어 넣고 반대편 구멍에는 달콤한 꿀을 발라놓았다. 개미는 꿀 냄새를 맡고 이쪽 구멍으로 들어가 저쪽 구멍으로 나왔다. 이리하여 구슬에 실을 꿸 수 있게 되었다.

사실 이 이야기는 소식蘇軾(호는 동파東坡)이 이런 시구로 남겼다.

"아홉 구비의 구슬을 얻었으나 그것을 꿰지 못했네. 공자는 실에 기름을 발라 개미가 그것을 통과하게 했네有得九曲珠, 穿之不得. 孔子教以脂塗于線, 使蟻通之."

소식의 시구에서는 꿀 대신 기름으로 표기되어 있으나 뜻은 비슷하다. 자기보다 못하다고 비웃거나 깔보지 않는 자세는 늘 필요하지 않은가!

'공석불난孔席不暖(공자의 자리는 따뜻할 날이 없다)'이라는 말처럼 공자는 늘 부지런했다. 그는 배우는 일을 매우 중요시했으며, 배움에 나이가 많고 적음이나 신분의 높고 낮음을 신경 쓰지 않았다. 그가 《논어論語》〈술이述而〉편에서 "세 사람이 길을 가면 [그 가운데] 반드시 나의 스승이 있다三人行, 必有我師"라고 한 것도 그의 학문하는 태도를 잘 나타낸 말이다.

공중누각空中樓閣

빌 공 가운데 중 다락 루 집 각

'허공에 있는 누각(신기루蜃氣樓)'이라는 말로, 내용이 없는 문장이나 쓸데없는 의론議論 및 근거 없는 일, 기초가 튼튼하지 못하여 무너지는 것 등을 비유적으로 나타낸다. 사상누각沙上樓閣과 같으며, 과대망상誇大妄想과 비슷한 말이다.

당나라 초기 궁정 시인 송지문宋之問의 시 〈법화사에 놀러가다遊法華寺〉에 이 글귀가 보인다.

"허공 속에는 누대와 전각이 이어져 있고, 마음속에는 구름과 노을이 피어난다空中結樓殿, 意表出雲霞."

또한 송대의 유능한 정치가요 과학적 지식의 소유자 심괄沈括이 지은 《몽계필담夢溪筆談》에도 다음과 같은 글이 실려 있다.

"등주는 사면이 바다이므로 봄과 여름에는 멀리 하늘가에서 성곽과 누대의 모습을 볼 수 있다. 이곳 사람들은 이것을 해시라고 한다登州四面臨海, 春夏時, 遙見空際有城市樓臺之狀. 土人謂之海市."

이 글에서 '해시海市'는 바로 신기루를 말한다. 훗날 청대淸代 학자 적호翟顥가 《통속편通俗編》이라는 책에서 "언행이 허구에 찬 사람을 '공중누각'이라고 말한 것稱言行虛構者, 曰'空中樓閣'"은 심괄의 이 말을 인용한 것이다.

공휴일궤功虧一簣

공 **공** 이지러질 **휴** 한 **일** 삼태기 **궤**

'공이 삼태기 하나 분량의 흙 때문에 이지러진다'는 말로, 사소한 방심으로 거의 완성된 일이 무산됨을 뜻한다. '다 된 밥에 재 뿌린다'라는 말과 비슷한 뜻이다.

《서경書經》〈여오旅獒〉 편에 이런 이야기가 있다.

주나라 무왕武王이 은나라를 멸망시킨 지 얼마 되지 않았을 때 일이다. 당시 변방의 여러 만족蠻族은 주나라의 세력이 강해지자 앞다퉈 공물을 헌상하여 친교를 맺으려 했다. 그 가운데 여旅라는 나라에서는 오獒라는 개를 바쳤는데, 키가 네 자나 되고 사람의 말귀를 알아듣는 명견이었다.

무왕은 이 선물을 받고 매우 기뻐했다. 이때 무왕의 동생 소공召公 석奭이 무왕의 이러한 마음을 경계하여 다음과 같이 노래했다.

> 아! 이른 아침부터 밤 늦게까지 부지런하지 않음이 없어라.
> 작은 행실을 삼가지 않으면,
> 끝내 큰 덕에 누가 되니,
> 아홉 길의 산을 만들면서
> 공이 한 삼태기 흙으로 이지러진다네.
> 嗚呼, 夙夜罔或不勤.
> 不矜細行, 終累大德,
> 爲山九仞, **功虧一簣**.

이는 아홉 길이나 되는 산을 만들 때 삼태기 하나에 들어갈 양만큼의 흙이라도 부족하면 완성할 수 없는 것과 마찬가지로, 무왕의 천하 통일도 조금이라도 빈틈이 있으면 이룰 수 없음을 경고한 것이다.

《논어論語》〈자한子罕〉 편을 보면 공자도 이런 말을 했다.

"[학문하는 것은] 비유하자면 산을 [쌓는 것과] 같으니, 한 삼태기의 흙을 이루지 못하고 그만두어도 내가 그만둔 것이다. 비유하자면 땅을 고르는 것과 같으니, 비록 한 삼태기의 흙을 부어서 나아갈지라도 내가 [나아] 가는 것이다譬如爲山, 未成一簣止, 吾止也. 譬如平地, 雖覆一簣進, 吾往也."

학문이란 사소한 방심으로도 쉽게 무너질 수 있음을 비유한 말이다. 아울러 공자는 학문은 남을 위해 하는 것이 아니라 바로 자신을 위해 하는 것이므로 학문을 하지 못함으로써 나타나는 고통도 자신의 몫이라고 강조하고 있다.

과유불급過猶不及

지날 **과** 같을 **유** 아니 **불** 미칠 **급**

'정도를 지나침은 미치지 못함과 같다'는 말로, 중용이 중요함을 뜻한다. 간단히 과불급過不及이라고도 쓰며, 비슷한 말로 교각살우矯角殺牛 · 교왕과정矯枉過正 · 교왕과직矯枉過直 · 소탐대실小貪大失 등이 있다.

《논어論語》〈선진先進〉 편에 나오는 말이다.

자공子貢은 정치에 뛰어난 역량을 발휘했고 공자의 경제적인 후원자였다. 하루는 공자가 제자 자공과 이런 문답을 했다.

자공이 물었다.

"사(자장子張)와 상(자하子夏) 중에서 누가 더 현명합니까師與商也孰賢?"

공자가 말했다.

"사는 지나치고, 상은 미치지 못한다師也過, 商也不及."

자공이 물었다.

"그렇다면 사가 더 낫습니까然則師愈與?"

공자가 말했다.

"지나친 것은 미치지 못하는 것과 같다**過猶不及**."

자장과 자하에 대한 공자의 평가는 유가에서 중시하는 이른바 중용의 도道를 잃었음을 지적하고 있다. 흔히 자장처럼 매사에 지나칠 만큼 뛰어난 것을 우수하다고 평가하기 쉬운데, 공자는 미치지 못하는 것과 같다고 말했다.

결국 공자의 평가에 걸맞게 자하는 공자의 문하생 가운데 후대에도 큰 영향을 끼쳤으며, 공자의 학술을 전파하는 데 큰 공을 세웠다.

과전이하瓜田李下

오이 과 밭 전 오얏 리 아래 하

'오이밭과 오얏(자두)나무 밑'이라는 뜻으로, '오이밭에서는 신발을 고쳐 신지 말고 오얏나무 밑에서는 갓을 고쳐 쓰지 말라'는 말이다. '과전불납리 이하부정관瓜田不納履 李下不整冠'의 준말로 위나라 조비가 〈군자행君子行〉이란 시에서 이 말을 처음 썼는데, '군자君子는 미연未然에 방지하며 혐의嫌疑가 있는 곳에 머물지 않는다'는 의미다.

중국 진晉나라의 역사가 간보干寶가 편찬한 소설집 《수신기搜神記》 〈가문합賈文合〉에 의하면, 전국시대 제나라 위왕威王에게 우희虞姬라는 후궁이 있었다. 우희는 위왕을 성심성의껏 모실 뿐 아니라 나라의 앞날을 늘 걱정하는 속 깊은 여인이었다.

당시 제나라는 주파호周破湖라는 간신이 국정을 마음대로 휘둘러 나라가 제대로 다스려지지 않았고 민심도 불안한 상태였다. 보다 못한 우희가 위왕에게 주파호는 흑심을 품고 있는 나쁜 사람이니 그의 관직을 박탈하고 북곽北郭 선생 같은 어진 선비를 등용하라고 했다. 그러자 우희가 자신을 제거하려 한다는 정보를 입수한 주파호는 오히려 우희와 북곽 선생이 서로 좋아하는 사이라며 둘을 모함했다.

위왕은 곧장 우희를 감옥에 가두고 관원에게 사실 여부를 조사하도록 했다. 주파호에게 매수된 관원들은 우희의 죄를 억지로 꾸미려 했다. 위왕은 관원들의 보고에 이상한 점이 있는 데다 그간 쌓은 정도 있어 직접 우희를 심문하기로 했다. 왕 앞에 끌려온 우희는 말했다.

"신첩은 10년 동안 한결같은 마음으로 왕을 모셨습니다. 그런데 불행히도 간신들의 모함을 받게 되었습니다. 신첩의 결백함은 푸른 하늘과 밝은 태양과 같습니다. 신첩에게 죄가 있다면 '오이밭에서는 신발을 고쳐 신지 말고 오얏나무 밑에서는 갓을 고쳐 쓰지 말라瓜田不納履, 李下不整冠'고 했거늘, 남에게 의심받을 일을 피하지 못했다는 점과 감옥에 갇혔는데도 변명해주는 사람이 없다는 부덕함일 것입니다. 하지만 신첩에게 죽음을 내리신다 해도 변명은 하지 않겠습니다. 다만 주파호 같은 간신은 쫓아내십시오."

위왕은 우희의 충심에 자신의 아둔함을 깨닫고는 곧바로 주파호를 삶아 죽이고 우희를 풀어주었다.

《문선文選》 악부樂府에 〈군자행君子行〉이란 시에도 나온다.

군자는 미연에 방지하고
의심받을 곳에 있지 말며
오이밭에서는 신발을 고쳐 신지 말고
오얏나무 밑에서는 갓을 고쳐 쓰지 마라.
君子防未然, 不處嫌疑間,
瓜田不納履, 李下不正冠.

군자는 어찌 되었든 괜한 오해의 소지가 있는 일은 애초부터 만들지 말아야 한다.

과즉물탄개過則勿憚改

허물 **과** 곧 **즉** 말 **물** 꺼릴 **탄** 고칠 **개**

'허물이 있으면 고치기를 꺼리지 말라'는 말로, 어떤 잘못을 범했을 때는 곧장 바르게 고치라는 뜻이다. 개과불린改過不吝, 과이불개시위과의過而不改是謂過矣, 지과필개知過必改라고도 한다.

《논어論語》 첫머리 〈학이學而〉 편에 나오는 말이다.

공자는 일찍이 군자의 수양에 관해 다음과 같이 말했다.

"군자가 진중하지 않으면 위엄이 없고, 배워도 견고하지 못하다. 충심과 신의를 주로 하고, 자기보다 못한 자를 벗하지 말며, 허물이 있으면 고치기를 꺼리지 말아야 한다君子不重則不威, 學則不固. 主忠信, 無友不如己者, **過則勿憚改**."

한마디로 군자의 처신 원칙을 말한 것이다.

〈자장子張〉 편에서 "군자에게는 세 가지 변하는 것이 있으니, 그를 멀리에서 보면 근엄한 모습이고, 그를 가까이에서 보면 온화하며, 그의 말을 들으면 엄정하다君子有三變: 望之儼然, 卽之也溫, 聽其言也厲."와 연관하여 근엄함과 엄정한 모습을 갖춘 것이 '중重'이라고 할 수 있다.

공자가 허물에 대해 언급한 곳은 많다. 《논어論語》 〈위령공衛靈公〉 편에서 "잘못을 하고도 고치지 않는 것, 이것을 [바로] 잘못이라고 한다**過而不改, 是謂過矣**."라고 한 명언 역시 그러하다.

관중규표管中窺豹

대롱 **관** 가운데 **중** 엿볼 **규** 표범 **표**

'대롱 속으로 표범을 엿본다'는 말로, 시야가 좁음을 뜻한다. 관규管窺 · 규표일반窺豹一斑이라고도 쓰며, 좌정관천坐井觀天 · 정중지와井中之蛙와 비슷하다.

《세설신어世說新語》〈방정方正〉 편에 나오는 말이다.

동진東晉의 대표적인 서예가 왕희지에게는 아들이 여럿 있었는데, 그중 헌지獻之가 가장 슬기로웠다.

어느 날 왕희지의 집 뜰에 문하생들이 모여 저포樗蒲(일종의 도박)를 하고 있었다. 이곳을 지나가던 헌지는 도박판을 한참 들여다보다가 패가 잘 풀리지 않는 한 문하생에게 이렇게 훈수를 했다.

"남쪽 바람이 굳세지 못합니다南風不競."

어린아이의 훈수에 마음이 상한 문하생은 화를 발끈 내며 말했다.

"이 아이도 대롱 속으로 표범을 엿보고 있어 때로는 반점 하나만 볼 줄 아네此郎亦**管中窺豹**, 時見一斑."

헌지는 자기 시야가 좁음을 빗대어 한 말인 줄을 알기에 몹시 화가 나서 곧 이렇게 반박했다.

"멀리로는 순봉천에게 부끄럽고, 가까이로는 유진장에게 부끄럽다遠慚荀奉倩, 近愧劉真長."

순봉천은 아내와 정이 돈독하여 아내가 겨울에 병들어 열이 나자, 밖으로 나가 몸을 차갑게 한 다음 아내의 열을 식혀준 인물이다.

유진장은 도박을 하면서도 환온桓溫(진晉나라 간문제簡文帝 때의 장군)의 반역을 알아차렸던 인물이다. 나이 많은 문하생은 헌지의 대꾸에 얼굴이 화끈거려 옷을 털고 이내 사라져버렸다.

관포지교管鮑之交

피리 **관** 절인 어물 **포** 어조사 **지** 사귈 **교**

'관중管仲과 포숙아鮑叔牙의 사귐'이라는 말로, 자신을 알아주는 친구 사이를 뜻한다. 문경지교刎頸之交 · 금란지교金蘭之交 · 수어지교水魚之交 · 단금지교斷金之交 · 교칠지교膠漆之交 · 막역지우莫逆之友 · 빈한지교貧寒之交 · 지란지교芝蘭之交 · 금석지교金石之交와 비슷하며, 반대말로는 시도지교市道之交 · 주식형제酒食兄弟가 있다.

춘추시대의 두 명재상 관중管仲과 안영晏嬰의 이야기를 다룬《사기史記》〈관안열전管晏列傳〉에 나오는 말이다.

관중은 춘추시대 제나라 사람으로 젊을 때부터 포숙아와 둘도 없는 친구였다. 관중은 가난하여 언제나 포숙아를 속였지만, 포숙아는 늘 그에게 잘 해주며 속인 일을 따지지 않았다. 포숙아는 관중의 현명함을 알아주었다.

세월이 지나 포숙아는 제나라 공자 소백小白을 섬기고, 관중은 공자 규糾를 모셨다. 소백이 왕위에 올라 환공이 되었고, 이에 맞서던 규는 싸움에서 져 죽고 말았다. 관중은 옥에 갇히는 몸이 되었으나 포숙아는 환공에게 관중을 힘껏 추천했다. 그리하여 관중은 제나라의 정치를 맡게 되었다. 그 뒤 제나라 환공이 천하의 패권霸權을 잡았는데, 이는 모두 관중의 지모智謀 덕분이었다.

관중은 이렇게 말했다.

"내가 가난하게 살 때 일찍이 포숙과 장사를 한 적이 있었는데, 이익을 나눌 때마다 내가 더 많은 몫을 차지하곤 했지만, 포숙이 나를 욕심쟁이라고 말하지 않았던 것은 내가 가난한 것을 알았기 때문이다. 내가 일찍이 포숙을 대신해서 어떤 일을 도모하다가 그를 더욱 어렵게 만들었지만 포숙이 나를 어리석다고 하지 않았던 것은 유리할 때와 불리할 때가 있음을 알았기 때문이다. 내가 일찍이 세 번이나 벼슬길에 나갔다가 세 번 다 군주에게 내쫓겼지만 포숙이 나를 모자란 사람이라고 여기지 않았던 것은 내가 때를 만나지 못한 것을 알았기 때문이다. 내가 일찍이 세 번 싸움에 나갔다가 세 번 모두 달아났지만 포숙이 나를 겁쟁이라고 하지 않았던 것은 내가 늙은 어머니를 모시고 있다는 사실을 알았기 때문이다. 공자 규가 [임금 자리를 놓고 벌인 싸움에서] 졌을 때, [나와 함께 곁에서 규를 도운] 소홀召忽은 스스로 목숨을 끊었고 나는 붙잡혀 굴욕스러운 몸이 되었으나 포숙이 나를 부끄러움도 모르는 사람이라고 여기지 않았던 것은 내가 자그마한 절개를 부끄러워하지 않고 천하에 이름을 날리지 못하는 것을 부끄러워함을 알았기 때문이다. 나를 낳아준 이는 부모이지만 나를 알아준 이는 포자(포숙)이다吾始困時, 嘗與鮑叔賈, 分財利多自與, 鮑叔不以我爲貪, 知我貧也. 吾嘗爲鮑叔謀事而更窮困, 鮑叔不以我爲愚, 知時有利不利也. 吾嘗三仕三見逐於君, 鮑叔不以我爲不肖, 知我不遭時也. 吾嘗三戰三走, 鮑叔不以我怯, 知我有老母也. 公子糾敗, 召忽死之, 吾幽囚受辱, 鮑叔不以我爲無恥, 知我不羞小節而恥功名不顯于天下也. 生我者父母, 知我者鮑子也."

자신을 이해해준 친구 포숙을 부모님 못지않게 평가하면서 인생의 가장 든든한 버팀목임을 인정한 것이다. 진정한 지기知己 포숙은 관중을 추천하고 자신은 그의 아랫자리에 있으면서 늘 그림자처럼 보좌했다. 즉, 관중이 자신의 야망을 세우고 그것을 실천하는 길목에는 포숙이라는 친구의 이해와 헌신이 자리 잡고 있었다.

포숙의 자손들은 대대로 제나라의 봉록을 받으며 봉읍지를 10여 대 동안 가졌으며, 늘 이름 있는 대부 집안으로 알려졌다. 그래서 세상 사람들은 관중의 현명함을 칭송하기보다 사람을 알아보는 눈을 가진 포숙을 더 칭송했다.

괄목상대刮目相對

비빌 **괄** 눈 **목** 서로 **상** 대할 **대**

'눈을 비비고 상대방을 대한다'는 말로, 상대방의 학식이나 재주가 갑자기 몰라볼 정도로 나아졌음을 뜻한다. 원말은 괄목상대刮目相待이며, 괄목상간刮目相看 · 괄목상관刮目相觀이라고도 쓴다. 비슷한 말로 일진월보日進月步, 일취월장日就月將이 있다.

중국 서진西晉의 역사가 진수陳壽가 삼국시대의 역사를 다룬 정사正史《삼국지三國志》〈오서吳書 · 여몽전주呂蒙傳注〉를 보면, 삼국시대 오나라 왕 손권孫權의 부하 장수 가운데 여몽呂蒙이라는 이가 있었다. 그는 본래 가난한 집안에서 태어나 무예만 닦았을 뿐 학식이 없는 무식한 사람이었다.

어느 날 손권이 여몽을 불러 나라를 위해 할 일이 많으니 글을 읽어 지식을 쌓으라고 당부하자, 여몽은 자신은 글도 알지 못하고 할 일이 무척 많아 글 읽을 시간이 없다고 변명했다.

그러자 손권이 말했다.

"그대가 일이 많기로 나만큼 되겠는가? 한나라 광무제光武帝는 전쟁 중에도 손에서 책을 놓지 않았으며手不釋卷, 위나라 조조도 스스로 배우기를 좋아한다고 하오. 선인들이 남겨준 자료라도 좀 보시오."

여몽은 깨달은 바가 있어 학문에 정진했다.

한편 평소 여몽을 별 볼일 없는 사람으로 대하던 노숙魯肅은 여몽의 인상이 점차 온화해지고 병법에 관한 지식이 는 것을 알고는 깜짝 놀랐다.

"나는 당신이 오직 무술만 안다고 생각해왔는데, 오늘날 당신의 학식이 이렇게 넓은지 누가 알았겠소. 당신은 이미 옛날의 여몽이 아니오."

여몽이 대답했다.

"선비는 헤어진 지 사흘이 되면 다시 눈을 비비고 상대방을 대해야 하거늘, 대형은 어찌하여 일을 보는 것이 늦으오士別三日, 即更**刮目相待**, 大兄何見事之晩乎!"

결국 여몽은 재상 노숙이 세상을 떠나자 손권을 보좌하여 국력 신장에 이바지하고, 촉나라 명장 관우關羽까지 사로잡는 등 큰 공을 세워 오나라 백성에게 명장으로 추앙받았다.

광일미구曠日彌久

빌 **광** 날 **일** 두루 미칠 **미** 오랠 **구**

'날을 비워둔 지가 오래되었다'는 말로, 허송세월함을 뜻한다. 광구曠久, 광일지구曠日持久라고도 한다.

《한비자韓非子》〈세난說難〉 편에 나온다.

"[군주와 신하로서] 날을 비워둔 지 오래되었다가 군주의 은혜가 깊어졌을 때는 원대한 계획을 바쳐도 의심하지 않을 것이며, 논쟁을 일으켜도 죄가 되지 않을 것이다. 그렇게 이해득실을 명확히 하여 공적을 세우고, 옳고 그름을 곧이곧대로 지적해 군주를 바로잡는다. 이처럼 군주와 상대할 수 있게 되면 이 유세는 성공한 것이다夫**曠日彌久**, 而周澤既渥, 深計而不疑, 引爭而不罪. 則明割利害以致其功, 直指是非以飾其身. 以此相持, 此說之成也."

《전국책戰國策》〈조책趙策〉에도 나오는 말이다.

전국시대 말 조趙나라 혜문왕惠文王 때 일이다. 혜문왕은 자기 나라보다 세력이 강한 연나라에 공격을 받게 되자, 제나라에 명장 전단田單을 파견해달라고 요청하게 되었다. 전단은 예전에 화우지계火牛之計(쇠뿔에 칼을 잡아매고 쇠꼬리에 기름 묻힌 갈대 다발을 매단 다음 적진으로 소 떼를 내모는 전술)를 써서 연나라를 쳐부순 장수였다. 파견 조건으로는 제수濟水 동쪽에 있는 성읍 세 개를 떼어주기로 했다.

혜문왕의 조처에 크게 반발한 장수 조사趙奢는 당시 재상 조승趙勝에게 항의했다.

"이 나라에는 사람이 없습니까? 어찌하여 성을 세 개나 떼어주면서까지 남의 나라 장수에게 이 나라를 맡기려 하십니까? 저는 연나라에 산 적이 있어서 그곳 지형을 상세히 압니다. 저는 연나라와 싸워 이길 수 있습니다."

그렇지만 조사의 의견은 받아들여지지 않았다. 조사가 다시 말했다.

"제나라와 연나라가 적대 관계에 있기 때문에 전단이 목숨을 걸고 싸우리라고 생각하십니까? 그렇지 않습니다. 우리 조나라가 강대해지면 제나라는 패자霸者가 될 수 없습니다. 전단은 조나라 병사를 거느린 채 두 나라의 병력이 황폐해지기만을 기다리며 오랫동안 쓸데없이 세월만 보낼 것입니다."

하지만 조사의 이러한 설득 역시 묵살되고 말았다.

전쟁이 진행되자 결국 조사의 말대로 두 나라는 지구전을 펴게 되었으며, 병력은 시간이 흐를수록 쇠약해졌다.

광풍제월光風霽月

빛**광** 바람**풍** 갤**제** 달**월**

'맑은 날의 바람과 비 갠 날의 달'이라는 말로, 사람의 심성이 맑고 깨끗하거나 그러한 사람을 비유한다. 제월광풍霽月光風이라고도 한다.

중국 원대元代의 정사正史인《송사宋史》〈주돈이전周敦頤傳〉을 보면, 주돈이周敦頤는 북송의 유명한 유학자로 옛사람의 풍모가 있으며 올바른 정치를 했다. 그는 태극太極을 우주의 본체로 보아《태극도설太極圖說》을 지어 성리학의 토대를 구축한 학자다. 송대의 대표적인 시인 황정견黃庭堅은 주돈이의 인품을 다음과 같이 평했다.

"그 사람의 인품이 가슴속은 개운한 것이 맑은 날의 바람과 비 갠 날의 달과 같도다其人品甚高, 胸懷灑落, 如**光風霽月**."

또한 주자朱子의 시구에 이런 말이 있다.

"파란 구름 애오라지 흰 돌과 같은 멋이고, 갠 날의 달 맑은 바람이 다시 전해져온다青雲白石聊同趣, **霽月光風**更別傳."

'광풍제월'은 마음이 넓어 자질구레한 데 거리끼지 않고 쾌활하며 깨끗한 인품을 비유하는 말이다.

교룡득수蛟龍得水

교룡 교 용 룡 얻을 득 물 수

'교룡이 물을 얻는다'는 말로, 영웅이 뜻을 못 이루다가 때를 만나 좋은 기회를 얻음을 비유한다.

당나라 이연수李延壽가 편찬한 중국 북조北朝 네 왕조의 역사서인《북사北史》〈양대안전楊大眼傳〉에 나오는 말이다.

북조 북위北魏의 효문제孝文帝는 양나라를 치려고 이충李沖에게 출정할 병사를 뽑도록 했다. 이때 직급이 낮은 병졸 양대안楊大眼이 출정하기를 희망했다. 이충이 이렇다 할 대답을 하지 않자 양대안이 말했다.

"당신이 제 재주를 어찌 알겠습니까? 당신이 제 재주를 몰라 저를 이해하지 못하니 작은 재주나마 보여드릴 기회를 주십시오."

그러고는 달리기 시작했다. 그는 말조차 따라잡을 수 없을 만큼 매우 빨리 달리는 재주가 있었던 것이다. 이충은 그가 달리는 모습을 보고는 감탄하여 그를 군주軍主의 관병으로 승진시켰다.

양대안은 매우 기쁜 나머지 으스대면서 함께 지내던 동료들에게 이렇게 말했다.

"지금 나는 교룡이 물을 얻은 것과 같네. 이제부터는 자네들과 같은 대열에 서지 않을 것이네."

그는 얼마 뒤 통군統軍으로 승진했으며, 여러 싸움을 통해 공이 더욱 많아졌다.

한편《관자管子》〈형세形勢〉편에 관련 고사 내용이 나온다.

"군주는 백성을 얻기를 기다린 이후에야 그 위세를 이룰 수 있다. 그러므로 말한다. '교룡이 물을 얻고서 신은 설 수 있으며, 호랑이와 표범은 울창한 곳을 얻고 나서 위세를 가히 실을 수 있다'人主待得民, 而後成其威. 故曰: '**蛟龍得水**, 而神可立也, 虎豹得幽, 而威可載也.'"

교사불여졸성巧詐不如拙誠

교묘할 **교** 속일 **사** 아니 **불** 같을 **여** 졸할 **졸** 정성 **성**

'교사'는 '기교사위機巧詐僞'의 준말이고, '졸성'은 '본졸성실笨拙誠實'의 준말이니, '교묘하고 위장된 행동보다는 투박하고 우직하며 성실한 마음 자세가 더 중요하다'는 말이다.

《한비자韓非子》〈설림 상說林上〉 편에 이런 이야기가 있다.

위魏나라 장수 악양樂羊이 중산中山을 공격할 때 그의 아들이 중산에 있었다. 중산의 왕은 그의 아들을 삶아 국을 만들어 보냈다. 악양은 막사 안에 앉아 국 한 그릇을 모두 먹었다. 위나라의 문후文侯가 도사찬堵師贊에게 말했다.

"악양은 나 때문에 자기 자식의 살점을 먹었소樂羊以我故而食其子之肉."

도사찬이 대답했다.

"자기 자식을 먹었으니 또 누군들 먹지 못하겠습니까其子而食之, 且誰不食?"

악양이 중산을 멸망시키고 돌아오자 문후는 그의 공에 상을 내렸지만, 그의 마음은 의심했다.

한편 맹손孟孫(노나라 대부 맹손씨)이 어린 사슴을 사냥해 진서파秦西巴(맹손의 가신)에게 그것을 가지고 돌아가도록 했다. 그런데 사슴의 어미가 따라오면서 울부짖는 것이었다. 진서파는 참을 수가 없어서 새끼를 어미에게 주었다. 맹손이 돌아와서 사슴을 찾자 진서파가 대답했다.

"제가 차마 견딜 수 없어서 사슴의 어미에게 주었습니다余弗忍而與其母."

맹손은 매우 노여워하며 그를 내쫓았다. 석 달이 지나자 맹손은 다시 그를 불러 자식의 스승으로 삼았다.

맹손의 수레를 모는 자가 말했다.

"지난번에는 그에게 죄를 주더니 오늘은 불러서 자식의 스승으로 삼았는데, 무엇 때문입니까曩將罪之, 今召以爲子傅, 何也?"

맹손이 말했다.

"무릇 어린 사슴을 차마 하지 못했는데, 또한 내 아들을 차마 하겠느냐夫不忍麑, 又且忍吾子乎."

상반된 두 이야기를 두고 한비韓非는 "교묘한 속임은 서툰 성실함만 못하다巧詐不如拙誠."라고 말했다. 즉, 교묘하고 위장된 행동으로 남을 기만하는 것보다는 투박하고 우직해 보일지라도 진심 어린 마음이 낫다는 말이다. 또한 한비는 악양은 "공이 있었지만 의심을 받았고有功見疑", 진서파는 "잘못을 저질렀지만 더욱 신임을 받았다有罪益信."라고 두 사람에 대해 서로 다른 평가를 내렸다.

교언영색巧言令色

교묘할 교 말씀 언 좋을 령 얼굴빛 색

'말을 교묘하게 하고 얼굴빛을 꾸민다'는 뜻으로, 다른 사람의 환심을 사려고 아첨하고 알랑거리는 태도를 말한다. 강의목눌剛毅木訥, 눌언민행訥言敏行과 반대말이다.

이 말은《논어論語》〈학이學而〉편에 나온다.

공자가 말했다.

"말을 교묘하게 하고 얼굴빛을 꾸미는 자들에겐 드물구나, 인仁이巧言令色, 鮮矣仁!"

위의 문장은 말을 듣기 좋게 하고 그 얼굴빛을 보기 좋게 하면서 남의 비위나 맞추려는 가식적인 행동을 경계하는 말이다. 약삭빠를 정도로 말재주가 뛰어난 사람은 그로 인해 복을 얻기보다 오히려 다른 사람의 미움을 받기 쉽다는 것이다.

공자는 교언영색하는 이는 자신의 사리사욕을 위해 남에게 아부하는 사람이 많으므로, 그들에게서 인仁의 면모를 찾기란 어려움을 강조했다. 남의 비위를 맞추는 말과 알랑거리는 태도로 사람을 대하는 이는 인간의 내면을 충실하게 하는 일을 경시하므로 이른바 문질빈빈文質彬彬한 군자가 될 수 없다.

또한 공자는《논어》〈자로子路〉편에서 "강직함, 의연함, 질박함, 어눌함은 인에 가깝다剛毅木訥近仁."라고 했다. 즉, '교언영색'과는 상반되는 개념이다. 공자가 생각하는 인의 개념에는 이처럼 좀 둔하고 어눌하며 투박한 면모가 있음을 보여준다.

교자채신教子采薪

가르칠 **교** 아들 **자** 캘 **채** 땔나무 **신**

'자식에게 땔나무 해오는 법을 가르치라'는 뜻으로, 무슨 일이든 장기적인 안목을 갖고 근본적인 처방에 힘쓰라는 말이다.

당나라의 임신사林愼思가 쓴 《속맹자續孟子》에 이런 이야기가 있다.

춘추시대 노나라에 어떤 사람이 있었다. 그는 어느 날 아들에게 땔나무를 해오라며 한마디 물어보았다.

"너는 땔나무를 산에 가서 해오겠느냐 정원에서 해오겠느냐汝採薪欲山乎園乎?"

그 아들이 말했다.

"정원이 가까우니 정원에서 해오겠습니다園近願採諸園."

노나라 사람이 말했다.

"너는 가까운 곳이 쉽다고 해서 해오지 말고, 먼 곳이 어렵다고 해서 안 해오지 마라. 게다가 가까운 것은 우리 집의 땔나무지만, 먼 것은 온 천하의 땔나무니라. 우리 집의 땔나무는 다른 사람이 감히 해 가지 못하지만, 온 세상의 땔나무가 다 없어지면 우리 집 땔나무는 남아 있느니라. 온 세상의 땔나무를 어찌하여 먼저 해오지 않느냐, 우리 집의 땔나무를 다 쓰고 나면 세상의 땔나무가 어찌 있을 수 있겠느냐汝勿以近爲易而採也, 勿以遠爲難而不採也. 且近是我家之薪, 遠是天下之薪也. 我家之薪人不敢採之, 以天下之薪盡則我家之薪存焉. 天下之薪汝胡不先採之, 以我家之薪盡則天下之薪何有哉."

교취호탈巧取豪奪

교묘할 **교** 취할 **취** 굳셀 **호** 빼앗을 **탈**

'교묘한 수단으로 빼앗아 취한다'는 말로, 정당하지 않은 방법으로 남의 귀중한 물건을 가로채는 것을 비유한다. 원말은 교투호탈巧偸豪奪이다.

소동파蘇東坡의 〈차운미불이왕서발미次韻米芾二王書跋尾〉라는 시에 "교투호탈巧偸豪奪"이라고 나와 있다.

"교묘하게 훔치고 억지로 빼앗는 것은 예로부터 있었으니, 누가 치절痴絶 고개지顧愷之와 같은가 하고 한 번 웃네**巧偸豪奪**古來有, 一笑誰似痴虎頭."

호두虎頭는 진晉나라의 화가 고개지의 자이다. 사람들이 그를 삼절三絶, 즉 화절畵絶 · 재절才絶 · 치절痴絶이라고 불렀는데 뛰어난 그림 솜씨, 재능, 특이한 말과 행동 때문이다.

한편 중국 원대의 정사正史인 《송사宋史》〈미불전米芾傳〉을 보면, 송나라에 미불米芾이라는 유명한 화가가 있었다. 그는 수묵화와 시가, 서예에 조예가 깊었다. 그에게 미우인米友仁이라는 아들이 있었는데 아버지만큼이나 그림에 뛰어나 소미小米라고 불렸다. 그는 옛 선배 화가들의 작품을 좋아하여 닥치는 대로 모았다.

어느 날 미우인이 배를 타고 가는데, 어떤 사람이 왕희지의 진품 서첩을 가지고 있는 것을 보고 내심 쾌재를 불렀다. 그는 남의 작품을 그대로 묘사하는 재주가 있어서 잠깐이면 진품과 모사품을 거의 구분할 수 없을 정도로 그릴 수 있었기 때문이다.

한번은 미우인이 당나라 화가의 진품과 똑같이 그려 모사품을 돌려주고 진품은 자기가 가졌는데, 며칠 뒤 그림 주인이 진품을 돌려달라고 찾아왔다. 미우인은 그의 변별력에 놀라서 물었다.

"그것이 진품이 아닌 줄을 어떻게 알았습니까?"

"내 그림에는 소 눈동자에 목동이 그려져 있는데 당신이 내게 준 그림에는 없었기 때문이오."

미우인은 고개를 끄덕이며 진품을 돌려주었다.

교토삼굴狡兔三窟

교활할 **교** 토끼 **토** 석 **삼** 굴 **굴**

'교활한 토끼의 세 굴'이라는 말로, 토끼가 굴을 세 개나 가지고 있으므로 죽음을 면할 수 있었다는 뜻이다. 교묘한 지혜로 위기를 피하거나 어떤 일이 생기기 전에 미리 방비하는 것을 비유한다.

《전국책戰國策》〈제책齊策〉에 나온다.

"교활한 토끼는 세 굴을 가지고 있어 겨우 그 죽음을 벗어날 뿐이다狡兔有三窟, 僅得免其死耳."

한편《사기史記》〈맹상군열전孟嘗君列傳〉을 보면, 천하의 인재를 모으는 데 온 힘을 기울인 맹상군孟嘗君 이야기가 나온다.

전국시대 맹상군의 식객 가운데 풍환馮驩이라는 사람이 있었다. 그는 주인을 위험에서 보호하려고 굴을 세 개 파놓았다.

어느 날 풍환은 설薛 땅 백성에게 꾸어준 돈을 거두어오라는 명을 받고 그곳으로 가게 되었다. 그는 돈을 빌려간 이들을 한자리에 불러 모았다. 풍환은 이자를 낼 수 있는 사람에게는 언제까지 내라는 기한을 정해주고, 가난하여 이자를 낼 수 없는 이에게는 그 증서를 받아 불태우고는 이렇게 말했다.

"맹상군께서 여러분에게 돈을 빌려준 까닭은 돈이 없는 가난한 백성도 본업에 힘쓰게 하기 위함이었습니다. 또 이자를 요구한 까닭은 빈객들을 접대할 돈이 없었기 때문입니다. 지금 부유한 사람에게는 갚을 날을 정해드리고, 가난한 사람에게는 차용 증서를 불태워버리도록 했습니다. 여러분은 마음껏 마시고 드십시오. 이런 군주가 있는데 어찌 그 뜻을 저버릴 수 있겠습니까孟嘗君所以貸錢者, 爲民之無者以爲本業也. 所以求息者, 爲無以奉客也. 今富給者以要期, 貧窮者燔券書以捐之. 諸君彊飮食. 有君如此, 豈可負哉?"

그 자리에 앉아 있던 사람들은 모두 일어나 두 번 절을 했다.

맹상군은 이 소식을 듣고 곧장 풍환을 불러들였다. 풍환은 빈손으로 돌아온 자신을 보고 화가 잔뜩 난 맹상군을 아무 일도 없다는 듯 쳐다보며 말했다.

"만일 성급하게 재촉하여 돌려받지 못한다면 위로는 군주가 이익에 눈멀어 백성을 사랑하지 않는 꼴이 되고, 아래로는 백성이 빚을 갚지 않으려 군주를 떠난다는 말을 듣게 될 것입니다. 이렇게 하는 것은 백성을 격려하고 군주의 이름을 드러내는 일이 아닙니다. 쓸모없는 차용 증서를 불살라 받을 수 없는 빚을 없애 설 땅의 백성이 군주를 가까이하고 군주의 이름을 칭송하게 하려고 한 일입니다若急, 終無以償, 上則爲君好利不愛士民, 下則有離上抵負之名. 非所以厲士民彰君聲也. 焚無用虛債之券, 捐不可得之虛計, 令薛民親君而彰君之善聲也."

그로부터 1년 뒤 제나라 민왕은 진秦나라와 초나라의 비방에 현혹되어, 맹상군의 명성이 군주보다 높아서 제나라의 정권을 마음대로 휘두른다고 여기고 맹상군을 벼슬에서 물러나게 했다. 맹상군이 벼슬에서 물러나자 그를 따르던 빈객도 모두 떠났으나, 설 땅 백성은 100리 길도 마다하지 않고 나와서 맹상군을 위로해주었다. 이것이 풍환이 맹상군을 위해 만든 첫 번째 굴이다.

그다음 풍환은 맹상군에게 수레와 돈을 얻어 서쪽으로 가 진나라 왕을 이렇게 설득했다.

"제나라를 천하에서 비중 있는 나라로 만든 이는 맹상군입니다. 지금 제나라 왕은 다른 사람이 헐뜯는 말을 듣고 그를 내쳤습니다. 맹상군은 마음속으로 원망하며 반드시 제나라를 배반할 것입니다. 그가 제나라를 등지고 진나라로 들어오기만 한다면 제나라의 속사정을 진나라에 다 털어놓을 테니, 제나라 땅을 얻을 수 있습니다. 그러면 어찌 수컷이 되는 정도뿐이겠습니까! 대왕께서는 서둘러 사자를 시켜 예물을 실어 보내 아무도 모르게 맹상군을 맞아들이십시오. 때를 놓치지 마십시오. 만일 제나라가 잘못을 깨닫고 다시 맹상군을 기용하면 암수는 진나라와 제나라 중 어느 쪽이 될지 예측할 수 없습니다使齊重於天下者, 孟嘗君也. 今齊王以毁廢之. 其心怨, 必背齊. 背齊入秦, 則齊國之情, 人事之誠, 盡委之秦, 齊地可得也. 豈直爲雄也! 君急使使載幣陰迎孟嘗君. 不可失時也. 如有齊覺悟, 復用孟嘗君, 則雌雄之所在未可知也."

진나라 왕은 매우 기뻐하면서 수레 열 대에 황금 100일鎰(2000냥)을 보내 맹상군을 맞이하게 했다.

한편 풍환은 진나라 왕과 헤어져 사자보다 한발 앞서 제나라로 돌아와 왕에게 다음과 같이 말했다.

"신이 가만히 들어보니 진나라는 사자를 보내 수레 열 대에 황금 100일鎰을 싣고 맹상군을 맞이하려 한다고 합니다. 맹상군이 서쪽으로 가지 않으면 그만이지만, 서쪽 진나라로 들어가 재상이 되면 천하가 그에게 쏠려 진나라는 수컷이 되고 제나라는 암컷이 되고 말 것입니다. 암컷이 되면 수도 임치는 물론이고 즉묵까지 위험해집니다今臣竊聞秦遣使車十乘載黃金百鎰以迎孟嘗君. 孟嘗君不西則已, 西入相秦則天下歸之, 秦爲雄而齊爲雌. 雌則臨淄, 卽墨危矣.

대왕께서는 어째서 진나라 사자가 오기 전에 먼저 맹상군을 재상으로 복직시키고 봉읍을 넓혀주어 사과하지 않습니까? [그렇게 하면] 맹상군은 반드시 기뻐하며 받아들일 것입니다. 진나라가 제아무리 강한 나라일지라도 어찌 남의 나라 재상을 맞이해 가겠다고 청하겠습니까! [이것이] 진나라의 음모를 꺾어 그들이 강력한 힘을 지닌 우두머리가 되려는 책략을 끊어버리는 길입니다王何不先秦使之未到, 復孟嘗君, 而益與之邑以謝之? 孟嘗君必喜而受之. 秦雖彊國, 豈可以請人相而迎之哉! 折秦之謀, 而絕其霸彊之略."

제나라 왕은 맹상군을 불러 다시 재상 자리에 앉히고, 옛 봉읍의 땅 외에 1000호를 더 늘려주었다. 진나라 사자는 맹상군이 다시 제나라 재상이 되었다는 소식을 듣고 수레를 돌려 돌아갔다. 이것이 풍환이 맹상군을 위해 취한 두 번째 굴이다.

마지막으로 풍환은 맹상군에게 설 땅에 선대의 종묘를 세우도록 했다. 그리하면 민왕이 맹상군을 함부로 대하지 못할 테고, 그 지위가 더욱 공고해질 것이기 때문이었다. 이것이 바로 세 번째 굴이다.

교학상장敎學相長

가르칠 **교** 배울 **학** 서로 **상** 나아갈 **장**

'가르치고 배우면서 서로 성장한다'는 뜻으로, 스승과 제자가 서로 도움이 된다는 의미다. '효학반斅學半'이란 말과 동의어다.

《예기禮記》〈학기學記〉 편을 보면 이런 내용이 있다.

"옥은 다듬지 않으면 그릇이 될 수 없고, 사람은 배우지 않으면 도를 알지 못한다. 이 때문에 옛날의 왕 노릇 하는 자는 나라를 세우고 백성을 통치함에 가르치고 배우는 것을 우선으로 삼았다. 〈열명〉에 말하기를 '처음부터 끝까지 배움에 전념할 것을 생각하라.'라고 했으니, 아마도 이것을 두고 하는 말인저! 비록 좋은 안주가 있더라도 먹어보지 않으면 그 맛을 알 수 없다. 비록 지극한 진리가 있다고 해도 배우지 않으면 그것이 좋은지 알지 못한다. 그러므로 배워본 뒤에야 자기의 부족함을 알 수 있고, 가르친 다음에야 비로소 어려움을 알게 된다. 부족함을 알고 나서 스스로 되돌아볼 수 있다. 곤궁함을 안 다음에 스스로 강해질 수 있다. 그러므로 가르치고 배우면서 성장한다고 하는 것이다玉不琢, 不成器, 人不學, 不知道. 是故古之王者建國君民, 敎學爲先. 兌命曰: '念終始典于學.' 其此之謂乎! 雖有嘉肴, 弗食不知其旨也. 雖有至道, 弗學不知其善也. 是故學然後知不足, 敎然後知困. 知不足, 然後能自反也. 知困, 然後能自強也. 故曰**敎學相長**也."

즉, 스승과 제자는 한쪽은 가르치기만 하고 다른 한쪽은 배우기만 하는 상하 관계가 아니라, 스승은 제자에게 가르침으로써 성장하고 제자 역시 배움으로써 나아진다는 말이다.

'벼는 익을수록 고개를 숙인다'는 말이 있다. 이 말은 배움이 깊을수록 겸허해진다는 뜻으로 해석해도 좋을 것이다. 학문이 아무리 깊다고 해도 가르쳐보면 자신이 미처 알지 못하는 부분이 적지 않음을 알 수 있다. 그렇게 되면 스승은 부족한 점을 더 공부하여 제자에게 가르치게 되며, 제자는 스승의 가르침을 받아 훌륭한 인재로 자라게 된다.

공자는 일찍이 '후생가외後生可畏'라는 말을 했다. 즉, '나중에 태어난 사람은 두려워할 만하다'는 말로, 그만큼 젊은 사람들의 가능성은 무궁무진하다는 뜻이다.

구맹주산狗猛酒酸

―――― 개 **구** 사나울 **맹** 술 **주** 실 **산** ――――

'개가 사나우면 술이 신다'는 말로, 한 나라에 간신배가 있으면 어질고 선량한 선비는 오지 않으며 그 나라는 쇠약해진다는 뜻이다.

《한비자韓非子》〈외저설 우상外儲說右上〉 편에 나오는 말이다.

한비韓非는 군주가 아첨배에게 둘러싸여 있으면 훌륭한 인물이 등용되지 못한다고 생각했다. 그는 그 까닭을 그럴듯한 비유를 들어 설명했다.

송나라 사람으로 술을 파는 이가 있었는데, 되(升)를 되는 데도 매우 공정하고, 손님을 대우하는 것도 대단히 삼갔으며, 술을 만드는 재주 또한 대단히 뛰어났다. 또 그는 깃발을 매우 높이 내걸어 깃발이 뚜렷이 보였다. 하지만 술이 팔리지 않아 늘 쉬었다. 그 이유를 이상이 여겨 평소 알고 지내던 마을 어른 양천楊倩에게 물었다.

양천이 말했다.

"당신네 개가 사납구려汝狗猛耶!"

술집 주인이 말했다.

"개가 사나운데 술은 어찌하여 팔리지 않는 것입니까狗猛, 則酒何故而不售?"

[양천이] 말했다.

"사람들이 두려워하기 때문이오. 어떤 사람이 어린 자식을 시켜 돈을 주고 호리병에 술을 받아오게 하면, 개가 달려와서 그 아이를 물 것이오. 이것이 술이 팔리지 않고 쉬는 이유요人畏焉. 或令孺子懷錢挈壺甕而往酤, 而**狗**迓而齕之. 此**酒**所以**酸**而不售也."

한비는 나라를 다스리는 방법을 알고 있는 선비가 책략을 가지고 군주에게 알려주려고 할지라도 사나운 개 같은 무리가 있으면 불가능함을 강조했다. 간신으로 인해 군주의 눈이 가려지고 유능한 신하가 그 지위를 잃으면 뛰어난 인재가 적재적소에 등용되지 못한다는 것이다. 따라서 군주는 가장 가까이에 있는 이를 경계하게 되면 힘의 균형을 이룰 수 있다.

구밀복검口蜜腹劍

입구 꿀밀 배복 칼검

'입에는 꿀을 바르고 배 속에는 칼을 품고 있다'는 말로, 겉으로는 친한 척하나 속으로는 음해할 생각을 하거나 뒤돌아서서 상대방을 헐뜯는 이중인격자를 비유한다. '구유밀복유검口有蜜腹有劍'의 줄임말로, 면종후언面從後言 · 면종배위面從背違 · 소리장도笑裏藏刀와 비슷한 말이다. 복검구밀腹劍口蜜이라고도 한다.

오대五代 왕인유王仁裕가 편찬했다는 유문집遺文集《개원천보유사開元天寶遺事》〈육요도肉腰刀〉에 이런 이야기가 있다.

당나라 현종玄宗은 초반에는 정치를 잘해 칭송을 받았다. 그러나 시간이 흐르면서 정치에 염증을 느끼고 주색에 빠져들기 시작했다. 그 무렵 이임보李林甫라는 간신이 있었는데, 후궁을 통해 현종의 환심을 사 재상이 된 사람이었다. 이임보는 무조건 황제의 비위를 맞추고 절개가 곧은 신하의 충언이나 백성의 간언이 황제의 귀에 들어가지 못하게 했다. 한번은 비리를 탄핵하는 어사에게 이렇게 말했다.

"폐하께서는 명군이시오. 그러니 우리 신하들이 무슨 말을 아뢸 필요가 있겠소. 저 궁전 앞에 서 있는 말을 보시오. 어사도 저렇게 잠자코 있으시오. 만일 쓸데없는 말을 하면 가만두지 않겠소."

그러므로 직언을 생각하는 선비라 하더라도 황제에게 접근할 엄두조차 내지 못했다.《자치통감資治通鑑》〈당기唐紀〉에서 당시 사람들은 이렇게 말했다.

"이임보는 입에는 꿀이 있고, 배에는 칼이 있다李林甫口有蜜, 腹有劍."

이임보가 무언가 깊은 생각에 잠긴 이튿날은 쥐도 새도 모르게 주살되는 이가 생겨났다. 그러나 오만방자하던 이임보도 죽은 지 넉 달 뒤 모반을 꾀했다는 죄목으로 부관참시를 당하고, 자손들은 귀양을 가게 되었다. 한편 이임보의 득세에 숨죽이고 있던 안녹산安祿山은 이임보가 죽자 반란을 꾀했으니, 그도 구밀복검하고 있던 인물이었다.

구반문촉扣槃捫燭

—— 두드릴 **구** 쟁반 **반** 만질 **문** 초 **촉** ——

'구리 쟁반을 두드리고 초를 만진다'는 말로, 어떤 사실을 정확히 파악하지 못하고 오해함을 비유한다. 도청도설道聽途說, 할자모상瞎子摸象 등과 비슷하다. 구반扣槃이라고 줄여 쓰기도 하며, 원문에는 구반扣盤으로 나온다.

중국 북송 때의 시인 소동파蘇東坡의 《소식문집蘇軾文集》 64권 〈일유日喩〉 편에 나오는 말이다.

옛날에 한 장님이 있었다. 그는 날 때부터 장님이어서 태양을 한 번도 본 적이 없는데, 문득 태양이 어떻게 생겼는지 몹시 궁금해졌다. 그래서 곁에 있던 사람에게 그 생긴 모양을 물었더니 이렇게 대답했다.

"태양은 구리 쟁반과 같은 모양이오日之狀如銅盤."

[그는] 쟁반을 두드리고 그 소리를 잘 기억했다**扣盤**而得其聲.

그 뒤, 그가 길을 가는데 어떤 절에서 종소리가 울려 퍼졌다. 이 소리가 구리 쟁반을 두드렸을 때 들은 소리와 같으므로 장님은 지나가는 사람에게 말했다.

"저것이 바로 태양이오."

그러자 그 사람은 장님에게 말했다.

"아니오. 태양은 구리 쟁반 같기도 하고 촛불처럼 빛을 낸다오日之狀如銅盤, 日之光如燭."

[장님은 집으로 돌아와 즉시] 초 한 자루를 찾아 만져보고는 그 모양을 알게 되었다**捫燭**而得其形.

어느 날 그는 약籥(구멍이 셋이나 여섯 개가 있는 대나무로 만든 피리)을 만져보고는 큰 소리로 외쳤다.

"이것이 정말 태양이다."

구약현하口若懸河

입구 같을약 달릴현 강하

'입에서 나오는 말이 걸려 있는 물이 쏟아지는 것과 같다'는 말로, 말을 끊지 않고 청산유수靑山流水처럼 하는 것을 비유한다. 구변현하口辯懸河, 현하지변懸河之辯과 비슷한 말이다.

진晉나라 배계裴啓가 편찬한 설화 모음집《어림語林》에 이런 내용이 있다.

서진에 곽상郭象이라는 학자가 살고 있었다. 그는 어려서부터 재능이 뛰어났으며 일상생활 속의 모든 현상에 대해서 사색하기를 즐겼다. 곽상은 노장老莊 학설을 좋아하여 연구도 많이 했다. 그는 당시 관직을 맡아달라는 부탁을 여러 차례 받았으나 학문 연구에 뜻을 두고 있으므로 모두 거절했다.

그러나 한번은 더 이상 사양하지 못하고 황문시랑黃門侍郎이라는 직책을 맡게 되었다. 그는 관직 생활에서도 모든 일을 이치에 맞게 분명히 처리했고, 다른 사람들과 어떤 문제를 깊이 토론하기를 좋아했다. 토론할 때마다 그의 말이 논리정연하고 언변이 뛰어남을 지켜본 왕연王衍이 이렇게 칭찬했다.

"그[곽상]의 말은 청아하고 빛나는 나머지 문장을 토해내고 펼쳐서 마치 걸려 있는 물이 쏟아지는 것과 같아 마르는 법이 없소其辭淸雅, 奕奕有餘, 吐章陳文, 如**懸河瀉水**, 注而不竭."

한편 이 성어는 말만 번지르르하게 하고 행동이 따르지 못함을 비꼴 때도 쓴다.

구우일모九牛一毛

아홉 구 소 우 한 일 털 모

'아홉 마리 소에서 털 하나'라는 말로, 아주 많은 것 가운데 아주 적은 부분 또는 없어져도 아무 표가 나지 않는 하찮은 것을 뜻한다. 구우모九牛毛라고도 하며 창해일속滄海一粟과 뜻이 비슷하다.

《한서漢書》〈사마천전司馬遷傳〉에 나오는 말이다.

한나라 무제武帝 때 명장 가운데 이릉李陵이라는 이가 있었다. 그는 흉노를 두려움에 떨게 하여 비장군飛將軍으로 불리던 이광李廣의 손자로서, 자기 몸을 돌보지 않는 무사 중의 무사였다.

이릉은 보병 5000명을 이끌고 흉노를 정벌하러 나가 고군분투했으나 중과부적으로 지고 말았다. 당시 사람들은 이 싸움에서 이릉도 전사한 줄로 알았다. 그런데 그 이듬해 이릉이 흉노에게 투항하여 우교왕右校王이 되어 호의호식하고 있다는 말이 전해지자, 무제는 격분하여 그 일족을 모두 죽이려 했다.

조정 대신이나 이릉의 옛 친구들은 격노하는 무제가 두려워 이릉을 변호할 엄두도 못 내고 그저 무제의 안색만 살폈다. 오직 당시 사관이던 사마천만은 이릉을 굳게 믿었으므로 그대로 있을 수 없어 그의 무고함을 변호하려고 무제 앞으로 나갔다.

"이릉은 적은 병력으로 용감하게 싸웠습니다만, 원군이 오지 않고 우리 병사 가운데 배신자가 있어서 진 것입니다. 그는 끝까지 병사들과 고통을 같이하며 자기 역량을 최대한 발휘한 명장입니다. 지금 그가 흉노에 투항한 것도 훗날 황제의 은혜에 보답할 기회를 얻으려는 고육지책苦肉之策일 것입니다. 이릉의 공을 천하에 알리십시오."

무제는 이릉을 변호하고 나선 사마천도 이릉과 똑같은 반역자라며 생식기를 자르는 궁형宮刑에 처했다. 궁형은 당시 형벌 중에서 가장 수치스러운 것이었다.

궁형을 당한 사마천은 그때 심정을 〈친구 임안에게 보낸 편지報任安書〉

에 이렇게 썼다.

“가령 제가 법에 굴복하여 주살된다고 하더라도 아홉 마리 소에서 터럭 한 개가 없어지는 것과 같으니 땅강아지나 개미와 [제가] 무슨 차이가 있겠습니까? 그리고 또 세상에서는 제가 죽는다 해도 절개 때문에 죽는 자와는 비슷하게 생각하지 않을 것이며, 단지 저의 지혜가 다하고 죄는 끝이 없어 스스로 피할 수 없게 되어 결국 죽었다고 여길 것입니다假令僕伏法受誅, 若九牛亡一毛, 與螻蟻何以異? 而世又不與能死節者比, 特以爲智窮罪極, 不能自免, 卒就死耳.”

사마천은 땅강아지나 개미와 다를 바 없는 초라한 자기 처지에 가슴 아파했다. 그러면서도 치욕스러운 삶을 이어간 까닭은 아버지 사마담司馬談이 역사를 기록하라는 유언에 따라 《사기史記》를 집필하기 위해서였다.

구인득인求仁得仁

구할 구 어질 인 얻을 득 어질 인

'인仁을 구하여 인을 얻는다'는 말로, 자신이 원하거나 갈망하던 것을 얻었음을 뜻한다.

《사기史記》의 10대 명편으로 꼽히는 〈백이열전伯夷列傳〉을 보면 고죽군孤竹君의 아들인 백이伯夷, 숙제叔齊와 관련된 이야기가 나온다.

고죽군은 세상을 떠나면서 왕위를 작은아들인 숙제에게 물려주었다. 그러나 숙제는 형 백이에게 왕위를 양보하려고 했고, 백이는 '아버지 명령'이라면서 나라 밖으로 달아나버렸다. 이에 숙제도 왕위에 오르지 않고 떠나버렸다.

그러던 어느 날, 백이와 숙제는 약속이나 한 듯이 서백창西伯昌(주나라 문왕文王)이 늙은이를 잘 모신다는 소문을 듣고 그를 찾아가 몸을 맡기려 했다. 그러나 그들이 주나라에 이르렀을 때, 서백창은 이미 죽고 아들 무왕武王이 그 뒤를 잇고 있었다. 무왕은 나무로 만든 아버지의 위패를 수레에 싣고 동쪽으로 은나라 주왕紂王을 치려 했다. 백이와 숙제는 무왕의 말고삐를 붙잡고 간언했다.

"아버지가 돌아가셨는데 장례도 치르지 않고 바로 전쟁을 일으키는 것을 효라고 할 수 있습니까? 신하 신분으로 군주를 죽이는 것을 인이라고 할 수 있습니까父死不葬, 爰及干戈, 可謂孝乎? 以臣弑君, 可謂仁乎?"

그러자 무왕 곁에 있던 신하들이 무기로 그들의 목을 베려 했다. 이때 강태공姜太公 여상呂尙이 만류하여 두 사람은 무사할 수 있었다.

그 뒤 무왕은 출전하여 승리했고, 백성은 포학한 정치에서 해방되었다. 그러나 백이와 숙제는 무왕의 행위를 비판하며 주나라 땅에서 나는 것은 그 무엇도 먹지 않기로 결심하고는 수양산首陽山으로 들어가 고사리를 캐 먹으며 살다가 굶어 죽고 말았다.

사마천은 공자가 《논어論語》〈공야장公冶長〉 편과 〈술이述而〉 편에서 한 평을 근거로 다음과 같이 말하고 있다.

"백이와 숙제는 옛 원한을 마음에 두지 않았으므로 [이들이 다른 이들을] 원망하는 일도 이 때문에 드물었다. 인仁을 구하여 인을 얻었는데 또 무엇을 원망했겠는가伯夷叔齊不念舊惡, 怨是用希. 求仁得仁, 又何怨乎?"

위 문장에 인용된 공자의 발언 "원시용희怨是用希"라는 구절에서 알 수 있듯이, 공자는 백이와 숙제의 절의節義를 확신한다. 그들의 삶에 한 치의 원망도 없다는 시각, 즉 백이 형제가 '양보(讓)'의 미덕으로 수양산으로 들어가 굶어 죽은 것을 공자는 "구인득인求仁得仁"한 것으로 보았으니, 당연히 그들의 속내는 원망이 없다는 확신이다.

사마천과 공자의 시각차가 존재하는 것은 사마천이 백이와 숙제에게 자신의 입장을 투영했기 때문일 것이다.

구중자황口中雌黃

——— 입 **구** 가운데 **중** 암컷 **자** 누를 **황** ———

'입안에 자황이 있다'는 말로, 잘못을 범했을 때 곧바로 바로잡는다는 뜻이다. 신구자황信口雌黃과 비슷한 말이다.

'자황雌黃'이란 육방정계六方晶系에 속하는 광물로, 산에서 나는 유황과 비소의 화합물이며 약용과 안료, 착색제로 쓰인다. 옛날 사람들은 종이에 글을 썼다가 더하거나 뺄 것이 있으면 자황을 칠해 지우고 그 위에 다시 썼다. 이로부터 온당치 않은 언론言論을 직접 자신이 입으로 취소하거나 고친다는 뜻이 유래했다.

《진서晉書》〈왕연전王衍傳〉을 보면, 진晉나라 때 왕연王衍이라는 사람이 있었다. 그는 젊어서 청담淸談을 즐겼고, 관리가 되어서도 노장사상을 받들었다. 그는 재질이 있고 담론 내용도 오묘하여 많은 사람이 흠모했다. 왕연은 노장의 이치를 강의할 때 더없이 차분하고 조용한 어조로 했다. 그래서 다음과 같은 문장이 나오게 되었다.

"의론상의 이치에 불안한 바가 있으면 수시로 곧바로 고쳤으므로 세상 사람들은 '입안에 자황이 있다'고들 했다義理有所不安, 隨即改更, 世號**'口中雌黃'**."

그러나 후세인들은 본뜻과는 달리, 근거 없이 입에서 나오는 대로 지껄이거나 다른 사람의 글에 대해 함부로 비평할 때 이 말을 썼다.

구지九地

아홉 구 땅 지

전쟁터에서의 '아홉 가지 지형地形'으로, 싸울 때 이롭거나 불리한 아홉 가지 지형에 대한 구분을 말한다.

"용병用兵의 원칙에는 '산지散地'가 있고, '경지輕地'가 있으며, '쟁지爭地'가 있고, '교지交地'가 있으며, '구지衢地'가 있고, '중지重地'가 있으며, '비지圮地'가 있고, '위지圍地'가 있으며, '사지死地'가 있다用兵之法, 有散地, 有輕地, 有爭地, 有交地, 有衢地, 有重地, 有圮地, 有圍地, 有死地."

춘추시대 오나라의 손무孫武가 편찬한 병법서인 《손자병법孫子兵法》〈구지九地〉 편에 나오는 말이다.

손무의 시각에서 좀 더 설명해보면, '산지'란 자신의 땅에서 적과 전쟁을 하므로 흩어져 도망가기 쉬운 곳이다. '경지'란 적의 땅에 들어갔으나 깊이 들어가지 않았으므로 쉽게 퇴각할 수 있는 땅이다. '쟁지'란 적이건 아군이건 누가 점령해도 유리한 지역이며, '교지'란 아군도 갈 수 있고 적군도 올 수 있는 땅이다. '구지'란 세 나라와 국경을 접하고 있는 땅으로 천하의 군대를 얻을 수 있는 곳이다. '중지'란 적의 국경에 들어가는 정도가 깊고 성읍을 지나가는 곳이 많으니 군대의 보급과 관련된 땅이다. '비지'란 산림, 험준한 곳, 소택 등 행군하기 어려운 곳이고, '위지'란 진입하는 곳이 좁고 돌아 나올 수 있는 곳이 구불구불하여 열세한 적군의 병력으로 우세한 아군도 공격할 수 있는 땅이다. '사지'란 빨리 싸우면 생존할 수 있으나 빨리 싸우지 못하면 멸망할 수 있는 곳이다.

그러기에 손무는 이런 유형의 땅에서 전쟁하는 방식을 다시 이렇게 말한다.

"'산지'에서는 전쟁을 벌여서는 안 되고, '경지'에서는 멈추어서는 안 되며, '쟁지'에서는 공격하지 말고, '교지'에서는 끊어져서는 안 되며, '구지'에서는 외교 관계를 맺어야 하고, '중지'에서는 약탈하며, '비지'에서는 통과하고, '위지'에서는 모책을 쓰며, '사지'에서는 싸운다散地則無戰, 輕地則無

止, 爭地則無攻, 交地則無絶, 衢地則合交, 重地則掠, 圮地則行, 圍地則謀, 死地則戰."

장수에게는 지형에 대한 단편적인 이해보다는 구체적으로 어떻게 싸울 것인지에 대한 날카로운 판단과 주위 사안들을 두루 볼 수 있는 혜안이 중요한 법이다.

국사무쌍國士無雙

나라 국 선비 사 없을 무 쌍 쌍

'한 나라에서 둘도 없이 뛰어난 인물'이라는 뜻으로, 동량지기棟梁之器 · 태산북두泰山北斗 · 고금무쌍古今無雙과 비슷한 말이다.

한나라 초 파란만장한 삶을 산 한신韓信의 이야기가 수록된 《사기史記》 〈회음후열전淮陰侯列傳〉을 보면 이런 내용이 있다.

항우項羽와 유방劉邦이 천하의 패권을 다투고 있을 무렵 한신이라는 이가 있었다. 한신은 젊을 때 가난하고 방탕하며 무위도식無爲徒食하는 삶을 살았다. 추천을 받아 관리가 되지도 못하고, 장사로 생계를 꾸릴 수도 없어 늘 남에게 빌붙어 먹고 다녀 사람들이 그를 싫어했다. 그러나 그는 마음속에 큰 희망을 품고 자기 자신을 다스려 나갔다.

한나라 승상 소하蕭何는 한신과 이야기를 나누어보고는 그의 빼어난 재능에 남다른 기대를 걸고 있었다. 한신은 소하가 이미 여러 차례 자기를 유방에게 추천했지만 등용하지 않는다고 생각하여 떠나버렸다. 소하는 한신이 떠났다는 말을 듣자, 유방에게 말할 겨를도 없이 그를 뒤쫓았다. 어떤 사람이 유방에게 승상 소하가 도망쳤다고 아뢰었다. 유방은 몹시 화를 내며 양손을 잃은 것처럼 실망했다.

며칠 뒤에 소하가 돌아오자 유방은 노여움과 기쁨이 뒤섞여 그를 꾸짖었다.

"그대가 도망친 것은 무엇 때문이오?若亡, 何也?"

"신은 감히 도망친 것이 아니라 도망친 자를 뒤쫓아 갔던 것입니다臣不敢亡也, 臣追亡者."

"그대가 뒤쫓은 자가 누구요若所追者誰何?"

"한신입니다韓信也."

유방은 다시 꾸짖었다.

"장수들 가운데 도망친 자가 십수 명이나 되는데도 그대는 쫓아간 적이 없소. 한신을 뒤쫓았다는 것은 거짓말이오諸將亡者以十數, 公無所追. 追信, 詐

也."

"다른 장수들은 쉽게 얻을 수 있으나 나라에서 한신에 견줄 만한 인물은 둘도 없습니다. 왕께서 영원토록 한중의 왕으로 만족하신다면 한신을 문제 삼을 필요는 없습니다만 반드시 천하를 놓고 다투려 하신다면 한신이 아니고는 함께 일을 꾀할 사람이 없습니다. 왕의 생각이 어느 쪽에 있는가에 달린 문제입니다諸將易得耳, 至如信者, **國士無雙**. 王必欲長王漢中, 無所事信, 必欲爭天下, 非信無所與計事者. 顧王策安所決耳."

"나도 동쪽으로 나아가 천하를 다투고자 하는데, 어찌 답답하게 이런 곳에 오래 머물겠소吾亦欲東耳 安能鬱鬱久居此乎?"

"왕의 계책이 반드시 동쪽으로 나아가고자 한다면 한신을 등용하십시오. 그러면 한신은 머무를 것입니다. 한신을 등용하지 않으면 그는 결국 떠나갈 것입니다王計必欲東, 能用信. 信即留. 不能用, 信終亡耳."

이리하여 한신은 한나라 대장군大將軍이 되어 유방을 도와 천하를 통일하는 데 큰 공을 세웠다.

고조高祖 유방의 눈 밖에 난 한신이 일개 졸개에서 벗어나 성대한 의식 속에 대장군이 된 데에는 소하의 안목이 결정적이었다. 소하는 검소해서 밭과 집을 살 때 반드시 외딴곳에 마련했고, 집을 지을 때도 담장을 치지 않았다. 혜제 2년(기원전 193)에 상국相國 소하는 죽었다. 그러나 그의 당부에도 불구하고 후손들은 죄를 지어 제후의 봉호를 잃은 것이 4대나 되었고, 매번 계승할 사람이 끊어질 정도였다. 그러나 천자는 매번 소하의 후손을 다시 찾아 계속하여 찬후酇侯로 봉했는데 소하의 공적이 그만큼 월등했던 탓이다.

국생麴生

누룩 국 날 생

'술'을 가리키는 말이다. 누룩으로 술을 빚기 때문에 생긴 이름이며, 국군麴君 또는 국서생麴書生이라고 하여 어둔한 선비를 비유하기도 한다.

당나라 문인 정계鄭綮가 쓴 일화집《개천전신기開天傳信記》라는 책을 보면, 당나라 사람 섭법선葉法善이 현진관玄眞館에 기거하고 있었다. 그는 늘 손님 10여 명을 초대했으며, 손님들은 한결같이 술을 마시려 했다. 그런데 갑자기 어떤 사람이 문을 두드리며 말했다.

"국수재麴秀才!"

누룩 '국麴' 자에 문장 능력으로 과거 시험에 합격한 사람을 일컫는 '수재秀才'라는 말을 붙여서 한 말이다.

그러고는 오만하게 그 자리에 있는 사람들을 업신여기는 듯한 표정을 지으며 곧장 들어왔다. 법선은 수중에 가지고 있던 작은 칼로 몇 차례나 그를 찔렀다. 그러자 그 사람 머리가 떨어지더니 계단 아래로 데굴데굴 굴러가다 멈추어 병으로 변했다. 앉아 있던 사람들이 모두 놀라 그 속을 들여다보니 술로 가득 차 있었다. 다 크게 웃으며 그것을 마시고는 취하여 병을 어루만지며 이렇게 말했다.

"국생의 풍미는 잊을 수 없구나麴生風味, 不可忘也."

한편 불가佛家에서는 술을 국차麴茶라고 부른다.

국파산하재國破山河在

나라 **국** 쪼갤 **파** 뫼 **산** 강 이름 **하** 있을 **재**

'나라는 쪼개졌건만 산과 강은 그대로 있다'는 말로, 전란으로 인해 황폐해진 모습을 나타낸다.

당나라 숙종肅宗 지덕至德 원년(756) 6월에 안녹산의 반란군이 수도 장안長安을 공격했다. 안녹산의 근거지는 북방 만리장성 부근의 범양范陽 지역이었는데, 남쪽에 있는 장안과는 수천 킬로미터나 떨어져 있었다. 반란군은 섬서성陝西省·하남성河南省·산서성山西省·하북성河北省·산동성山東省 등 다섯 성을 지나면서 참혹한 피해를 입혔다. 그들은 마치 용병 연합군처럼 큰 세력을 갖고 있었기에 당나라는 8년이라는 오랜 기간 동안 싸워야 했으며, 이로 인해 국토는 황폐할 대로 황폐해졌다.

두보는 이런 엄청난 소식을 듣고 가족을 부주鄜州의 강촌羌村에 남겨둔 채 숙종에게 달려가다 반란군에게 붙잡혀 장안으로 압송되지만, 관직이 말단이므로 힘든 감옥살이는 오래 하지 않고 곧 풀려났다.

그다음 해 3월, 두보는 〈춘망春望〉이라는 시에서 이렇게 읊조렸다.

나라는 망했으나 산과 강은 그대로이고
도성에 봄이 오니 초목이 우거졌네.
시절을 슬퍼하여 꽃에 눈물 뿌리고
이별 한스러워 새소리에 마음마저 놀라네.
전란이 석 달이나 계속되니
집안 소식은 만금에 값하네.
흰머리 긁을수록 더욱 짧아져
전부 [다 모아도] 비녀조차 꽂지 못하겠네.

國破山河在, 城春草木深.
感時花濺淚, 恨別鳥驚心.
烽火連三月, 家書抵萬金.

白頭搔更短, 渾欲不勝簪.

이 시는 안녹산의 난 직후에 쓴 시로 비전非戰 사상이 배어 있는 명작이다. 여기서 봄은 전쟁 중에도 순행하는 만고불변의 자연과 전쟁의 폐허 뒤 안길에서 느낀 인생무상을 대변한다.

전반은 봄 경관을 통해 9개월 동안 반군에 점령당한 장안성의 황폐함을 노래했다. '파破'는 부서진 국토를 단적으로 표현한 것이고, 2구는 성에 봄이 왔으나 강탈과 유린당한 백성이 죽거나 피난을 떠났으니 초목만이 무성할 뿐임을 노래한 것이다. 2연은 봄을 상징함과 동시에 객체 '꽃(花)'과 '새(鳥)'를 의인화하여 작자의 눈물과 놀란 마음을 표출함으로써 전쟁으로 인한 심리적 고통을 이입했다. 3연은 편지 한 통을 만금으로 표현하여 가족애와 인간애를 부각했으며, 4연은 작자의 노쇠함에 대해 탄식했다. '흰머리(白頭)'는 죽음을 상징하는 시어로, 계절적 배경인 봄의 이미지와 극단적으로 대조되어 전쟁에 대한 환멸을 보여주고 있다.

이런 방식은 봄이 주는 생명력과 전쟁의 비참함을 대비하여 참담한 심정을 진솔하게 묘사하고 있다.

군맹무상群盲撫象

무리 **군** 소경 **맹** 어루만질 **무** 코끼리 **상**

'소경 여러 명이 코끼리를 어루만진다'는 말로, 식견이 좁아 자기 주관대로 사물을 잘못 판단하는 것을 비유한다. 맹인모상盲人摸象, 군맹모상群盲摸象, 군맹평상群盲評象이라고도 한다.

《대반열반경大般涅槃經》에 이런 내용이 나온다.

인도의 경면왕鏡面王은 앞을 보지 못하는 소경들에게 코끼리라는 동물을 가르쳐주려고 그들을 궁궐로 불러 모았다. 그들이 모두 모이자 신하에게 코끼리를 끌어오게 하고는 소경들에게 만져보도록 했다.

이들이 다 코끼리를 만져보고 나자 경면왕이 물었다.

"코끼리는 어떻게 생겼느냐象爲何類?"

장님들은 한결같이 자신만만하게 대답했다.

"알았습니다."

"그러면 한 사람씩 코끼리가 어떻게 생겼는지 말해보라."

그중 상아를 만져본 소경이 먼저 대답했다.

"무 같습니다如蘆菔根."

다음에는 귀를 만져본 소경이 말했다.

"키 같습니다如箕."

머리를 만져본 소경이 말했다.

"돌 같습니다如石."

코를 만져본 소경이 말했다.

"절굿공이 같습니다如杵."

다리를 만져본 소경이 말했다.

"널빤지 같습니다如木臼."

등을 만져본 소경이 말했다.

"평상 같습니다如床."

배를 만져본 소경이 말했다.

"항아리 같습니다如甕."

꼬리를 만져본 소경이 말했다.

"새끼줄 같습니다如繩."

이처럼 소경들은 자신들이 만진 부위가 무엇과 같은지만을 가지고 코끼리의 전체 모습을 다 본 것처럼 말했다. 여기서 코끼리는 석가모니釋迦牟尼를 비유하고, 소경들은 석가모니를 이해하지 못하는 중생을 비유한 것이다.

군자난언君子難言

임금 **군** 아들 **자** 어려울 **난** 말씀 **언**

'군자는 말하는 것을 어려워한다'는 말로, 유세하는 자의 어려움을 의미하는데, 주로 신하가 군주에게 의견을 제시할 때의 어려움을 말한다.

"군자는 말하는 것을 어려워하는 것입니다. 또한 충성스런 말은 귀에 거슬리고 마음에 상반되는 것이니, 현명하고 어진 군주가 아니면 아무도 들어주지 않습니다**君子難言**也. 且至言忤於耳而倒於心, 非賢聖莫能聽."

《한비자韓非子》〈난언難言〉 편의 말로, 여기서 군자는 유세가를 말한다. 한비韓非는 군주를 설득하려면 논리보다는 마음으로 접근해야 한다고 생각했는데, 그 이유는 상대방이 무엇을 원하는가 하는 문제를 잘 헤아려보아 유세하라는 것이다. 한비는 이런 사례를 들었다.

"그래서 오자서伍子胥는 지략이 뛰어났지만 오나라 왕은 그를 처형했고, 중니仲尼(공자)는 [다른 사람을] 설득하는 데에 뛰어났지만 광匡 땅의 사람들은 그를 억류했으며, 관이오管夷吾(관중)는 진실로 현명했지만 노나라는 그를 가두었습니다. 이들 세 대부大夫가 어찌 현명하지 않았겠습니까? 그들의 세 군주가 명석하지 못했던 탓입니다. 상고시대에 탕왕湯王은 훌륭한 성군이었고, 이윤伊尹은 매우 지혜로운 자였습니다. 대단한 지혜로 훌륭한 성군을 설득하려고 일흔 번이나 유세했지만 받아들여지지 않자 몸소 솥과 도마를 들고 요리하는 주방장이 되어 가까이에서 친해지고 나서야, 탕왕은 비로소 그의 현명함을 알고 요직에 등용했습니다故子胥善謀而吳戮之, 仲尼善說而匡圍之, 管夷吾實賢而魯囚之. 故此三大夫豈不賢哉? 而三君不明也. 上古有湯, 至聖也, 伊尹, 至智也. 夫至智說至聖, 然且七十說而不受, 身執鼎俎爲庖宰, 昵近習親, 而湯乃僅知其賢而用之."

그러고는 다시 구체적으로 예시하면서 익후翼侯란 자는 불에 구워졌고, 비간比干은 심장이 도려내졌으며, 매백梅伯은 소금에 절여졌고, 오기吳起는 몸이 찢기는 형벌을 받았다고 했다.

한비가 보기에 간언이 군주에게 받아들여지는지의 여부는 전적으로 군주의 역량과 자세에 달려 있다는 것이다. 한비는 이들 이외에 물론 현명하고 어진 리더를 만나는 것이 가장 이상적이겠지만 세상사는 그렇게 호락호락하지 않다는 것이고, 형벌을 받는 경우도 비일비재非一非再하다는 것이다.

군자불기君子不器

임금 **군** 아들 **자** 아니 **불** 그릇 **기**

'군자는 그릇이 아니다'라는 말로, 군자란 종묘의 제사 그릇처럼 일정한 모양과 크기를 갖춘 자가 아니라 세상의 온갖 이치를 두루 알 수 있는 회통하고 유연성을 갖춘 인물이라는 의미다.

《논어論語》〈위정爲政〉 편에 나오는 공자의 말이다.

'군자君子'란 도덕을 갖춘 사람으로서 '소인小人'과 상대되는 개념이다. 유연한 사고와 학식을 두루 갖추고 있으며 사회적 위상보다는 도덕적 품성이 높은 사람이다. '불기不器'란 그릇이 아니라는 것이다. 종묘의 제사 그릇처럼 쓰임새와 크기가 정해진 것은 군자가 아니다. '군자불기'는 곧 '대도불기大道不器'(《예기禮記》〈학기學記〉 편)다. 큰 도는 세상의 이치를 두루 꿰뚫고 '소소한 지식〔小知〕' 따위에 연연해하지 않는 회통會通과 통섭通涉의 사유다. 이것이 군자의 앎이자 실천이다.

공자는 '주이불비周而不比', 즉 '원만하지만 붕당朋黨을 이루지 않는'(〈위정爲政〉 편) 사람이 군자라고 했다. '주周'는 도의道義를 통해 사람을 모으는 것으로 뒤에 나오는 '비比'와는 상대적인 개념이다. 비는 붕당이고 작은 집단이며 작은 종파다. 무리에 섞이되 파벌을 만들지 않는 '화이부동和而不同'한 존재가 공자가 말한 군자다.

그릇은 크기가 한정되어 일정한 양밖에 담을 수 없다. 더 중요한 것은 단단하고 안팎을 구분하는 경계가 있다는 것이다. 그릇들이 가지런히 모여 있으면 질서정연해 보이지만, 수레에 싣고 험한 길을 달린다면 깨질 수 있다. 마찬가지로 나라가 평온하고 질서가 잘 제어될 때 그릇들은 각기 제 몫을 하지만, 나라가 혼란하고 질서가 없을 때 그릇들은 시끄럽게 부딪치며 깨지고 날카로운 도구로 변한다. 그릇은 밖에서 깨지면 안 되고 안에서 깨져야 한다.

당나라 유지기劉知幾는 박식博識과 다문多聞을 군자의 덕목으로 보았다. 많이 배우고 견문을 넓혀야 내 안의 욕망을 합리화해주는 내 속의 작은 그릇을 없앨 수 있다. 또한 지나친 격식이나 과거에 얽매이는 것에서도 벗어날 수 있다. 공자와는 추구한 가치가 전혀 달랐던 묵자墨子도 "대동大同을 숭상하는 천자는 천하를 다스릴 수 있고, 평범한 제후는 그의 나라를 다스릴 수 있으며, (공능이) 작은 대부는 그의 봉읍을 다스릴 수 있다尙同之天子可以治天下矣, 中庸之諸侯可而治其國矣, 小用之家君可而治其家矣."(《묵자墨子》〈상동 하尙同下〉편)라고 했다. '그릇'에는 '덕'이 담길 수 없다. 자신과 닮은 우물 같은 작은 마을을 다스리는 것에 만족해야 한다.

군자삼락君子三樂

임금 **군** 아들 **자** 석 **삼** 즐거울 **락**

'군자의 세 가지 즐거움'이라는 뜻으로, 곧 부모가 살아 계시고 형제간에 탈이 없고, 자신이 행하는 일이 온 세상에 떳떳하여 하늘과 남에게 부끄러울 것이 없으며, 천하에 재주 있는 사람을 모아 가르치는 것을 말한다.

공자의 사상을 계승 발전시킨 맹자孟子는《맹자孟子》〈진심 상盡心上〉편에서 이런 말을 했다.

"군자에게는 세 가지 즐거움이 있으나 천하의 왕이 되는 것은 여기에 들어 있지 않다. 부모님이 모두 살아 계시고 형제가 무고한 것이 첫 번째 즐거움이고, 하늘을 우러러 부끄러움이 없고 굽어보아 다른 사람에게 부끄러움이 없는 것이 두 번째 즐거움이며, 천하의 영재를 얻어 교육하는 것이 세 번째 즐거움이다. 군자에게는 세 가지 즐거움이 있으나 천하에 왕 노릇을 하는 것은 여기에 들어 있지 않다君子有三樂, 而王天下, 不與存焉. 父母俱存, 兄弟無故一樂也, 仰不愧於天, 府不怍於人二樂也, 得天下英才, 而教育之三樂也. 君子有三樂, 而王天下, 不與存焉."

맹자가 말한 세 가지 즐거움 중에서 첫 번째 즐거움은 우리 인간의 힘으로 얻을 수 있는 즐거움이 아니라 하늘이 내려주는 것이다. 부모의 삶은 자식이 원한다고 하여 영원한 게 아니므로 오랫동안 함께할 수 있다면 그 자체로 즐겁다는 말이다. 그리고 두 번째 즐거움은 하늘과 땅에 한 점 부끄러움이 없는 삶을 강조한 것으로, 스스로 인격 수양을 통해서 가능한 즐거움이다. 세 번째 즐거움은 자기가 가지고 있는 것을 다른 사람에게 베푸는 것으로, 어떤 즐거움을 혼자만 누릴 게 아니라 남과 공유하기를 바라는 것이다.

맹자는 세 가지 즐거움을 제시하면서 왕이 되는 것은 여기에 들어 있지 않음을 두 차례나 언급하여 강조했는데, 이는 의미 있는 말이다. 맹자가 말한 세 가지 즐거움은 우리 삶을 유익하고 윤택하게 해주는 즐거움이라고 할 수 있다.

반면 공자는 우리를 이롭게 하는 세 가지 즐거움과 망가뜨리는 세 가지 즐거움을 《논어論語》 〈계씨季氏〉 편에서 이렇게 말했다.

"좋아하는 일 가운데 유익한 것이 세 가지이고, 좋아하는 일 가운데 해로운 것이 세 가지다. 예악으로 절제하는 것을 좋아하고, 다른 사람의 장점 말하기를 좋아하며, 현명한 친구를 많이 사귀기를 좋아하는 것은 유익하다. 교만을 즐기는 것을 좋아하고, 방탕하게 노는 것을 좋아하며, 향락에 빠져 먹고 마시는 것을 좋아하면 해롭다益者三樂, 損者三樂. 樂節禮樂, 樂道人之善, 樂多賢友, 益矣. 樂驕樂, 樂逸樂, 樂宴樂, 損矣."

공자는 사람에게 가장 가치 있고 중요한 것은 인仁을 터득하는 일이라고 보았다. 여기서 사람에게 유익한 것은 인을 터득하는 길로 나아가는 것으로서, 예악을 실천하고 남을 나처럼 사랑하여 남의 좋은 점을 말하게 되는 것이며, 어진 친구가 많은 것이다. 그렇지만 반대로 육체적 욕망에 사로잡혀 방탕한 생활을 하는 것은 인으로부터 멀어지는 해로운 것이다.

군자삼외君子三畏

——— 임금 **군** 아들 **자** 석 **삼** 두려워할 **외** ———

'군자의 세 가지 두려움'이라는 뜻이다.

군자란 소인과 상대되는 개념이다. 본래 공자는 '천명天命', '대인大人', '성인지언聖人之言'을 두려워하는 것을 군자삼외로 보았다. 유가에서는 유독 혼란한 시대에 군자의 자질에 관한 언급이 많았다. 춘추전국시대에는 더욱 그러했다.

이 말은《논어論語》〈계씨季氏〉 편에 나온다.

"군자에게는 세 가지 두려워하는 것이 있다. 천명을 두려워하고, 대인(높은 자리에 있는 자)을 두려워하며, 성인(도덕을 갖춘 자)의 말씀을 두려워해야 한다君子有三畏: 畏天命, 畏大人, 畏聖人之言."

천명은 하늘이 인간에게 내린 명命이고, 대인은 덕망과 지위가 높은 사람을 말한다. 그러므로 군자는 이 세 가지를 두려워하는 것이다. 반대로 소인은 천명을 알지 못하므로 두려워하지 않고 대인을 함부로 대하며 성인의 말을 업신여긴다.

군자가 두려워해야 할 세 가지가《예기禮記》〈잡기 하雜記下〉 편에는 다음과 같이 나와 있다.

첫째, 들은 것이 없을 때는 그 듣지 못함을 두려워해야 한다.

둘째, 들었다면 [들은 것을] 배우지 못함을 두려워해야 한다.

셋째, 이미 배웠다면 [그것을] 실천하지 못함을 두려워해야 한다.

君子有三患. 未之聞, 患弗得聞也. 旣聞之, 患弗得學也. 旣學之, 患弗能行也.

이 세 가지 두려움은 이상적인 인간형인 군자뿐만 아니라 평생교육을 받아온 현대인들에게도 적용된다. 과거와 달리 정보의 홍수 속에 사는 우리에게 다른 사람들보다 더 많은 지식을 듣고 배우고 익히고, 그런 다음에 실천하는 일은 매우 중요하다.

군자원포주君子遠庖廚

임금 **군** 아들 **자** 멀 **원** 푸줏간 **포** 부엌 **주**

'군자는 푸줏간을 멀리해야 한다'는 말로, 심성을 어질고 바르게 하려면 무섭거나 잔인한 일을 해도 안 되고 보지도 말아야 한다는 뜻이다.

자신의 주장을 날카로운 비유법을 통해 펼치는 맹자의 화법話法이 일품인 《맹자孟子》〈양혜왕 상梁惠王上〉 편에 나오는 말이다.

제나라 선왕과 맹자는 다음과 같은 문답을 했다.

"덕이 어떠하면 왕 노릇을 할 수 있습니까德何如則可以王矣?"

"백성을 보호하고 왕 노릇을 하면 이를 막을 자가 없습니다保民而王, 莫之能禦也."

"과인 같은 사람도 백성을 보호할 수 있습니까若寡人者, 可以保民乎哉?"

"할 수 있습니다可."

"어떻게 내가 할 수 있는지를 아십니까何由知吾可也?"

"신은 호흘胡齕이라는 사람에게 이런 말을 들었습니다. 왕이 당상에 앉아 있는데 소를 끌고 당 아래를 지나가는 사람이 있기에 왕이 그것을 보고 '소는 어디로 가는 길이냐?'라고 묻자, 그 사람이 '피를 받아서 종에 바르려고 합니다.'라고 대답했습니다. 왕은 '그 소를 놓아주어라. 소가 두려워하며 죄 없이 죽으러 끌려가는 것을 차마 볼 수가 없구나.'라고 했습니다. 그러자 그는 '그러면 종에 피를 바르는 의식을 폐지하려 하십니까?'라고 물었습니다. 왕은 '어떻게 폐지할 수 있겠느냐, 양으로 바꾸어라.'라고 하셨다는데, 알지 못하겠습니다. 그런 적이 있습니까臣聞之胡齕. 王坐於堂上, 有牽牛而過堂下者, 王見之, 曰: '牛何之?' 對曰: '將以釁鐘.' 王曰: '舍之. 吾不忍其觳觫, 若無罪而就死地.' 對曰: '然則廢釁鐘與?' 曰: '何可廢也, 以羊易之.' 不識. 有諸?"

"있습니다有之."

"이 마음이면 왕이 되기에 충분합니다. 백성은 모두 왕이 소 한 마리가 아까워서 그랬다 하지만 신은 왕께서 차마 볼 수가 없어서 그렇게 하신 줄 알고 있습니다是心足以王矣. 百姓皆以王爲愛也, 臣固知王之不忍也."

"그렇습니다. 진실로 [그런] 백성들이 있습니다. 제나라가 아무리 작다 하더라도 내가 어떻게 소 한 마리를 아까워하겠습니까? 그 소가 두려워하며 죄 없이 끌려가는 것을 차마 볼 수 없어서 양으로 바꾸게 한 것입니다然. 誠有百姓者. 齊國雖褊小, 吾何愛一牛? 卽不忍其觳觫, 若無罪而就死地, 故以羊易之也."

"왕은 백성이 왕이 소 한 마리를 아껴서 그렇게 한 것이라고 했다고 나무라지 마십시오. 작은 것과 큰 것을 바꾸었으니 어떻게 왕의 마음을 알 수 있겠습니까? 왕께서 만일 그 소가 죄 없이 죽으러 가는 것을 불쌍하게 생각하셨다면 소와 양을 어찌 차별하셨습니까王無異於百姓之以王爲愛也. 以小易大, 彼惡知之? 王若隱其無罪而就死地, 則牛羊何擇焉?"

왕이 말했다.

"이는 진실로 무슨 마음으로 했을까요? 내가 제물을 아까워하여 큰 소와 양을 바꾸라고 한 것은 아닙니다. 선생 말을 듣고 보니 백성이 나더러 소가 아까워서 그리했다고 한 것을 알 만합니다是誠何心哉? 我非愛其財而易之以羊也. 宜乎百姓之謂我愛也."

"걱정하지 마십시오. 이것이 바로 인자한 마음입니다. 다만 소는 보고 양은 보지 못했을 뿐입니다. 군자는 금수에 대해 그 살아 있는 모습을 보고는 차마 죽어가는 꼴을 보지 못하며, 그 우는 소리를 듣고는 차마 그 고기를 먹지 못합니다. 이러므로 군자는 푸줏간을 멀리해야 합니다無傷也. 是乃仁術也. 見牛未見羊也. 君子之於禽獸也, 見其生, 不忍見其死, 聞其聲, 不忍食其肉. 是以**君子遠庖廚**也."

맹자가 강조한 것은 왕도王道 정치였다. 군주는 무엇보다도 어질어야만 백성을 제대로 인도할 수 있기 때문이다.

군주인수君舟人水

임금 **군** 배 **주** 사람 **인** 물 **수**

'군주는 배이고, 백성은 물'이라는 말로, '군주와 신하의 긴밀한 협력과 상호 존중'을 의미한다. 군주민수君舟民水, 군주신수君舟臣水, 재주복주載舟覆舟라고도 한다.

당나라의 오긍吳兢이 지은 《정관정요貞觀政要》라는 책에 나온다. 《정관정요》는 당나라 왕조의 기틀을 마련한 태종太宗 이세민李世民의 정치철학을 기본적인 내용으로 한 정치 토론집 같은 성격의 책이다. 이 책의 첫머리만 보더라도 태종이 얼마나 백성의 관점에서 정치를 하려고 했는지 잘 알 수 있다.

"군주의 도리는 먼저 백성을 생각하는 것이오. 만일 백성의 이익을 상하게 하면서 자기의 욕심을 채운다면, 마치 자기 넓적다리를 베어 배를 채우는 것과 같아서 배는 부를지언정 곧 죽게 될 것이오. …… 또 만일 군주가 이치에 맞지 않는 말을 한마디라도 한다면, 백성은 그 때문에 사분오열四分五裂할 것이고, 마음을 바꾸어 원한怨恨을 품고 모반하는 이가 생길 것이오. 나는 항상 이러한 이치를 생각하고 감히 나 자신의 욕망을 따르는 행동을 하지 않았소."(〈군도君道〉 편)

이러한 생각에서 출발했기에 태종은 위징魏徵의 다음과 같은 말을 늘 마음속에 새기면서 다스림의 지침을 삼고자 했다.

"군주는 배이고, 백성은 물이다. 물은 배를 띄울 수도 있지만, 또한 배를 뒤엎을 수도 있다**君舟人水**. 水能載舟, 亦能覆舟."(〈논정체論政體〉 편)

여기서 '인人'은 '민民'과 같은 말로, 태종의 이름이 '세민世民'이라 피휘避諱하여 '인'으로 '민'을 대체한 것이다. 그는 창업 과정에서 피비린내 나는 형제의 난을 겪으며 제위에 올랐지만, 문치를 실행하고 철저한 자기 관리와 겸허함을 바탕으로 신하들과 허심탄회하게 상의하면서, 백성과 모든 고락을 함께하려고 노력한 군주였다. 때로는 위징처럼 300번 이상 간언한 신하를 내치지 않고 사심 없이 그 간언을 받아들여 자신의 잘못을 바로잡으려 했으며, 특히 민생 안정에 온 정성을 기울여 부역負役과 세금을 가볍게 하여 백성을 아꼈으며, 형법을 신중하고 가볍게 사용하여 법제를 보존시켰다.

당 태종이 다스린 23년여 기간을 '정관의 다스림貞觀之治'이라고 하여 그 치적을 높이 평가하는 데는 열린 정치라는 분명한 이유가 있다.

굴신제천하屈臣制天下

굽힐 **굴** 신하 **신** 다스릴 **제** 하늘 **천** 아래 **하**

'신하에게 굽혀 천하를 다스린다'는 말로, 자신보다 못한 아랫사람에게 생각을 굽혀 큰일을 성취한다는 뜻이다. 극천하이굴신克天下而屈臣이라고도 한다.

《전국책戰國策》〈진책秦策〉과 《사기史記》〈백기白起·왕전열전王剪列傳〉에 나오는 말이다.

진秦나라와 조나라의 장평長平 싸움은 진나라의 승리로 끝을 맺었다. 그로부터 1년 뒤, 소양왕昭襄王은 다시 조나라를 공격하려 했다. 이때 그의 명장 무안군武安君 백기白起가 소양왕에게 반대 의견을 내놓았다.

"지금은 공격할 때가 아닙니다. 장평 싸움에서 우리 진나라가 크게 이겼지만, 죽은 자를 묻고 부상자를 보살피는 일로 재산을 모두 썼습니다. 그러나 조나라는 비록 이 싸움에서 져 죽은 자나 부상자를 돌볼 여유는 없었지만 온 백성이 함께 슬퍼하고 위로하며 부흥에 힘썼으므로 이제는 국력이 탄탄해졌으며, 임금과 신하들이 밤낮을 가리지 않고 정무에 힘쓰고 있습니다. 이러한 때에 조나라를 치는 것은 바람직하지 않습니다."

그러나 소양왕은 자기 생각을 굽히지 않고 왕릉王陵에게 공격하라고 명령했다.

왕릉은 소양왕의 명을 받고 출전하여 악전고투惡戰苦鬪했지만 져서 병사를 모두 잃고 말았다. 그러자 소양왕은 이번에는 백기를 출정시키려 했다. 하지만 백기는 일이 이렇게 될 줄 알고 싸움을 반대했으므로 병을 핑계로 사퇴하고 집으로 돌아갔다.

소양왕은 하는 수 없이 왕흘王齕에게 이 일을 하도록 했지만, 그도 수많은 사상자만 냈을 뿐 함락시키지는 못했다.

소양왕은 백기를 찾아가 말했다.

"누워서라도 병사들을 지휘하시오."

백기가 대답했다.

"조나라를 치는 일은 그만두십시오. 조나라를 치지 않고도 천하의 패자가 될 방법이 있습니다. 신하에게 굽혀 천하를 다스리는 것입니다屈臣制天下. 조나라를 치고 제게 벌을 주려 하신다면 이는 신하에게 이기고 천하에 지는 일입니다. 저를 이겨서 우선 폐하의 위엄을 세우는 것과 천하를 이겨서 폐하의 자리를 빛내는 것 중 어느 쪽이 낫습니까?"

소양왕은 백기가 훈계조로 하는 말에 기분이 상하여 그대로 돌아왔다. 얼마 뒤에 소양왕은 백기를 죽였다. 그 당시 백기는 이런 말을 했다.

"내가 하늘에 무슨 죄를 지었기에 이 지경에 이르렀는가我何罪于天而至此哉?(《사기》〈백기 · 왕전열전〉)

그러다가 다시 이런 말을 했다.

"나는 정녕 죽어 마땅하다. 장평 싸움에서 항복한 조나라 병사 수십만 명을 속여 모두 산 채로 땅속에 묻었으니, 이것만으로도 죽어 마땅하다我固當死. 長平之戰, 趙卒降者數十萬人, 我詐而盡阬之, 是足以死."(〈백기 · 왕전열전〉)

궁당익견窮當益堅

궁할 **궁** 마땅할 **당** 더욱 **익** 굳셀 **견**

'곤궁해도 더욱 굳세어야 한다'는 말로, 대장부의 자세를 언급한 마원의 말이다.

《후한서後漢書》〈마원전馬援傳〉에 의하면, 전한 말 부풍군扶風郡에 마원馬援이라는 이가 살았다. 그는 어려서 글을 배웠고 무예에도 뛰어난 인재였는데 그저 소나 말을 기르며 살아가고 있었다.

마원은 장성하여 군수를 보좌하면서 그 현을 감찰하는 독우督郵가 되었다. 그때 죄수를 호송하는 일을 맡게 되었는데, 이런저런 하소연을 하는 죄수들에게 동정심을 느껴 그들을 풀어주고 북쪽으로 도망갔다.

그는 빈객들에게 이렇게 말했다.

"대장부가 뜻을 세우면 곤궁해도 더욱 굳세어야 하며, 늙어도 더욱 씩씩해야 한다丈夫爲志, **窮當益堅**, 老當益壯."

세상이 혼란스러워지자, 마원은 평범한 삶을 버리고 농서隴西의 외효隗囂 밑으로 들어가 대장이 되었다. 외효는 공손술公孫述과 손을 잡으려고 마원을 그곳으로 파견했다.

마원과 공손술은 같은 고향 친구였다. 공손술은 당시 스스로 황제라 일컫고 있었는데, 마원이 찾아왔다는 전갈을 받자 천자의 의관에 수레를 타고 으스대며 나왔다. 마원은 공손술의 변한 모습에 크게 실망하고 의례적인 인사만을 하고는 곧장 돌아왔다. 그러고는 외효에게 말했다.

"자양(공손술의 자字)은 우물 안 개구리일 뿐입니다. 그리하여 망령되게 스스로 존대하고 있으니 오로지 동쪽에 뜻을 두는 것만 같지 못합니다."

그 뒤 마원은 광무제光武帝를 알현하게 되었다. 광무제는 마원을 만나자 성심성의껏 대접하고, 각 부서를 데리고 다니며 조언할 것이 있는지 물었다. 마원은 이런 후한 대접에 감동하여 외효에게 돌아가지 않고 광무제의 휘하에 있기로 결심했다. 마원은 복파장군僕波將軍이 되어 남방의 교지交趾를 평정했다.

얼마 뒤에 동정호洞庭湖 일대의 만족이 반란을 일으키자, 광무제가 군대를 파견했으나 전멸하고 말았다. 이 소식을 들은 마원이 자신에게 군대를 달라고 청하자 광무제가 나이가 지나치게 많아 원정遠征에 무리가 있다고 했더니, 예순둘의 그는 말안장을 채우고 노익장老益壯을 과시했다. 광무제가 웃으면서 허락하자 그는 원정길에 올랐다.

권토중래捲土重來

말 권 흙 토 거듭 중 올 래

'흙을 말아 올려 다시 온다'는 말로, 한 번 실패한 경험이 있는 사람이 다시 세력을 키워 일어난다는 뜻이다.

당나라 시인 두목杜牧의 〈제오강정題烏江亭〉이라는 시에 나오는 말이다.

이기고 지는 것은 전쟁에서 기약할 수 없는데
치욕을 안고 견디는 게 사나이다.
강동의 자제 중에 인재가 많으나
흙을 말아 올려 다시 올 날은 미처 알지 못하네.
勝敗兵家事不期, 包羞忍恥是男兒.
江東子弟多才俊, **捲土重來**未不知.

이 시는 항우項羽가 자결하지 않고 세력을 만들어 다시 유방과 싸웠더라면 천하를 다시 차지할 수 있었으리라는 충고다. 위 시와 관련된 내용이 《사기史記》〈항우본기項羽本紀〉에 나온다.

초나라 항우는 한신에게 져서 수하의 부하를 모두 잃고 말았다. 한신은 항우를 잡으려고 구리산九里山 곳곳에 병사들을 매복하도록 했다. 항우는 혼자 무사히 탈출했으나 오강을 건너야만 살 수 있었다. 마침 오강의 정장亭長이 배를 강 언덕에 대고 기다리다가 항우에게 말했다.

"강동은 비록 좁지만 땅이 사방 1000리이며 백성이 수십만이니 왕 노릇하기에 충분합니다. 대왕께서는 서둘러 강을 건너십시오. 지금 오직 저에게만 배가 있어 한나라 군대가 도착해도 건널 수 없습니다江東雖小, 地方千里, 衆數十萬人, 亦足王也. 願大王急渡. 今獨臣有船, 漢軍至, 無以渡."

항우가 웃으며 말했다.

"하늘이 나를 망하게 하는데 내가 어찌 강을 건너겠는가! 나 항적이 강동의 젊은이 8000명과 함께 강을 건너 서쪽으로 갔는데, 지금 한 사람도 돌아오지 못했거늘, 설사 강동의 부모와 형제들이 나를 불쌍히 여겨 왕으로 삼아준다 해도 무슨 면목으로 그들을 보겠는가? 설령 그들이 말하지 않는다 해도 나 자신이 마음에 부끄럽지 않겠는가天之亡我, 我何渡爲! 且籍與江東子弟八千人渡江而西, 今無一人還, 縱江東父兄憐而王我, 我何面目見之? 縱彼不言, 籍獨不愧於心乎?"

그러고는 자결했다. 그의 나이 서른한 살이었다.

귤화위지橘化爲枳

—— 귤나무 **귤** 변할 **화** 될 **위** 탱자나무 **지** ——

'귤이 변하여 탱자가 되었다'는 말로, 환경에 따라 만물의 성질이 변함을 뜻한다. 사람도 주위 환경에 따라 달라짐을 비유한다. 비슷한 말로는 남귤북지南橘北枳가 있다.

춘추시대 말기 제나라 안영晏嬰의 언행을 기록한《안자춘추晏子春秋》〈내잡 하內雜下〉 편에 나오는 말이다.

춘추시대 제나라의 명재상 안자晏子, 즉 안영이 장차 초나라에 사신으로 가게 되었다. 초나라 왕은 이 소식을 듣고 곁에 있는 자들에게 말했다.

"안영은 제나라의 언변이 뛰어난 자인데, 지금 그가 오고 있소. 내가 그를 모욕하려고 하는데 어떤 방법이 좋겠소晏嬰, 齊之習辭者也, 今方來. 吾欲辱之, 何以也?"

곁에 있던 이가 말했다.

"그가 이곳에 오면 신이 죄인 한 명을 포박하여 왕 앞으로 오겠습니다爲其來也, 臣請縛一人, 過王而行."

왕이 말했다.

"어떤 사람이오何爲者也?"

"제나라 사람입니다齊人也."

"무엇에 연루되었소何坐?"

"도적질에 연루되었습니다坐盜."

얼마 뒤 안영이 이르렀다. 초나라 왕은 안영에게 주연酒宴을 베풀어주었다. 주연이 한창 무르익었을 때, 관리 두 명이 한 사람을 포박하여 왕 앞으로 끌고 왔다.

왕이 말했다.

"포박당한 자는 무엇을 한 사람인가縛者曷爲者也?"

"제나라 사람인데 도적질에 연루되었습니다齊人也, 坐盜."

왕이 안영을 보고 말했다.

"제나라 사람은 정말로 도적질을 잘하오齊人固善盜乎?"

안영이 대답했다.

"제가 듣건대 귤이 회남에서 나면 귤이 되지만, 회북에서 나면 탱자가 된다고 합니다. 잎은 서로 비슷하지만 그 과실 맛은 다릅니다. 그 까닭이 무엇이겠습니까? 물과 땅이 다르기 때문입니다. 지금 백성 중 제나라에서 나고 자란 이는 도적질을 하지 않습니다. [그런데] 초나라로 들어오면 도적질을 합니다. 초나라 물과 땅이 백성에게 도적질을 잘하게 하는 것입니다嬰聞之, 橘生淮南則爲橘, 生于淮北則爲枳. 葉徒相似, 其實味不同. 所以然者何? 水土異也. 今民生長于齊不盜. 入楚則盜. 得無楚之水土使民善盜耶."

왕이 웃으며 말했다.

"성인은 농담을 하지 않소. 과인이 오히려 병을 얻었소聖人非所與熙也. 寡人反取病焉."

제나라 출신 죄수를 안영에게 보여줌으로써 안영의 명성을 눌러보려던 초나라 왕의 계획은 끝내 웃음거리로 끝나고 말았다.

금성탕지金城湯池

쇠금 성성 끓일탕 못지

'쇠로 만든 성과 끓는 연못'이라는 말로, 쇠처럼 단단한 성곽과 끓는 연못 같은 해자에 둘러쌓인 성이란 뜻이다. 즉, 적군이 공략할 수 없도록 수비를 굳게 하고 있음을 비유한다. 금성철벽金城鐵壁과 비슷한 말이며, 줄임말은 금탕金湯이다.

《한서漢書》〈괴통전蒯通傳〉에 나오는 말이다.

진秦나라는 시황제始皇帝가 죽자 동요하기 시작했다. 시황제를 이어 제위에 오른 이세二世 황제 호해胡亥는 시황제와는 달리 지혜가 없는 어리석은 인물이었다. 이 혼란스러운 틈을 타 전국시대 때 강국으로 군림하던 자들의 후예들이 곳곳에서 일어났는데, 이들은 스스로 왕이라 일컬으며 진나라를 조금씩 무너뜨렸다

이때 무신武臣이라는 이가 조나라의 옛 땅을 점령하여 무신군武臣君으로 불리었다. 이를 본 모사謀士 괴통蒯通은 범양현範陽縣의 현령 서공徐公에게 말했다.

"지금 현령께서는 매우 위급한 상황에 놓여 있습니다. 그래서 제가 왔습니다. 제 말을 들으면 전화위복轉禍爲福이 될 것입니다."

서공은 괴통의 말을 이해할 수 없다는 얼굴로 물었다.

"무엇이 위급하다는 말입니까?"

"당신이 이곳 현령이 된 지 10년이 되었습니다. 그동안 진나라의 가혹한 형벌 때문에 부모를 잃거나 팔을 잘리거나 낙인이 찍힌 사람 수가 헤아릴 수 없을 만큼 많습니다. 이들은 진나라와 당신을 미워하고 있지만 겉으로 드러내지 못했습니다. 그 까닭은 진나라가 무서웠기 때문입니다. 그렇지만 이제는 천하가 혼란스러워지고 진나라의 엄격한 법도 흔들리고 있으니, 이들은 당신을 죽여 원수를 갚고 이름을 남기려 할 것입니다."

서공은 긴장된 낯으로 다시 물었다.

"당신 말을 들으면 어떻게 되겠습니까?"

괴통이 말했다.

"[무신군에게] 말하기를, '장군께서는 반드시 싸워 이긴 뒤에야 땅을 빼앗고, 공격하여 이긴 뒤에야 성을 함락시키려고 하시는데, 신은 사사로이 위태롭다고 생각합니다. 신의 계책을 사용하신다면 싸우지 않고도 땅을 빼앗을 수 있고, 공격하지 않고도 성을 함락시킬 수 있으며, 격문檄文만 전하고도 천 리를 평정할 수가 있을 것인데, 어떻습니까?' 하면 저 장군[무신군]이 '무엇을 이르는가?'라고 물으면 신이 인하여 대답하기를, '범양 현령은 마땅히 그 병사들을 정돈하여 전투를 준비해야 할 터인데, 겁을 먹고 죽음을 두려워하고, 탐욕스러워 부귀를 좋아하기 때문에 그 성을 가지고 먼저 그대에게 항복하려 할 것입니다. 먼저 그대에게 항복하고도 그대가 푸대접한다면 변방의 성에 있는 장상들 모두에게 알리기를, 「범양의 현령이 먼저 항복했으나 몸이 죽게 되었다」라고 하면 장군들은 반드시 성을 굳게 지키고 모두 쇠로 만든 성과 끓는 연못으로 만들어 공격할 수 없습니다'曰: '必將戰勝而後略地, 攻得而後下城, 臣竊以爲殆矣. 用臣之計, 毋戰而略地, 不攻而下城, 傳檄而千里定, 可乎?' 彼將曰: '何謂也.' 臣因對曰: '范陽令宜整頓其士卒以守戰者也, 怯而畏死, 貪而好富貴, 故欲以其城先下君. 先下君而君不利, 則邊地之城皆將相告曰: 「范陽令先降而身死」 必將嬰城固守, 皆爲**金城湯池**. 不可攻也'."

괴통은 범양현의 현령을 후하게 대우하여 그가 각지의 현령들에게 자신의 뜻을 전해달라는 의견을 내세웠다. 서공은 괴통의 의견을 받아들였다. 무신군도 괴통의 제안을 받아들였으므로 싸우지 않고도 성 36개를 얻게 되었다.

금슬상화琴瑟相和

거문고 **금** 비파 **슬** 서로 **상** 화할 **화**

'거문고와 비파가 서로 조화를 이룬다'는 말로, 부부 사이가 정답고 화목하며 조화를 이루는 것을 뜻한다. 여고금슬如鼓琴瑟이라고도 한다.

이 성어는 오경五經이자 춘추시대 민간 가요가 많이 수록된 《시경詩經》 〈국풍國風〉의 첫 편 〈관저關雎〉에 보인다.

구욱구욱 물수리는 강가 숲속에서 우는데
대장부의 좋은 배필 아리따운 아가씨는 어디 있나.
올망졸망 마름 풀 이리저리 헤치며 찾노라니
자나 깨나 그리는 아리따운 아가씨.
그리워해도 얻지 못해 자나 깨나 생각하노니
그리움은 가없어 이리 뒤척 저리 뒤척.
올망졸망 마름 풀 이리저리 헤치며 따노라니
금슬 좋게 벗하고픈 아리따운 아가씨.
올망졸망 마름 풀 이리저리 헤치며 고르노라니
풍악 울리며 즐기고픈 아리따운 아가씨.
關關雎鳩, 在河之洲, 窈窕淑女, 君子好逑.
參差荇菜, 左右流之, 窈窕淑女, 寤寐求之.
求之不得, 寤寐思服, 悠哉悠哉, 輾轉反側.
參差荇菜, 左右采之, 窈窕淑女, **琴瑟**友之.
參差荇菜, 左右芼之, 窈窕淑女, 鐘鼓樂之.

이것은 후비后妃의 덕德을 노래한 시라고도 하고, 신혼을 축하한 시라고도 한다.

《시경》〈소아小雅 · 당체棠棣〉 편 중 다음 구절에도 보인다.

"처와 자식들이 화합함이 거문고와 비파를 타는 것 같다 하더라도, 형제가 이미 화합하니 화락하고 장차 즐거워하는구나妻子好合, **如鼓琴瑟**, 兄弟旣翕, 和樂且湛."

이 시는 형제들이 모여 잔치를 벌일 때의 즐거움을 노래한 것이다. 주나라 무왕의 동생인 주공周公 단旦이 관숙管叔과 채숙蔡叔이 도道를 잃었음을 가엾게 여겨 지었다고도 하고, 주나라 여왕厲王 때 종족들이 화합하지 못하자 소목공召穆公이 사람들을 모아놓고 부른 노래라고도 한다.

금의야행錦衣夜行

비단 금 옷 의 밤 야 갈 행

'비단옷을 입고 밤에 간다'는 뜻으로, 출세한 뒤 고향으로 돌아가지 않는 것을 비유하기도 하고, 아무도 알아주지 않는 보람 없는 행동을 가리키기도 한다. 원말은 의수야행衣繡夜行이고, 비슷한 말로는 야행피수夜行被繡 · 의금야행衣錦夜行 · 한강투석漢江投石이 있으며, 반대말로는 금의주행錦衣晝行 · 금의환향錦衣還鄕이 있다.

《사기史記》〈항우본기項羽本紀〉에 나오는 말이다.

항우項羽는 홍문연鴻門宴을 계기로 유방을 물리치고 진秦나라의 도읍 함양咸陽으로 입성했다. 그는 곧 나이 어린 왕자 자영子嬰을 죽이고 아방궁阿房宮에 불을 질렀으며, 시황제의 무덤을 파헤쳤다. 그러고는 유방이 창고에 봉해 둔 재물을 모두 차지하고 미녀들을 곁에 끼고 승리를 자축하며 시간을 보냈다.

항우의 이런 행동은 멈출 줄을 몰랐다. 이를 걱정한 모신謀臣 범증이 이렇게 시간을 보내다가는 결국 제왕 자리마저 잃게 될 거라며 간곡하게 간언했으나 항우는 듣는 척도 하지 않았다. 항우는 오히려 재물과 미녀들을 손에 넣고 동쪽에 있는 고향 팽성으로 천도하려 했다. 그러자 간의대부諫議大夫 한생韓生이 이렇게 말했다.

"관중은 산과 강으로 막혀 있는 데다 사방이 요새이며 땅은 기름지니 도읍으로 해 패왕이 될 만합니다關中阻山河四塞, 地肥饒, 可都以霸."

그러나 항우는 한시라도 빨리 고향으로 돌아가 자신의 입신立身을 자랑하고 싶은 마음뿐이었다. 그래서 그는 혼잣말로 이렇게 중얼거렸다.

"부유하고 귀해졌는데도 고향에 돌아가지 않는 것은 비단옷을 입고 밤에 가는 것과 같으니 누가 그것을 알아주겠는가富貴不歸故鄕, 如**衣繡夜行**, 誰知之者!"

이 말을 들은 한생이 비웃으며 말했다.

"사람들이 초나라 사람은 원숭이가 사람 모자를 쓴 것일 뿐이라고 했는데, 과연 그렇구나人言楚人沐猴而冠耳, 果然!"

이 말을 들은 항우는 진평에게 그 뜻을 물어본 다음 한생을 삶아 죽였다. 하지만 항우가 고향 팽성에 안주한 것은 큰 실수였다. 왜냐하면 훗날 유방이 관중, 즉 함양으로 들어와 천하를 차지했기 때문이다.

항우는 늘 자신의 성공과 영웅적 기개를 보여주고 싶어 했다. 현시욕顯示慾이 강한 그에게 처신을 신중하게 하라고 진언한 신하들은 팽살烹殺되었다. 항우는 눈의 동자가 각각 두 개이고 구정九鼎을 들 수 있는 힘이 있었다고 전한다. 실제보다 과장된 이런 이야기는 내보이기 좋아하는 그의 성격이 스스로 구축한 신화이기 십상이다. 사마천은 항우의 패망을 당연한 귀결이라고 보았다.

기린지쇠야노마선지麒麟之衰也駑馬先之

— 기린 **기** 기린 **린** 어조사 **지** 쇠잔할 **쇠** 어조사 **야** 둔할 **노** 말 **마** 먼저 **선** 갈 **지** —

'기린이 쇠약해지면 둔한 말이 먼저 간다'는 말로, 젊을 때의 패기와 지력이 나이를 먹으면서 감소함을 비유한다. 또 천하에 용맹을 떨치던 영웅호걸도 쇠약해지면 평범한 사람보다 못한다는 뜻이다.

《전국책戰國策》〈제책齊策〉을 보면 전국시대 세객 중 소진蘇秦이라는 이가 나온다. 그는 당시 주위의 다른 나라들과는 견줄 수 없을 만큼 강력한 세력을 구축하고 있던 진秦나라에 대항할 방법을 찾고 있었다. 그 방법은 진나라에 위협받고 있는 여러 제후끼리 연합하여 진나라에 대항하는 것이었다. 그는 제나라 민왕에게 이렇게 말했다.

"예로부터 '기린이 쇠약해지면 둔한 말이 먼저 가고, 맹분孟賁이 피곤하면 여자도 그를 이긴다.'라는 말이 전해옵니다. 이것은 둔한 말이나 부녀자의 체력과 기력으로 기린이나 맹분을 이길 수 있다는 말이 아닙니다. 왜 그럴까요? 알맞은 때에 하늘의 힘을 빌렸기 때문입니다語曰: '**麒驥之衰也, 駑馬先之**; 孟賁之倦也, 女子勝之.' 夫駑馬, 女子, 筋骨力勁, 非賢於騏驥, 孟賁也. 何則? 後起之藉也."

소진은 이 세상일은 욕심이 앞선다고 되는 게 아니라, 하늘이 내려준 때를 기다렸다가 실행해야만 이길 수 있음을 강조한 것이다.

기사회생起死回生

일어날 **기** 죽을 **사** 돌아올 **회** 살 **생**

'죽은 사람이 일어나 다시 살아 돌아온다'는 말로, 원말은 '기사인起死人'으로 죽은 목숨을 다시 살려낸다는 뜻이다. 이와 비슷한 표현으로 구사일생九死一生이 있다.

노나라 좌구명左丘明의 《국어國語》〈오어吳語〉 편에 나온다.

춘추시대 노나라의 오왕 부차夫差는 3년 전에 아버지 합려의 원수를 갚다가 다리에 중상을 입었지만 월왕 구천과 싸워 이겼다.

월나라 대부 문종文種이 구천에게 오나라에 화해를 청하도록 하자, 구천은 이를 받아들여 제계영諸稽郢에게 오나라로 가서 화해를 청하게 했다. 그런데 부차가 이보다 앞서 월나라에 은혜를 베풀어 용서하면서 이렇게 말했다.

"군왕의 월나라는 죽은 사람을 다시 일으켜 백골에 살을 붙인 것과 같다. 내 감히 하늘의 재앙을 잊지 못하고, 그가 감히 군왕의 은혜를 잊겠는가君王之於越也, 繄**起死人**而肉白骨也. 孤不敢忘天災, 其敢忘君王之大賜乎!"

《여씨춘추呂氏春秋》〈별류別類〉 편에서 노나라 사람 공손작公孫綽도 다른 사람에게 이런 말을 했다.

"나는 죽은 사람을 일으킬 수 있다我能**起死人**."

세상 이치가 그렇다. '강한 자가 살아남는다'는 말보다 '살아남은 자가 강하다'라는 말이 더 설득력이 있는 것은 결국 최후의 승자가 되기가 그만큼 어렵다는 반증이다.

기산지절箕山之節

―― 키 기 뫼 산 어조사 지 절개 절 ――

'기산의 절개'라는 말로, 굳은 절개나 자신의 신념에 충실함을 비유한다. 기산지조箕山之操, 기산지지箕山之志라고도 한다.

《한서漢書》〈포선전鮑宣傳〉을 보면 이런 내용이 나온다.

한나라에 설방薛方이라는 이가 있었는데, 하루는 한나라 조정에서 그를 임용하려고 사자를 보내왔다. 그러나 설방은 정계로 나아갈 생각이 전혀 없으므로 거절하며 말했다.

"요임금과 순임금 때 그 아래에 소부巢父와 허유許由가 있었습니다. 지금 위에 계신 임금께서는 요순시대의 덕을 높이려 하시니, 저는 기산의 절개를 지키고자 합니다堯舜在上, 下有巢由. 今明主方隆唐虞之德, 小臣欲守箕山之節也."

여기서 설방이 말한 '기산지절'이란 요임금 때 덕망이 높았던 선비 허유가 벼슬길에 나아가지 않고 기산에 은거하며 절조를 지킨 것을 가리킨다. 그 내용은 다음과 같다.

어느 날, 허유는 요임금이 자신에게 임금 자리를 양위하겠다는 말을 듣고는 귀가 더러워졌다며 영천潁川으로 뛰어가 귀를 씻었다. 때마침 소부가 소에게 물을 먹이려고 이곳으로 향하고 있었는데, 귀를 씻고 있는 허유의 행동을 보고 이상히 여겨 물었다.

"영천에 와서 귀를 씻는 까닭이 무엇입니까?"

허유가 말했다.

"요임금이 내게 임금 자리를 양위한다지 않겠소! 나는 이 말을 듣고 내 귀가 더러워진 것 같아 냇가로 와서 씻는 것이오."

그러고는 곧장 기산으로 들어갔다.

허유의 말을 들은 소부는 소에게 물을 먹이려던 것을 멈추고 발길을 돌리며 말했다.

"더러운 말을 듣고 귀를 씻었으니 이 물도 더러워졌을 것이다. 그런 물을 소에게 먹일 수는 없다."

소부도 그길로 기산으로 들어가 나무 위에 집을 짓고 살았다고 한다.

기우杞憂

나라 이름 **기** 근심할 **우**

'기나라 사람의 근심'이라는 말로, 쓸데없이 걱정하는 것을 비유한다. 기인우천杞人憂天의 준말이다. 비슷한 말로 기인지우杞人之憂, 배중사영杯中蛇影, 의심암귀疑心暗鬼가 있다.

열어구列禦寇가 노자의 무위無爲 사상에 입각하여 지은《열자列子》〈천서天瑞〉편에 나오는 말이다.

주나라 때 기杞나라에 한 사람이 살았는데, 그는 행여나 자기 머리 위에 있는 하늘이 무너지고 발밑에 있는 땅이 꺼질까 봐 걱정하면서 한숨만 푹푹 내쉬며 하루하루를 보내고 있었다. 그 근심은 점점 심해져 잠도 이루지 못하고 밥도 먹지 못할 지경이 되었다. 이 모습을 안타까운 마음으로 지켜보던 어떤 이가 말했다.

"하늘이란 기운이 쌓여 있는 것일 뿐이고 기운이 없는 곳은 없다네. 이것은 몸을 굽혔다 폈다 하며 숨을 쉬는 것과 같네. 종일토록 하늘 복판에서 가기도 하고 머물기도 하지. 어찌 무너지고 떨어질까 걱정하겠는가天積氣耳, 亡處亡氣. 若屈伸呼吸. 終日在天中行止. 奈何憂崩墜乎?"

"하늘이 과연 기운이 쌓인 것이라면 해와 달과 별이 당연히 떨어지지 않을까天果積氣, 日月星宿, 不當墜邪?"

"해와 달과 별도 기운이 쌓인 속에서 빛이 있는 것일세. 떨어진다고 해도 중상을 입힐 수는 없다네日月星宿, 亦積氣中之有光耀者. 只使墜, 亦不能有所中傷."

"어찌하여 땅은 꺼지지 않지奈地壞何?"

"땅이란 흙덩이가 쌓여 있는 것일 뿐인데, 사방 빈 곳을 가득 메우고 있어 흙덩이가 없는 데가 없지. 머뭇거리고 걷고 밟고 뛰고 하는 것과 같아. 하루 종일 땅 위에서 걷기도 하고 멈추기도 하지. 그것이 어떻게 무너질 거라고 걱정하겠는가地積塊耳, 充塞四虛, 亡處亡塊. 若躇步跐蹈. 終日在地上行止. 奈何憂其壞?"

그제야 그 사람은 근심을 잊고 기뻐했으며, 그것을 깨우쳐준 사람도 기뻐했다.

말하자면 '기우'는 기나라 사람의 터무니 없는 근심거리처럼 '쓸데없는 걱정'을 빗댄 말이다.

기정상생奇正相生

기이할 **기** 바를 **정** 서로 **상** 날 **생**

'기습과 정공은 상생한다'는 뜻으로, 전쟁할 때 정공과 변칙을 잘 활용한다는 말이다.

《손자병법孫子兵法》〈세勢〉 편에 나오는 말이다.

'기奇'와 '정正'은 철학의 범주로서 '정正'은 정상正常이란 의미이고 이 둘은 서로 보완하는 관계다. 군사적으로 볼 때 '기정奇正'이란 세勢를 형성하는 술術로서 비정규 전술과 정규 전술 모두를 말한다. '정正'이 교전을 시작할 때 적진에 병사들을 투입하여 싸우는 정면공격正面攻擊 부대라고 한다면, '기奇'는 장군의 수하에 남겨두어 우측과 좌측의 날개가 되어서 기습공격奇襲攻擊을 하는 부대다. 그리고 수비를 담당하는 부대를 '정正'이라 하고, 기동부대를 '기奇'라고 한다.

작전의 개념으로 본다면, 적진을 향해 직접 창끝을 겨누는 것을 '정正'이라 하고 우회하여 측면으로 출동하는 것을 '기奇'라고 한다. 작전 원칙으로 본다면 정상적이고 일반 원칙을 운용하는 것을 '정'이라 하고, 기민하게 변화하는 상황에 대응하는 것을 '기'라고 한다.

이렇게 보면, '기정奇正'이란 말은 '허실虛實'이란 말과 긴밀한 연계성을 지니는 것이기도 하다. 다만, '기정'이 병력을 실제 전투에 투입할 때 만들어지는 전술적인 배치 상황이라면, '허실'은 분산과 집결이라는 변화의 원칙을 적용하여 전쟁터에서 아군에게는 강하고 적군에게는 약한 형국을 조성하는 것이다. 즉, 형체가 있는 것으로써 형체가 있는 것에 응하는 것이 '정'이며, 형체가 없는 것으로써 형체가 있는 것을 제압하는 것이 '기'인 셈이다.

그러므로 손무孫武는 "무릇 전쟁이란 정공법으로 [적군과] 맞서고 기습으로 승리한다. 따라서 기습을 잘하는 자는 끝이 없는 것이 하늘과 땅 같고 마르지 않는 것이 강과 바다 같다凡戰者, 以正合, 以奇勝. 故善出奇者, 無窮如天地, 不竭如江河."라고 단언한다.

전쟁에서는 정공법과 기습법을 능숙하게 구사하는 장수가 승리하게 되어 있다. 정공법으로 주력부대와 맞서고 기습 전술에 따라 움직이는 유격부대로 승리를 결정짓는다는 것은 용병의 기본이라고 해도 과언이 아니다. 《노자老子》 57장에 "정도로써 나라를 다스리고 기습으로 용병한다以正治國, 以奇用兵."라는 말도 같은 맥락에서 이해할 필요가 있다.

기호지세騎虎之勢

말 탈 **기** 범 **호** 어조사 **지** 형세 **세**

'호랑이를 타고 달리는 형세'라는 말로, 중도에 내릴 수 없으므로 일을 중지하기 어려움을 뜻하며, 일단 행동에 옮기면 끝까지 밀고 나간다는 의미가 담겨 있다. 기호난하騎虎難下, 기수지세騎獸之勢라고도 한다.

당나라 장손무기長孫無忌와 위징魏徵 등이 태종太宗의 명을 받아 편찬한 《수서隋書》〈독고황후전獨孤皇后傳〉에 나오는 말이다.

위진남북조시대에 양견楊堅이라는 사람이 있었다. 그는 북주北周 선제宣帝의 외척으로서 재상이 되어 국정을 도맡아 처리했다. 그는 자신이 한족이므로 이민족인 오랑캐에게 점령당한 나라를 되찾으려는 마음으로 애태우고 있었다. 그런 도중에 선제가 죽었다. 선제의 아들 정제靜帝는 어리고 어리석으므로 양견은 탁월한 수완으로 마침내 황제 지위를 물려받아 수隋나라를 세우고, 나중에 남조의 진陳나라를 멸망시켜 천하를 통일했다.

본래 양견의 아내는 남편이 큰 뜻을 품고 있음을 알고 있었다. 남편이 천하를 통일하기 위해 궁중으로 들어가 일을 도모하려고 할 때, 그녀는 이렇게 말했다.

"대세는 이미 그러하여 호랑이를 타고 달리는 형세로 내릴 수 없으니 힘써 하십시오大事已然, **騎虎之勢**, 不得下, 勉之."

결국 양견은 여장부다운 아내의 말에 힘입어 천하를 통일했다. 양견이 바로 수나라 문제文帝이고, 그 아내는 독고황후獨孤皇后다.

기화가거奇貨可居

기이할 **기** 재물 **화** 옳을 **가** 있을 **거**

'기이한 재물은 간직할 만하다'는 말로, 지금 당장은 큰 가치나 이익이 없지만 훗날에는 이익을 줄 만한 물건이나 인물을 비유한다. 좋은 기회를 포착하는 것을 가리키기도 한다. 비슷한 말로는 물실호기勿失好機가 있다.

《사기史記》 중에서도 가장 흥미진진한 편명으로 손꼽히는 〈여불위열전呂不韋列傳〉에 나오는 말이다.

전국시대 말 한韓나라에 여불위呂不韋라는 큰 상인이 살았다. 그는 여러 곳을 오가면서 물건을 싸게 사들여 비싸게 되팔아 천금이나 되는 돈을 모았다. 유달리 사람을 좋아한 그는 인재에 대한 투자야말로 영원하다고 믿었다.

어느 날 여불위는 조나라의 수도 한단을 지나가게 되었다. 그런데 우연히 진秦나라 소양왕의 손자 자초子楚가 인질로 잡혀 와 있는 것을 알게 되었다.

자초의 아버지 안국군安國君에게는 아들이 20여 명 있었다. 안국군은 남달리 사랑하던 여인을 정부인으로 삼아 화양 부인華陽夫人이라 불렀다. 그러나 화양 부인에게는 아들이 없었다. 자초는 안국군의 둘째 아들로서, 그의 친어머니 하희夏姬는 안국군의 총애를 받지 못했다. 자초가 진나라를 위해 조나라에 볼모로 왔으나 진나라가 조나라를 자주 공격했으므로 조나라는 자초를 그다지 예우하지 않았다. 따라서 조나라에서 자초의 생활은 그의 신분으로는 상상할 수 없을 만큼 초라했다.

여불위는 그를 보고 불쌍히 여겨 이렇게 말했다.

"이 기이한 재물은 간직할 만하다此奇貨可居."

그러고는 자초를 찾아가서 말했다.

"진나라 왕은 늙었고 안국군이 태자가 되었습니다. 남몰래 들은 말로는 안국군이 화양 부인을 총애하시는데 화양 부인에게는 아들이 없으니, 왕의 후사를 세울 수 있는 사람은 오직 화양 부인뿐입니다. 지금 당신 형제는 스무 명도 더 되고, 당신은 둘째 서열인 데다가 그다지 사랑을 받지 못하고, 오랫동안 제후의 나라에 볼모로 있습니다. 그러니 만일 왕이 세상을 떠나고 안국군이 왕위에 오르면 당신은 형이나 여러 형제와 아침저녁으로 태자 자리를 놓고 싸울 수도 없습니다秦王老矣, 安國君得爲太子. 竊聞安國君愛幸華陽夫人, 華陽夫人無子, 能立適嗣者獨華陽夫人耳. 今子兄弟二十餘人, 子又居中, 不甚見幸, 久質諸侯. 即大王薨, 安國君立爲王, 則子毋幾得與長子及諸子旦暮在前者爭爲太子矣."

"그렇습니다. 이를 어떻게 하면 좋겠습니까然. 爲之柰何?"

"당신은 가난하고 객지에 나와 있어 어버이를 공손히 섬기거나 빈객과 사귈 힘이 없습니다. 제가 비록 가진 것은 없지만 당신을 위해 1000금을 갖고 서쪽으로 가서 안국군과 화양 부인을 섬겨 당신을 후사로 삼도록 하겠습니다子貧, 客於此, 非有以奉獻於親及結賓客也. 不韋雖貧, 請以千金爲子西游, 事安國君及華陽夫人, 立子爲適嗣."

자초는 머리를 숙이며 말했다.

"기필코 당신의 계책대로 된다면 진나라를 그대와 함께 나누어 가지도록 하겠소必如君策, 請得分秦國與君共之."

이리하여 자초는 태자로 책봉되었다가 왕위에 오르게 되었으며, 여불위도 승상丞相에 임명되었다. 자초는 비록 왕위에 오른 지 3년 만에 죽었지만, 여불위는 더욱 중용되어 상국이 되었고, 왕에게는 아버지 자리를 이은 사람이라는 뜻으로 중보仲父라고 불렀다.

나작굴서羅雀掘鼠

그물 라 참새 작 팔 굴 쥐 서

'그물로 참새를 잡고 땅을 파서 쥐를 잡는다'는 뜻으로, 최악의 상태에 이르러 어찌할 방법이 없음을 비유한다.

송나라 때에 구양수歐陽修, 송기宋祁 등이 17년에 걸쳐 완성한 당나라의 정사正史《신당서新唐書》〈장순전張巡傳〉에 나오는 말이다.

당나라 천보天寶 연간 현종 말년에 장순張巡이라는 장수가 있었다. 그는 충직한 신하일 뿐만 아니라 재주도 많고 무인답게 담력도 컸으며 대의가 분명한 인물로서 안녹산安祿山을 토벌하려 했다.

안녹산은 둘째 아들 안경서安慶緖와 하남 절도사節度使 윤자기尹子奇를 보내 장순이 있는 근거지 쪽으로 진격하게 했다. 장순은 허원許遠이라는 이와 함께 수양睢陽을 수비하고 있었다. 그러나 그를 따라 성을 지키는 군사는 겨우 3000여 명밖에 안 되어 10만 명이 넘는 반란군을 대적하기에는 역부족이었다.

장순은 수적으로 열세를 면치 못했지만 죽을 각오로 성을 지키려 했다. 자신만만한 반란군들은 갖은 방법으로 성을 공격하면서, 한편으로는 온갖 회유로 항복을 요구했다. 그렇지만 장순은 끝까지 항복하지 않았다.

반란군에게 포위된 지 며칠이 지나자 성안에 비축해놓은 군량미는 바닥나고 공급도 끊겨 굶주림에 허덕이게 되었다. 이 상황을 이렇게 기록하고 있다.

"장순이 애첩을 나오게 하여 말했다. '여러분은 해가 갈수록 식량이 부족하지만 충성과 의로움은 줄어들거나 사그라지지 않는데, 나는 한스럽게도 넓적다리 살을 베어 여러분에게 먹이지 못하니, 어찌 한 첩을 아껴 병사들의 굶주림을 앉아서 볼 수 있겠소?' 그러고는 죽여서 크게 대접하니 앉아 있는 자들이 눈물을 흘렸다. 장순은 억지로 희생된 애첩을 먹게 하고 먼 곳의 노복들을 죽여 병사들에게 먹이고, 그물을 쳐서 참새를 잡고 땅을 파서 쥐를 잡기도 했으며, 갑옷과 쇠뇌에 붙어 있는 가죽을 삶아 먹기도 했다巡出愛妾曰: '諸君經年乏食, 而忠義不少衰, 吾恨不割肌以啖衆, 寧惜一妾而坐視士饑?' 乃殺以大饗, 坐者皆泣. 巡強令食之, 遠亦殺奴僮以哺卒, 至**羅雀掘鼠**, 煮鎧弩以食."

그렇지만 시간이 흐를수록 상황은 더욱 악화되어 성을 지키기란 더 이상 불가능했다. 결국 장순과 그 병사들은 반란군의 포로가 되고 말았다. 그렇다고 장순이 항복한 것은 아니었다. 그는 항복을 요구하는 반란군들을 매서운 눈초리로 쏘아보고는 청천벽력 같은 소리로 한바탕 욕설을 퍼부었다. 그러자 윤자기는 그 자리에서 그의 목을 베었다. 그의 죽음을 지켜본 장순의 부하들은 눈물을 흘리지 않을 수 없었으며, 죽음과 바꾼 그의 충성심에 새삼 고개를 떨구었다.

낙백落魄

떨어질 락 혼 백

'넋을 잃었다'는 말이니, 뜻을 얻지 못하고 실의에 빠져 있음을 비유한다. 비슷한 말로 가빈낙백家貧落魄, 영락零落 등이 있다.

《사기史記》〈역생육가열전酈生陸賈列傳〉에 나오는 이 말은 한 고조의 모신이기도 했던 역이기酈食其에 관한 이야기에 나온다.

"역생 이기는 진류현 고양 사람이다. [그는] 글을 즐겨 읽었으나 집안이 가난하여 뜻을 얻지 못하고 생계조차 이을 수 없게 되자, 마을 성문을 관리하는 벼슬아치가 되었다酈生食其者, 陳留高陽人也. 好讀書, 家貧**落魄**, 無以爲衣食業, 爲里監門吏."

한나라 초기에 활동한 책사 역이기는 젊었을 때 이렇다 할 직업이 없었다. 그는 고향 사람들에게 미치광이라는 소리를 듣기도 했으나 남을 설득하는 능력만은 타의 추종을 불허했다. 그는 궁색한 처지에서 벗어나기 위해 패공沛公 유방을 만나 자신의 능력을 펼치고 싶어 주위 사람들에게 이렇게 말했다.

"나는 패공이 오만하여 남을 업신여기기는 하지만 원대한 뜻을 지녔다고 들었소. 그 사람이야말로 내가 진정으로 사귀고 싶은 사람이지만 나를 그에게 소개시켜줄 만한 이가 없소. 당신이 패공을 만나거든 '신의 마을에 역생酈生이라는 사람이 있는데, 나이는 예순 살 남짓이고 키는 여덟 자입니다. 사람들은 모두 그를 미치광이라고 하지만, 그 자신은 미치광이가 아니라고 합니다.'라고 말해주겠소吾聞沛公慢而易人, 多大略. 此眞吾所願從游, 莫爲我先. 若見沛公, 謂曰: '臣里中有酈生, 年六十餘, 長八尺. 人皆謂之狂生, 生自謂我非狂生'?"

[이 말을 들은] 기사騎士가 말했다.

"패공은 유생들을 좋아하지 않습니다. 그는 관을 쓴 유생들이 찾아오면 언제나 그 관을 빼앗아 그 안에 소변을 누곤 합니다. 그리고 사람들과 말할 때마다 목청 높여 유생을 욕합니다. 유생 신분으로 그에게 유세한다는 것은 불가능한 일입니다沛公不好儒. 諸客冠儒冠來者, 沛公輒解其冠, 溲溺其中. 與人言, 常大罵. 未可以儒生說也."

역이기가 말했다.

"어쨌든 이 말만 전해주시게弟言之."

마침내 역이기는 패공을 만나게 되었다. 때마침 패공은 의자에 앉아 발을 씻고 있었는데, 역이기를 보고 일어나기는커녕 미동도 하지 않았다.

역이기가 불쑥 물었다.

"당신은 진秦나라를 도와 제후들을 치려고 하십니까, 아니면 제후들을 이끌고 진나라를 치려고 하십니까足下欲助秦攻諸侯乎, 且欲率諸侯破秦也?"

"이 유생 놈아! 천하 사람들이 한결같이 오랫동안 진나라에 고통을 겪었기 때문에 제후들이 서로 손을 잡고 진나라를 치려 하고 있는데, 어째서 진나라를 도와 다른 제후들을 친다는 말을 하느냐豎儒! 夫天下同苦秦久矣, 故諸侯相率而攻秦, 何謂助秦攻諸侯乎?"

"반드시 사람들을 모으고 의병들을 합쳐서 무도한 진나라를 쳐 없애고자 하신다면 거만한 태도로 장자를 만나서는 안 됩니다必聚徒合義兵誅無道秦, 不宜倨見長者."

그러자 패공은 발 씻던 것을 그만두고 일어나 의관을 바로 하고 역생을 상석에 앉힌 다음 사과했다. 역생은 그 뒤로 패공의 세객이 되어 제후들 사이에서 큰 활약을 했다.

낙불사촉樂不思蜀

즐거울 **락** 아니 **불** 생각 **사** 나라 이름 **촉**

'즐거운 나머지 촉나라를 생각하지 않는다'는 말로 반어적인 뜻이 담겨 있는데, 본래 자신의 고국을 간절히 그리워하면서도 한편으로는 즐겁기만 하다는 말이다. 그런데 오늘날에는 그 뜻이 변하여 타향을 떠도는 나그네가 산수를 유람하면서 고향이나 집을 생각하지 않음을 가리키며, 쾌락에 빠져 본분을 망각하는 어리석음을 비유한다.

《삼국지三國志》〈촉서蜀書 · 후주전後主傳〉을 보면, 유비의 뒤를 이어 제위에 오른 유선劉禪이라는 인물이 나온다. 유선은 유비와는 달리 비범한 인물도 아니었으며, 관우나 장비 같은 훌륭한 신하들을 곁에 두는 운도 없었다. 심지어 유비가 임종할 때 제갈량에게 유선을 내쫓고 제위를 차지해도 좋다는 말을 할 정도로 신임을 얻지 못했다. 오직 강유姜維만이 그의 곁을 지키고 있었지만, 그마저도 위나라와 싸워서 지자 더 이상 선택의 여지가 없음을 알고 투항하여 안락공安樂公으로 봉해져 낙양洛陽에 살고 있었다.

당시 위나라 왕은 조모曹髦였으나, 실제로 권력을 쥔 이는 사마소司馬昭였다. 유선도 사마소의 존재를 가볍게 여길 수 없어 늘 그의 행동 하나하나에 주의를 기울였다.

그러던 어느 날 사마소가 유선을 위해 주연을 베풀었다. 그러고는 유선의 마음을 위로해주고 싶다며 악사들에게 촉나라 악기를 연주하도록 명령했다. 악사들이 악기를 연주하기 시작하자, 유선을 따르던 촉나라 사람들은 고향을 그리는 마음과 위나라의 볼모가 된 처지를 생각하며 상심에 젖어 얼굴빛이 점점 어두워졌다.

그런데 유독 유선만은 연회 시작 때와 별다른 표정 변화가 없었으며, 오히려 만면에 미소를 지으면서 사마소와 담소를 나누었다. 그러자 사마소는 유선의 얼굴을 빤히 쳐다보며 촉나라가 그립지 않으냐고 넌지시 물었다. 유선은 이렇게 대답했다.

"여기가 즐거워서 촉나라가 생각나지 않습니다此間樂, 不思蜀也."

유선을 따르던 이들은 유선의 이 대답이 불만스러웠다. 그래서 연회가 끝나 돌아오는 길에 유선에게 말했다.

"정말로 이곳 생활이 즐거우십니까?"

유선은 낯빛을 바꾸며 무거운 어조로 대답했다.

"어찌 이곳 생활이 즐겁겠소? 그러나 나는 지금 위나라의 포로이고, 사마소는 위나라의 실권자요. 어찌 그 앞에서 슬퍼하는 마음을 그대로 드러낼 수 있겠소? 만일 내가 슬퍼하는 마음을 드러냈다면 그는 우리 마음을 의심할 테고, 그렇게 되면 결국 우리 목숨이 위태로워질 것이오."

그러자 신하들은 유선의 마음을 헤아리지 못한 것을 부끄럽게 여기며, 자신들의 감정조차 마음껏 드러낼 수 없는 처지를 더욱 가슴 아파했다. 그러나 유선이 다스린 촉나라가 무려 31년간이나 별 탈 없이 지나갔다는 사실을 보면 유선은 보기와 달리 강단 있는 군주였던 것이다.

낙양지귀洛陽紙貴

서울 이름 **락** 볕 **양** 종이 **지** 귀할 **귀**

'낙양의 종이 값이 귀해진다'는 말로, 책이 호평 속에 아주 잘 팔려 베스트셀러가 됨을 말한다. 낙양지가洛陽紙價라고도 한다.

《진서晉書》〈문원전文苑傳〉을 보면 오호십육국五胡十六國 시대의 문인들 이야기가 적지 않다. 여기를 보면 육조六朝시대 진晉나라에 좌사左思라는 사람이 있었다. 그는 제나라의 도읍이던 임치臨淄 출신 시인으로, 시인 재질이 빼어나 일단 붓을 들면 장엄하고 미려한 시를 청산유수처럼 써 내려갔다.

좌사는 촉나라 성도成都(지금의 청두), 오나라 건업建業(지금의 난징南京), 위나라 업鄴(지금의 허베이성河北省 남쪽 끝)의 흥망성쇠 역사를 노래로 읊어보고 싶었다. 마침 낙양으로 이사하게 된 것을 기회로 이 회심의 대작을 〈삼도부三都賦〉라는 제목하에 착수했다. 그는 집안 곳곳에 종이와 붓을 놓고 불현듯 시구가 떠오르면 그 자리에 그대로 엎드려 글을 써 내려갔다. 이렇게 10년 동안 하여 완성했으나 알아주는 사람이 아무도 없었다.

좌사는 궁리 끝에 당시 박학하기로 이름난 황보밀皇甫謐에게 서문을 부탁하기로 했다. 황보밀은 좌사의 글을 읽는 순간 절로 감탄하며 그 자리에서 서문을 써주었다.

얼마 뒤에 그 당시 유명하던 시인 장화張華가 우연히 이 시를 읽게 되었다. 장화는 유려한 필치에 감탄을 금치 못하며 이렇게 외쳤다.

"이 사람은 반고班固와 장형張衡의 경지를 넘어섰구나!"

〈삼도부〉는 장화의 격찬이 있고 나서 사람들의 관심을 끌기 시작했다.

《진서》〈좌사전左思傳〉에 이렇게 기록하고 있다.

"이에 돈 있고 높은 자리에 있는 집안이 다투어 서로 전해가며 베껴 [이로 인해] 낙양의 종이 값이 귀해졌다於是豪貴之家競相傳寫, **洛陽**爲之**紙貴**."

그때는 아직 인쇄 기술이 발달하지 못했으므로 사본용으로 쓰는 종이가 수없이 팔려 낙양의 종이 값이 마구 뛰어올랐다.

낙화시절落花時節

떨어질 **락** 꽃 **화** 때 **시** 마디 **절**

'꽃이 떨어지는 시절'이라는 뜻으로, 늦은 봄을 의미한다.

두보杜甫의 많지 않은 절구 가운데 감정의 함축이 깊은 시 〈강남에서 이구년을 만나다江南逢李龜年〉란 시에 나오는 말이다.

기왕의 집에서 항상 그대를 보았고
최구의 정원에서 노랫소리 몇 번이나 들었던가.
지금 이 강남은 한창 좋은 풍경인데
꽃 떨어지는 시절에 다시 그대를 만났구려.
岐王宅裏尋常見, 崔九堂前幾度聞.
正是江南好風景, **落花時節**又逢君.

두보가 현종의 총애를 받던 명가수 이구년李龜年을 자주 본 것은 둘 다 젊은 시절이었다. 두보 역시 당시 왕족에게 시재詩才를 인정받아 권세가의 집을 드나들면서 바로 그 좋은 시절에 이구년의 노래를 감상했던 것이다. 그러던 두 사람이 시간이 한참 지나 강남에서 우연히 상봉하게 되었다.

'낙화시절落花時節'은 옛날에 대한 추억과 현재 자신의 암담한 처지와 대비되는 시어로, 유명했던 노가수와 노시인이 시대와 사회를 등지고 강남에서 다시 만난 비참한 현실을 각인시킨다. 3구의 '정시正是'와 4구의 '우又'라는 단어는 이 시 전체에 무한한 감개를 깃들게 만든다. 화려했던 과거를 뒤로하고 둘 다 떠돌이의 처지에서 만나 느끼는 바로 그 감정 말이다. 두 사람의 화려했던 과거의 모습이 전반 두 구라면 두 사람이 처한 쇠락의 징표는 후반 두 구다. 떠도는 나그네의 모습이 '낙화시절'인데, '호풍경好風景'이란 표현과 대비된다.

우리가 눈여겨볼 점은 '낙화시절'이 기본적으로는 이구년과 상봉한 때지만 이구년과 시인 자신의 모습, 현시점의 당 제국의 모습을 모두 담고 있다는 점이다. 물론 여기서 '우봉又逢'이란 말로 미래에 대한 희망도 어느 정도 표현하고 있기는 하다.

이구년이 그러하듯 잘나가는 시절에 '낙화시절'이란 단어를 떠올리기란 쉽지 않지만, '권불십년權不十年'이나 '화무십일홍花無十日紅'이라는 말은 여전히 유효하다.

난군인승亂軍引勝

어지러울 **란** 군사 **군** 끌 **인** 이길 **승**

'[우리] 군대를 어지럽게 하여 [적이] 승리한다'는 뜻으로,《손자병법孫子兵法》〈모공謀攻〉편에 나오는 말이다. 특히 장수와 군주 사이의 역할 분담에 실패할 때 이런 상황이 초래된다고 했다.

손무孫武에 의하면, 군주가 장수의 일에 관여해서는 안 될 세 가지가 있으니 첫째, "군대가 진격할 수 없는 상황을 알지 못하고 진군하라는 명을 내리거나, 군대가 물러나서는 안 되는 상황을 알지 못하고 물러나라는 명을 내린다不知軍之不可以進而謂之進, 不知軍之不可以退而謂之退." 둘째, "삼군三軍(모든 군대를 의미함)의 사정을 알지 못하면서 삼군의 군정에 참여하면 군사들은 미혹되게 된다不知三軍之事, 而同三軍之政者, 則軍士惑矣." 셋째, "삼군의 권한을 알지 못하면서 삼군의 직책을 맡으려고 한다면 군사들이 회의를 품게 된다不知三軍之權, 而同三軍之任, 則軍士疑矣."

"삼군이 미혹되기도 하고 의심하기도 하면 제후들의 난이 일어나게 되니, 이것을 [우리] 군대를 어지럽게 하여 [적이] 승리한다고 하는 것이다三軍旣惑且疑, 則諸侯之難至矣, 是謂**亂軍引勝**."

손무의 말에서 중요한 것은 군주와 장수, 삼군 사이에 존재하는 '혹惑'과 '의疑'의 문제, 즉 신뢰 상실의 문제다. 전쟁에서 군주와 장수 사이에 틈이 벌어지고 화합하지 못하는 것은 단순한 병폐가 아니라는 데 있다. 특히 군대의 진퇴 여부와 같은 현장의 정황은 참전하고 있는 장수만이 알 수 있는데 관여한다는 것 자체가 어불성설이라는 것이다. 물론 군주가 군대의 내부 문제에도 함부로 간섭하지 않아야 군대 지휘 계통의 혼란이 최소화된다.

그러므로 옛날의 훌륭한 군주는 장수를 싸움터로 보낼 때 꿇어앉아 수레바퀴를 밀어주면서 "궁궐 안의 일은 내가 처리할 테니, 궁궐 밖의 일은 장군이 처리하시오閫以內者, 寡人制之, 閫以外者, 將軍制之."(《사기史記》〈장석지張釋之·풍당열전馮唐列傳〉)라고 했다. 게다가 군공과 작위와 포상은 모두 궁궐

밖에서 결정하고 돌아와서는 보고만 하도록 했다.

'자중지란自中之亂'이란 말이 있다. 상대는 예측도 하지 않았는데 스스로 망쳐 의외의 승리를 안기게 하는 사례는 적지 않다.

난형난제難兄難弟

—— 어려울 **난** 형 **형** 어려울 **난** 아우 **제** ——

'형이 되기도 어렵고 아우가 되기도 어렵다'는 말로, 어떤 인물이나 사물이 서로 비슷하여 그 우열을 가늠하기 어려움을 비유한다. 원말은 난위형난위제難爲兄難爲弟이고, 비슷한 말로는 막상막하莫上莫下 · 백중지간伯仲之間 · 백중지세伯仲之勢 · 호각지세互角之勢 · 춘란추국春蘭秋菊 · 이난二難 등이 있다.

《세설신어世說新語》 첫머리를 장식하는 〈덕행德行〉 편을 보면, 진대晉代에 태구현太丘縣의 현령 진식陳寔이라는 이가 나오는데, 그에게는 기紀와 심諶이라는 두 아들이 있었다. 이들은 아버지를 닮아서인지 학문이 깊으며 영특했다. 기에게는 군群, 심에게는 충忠이라는 아들이 있었다.

하루는 군과 충이 입씨름을 벌였는데, 서로 자기 아버지가 더 훌륭하고 학문이 깊다는 것이었다. 시간이 한참 흘렀으나 이렇다 할 결론이 나지 않았다. 그러자 이들은 할아버지 진식에게 가서 누구 아버지가 더 나은지 묻기로 했다. 손자들의 질문에 진식은 군의 아버지가 낫다고 할 수도 없고, 충의 아버지가 더 낫다고 할 수도 없었다. 그래서 잠시 생각하다가 이렇게 말했다.

"원방이 형이 되기도 어렵고, 계방이 아우가 되기도 어렵다元方**難爲**兄, 季方**難爲**弟."

원방은 큰아들 진기를 말하고, 계방은 작은 아들 진심을 말한다.

진식의 대답은 형이 나은지 동생이 나은지 명확하게 알 수 없다는 것이었다. 진식은 물론 기와 심 두 아들 중 어느 아들이 더 뛰어난지 분명하게 알고 있었을 것이다. 그러나 손자들에게 이것을 사실대로 말한다면 그들의 아버지에 대한 존경심에 행여 흠집이 생길까 염려하여 '난형난제'라고 말한 것이다.

남가일몽南柯一夢

남녘 **남** 가지 **가** 한 **일** 꿈 **몽**

남가南柯는 남쪽 가지 또는 남가군南柯郡을 가리키며, '남가南柯에서의 한바탕 꿈'이라는 뜻이다. 덧없는 인생을 비유하며 남가몽南柯夢이라고도 한다. 때로는 꿈속에서 현실과는 달리 호사스러운 생활을 하거나 권력을 잡고 휘두른 이야기를 지칭하기도 하며 일장춘몽一場春夢, 무산지몽巫山之夢과 같다.

당나라 이공좌李公佐의 전기소설傳奇小說《남가태수전南柯太守傳》에 나오는 말이다.

당나라의 9대 황제 덕종德宗 때 일이다. 광릉廣陵에 순우분淳于棼이라는 한 남자가 살았는데, 그의 집 남쪽에 커다란 느티나무가 한 그루 버티고 서 있었다.

하루는 순우분이 술에 잔뜩 취해 그 느티나무에 기댄 채 잠이 들었다. 그런데 어디에선가 보랏빛 옷을 입은 두 사람이 순우분 앞에 나타나 이렇게 말했다.

"저희는 괴안국 임금의 명을 받고 당신을 모시러 왔습니다槐安國王遣小臣致命奉邀."

순우분은 얼떨결에 그 사자들을 따라 느티나무에 뚫린 큰 구멍 속으로 한 걸음 한 걸음 발을 들여놓았다. 한참 걷다 보니 위엄 있는 성문이 그의 앞을 가로막았다. 그 성문 현판에는 '대괴안국大槐安國'이라는 네 글자가 황금빛을 발하고 있었다.

육중한 성문이 열리자 임금은 오랜만에 만나는 죽마고우를 대하듯 반가이 맞이하고, 며칠 뒤에는 딸을 주어 사위로 삼았다. 순우분은 순식간에 명예와 권세를 누리는 신분이 되었다. 그의 명성이 온 나라에 알려진 다음, 고향 친구인 주변周弁과 전자화田子華를 만나게 되어 그의 기쁨은 이루 말할 수 없을 정도였다.

그러던 어느 날, 임금이 근심에 찬 어두운 얼굴로 순우분을 보면서 말했다.

"남가군이 제대로 다스려지지 않아 혼란스러운데, 자네가 그곳 태수가 되어 잘 다스려주게나."

순우분은 허송세월하던 차라 뛸 듯이 기뻐하며 흔쾌히 승낙하고, 친구 주변과 전자화를 부하로 삼아 남가군 태수太守로 부임했다. 남가군으로 내려온 순우분과 그의 친구들이 온 힘을 다해 협력하여 다스린 결과 2년 만에 다른 어느 지방보다도 평화스럽고 안정된 곳으로 만들었다. 그리하여 그곳 백성은 송덕비를 세워 순우분의 공을 칭송했으며, 임금은 그를 다시 재상으로 임명했다.

그런데 마침 단라국檀羅國이 쳐들어왔다. 순우분은 주변을 대장으로 임명하여 싸우도록 했지만 적군을 얕보고 대처하다가 끝내 참패하고 말았다. 적군은 많은 전리품을 가지고 돌아갔고, 주변은 등창으로 고생하다가 죽었으며, 순우분의 아내까지 병으로 죽는 불행이 겹치게 되었다. 거듭된 불행을 겪은 순우분은 관직을 버리고 서울로 올라왔다. 서울의 권문귀족들은 앞다퉈 그와 교제하려 했고, 그의 권세는 하늘을 찌를 듯했다. 그러자 임금은 은근히 불안을 느꼈다.

바로 이때 서울을 옮겨야 한다는 의견이 제기되었고, 세상 사람들은 순우분의 세력이 지나치게 강해져 이러한 화가 생겼다고 주장했다. 그래서 임금은 순우분을 감금시켰다. 순우분은 무고함을 내세웠고, 임금도 결국에는 그렇다고 생각하여 집으로 돌려보냈다.

이 순간 순우분은 느티나무 아래에서 퍼뜩 잠이 깼다. 그는 참 희한한 꿈도 다 있다고 생각하고 느티나무 주위를 살펴보니, 밑동에 큰 구멍이 하나 있었다. 하인을 시켜 그 구멍을 파고 들여다보니 조금 뒤 넓은 공간이 나오고, 그곳에 개미들이 우글우글한데 가운데에 큰 개미 두 마리가 있었다. 이곳이 바로 괴안국의 서울이고, 그 큰 개미는 괴안국의 임금 내외였던 것이다.

또 남쪽으로 뻗은 가지가 텅 비어 있어 네 길쯤 파니 평평한 곳이 나오고, 그곳에도 개미들이 바글바글했다. 이곳이 바로 순우분이 다스린 남가군이었던 것이다.

그는 개미구멍을 전처럼 만들어놓고 집으로 돌아왔다.

그런데 그날 밤 큰비가 내려 개미구멍이 허물어졌다. 다음 날 아침, 순우분이 그 구멍을 살펴보았으나 개미는 한 마리도 없었다. 순간 그는 꿈속에서 서울을 옮겨야 한다는 주장이 바로 이 때문이었구나 하면서 다음과 같이 생각했다.

'태어나 남가의 헛된 것을 느꼈고, 인간 세상의 덧없음을 깨달아 드디어 마음을 도술에 기탁하고 술과 여색도 모두 끊어버렸다生感南柯之浮虛, 悟人世之倏忽, 遂棲心道門, 絕棄酒色.'

결국 순우분은 3년 뒤에 집에서 세상을 떠났다. 그때 나이 마흔여섯이었다.

남상濫觴

넘칠 **람** 술잔 **상**

남濫은 물氵과 사람이 누워臥 그릇皿을 들여다보는 거울監의 합성자로 넘친다는 뜻이다. 그리고 상觴은 뿔角로 만든 술잔이라는 뜻이다. 따라서 남상은 '큰 강물도 겨우 술잔에 흘러넘칠 정도의 작은 물에서 시작한다'는 뜻으로 모든 일의 시초나 근원을 의미하며, 효시嚆矢 · 비조鼻祖 · 권여權輿와 같은 말이다.

《순자荀子》〈자도子道〉 편을 보면 후반부에 공자의 교훈이 모여 있는데, 거기에 공자의 제자 자로子路에 관한 이야기가 나온다.

자로는 공자보다 아홉 살 아래인데 성질이 급하고 공자를 우습게 볼 정도로 오만방자했다. 그러나 한편으로는 공자에게 칭찬을 들을 때도 적지 않았다. 공자는 늘 자로의 만용을 경계시켰다.

공자는 평소 옷 따위에 신경을 쓰지 않는 자로의 검소함을 칭찬하여 이렇게 말한 적이 있다.

"다 낡고 떨어진 옷을 입고도 가장 값비싼 가죽옷을 입은 사람과 나란히 서서 조금도 부끄러워하지 않을 사람은 우리 가운데 자로밖에 없다."

그런데 하루는 자로가 매우 화려한 옷을 입고 으스대며 공자 앞에 나타났다. 공자는 자로의 그러한 모습이 걱정스러워 꾸짖어 말했는데,《공자가어孔子家語》〈삼서三恕〉 편에도 비슷한 논조로 이렇게 나와 있다.

"'옛날 장강은 [그 근원이] 민산岷山(쓰촨四川과 간쑤甘肅의 경계에 있는 산)에서 비롯되었다. 그것이 처음 흘러나올 때는 그 근원이 술잔에 흘러넘칠 정도밖에 안 되었다. 그러나 그것이 강나루에 이르면 큰 배를 엮어놓고 바람을 피하지 않고서는 건널 수 없다. 단지 하류에 물이 많기 때문이 아니겠느냐. 지금 너는 옷은 이미 잘 차려입었고 얼굴색도 충만하지만 천하에 또 누가 네게 간언할 수 있겠느냐.' 자로는 달려나가 옷을 바꾸어 입고 들어왔으니 대체로 태연자약한 모습이었다'昔者江出於岷山. 其始出也, 其源可以**濫觴**. 乃其至江津, 不放舟不避風, 則不可涉也. 非唯下流水多邪. 今女衣服旣盛, 顔色充

盈, 天下且孰肯諫女矣.' 子路趨而出, 改服而入, 蓋自若也."

또한 '남상'이란 말과 관련해서는 "이익의 근원이란 한번 열려 잔을 넘치게 되면 누가 냇물처럼 함께 흘러가는 것을 막겠는가利源一開而濫觴, 誰能禦之同逝川."(유효통兪孝通, 〈춘일소양강행春日昭陽江行〉)라는 명구도 있다.

남원북철南轅北轍

남녘 남 끌채 원 북녘 북 바큇자국 철

'수레의 끌채는 남쪽으로 가고 바퀴는 북쪽으로 간다'는 말로, 행동과 마음이 일치하지 않음을 가리킨다. 북원적초北轅適楚와 동의어다. 비슷한 말로 지초북행至楚北行이 있다.

《전국책戰國策》〈위책魏策〉에 나오는 말이다.

위나라 혜왕惠王이 조나라 수도 한단을 공격하려고 할 때의 일이다. 계량季梁이라는 사람이 이 소식을 듣고 가던 길을 돌려 찾아왔다. 그의 옷은 불에 그을린 것 같았고, 머리는 먼지를 뒤집어쓴 채였다. 그는 왕을 만나 이렇게 말했다.

"제가 이곳으로 오는 길에 태항산太行山에서 어떤 사람을 만났습니다. 그는 북쪽으로 달려가면서 제게 '나는 초나라로 갑니다.'라고 말했습니다. 제가 '당신은 초나라로 간다면서 어찌하여 북쪽으로 갑니까?'라고 물었더니, 그는 '내 말은 좋은 말입니다.'라고 대답했습니다. 그래서 저는 '말이 비록 훌륭하더라도 그 길은 초나라로 가는 길이 아닙니다.'라고 했는데, 그는 '나는 많이 가보았습니다.'라고 했습니다. 이에 '비록 많이 가보았을지라도 초나라로 가는 길이 아닙니다.'라고 했더니 '내 말몰이꾼은 뛰어납니다.'라고 말했습니다今者臣來, 見人於大行. 方北面而持其駕, 告臣曰: '我欲之楚.' 臣曰: '君之楚, 將奚爲北面?' 曰: '吾馬良.' 臣曰: '馬雖良, 此非楚之路也.' 曰: '吾用多.' 臣曰: '用雖多, 此非楚之路也.' 曰: '吾御者善.'"

계량은 잠시 말을 멈추었다가 다시 말했다.

"지금 왕께서는 움직여 패왕이 되려 하시고, 천하 제후들의 신뢰를 얻으려고 하십니다. 그래서 나라의 크기와 병사의 정예함에 기대어 한단을 공격하여 영토를 넓히고 명성을 떨치려고 하십니다. [그러나 오히려] 왕의 움직임이 많으면 많을수록 왕에게서는 이것들이 더욱 멀어질 뿐입니다. 초나라에 이르려고 하면서 오히려 북쪽으로 가는 격인 것입니다今王動欲成霸王, 擧欲信於天下. 恃王國之大, 兵之精銳, 而攻邯鄲, 以廣地尊名. 王之動愈數, 而

離王愈遠耳. 猶至楚而北行也."

무력이 아니라 인덕으로 천하를 제패해야 한다는 말이다. 결국 위왕은 조나라를 치려던 계획을 그만두었다.

남전생옥藍田生玉

쪽빛 람 밭 전 날 생 구슬 옥

'남전이 옥을 낳는다(남전에서 옥을 생산한다)'는 말이다. 본래 남전은 서왕모西王母가 산다는 옥산玉山을 뜻한다. 현명한 아버지가 현명한 아들을 낳은 것을 칭찬하는 뜻이다.

재능은 있지만 교만하고 인색하여 화를 자초한 제갈각諸葛恪을 다룬《삼국지三國志》〈오서吳書 · 제갈각전諸葛恪傳〉에 나오는 말이다.

제갈각의 자字는 원손元遜으로, 제갈근諸葛瑾의 맏아들이다. 젊어서부터 재능이 있어 명성을 떨쳐 태자의 빈우賓友가 되기도 했다. 그는 기발한 발상을 하고 임기응변에 뛰어나 그를 상대할 이가 없었다.

제갈각의 아버지 제갈근은 얼굴이 마치 당나귀처럼 길었다. 손권孫權이 많은 신하가 모두 모인 자리에서 사람을 시켜 당나귀 한 마리를 끌고 들어와 그 당나귀 얼굴에 긴 봉투를 붙이고 제갈자유諸葛子瑜라고 쓰도록 했다. 그러자 제갈각이 무릎을 꿇고 말했다.

"붓으로 두 글자를 더하도록 허락해주십시오."

손권이 이것을 허락하고 붓을 주었더니, 제갈각은 그 아래에 이어서 다음과 같이 썼다.

"지려之驪."

그곳에 앉아 있던 사람들은 즐겁게 웃었다. 그래서 손권은 당나귀를 제갈각에게 내려주었다. 손권은 제갈각이 기이한 인물임을 알고는 그 아버지 제갈근에게 이렇게 말했다.

"남전이 옥을 낳는다고 하더니, 정말 헛된 말이 아니군藍田生玉, 眞不虛也."

제갈각의 재능을 칭찬한 말로 명문 가문에서 인물이 난다는 말을 비유한 것이다.

《남사南史》〈사장전謝莊傳〉을 보면 이런 이야기도 있다.

육조시대에 사장謝莊이라는 이가 있었다. 그는 일곱 살 때부터 훌륭한 문장을 짓는 탁월한 재능을 보였다. 그가 자라자 아버지 사소謝韶는 용모를 아름답게 하도록 했다. 송나라 문제文帝가 그를 보고는 감탄하여 말했다.

"남전이 옥을 낳는다고 했는데, 어찌 허황된 말이겠는가藍田生玉, 豈虛也哉."

남풍불경南風不競

남녘 남 바람 풍 아니 불 굳셀 경

'남풍은 굳세지 않다'는 말로, 순한 바람, 즉 기세가 없음을 뜻한다. 남풍은 남쪽의 음악으로 음조가 미약하고 활기가 없다.

《춘추좌씨전春秋左氏傳》 양공襄公 18년조에 나오는 말이다.

춘추시대 말 주나라 영왕靈王 17년, 노나라 양공襄公 18년 때 일이다. 정나라에 정치적 야심이 큰 자공子孔이라는 사람이 있었다. 정나라 목공의 아들로 그는 자기가 출세하는 데 방해가 되는 대부들을 제거하고 권력을 독차지하려고 혈안이 되어 있었다.

당시 제후들은 진晉나라를 맹주로 하여 포학한 제나라를 멸망시키려고 포위망을 좁혀가고 있었다. 그런데 자공은 이 틈을 타서 남쪽 지방의 초나라 군대를 선동하여 자기의 출세에 걸림돌이 되는 대부들을 제거하려고 계획했다. 그는 초나라에서 영윤令尹 벼슬을 하고 있는 자경子庚에게 사자를 보내서 자신의 뜻을 전했지만 응낙을 받지 못했다. 그런데 이 일을 알게 된 강왕康王이 자경에게 사람을 보내 이렇게 말했다.

"[나는 사직을 받든 지] 5년이 되었으나 군대를 낸 일이 없소. 그래서 백성은 내가 안일만을 탐내어 선군의 사업을 잊고 있다고 생각하오. 대부들이 도모한다면, 이를 어찌하면 좋겠소於今五年, 師徒不出. 人其以不穀爲自逸, 而忘先君之業矣. 大夫圖之, 其若之何?"

이 말을 들은 자경은 깊이 탄식하지 않을 수 없었다. 그래서 국왕의 사자에게 점잖게 이렇게 말했다.

"임금께서는 제가 안일만을 생각한다고 보십니까? 저는 나라의 이로움만을 생각하고 있습니다. [현재] 제후들의 마음은 진나라로 향하고 있습니다만 한번 나서 보십시오. 잘되면 계속 하시고 여의치 못하면 군대를 거두어 물러나십시오. 그러면 [임금께서는] 손해 보는 일도 없고 부끄러울 것도 없습니다君王其謂午懷安乎? 吾以利社稷也. 諸侯方睦於晉, 臣請嘗之. 若可, 君而繼之. 不可, 收師而退. 可以無害, 君亦無辱."

자경은 군대를 이끌고 정나라를 공격했다. 그때 정나라에서는 내놓을 만한 인물은 모두 제나라를 토벌하는 데 참가하고 자공 · 자전子展 · 자서子西만이 남아서 지키고 있었다. 그러나 일찍이 자공의 야심을 눈치채고 있던 자전과 자서는 더욱 성을 굳게 지켰다. 그래서 자경이 이끄는 군대는 오로지 이틀 동안의 싸움을 끝으로 철수할 수밖에 없었다. 이들이 퇴각하던 때가 추운 겨울인 데다가 마침 어치산魚齒山을 지날 때 큰비까지 내려 군대는 거의 전멸 상태에 이르렀다.

초나라 군대가 출동했다는 소문은 진나라에도 퍼졌다. 그러나 진나라의 악관樂官으로 있던 사광師曠이 말했다.

"대단치 않습니다. 저는 종종 북풍을 노래하고, 또 남풍을 노래했지만, 남풍은 굳세지 않고 죽는 소리가 많습니다. 초나라는 반드시 공을 세우지 못할 것입니다不害. 吾驟歌北風, 又歌南風, **南風不競**, 多死聲. 楚必無功."

역술가 동숙董叔도 이렇게 말했다.

"하늘의 이치가 대체로 서북쪽에 있고, 남쪽 군대는 때를 만나지 못했으므로 반드시 공을 세우지 못할 것입니다天道多在西北, 南師不時, 必無功."

정치가 숙향叔向도 이렇게 말했다.

"그것은 임금의 덕에 달려 있습니다在其君之德也."

이들은 한결같이 남쪽 군대가 실패할 거라고 예언했고, 그 예언은 적중했다.

낭중지추囊中之錐

주머니 **낭** 가운데 **중** 어조사 **지** 송곳 **추**

'주머니 안의 송곳'이라는 말로, 재능이 빼어난 사람은 숨어 있더라도 곧 남의 눈에 띔을 비유한다. 원말은 추지처낭錐之處囊이다. 추처낭중錐處囊中이라고도 한다. 비슷한 말로 군계일학群鷄一鶴, 발군拔群, 백미白眉, 절윤絶倫, 출중出衆 등이 있다.

《사기史記》〈평원군우경열전平原君虞卿列傳〉에 나오는 말이다.

진秦나라가 조나라의 수도 한단을 포위하자, 조나라는 당시 전국戰國시대 사공자四公子 중 한 명인 평원군平原君(조승)을 보내 초나라에 도움을 청하도록 했다. 평원군은 빈객과 문하 중에서 용기와 힘이 있고 문학적 소양과 무예를 두루 갖춘 사람 스무 명과 함께 가기로 약속했다.

평원군이 열아홉 명을 뽑고 나머지 한 명은 뽑을 만한 사람이 없어서 스무 명을 채우지 못하고 있을 때, 모수毛遂라는 이가 앞으로 나서서 스스로 자신을 추천하며 평원군에게 말했다.

"저는 당신이 초나라와 합종을 맺으려고 빈객과 문하 스무 명과 함께 가기로 약속하고, 사람을 밖에서 찾지 않기로 했다고 들었습니다. 지금 한 사람이 모자라니 저를 그 일행에 끼워주십시오遂聞君將合從於楚, 約與食客門下二十人偕, 不外索. 今少一人, 願君即以遂備員而行矣."

"선생은 내 빈객으로 있은 지 몇 해나 되었소先生處勝之門下幾年於此矣?"

"이곳에서 3년 되었습니다三年於此矣."

"대체로 현명한 선비가 세상에 있는 것은 비유하자면 주머니 안의 송곳과 같아서 그 끝이 금세 드러나 보이는 법이오. 그런데 지금 선생은 내 빈객으로 3년이나 있었지만 내 주위 사람들은 선생을 칭찬한 적이 한 번도 없으며, 나도 선생에 대해 들은 바가 없소. 이것은 선생에게 이렇다 할 재능이 없다는 뜻이니, 선생은 남아 있으시오夫賢士之處世也, 譬若**錐之處囊**中, 其末立見. 今先生處勝之門下三年於此矣, 左右未有所稱誦, 勝未有所聞, 是先生無所有也. 先生不能, 先生留."

"저는 오늘에야 [당신의] 주머니 속에 넣어달라고 부탁드리는 것입니다. 만일 저를 좀 더 일찍이 주머니 속에 있게 했더라면 송곳 자루까지 밖으로 나왔을 것입니다. 겨우 그 끝만 드러나 보이지는 않았을 것입니다臣乃今日請處囊中耳. 使遂蚤得處囊中, 乃穎脫而出. 非特其末見而已."

평원군은 결국 모수와 함께 가기로 했다. 열아홉 명은 모수를 업신여겨 서로 눈짓하며 비웃었으나 입 밖으로 그러한 마음을 말하지는 않았다. 그러나 예상과 달리 모수의 큰 활약으로 교섭이 성공리에 이루어졌다. 평원군은 조나라로 돌아와서 이렇게 말했다.

"나는 다시는 감히 선비를 고르지 않겠다. 내가 [지금까지 고른] 선비 수는 많다면 천 명이 되고 적어도 백여 명은 될 것이다. 나는 스스로 천하의 선비를 잃은 적이 없다고 생각해왔는데 이번 모 선생의 경우에는 실수했다. 모 선생은 한 번 초나라에 가서 조나라를 구정이나 대려보다도 무겁게 만들었다. 모 선생의 세 치 혀는 군사 백만 명보다도 강했다. 나는 감히 다시는 인물을 평가하지 않겠다勝不敢復相士. 勝相士多者千人, 寡者百數. 自以爲不失天下之士, 今乃於毛先生而失之也. 毛先生一至楚, 而使趙重於九鼎大呂. 毛先生以三寸之舌, 彊於百萬之師. 勝不敢復相士."

그러고는 모수를 상객으로 삼았다.

낭패狼狽

이리 **랑** 이리 **패**

'이리지도 저러지도 못함'을 가리키는 말로, 낭패불감狼狽不堪의 준말이다. 낭패위간狼狽爲奸이라고도 한다.

낭狼과 패狽는 본래 전설상의 동물 이리의 이름이다. 《박물전회博物典匯》에 의하면, 낭은 앞다리가 길고 뒷다리가 짧은 모습을 하고 있고, 패는 앞다리가 짧고 뒷다리가 긴 동물이다. 낭은 패가 없으면 서지 못하고, 패는 낭이 없으면 다니지 못하므로 반드시 함께 행동해야만 한다. 이로부터 곤란하여 이러지도 저러지도 못하는 상황을 '낭패불감'이라고 한 것이다.

이 말은 진晉나라 이밀李密의 〈진정표陳情表〉에 나온다.

이밀은 본래 촉나라 관리였다. 촉이 멸망하자 진晉 무제 사마염司馬炎이 그를 태자세마太子洗馬로 임명하려고 했으나 번번이 거절했다. 그렇지만 더 이상 거절할 방법이 없자 자신의 처지를 글로 써서 올렸는데, 그중 일부만 옮기면 다음과 같다.

"태어난 지 여섯 달 만에 자애로운 아버지를 여의었고, 네 살 때 외삼촌의 권유로 어머니는 개가했습니다. 할머니 유씨는 저를 불쌍히 여겨 직접 기르셨습니다. …… [저의 집에는] 큰아버지나 작은아버지가 없으며, 형제도 거의 없어서 …… 의지할 곳이 없어 쓸쓸합니다. [저의] 육체와 그림자가 서로 위로하는데, [할머니] 유씨는 일찍이 병을 앓아 평상시에도 침상에 누워 계셔서 저는 약을 끓여드리며 저버리고 떠나지를 못합니다. …… [그렇지만] 제가 조서를 받들어 달려 나아가고자 하나 유씨의 병세는 날마다 위독해지고, 구차하게 사적인 사정을 따르고자 하지만 아뢰어도 받아들여지지 않으니, 저는 나아가고 물러나는 것이 정말 낭패스럽습니다生孩六月, 慈父見背, 行年四歲, 舅奪母志. 祖母劉愍臣孤弱, 躬親撫養. …… 旣無伯叔, 終鮮兄弟 …… 煢煢獨立. 形影相弔, 而劉夙嬰疾病, 常在牀蓐, 臣侍湯藥, 未曾廢離. …… 臣欲奉詔奔馳, 則劉病日篤, 欲苟順私情, 則告訴不許, 臣之進退, 實爲**狼狽**."

결국 이밀의 간곡한 요청은 받아들여졌다.

노마지지老馬之智

늙을 로 말 마 어조사 지 지혜 지

'늙은 말의 지혜'라는 뜻으로, 경험을 두루 쌓은 사람의 지혜를 말한다. 또는 '저마다 한 가지 재주를 지니고 있다'는 의미로도 쓰인다. 노마식도老馬識途, 노마지교老馬之教, 노마지도老馬知道, 노마지도老馬之道라고도 한다.

《한비자韓非子》〈설림 상說林上〉 편에 나오는 말이다. 《한비자》〈설림〉 편은 '이야기 숲'이라는 그 풀이에 맞게 많은 일화로 이루어져 있다. 한비는 예화들을 통해 독자들에게 유세를 펼치고 있는 셈이다.

관중管仲과 습붕濕朋이 환공을 따라 고죽국孤竹國을 정벌하러 갔는데, 봄에 출발했으나 겨울에 돌아오게 되었는데, 지리에 어두워 길을 잃고 말았다.

관중이 말했다.

"늙은 말의 지혜를 쓰면 됩니다老馬之智可用也."

곧 늙은 말을 풀어 그 뒤를 따라가 마침내 길을 찾았다.

[또] 산속을 가다 보니 물이 없었다.

습붕이 말했다.

"개미는 겨울에는 산의 양지 쪽에 살고, 여름에는 산의 음지 쪽에 머무르니, 한 치쯤 쌓인 개미집을 파보면 물이 있을 것입니다蟻冬居山之陽, 夏居山之陰, 蟻壤一寸而仞有水."

곧 개미굴을 파서 결국 물을 찾을 수 있었다.

이 이야기를 하고 한비는 이런 결론을 내렸다.

"관중의 총명함과 습붕의 지혜로도 알지 못하는 일에 봉착하면 늙은 말과 개미를 스승으로 삼는 것을 꺼리지 않았다. 지금 사람들은 자신의 어리석음을 알면서도 성인의 지혜를 본받을 줄 모르니, 이 또한 잘못된 것이 아닌가以管仲之聖而隰朋之智, 至其所不知, 不難師於老馬與蟻. 今人不知以其愚心而師聖人之智, 不亦過乎?"

노생상담老生常譚

늙을 **로** 날 **생** 항상 **상** 이야기할 **담**

'늙은 서생이 늘 하는 이야기'라는 뜻으로, 새롭고 특이한 의견을 제시하는 게 아니라 흔히 들어서 알고 있는 상투적인 말을 가리킬 때 쓴다.

《삼국지三國志》〈위서魏書 · 관로전管輅傳〉을 보면, 삼국시대 조조가 통치하던 위나라에 관로管輅라는 사람이 있었다. 그는 어려서부터 보통 아이들과는 달리 천문天文에 남다른 관심을 보였다. 그래서 친구들과 놀 때도 땅에 일월성신日月星辰을 그리고 해설하는 일에 흥미를 지녔다. 어른이 되어서는 다른 사람의 점을 보는 데 뛰어난 영험을 보였다.

이부상서吏部尙書 하안何晏이 관로에게 점을 부탁하러 왔다.

"점괘를 뽑는 당신의 실력이 신묘하다고 들었습니다. 한번 괘를 뽑아서 나의 지위가 삼공에 이를 수 있는지 알아봐주십시오."

또 물었다.

"파리 수십 마리가 콧등에 앉았는데 쫓아도 떼어낼 수 없는 꿈을 연이어 꾸었습니다. 이것은 무슨 까닭입니까連夢見青蠅數十頭, 來在鼻上, 驅之不肯去. 有何意故?"

관로가 대답했다.

"단도직입적으로 말씀드리는 것을 용서하십시오. 옛날 주나라 성왕成王을 보좌하던 주공은 직무에 충실하여 밤을 새우는 일이 많았습니다. 그리하여 성왕은 나라를 일으킬 수 있었고, 각국 제후들도 그를 추앙하게 되었습니다. 이것은 하늘의 도리를 따르고 지켰기 때문이지 점을 치거나 액막이를 해서 된 게 아닙니다. 지금 당신의 권세는 높은 지위에 있지만 덕행이 부족하여 다른 사람에게 위세를 부리는 경우가 많은데, 이것은 좋은 현상이 아닙니다. 《상서尙書》를 보면 코는 하늘 가운데에 있습니다. 그런데 푸른색 파리가 얼굴에 달라붙는 것은 위험한 징조입니다. 앞으로 당신이 위로는 문왕을 좇고 아래로는 공자를 생각하면 삼공이 될 수 있으며, 푸른색 파리도 쫓을 수 있을 것입니다."

곁에서 이 말을 듣고 있던 등양鄧颺이 비웃듯이 말했다.

"그런 말은 늙은 서생이 늘 하는 이야기에 불과하오此老生之常譚."

관노가 대답했다.

"늙은이 눈에는 더는 살지 못할 자가 보이고, 이야기나 늘어놓는 사람의 눈에는 더는 이야기를 늘어놓지 못할 사람이 보입니다夫老生者見不生, 常譚者見不譚."

10여 일 후 하안과 등양은 주살되었다.

노익장老益壯

늙을 **로** 더할 **익** 씩씩할 **장**

'늙어서 더욱 씩씩하다'는 말로, 나이가 들어도 결코 젊은이다운 패기가 변하지 않고 오히려 굳건함을 가리킨다. 노당익장老當益壯의 준말이다.

《후한서後漢書》〈마원전馬援傳〉을 보면 전한 말 부풍군에 마원馬援이라는 이가 있었다. 그는 어려서 글을 배웠고 무예에도 뛰어난 인재였는데 그저 소나 말을 기르며 살아가고 있었다.

마원은 장성하여 군수를 보좌하면서 그 현을 감찰하는 독우督郵가 되었다. 그때 죄수를 호송하는 일을 맡게 되었는데, 이런저런 하소연을 하는 죄수들에게 동정심을 느껴 그들을 풀어주고 북쪽으로 도망갔다.

그는 빈객들에게 이렇게 말했다.

"대장부가 뜻을 세우면 곤궁해도 더욱 굳세어야 하며, 늙어도 더욱 씩씩해야 한다丈夫爲志, 窮當益堅, **老當益壯**."

세상이 혼란스러워지자, 마원은 평범한 삶을 버리고 농서의 외효隗囂 밑으로 들어가 대장이 되었다. 외효는 공손술公孫述과 손을 잡으려고 마원을 그곳으로 파견했다.

마원과 공손술은 같은 고향 친구였다. 공손술은 당시 스스로 황제라 일컫고 있었는데, 마원이 찾아왔다는 전갈을 받자 천자의 의관에 수레를 타고 으스대며 나왔다. 마원은 공손술의 변한 모습에 크게 실망하고 의례적인 인사만 하고는 곧장 돌아왔다. 그러고는 외효에게 말했다.

"자양(공손술의 자字)은 우물 안 개구리일 뿐입니다. 그리하여 망령되게 스스로 존대하고 있으니 오로지 동쪽에 뜻을 두는 것만 같지 못합니다子陽井底蛙耳, 而妄自尊大, 不如專意東方."

그 뒤 마원은 광무제를 알현하게 되었다. 광무제는 마원을 만나자 성심성의껏 대접하고, 각 부서를 데리고 다니며 조언할 말이 있는지 물었다. 마원은 이러한 후한 대접에 감동하여 외효에게 돌아가지 않고 광무제의 휘하에 있기로 결심했다. 마원은 복파장군이 되어 남방의 교지를 평정했다.

얼마 뒤에 동정호 일대의 만족이 반란을 일으키자, 광무제가 군대를 파견했으나 전멸하고 말았다. 이 소식을 들은 마원이 자신에게 군대를 달라고 청하자 광무제가 말했다.

"그대는 나이가 이미 많으니 원정은 삼가는 게 좋을 듯하오."

"소신은 나이가 비록 예순두 살이지만 갑옷을 입고 말도 탈 수 있으니 어찌 늙었다고 할 수 있겠습니까!"

그러고는 말에 안장을 채우고 훌쩍 뛰어올랐다. 광무제는 웃으며 말했다.

"이 노인은 늙어서 더욱 씩씩하구려!"

결국 마원은 군대를 이끌고 원정길에 올랐다.

녹림綠林

푸를 록 수풀 림

'푸른 숲에 모여 살면서 재물을 빼앗거나 관청에 대항하는 무장 집단, 즉 도둑 떼의 소굴'을 말한다. 녹림호객綠林豪客의 준말이다.

《한서漢書》〈왕망전王莽傳〉을 보면, 전한 말 왕실의 외척인 왕망王莽은 한나라를 멸망시키고 스스로 임금 자리에 올라서 나라 이름을 '신新'으로 바꾸었다.

왕망은 자연의 순리를 거스르면서 임금 자리에 올랐기 때문에 무엇보다도 전 임금보다 나은 정치를 하여 민심을 얻는 일이 중요했다. 그래야만 자신의 기반을 확고히 할 수 있었기 때문이다. 그래서 왕망은 특히 경제제도와 농지 등에 관하여 새로운 개혁을 추진해나갔는데, 이러한 개혁은 그의 생각대로 순조롭지 못했으며 오히려 상황만 더 악화시켰다.

삶의 터전인 농토를 잃고 이리저리 떠돌며 걸식하는 이들이 나날이 늘어가고, 잦은 화폐제도 개혁으로 삶은 더욱더 힘겨워졌다. 한 나라의 근간을 이루는 백성의 삶이 도탄에 빠지자 민심이 동요하기 시작했으며, 지배층 사람들까지도 왕망에 대한 반감을 노골적으로 드러냈다. 이러한 혼란은 끝내 전국 곳곳에서 끊임없는 반란으로 이어졌다.

그중 특히 녹림산綠林山(지금의 후베이성湖北省 당양當陽에 위치함)을 근거지로 하여 왕광王匡, 왕봉王鳳 등이 무리 8000여 명을 모아 자칭 녹림지병綠林之兵이라고 하며 호의호식하는 벼슬아치들의 창고와 관청 창고를 털어 자신들과 같은 처지에 놓여 있는 민초들에게 골고루 나누어주었다. 이들의 약탈 행위는 시간이 흐를수록 더해갔으며, 그 수도 5만이 넘는 큰 세력이 되었다. 훗날 유수劉秀는 이들을 이용하여 왕망을 무찌르고 후한을 세웠다.

《후한서後漢書》〈유현전劉玄傳〉에도 "녹림 속으로 숨었는데 수개월간 칠팔천 명에 이른다臧於綠林中, 數月閒至七八千人."라고 나온다.

녹엽성음綠葉成陰

푸를 록 잎 엽 이룰 성 그늘 음

'푸른 잎이 그늘을 만든다'는 말로, 여자가 결혼하여 자녀가 많은 것을 비유적으로 나타낸다.

송宋나라 계유공計有功의 《당시기사唐詩紀事》〈두목杜牧〉 편에 수록된 두목杜牧의 시에 나오는 말이다.

두목은 명문가 출신으로 어려서부터 문학적 재주가 뛰어나 뒷날 호방하면서도 서정적인 시를 지어 대두大杜 두보와 견주어 소두小杜라고 일컬어지게 되었다. 그는 성품이 강직하고도 신중하며 사리에 밝았다.

어느 날 두목은 호주湖州를 유람하다가 한 노파와 마주치게 되었다. 노파는 당시 열 살 남짓한 어린 여자아이를 데리고 가고 있었는데, 그 아이는 두목의 마음을 사로잡을 만큼 아름다운 외모를 지니고 있었다. 두목은 자신도 모르게 그 아이에게 마음이 끌려 노파에게 말했다.

"이 아이를 10년 뒤에 제 아내로 맞이하고 싶습니다. 그러니 만일 10년이 지나도 제가 나타나지 않으면 다른 데로 시집을 보내십시오."

노파도 두목에게 호감이 가므로 흔쾌히 승낙했다.

그 뒤 두목이 다시 호주를 찾은 것은 14년이나 지난 뒤였다. 그녀의 행방을 수소문해보니 이미 3년 전에 다른 남자에게 시집가서 두 아이의 어머니가 되어 있었다. 두목은 실망과 안타까움으로 호주의 이곳저곳을 다니며 시 한 수를 지어 자신의 마음을 나타냈다.

그로부터 봄을 찾았으나 좀 늦게 갔기에
꽃다운 날 원망하여 슬퍼할 수도 없구나.
거센 바람이 진홍색 꽃을 다 떨어뜨리고
푸른 잎이 그늘을 만들어 열매만 가득하네.
自是尋春去較遲, 不須惆悵怨芳時.
狂風落盡深紅色, **綠葉成陰**子滿枝.

이 칠언절구에서 '꽃'은 바로 두목이 아내로 맞이하려고 했던 그 소녀를 가리킨다. 두목은 자신이 약속을 지키지 못한 게 그저 안타까울 뿐이었다. 현재 그녀가 아이들의 어머니가 되어 있는 모습을 '푸른 잎이 그늘을 만들어 열매만 가득하네'라고 비유적으로 표현했다.

녹의사자綠衣使者

푸를 록 옷 의 사신 사 놈 자

'푸른 옷을 입은 사자'라는 말로, 앵무새의 다른 명칭이다.

《개원천보유사開元天寶遺事》〈앵무고사鸚鵡告事〉에 나오는 말이다.

"당나라 수도 장안에서 양숭의楊崇義는 제일가는 부호富戶였다. 그런데 그 아내 유씨劉氏가 이웃집 아들 이엄李弇과 사통했다. 하루는 양숭의가 술에 잔뜩 취해 집으로 돌아왔다. 유씨와 이엄은 자신들의 사통 행위에 방해가 되는 그를 죽였다. 그러고는 주위 사람들의 눈을 피해 물이 말라버린 우물 속에 양숭의를 매장했다. 그때 노복 중에서 이 사실을 아는 이는 아무도 없었다. 오직 대청 앞의 횃대 위에 있던 앵무새만이 유일했다惟有鸚鵡一只在堂前架上."

그로부터 며칠 뒤 유씨는 관청으로 달려가 남편이 아직 집으로 돌아오지 않았는데 누군가에게 살해된 것 같다고 진술했다. 이 일로 인해 의심스러운 사람과 노복 중에서 곤장을 맞은 이가 100여 명이나 되었지만, 범인은 찾지 못했다.

나중에 관청 관리가 다시 양숭의의 집을 조사했으나 별다른 소득이 없었다. 그때 횃대 위에 있던 앵무새가 갑자기 큰 소리로 말을 했다.

"이 집 주인을 죽인 자는 유씨와 이엄이다殺家主者, 劉氏, 李弇也."

이 말에 관리는 깜짝 놀라 이들을 포박하여 감옥에 가두고 사건의 진상을 완벽하게 조사했다. 현의 장관은 이 일의 진상을 작성하여 조정에 보고했다. 그러자 현종은 앵무새를 '녹의사자'로 봉하고 궁궐로 데리고 와서 길렀다.

농단壟斷

언덕 롱 끊을 단

본래 '언덕이 이어지다가 끊어져서 깎아 세운 듯이 높이 솟은 가파른 구릉'을 말하나, 가장 좋은 자리를 차지하고 이익이나 권력을 독점할 때 비유적으로 사용된다.

《맹자孟子》〈공손추 하公孫丑下〉 편에 나오는 말이다.

맹자가 제나라 선왕을 떠나 돌아가려 하자, 선왕은 어떻게든 그를 곁에 두고 싶어 했다. 맹자는 이렇게 말했다.

"계손이 이르기를, '괴이하구나, 자숙의여, [행정을 맡아보다가] 자기 의견이 채택되지 않으면 그만두면 그뿐인데, 어째서 자기 자제들을 경이 되게 했는가. 사람이 누군들 부귀해지고 싶지 않겠는가만, 특히 부귀 가운데 이익을 독점하려는 이가 있는 것이다.'라고 말했습니다季孫曰: '異哉, 子叔疑, 使己爲政, 不用, 則亦已矣, 又使其子弟爲卿. 人亦孰不欲富貴, 而獨於富貴之中, 有私**龍斷**焉.'

옛날에 시장 사람들은 자신이 가진 물건과 그렇지 않은 물건을 바꾸려고 했고, 관원이 이것을 다스릴 뿐이었습니다. 그런데 그중 한 비열한 사내가 농단에 올라 사방을 둘러보다가 시장에 이익이 날 만한 것을 모조리 독차지 했습니다. 사람들은 모두 그것을 천하게 여겼기에 그런 행위에 따라서 세금을 부과하게 되었습니다. 장사꾼에게 세금을 매기게 된 것은 이 비열한 사내로부터 시작된 것입니다古之爲市者, 以其所有, 易其所無者, 有司者治之耳. 有賤丈夫焉, 必求**龍斷**而登之, 以左右望而罔市利. 人皆以爲賤, 故從而征之. 征商, 自此賤丈夫始矣."

좋은 자리를 갖고 있고 권력을 누리는 자들은 특히 이권 등에 현혹되어 농단하지 않도록 각별히 유의해야 한다.

누란지위累卵之危

포갤 **루** 알 **란** 어조사 **지** 위태할 **위**

'알을 쌓아놓은 위기'라는 뜻으로, 매우 위태로운 형세를 비유한다. 누란累卵이라고 줄여 쓰며, 위여누란危如累卵이라고도 한다.

《사기史記》〈범저채택열전范雎蔡澤列傳〉에 나오는 말이다.

전국시대 위나라에 범저范雎라는 사람이 있었다. 그는 가난한 집에서 태어난 미천한 신분이었으나, 여러 나라 제후들에게 유세하며 돌아다니는 책사가 되는 게 꿈이었다. 하지만 그에게 기회는 쉽사리 주어지지 않았다.

그러던 어느 날 위나라의 중대부中大夫 수고須賈가 제나라 사신으로 가게 되었는데, 그의 수행원이 되는 행운을 얻었다. 몇 달을 머물렀으나 수고는 제나라로부터 이렇다 할 답을 얻지 못했다. 그사이 제나라 양왕襄王은 범저가 변론에 뛰어나다는 말을 듣고 사람을 통해 금 열 근과 쇠고기와 술을 보냈다. 하지만 범저는 거절하고 함부로 받지 않았다. 이에 수고는 범저가 위나라의 비밀을 제나라에 알려주었기 때문에 이런 선물을 받게 된 것이라 생각하고 매우 노여워했다.

위나라로 돌아온 뒤 수고는 위나라 재상 위제魏帝에게 이 일을 보고했다. 위제는 매우 화를 내면서 사인을 시켜 범저를 매질하게 했다. 범저는 갈비뼈가 부러지고 이가 빠졌다. 범저가 죽은 척하자 거적에 둘둘 말아 변소에 내버려두고는 술에 취한 빈객들이 차례로 그 몸에 오줌을 누게 했다. 범저는 거적에 싸인 채 지키던 이에게 이렇게 말했다.

"당신이 나를 [여기서] 나갈 수 있게 해주면 내 반드시 그대에게 후하게 사례하겠소公能出我, 我必厚謝公."

지키던 이가 거적 속의 시체를 버리겠다고 하자, 위제는 술에 취하여 그러라고 했다. 그리하여 범저는 몸을 피할 수 있었다. 나중에 위제는 이를 후회하고 지키던 이를 불러 다시 범저를 찾게 했다.

이때 정안평鄭安平이 이 소문을 듣고 범저를 데리고 달아나 숨어 살았다. 범저는 성과 이름을 장록張祿으로 고쳤다. 때마침 진秦나라에서 왕계王

稽가 사신으로 왔다. 정안평은 신분을 속이고 하인이 되어서 왕계를 모셨다. 왕계가 물었다.

"위나라에는 나와 함께 서쪽 진나라로 유세하러 갈 만한 어진 사람이 있소魏有賢人可與俱西游者乎?"

정안평이 대답했다.

"저희 마을에 장록 선생이라는 분이 계신데, 당신을 뵙고 천하의 대사를 말씀드리고자 합니다. [그러나] 그분에게는 원수가 있기 때문에 낮에는 함부로 눈에 띌 수 없습니다臣里中有張祿先生, 欲見君, 言天下事. 其人有仇, 不敢晝見."

왕계가 말했다.

"밤에 함께 오시오夜與俱來."

그날 밤 정안평은 장록과 함께 왕계를 만났다. 이야기가 다 끝나기도 전에 왕계는 범저의 뛰어난 능력을 알아보았다. 왕계는 범저를 진나라로 데리고 와서 소양왕에게 소개하며 이렇게 말했다.

"위나라에 장록 선생이라는 인물이 있는데 천하의 유세가입니다. 그가 '진나라 왕의 나라는 알을 쌓아놓은 것처럼 위태롭지만 내 의견을 들으면 무사할 수 있는데, 내 의견을 글로 전할 수는 없다.'라고 말하기에, 신이 일부러 그를 수레에 태워 데리고 왔습니다魏有張祿先生, 天下辯士也. 曰: '秦王之國**危於累卵**, 得臣則安, 然不可以書傳也.' 臣故載來."

진나라 왕은 이를 믿지 않았다. 숙소를 내주기는 했지만 맛없는 음식으로 대접했다. 그러나 객경客卿(다른 나라에서 와서 공경公卿의 높은 지위에 있는 사람) 출신의 범저는 진나라 출신들의 끊임없는 견제를 받으면서도 원교근공책遠交近攻策을 수립하고 소양왕에게 늘 인재 등용의 포용적 원칙을 강조하여 진나라를 부강하게 하고 개혁하는 데 큰 역할을 했다.

눌언민행訥言敏行

말더듬을 **눌** 말씀 **언** 민첩할 **민** 다닐 **행**

'어눌한 말과 민첩한 행동'이라는 말로, 말하기는 쉬워도 행하기는 어려우므로 군자는 말을 둔하게 하여도 행동은 민첩해야 함을 말한다.

《논어論語》〈이인里仁〉 편을 보면 "군자욕눌어언이민어행君子欲訥於言而敏於行", 즉 "군자는 말에는 어눌하고 행동에는 민첩하려고 한다."는 구절에서 유래한 말이다. 이 구절은《논어》〈학이學而〉 편에서 "일을 처리하는 데는 민첩하고 말하는 데는 신중하며敏於事而愼於言"와 같은 맥락이다.《논어》〈자로子路〉 편에서도 인仁에 가까운 네 가지 덕목 "강직함, 의연함, 질박함, 어눌함剛毅木訥"이 나오는데 이 중에도 '눌訥'이 중요한 덕목으로 포함되어 있음을 볼 수 있다.

공자는《논어》〈위정爲政〉 편에서 "내가 회(안회)와 온종일 이야기를 나누었는데, 어긋남이 없어 마치 어리석은 것 같았다吾與回言終日, 不違, 如愚." 라고 하여 겉보기는 그러하지만 마음속으로는 공자 자신이 한 말을 충분히 터득하고 있을 것이라고 평가한 말의 한 구절이다.

요즘이야 이따금 그런 경우가 있기는 하지만, 배우는 사람은 스승과 논쟁하거나 자기주장을 내세워 스승의 가르침과 대립해서는 안 된다는 것이 과거 성현들의 가르침이었다.

한번은 맹자에게 공도자公都子가 찾아와 물었다.

"다른 사람들이 선생님은 쟁변을 좋아한다고 하던데, 감히 묻건데 어째서 그렇게 말할까요外人皆稱夫子好辯, 敢問何也?"

"내가 어찌 쟁변을 좋아하겠소? 부득이하여 그럴 뿐이지予豈好辯哉? 予不得已也."

맹자는 '구약현하口若懸河(입이 거침없이 흐르는 물과 같다는 뜻으로 말을 거침없이 잘하는 것을 뜻함)'로 손꼽히는 인물이다. 그런 맹자도 행동보다 말이 앞선다는 말은 듣기 싫었던 모양이다.

능서불택필能書不擇筆

―― 능할 **능** 글 **서** 아니 **불** 가릴 **택** 붓 **필** ――

'글씨를 잘 쓰는 사람은 붓을 가리지 않는다'는 말로, 어느 한 방면에서 최고 경지에 이른 사람은 도구에 구애받지 않고 자기 실력을 한껏 발휘할 수 있다는 뜻이다. 불택지필不擇紙筆이라고도 한다.

당나라 건국부터 멸망까지의 역사를 기록한 《당서唐書》 〈구양순전歐陽詢傳〉에 나오는 말이다.

당나라 초기 서예의 4대가는 우세남虞世南, 저수량褚遂良, 유공권柳公權, 구양순歐陽詢이었다. 그중 구양순은 서성書聖 왕희지의 글씨체를 계승하여 익힌 다음 자신의 개성을 담은 솔경체率更體를 완성한 인물이다. 그는 글씨를 잘 쓰기로 유명했으며 붓이나 종이를 가리는 법이 없었다. 그러나 저수량은 붓이나 먹을 고르는 데에 이만저만 까다로운 게 아니었다.

하루는 저수량이 우세남에게 이렇게 물었다.

"제 글씨와 구양순의 글씨 중 어느 것이 더 훌륭하다고 생각하십니까?"

우세남은 저수량의 물음에 굳이 생각해볼 것도 없다는 듯 거침없이 말했다.

"구양순의 글씨가 자네보다 훨씬 낫다고 생각하네. 그는 '붓이나 종이를 가리지 않고도不擇筆紙' 자기 마음대로 글씨를 쓸 수 있네. 그러니 자네는 구양순만 못하지. 자네는 손과 붓이 따로 놀고 있어."

저수량은 자기 글씨가 낫다는 말을 듣고 싶었지만 우세남의 말이 옳으므로 동의하지 않을 수 없었다.

그 뒤 저수량은 손에 맞는 붓을 만들어 자신에게 맞는 글씨체를 완성했다.

후세 사람들은 명필일수록 붓을 가린다고 말한다. 구양순이 붓을 가리지 않는다고 한 것은 어느 붓이든 가리지 않고 글씨를 썼다는 말이 아니다. 그 역시 행서行書를 쓸 때는 그 글씨에 맞는 붓을 골랐고, 초서草書를 쓸 때는 초서에 알맞은 붓을 선택했다. 조잡한 붓으로 글씨를 쓰더라도 그의 대가다운 경지에는 변함이 없었다는 말이다.

명나라 왕긍당王肯堂이 쓴《울강鬱岡》〈재필齋筆〉에도 관련 고사 내용이 나온다.

"글을 잘 쓰는 사람은 붓을 가리지 않으니 이것은 낭어다. 예로부터 오직 솔경(구양순)만 붓을 가리지 않는다고 일컬었다能書不擇筆, 此浪語也. 古來唯稱率更不擇筆."

다기망양多岐亡羊

— 많을 **다** 갈림길 **기** 잃을 **망** 양 **양** —

'갈림길이 많은 곳에서 양을 잃었다'는 말로, 학문의 길이 여러 방면에 걸쳐 있어 그 참된 진리를 찾기 어려움을 비유한다. 망양지탄亡羊之歎이라고도 하며, 독서망양讀書亡羊 · 다방상생多方喪生 · 기로망양岐路亡羊과 비슷한 말이다.

《열자列子》〈설부說符〉 편을 보면, 전국시대에 개인주의를 주장한 사상가 양주楊朱라는 사람이 나온다.

어느 날 양주의 이웃집에서 기르던 양 한 마리가 우리를 나와 달아났다. 그 이웃 사람은 자기 식구들을 모두 동원하여 양을 찾아 나서느라 소란스러웠다. 그리고 양주에게도 하인들을 청해 그것을 따라가게 했다.

양주가 말했다.

"아! 양 한 마리를 잃어버리고 어찌 쫓는 사람이 이리 많은가嘻! 亡一羊何追者之衆?"

이웃 사람이 말했다.

"갈림길이 많습니다多岐路."

얼마 후 양을 뒤쫓아 갔던 사람들이 피곤한 기색으로 돌아왔는데 시무룩했다.

"양을 잡았느냐獲羊乎?"

"잃어버렸습니다亡之矣."

"어째서 잃어버렸느냐奚亡之?"

"갈림길 가운데 또 갈림길이 있으므로 저는 양이 어디로 갔는지 알 수 없어서 되돌아왔습니다岐路之中又有岐焉, 吾不知所之, 所以反也."

양주는 이 말을 듣고는 얼굴빛을 바꾸고 말하지도 웃지도 않으며 하루를 보냈다. 문하생들이 그것을 괴이히 여겨 물었다.

"양은 천한 가축이고 선생님 것도 아닌데, 말씀도 없으시고 웃지도 않으시니 왜 그러십니까羊賤畜, 又非夫子之有, 而損言笑者何哉?"

양주는 대답하지 않았다.

제자 맹손양孟孫陽은 선배 심도자心都子를 찾아갔다. 그러자 심도자는 맹손양과 함께 양주를 찾아와 말했다.

"옛날에 형제 세 명이 제나라와 노나라 사이에서 똑같은 스승을 모시고 유가의 도, 곧 인의仁義를 배우고 돌아왔습니다. 그런데 그 아버지가 인의에 관해 묻자 첫째 아들은 자기 몸을 아끼고 명예를 뒤로 돌리는 것이라고 대답했고, 둘째 아들은 자기 몸을 죽여서 명예를 이루는 것이라고 대답했으며, 셋째 아들은 자기 몸과 명예를 모두 보전하는 것이라고 대답했습니다. 이처럼 세 사람의 주장은 각자 다르지만 모두 유가에서 나온 것입니다. 누가 옳고 누가 그릅니까?"

양주가 대답했다.

"바닷가에 사는 사람이 있었는데, 그는 물에 익숙하고 헤엄치는 데 용감했으며, 돈을 받고 배를 저어 사람을 건네주어서 이익을 얻어 식구 백 명을 거두었다. 식량을 꾸려서 그에게 이것을 배우러 오는 사람이 무리를 이루었으나, 빠져 죽은 사람이 거의 반이나 되었다. 헤엄치는 것을 배우고 물에 빠지는 것을 배우지 않은 것의 이로움과 해로움이 이러하다. 자네는 누가 옳고 누가 그르다고 생각하는가人有濱河而居者, 習於水, 勇於泅, 操舟鬻渡, 利供百口. 裹糧就學者成徒, 而溺死者幾半. 本學泅, 不學溺, 而利害如此. 若以爲孰是孰非?"

심도자는 묵묵히 물러났다. 그러나 맹손양은 양주가 무엇을 말한 것인지 알 수 없었다. 그래서 심도자에게 물었다.

"어찌 그렇게 당신의 질문도 우활하고, 선생님이 답하신 것은 편벽되니, 저의 미혹됨이 더욱 심해집니다何吾子問之迂, 夫子答之僻, 吾惑愈甚."

심도자가 선생님의 생각을 유추하면서 대답했다.

"큰길에는 갈림길이 많아 양을 잃었고, 학자는 방법이 많으므로 그 본성을 잃는다는 것이지. 학문이란 근본이 같지 않은 것은 아니며 근본은 하나가 아님이 없지 끝에 가서는 차이가 이와 같구나. 오직 근본으로 돌아가면 얻는 것도 잃는 것도 없다는 것이지. 그대는 선생님 문하에 오래 있으면서 선생의 도를 익혔지만 선생의 비유를 모르고 있으니, 애석하구나大道以多歧亡羊, 學者以多方喪生. 學非本不同, 非本不一, 而末異若是. 唯歸同反一, 爲亡得喪. 子長先生之門, 習先生之道, 而不達先生之況也, 哀哉!"

근본보다는 지엽적인 것에 몰입되어 아무런 소득을 얻지 못하는 것을 비유한 말이다. 큰 가닥을 잡고 대국적인 견지를 보는 안목이 필요하다는 말이다.

다다익선多多益善

——— 많을 **다** 많을 **다** 더할 **익** 좋을 **선** ———

'많으면 많을수록 더욱 좋다'는 뜻으로, 다다익판多多益辦이라고도 한다. 비슷한 말로는 장수선무長袖善舞가 있다.

《사기史記》〈회음후열전淮陰侯列傳〉을 보면, 한 고조 유방劉邦은 일찍이 한신韓信과 함께 여러 장수의 능력에 관하여 자유롭게 말하면서 각각 등급을 매긴 일이 있었다.

고조가 물었다.

"나 같은 사람은 얼마나 되는 군대를 이끌 수 있겠소如我能將幾何?"

한신이 대답했다.

"폐하께서는 그저 10만 명을 이끌 수 있을 뿐입니다陛下不過能將十萬."

고조가 물었다.

"그대는 어떻소於君何如?"

한신이 대답했다.

"신은 많으면 많을수록 더욱 좋을 뿐입니다臣**多多**而**益善**耳."

고조가 웃으면서 말했다.

"많으면 많을수록 더욱 좋다면서 어째서 내게 사로잡혔소**多多益善**, 何爲爲我禽?"

한신이 대답했다.

"폐하께서는 군대를 이끌 수는 없습니다만 장수를 거느릴 수는 있습니다. 이것이 바로 신이 폐하께 사로잡힌 까닭입니다. 또 폐하는 이른바 하늘이 주신 바이니 사람 힘으로는 어쩔 수 없습니다陛下不能將兵, 而善將將. 此乃言之所以爲陛下禽也. 且陛下所謂天授, 非人力也."

'다다익선'은 여기에서 나온 말이다. 한신이 자기가 지닌 군사 능력을 한껏 자랑삼아 한 말에서 비롯했는데, 지금은 물건이나 금전 따위가 '많으면 많을수록 좋다'는 뜻으로 흔히 쓰이곤 한다.

다언삭궁多言數窮

——— 많을 **다** 말씀 **언** 자주 **삭** 궁할 **궁** ———

'말을 많이 하면 자주 궁색해진다'는 뜻으로, 말이 많으면 곤란한 처지에 빠지게 되는 경우가 많음을 말한다.

"비어 있는데도 다함이 없고, 움직일수록 더욱 [바람 소리가] 나오는구나. 말을 많이 하면 자주 궁색해지니, [풀무나 피리처럼] 빈속을 지키는 것만 못하다虛而不屈, 動而愈出. **多言數窮**, 不如守中."

《노자老子》 5장에 나오는 것으로, 자신을 과시하거나 구구절절 논리를 펼쳐 자신의 주장을 관찰시키려는 것이 얼마나 어리석은지를 강조하고 있다.

노자가 보기에 천지天地로 대변되는 만물이란 자연스럽게 발전해나가는 것이고 어떤 편견이나 편애가 없어야 한다는 의미로 이해되고 있다. "다언삭궁多言數窮"이란 말은 "불여수중不如守中"과 비교하여 따져봐야 할 말인데, 여기서 '수중守中'은 글자 그대로 보면 도의 본질적 차원을 추구하는 것이며, 자의적이거나 타의적인 의지가 개입하지 않는 텅 빈 마음의 상태다. 인간의 희로애락이 겉으로 드러나지 않는 마음의 상태를 의미한다. 노자가 보기에 말을 많이 하는 것은 유위有爲의 차원이기에 한계가 존재하며 늘 위기가 닥칠 수밖에 없다.

노자는 23장 첫머리에서도 "희언자연希言自然", 즉 '말을 별로 하지 않는 것이 자연스러운 것'이라고 했다. '다언多言'이란 바로 '희언希言'과 반대되는 개념으로, 공자가 말한 '눌언訥言'이나 한비가 말한 '난언難言'과도 반대된다.

노자는 2장에서도 "불언지교不言之教(말 없는 가르침)"를 말한 바 있으며 "다언삭궁"은 이 말과도 상통한다. 비본질적인 것에 함몰되지 말고 자연의 본질에 접속하라는 것이다. 노자는 시종 말에 대해 냉소적이었다. 천지는 자연自然, 즉 '저절로 그렇게 되는 것'에 맡기면 된다.

《노자》의 마지막 장인 81장의 첫머리는 이렇게 시작한다.

"믿음직스러운 말은 아름답지 않고, 번지르르한 말은 믿음직스럽지 않다. 선한 사람은 말을 잘하지 못하고, 말을 잘하는 사람은 선하지 않다信言不美, 美言不信. 善者不辯, 辯者不善."

'미언美言'은 인위적인 가식이다. 노자가 말하고자 하는 말은 참된 언어요 인간의 의식적인 조작이 개입되지 않는 순수한 상태의 말이어야 했다.

도가道家든 유가든 법가든 다변多辯을 주창하지 않은 것은 분명한 사실이다.

단사표음簞食瓢飮

소쿠리 **단** 밥 **사** 표주박 **표** 마실 **음**

'한 통의 대나무 밥과 한 표주박의 마실 거리'이라는 말로, 구차하고 보잘것없는 음식을 뜻한다. 비록 가난하게 살더라도 불평하지 않고 나름대로 만족하며 사는 것을 뜻한다. 원말은 일단사일표음一簞食一瓢飮이며, 줄여서 단표簞瓢라고도 한다.

지금으로부터 약 2500여 년 전 중국에서는 가난이 그야말로 가장 무서운 적일 만큼 먹고사는 일이 힘들었다. 우리에게 잘 알려진 성인 공자는 그때 태어나 천하를 두루 다니며 제후들에게 올바른 정치를 하라고 권고했다.

공자에게는 제자가 3000명이나 되었는데, 자신보다 서른한 살이나 어린 제자 안회顔回를 유독 '현자賢者'라고 하며 총애했다. 스승이 자식뻘 되는 제자를 그토록 총애한 것은 안회의 안빈낙도安貧樂道 정신 때문이었다. 안회는 가난이 뼛속에 스며들 정도로 견디기 힘든 역경 속에서도 늘 웃음을 잃지 않고 살아갔다. 그런 모습을 본 공자는 어느 날《논어論語》〈옹야雍也〉 편에서 이렇게 말했다.

"어질구나, 회(안회)여! 한 통의 대나무 밥과 한 표주박의 마실 거리를 가지고 누추한 골목에 살면서도, 다른 이들은 그 근심을 견디지 못하는데 회는 그 즐거움을 바꾸려 하지 않으니, 어질구나, 회여賢哉回也! **一簞食**, **一瓢飮**, 在陋巷, 人不堪其憂, 回也不改其樂, 賢哉回也!"

공자가 생각하기에 군자의 즐거움은 천명을 실천하는 데 있고, 소인의 즐거움은 욕망을 충족하는 데 있다. 그러므로 소인은 욕망을 충족시킬 수 있는 의식주 문제에 매달리지만, 군자는 이런 형이하학적인 문제에 좌우되지 않는다는 것이다. 학문을 좋아하는 안회는 한 통의 대나무 밥과 한 표주박의 마실 거리를 먹으며 누추한 곳에 살아도 불평하는 기색이 전혀 없이 여전히 즐거워했으므로 이런 평가를 내린 것이다.

그러나 안회는 겨우 서른한 살에 세상을 떠나고 말았다. 그때 공자는 "하늘이 나를 버리시는구나天喪予!" 하며 수제자의 단명을 안타까워했다.

단장斷腸

끊을 **단** 창자 **장**

'창자가 끊어진다'는 뜻으로, 몹시 슬퍼하는 마음을 나타낸다. 장단腸斷이라고도 한다. 비슷한 말로는 구회지장九回之腸, 단혼斷魂이 있다.

《세설신어世說新語》〈출면黜面〉 편을 보면 다음과 같은 이야기가 있다.

제나라 환공桓公이 촉나라로 가는 도중 삼협三峽이라는 곳을 지나가게 되었다. 삼협은 중국에서 험난한 물길로 유명한 곳으로 사천四川과 호북湖北의 경계에 있는 장강 중류의 세 협곡인 구당협瞿塘峽 · 무협巫峽 · 서릉협西陵峽을 말한다.

환공을 수행하던 병사가 새끼 원숭이 한 마리를 잡아왔다. 그런데 그 원숭이의 어미가 환공이 탄 배를 쫓아 1000여 리나 뒤따라오며 슬피 울었다. 그 원숭이는 배가 강어귀가 좁아지는 곳에 이를 즈음 몸을 날려 배 위로 올랐다. 하지만 자식을 구하려는 일념으로 애를 태우며 달려왔기 때문에 배에 오르자마자 죽고 말았다. 그때 배에 있던 자들이 원숭이의 배를 갈라 보니 창자가 한 치나 끊겨 있었다.

환공은 이 같은 기이한 일이 있음을 듣고 새끼 원숭이를 풀어주고 그 원숭이를 잡아온 병사를 질책하고 내쫓아버렸다. 환공은 어미 원숭이가 자식을 애타게 찾는 마음에 감동한 것이다.

또한 중당中唐(사당四唐의 셋째 시기로, 8대 대종代宗 때부터 14대 문종文宗 때까지의 약 70년간)의 백거이白居易도 〈장한가長恨歌〉에서 이 말을 썼다. 〈장한가〉는 애틋한 사랑을 나누다가 안녹산의 난 때 자결한 양귀비楊貴妃를 그리워하는 당나라 현종의 심정을 노래한 시다.

아미산 아래 지나가는 사람 드물고
천자의 깃발도 광채를 잃고 태양빛조차 흐릿하구나.
촉의 강물 짙푸르고 촉의 산도 푸르렀는데
천자는 아침저녁으로 그리워하네.

행궁에서 보는 달은 마음을 아프게 하고
밤비에 울리는 풍경 소리는 창자가 끊어지는 듯하다.
천하의 형세 다시 뒤집혀 천자가 수도로 돌아갈 때
이곳에 이르러 머뭇머뭇 떠나지 못하네.

峨眉山下少人行, 旌旗無光日色薄.
蜀江水碧蜀山靑, 聖主朝朝暮暮情.
行宮見月傷心色, 夜雨聞鈴**腸斷**聲.
天旋日轉廻龍馭, 到此躊躇不能去.

본래 이 시는 칠언시 12구 840자의 장편 거작이다. 현종과 양귀비의 망국적 사랑놀음은 당대 문인들의 흥미로운 이야기 소재로 곧잘 등장했는데, 이 시는 두 사람의 비극적 애정을 제재 삼아 지은 것이다. 다른 시인들이 현종과 양귀비의 사랑을 꽤 비판한 것과는 달리 백거이는 그들의 사랑을 애틋하고 진실된 관계로 설정하여 서술하고 있다는 점이 특징이다.

이 시의 제목을 〈장한가〉로 붙인 이유는 천하절색 양귀비가 자살함에 따라 현종과의 사랑을 회복하는 일이 영원히 불가능하게 되었기 때문이다. 이 시의 주된 분위기를 이루는 '한恨' 또한 연인의 아름다운 사랑이 더 이상 지속될 수 없음에 대한 작자의 한스러움을 의미한다.

한편 이런 이야기도 있다. 중국 신화에 농사와 의약을 가르쳐준 신농씨神農氏가 약초의 독성을 살피고자 이것저것 먹어보다가 그만 잘못하여 단장초斷腸草를 먹고 창자가 끊어져 죽었다고 한다.

단장취의斷章取義

끊을 **단** 문장 **장** 취할 **취** 의로울 **의**

'문장을 끊어 뜻을 취한다'는 말로, '단'은 끊어버린다는 뜻이며 단호하게 처리한다는 뜻도 있다. '장'은 문장 중의 장절 또는 단락을 가리킨다. 원말은 단장斷章이다. 본래 성어는《시경詩經》가운데 편장의 시구를 인용하여 자신의 의도를 표현한 데서 나온 말로, 인용한 시구의 원뜻은 고려하지 않고 자기 본위로 뜻을 취하는 것을 말한다.

이 말은《춘추좌씨전春秋左氏傳》양공 28년조에 나온다.

제나라의 경봉慶封은 사냥과 술을 좋아하므로 아들 경사慶舍가 정사政事를 맡았다. 경봉은 처첩과 재물을 노포별盧浦嫳의 집에다 옮겨놓고 처첩을 바꾸어가며 술을 마셨다.

며칠이 지나 경봉을 찾는 사람들이 모두 그곳으로 와 그를 만났다. 이때 경봉은 다른 나라로 망명한 자로서 적賊을 아는 사람이 만일 이 사실을 자신에게 알리면 귀국을 허락했다. 이로 인해 노포계盧蒲癸도 돌아왔다. 노포계는 경봉의 아들 자지子之(경사)의 가신이 되어 총애를 받았다. 경사는 자기 딸을 그에게 주어 아내로 삼게 했다.

이때 경사의 가신이 노포계에게 물었다.

"부부는 성이 달라야 합니다. [그런데] 당신은 같은 종친(경씨와 노포씨는 모두 강씨姜氏다)을 피하지 않으니, 어째서 그렇습니까男女辨姓. 子不辟宗, 何也?"

"같은 종친이 나를 피하지 않는데 나 홀로 어찌 피하겠느냐? [이것은] 시를 읊을 때 문장을 끊어버리는 것과 같으니, 내가 필요한 것만 취하면 되지 굳이 같은 종친인지를 알 필요가 있겠느냐宗不余辟, 余獨焉辟之? 賦詩**斷章**, 余取所求焉, 惡識宗?"

결국 노포계는 경사에게 장공莊公의 피살 때 거莒나라로 망명한 왕하王何의 이야기를 해 그를 귀국시켰고, 노포계와 왕하는 경사의 총애를 받았다. 경사는 그들에게 침과寢戈(창의 일종)를 들고 자신을 호위하게 했다.

당돌서시唐突西施

——— 저촉될 **당** 갑자기 **돌** 서녘 **서** 베풀 **시** ———

'서시에게 당돌하게 군다'는 말로, 과장되고 상식을 벗어나 예측하기 어렵다는 뜻을 담고 있다. 또한 추녀 무염을 미인 서시西施와 비교한다는 말로, 견주기 힘든 상대와의 비교를 비유하는 겸양의 뜻을 지니고 있다. 줄여서 '당돌唐突'이라고 하며, 각화무염刻畫無鹽이라는 말로도 쓴다.

《진서晉書》〈주의전周顗傳〉에 나오는 말이다.

"유량이 일찍이 주의에게 말했다. '여러 사람이 모두 자네를 악광이란 사람과 비교하네.' 주의가 말했다. '어찌하여 무염을 부각시켜 서시에게 당돌하게 굴랴'庾亮嘗謂顗曰: '諸人咸以君方樂廣.' 顗曰: '何乃刻畫無鹽, **唐突西施**也'."

한편,《진서》〈악광전樂廣傳〉을 보면 다음과 같은 이야기가 있다.

진晉나라에 주의周顗라는 이가 있었는데 매사에 겸손을 미덕으로 삼는 사람이었다. 하루는 친구 강량康亮이 그를 찾아왔다.

"친구들이 모두 자네를 악광樂廣과 비교하네."

악광은 진나라의 현인으로 죽어서까지 사람들에게 추앙을 받는 인물이었다. 이런 인물과 자신을 견준다는 말을 들은 주의는 얼굴이 붉어져 고개를 흔들며 말했다.

"무염녀는 추녀이고 서시는 재색을 겸비한 미녀라는 사실은 갓난아이도 안다네. 친구들이 사람들의 존경을 받는 악광과 함께 나를 말한다면, 이것은 무염녀를 서시와 똑같은 미녀라고 하는 것과 같네. 이렇게 말하는 것은 선녀와 같은 미모의 서시를 거스르는 게 되네. 그대들은 어찌 그렇게 말할 수 있는가?"

미녀의 대명사인 서시에게 추녀의 대명사 격인 무염녀를 비하는 것은 상식에 어긋나는 일이다. 서시는 월나라 미인으로서 월왕 구천이 오나라에 패한 뒤 오왕 부차에게 보내졌다. 부차는 서시의 눈부신 미모에 현혹되어 나랏일을 돌보지 않다가 끝내 구천에게 망하고 말았다.

당랑거철螳螂拒轍

사마귀 **당** 사마귀 **랑** 막을 **거** 바퀴 자국 **철**

'사마귀가 수레바퀴를 가로막는다'는 뜻으로, 자기 힘을 헤아리지 못하고 강한 적에게 덤비는 무모한 행동을 비유한다. 당랑지력螳螂之力 · 당랑지부螳螂之斧라고도 하며, 당비당거螳臂當車와 비슷한 말이다.

한나라 때 한영韓嬰이 지은《한시외전韓詩外傳》권8의 33장에 이런 이야기가 있다.

춘추시대 제나라 군주 장공莊公이 하루는 수레를 타고 사냥터를 향해 달려가고 있었다. 그런데 길 한가운데서 어떤 벌레 한 마리가 기다란 앞발을 번쩍 들어 장공이 타고 있는 수레바퀴를 향해 덤비려 했다. 그것은 도끼를 휘두르는 모습과 비슷했다. 이 모습을 본 장공은 어이없다는 표정을 지으며 말했다.

"이놈은 무슨 벌레냐此何蟲也?"

수레를 호위하며 가던 신하 역시 장공과 비슷한 표정을 하고는 대답했다.

"이놈은 사마귀라는 것입니다. 그 벌레는 나아갈 줄만 알지 뒤로 물러설 줄은 모릅니다. [자기] 힘은 헤아리지도 않고 적을 가볍게 여깁니다此所謂螳螂者也, 其爲蟲也, 知進而不知卻, 不量力而輕敵."

그러자 장공은 고개를 끄덕이며 말했다.

"이놈이 사람이었다면 반드시 천하에서 용감한 무사가 되었겠구나此爲人, 而必爲天下勇武矣!"

그러고는 수레를 돌려 피해가자고 했다. 신하들은 장공의 말에 따라 사마귀를 비켜 갔다.

사마귀의 이러한 행동은 자신의 미약한 힘을 과장하여 허세를 부리는 것으로, 흔히 허장성세虛張聲勢가 심한 사람들을 빗대어 말할 때 쓴다. 그러나 장공은 사마귀의 그런 행동이 물론 허황된 줄을 알면서도 한편으로는 용기 있는 행동으로 여겨 수레를 비켜 갔다.

당랑박선螳螂搏蟬

사마귀 **당** 사마귀 **랑** 잡을 **박** 매미 **선**

'사마귀가 매미를 잡는다'는 말로, 눈앞의 이익을 탐하여 자기 처지를 돌아보지 않는 어리석은 행동을 경고한다. 당랑포선螳螂捕蟬, 당랑규선螳螂窺蟬, 당랑재후螳螂在後라고도 한다.

《장자莊子》〈산목山木〉 편에 이런 이야기가 나온다.

장주莊周가 조릉雕陵이라는 밤나무 숲 울타리 안을 거닐다가 문득 남쪽에서 이상하게 생긴 까치 한 마리가 날아오는 것을 보았다. 그 까치는 날개 너비가 일곱 자에 눈의 지름이 한 치나 되었다. 까치는 장주의 이마에 닿았다가 밤나무 숲에 가서 멎었다. 장주는 혼잣말로 이렇게 말했다.

"이건 [대체] 무슨 새일까! 날개는 큰데 높이 날지 못하고, 눈은 크나 보지 못하는구나此何鳥哉! 翼殷不逝, 目大不睹."

그리고 아랫도리를 걷고 재빨리 다가가 활을 쥐고 그 새를 쏘려 했다. 그러다 문득 보니 매미 한 마리가 시원한 나무 그늘에 멎어 제 몸을 잊은 듯 울고 있고, 바로 곁에는 사마귀 한 마리가 나뭇잎 그늘에 숨어서 이 매미를 잡으려고 정신이 팔려 자기 몸을 잊고 있었다. 이상하게 생긴 까치는 이 기회에 사마귀를 노리면서 정신이 팔려 제 몸을 잊고 있었다. 장주는 이 꼴을 보고 깜짝 놀라서 이렇게 외쳤다.

"아, 사물이란 본래 서로 해를 끼치고, 두 부류가 서로를 불러들이고 있구나噫, 物固相累, 二類相召也."

그러고는 활을 내버리고 도망치듯 나왔다. 그때 밤나무를 관리하는 사람이 쫓아와 장주가 밤을 훔친 줄 알고 꾸짖었다.

장주는 집으로 돌아온 뒤 석 달 동안 마음이 편하지 않았다. 제자 인저藺且가 물었다.

"선생님은 어찌하여 요즘 매우 언짢으십니까夫子何爲頃間甚不庭乎?"

장주가 대답했다.

"나는 외물에 사로잡혀 내 몸을 잊고 있었으니, 흙탕물을 보느라고 맑은 못을 잊은 것이다. 또 나는 선생님에게서 들었다. '속세에 들어가면 그 [속세의] 영에 따르라.' 이번에 나는 조릉을 거닐며 내 몸을 잊었고, 이상한 까치는 내 이마에 닿았다가 밤나무 숲에서 노닐며 참된 것을 잊었으며, 밤나무를 관리하는 사람은 나에게 모욕을 주었으니, 내가 언짢은 까닭이다吾守形而忘身, 觀於濁水而迷於淸淵. 且吾聞諸夫子曰: '入其俗, 從其令.' 今吾遊於雕陵而忘吾身, 異鵲感吾顙, 遊於栗林而忘眞, 栗林虞人以吾爲戮, 吾所以不庭也."

당랑재후螳螂在後

—— 사마귀 **당** 사마귀 **랑** 있을 **재** 뒤 **후** ——

'사마귀가 뒤에 있다'는 말로, 이익을 탐하여 자기 처지를 돌아보지 않음을 뜻한다. 당랑규선螳螂窺蟬이라고도 한다.

한영韓嬰의 《한시외전韓詩外傳》에 나오고, 《설원說苑》〈정간正諫〉에 비교적 상세하게 나온다.

초나라 장왕莊王이 진晉나라를 치려고 하면서 이렇게 포고했다.

"감히 간언하는 자가 있으면 죽일 것이다敢有諫者死!"

장왕을 도운 명재상 손숙오孫叔敖가 말했다.

"신은 채찍의 엄함을 두려워하여 아버지에게 감히 간언하지 못하는 자는 효자가 아니며, 부월斧鉞(임금이 장수나 제후에게 생살권生殺權을 부여한다는 뜻에서 주던 도끼 모양의 의장)의 형벌을 두려워하여 감히 군주에게 간언하지 못하는 자는 충신이 아니라고 들었습니다."

그러고는 마침내 나아가 말했다.

"정원에 나무가 있는데, 그 위에 매미가 있습니다. 매미는 높은 곳에 머물면서 슬피 울며 맑은 이슬을 마시려고 하는데 사마귀가 뒤에서 목을 굽혀 먹으려 함을 알지 못합니다. 사마귀는 매미를 먹으려고 하면서 참새가 뒤에서 목을 들고 쪼아 먹으려고 하는 것을 모릅니다. 참새는 사마귀를 먹으려고 하면서 아래에서 탄환을 장전하여 쏘려고 하는 줄을 모릅니다. 이 세 가지는 모두 앞의 이익 때문에 뒤의 환난이 있음을 돌아보지 못하는 것입니다園中有樹, 其上有蟬. 蟬高居悲鳴飮露, 不知**螳螂在**其**後**也; 螳螂委身曲附, 欲取蟬而不顧知黃雀在其傍也. 黃雀延頸欲啄螳螂而不知彈丸在其下也. 此三者皆務欲得其前利而不顧其後之有患也."

그러고는 이어서 이렇게 말했다.

"유독 곤충의 무리만 이와 같은 게 아닙니다. 사람도 그러합니다. 지금 왕께서는 저쪽 땅을 탐하는 것이 병사들을 즐겁게 하는 일인 줄 알지만, 나라가 게으르지 않고 진나라가 안정된 것은 제힘입니다."

장왕은 이 말을 듣고 느끼는 바가 있었다. 그는 결국 춘추오패春秋五霸가 될 수 있었다.

승리를 헤아리는 때는 싸움을 하기 전이다. 철저히 계산하고 책략을 검토해 확신이 섰을 때 전쟁에 나서야 한다. 묘책이 많으면 승리하고 적으면 지는 것이 바로 전략의 기본 틀이다.

대기만성大器晩成

큰 대 그릇 기 늦을 만 이룰 성

'큰 그릇은 늦게 이루어진다'는 말로, 큰 인물은 오랜 노력 끝에 완성된다는 뜻이다. 대기난성大器難成과 같으며, 대재만성大才晩成과 비슷한 말이다.

《삼국지三國志》〈위서魏書 · 최림전崔林傳〉을 보면, 삼국이 정립하던 시절 위나라에 최염崔琰이라는 장수가 있었다. 그는 대인다운 풍모와 인격을 갖추고 있어 주위 사람들에게 늘 존경을 받을 뿐 아니라 조조에게 두터운 신임을 얻었다.

최염의 사촌 동생 최림崔林은 최염과는 달리 영리하지도 않고 명성도 떨치지 못하여 최염의 그늘에 가려 있었다. 친척들은 그를 만날 때마다 하나같이 업신여기고 경멸했다. 그렇지만 최염만은 최림의 인물됨을 꿰뚫어 보고 이렇게 말했다.

"이 사람은 이른바 대기만성할 자다此所謂大器晩成者也."

훗날 최림은 최염의 말대로 삼공이 되어 천자를 보좌하는 대임을 완수하는 큰 인물이 되었다.

《후한서後漢書》〈마원전馬援傳〉에도 이와 관련된 이야기가 나온다.

후한 초 광무제 때 마원馬援이라는 장수가 있었다. 그는 처음에는 새로운 왕조를 세운 왕망을 섬겼으나, 신 왕조가 15년 만에 멸망하여 왕망이 죽고 나서는 광무제에게 귀의하여 복파장군이 되었다. 그는 일찍이 지방 관리로 임명되어 부임지로 향하던 중 형 황況의 집에 들렀다. 이때 형은 마원에게 이런 말을 했다.

"너는 큰 재주가 있으니 마땅히 늦게 이루어진다. 솜씨가 뛰어난 목수는 산에서 막 벌채해온 나무를 가지고라도 [시간과 노력을 들여 자기가] 좋아하는 바를 따른다汝大才, 當晩成. 良工不示人以樸, 且從所好."

마원은 형의 이 말을 가슴속 깊이 새기고 매사에 신중히 행동하며 꾸준히 노력하여 훗날 큰 인물이 되었다.

《노자老子》에서도 '대방무우大方無隅(큰 네모는 모서리가 없다)'라는 말과 함께 쓰여 큰 인물은 단시간에 만들어지지 않음을 강조했다.

대의멸친大義滅親

큰 대 뜻 의 죽일 멸 친할 친

'큰 뜻을 위해서는 육친도 죽인다'는 말로, 국가나 사회를 위해 사사로운 마음을 버린다는 뜻이다. 비슷한 뜻으로 멸사봉공滅私奉公과 왕척직심枉尺直尋이 있다.

《춘추좌씨전春秋左氏傳》 은공隱公 4년조에 나오는 말이다.

춘추시대 위衛나라 군주 장공莊公에게는 아들이 두 명 있었다. 그중 한 아들은 진陳나라에서 맞이한 아내가 낳은 환공桓公이고, 또 다른 아들은 후궁 소생의 주우州吁였다. 그런데 주우는 환공과는 달리 성격이 과격하고 거침이 없었다. 당시 충신 석작石碏은 걱정스러운 얼굴로 이렇게 말했다.

"만일 전하께서 자식을 아끼신다면 의義를 가르쳐 사악한 길로 빠지지 않게 하십시오. 지금 주우가 교만하고 사치스러운 것은 전하의 총애가 도를 넘기 때문입니다. 만일 그를 태자로 임명한다면 모르지만, 그러지 않을 경우에는 재앙을 부르게 될 것입니다. 주우를 가까이하지 마십시오."

그렇지만 장공은 석작의 간곡한 간언을 귀담아듣지 않았다. 또한 석작은 아들 석후石厚에게도 주우와 가까이 지내지 말라고 불호령을 내렸지만 석후는 아버지의 충고를 받아들이지 않았다.

장공이 세상을 떠나고 환공이 즉위하자, 석작은 벼슬을 내놓고 재야로 물러났다. 그로부터 얼마 뒤 석작이 예상한 대로 주우가 모반하여 환공을 시해하고 임금 자리에 올랐다. 모반에 성공한 주우는 대외적으로는 인정을 받았지만, 나라 안에서는 민심을 얻지 못해 전전긍긍하며 나날을 보냈다. 주우의 이러한 처지를 걱정하던 석후는 아버지를 찾아가 무슨 좋은 방법이 없는지 물어보았다. 그러자 석작은 이렇게 말했다.

"주우가 주나라 천자를 알현하여 인정을 받으면 민심이 그에게로 쏠릴 것이다. 이 일은 진陳나라의 도움을 받는 것이 좋다."

그래서 주우와 석후는 우선 진나라를 향해 걸음을 재촉했다. 이들이 떠나자마자 석작은 진나라에 은밀히 사람을 보내 다음과 같이 말했다.

"주우와 석후 두 사람은 우리 임금을 시해한 자들이니 당신 나라에 다다르면 붙잡아 사형에 처하십시오."

진나라에서는 석작의 부탁대로 주우와 석후가 오자 체포하여 위나라 관원의 입회하에 사형에 처했다. 석작의 대공무사한 정신을 칭찬하여 다음과 같이 평했다.

"대의를 위해 친족을 멸함은 아마 이것을 말하는가**大義滅親**, 其是之謂乎?"

대장부당여차大丈夫當如此

큰 **대** 어른 **장** 지아비 **부** 당할 **당** 같을 **여** 이 **차**

'대장부란 마땅히 이렇게 해야 한다'는 뜻으로, 목적을 달성하기 위한 원대한 포부를 말한다.

건달에서 황제가 된 유방劉邦이 수도 함양에서 진시황秦始皇의 행차를 보고 자신의 포부를 한탄조로 한 말로, 《사기史記》〈고조본기高祖本紀〉에 나온다.

"일찍이 고조가 함양에서 부역을 살다가 [그곳을] 두루 살펴볼 기회가 있었다. 그때 진나라 황제의 [행차를] 보고서는 길게 탄식하며 말했다. '아, 대장부란 마땅히 이러해야 하는 것을'高祖常繇咸陽, 縱觀. 觀秦皇帝, 喟然太息曰: '嗟乎, **大丈夫當如此**也!'"

사마천에 의하면, 유방은 패현沛縣 풍읍豊邑 중양리中陽里 사람으로 성은 유劉이고, 자는 계季다. 유방은 코는 높고 얼굴은 용을 닮았으며 수염이 멋지고 왼쪽 넓적다리에는 검은 점이 일흔두 개나 있었다고 한다.

유방은 사람됨이 어질어서 다른 사람을 사랑하고 베풀기를 좋아했으며, 성격이 활달했다. 외상으로 술 마시는 것을 즐겼으며, 취하면 아무 데나 드러누웠는데, 그의 몸 위에 늘 용이 나타나는 것을 보고 의아하게 생각했다. 게다가 그가 술을 마시며 머물 때마다 술이 몇 배씩이나 더 팔렸으므로 주점에서는 항상 외상 장부를 찢어 외상값을 없애주었다는 일화도 흥미롭게 전해진다.

그는 요역도 할 만큼 비천한 삶을 살았고, 이렇다 할 기반도 전혀 없는 유방이 역사의 주역이 된 것은 진나라 폭정에 항거한 진승陳勝(자字는 섭涉)의 모반과 등 돌린 민심이라는 천시天時도 한몫을 했지만 더 중요한 것은 그의 포부였다.

나이 쉰에 천하를 손에 쥐고 12년 만에 세상을 떠난 제왕 유방은 의심도 많고 소심한 성격의 소유자였다. 개국공신들을 배제하거나 척결하기도 하는 등 무자비한 면모를 드러낸 것도 사실이다. 하지만 천하 통일을 꿈꾸었던 그에게 유생 역생易生 · 소하 · 장량 · 한신 등 천하의 전략가들이 모여든 것은 결코 예사로운 일이 아니다. 그는 건곤일척의 승부수를 던지는 항우와 다른 분명한 차별성이 존재했다.

무엇보다도 유방은 자신의 목적을 위해 불굴의 정신으로 잡초 같은 근성을 보여주었고, 경청하는 자세로 다른 사람의 마음을 잘 헤아렸다. 또한 능력 있는 자들을 적재적소에 쓰려고 노력했고, 상황 변화에 능수능란하게 대처하는 처세의 달인이었다. 물론 이런 호평은 최후의 승자가 된 데 따른 결과론적 해석이라는 측면도 배제할 수 없지만, 그는 분명 좋은 가문 출신의 항우가 단 한 번의 패배를 견디지 못하고 서른한 살의 나이에 자살한 것과는 대비되는 입지전적인 인물임이 틀림없다.

도견상부道見桑婦

——— 길 **도** 볼 **견** 뽕나무 **상** 지어미 **부** ———

'길에서 뽕 따는 여자를 만난다'는 말로, 하고 싶은 대로 일시적인 이익을 구하려다가 끝내 이미 있던 것까지 모두 잃게 됨을 비유한다.

《열자列子》〈설부說符〉 편에 나오는 말이다.

진晉나라 문공文公은 나라 밖으로 나가 제후들을 모아 위衛나라를 정벌하려 했다. 그 틈을 노리고 진나라 북쪽을 침략하려는 나라가 있었다. 그때 공자 서鋤가 하늘을 우러러보며 크게 웃었다.

문공이 그에게 물었다.

"그대는 왜 웃소?"

서가 말했다.

"신이 웃은 것은, 이웃 사람 중에 그 아내가 친정으로 가는 것을 전송한 자가 있었는데, [도중에] 길에서 뽕 따는 여자를 만나 함께 즐겁게 이야기했다고 합니다. 그런데 자기 아내를 돌아보니 그녀도 손짓하여 부르는 남자가 있었습니다. 신은 이 때문에 몰래 웃었습니다臣笑鄰之人有送其妻適私家者, **道見桑婦**, 悅而與言. 然顧視其妻, 亦有招之者矣. 臣竊笑此也."

문공은 공자 서가 한 말의 비유적 의미를 깨닫고 위나라 정벌 계획을 멈추고 돌아왔다.

도룡기屠龍技

죽일 **도** 용 **룡** 재능 **기**

'용을 죽이는 기술'이라는 말로, 세상에서 쓸모없는 명기名技를 의미하기도 하고, 쓸데없는 일로 몸을 소모한다는 뜻이기도 하다.

《장자莊子》〈열어구列禦寇〉 편에 나오는 말이다.

〈열어구〉 편은 인위적인 지知를 떠나 무위자연의 신지神知를 터득하는 것에 관한 내용으로, 모두 열 편의 독립된 단장短章으로 흥미롭게 구성되어 있다. 장자는 천지 만물의 근원인 도는 인격적인 것으로, 그것을 파악하려면 인위적인 지식을 떠나 도 그 자체에 몰입할 때 비로소 가능하다고 보았다.

장자는 지인至人과 소인小人의 차이를 이렇게 설명했다.

"도를 알기는 쉬우나 말하지 않기란 어렵다. 도를 알면서도 말하지 않음은 하늘을 좇는 것이고, 알면서 말하는 것은 인위人爲의 경지로 가는 것이다. 옛날 지인至人들은 하늘을 좇고 인위로 가지 않았다. [전국시대] 주평만이라는 사람은 용을 죽이는 방법을 지리익에게 배우느라 천금이나 되는 가산을 탕진하여 3년 만에 기술을 이루었지만 그 재주를 쓸데가 없었다. 성인은 필연적인 일에 임할 때도 필연으로 여기지 않으므로 다툼이 없다. 그러나 뭇 사람은 필연적인 일이 아닌데도 필연으로 여기고 행동하므로 다툼이 많고, 그런 다툼을 그대로 따라서 [밖에서] 찾게 된다. [마음속의] 다툼을 믿고 행동하면 파멸하게 된다知道易, 勿言難. 知而不言, 所以之天也, 知而言之, 所以之人也. 古之人, 天而不人. 朱泙漫學**屠龍**於支離益, 單千金之家, 三年**技**成, 而無所用其巧. 聖人以必不必, 故無兵. 衆人以不必必之, 故多兵, 順於兵, 故行有求. 兵, 持之則亡."

여기서 주평만이라는 사람이 천금이나 되는 많은 돈을 주고 용을 죽이는 기술을 배웠지만 그 어느 곳에도 쓸데가 없었다는 말은 세속적인 자질구레한 일에 구애되어 대도大道를 달관할 수 없음을 비유적으로 설명한 것이다.

도사倒屣

엎을 도 신 사

'신발을 거꾸로 신는다'는 말로, 대단히 반가워함을 형용하는 말이다.

사리屣履, 도극倒屐이라고도 한다.

《삼국지三國志》〈위서魏書 · 왕찬전王粲傳〉에 나오는 말이다.

왕찬王粲은 자가 중선仲宣이고 산양군山陽郡 고평현高平縣 사람이다. 증조부 왕공王龔과 조부 왕창王暢은 모두 한나라 때 삼공을 지냈으며, 부친 왕겸王謙은 대장군 하진何進의 장사長史였다. 왕찬은 재능이 뛰어나 바둑을 두던 바둑판을 흩뜨려도 금방 원래대로 복기할 수 있었다.

헌제獻帝가 거가車駕를 서쪽으로 옮겼을 때, 왕찬은 장안으로 이주했다. 그때 좌중랑장左中郎將이던 채옹蔡邕은 재능과 학문이 탁월하여 조정에서 관직도 높고 귀한 신분이었다. 그가 사는 마을은 늘 그의 집으로 향해 달려가는 수레로 가득 메워졌고, 집 안은 언제나 빈객으로 가득했다.

채옹은 "왕찬이 문밖에 와 있다는 말을 듣고는 신발을 거꾸로 신고 나가 영접했다聞粲在門, **倒屣**迎之." 왕찬이 들어오자 빈객들은 그가 어리고 용모도 왜소하므로 모두 매우 놀랐는데, 채옹이 말했다.

"이 사람은 왕공의 손자로서 뛰어난 재주를 갖고 있으며 나는 그만 못하오. 우리 집에 있는 서적과 문학작품은 모두 그에게 주어야 하오此王公孫也, 有異才, 吾不如也. 吾家書籍文章, 盡當與之."

채옹의 안목은 적중했다. 그러나 왕찬은 빼어난 재능으로 인하여 피살되고 말았다.

도외시度外視

법도 **도** 바깥 **외** 볼 **시**

'안중에 두지 않는다'는 말로, 어떤 일이나 문제를 불문에 부침을 가리킨다. 치지도외置之度外라고도 쓴다.

본래 《후한서後漢書》〈외효전隗囂傳〉에는 이렇게 기록되어 있다.

"6년, 관동이 모두 평정되었다. 황제는 피로가 쌓인 군대를 쉬게 하고, 외효의 아들로 [황제를] 받들게 했다. 공손술은 멀리 변방에 웅거하고 있었으므로 이에 여러 장군에게 말했다. '우선 마땅히 이 두 사람을 [안중에] 두지 않고 내버려둘 뿐이오'六年, 關東悉平. 帝積苦兵間, 以囂子內侍. 公孫述遠據邊陲, 乃謂諸將曰: '且當**置**此兩子於**度外**耳.'"

《후한서》〈광무기光武紀〉에 나오는 말이다.

후한의 광무제 유수劉秀가 반란군을 거의 무찌르고 기반을 다지려 할 때 일이다. 당시 반란군 대다수는 유수에게 항복하고 그의 세력권 안으로 귀속되었지만, 유독 서쪽 변방 진秦 땅에 있던 외효와 촉 땅의 공손술만은 끝까지 항거하고 있었다. 그러나 유수는 후한을 세우느라 오랫동안 전쟁을 했으므로 그 자신뿐만 아니라 휘하의 병사들도 지칠 대로 지쳐 있었다. 게다가 이 두 곳을 완전히 정벌하는 일은 하루 이틀에 해결될 문제가 아니라 장기전에 돌입해야 한다는 부담감이 있었다. 그래서 그는 한편으로는 불편한 마음이 있지만 전쟁을 그만 멈추려 했다. 그의 마음을 알아차린 듯 중신들은 이렇게 건의했다.

"이 두 반란군은 끝까지 토벌해야만 합니다."

광무제는 중신들이 완전한 통일을 하기 원한다는 것을 알고 있지만 고개를 저으며 말했다.

"아니오. 이미 중원을 평정했으니, 이제 그들을 안중에 둘 필요는 없소."

그러고는 그동안 함께 동고동락한 병사와 장수들에게 각각 공에 따라 상을 내리고 고향으로 돌아가 쉬도록 했다. 그 뒤 외효가 죽자 그 아들은 광무제에게 항복했고, 그 여세를 몰아 촉 땅의 공손술도 토벌했다.

도원결의桃園結義

복숭아 **도** 동산 **원** 맺을 **결** 옳을 **의**

'복사꽃으로 둘러싸인 동산에서 의형제를 맹세한다'는 뜻으로, 뜻이 맞는 사람끼리 하나의 목적을 달성하기 위해 행동을 같이할 것을 약속한다는 말이다. 결의형제結義兄弟라고도 한다.

소설《삼국지연의三國志演義》의 첫머리를 장식하는 말이다.

한나라는 황건적의 난으로 골치를 앓고 있었다. 조정에서는 황건적을 토벌하려고 병사를 모집한다는 방을 마을 곳곳에 크게 써 붙였다.

유주幽州 탁현에 유비劉備라는 이가 살고 있었다. 그는 평소 세상에 나아가 큰일을 하고 싶었다. 그러던 참에 이 방을 보니 가슴이 뛰었다. 그러나 의욕만 꿈틀거릴 뿐 어떻게 해야 할지 그 방법을 몰라 한숨만 푹푹 내쉬고 있었다.

그때 한 건장한 남자가 유비 곁으로 다가왔다. 그는 바로 유비보다 한 살 어린 스물세 살의 장비張飛였다. 장비는 유비가 나아갈 바를 몰라 한숨만 쉬는 것을 보고 꾸짖었다. 유비는 장비의 마음이 자신과 일치함을 금방 알아보고 함께 가까운 주막으로 가서 나랏일을 걱정했다.

그때 범상치 않은 얼굴의 한 거한이 주막으로 들어왔다. 그가 바로 유비보다 다섯 살이나 많은 스물아홉 살의 관우關羽였다. 스물다섯이라는 설도 있다.

《삼국지연의》1회에 나온다.

"장비가 말했다. '우리 집 정원 뒤에 복숭아 동산이 하나 있는데, 꽃이 막 활짝 피어 있어, 내일 아침 동산에서 하늘과 땅의 제사를 지내고 우리 세 사람이 형제가 되기를 결의하고 힘을 합치고 마음을 함께한 연후에 대사를 도모하기로 하겠습니다'飛曰: '吾莊後有一桃園, 花開正盛; 明日當於園中祭告天地, 我三人結為兄弟, 協力同心, 然後可圖大事'."

세 사람은 시간 가는 줄도 모르고 세상 돌아가는 이야기를 하고, 자신들이 나라를 위해 무엇을 할 수 있을지 의논했다. 그러고는 서로 의기투합하여 장비의 집 후원에 있는 복숭아나무 아래에서 흑우黑牛와 백마白馬를 제물로 하여 의형제를 맺었다.

"생각하건대 유비 · 관우 · 장비가 비록 성은 다르지만, 이미 의를 맺어 형제가 되었으니 마음을 같이하고 힘을 합해 어려운 자를 구하고 위태로운 자를 구하며, 위로는 나라에 보답하고 아래로는 백성들을 편안하게 하기로 했습니다. 우리가 같은 해, 같은 달, 같은 날에 태어나지는 않았으나 다만 같은 해, 같은 달, 같은 날에 함께 죽기를 원하오니, 황천후토는 이 마음을 살펴서 의리를 배반하고 은혜를 잊거든 하늘과 사람이 함께 죽여주소서念劉備 · 關羽 · 張飛, 雖然異姓, 既結爲兄弟, 則同心協力, 救困扶危, 上報國家, 下安黎庶. 不求同年同月同日生, 只願同年同月同日死, 皇天后土, 實鑒此心, 背義忘恩, 天人共戮!"

이들은 그 뒤 삼국 통일의 위업을 완성할 때까지 친형제 이상의 관계를 유지하며 우정을 돈독히 했다.

한편 《삼국지연의》 81회에서 장비는 관우가 죽었다는 소식을 듣고 술에 취해 절치부심하여 "옛날에 세 사람이 도원결의했다昔三人桃園結義."라고 말했다.

도원경桃源境

―――― 복숭아 **도** 근원 **원** 지경 **경** ――――

'복숭아꽃 피는 아름다운 곳'이란 말로, '선경仙境 · 이상향理想鄕'이라는 뜻이다. 근심 걱정 없는 낙원을 뜻하고, 원말은 도화림桃花林이며, 무릉도원武陵桃源과 같은 말이다.

동진의 전원시인田園詩人 도연명陶淵明(본명은 잠潛)이 지은 〈도화원기桃花源記〉에 나오는 말이다.

"진晉나라 태원 때 무릉 사람이 고기 잡는 일을 업으로 삼았다. 개울을 따라 나아가다 뱃길의 멀고 가까운 것을 잊어버렸다. 갑자기 복숭아꽃 피는 아름다운 숲을 만났는데, 언덕을 끼고 수백 보였고, 중간에 잡목이 없었으며, 향기 나는 풀들이 아름다웠고, 떨어진 꽃들이 어지러이 흩날리고 있었다晉太元中, 武陵人捕魚爲業. 緣溪行, 忘路之遠近. 忽逢**桃花林**, 夾岸數百步, 中無雜樹, 芳草鮮美, 落英繽紛."

어부는 그 아름다움에 넋을 잃고 바라보다가, 문득 저편에는 무엇이 있을까 하는 궁금증이 생겼다. 그래서 조심조심 노를 저어 물길이 시작되는 근처까지 갔는데 커다란 산이 앞을 가로막았다. 그 산 밑으로 굴이 하나 뚫려 있고 희미한 빛이 새어 나왔다. 굴 입구는 어른 한 명이 겨우 들어갈 만한 크기였는데, 안으로 들어갈수록 조금씩 넓어지더니 사방이 확 트인 밝은 세상이 나타났다.

어부는 부신 눈을 비비고 주위를 둘러보았다. 끝없이 넓은 땅과 기름진 논밭과 집들이 즐비하게 늘어서 있고, 뽕나무와 대나무가 무성하게 자라 있었다. 마을에서는 닭 우는 소리와 개 짖는 소리가 들려오고, 그곳에 사는 사람들은 그동안 보지 못한 옷을 입었으며, 머리털이 노란 노인과 어린이가 모두 함빡 웃고 있었다.

두리번거리는 어부를 발견한 마을 사람들은 놀란 기색을 하며 어디에서 왔는지 물었다. 어부는 자신이 이곳까지 오게 된 과정을 상세하게 이야기했고, 사람들은 그를 어느 한 집으로 데리고 가서 술과 닭고기로 환대했다.

낯선 사람이 왔다는 소식을 들은 마을 사람들은 하나둘 어부가 있는 집으로 몰려들었다. 그들은 어부에게 물었다.

"선조들이 진秦나라 때 난리를 피해 처자식과 고을 사람들을 데리고 이 빼어난 경치에 오고 나서 다시 나간 적이 없습니다. 바깥세상 사람들과는 만나보지 못했는데, 묻건대 지금은 어떤 세상입니까先世避秦時亂, 率妻子邑人來此絕境, 不複出焉. 遂與外人間隔, 問今是何世?"

이곳 사람들은 한나라도 모를 뿐만 아니라 위魏와 진晉이 있었다는 것도 몰랐다. 어부가 이들에게 상세히 이야기해주자 모두 감회가 남다른 듯했다.

어부는 그곳에서 이 집 저 집의 초대를 받아 융숭한 대접을 받으며 나흘이나 닷새 동안 머물렀다. 아쉬운 작별을 할 즈음, 마을 사람들은 그에게 이렇게 당부했다.

"우리 마을 이야기는 다른 사람에게 하지 마십시오."

그러나 어부는 배를 매두었던 곳으로 와서 다시 강을 따라 집으로 돌아가면서 군데군데 알아볼 수 있게 표시를 해두었다.

집으로 돌아온 어부는 곧장 관가로 가서 자기가 겪은 일을 태수에게 보고했다. 태수는 흥미를 느껴 사람을 보내 그곳을 안내하도록 했다. 그러나 아무리 찾아도 어부가 돌아오면서 표시해둔 것이 보이지 않고, 전에 갔던 길도 찾을 수가 없었다.

당시 남양의 유자기劉子驥라는 사람이 이 이야기를 듣고 그곳으로 가고 싶어 했으나, 끝내 뜻을 이루지 못한 채 병들어 죽었다. 그 뒤로는 그곳을 찾으려는 이가 없었다.

성당盛唐(사당四唐의 둘째 시기로 현종 개원開元 원년인 713년에서 숙종肅宗의 상원上元 2년인 761년에 이르는 48년간)의 왕유王維는 〈도원행桃源行〉이란 시에서 이렇게 썼다.

"봄이 오니 온통 복숭아 꽃물이라, 신선의 샘물을 판별하지 못해 어느 곳으로 찾아가야 하나春來遍是桃花水, 不辨仙源何處尋."

도주의돈부陶朱猗頓富

질그릇 **도** 붉을 **주** 아름다울 **의** 조아릴 **돈** 부유할 **부**

'도주공陶朱公과 의돈猗頓의 부유함'이라는 말로, 대단한 부호를 뜻한다. 도주지부陶朱之富, 의돈지부猗頓之富라고도 한다.

증선지曾先之가 편찬한《십팔사략十八史略》에 나오는 말이다.

월나라가 오나라를 멸망시키자 범려范蠡는 월나라를 떠났다. 그가 천하의 절반을 주겠다는 구천의 말을 뒤로한 채 떠나면서 대부 문종에게 쓴 편지에서 한 말은 이러했다.

"나는 새가 다 잡히면 좋은 활은 감추어지고, 교활한 토끼가 모두 잡히면 사냥개는 삶아지는 법이오. 월나라 왕 구천이라는 사람은 목이 길고 입은 새처럼 뾰쪽하니, 어려움은 함께할 수 있어도 즐거움은 같이할 수 없소. 그대는 어찌하여 월나라를 떠나지 않는 것이오蜚鳥盡, 良弓藏, 狡兎死, 走狗烹. 越王爲人長頸鳥喙, 可與共患難, 不可與共樂. 子何不去?"(《사기史記》〈월왕구천세가越王句踐世家〉)

생사의 갈림길에 서 있는 약육강식의 시대에 신하는 간언해야 했고 군주는 들어야 했다. 이것이 통하지 않으면 군신 관계는 소멸할 수밖에 없었다. 범려는 이미 월나라의 몰락을 보고 있었다.

범려는 수중에 재물과 주옥을 감추고 가족과 가신들과 함께 배를 타고 강과 호수를 건너 바다로 나가 제나라로 갔다. 그러고는 이름을 치이자피鴟夷子皮로 바꾸고 살았다. 그는 아들과 함께 재산을 모았는데, 그 재산이 수천만 금이나 되었다. 제나라 사람들은 그가 현명하다는 말을 듣고 재상으로 임명했다. 제나라는 굉장히 보수적인 나라로 남방 오나라에서 건너온 사람들이 대체로 별 볼일 없다고 생각했는데, 범려의 출중함을 높이 사고 재상으로 삼은 것이다.

그런데 범려는 생각이 달랐다. 그는 한탄하며 말했다.

"집에 천금을 모았고, 관직은 경상에 이르렀구나. 이것은 평민으로서는 최고의 출세다. 그러나 오랫동안 존경을 받는 것은 불길한 일이다居家則致

千金, 居官則至卿相. 此布衣之極也. 久受尊名, 不祥."

그러고는 재상의 인印을 반환하고, 자기 재산을 모두 나누어주고는 중요한 보물만을 가슴에 안고 길을 떠났다. 며칠을 가다가 도陶라는 곳에서 걸음을 멈추고, 자칭 도주공이라고 하며 아주 많은 재산을 모았다.

노나라 사람 의돈이 범려를 찾아가 재산 늘리는 방법을 묻자 이렇게 대답했다.

"암소 다섯 마리를 기르십시오."

그래서 그는 의씨猗氏라는 곳에서 소와 양을 대규모로 사육했다. 그도 10년 사이에 왕공王公이 될 만한 재산을 모았다.

도청도설道聽塗說

길 도 들을 청 진흙 도 말씀 설

'길에서 듣고 길에서 말한다'는 뜻으로, 말만 많고 생각이 깊지 않은 사람의 말, 즉 길거리의 뜬소문을 일컫는다. 가담항설街談巷說, 유언비어流言蜚語와 같은 말이다.

이와 관련된 이야기는 여러 문헌에 보인다.

우선《논어論語》〈양화陽貨〉 편에서 공자는 이렇게 말했다.

"길에서 듣고 나서 [그것들을] 길에서 말하는 것은 덕을 해치는 것이다**道聽**而**塗說**, 德之棄也."

길에서 듣고 길에서 말한다는 것은 어떤 사람에게 말을 들었을 때 반드시 그 말을 잘 이해하여 섭취할 만한 것은 마음 깊이 새기고 반성할 것은 반성하여 자아를 발전시키는 데 도움이 되도록 하면 자기 덕을 밝히는 자료가 되지만, 건성으로 듣고 다른 사람에게 생각 없이 말해버리는 것은 덕을 버리는 것과 같다는 말이다.

공자는 제자들에게 학문하는 목적은 선현들의 지식만 전수받기 위해서가 아니라, 이론 못지않게 실천이 중요하다고 강조했다. 즉, 배움의 길은 이론과 행동이 병행될 때 좋은 성과를 기대할 수 있다는 말이다.

또한《순자荀子》〈권학勸學〉 편에는 이런 말이 보인다.

"소인의 학문은 귀로 듣고 입으로 흘러나와 마음속에 담아두지 않는다. [학문이] 오직 귀부터 입까지의 길이인 네 치만을 지날 뿐이니 어찌 일곱 자나 되는 몸을 훌륭하게 할 수 있겠는가. 옛날 학문을 한 사람은 자기 자신을 닦으려고 힘썼지만, 지금 학문을 하는 사람은 남의 이목 때문에 공부한다. 군자의 학문은 자기 자신을 아름답게 하지만 소인의 학문은 사람을 망가뜨린다小人之學也, 入乎耳出乎口. 口耳之間則四寸耳, 曷足以美七尺之軀哉. 古之學者爲己, 今之學者爲人. 君子之學也, 以美其身, 小人之學也, 以爲禽犢."

순자는 소인의 학문과 군자의 학문의 차이를 비교하여 말하고 있다. 군자는 학문을 하면서 자신을 가꾸려고 한 마디 한 마디 정성 들여 듣고 가슴 깊이 새기지만, 소인은 귀로 듣고 입으로 내뱉어 자신을 닦을 시간이 없다는 말이다.

《한서漢書》〈예문지藝文志〉에도 이 말이 나오는데, 소설의 기원을 설명하면서 "소설가란 부류는 대개 패관에서 나왔다. 골목의 말과 길에서 듣고 길에서 말하는 자들이 지어낸 것이다小說家者流, 蓋出於稗官, 街談巷語, **道聽途說**者之所造也."라고 했다.

도탄지고塗炭之苦

—— 진흙 **도** 숯 **탄** 어조사 **지** 괴로울 **고** ——

'진흙과 숯의 고통'이라는 말로, 군주의 포학한 정치로 인해 백성이 아비규환阿鼻叫喚의 고통을 당하는 것을 가리킨다. 민추도탄民墜塗炭이 원말이며, '도탄塗炭'이라고 줄여 쓰기도 한다.

이 말과 관련 있는 이야기는《서경書經》〈탕서湯誓〉편에서 볼 수 있다.

고대 중국에서 군주가 갖추어야 할 도를 잃고 포학한 정치만을 일삼은 이로는 하夏나라 걸왕桀王과 은나라 주왕이 대표적이다.

걸왕은 요염한 자태를 뽐내던 미녀 말희妺喜를 총애하며 음란한 생활에 빠져서 주지육림을 만들고 향략을 일삼았으며, 백성들에게는 포악한 정치를 했다.

탕왕의 신하 중훼仲虺가 걸왕을 가리켜 이런 말을 했다.

"하나라에는 덕을 어둡게 하는 자가 있어 백성이 도탄에 빠졌습니다有夏昏德, 民墜塗炭."

결국 백성의 질고를 가슴 아파한 은나라 탕왕은 걸왕을 무너뜨리기로 결심하고는, 병사를 일으키면서 백성들 앞에서 이렇게 말했다.

"내가 군사를 일으키는 게 아니라 하나라의 죄가 너무 커서 하늘이 공격하도록 하신 것이다."

탕왕은 명조산鳴條山에서 걸왕을 무찌른 다음, 고향으로 돌아와 제후들을 모아놓고 말했다.

"걸왕은 덕을 멀리하고 포학한 행위만을 하여 백성에게 가혹한 정치를 했다. 이 세상 백성은 모두 걸왕의 해악을 입어 고통을 이기지 못하고 있으니, 그 무고한 고통을 사방에 알린다. 하늘의 이치는 선한 데 복을 주고 음란한 데는 화를 준다. 하늘이 걸왕에게 재앙을 내림으로써 그 죄를 밝혔다."

도행폭시倒行暴施

넘어질 **도** 다닐 **행** 사나울 **폭** 베풀 **시**

'반대로 행동하고 모질고 조급하게 시행한다'는 말로, 도리에 맞지 않는 일을 서둘러 하는 것, 즉 일반 규범에 어긋나거나 사리에 위배되더라도 그것을 처리해나간다는 뜻이다.

《사기史記》〈평진후주보열전平津侯主父列傳〉에 나오는 말이다.

주보언主父偃이라는 이가 있었다. 그는 제나라 임치 사람으로 처음에는 전국시대의 합종과 연횡술을 배웠으나 만년에는 《주역周易》과 《춘추春秋》 그리고 제자백가의 학설을 배웠다. 제나라의 여러 유생과 교류했으나 그를 두텁게 예우하는 이가 없었다. 제나라 유생들이 서로 짜고 그를 배척했으므로 제나라에서는 받아들여지지 못했다.

주보언은 집이 가난해서 남에게 돈을 빌리려 해도 빌려주는 사람이 없었다. 그는 북쪽으로 연 · 조 · 중산 지역을 돌아다녔지만 그 어느 곳에서도 그를 후대하는 이가 없어 나그네로 떠돌며 곤궁하게 지냈다.

이러한 주보언이 위 황후衛皇后를 존립한 일과 연나라 왕 유정국劉定國의 숨겨진 사생활을 들추어내는 데 공을 지대하게 세우니, 대신들 모두 그의 입을 두려워하여 뇌물을 보낸 것이 수천 금이나 되었다.

그러나 주보언은 주변의 비판 따위에는 아랑곳하지 않았다. 그는 대체로 이러한 사람이었다.

어떤 사람이 주보언에게 말했다.

"횡포가 너무 심합니다太橫矣."

주보언이 말했다.

"나는 젊어서부터 40년 넘게 떠돌며 배웠으나 뜻을 이루지 못했습니다. 부모님은 자식으로 여기지 않았고, 형제들은 거두어주지 않았으며, 빈객들은 나를 버렸습니다. 나는 오랫동안 곤궁하게 지내왔습니다. 대장부가 살아서 오정식五鼎食(고대 제후들이 연회 때 다섯 솥에 소 · 돼지 · 닭 · 사슴 · 생선을 놓고 먹던 식사로 호사스러운 생활이나 고귀한 신분을 가리킨다)을 먹을 수 없다면 죽어서 오정에 삶아질 뿐입니다. 해는 저물고 갈 길이 멀기 때문에 반대로 행동하고 모질고 조급하게 시행하는 것입니다臣結髮游學四十餘年, 身不得遂. 親不以爲子, 昆弟不收, 賓客棄我. 我阸日久矣. 且丈夫生不五鼎食, 死即五鼎烹耳. 吾日暮途遠, 故**倒行暴施**之."

주보언은 다른 사람의 말에 귀를 기울이기보다는 자신의 비상식적이고 비합리적인 행동을 제 논에 물 대듯 해석하고 있다.

독서백편의자현讀書百遍義自見

—— 읽을 **독** 글 **서** 일백 **백** 두루 **편** 뜻 **의** 스스로 **자** 나타날 **현** ——

'글을 백 번 두루 읽으면 뜻이 저절로 나타난다'는 말로, 열심히 학문을 연마하다 보면 뜻하는 바가 저절로 이루어진다는 뜻이다.

《삼국지三國志》〈위지魏志 · 왕숙전王肅傳〉에 이런 내용이 있다.

후한 헌제 때 동우董遇라는 학자가 있었다. 그는 학문에 심취하여 어느 곳을 가든 늘 책을 곁에 끼고 다니면서 공부를 했다. 이러한 그의 행동은 어느새 헌제의 귀에까지 전해졌다. 헌제도 학문에 많은 관심을 기울이고 있었으므로 동우의 학자다운 면모에 반하여 그를 황문시랑으로 임명하고 경서經書를 가르치게 했다.

동우의 명성이 서서히 알려지면서, 세간에는 그의 밑으로 들어가 제자가 되기를 열망하는 사람이 많아졌다. 그러나 동우는 제자가 되기를 원한다고 해서 아무나 제자로 받아들이지는 않았다. 글을 읽으며 옛사람을 벗 삼았던讀書尙友 그는 언제나 이렇게 말했다.

"반드시 마땅히 먼저 책을 백 번 읽어라. 백 번 읽으면 그 뜻이 저절로 나타나게 된다必當先讀百遍, 言讀書百遍而義自見."

그렇지만 어떤 이는 동우의 말을 이해하면서도 볼멘소리를 했다.

"책을 백 번이나 읽을 만한 여유가 없습니다."

그러자 동우가 말했다.

"책을 읽을 때는 세 가지 여분讀書三餘을 갖고 해라."

"세 가지 여분이 무엇입니까?"

"겨울은 한 해의 여분이고, 밤은 하루의 여분이며, 비 오는 때는 한때의 여분이다冬者歲之餘, 夜者日之餘, 陰雨者時之餘也."(《위략魏略》〈유종전儒宗傳 · 동우董遇〉)

남송의 주자는 어린이들이 반드시 알아야 할 것을 가르친 책《동몽수지童蒙須知》에 '독서삼도讀書三到(심도心到 · 안도眼到 · 구도口到)'라는 말을 남겼다.

독안룡獨眼龍

—— 홀로독 눈안 용룡 ——

'애꾸눈의 용'이라는 뜻으로, 일반인과는 달리 애꾸눈으로 큰 용맹을 떨쳤거나 공을 세운 사람을 일컬을 때 쓴다.

《자치통감資治通鑑》 당나라 희종僖宗 중화中和 3년에 나오는 말로 다음과 같이 기록되어 있다.

"이극용은 당시 28세로 여러 장수 중에 가장 나이가 어렸지만 황소黃巢를 쳐부수고, 장안을 회복하는 데 공이 으뜸이었다. 병사의 세력이 가장 강하여 여러 장수가 모두 그를 두려워했다. 이극용은 한쪽 눈이 없었으므로 당시 사람들은 그를 '독안룡'이라 했다克用時年二十八, 於諸將最少而破黃巢, 復長安, 功第一. 兵勢最強, 諸將皆畏之. 克用一目微, 時人謂之**獨眼龍**."

위 내용의 근거를 《당서唐書》 〈이극용전李克用傳〉에서 찾아보면 다음과 같이 나온다.

당나라 18대 황제 희종僖宗이 나라를 다스리던 때에 황소의 난이 일어났다. 황소는 홍수와 가뭄 같은 천재로 인해 농사를 망친 백성을 이끌고 난을 일으켜 장안을 함락했다. 그러고는 자칭 제제齊帝라고 하며, 국호를 대제국大齊國이라고 했다.

희종은 이 난을 피해 성도로 갔다. 희종은 그곳에서 돌궐突厥 출신의 맹장 이극용李克用에게 황소를 토벌하라고 명했다. 젊을 때부터 용맹스러웠던 이극용은 병사 4만여 명을 직접 지휘하여 맹렬히 싸웠다. 이때 이극용의 병사들은 한결같이 검은 옷을 입었으므로 사람들은 이들을 '갈가마귀 군사(鴉軍)'라고 했으며, 이극용을 이아아李鴉兒라고 불렀다. 이극용을 비롯한 그의 병사들은 무용도 대단해서 반란군들은 이들을 보기만 해도 두려워 벌벌 떨었다.

그 이듬해 소종昭宗이 즉위하고야 반란군이 모두 토벌되었다. 이극용은 그 공으로 농서의 군왕郡王으로 책봉되었다. 그 당시 사람들은 당나라가 존재했을 때나 멸망했을 때나 변하지 않고 당나라 조정에 충성을 다하며 자기 절개를 지킨 이극용을 높이 평가했다. 이극용이 높은 자리에 오르자, 그가 애꾸눈이므로 '독안룡'이라고 일컫기도 했다.

그러나 이극용은 같은 시기에 동평군왕東平郡王으로 임명된 주전충朱全忠과의 권력 다툼에서 패하여 실의에 차 있다가 세상을 떠나고 말았다. 주전충은 본래 반란군에 가담했던 인물로 나중에 귀순해서 반란군 토벌에 참가하여 공을 세웠다. 그는 나라의 실권을 쥐자 애종哀宗을 폐하고 스스로 임금 자리에 올라 후량後梁을 세웠다.

이로부터 16년이 지난 뒤, 이극용의 아들 이존욱李存勗이 후량을 멸망시키고 후당後唐을 세웠다.

돈견豚犬

—— 돼지 돈 개 견 ——

'돼지와 개'라는 말로, 어리석은 것 또는 불초不肖한 자식을 비유하며 자식의 겸칭으로도 쓰인다.

《십팔사략十八史略》〈동한東漢〉에 나오는 말이다.

오나라의 수군도독水軍都督으로 있는 주유周瑜의 휘하에 무장武將 황개黃蓋라는 이가 있었다. 황개는 엄하고 강인한 모습이었지만 병사들을 보살피는 데 탁월했으므로, 전쟁을 할 때마다 병사들은 모두 앞에 서려고 다투었다.

건안建安 연간에 황개는 주유를 수행하여 적벽赤壁에서 조조와 싸우게 되었다. 이 싸움은 군사적으로는 손권과 조조의 결전이나 정치적으로는 유비와 조조의 결전이기도 했다. 당시 조조의 병사들은 이미 질병에 걸려 있었으므로 처음 한 차례 싸움에서 패하여 장강 북쪽에 주둔했다. 주유와 황개는 남쪽 해안가에 있었다.

황개가 말했다.

"조조 군대는 지금 전함을 진격시켜 고물과 이물이 서로 이어져 있으므로 불을 질러 달아나게 할 수 있습니다."

이에 몽충蒙衝과 투함鬪艦 열 척에 마른풀과 마른나무를 싣고 그 안에 기름을 붓고서는 휘장을 씌웠다. 그러고 나서 위에 깃발을 세워 재빨리 나아갈 수 있는 작은 배를 준비하여 그 뒤쪽에 매었다. 황개는 먼저 조조에게 편지를 보내 거짓으로 항복하려 했다. 동남풍이 거세게 불자 황개는 배 열 척을 맨 앞에 두고 강 중앙에서 돛을 세웠고 나머지 배는 그 뒤에서 함께 나아갔다. 조조의 군대가 말했다.

"황개가 항복한다."

조조의 군대로부터 2리쯤 떨어진 곳까지 오자 황개는 동시에 불을 놓았다. 불이 타오르자 바람이 강하여 배는 마치 화살처럼 나아가 조조 군의 배를 모두 불태웠다. 연기는 하늘을 가득 메웠으며, 수많은 병사와 말이 물에 빠지거나 불타 죽었다. 주유 등은 정예병을 인솔하여 우레같이 북을 치며 진격했고, 조조 군은 대패했다. 조조는 달아난 다음에도 자주 손권을 치려고 했지만 뜻을 이루지 못했다. 조조는 탄식하며 말했다.

"아들을 낳으면 마땅히 손중모孫仲謀(손권) 같아야 한다. 유경승劉景升(유표劉表)의 아들[유종劉琮]은 돈견에 지나지 않았을 뿐이다生子當如孫仲謀, 劉景升兒子若豚犬耳!"

이처럼 손권은 조조도 탐낸 인물이다. 천하의 영웅 조조도 손권만은 함부로 대하지 않았다. 오나라 3대 제왕인 손권은 부형의 가업을 계승하고 열아홉 살에 국가 경영에 참여하며 주위에 주유와 장소 등 원로들의 보좌를 받았고, 신구 갈등을 최소화하면서 208년 적벽싸움에서 유비와 동맹을 맺고 조조의 남진을 좌절시키는 등 탁월한 정치력과 외교력을 보인 당대의 영웅이었다.

돈제일주豚蹄一酒

—— 돼지 **돈** 발굽 **제** 한 **일** 술 **주** ——

'돼지 발굽에 술 한 잔'이라는 말로, 적은 것으로 많은 것을 구하려고 하거나 작은 것으로 지나치게 큰 것을 얻으려고 함을 비유한다. 원말은 돈제주일豚蹄酒一이다.

기지와 해학이 넘치고 반어법과 풍자미가 뛰어난 《사기史記》〈골계열전滑稽列傳〉에 나오는 말이다

위왕魏王 8년에 초나라가 군사를 크게 일으켜 제나라로 쳐들어왔다. 제나라 왕은 순우곤淳于髡에게 황금 100근, 사두마차 열 대를 예물로 가지고 조나라로 가서 구원병을 청하게 했다. 그러자 순우곤이 하늘을 우러러보며 크게 웃으니 갓끈이 죄다 끊어졌다.

왕이 물었다.

"선생은 이것을 적다고 생각하시오先生少之乎?"

"어찌 감히 그렇다고 하겠습니까何敢?"

"웃는 데는 그만한 까닭이 있을 게 아니오笑豈有說乎?"

순우곤이 말했다.

"지금 저는 동쪽에서 오는 길에 길가에서 풍작을 비는 사람을 보았는데, 돼지 발굽 하나와 술 한 잔을 손에 들고 이렇게 빌고 있었습니다. '높은 밭에서는 광주리에 넘치고, 낮은 밭에서는 수레에 가득 차도록 오곡이 풍성하게 익어 우리 집에 넘쳐나게 해주십시오.' 저는 그가 손에 들고 있는 것은 그처럼 적으면서 원하는 바는 그처럼 많은 것을 보았기 때문에 [그걸 생각하고] 웃었습니다今者臣從東方來, 見道傍有禳田者, 操一**豚蹄**, **酒**一盂, 祝曰: '甌窶滿篝, 汙邪滿車, 五穀蕃熟, 穰穰滿家.' 臣見其所持者狹而所欲者奢, 故笑之."

위왕은 황금 1000일鎰, 백벽白璧 열 쌍, 사두마차 100대로 예물을 늘려 보냈다. 순우곤은 작별 인사를 하고 출발하여 조나라에 이르렀다. 조나라 왕은 그에게 정예 병사 10만 명과 전차 1000대를 내주었다. 초나라는 이 소식을 듣고 밤중에 병사를 이끌고 돌아갔다.

동가식서가숙東家食西家宿

동녘 동 집 가 먹을 식 서녘 서 집 가 잠잘 숙

'동쪽 집에서 먹고 서쪽 집에서 잔다'는 뜻이다. 본래는 욕심이 지나친 경우를 가리키는 말이었으나, 오늘날에는 한곳에 정착하지 못하고 이곳저곳으로 떠돌아다니는 삶을 비유한다.

송나라 초기 태종太宗의 칙명을 받아 이방李昉 등이 편찬한《태평어람太平禦覽》에 나오는 말이다.

옛날 제나라에 혼기가 찬 처녀가 살고 있었다. 그녀에게 동쪽에 사는 집과 서쪽에 사는 집에서 동시에 청혼이 들어왔다.

그런데 동쪽 집 아들은 볼 수 없을 정도로 추남인 반면 생활은 매우 윤택했고, 서쪽 집 아들은 빼어난 외모를 지녔지만 가난했다. 이 처녀의 부모는 어느 집으로 딸을 시집보내는 게 잘하는 일인지 확신이 서지 않았다. 그래서 곰곰이 생각한 끝에 당사자인 딸의 생각에 따르기로 하고 물었다.

"이 두 집 중 어느 곳으로 시집가고 싶으냐? 만일 동쪽 집으로 시집가고 싶으면 왼쪽 어깨 옷을 내리고, 서쪽 집으로 시집가고 싶으면 오른쪽 어깨 옷을 내리거라."

딸도 쉽게 어느 한쪽을 결정하지 못했다. 그녀는 잠시 골똘히 생각하더니 갑자기 양쪽 어깨 옷을 모두 내렸다. 부모는 딸의 행동에 깜짝 놀라 그 까닭을 물었더니 이렇게 대답했다.

"[낮에는] 동쪽 집에서 먹고 싶고, [밤에는] 서쪽 집에서 자고 싶어요欲東家食, 西家宿."

동곽리東郭履

——— 동녘 동 성곽 곽 신 리 ———

'동곽의 신발'이라는 말로, 매우 가난함을 비유한다. 원말은 이행설중履行雪中이다.

《사기史記》〈골계열전滑稽列傳〉에 나오는 말이다.

무제 때 대장군 위청衛青은 위 황후의 오빠로 장평후長平侯에 봉해졌다. 그는 종군하여 흉노를 무찌르고 여오수餘吾水 부근까지 갔다가 돌아왔다. 적의 머리를 베고 포로를 잡아 공을 세웠으므로 그가 돌아오자 조서를 내려 황금 1000근을 주었다. 위청 장군이 궁궐 문을 나서자, 공거公車(조정의 공문과 신하나 백성의 상소문을 처리하는 부서)에서 조서를 기다리고 있던 제나라의 동곽東郭 선생이 위청 장군의 수레를 가로막고는 절을 한 다음 이렇게 말했다.

"왕 부인께서 새로 황상의 총애를 받고 있습니다만, 그녀의 집이 가난합니다. 지금 장군께서 황금 1000근을 받았으니, 부디 왕 부인의 부모님께 그 절반을 주십시오. 황제께서 이 일을 들으면 반드시 기뻐할 것입니다. 이는 매우 기이한 것으로 실행하기도 편리한 계책입니다王夫人新得幸於上, 家貧. 今將軍得金千斤, 誠以其半賜王夫人之親. 人主聞之必喜. 此所謂奇策便計也."

위청 장군은 고마워하며 왕 부인의 부모님께 황금 500근을 선물했다. 왕 부인이 이 사실을 무제에게 전하자 무제가 말했다.

"대장군은 이런 일을 할 줄 모른다大將軍不知爲此."

그러고는 대장군에게 물었다.

"이런 계책을 누구한테 받았는가?"

"조서를 기다리고 있는 동곽 선생에게 받았습니다受之待詔者東郭先生."

황제는 조서를 내려 동곽 선생을 불러 군도위郡都尉(군의 태수를 도와 병사 문제를 관장하는 벼슬)로 임명했다.

동곽 선생은 오랫동안 공거에서 조서를 기다리고 있었으므로 빈곤하여 굶주리고 추위에 떨었으며, 옷은 해지고 신발도 온전치 못해서 눈 속을 걸어가면 신발 위만 있고 바닥은 없어서 발이 그대로 땅에 닿았다. 길 가던 사람들이 그를 보고 웃자, 동곽 선생은 이렇게 말했다.

"누군가 신을 신고 눈 속을 걸어가는데, 사람들이 볼 때 그 위는 신발이지만 그 신발 아래는 사람의 발처럼 보이게 할 수 있는 사람이 있소誰能履行雪中, 令人視之, 其上履也, 其履下處乃似人足者乎?"

'동곽리'는 집안 형편이 매우 어려운 동곽 선생의 신이 닳고 닳아 신의 위쪽만 있고 밑면은 없어 발이 그대로 땅에 닿았다는 데서 나온 말이다.

동병상련同病相憐

―――― 한 가지 **동** 질병 **병** 서로 **상** 불쌍히 여길 **련** ――――

'같은 병을 가진 사람들끼리 서로 동정한다'는 말로, 처지가 같은 사람들끼리 서로 불쌍히 여긴다는 뜻이다. 동기상구同氣相求, 동주상구同舟相救, 동성상응同聲相應과 같다.

《오월춘추吳越春秋》〈합려내전闔閭內傳〉에 나오는 말이다.

오자서伍子胥는 원래 초나라 사람으로, 아버지 오사伍奢와 형 오상伍尙이 간신 비무기費無忌의 모함으로 죽자 오나라로 망명했다.

이때 피리被離라는 관상쟁이가 거리를 떠도는 오자서가 큰 인재임을 알아보고는 공자 광光(오왕 합려)에게 추천했다. 광은 오자서의 도움으로 오나라 왕이 되었고, 오자서는 초나라에 원수를 갚게 되었다.

얼마 뒤 백비伯嚭라는 이가 오자서를 찾아왔다. 그도 오자서처럼 아버지를 간신배들에게 억울하게 잃었다. 오자서는 지난날 자기 처지와 비슷하므로 그를 왕에게 추천하여 대부 자리에 오르게 했다. 그러자 피리는 사람을 한 번 보고 믿는 경솔함을 탓하며 말했다.

"내가 보건대 백비의 사람됨이 눈매는 마치 매 같고 걸음걸이는 호랑이 같소. 이는 사람을 죽일 나쁜 관상인데, 당신은 왜 이런 인물을 추천하시오吾觀嚭之爲人, 鷹視虎步. 專功擅殺之性, 不可親也?"

이에 오자서가 대답했다.

"나의 원망은 백비와 같지요. 그대는 하상가를 듣지 못했나요? '같은 병을 가진 사람들끼리 서로 동정하고, 같은 근심은 서로 구원하네. 놀라서 날아오르는 새는 서로 따라서 날고, 여울 아래 물은 이어져 다시 함께 흐르네'吾之怨與嚭同. 子不聞河上歌乎? '**同病相憐**, 同憂相救. 驚翔之鳥, 相隨而飛, 瀨下之水, 因復俱流.'"

이것은 유명한 〈하상가河上歌〉다. 오자서는 백비에게 동병상련의 정을 느꼈으나, 백비는 피리의 예견대로 오자서를 배신하여 끝내 죽음에 이르게 했다.

동산고와東山高臥

— 동녘 동 뫼 산 높을 고 누울 와 —

'동산 높은 곳에 누워 있다'는 말로, 동산에 숨어서 자유롭게 사는 것을 비유한다. '동산'은 저장성 임안臨安 서쪽에 있는 산 이름이고, '고와'란 세상을 피해 산속에 숨어 평화롭게 사는 것을 말한다. 비슷한 말로 유유자적悠悠自適이 있다.

《진서晉書》〈사안전謝安傳〉에 나오는 말이다.

진나라의 사안謝安은 허난성 진군陳郡 양하陽夏 태생으로 젊었을 때부터 재능과 식견이 뛰어나 조정에서 불렀으나 매번 사양하고 세속적인 권력이나 부귀를 등지고 동산東山으로 들어가 은둔지사가 되었다. 그의 동산 생활은 자연 그대로의 삶이었다. 그러나 조정에서는 사안의 인물됨을 익히 알고 있던 터라 여러 차례 사람을 보내 다시 조정으로 돌아와달라고 청했다. 그러나 사안은 그때마다 자신이 있을 곳은 조정이 아니라 바로 이 동산이라며 응하지 않았다.

그러다가 사안은 나이 마흔에 이르러 환선무桓宣武(환온)의 사마司馬가 되었다. 그러나 환온이 제위를 넘보자 이를 저지하고, 그 때문에 잠시 관직에서 물러났다. 사안이 동산으로 돌아가기 위해 당시 진나라의 수도인 신정新亭을 출발하려고 하자, 조정의 관리들이 모두 전송을 나왔다. 그 자리에서 당시 중승中丞으로 있던 고령高靈이 특별히 송별연을 열어주며 이러한 농담을 했다.

"당신은 조정의 뜻을 받아들이지 않고 동산 높은 곳에 누워 있었소. 이때 사람들은 '매번 서로 안석이 [세상으로] 나올 수 없다면 앞으로 백성은 어찌하리.'라고 했소卿屢違朝旨, **高臥東山**. 諸人每相與言: '安石不肯出, 將如蒼生何'."

사안은 이 말을 듣고 나서 부끄러워 할 말이 없었다. 그는 마침내 산에서 나와 정치에 참여하여 진나라 효무제孝武帝 때는 재상에 임명되었다.

동취銅臭

구리 **동** 냄새날 **취**

'구리 냄새, 즉 동전 냄새'라는 말로, 뇌물을 써서 관직을 얻는 사람이나 재물을 탐하는 사람을 가리킨다.

《후한서後漢書》〈최열전崔烈傳〉에 나오는 말이다.

영제靈帝 때는 홍도문鴻都門을 열어 관직과 작위를 입찰을 통해 매매했다. 당시 최열崔烈이라는 이가 사도司徒라는 관직을 돈으로 산 뒤 아들 균鈞에게 이렇게 물었다.

"내가 삼공의 자리에 있게 되었는데, 논자들은 이 점을 어떻게 평가하고 있느냐?"

균이 말했다.

"아버님께서는 젊어서는 영민하다는 평가를 받았고, 대신과 태수를 지냈습니다. 사람들은 아버님이 삼공이 되는 게 당연하다고 말했습니다. 그러나 이번에 아버님께서 그 지위에 오르자 온 세상이 실망했습니다."

최열이 물었다.

"어째서 그러냐?"

균이 말했다.

"논자들은 그 동전 냄새를 싫어합니다論者嫌其**銅臭**."

이 말을 듣고 화가 난 최열은 몽둥이를 들어 아들을 때렸다.

동취동사同取同舍

——— 같을 **동** 취할 **취** 같을 **동** 집 **사** ———

'같이 취하고 같이 산다'는 말로, 군주가 신하의 농간에 좌지우지되는 것을 뜻하며 부화뇌동附和雷同과 같은 말이다.

《한비자韓非子》〈설림 상說林上〉 편에 "광자동주축자동주狂者東走逐者東走"란 말이 나오는데, '미치광이가 동쪽으로 달려가면 뒤쫓는 자도 동쪽으로 달려간다'는 뜻이다. 한비는 이런 비유를 들었다.

노단魯丹이 중산의 군왕에게 세 차례나 유세했지만 받아들여지지 않았다. 그래서 그는 금 50근을 풀어 왕의 주위 사람들을 구워삶았다. 노단이 다시 군왕을 만났을 때 미처 말도 하지 않았으나 군왕은 그에게 음식을 베풀어주었다. 노단은 궁궐을 나와 숙소로 돌아가지 않고 그대로 중산을 떠났다.

그의 수레를 모는 사람이 말했다.

"다시 알현해보니 비로소 우리를 잘 대해주었는데, 무슨 까닭으로 떠나십니까?"

노단이 말했다.

"무릇 다른 사람의 말을 듣고 나를 잘 대해주었으니, 반드시 다른 사람의 말에 따라 나에게 죄를 줄 것이다夫以人言善我, 必以人言罪我."

그가 국경을 미처 빠져나가지도 않았는데 공자가 그를 헐뜯어 말했다.

"노단은 조나라를 위해 중산국에 간첩으로 온 것입니다."

군왕은 그 말을 듣더니 노단을 붙잡아 벌을 주었다.

이런 비유는 군주가 줏대 없이 주변 신하들의 농간에 좌지우지되기 쉽다는 점을 말해준다. 어리석은 군주는 인재를 알아보지 못하고, 주위 간신들의 말만 듣고 인재를 괴롭히고 심지어 목숨마저 앗아간다. 올바른 법도가 없이 그저 순간적인 감정에 따르기 때문이다.

한비는 《한비자》〈간겁시신姦劫弑臣〉 편에서 '간신'의 개념을 규정했는데, 군주의 비위를 맞추어 신임과 총애를 받고 유리한 위치에 자리하려는 자로서 군주가 어떤 것을 좋아하면 그것을 극찬하고, 군주가 어떤 것을 싫어하면 곧 부화뇌동하여 그것을 내치는 자들이라고 했다.

유유상종類類相從이란 말이 있듯, 사람이란 서로 뜻이 맞으면 맞장구를 치고, 생각이 다르면 잘못되었다고 서로 배척한다. 그래서 한비는 신하가 좋아하는 것을 군주도 덩달아 좋다고 하는 것을 동취同取라 하며, 또 신하가 비난하는 것을 군주도 비난하는 것을 마치 한집에 사는 것처럼 한다고 하여 동사同舍라고 했다. 조직의 리더라면 부화뇌동해서는 안 되겠지만, 분위기를 어느 일방적인 방향으로 몰아가려는 자들을 가려내는 혜안도 필요하다.

동호지필董狐之筆

——— 감독할 **동** 여우 **호** 어조사 **지** 붓 **필** ———

'동호의 붓'이라는 말로, 기록을 맡은 이가 권세를 두려워하지 않고 역사를 사실 그대로 쓰는 것을 뜻한다. 동호직필董狐直筆과 같다.

《춘추좌씨전春秋左氏傳》 선공 2년조에 나오는 말이다.

춘추시대 진晉나라의 영공靈公은 세금을 과중하게 거두고 방탕한 생활을 하는 것으로 유명했다. 한번은 요리사가 곰 발바닥을 잘못 삶았다고 그를 죽여 시체를 여관女官들이 짊어지게 했다. 이를 보고 당시 경卿으로 있던 조돈趙盾이 거듭 간언을 했다. 그러나 영공은 자기 잘못을 고치기는커녕 도리어 자객을 시켜 그를 죽이려 했다.

자객이 조돈의 집에 잠입했는데, 조돈은 이미 예복을 입고 궁궐로 들어갈 준비를 하고 있었다. 자객은 조돈의 진지함에 감명을 받아 죽일 생각조차 하지 못하고 스스로 목숨을 끊었다.

영공은 이번에는 병사들을 매복시킨 술자리를 틈타 조돈을 죽이려 했다. 그러나 호위하던 병사 가운데 어떤 이가 그 음모를 미리 알고 조돈을 이끌고 도망쳤다. 영공은 개를 풀어 뒤쫓게 했다. 그러자 무기를 들고 있던 다른 병사들도 조돈이 달아나도록 도와주었다.

조돈은 국경의 산을 넘으려다 조천趙穿이라는 이가 영공을 도원桃園에서 죽였다는 말을 듣고는 기뻐하며 되돌아왔다.

그런데 태사太史(사관)로 있던 동호董狐가 이렇게 썼다.

"조돈이 임금을 죽였다趙盾殺其君."

그러자 그것이 잘못되었다고 말하는 이가 많았으며, 조돈도 자신의 무고함을 주장했다. 이때 동호가 말했다.

"그대는 정경입니다. 도망갔으나 조나라의 국경을 넘지 않았습니다. 돌아와서는 적을 토벌하지 않았습니다. 그대가 아니면 누구입니까子爲正卿, 亡不越竟, 反不討賊, 非子而誰?"

조돈은 동호의 말대로 자기가 직무를 다하지 못했음을 인정하고 죄를 시인했다.

훗날 공자는 이 일화를 두고 이렇게 평가했다.

"동호는 옛날의 훌륭한 사관이다. 법에 따라서 기록할 때 숨기는 일이 없었다. 조돈는 훌륭한 옛 대부이다. 법을 바로잡으려고 누명을 감수했다. 애석하다! 조선자(조돈)이 국경을 넘었더라면 책임을 면할 수 있었을 것을 董狐古之良史也. 書法不隱. 趙宣子古之良大夫也. 爲法受惡. 惜也, 越境乃免."

두우륙杜郵戮

팥배나무 **두** 역말 **우** 죽일 **륙**

'두우라는 곳에서 죽인다'는 말로, 충신이 죄 없이 죽임을 당하는 것을 뜻한다.

진秦나라의 두 장수 이야기를 다룬 《사기史記》〈백기白起 · 왕전열전王翦列傳〉에 나오는 말이다.

진나라 소양왕은 왕릉에게 조나라 한단을 공격하도록 했다. 그러나 아홉 달이 지나도록 한단을 함락하지 못했다. 진나라는 더 많은 병사를 보내 왕릉을 도왔으나 오히려 장수 다섯을 잃었다. 이에 진나라 소양왕이 무안군 백기에게 출정을 명했으나, 한단 공격을 반대한 백기는 병을 핑계로 응하지 않았다.

화가 난 소양왕은 백기를 관직에서 내치고 일개 병졸로 만들어 벽지인 음밀陰密로 옮겨 살게 했다. 그러나 백기는 병이 들어 옮겨가지 못했다.

석 달 뒤 제후들의 군대는 일제히 진나라 군대를 공격했고, 위급한 상황을 알리는 사자가 날마다 도읍 함양에 잇달았다. 그러자 소양왕은 사람을 시켜 백기를 더 이상 함양에 머물지 못하게 했다.

백기가 길을 나서 함양 서문에서 10리 떨어진 두우杜郵에 이르렀을 무렵, 진나라 소왕은 응후와 다른 신하들과 상의한 끝에 다음과 같이 말했다.

"백기는 사는 곳을 옮겨가면서 속으로는 복종하지 않고 뼈 있는 말을 했소."

진나라 왕은 곧 사자를 보내 백기에게 칼을 내려 스스로 목숨을 끊도록 했다.

백기는 칼을 받아 들고 자기 목을 찌르려다가 이렇게 말했다.

"내가 하늘에 무슨 죄를 지었기에 이 지경에 이르렀는가?"

잠시 그렇게 있다가 말을 이었다.

"나는 정녕 죽어 마땅하다. 장평 싸움에서 항복한 조나라 병사 수십만 명을 속여 모두 산 채로 땅속에 묻었으니, 이것만으로도 죽어 마땅하다."

그러고는 마침내 스스로 목숨을 끊었으니, 진나라 소양왕 50년 11월의 일이다.

두주불사斗酒不辭

말 두 술 주 아니 불 사양할 사

'말술도 사양하지 않는다'는 말로, 주량이 센 것을 과장하는 뜻이다. 한 두斗는 10승升, 즉 열 되에 해당되는 양이다. 반대되는 말로는 과맥전대취過麥田大醉가 있다.

한나라 개국공신들의 열전인 《사기史記》 〈번역등관열전樊酈滕灌列傳〉에 나오는 말이다.

유방이 진秦나라의 수도 함양을 공략했다는 소식이 전해지자 항우는 유방을 공격하려 했다. 이에 유방은 항백項伯(항우의 작은아버지)을 통해 일의 자초지종을 해명했다. 항우가 의심을 풀고 술자리를 열자, 항우의 모사 범증은 이를 계기로 유방을 죽이려 했다.

술자리가 한창 무르익자 범증의 명을 받은 항장項莊이 유방을 죽이려고 칼춤을 추기 시작했다. 그러자 범증의 의도를 알아챈 항백이 위급한 순간마다 자기 어깨로 유방을 막아주었다.

당시 유방과 장량만이 군영 안으로 들어와 연회에 참석했고 번쾌樊噲는 군영 밖에 있었다. 번쾌는 긴급한 상황이 벌어졌다는 소식을 듣고는 곧바로 철방패를 들고 군영 문 앞으로 가서 안으로 뛰어들려고 했지만 군영 보초가 가로막았다. 그러나 번쾌는 방패로 그를 밀어젖히고 들어가 장막 아래에 섰다.

항우가 그를 보고 물었다.

"이자는 누군가?"

장량이 대답했다.

"패공의 참승參乘(수레 오른쪽에 서서 호위하는 병사) 번쾌입니다沛公參乘樊噲."

항우가 말했다.

"장사로구나壯士."

그러고는 큰 술잔에 술을 따라 주고 돼지 다리 하나를 내려주었다. 번쾌는 술을 마신 다음 칼을 뽑아 고기를 잘라서 먹어치웠다.

항우가 물었다.

"더 마실 수 있겠나能復飮乎?"

번쾌가 말했다.

"신은 죽음도 사양하지 않는데, 어찌 술 한 잔을 사양하겠습니까? 패공께서는 먼저 관중으로 들어와 함양을 평정한 뒤, 패상霸上에서 병사들을 노숙시키며 대왕을 기다리고 계셨습니다. 그런데 대왕께서는 오늘에 이르러 소인배들의 말만 듣고 패공과 틈을 만드셨습니다. 신은 이 일로 천하가 분열되고 사람들이 대왕을 의심하지 않을까 염려됩니다臣死且不辭, 豈特卮酒乎? 且沛公先入定咸陽, 暴師霸上, 以待大王. 大王今日至, 聽小人之言, 與沛公有隙. 臣恐天下解, 心疑大王也."

항우는 아무런 말이 없었다. 유방은 화장실에 가는 척하면서 번쾌를 손짓으로 불러내어 그 자리를 떠났다.

'두주불사'는 원래 호주가好酒家들을 두고 하는 말이 아니었으나, 두주斗酒라는 말을 즐겨 쓴 당나라 낭만파 시인 이백李白이 〈비가행悲歌行〉이라는 시에서 "그대에겐 술 몇 말이 있고, 내게는 세 자 거문고가 있네君有數斗酒, 我有三尺琴."라고 한 것처럼 뜻이 많이 바뀌었다.

득롱망촉得隴望蜀

얻을 득 땅 이름 롱 바랄 망 나라 이름 촉

'농 땅을 얻자 촉나라를 바란다'는 말로, 인간의 끝없는 욕심을 비유한다. 줄여서 망촉望蜀이라고 하며 평롱망촉平隴望蜀, 망촉지탄望蜀之嘆이라고도 한다.

《후한서後漢書》〈잠팽전岑彭傳〉에 나오는 말이다.

후한을 세운 광무제 유수劉秀가 천하 통일을 막 이루려고 할 무렵, 당시 세력가들은 대부분 유수에게 귀순했지만 농서 땅의 외효와 촉 땅의 공손술만은 강력히 저항했다. 유수의 신하들은 이 두 곳을 당장 토벌하자고 건의했으나, 유수는 병사들에게 휴식이 필요할 뿐만 아니라 언젠가는 자기 소유가 될 것이라는 확신이 있으므로 고개를 가로저었다.

얼마 뒤 외효가 질병으로 죽자 그 아들 외구순隗寇恂은 유수에게 항복했다. 그러므로 유수의 수하로 들어오지 않은 것은 촉 땅뿐이었다. 이때 유수가 말했다.

"사람은 만족할 줄을 모른다지만 이제 농을 평정하고 보니 다시 촉을 바라게 되는구려人苦不知足, 旣平隴, 復望蜀."

그로부터 4년 뒤에 대장군 잠팽岑彭을 거느린 유수는 촉 땅을 토벌하여 전국을 평정하고 제국의 기초를 굳게 다졌다.

한편 후한 헌제 때 일이다. 당시 유비는 오늘날의 쓰촨성 서남부에 있는 촉 땅을 근거로 하여 세력을 구축하고, 강남의 손권과 연합하여 대사를 논하고 있었다. 그리고 조조는 한중을 손에 넣고 농 땅까지 차지했다. 명장 사마의司馬懿가 조조에게 여기서 조금 더 진격하여 촉 땅을 손에 넣자고 하자, 조조는 "인간의 욕심은 끝이 없소. 이미 농 땅을 얻었는데 어찌 촉 땅까지 바라겠소?"라며 더 이상 진격하지 않았다.

득수응심得手應心

—— 얻을 득 손 수 응할 응 마음 심 ——

'손 가는 대로 따라가도 마음과 서로 호응한다'는 말로, 일하는 게 매우 능숙하여 자연스럽다는 뜻이다. 득심응수得心應手라고도 한다.

《장자莊子》〈천도天道〉 편에 나오는 말이다.

제나라 환공桓公이 대청에서 글을 읽고 있을 때 윤편輪扁이 뜰아래에서 수레바퀴를 깎고 있었다. 그가 망치와 끌을 놓고 올라와서 환공에게 "왕께서 읽고 계신 것이 무슨 말씀인지 감히 여쭙고 싶습니다."라고 하자 환공은 성인의 말씀이라고 답했다. 다시 묻는 말이 성인은 살아 있는 분이냐고 하자 이미 죽었다는 답이 돌아왔다. 그렇다면 옛사람의 찌꺼기 혼백일 뿐이라고 한마디를 덧붙이자, 환공은 대뜸 수레바퀴공 따위가 어찌 논의에 끼어드냐면서 근거를 대지 않으면 죽여버리겠다고 했다.

그러자 윤편은 이렇게 답했다.

"신은 신이 하는 일로 그 일을 보았습니다. 수레바퀴를 깎을 때 너무 깎으면 헐렁해서 고정할 수 없고, 덜 깎으면 빠듯해서 들어가지 않습니다. 더 깎지도 덜 깎지도 않는 것은 손의 감각으로 터득하고 마음으로 느낄 뿐이지 입으로 말할 수 없습니다. 거기에는 법도가 존재하기는 합니다만 저는 그것을 제 아들에게 가르쳐줄 수 없고, 제 아들도 그것을 제게서 배울 수가 없습니다. 그래서 나이 일흔 노인이 되도록 수레바퀴를 깎고 있는 것입니다. 옛사람과 그의 전할 수 없는 정신은 함께 죽어버린 것입니다. 그러니 군왕께서 읽고 계신 것은 옛사람들의 찌꺼기 혼백일 뿐입니다臣也以臣之事觀之. 斲輪, 徐則甘而不固, 疾則苦而不入. 不徐不疾, **得**之於**手**而**應**於**心**, 口不能言. 有數存焉於其間, 臣不能以喻臣之子, 臣之子亦不能受之於臣. 是以行年七十而老斲輪. 古之人與其不可傳也死矣. 君之所讀者, 古人之糟魄已夫!"

즉, 오랫동안 전심專心과 자기 수양의 과정을 거치면서 손과 마음이라는 감각을 터득한 뒤라야 어떤 얽매임도 없는 경지에 올라설 수 있다는 것이다. 마음과 손이라는 감각, 천지자연의 이치에 순응하는 것이기 때문에 막히거나 걸리지 않는다는 논리다. 그러니 윤편에게는 과거의 틀에 사로잡혀 그저 옛사람의 죽은 글을 통해 도를 깨우치려 드는 것이 어리석어 보일 수밖에 없었다.

등용문登龍門

오를등 용룡 문문

'용문에 오른다'는 말로, 난관을 이겨내고 도약할 발판으로 삼는다는 뜻이다. 입신과 출세의 관문을 이르기도 하고, 뜻을 펴서 크게 이룸을 비유하는 말이다. 반대말은 점액點額이다.

동한東漢의 신씨辛氏가 지은《삼진기三秦記》에 이런 내용이 있다.

"고대 전설에 잉어 수천 마리가 문 아래에 모여 있었다. 물을 거슬러 헤엄쳐 용문을 지나가면 바로 용으로 변했다. '등용문'은 하늘로 올라가는 디딤돌에 비유되었다古代傳說鯉魚數千, 聚集門下. 如能逆水遊過龍門, 就能變成龍. **登龍門**即喻一步登天."

《후한서後漢書》〈이응전李膺傳〉에 의하면 다음과 같은 내용이 있어 이 인용문과 통한다.

용문龍門은 황하黃河 상류 지역에 있는 협곡 이름으로, 물살이 빨라 웬만한 물고기는 거슬러 올라갈 엄두도 못 낼 정도였다. 용문을 올라가려고 도전한 물고기 중 실패한 물고기는 바위에 비늘이 찢기고 상처를 입어 두 번 다시 오를 생각조차 못했다고 한다. 그러나 일단 그 물살을 거슬러 오르기만 하면 그 물고기는 용으로 변했다고 하여 '등용문'은 출세의 디딤돌이라는 말로 쓰였다.

후한 말, 환제桓帝 때는 극심한 혼란기였다. 발호장군跋扈將軍(세력이 강성하여 제어하기 힘든 장군을 지칭)으로 불리며 횡포를 일삼던 외척 양기梁冀가 죽임을 당하자, 이번에는 단초單秒 등을 필두로 하는 오사五邪의 환관들이 권력을 쥐고 나라를 뒤흔들었다.

이때 관리들은 이응李膺을 중심으로 힘을 합쳐 환관의 무리와 맞서 싸웠는데, 이 과정에서 '당고의 화黨錮之禍' 같은 대규모 탄압을 받기도 했다. 이응은 끝까지 지조를 굽히지 않아 당시 젊은이들의 우상이 되었고, 태학의 젊은 학생들은 그를 '천하의 모범'이라고까지 하며 흠모했다. 신진 관료들에게 그의 추천은 바로 장래를 약속받는 첩경으로 인식되어 등용문이라는 말이 생겨났다.

선비 중에 그의 얼굴을 응대하는 이가 있으면 그 사람을 등용문이라고 하기도 했다.

마고소양麻姑搔癢

삼 **마** 시어미 **고** 긁을 **소** 가려울 **양**

'마고라는 손톱 긴 선녀가 가려운 데를 긁어준다'는 말로, 일이 뜻대로 됨을 뜻한다. 마고파양麻姑爬癢, 마고파배麻姑爬背, 마고척미麻姑擲米라고도 한다.

진晉나라 갈홍葛洪이 신선 여든네 명에 대한 기록을 모아서 펴낸 것으로, 모두 열 권으로 구성되어 있는 《신선전神仙傳》〈마고麻姑〉 편에 나오는 말이다.

한나라 환제 때 마고麻姑라는 선녀가 있었는데, 하루는 채경蔡經의 집에 머물게 되었다. 마고의 손톱은 사람 손톱과는 달리 그 모양이 마치 새 발톱처럼 생겼다. 채경은 마고의 손톱을 보는 순간 다음과 같이 생각했다.

'등이 너무 가려울 때는 이 손톱을 얻어서 등을 긁으면 마땅히 좋겠다背大癢時, 得此爪以爬背, 當佳也.'

채경의 마음속을 꿰뚫어본 선녀 방평方平은 그를 끌어다 채찍질을 하고는 이렇게 말했다.

"마고는 선녀다. 너는 어째서 [마고의] 손톱으로 등을 긁을 수 있을 거라고 생각했느냐**麻姑**神人也, 汝何思謂爪可以**爬背**耶?"

마부작침磨斧作針

—— 갈 **마** 도끼 **부** 지을 **작** 바늘 **침** ——

'도끼를 갈아 바늘을 만든다'는 말로, 이루기 어려운 일도 참고 계속 힘쓰면 언젠가는 이룰 수 있음을 뜻한다. 원말은 마저작침磨杵作針이었다. 비슷한 말로는 마저성침磨杵成針, 철저성침鐵杵成針, 마철저磨鐵杵, 산유천석山溜穿石, 수적성천水積成川, 적수성연積水成淵, 적진성산積塵成山, 적토성산積土成山, 우공이산愚公移山, 수적천석水滴穿石, 적소성대積小成大, 십벌지목十伐之木 등이 있다.

《당서唐書》〈문예전文藝傳〉에는 문인들의 이야기가 많이 나온다.

이백李白은 자가 태백太白이고 호는 청련靑蓮이며 스스로 취선옹醉仙翁이라 했고, 시선詩仙으로 불렸다. 그는 이미 다섯 살 때 육갑六甲을 암송했고, 열 살 때 제자백가의 저서를 읽었으며, 호탕한 성격에 협기가 있어 재물을 무시하고 베풀기를 즐겼다고 한다. 열다섯 살 무렵부터는 제후들과 두루 교분을 맺었고, 믿기 힘들지만 그가 양주楊州에서 유력할 때는 자그마치 30여만 금을 뿌렸다고 한다.

이백이 촉 땅의 성도에서 자랄 때 이런 일이 있었다. 이백은 학문에 매진하려고 집을 떠나 상이산象耳山으로 들어가 하루하루 열심히 보냈다. 그러나 낭만주의자 이백에게 그런 생활이 마음에 맞을 리 없었다.

[학문이] 이루어지지 않았는데, 내팽개치고 떠났다. 어떤 시냇물을 지나는데, 마주친 할머니가 막 쇠공이를 갈고 있었다未成, 棄去. 過是溪, 逢老媼方磨鐵杵.

이백은 그 할머니의 행동이 이상해서 물었다.

"뭘 하고 계세요何爲?"

할머니는 부지런히 쇠공이를 갈며 말했다.

"바늘을 만들려고 하고 있단다欲作針耳."

이백은 황당한 표정을 지으며 말했다.

"예? 쇠공이를 갈아서 바늘을 만들어요?"

"그렇단다. 중도에 그만두지만 않으면 만들 수 있지."

이백은 쇠공이를 갈아 바늘을 만들겠다는 할머니의 인내심과 노력에 크게 감동하여, 발길을 돌려 다시 산으로 향했다.

그 뒤로 이백은 학문에 정진하여 훗날 두보와 더불어 중국 시의 양대 산맥을 이루는 유명한 시인이 되었다. 그래서 중당의 유종원은 《봉헌별기蓬軒別記》라는 책에서 이태백 앞에서 시를 짓는 일은 '반문농부班門弄斧(반수班輸의 집 앞에서 도끼를 가지고 자랑한다)'하는 것이라고 말했다.

마이동풍馬耳東風

—— 말 마 귀 이 동녘 동 바람 풍 ——

'말 귀에 봄바람이 스쳐간다'는 말로, 남의 말을 귀담아듣지 않고 흘려버리는 것을 비유한다. 원말은 동풍사마이東風射馬耳다. 우이독경牛耳讀經, 대우탄금對牛彈琴과 같다.

이 말은 이백李白의 시 〈왕십이의 '추운 밤에 홀로 술잔을 기울이며 느낀 바 있어서'에 답한다答王十二寒夜獨酌有懷〉에 나온다.

왕십이王十二가 누구인지, 그가 〈추운 밤에 홀로 술잔을 기울이며 느낀 바 있어서寒夜獨酌有懷〉라는 시를 쓰게 된 동기가 무엇인지는 상세히 알 수 없다. 다만 왕십이는 불우한 자기 처지를 이백에게 호소했고, 이백은 이에 달이 휘영청 떠 있는 밤에 혼자 술잔을 들고 있는 왕십이를 생각하며 이 시를 지은 것 같다. 원래는 길고 짧은 구절이 서로 섞여 있는 장시長詩인데, 여기에는 '마이동풍'이 나오는 부분만을 옮겼다.

세상 사람들이 이것을 듣고 모두 머리를 흔드니
마치 봄바람이 말 귀를 쏘는 것 같구나.
世人聞此皆掉頭, 有如**東風射馬耳**.

당시 당나라는 투계鬪鷄를 잘하는 이가 천자의 총애를 받아 거리를 활보하고, 오랑캐의 침입을 막아 공을 조금 세운 이가 으스대고 다녔다. 이처럼 시대 상황이 무인만을 숭상하다 보니 왕십이나 이백처럼 재능 있는 문인은 북창 아래에서 시를 읊거나 부賦를 지으며 세월을 보낼 뿐이었다. 이들의 작품이 제아무리 걸작이라 해도 세상에서는 물 한 잔 값도 쳐주지 않았다.

이백은 세상 사람들이 시인들의 훌륭한 작품을 제대로 평가하지 않는 안타까움을 '동풍이 말 귀를 쏘는 것 같구나'라고 표현했다. 동풍은 봄바람으로 부드러워서 말의 귀를 아무리 쏘면서 스쳐가도 아플 리가 없는 것이다.

막고야산藐姑射山

—— 멀 막 시어미 고 산 이름 야 뫼 산 ——

고야산은 늙지도 죽지도 않는 신선들이 사는 선경으로 전해오고 있다. 또 북해北海의 바닷속에 있다고 전하는 신선들이 사는 곳을 뜻하기도 한다. 일설로는 '막藐'이 '막邈'과 같은 글자로 '멀다'는 뜻이 있다고 하여 '막고야산邈姑射山'이라고도 한다.

《장자莊子》〈소요유逍遙遊〉 편에 나오는 말이다.

일찍이 도를 터득한 현인 견오肩吾가 연숙連叔에게 이런 말을 했다.

"나는 접여接輿에게서 이야기를 들었네만, [글쎄 그게] 터무니없이 크고 감당할 수 없어서 앞으로 나아갈 줄만 알지 돌아올 줄을 모르더군. 나는 그 이야기가 은하수처럼 끝이 없는 것 같았네. [현실과] 너무 차이가 나서 상식에 어긋나네吾聞言於接輿, 大而無當, 往而不返. 吾驚怖其言, 猶河漢而無極也. 大有逕庭, 不近人情焉."

연숙이 물었다.

"그 이야기란 어떤 것을 말하는 건가其言謂何哉?"

견오가 대답했다.

"막고야산에 신인神人이 살고 있지. 그 살갗은 얼음이나 눈처럼 희고 처녀같이 부드러우며, 곡식은 먹지 않고 바람과 이슬을 마시며 구름을 타고 용을 몰아 사해 바깥에서 노닌다네. 그가 정신을 한데로 집중하면 [그것만으로도] 모든 것이 병들지 않고 해마다 곡식도 잘 익는다는 거야. 이야기가 하도 허황되어 믿기지 않네**藐姑射**之山, 有神人居焉, 肌膚若冰雪, 淖約若處子, 不食五穀, 吸風飮露, 乘雲氣, 御飛龍, 而遊乎四海之外. 其神凝, 使物不疵癘而年穀熟. 吾以是狂而不信也."

연숙이 말했다.

"그렇군. 장님에게는 문양文樣의 아름다움이 안 보이고 귀머거리에게는 음악의 황홀한 가락이 안 들리지만, 어찌 오직 장님과 귀머거리가 육체에만 한하는 것이겠는가? 지식에도 또한 [장님과 귀머거리가] 있네. 그게 바로 지금의 자네를 말함일세. 신인의 덕은 만물을 섞어 하나로 만들려는 거지. 세상 사람들은 그가 세상을 편안하게 만들기 바라지만, 신인이 무엇 때문에 보잘것없는 천하를 위해 수고하려 하겠는가! 이러한 신인은 외계의 사물에 의해 손해를 입는 일이 없고, 홍수가 나서 하늘에 닿을 지경이 되어도 빠지는 일이 없으며, 큰 가뭄으로 금속과 암석이 녹아 흘러 대지나 산자락이 타도 뜨거운 줄을 모르네. 신인은 그 몸의 먼지나 때, 쭉정이와 겨로도 세상 사람들이 성인이라는 요나 순을 만들 수 있는데 무엇 때문에 천하 따위를 위해 수고하려 하겠는가然. 瞽者無以與乎文章之觀, 聾者無以與乎鐘鼓之聲, 豈唯形骸有聾盲哉? 夫知亦有之. 是其言也, 猶時女也. 之人也, 之德也, 將旁礴萬物以爲一. 世蘄乎亂, 孰弊弊焉以天下爲事! 之人也, 物莫之傷, 大浸稽天而不溺, 大旱金石流土山焦而不熱. 是其塵垢秕糠, 將猶陶鑄堯舜者也, 孰肯以物爲事!”

장자는 막고야산에 사는 신선을 통해 자유인의 모습을 나타내려 했다.

막역지우莫逆之友

없을 **막** 거스를 **역** 어조사 **지** 벗 **우**

'거스름이 없는 친구'라는 말로, 마음이 맞는 절친한 친구를 뜻한다. 막역지교莫逆之交라고도 한다.

크게 받들어야 할 스승이라는 뜻의 《장자莊子》〈대종사大宗師〉 편을 보면 이런 이야기가 나온다.

"자사子祀 · 자여子輿 · 자려子犁 · 자래子來, 네 사람이 서로 이야기를 나누었다. '[과연] 누가 무無를 머리로 삼고, 삶을 등골로 알며, 죽음을 꽁무니로 여길 수 있을까? [또한 과연] 누가 죽음과 삶, 있음과 없음이 하나임을 알 수 있을까? 나는 그런 이와 벗 삼고 싶구나.' 이렇게 말하고 나서 네 사람은 서로 쳐다보며 웃고 마음을 거스르는 것이 없어 드디어 서로 더불어 벗이 되었다子祀 · 子輿 · 子犁 · 子來, 四人相與語曰: '孰能以無爲首, 以生爲脊, 以死爲尻? 孰知死生存亡之一體者? 吾與之友矣.' 四人相視而笑, **莫逆**於心, 遂相與爲**友**."

'마음을 거스르는 것이 없어 드디어 서로 더불어 벗이 되었다莫逆於心, 遂相與爲友'에서 '막역지우'라는 말이 나와 절친한 친구 사이를 가리키게 되었다.

만가輓歌

수레 끌 만 노래 가

'수레를 끌며 부르는 노래'라는 말로, 죽은 사람을 애도하는 노래를 가리킨다.

유방과 항우는 천하를 두고 오랫동안 다투었다. 그 대세가 유방 쪽으로 완전히 기울었을 때 일이다. 당시 제나라는 그 후손들에 의해 영토를 회복하고 명맥을 유지하고 있었다. 유방은 제나라에 책사 역이기酈食其를 보내 항복을 종용했고, 제나라 왕이 된 전횡田橫도 그 제의를 받아들여 군대를 해산시켰다. 그런데 뜻밖에 유방의 신하 한신이 이끄는 병사들이 급습했다. 전횡은 유방에게 속았다며 역이기를 삶아 죽이고 발해만渤海灣의 전횡도田橫島라는 섬으로 달아났다.

황제 자리에 오른 유방은 제나라가 반란을 일으킬 것에 대비하여 전횡에게 사람을 보내 지난 죄를 더 이상 묻지 않겠다며 항복을 유도했다. 전횡은 유방의 제의를 받아들여 사자를 따라 낙양으로 향했다. 그런데 낙양에서 30리쯤 떨어진 곳까지 왔을 때 갑자기 전횡이 자결을 했다. 전횡를 따르던 부하들도 전횡의 머리를 유방에게 바친 다음 자결했으며, 섬에 남아 있던 부하 500여 명도 전횡의 절개를 추모하여 자결했다.

그즈음 전횡 휘하의 문인이 〈해로가薤露歌〉와 〈호리곡蒿里曲〉이라는 두 장의 상가喪歌를 지었는데, 전횡이 자결하자 그를 애도하여 노래를 불렀다. 〈해로가〉는 다음과 같다.

> 부추 잎의 아침 이슬 어찌 그리 쉬이 마르는가.
> 이슬은 말라도 내일 아침 다시 또 내리지만
> 사람은 죽어 한 번 가면 언제 돌아올까.
> 薤上朝露何易晞, 露晞明朝更復落, 人死一去何時歸.

〈호리곡〉은 이렇다.

호리는 누구의 집터인가
혼백을 거둘 때는 어질고 어리석음이 없다네.
귀백은 어찌하여 재촉하는가
인명은 잠시도 머뭇거리지 못하네.
蒿里誰家地, 聚斂魂魄無賢愚.
鬼伯一何相催促, 人命不得少踟躕.

이 시들은《고금주古今注》〈음악音樂〉 편에 나오는데,《고금주》는 진晉나라 최표崔豹가 명물名物을 고증하여 엮은 책으로 알려져 있다. 이 시에서 호리는 옛날 중국인들이 사람이 죽으면 그 넋이 온다고 믿던 산 이름이다. 이 두 곡은 한나라 무제 때의 음악인 이연년에 의해서 더욱 널리 퍼졌다.

이로부터 〈해로가〉는 신분이 높은 귀족들의 장송곡으로 불리고, 〈호리곡〉은 평민과 사인들의 장송곡으로 불리었다. 그래서 두 곡은 상여꾼이 부르는 만가가 되었다.

만사일생萬死一生

일만 **만** 죽을 **사** 한 **일** 살 **생**

'만 번의 죽을 고비에서 살아난다'는 말로, 요행히 살아나거나 겨우 죽음을 모면하는 것을 뜻한다. 구사일생九死一生과 비슷한 말이다.

당 태종과 명신들의 정치 토론이 실린 《정관정요貞觀政要》 3장에 나오는 말이다.

수나라 말 정국이 어수선해지자 두건덕竇建德과 두복위杜伏威, 맹해공孟海公, 곽자화郭子和 등을 필두로 하는 반란군이 전국 곳곳에서 일어났다. 황제는 이연李淵에게 이들을 진압하라는 명령을 내렸고, 이때 열여덟 살이던 이연의 아들 이세민李世民도 함께 참가했다. 그런데 황제는 이연이 출정한 뒤, 사람을 시켜 그가 반란군에 동조하지 않는지 감시하도록 했다.

이세민은 아버지에게 이렇게 말했다.

"지금 시간이 흐를수록 반란군 수가 점점 늘어가고 있습니다. 아버님께서 이들을 모조리 토벌할 수 있습니까? 만약 이들을 토벌하지 못하면 황제는 아버님께 벌을 내릴 것입니다."

그러고는 직접 군대를 일으켜 자립하라고 권했다. 그래서 이연은 태원太原을 거점으로 하여 병사를 일으켰다. 그리고 다른 곳에서 반란을 일으켜 나라를 세운 반란군들을 회유하여 하나하나 자기 세력 밑으로 끌어들였다. 이 과정에서 수나라 양제煬帝는 우문화宇文化에게 시해되고, 수나라는 막을 내리게 되었다.

수나라 2대 황제인 양제는 문제의 둘째 아들이다. 그는 폭군으로 알려져 있고, 진시황과도 곧잘 비견된다. 그의 이름은 양광楊廣이고 대업大業이라는 연호를 사용했다. 그의 시호에 양煬이 붙여진 것도 덕치나 인치가 아니고 타오르는 불길처럼 학정을 일삼은 그의 행적을 적절히 빗대 악독한 황제라는 의미를 담고 있다. 아무튼 이렇게 중국 통일의 염원을 이세민이 이룬 것이다.

이세민이 천하를 통일할 수 있었던 것은 그와 생사고락을 같이한 수많은 인재의 도움이 있었기 때문이다. 가령 진숙보陳叔寶나 장량張亮, 이정李靖, 이훈李勛, 방현령房玄齡, 두여회杜如晦 등이다. 이세민이 재능 있는 인사를 아꼈다는 것은 이정과의 인연에서 엿볼 수 있다.

일찍이 이연이 군대를 일으키려고 했을 때, 이 사실을 눈치챈 관리가 있었는데 그가 바로 이정이다. 이정은 장안으로 가서 보고하려고 했으나 성공하지 못했다. 이때 이연은 자신의 거사를 망치려고 한 이정을 죽이려고 했지만, 이세민은 아버지를 만류하고 훗날 재상으로 삼았다. 이정은 평상시 자신보다 지혜와 능력이 월등한 사람을 보면 자기 자리를 서슴없이 내놓으려 했다. 이세민은 그의 이러한 면을 아꼈다.

이세민은 정관貞觀이라는 연호를 사용하면서 신하들과 격의 없이 토론하며 정사政事를 이끌었다. 그는 사람들에게 늘 이렇게 말했다.

"옛날에 방현령은 나를 따라 천하를 평정하느라 온갖 고생을 했고, 만 번의 죽을 고비에서 살아 나오기도 했다玄齡昔從我定天下, 備嘗艱苦, 出**萬死**而遇一生."

이 글에서 사마천은 자신의 행동이 결코 부화뇌동하지 않음을 웅변하고 있다.

한편 사마천은 친구에게 쓴 〈보임소경서報任少卿書〉라는 글에서 자신이 친구 이릉李陵을 변호하게 된 이유를 설명하면서 이런 말을 남겼다.

"다른 사람의 신하 된 자로서 만 번 죽는다 해도 목숨을 한 번도 돌아보지 않고 나라의 위급함에 달려가는 것, 이것이 매우 뛰어난 것입니다夫人臣出**萬死**不顧一生之計, 赴公家之難, 斯已奇矣."

만사휴의萬事休矣

——— 일만 만 일 사 쉴 휴 어조사 의 ———

'모든 일이 끝났다'는 말로, 모든 노력이 수포로 돌아가 어떻게 해볼 도리가 없음을 뜻한다. '의矣' 자는 원전에 없으나 덧붙인 것이다. 비슷한 말은 능사필의能事畢矣, 노이무공勞而無功이다.

《송사宋史》〈형남고씨세가荊南高氏世家〉를 보면 중국 문화의 황금기였던 당나라가 망한 다음 중국에는 오대십국五代十國이 있었다. 5대란 중원에서 후량後梁 · 후당後唐 · 후진後晉 · 후한後漢 · 후주後周 등 다섯 왕조가 난립한 것을 말한다. 10국은 중원을 벗어난 지방의 전촉前蜀 · 오吳 · 남한南漢 · 형남荊南 · 오월吳越 · 초楚 · 민閩 · 남당南唐 · 후촉後蜀 · 북한北漢 등 열 나라를 가리킨다.

'만사휴의'라는 말은 이 가운데서 형남이라는 아주 작은 나라와 관련이 있다.

형남은 당나라 말기에 파견된 절도사 고계흥高季興이 세운 나라다. 고계흥에게는 아들 종회從誨와 손자 보욱保勖이 있었다. 종회는 보욱을 남달리 귀여워했다. 특히 보욱이 어릴 때부터 병약했으므로 그에 대한 종회의 사랑은 아버지로서의 사랑을 넘어 도가 지나칠 정도였다. 보욱도 아버지의 사랑에 기대 안하무인眼下無人일 뿐만 아니라, 모든 일이 자기 생각대로 이루어진다고 믿었다.

하루는 어떤 사람이 가당치 않은 보욱의 행동을 보고 심하게 꾸짖으며 매서운 눈빛으로 쏘아봤다. 이때 보욱은 역시 반성하는 기미를 보이기는커녕 오히려 싱글거리며 웃었다. 나중에 이 사실을 안 백성은 한결같이 이렇게 생각했다.

'모든 일이 끝났구나萬事休.'

보욱은 왕위에 오르자 정사政事는 등한시하고 사치스러운 생활과 음탕함만을 즐겼고, 결국 오래지 않아 나라는 멸망하고 말았다.

이 말은 《구오대사舊五代史》에도 나온다.

만전지책萬全之策

—— 일만 **만** 온전할 **전** 어조사 **지** 책략 **책** ——

'가장 안전한 비책, 즉 추호의 실수도 용납하지 않는 계책'을 뜻하며, 만전지계萬全之計 · 만전지도萬全之道 · 만전지모萬全之謀 · 만전지산萬全之算이라고도 한다.

《후한서後漢書》〈유표전劉表傳〉에 나오는 말이다.

위나라 조조가 북방의 원소袁紹를 격파한 관도官渡 싸움은 조조의 기반을 확고하게 다진 한판 승부로 평가된다. 조조는 원소의 맹장 안량顔良과 문추文醜를 죽였으나 3만 명에 지나지 않는 병력으로 원소의 10만 군대를 감당하는 일은 버거웠다. 그래서 관도에서 원소와 대치하면서 조조는 후퇴할 생각까지 했다.

당시 형주자사荊州刺史 유표劉表는 10만 대군을 가지고서 조조와 원소의 싸움을 관망만 할 뿐 어느 쪽도 도우려 하지 않았다. 이를 지켜보던 한숭韓嵩과 유선劉先이 유표에게 말했다.

"조조는 반드시 원소를 격파한 후에 우리를 공격해올 텐데 우리가 남아 관망만 하고 있으면 앞으로 양쪽에 원한을 사게 되니 강력한 조조를 따르는 게 현명하고 가장 안전한 비책이 됩니다曹操必破袁紹, 後來攻吾等矣, 吾等留觀望, 將受怨於兩便, 故隨强操, 賢且爲**萬全之策**矣."

그러나 의심이 많은 유표는 끝내 결정을 내리지 못하고 망설이다가 뒤에 큰 화를 당하게 되었다.

망국지음亡國之音

망할 **망** 나라 **국** 어조사 **지** 소리 **음**

'나라를 망치는 음악'이라는 말로, 나라를 멸망의 길로 내쫓는 노래를 뜻한다. 또 음란하고 사치스러운 음악을 가리키기도 하고, 곡조가 슬픈 음악을 가리키기도 한다. 망국지성亡國之聲이라고도 한다.

본래 이 말은 《예기禮記》〈악기樂記〉 편의 "망하려는 나라의 음악은 슬프고 생각에 잠겨 있으며 백성은 곤궁하다亡國之音, 哀以思, 其民困."에서 나온 것으로, 망국의 시기에는 그 백성의 마음도 시대적 울분을 담고 있다는 뜻이다.

《한비자韓非子》〈십과十過〉 편에 나온다.

옛날에 위衛나라 영공靈公이 진晉나라로 가는 길에 복수濮水(옛 물 이름이나 지금은 존재하지 않음)에 이르러 뒤따르는 행렬의 수레에서 말을 풀어 놓아주고 숙소를 설치하여 하룻밤 묵기로 했다. 한밤중에 새로운 곡조를 타는 소리가 들려오자 영공은 흥겨워졌다. 사람을 시켜 주우 사람들에게 그 음악에 대해 알아보게 했으나 모두 들어본 적이 없다고 알려왔다. 이에 사연師涓을 불러 그 음악을 악보로 만들도록 하니, 사연은 이틀이 걸려 완성했다.

영공 일행이 진나라에 이르자, 진나라 평공平公은 시이施夷 땅의 누각에서 주연을 베풀었는데, 술기운이 돌았을 때 영공이 일어나 말했다.

"새로운 악곡이 있어 원컨대 보여드리기를 청합니다有新聲, 願請以示."

그러자 평공이 말했다.

"좋습니다."

이에 사연을 불러 사광의 곁에 앉게 하고는 거문고를 끌어 뜯게 했다. 곡의 연주가 아직 끝나지도 않았는데, 사광이 사연의 손을 눌러 연주를 못하게 하며 말했다.

"이 곡은 나라를 망치는 음악입니다. 끝까지 연주해서는 안 됩니다此亡國之聲, 不可遂也."

평공이 말했다.

"이 음악은 어디에서 온 것이오此道奚出?"

사광이 말했다.

"이것은 사연師延(은나라 주왕 때 악사)이 만든 것으로 주에게 바친 퇴폐적인 음악입니다. 무왕이 주를 정벌할 때, 사연은 동쪽으로 달아나 복수에 이르러 스스로 투신했습니다. 그러므로 이 음악을 듣는 것은 반드시 복수 가에서만 가능합니다. 먼저 이 음악을 들은 이는 그 나라가 반드시 깎이게 되니 끝까지 연주하게 해서는 안 됩니다此師延之所作, 與紂爲靡靡之樂也. 及武王伐紂, 師延東走, 至於濮水而自投. 故聞此聲者, 必於濮水之上. 先聞此聲者, 其國必削, 不可遂."

그러나 평공은 사광의 반대를 무릅쓰고 자신은 음악을 좋아한다며 사연으로 하여금 끝까지 연주하게 했다.

이어 평공은 사광에게 이보다 더 슬픈 곡조의 노래를 들려달라고 했다. 사광은 어쩔 수 없이 '청치淸徵'의 곡을 연주했는데, 첫 번째 탄주를 연주하자 검은 학이 남쪽으로부터 여덟 마리씩 두 줄로 열을 지어 날아와 대궐 지붕의 등마루에 모여들었고, 두 번째 탄주를 연주하자 학들이 가지런히 열을 지었으며, 세 번째 탄주를 연주하니 목을 길게 세우고 울음소리를 내면서 날개를 펼치고 춤을 추기 시작했다. 연주 사이로 궁상宮商의 가락이 하늘로부터 들려왔다. 평공과 그 자리에 있는 이들도 모두 기뻐했다.

평공이 또 '청치'보다 더 슬픈 곡을 요구하여 사광은 '청각淸角'의 곡조를 연주했다. 첫 번째 탄주를 연주하자 검은 구름이 서북쪽으로부터 일어났고, 두 번째 탄주를 연주하자 큰바람이 불고 큰비가 쏟아져 휘장이 찢기고 그릇이 날려 깨지며 기와가 떨어져 박살이 나자 앉아 있던 사람들이 혼비백산하여 달아났다. 평공도 두려워하며 궁정 내실에 숨었다.

그 뒤 진나라는 오래도록 가물어 3년 동안 밭에서 작물이 나지 않았다. 평공도 심한 질병에 걸려 나라를 다스릴 수 없었다.

망양지탄望洋之歎

바라볼 **망** 바다 **양** 어조사 **지** 감탄할 **탄**

'망望'은 땅 위에 서서 눈을 크게 뜨고 멀리 바라보는 모습이다. '[넓은] 바다를 바라보며 감탄한다'는 말로, 다른 사람이나 사물의 위대함에 감탄하면서 그에 미치지 못하는 자신을 부끄러워함을 뜻한다.

《장자莊子》 내외內外편을 통틀어 백미로 손꼽히는 〈추수秋水〉 편에 나오는 말인데, 장자의 만물제동설萬物齊同說이 우화로 구성된 그 첫머리부터 인용한다.

"가을에 홍수가 한꺼번에 넘쳐 숱한 강물이 황하로 흘러들었다. 물의 흐름이 멀리까지 퍼져서 양쪽 강가며 모래톱 주변을 보아도 소와 말을 분별할 수 없을 정도였다. 이에 [황하의 신] 하백河伯은 흔연히 스스로 기뻐하며 온 천하의 훌륭함이 모두 자기에게 모여 있다고 생각했다. 흐름을 따라 동쪽으로 가다 보니 북해에 이르게 되었다. 그곳에서 동쪽 바다를 보니 [어찌나 넓은지] 물의 끝이 보이지 않았다. 이에 하백은 그 얼굴을 돌려 바다를 바라보고 북해의 신 약若을 향하여 감탄하며 말했다秋水時至, 百川灌河. 涇流之大, 兩涘渚崖之間, 不辯牛馬. 於是焉河伯欣然自喜, 以天下之美爲盡在己. 順流而東行, 至於北海. 東面而視, 不見水端. 於是焉河伯始旋其面目, **望洋**向若而**歎**曰."

"속담에 '백쯤 되는 도리를 들으면 저보다 나은 이가 없다고 생각한다.'라는 말이 있는데, 이건 바로 나를 두고 말한 것입니다. 나는 전에 공자의 지식도 작고 백이의 절의도 가볍다는 말을 들은 적이 있지만 믿지 않았습니다. 그런데 지금 나는 당신의 무궁한 모습을 직접 보았습니다. 내가 당신의 문전에 오지 않았더라면 곤경에 처할 뻔했습니다. 나는 오랫동안 도를 터득한 사람들로부터 비웃음을 샀을 테니까요."

북해의 약이 말했다.

"우물 안 개구리에게 바다를 말해도 소용없는 것은 그 개구리가 좁은 곳에 갇혀 살기 때문이고, 여름벌레에게 얼음을 말해도 별수 없는 것은 그

벌레가 사는 계절에 집착되어 있기 때문이며, 한 가지 재주뿐인 사람에게 도를 말해도 통하지 않는 것은 그가 받은 교육에 얽매여 있기 때문이오.

그런데 지금 당신은 좁은 강가 사이에서 빠져나와 대해를 보고야 자신이 얼마나 꼴불견인가를 깨달은 셈이오. 당신은 이제 대도大道의 이치를 말할 수 있다 하겠소. 천하의 물 가운데 바다보다 큰 것은 없소. 수만 개의 강물이 이곳으로 흘러들어 언제 그칠지 모르지만 넘치는 일은 없소. 바닷물이 새어 나가는 곳에서 물이 새어 나가 언제 멈출지 모르는데도 텅 비는 일은 없소. 봄가을로 변하는 일도 없고, 홍수나 가뭄도 알지 못하오. 그러니 이것은 장강이나 황하의 흐름에 비해 잴 수가 없을 정도요.

그렇다고 나는 그것을 스스로 많다고 한 적은 없소. 그것은 스스로 몸을 천지에 의탁하고 기氣를 음양에서 받았기 때문이오. 내가 드넓은 천지 사이에 있는 것은 마치 자갈이나 작은 나무가 큰 산에 있는 것과 같소. 이제 자기 자신을 작다고 생각하는데 어찌 또 자기 자신을 많다고 하겠소.

사방의 드넓은 바다가 하늘과 땅 사이에 있는 것을 헤아려보면, 마치 작은 구멍이 커다란 연못 안에 있는 것과 같지 않겠소? 또 중국도 사해로 빙 둘린 안에 있다는 점을 헤아려보면 돌피 열매가 커다란 창고 속에 있는 것과 같지 않겠소? 이 세상의 사물 수는 만물이라고 불릴 정도이고, 사람은 그 속의 하나일 뿐이오. 더구나 사람은 구주九州로 된 이 세계 안에서 곡식이 생기는 곳, 배나 수레가 다니는 곳 어디에나 있으므로 만분의 일에서 다시 그중 하나일 뿐이오. 이렇듯 그를 만물에 비교해보면 가느다란 터럭이 말의 몸에 붙어 있는 것과 같지 않겠소?"

황하의 신 하백과 북해의 신 약의 이러한 대화는 만물의 크고 작음과 상세하고 소략함에 근본적인 차이가 없음을 설명한 것이다.

망자재배芒刺在背

— 가시 **망** 찌를 **자** 있을 **재** 등 **배** —

'가시가 등에서 찌른다'는 말로, 등 뒤에 자기가 꺼리고 두려워하는 사람이 있어서 마음이 편안하지 않음을 뜻한다. 망자재궁芒刺在躬, 배부망자背負芒刺라고도 한다.

《한서漢書》〈곽광전霍光傳〉에 나오는 말이다.

한나라 선제宣帝가 보위에 올랐을 때 일이다. 고조의 묘를 알현하려고 출발할 때, 그의 호위를 맡은 이는 대장군 곽광霍光이었다.

곽광은 자가 자맹子孟이고 표기장군驃騎將軍 곽거병霍去病의 아우다. 그는 일찍이 한나라 무제의 유조遺詔를 받들어 대사마대장군大司馬大將軍으로서 소제昭帝를 도왔으며, 그다음 창읍왕昌邑王이 음란한 행실을 계속하자 그를 폐위시켜 중기中期의 정치 실력자 선제를 임금 자리에 세운 인물이다.

곽광의 권력이 하늘을 뚫을 정도이므로, 선제가 처음 임금 자리에 올라 고묘를 알현할 때 대장군 곽광은 참승이 되어 수행했다.

"황상은 내심 그를 매우 꺼려 마치 가시가 등에서 찌르는 것 같았다上內嚴憚之, 若有**芒刺在背**."

망진막급望塵莫及

바라볼 **망** 티끌 **진** 없을 **막** 미칠 **급**

'티끌만 바라보고 미치지 못한다'는 말로, 원하는 것을 손에 넣지 못함을 뜻한다. '망진불급望塵不及'이라고도 한다.

《후한서後漢書》〈조자전趙咨傳〉에 나오는 말인데, 원문을 보면 '망진불급望塵不及'으로 되어 있다.

"조자가 다시 동해로 발령이 나 부임하러 가는 길에 형양을 지나가게 되었다. 돈황의 현령으로 있는 조고는 조자의 이전 효렴孝廉이었으므로 그를 길에서라도 맞이하여 인사하려고 했다. 그러나 조자는 머무르지 않았다. 조고는 정亭까지라도 배웅하기 위해 쫓아갔으나 [조자의 수레가 일으키는] 티끌만 바라보고 미치지 못했다複拜東海相, 之官, 道經滎陽. 令敦煌曹暠, 咨之故孝廉也, 迎路謁候. 咨不爲留. 暠送至亭次, **望塵不及**."

또 다른 내용이 있다.

《남사南史》〈오경지전吳慶之傳〉에 의하면, 남북조시대에 송나라 복양濮陽에 오경지吳慶之라는 사람이 살았는데 학문이 깊고 덕망이 높았다. 양주揚州의 태수로 부임한 왕의공王義恭은 그에게 자기 일을 보좌해달라고 요청했다. 이때 오경지는 자기 능력을 인정받는 게 내심 기뻐서 서슴없이 그렇게 하기로 했다. 그런데 훗날 왕의공이 업무상 과실로 처형을 당하는 일이 일어났다.

오경지는 큰 충격을 받았다. 그는 자신에게는 다른 사람을 보좌할 만한 능력이 없다며 관직을 버리려 했다. 그때 오흥吳興의 태수로 임명된 왕곤王棍이 오경지에게 공조工曹 자리를 맡아달라고 했다. 오경지는 왕곤에게 말했다.

"저는 일에 대해 아는 게 없습니다. 지난번 왕의공 태수가 저를 존중해 주어 바쁘게 뛰어다녔지만 한 일이 없습니다. 이런 제게 관직을 맡아달라고 하는 것은 물고기를 나무 위에서 기르고, 새를 물속에서 기르는 것과 같은 것입니다."

그러고는 인사도 없이 그 자리를 떠났다. 왕곤이 황급히 그를 따라갔으나 흙먼지만 보일 뿐 따라잡을 수가 없었다.

매림지갈梅林止渴

매화나무 **매** 수풀 **림** 그칠 **지** 목마를 **갈**

'매화나무 숲에서 갈증을 그쳤다'는 말로, 대용품도 일시적으로는 소용이 있다는 뜻이다. 또는 순발력 있는 기지로 문제를 해결했을 때를 말하고, 거짓 사실로 실제 욕망을 충족시키는 방법을 비유할 때 쓰며, 긍정적인 자기 암시로 위기를 극복한다는 뜻도 있다. 망매해갈望梅解渴이라고도 쓴다.

진晉나라를 세운 사마염司馬炎이 오나라를 치려고 병사들을 출동시켰을 때 일이다. 사마염은 길을 잘못 들어 이리저리 헤매고 있었다. 그러는 사이 시간이 많이 흘러 마실 물이 다 바닥났고, 주위를 둘러보아도 물이 있는 곳을 찾을 수가 없었다. 병사들은 갈증이 심하여 더 이상 앞으로 나가기가 거의 불가능할 정도였다. 사마염은 이 난국을 어떻게 헤쳐 나갈지 고민했는데, 문득 머리를 스치는 게 있었다.

"여러분 힘을 내시오. 조금만 참으시오. 조금만 가면 매화나무 숲이 나올 텐데, 그곳에 이르면 매실이 가지가 휠 정도로 주렁주렁 열려 있소. 그 시큼한 매실이 우리의 갈증을 풀어줄 것이오."

매실이라는 말을 들은 병사들은 갑자기 입안에 침이 고여 기운이 났다. 그리하여 다시 진격하여 오나라를 멸망시키고 천하를 통일하게 되었다.

그런데《삼국지연의三國志演義》에 나오는 다음 이야기가 더 알려져 있다.

유비가 허창許昌에 있던 조조에게 몸을 의탁하고 있을 때 일이다. 어느 날, 조조는 유비를 승상부로 오도록 하고는 손을 잡으며 이렇게 말했다.

"[나는 조금 전] 마침 [매화나무] 가지 끝의 매실이 파랗게 익은 것을 보고, 홀연히 작년 장수張繡를 정벌하기 위해 행군했을 때 물이 떨어져 병사들이 다 갈증을 겪은 일이 생각났소. 나는 그때 한 가지 묘안이 떠올라 말채찍으로 앞을 가리키며 병사들에게 이렇게 말했소. '저 앞에는 [광활한] 매화나무 숲이 있습니다.' 이 말을 들은 병사들은 [매실의 신맛을 생각하고는] 입안에 침이 생겨, 이 때문에 갈증을 느끼지 않게 되었소. 오늘 이곳의 매실을 보니 그때 일이 떠오르지 않을 수가 없던 것이오. 또한 마침 술도 막 익었으니 자그마한 정자에서 만나 담소하며 술을 마시고 싶어서 그대를 불렀소適見枝頭梅子青青, 忽感去年征張繡時, 道上缺水, 將士皆渴. 吾心生一計, 以鞭虛指曰: '前面有**梅林**.' 軍士聞之, 口皆生唾, 由是不**渴**. 今見此梅, 不可不賞. 又值煮酒正熟, 故邀使君小亭一會."

조조는 유비의 인물됨을 익히 알고 있었다. 조조는《세설신어世說新語》〈가휼假譎〉 편을 인용하면서 유비의 속내를 떠보려고 했던 것이다.

매사마골買死馬骨

살 매 죽을 사 말 마 뼈 골

'죽은 말의 뼈를 산다'는 말로, 귀중한 것을 손에 넣으려고 먼저 공을 들이는 것을 뜻한다. 또는 하잘것없는 인재라도 우대하면 유능한 인재가 자연스럽게 모여드는 것을 비유한다. 비슷한 말로 천금마골千金馬骨, 선시어외先始於隗가 있다.

《전국책戰國策》〈연책燕策〉에 보면 이런 내용이 있다.

기원전 314년 연燕나라에 내란이 발생하자 이웃 나라인 제나라가 공격해와 연나라 땅을 침탈하는 사건이 발생했다. 군주가 된 소왕昭王은 내란을 평정하고서 연나라를 부흥시키고 잃었던 땅을 되찾고자 인재를 초빙한다고 공고했다. 별 효험이 없자 소왕은 곽외郭隗라는 사람을 불러 인재를 추천해달라고 부탁했는데, 그가 바로 이런 이야기를 들려주었다.

"제가 듣건대 옛날에 어느 나라 왕이 천금을 내걸고 천리마를 구하려고 갖은 노력을 기울였으나 3년이 지나도 아무런 소득이 없었습니다. [그러자 어떤] 연인涓人이 나서서 왕에게 '천리마를 꼭 구해오겠습니다.'라고 약속했습니다. 왕이 그를 보낸 지 석 달이 지났을 때, 그는 천리마를 구했다고 하여 [소문을 듣고] 가보니 이미 말은 죽어 있었습니다. 그러나 그는 500금으로 그 말의 머리를 사 가지고 돌아와 왕에게 보고드렸습니다. 왕이 크게 노하여 말했습니다. '구해오라는 말은 살아 있는 말이거늘 어찌 죽은 말에 500금이나 주고 사왔느냐?' 그러자 그가 말했습니다. '죽은 말을 500금을 주고 샀는데 산 말임에랴? 천하 사람들이 반드시 왕이 [좋은] 말을 살 것이라고 생각하여 [좋은] 말이 오게 될 것입니다臣聞古之君人, 有以千金求千里馬者, 三年不能得. 涓人言於君曰: '請求之.' 君遣之, 三月得千里馬, 馬已死, 買其首五百金, 反以報君. 君大怒曰: '所求者生馬, 安事死馬而捐五百金?' 涓人對曰: '死馬且買之五百金, 況生馬乎? 天下必以王爲能市馬, 馬今至矣.'"

그러자 1년도 못 되어 천리마가 세 마리나 왔다. 소왕은 느낀 바 있어 곽외를 스승으로 삼고 황금대를 지어 천하의 인재를 불러 모았다. 당시 악의와 추연 등이 달려와 소왕의 신하가 되었으며, 소왕은 20여 년의 노력 끝에 빼앗겼던 땅도 되찾고 연나라를 강성한 제국으로 일구었다.

매처학자梅妻鶴子

매화나무 **매** 아내 **처** 학 **학** 아들 **자**

'매화 아내에 학 아들'이라는 말로, 속세를 떠나 유유자적하며 사는 것을 뜻한다. 학매처자鶴梅妻子, 처매자학妻梅子鶴이라고도 한다.

송나라 완열阮閱이 전집과 후집으로 나누어 편집한 시화선집《시화총귀詩話總龜》를 보면 송나라에 임포林逋라는 이가 살았다. 그는 평생 장가도 들지 않고 고달픈 삶을 살아간 시인이었다. 그러나 그의 시는 청고淸高하면서 유정幽靜한 풍모를 드러냈다. 그는 시명詩名을 날리는 것을 꺼려 지은 시를 많이 버렸고, 자기 시가 후세에 전해질까 봐 두려워한 나머지 기록하지도 않았다.

임포는 서호西湖 근처의 고산孤山에서 은둔 생활을 했는데, 자주 호수에 조각배를 띄워 근처 절에 가서 노닐었으며, 학이 나는 것을 보고 객이 오는 줄을 알았다고 한다. 임포는 아내와 자식이 없는 대신 자신이 머무는 곳에 수많은 매화나무를 심어놓고 학을 기르며 살았다. 그래서 사람들은 임포는 매화 아내에 학 아들을 두었다고 했다.

이 뒤로 후세 사람들은 '매처학자'라는 말로 풍류적인 생활을 비유하게 되었다. 송나라 심괄의《몽계필담夢溪筆談》에도 나온다.

"임포는 항주의 고산에서 은거했는데 항상 두 마리의 학을 길렀다. 학을 풀어놓으면 구름 속으로 들어가 한참을 날아다니다가 다시 새장 속으로 들어왔다. 임포는 항상 작은 배를 띄워서 서호 근처의 절에서 노닐었다. 손님이 임포의 집에 이르면 한 어린아이가 문 앞에 나와 맞이하여 앉을 자리를 마련하고 새장을 열어 학을 풀어놓았다. 한참 후에 임포는 반드시 작은 배를 저어 돌아왔다. 일찍이 학이 나는 것이 [손님이 왔다는] 증거가 되었다林逋隱居杭州孤山, 常畜兩鶴, 縱之則飛入雲霄, 盤旋久之, 複入籠中. 逋常泛小艇, 遊西湖諸寺. 有客至逋所居, 則一童子出應門, 延客坐, 爲開籠縱鶴. 良久, 逋必棹小船而歸. 蓋嘗以鶴飛爲驗也."

맥구읍인麥丘邑人

보리 **맥** 언덕 **구** 고을 **읍** 사람 **인**

'맥구읍의 사람'이라는 말로, 곱고 덕스럽게 늙은 사람을 뜻한다.

《신서新序》〈잡사雜事〉에 나오는 말이다.

제나라 환공桓公은 맥구읍麥丘邑(지금의 산둥성 상허商河 서북쪽)으로 사냥을 나갔다가 우연히 한 노인을 만나게 되었다. 환공은 그 노인과 이런 이야기를 주고받았다.

"당신은 어느 곳 사람이오子何爲者也?"

"맥구읍 사람입니다麥丘邑人也."

"나이는 몇이나 되었소年幾何?"

"여든세 살입니다八十有三矣."

"좋겠소, 오래 사셔서……. 당신의 장수하심으로 과인을 위해 기도해주시오美哉壽乎. 子其以子之壽祝寡人."

"주군을 축원합니다. 주군께서 대단한 장수를 하게 하소서. 돈과 옥은 천한 것이고, 사람이 귀한 것입니다祝主君. 使主君萬壽. 金玉是賤, 人爲寶."

"좋은 말이오. 덕이 지극한 이는 외롭지 않소. 좋은 말은 반드시 두 가지일 것이니, 다시 한 말씀해주시오善哉. 至德不孤. 善言必再, 吾子其復之."

"주군을 축원합니다. 주군께서 배우는 일을 부끄러워하지 않게 하고, 아랫사람들에게 묻는 것을 싫어하지 않게 하소서. 현명한 이는 곁에 간언하는 사람을 있게 합니다祝主君. 使主君無羞學, 無惡下問. 賢者在旁, 諫者得人."

"옳은 말이오. 지극히 덕망 있는 이는 외롭지 않소. 좋은 말은 반드시 세 가지일 것이니, 한 말씀만 더 해주시오善哉. 至德不孤. 善言必三, 吾子其復之."

"주군을 축원합니다. 주군이 신하와 백성에게 죄를 짓지 않게 하소서祝主君. 使主君無得罪於群臣百姓."

환공은 이 말에 불끈하여 낯빛을 바꾸고 말했다.

"나는 아들이 아버지에게 죄를 짓고 신하가 군주에게 죄를 짓는다는 말은 들었지만, 군주가 신하에게 죄를 짓는다는 말은 일찍이 듣지 못했소.

이 말은 앞의 두 말과는 다른 것이오. 그대는 고치시오吾聞之, 子得罪於父, 臣得罪於君, 未嘗聞君得罪於臣者也. 此一言者, 非夫二言者之匹也. 子更之."

맥구읍 사람은 앉아 절을 하고는 일어나며 말했다.

"이 말은 앞의 두 말이 자란 것입니다. 자식이 아버지에게 죄를 짓는다면 숙모나 숙부 때문이니 오해를 풀어 아버지는 사면해줄 수 있습니다. 신하가 군주에게 죄를 짓는다면 주위의 편벽된 신하들 때문이기에 군주는 용서해줄 수 있습니다. 옛날 걸은 탕에게 죄를 지었고, 주는 무왕에게 죄를 지었습니다. 이것은 군주가 신하에게 죄를 지은 것입니다. 용서하지 않았으며, 오늘날까지 사면되지 못했습니다此一言者, 夫二言之長也. 子得罪於父, 可以因姑母叔父而解之, 父能赦之. 臣得罪於君, 可以因便辟左右而謝之, 君能赦之. 昔桀得罪於湯, 紂得罪於武王. 此則君之得罪於其臣者也. 莫爲謝, 至今不赦."

환공이 말했다.

"옳소. 국가의 복과 사직의 영靈에 의지하여 과인이 당신을 얻게 됐소善. 賴國家之福, 社稷之靈也, 寡人得吾子於此."

환공은 노인을 부축하여 수레에 태우고 돌아와서는 조정에서 예를 행하고 그를 맥구의 장長으로 봉하여 정치를 하게 했다.

맥수지탄麥秀之歎

보리 **맥** 팰 **수** 어조사 **지** 탄식할 **탄**

'보리가 무성히 자란 것을 탄식한다'는 말로, 나라가 멸망하는 것을 탄식한다는 뜻이다. 맥수서리麥秀黍離, 서리맥수黍離麥秀, 맥수지시麥秀之詩라고도 한다.

《사기史記》〈송미자세가宋微子世家〉에 나오는 말이다.

은나라의 주왕紂王은 즉위한 뒤 군주로서의 직분을 잊고 술과 여색에 빠져 폭군으로 군림했다. 이러한 행동을 말리는 신하가 있었는데, 미자微子와 기자箕子, 비간比干 등이었다.

미자는 은나라 왕이었던 을乙의 큰아들이며 주왕의 서형庶兄이다. 그는 주왕에게 여러 차례 간언했으나 듣지 않자 어떻게 할 방법이 없음을 비관하여 목숨을 끊으려 했다. 이때 태사太師 기자와 소사少師 비간이 그가 자결하여 나라가 잘 다스려진다면 여한이 없지만, 그렇게 하고도 끝내 다스려지지 않을 바에는 떠나는 편이 낫다고 설득하여 나라 밖으로 도망가게 되었다.

주왕의 숙부인 기자도 주왕에게 계속 간언했지만 주왕은 듣지 않았다. 어떤 사람이 기자에게 차라리 이 나라를 떠나는 게 낫겠다고 충고했다. 그러나 기자는 신하 된 자가 간언하다가 받아들여지지 않았다고 떠난다면 군주의 허물을 들추어내는 꼴이며 자신이 백성의 기쁨을 뺏는 것이라 하고는 머리를 풀어헤치고 미친 척하다가 잡혀 노예가 되었다. 그는 풀려난 뒤 숨어 살면서 거문고를 타며 슬픔을 달랬으니, 그것을 전하여 '기자조箕子操'라고 불렀다.

비간은 기자가 간언하다가 끝내 노예가 되는 것을 보고 직접 주왕에게 달려가 신하 된 자로서 간언을 했다. 그러나 주왕은 "나는 성인의 마음에 일곱 구멍이 있다고 들었는데, 정말로 그런 일이 있을까?"라며 비간을 죽이고는 그 가슴을 열어 들여다보았다.

그 뒤 주나라 무왕이 주왕을 정벌하여 은 왕조를 무너뜨리자, 미자는 종묘 안의 제기를 가지고 무왕의 군영 문으로 가서 윗옷을 벗고는 손을 등 뒤로 묶게 한 다음, 왼쪽에는 사람을 시켜 양을 끌게 하고 오른쪽에는 사람을 시켜 띠를 쥐게 하고는 무릎을 꿇고 앞으로 나아가 무왕에게 고했다. 이에 무왕은 미자를 석방하고 그 작위를 종전대로 회복시켜주었다. 그 뒤 무왕은 기자를 불러다 조선朝鮮에 봉했으나, 그를 신하 신분으로 대하지 않았다.

나중에 기자가 주왕을 만나러 가는 길에 옛 은나라의 도읍지를 지나게 되었다. 기자는 궁실은 이미 무너졌건만 여전히 곡식이 자라고 있는 것을 보고 내심 슬픈 생각이 들어 소리 내어 울고 싶었으나 망설여지는 바가 있고, 울먹이자니 아녀자 꼴이 되는 듯하여 〈맥수麥秀〉라는 시를 지어 그 마음을 노래했다.

보리 이삭은 점점 자라고
벼와 기장도 윤기가 흐르는구나.
저 교활한 녀석이
나하고 사이좋게 지내려 하지 않는구나.
麥秀漸漸兮, 禾黍油油兮.
彼狡童兮, 不與我好兮.

여기서 '교활한 녀석'이란 바로 은나라 주왕을 가리킨다. 은나라 백성은 그것을 듣고는 모두가 눈물을 흘렸다.

맥주麥舟

——— 보리 **맥** 배 **주** ———

'보리 배'라는 말로, 물품을 주어 사람들의 상喪을 돕는 것을 뜻한다.

즉, 부의賻儀를 뜻한다.

혜홍惠洪의 《냉재야화冷齋夜話》〈맥주조상麥舟助喪〉에 다음과 같은 내용이 있다.

북송의 재상 범중엄範仲淹은 두 살 때 아버지를 여의고 어머니는 개가했다. 그는 열악한 가정환경에서 자랐으나 학문에 정진하여 자식과 백성에게 엄격하면서도 인자한 아버지요, 관리가 되었다.

범중엄에게는 요부堯夫라는 아들이 있었는데, 고향 고소姑蘇에 아들을 남겨두고 보리 500섬石을 가져오게 했다. 요부가 보리를 싣고 탄 배가 단양丹陽에 정박했을 때, 친구 석만경石曼卿을 만나게 되었다. 만경은 부모님과 아내를 잃었으므로 침통한 얼굴로 그에게 이렇게 말했다.

"삼년상인데도 천토(시체를 관에 넣고 아직 묻지 않음)로 있어 북으로 가서 장례를 치르려고 하는데 논의할 만한 사람이 없네三喪在淺土, 欲葬之而北歸, 無可與謀者."

요부는 곧바로 싣고 온 보리 배를 그에게 주고 집으로 돌아왔다.

범중엄이 물었다.

"동오東吳(고소는 옛 오나라 땅이었으므로 이렇게 부른다)에서 친구들은 만났느냐東吳見故舊乎?"

"만경이 부모님과 아내를 잃고 장례도 치르지 못한 채 단양에 있었습니다."

"어찌하여 보리 배를 그에게 주지 않았느냐何不以麥舟付之?"

"이미 그것(보리 배)을 주었습니다已付之矣."

이렇듯 상사喪事에 부조금을 주는 것은 상부상조의 오랜 미덕이다.

맹모단기孟母斷機

—— 맏 **맹** 어미 **모** 끊을 **단** 베틀 **기** ——

'맹자의 어머니가 베틀의 실을 끊었다'는 말로, 학업을 중도에 그만두면 아무 쓸모가 없다는 뜻으로 어머니의 교육열을 보여준다. 맹모단기지교孟母斷機之教의 줄임말이며, 단기지계斷機之戒라고도 한다.

부인의 유형을 일곱 항목으로 나누어 정리한 유향의 《열녀전列女傳》〈모의전母儀傳〉에 나오는 말이다.

전국시대 철학자 맹자는 왕도 정치와 인의를 존중하여 성선설性善說을 주창한 당대 최고의 유학자였다. 맹자가 유학자로서 태두가 될 수 있었던 것은 홀어머니의 가르침 덕분이었다.

맹자는 학문에 전념하려고 집을 떠나 있었다. 그런데 하루는 기별도 없이 집으로 돌아왔다. 맹자의 어머니는 갑자기 찾아온 아들을 보고 기뻤지만, 그 감정을 마음속 깊숙이 감추고 드러내지 않았다. 그때 어머니는 베틀에 앉아 길쌈을 하고 있었다.

"배움이 어느 곳에 이르렀느냐學何所至矣?"

"그럭저럭합니다自若也."

그러자 어머니는 짜고 있던 날실을 끊어버리고는 이렇게 꾸짖었다.

"네가 배움을 그만두는 것은 내가 이 베틀의 실을 끊어버리는 것과 같다子之廢學, 若吾**斷**斯**機**也."

맹자는 어머니의 이 말에 크게 깨달은 바가 있어 다시 스승에게 돌아가 더욱 열심히 공부했다. 그리하여 훗날 공자에 버금가는 대유학자가 되었을 뿐만 아니라 '아성亞聖'으로 추앙받게 되었다.

맹모삼천孟母三遷

—— 맏 **맹** 어미 **모** 석 **삼** 옮길 **천** ——

맹자의 어머니가 세 번 이사하여 맹자를 교육시킨 이야기로, 원말은 자모삼천지교慈母三遷之教인데, 맹모삼천지교孟母三遷之教로 알려져 있다. 삼천지교三遷之教, 맹모택린孟母擇鄰이라고도 한다.

《열녀전列女傳》〈모의전母儀傳〉에 나오는 말이다.

맹자는 어린 나이에 아버지를 여의고 어머니 밑에서 자랐다. 맹자의 어머니는 자식 교육에 남다른 열의를 갖고 있었다.

맹자와 그 어머니는 처음에 공동묘지 근처에서 살았는데, 맹자가 매일같이 일꾼들이 묘지 파는 흉내만을 내며 놀았다. 맹자 어머니는 이러다가는 큰 인물로 기를 수 없다고 판단하여 곧장 짐을 꾸려 시장 근처로 이사했다.

이곳으로 이사를 오자, 맹자는 물건을 파는 장사꾼 흉내만을 내며 놀았다. 이곳도 자식을 키우기에는 적합하지 못하다고 판단하고 다시 짐을 꾸려서 이번에는 서당 근처로 옮겼다.

그러자 맹자는 늘 글 읽는 흉내를 내고 놀거나 제사 때 쓰는 기구들을 늘어놓고 제사 예절을 흉내 내며 놀았다. 맹자 어머니는 그제야 자식 교육에 더없이 좋은 장소라며 기뻐했다.

《열녀전》에서 다음과 같이 기록하고 있다.

"맹자는 태어나 자질이 있어 어렸을 때 자애로운 어머니에 의해 세 번 이사한 가르침을 받았다孟子生有淑質, 幼被慈母三遷之教."

맹인할마盲人瞎馬

——— 장님 **맹** 사람 **인** 애꾸눈 **할** 말 **마** ———

'장님이 외눈박이 말을 탄다'는 말로, 대단히 위험함을 뜻한다. 맹부할마盲夫瞎馬, 심지할마深池瞎馬라고도 한다.

《세설신어世說新語》〈배조排調〉 편은 조롱과 조소를 통해 풍자하는 일을 기록한 61개 조로 이루어져 있다. 여기에 동진 시대에 살았던 고개지顧愷之라는 사람에 관한 이야기가 나온다. 그는 박학하고 재치가 있었으며, 특히 인물화에 뛰어나 육탐미陸探微, 장승요張僧繇와 함께 남조의 3대 화가로 손꼽히기도 한다.

하루는 참군參軍 은중감殷仲堪의 집에서 환현桓玄과 담소를 나누게 되었는데, 화제는 자연계에 관한 것이었다. 그러다 문득 각기 가장 위험하다고 생각하는 것이 무엇인지 말해보기로 했다.

환현이 먼저 이렇게 말했다.

"창끝으로 쌀을 일고, 칼끝으로 불을 때서 밥하는 것입니다矛頭淅米劍頭炊."

이어서 은중감이 말했다.

"백 살 먹은 늙은이가 마른 나뭇가지에 오르는 것입니다百歲老翁攀枯枝."

다음은 고개지 차례였다. 그런데 옆에 조용히 앉아 있던 어느 객이 이렇게 말했다.

"장님이 외눈박이 말을 타고 캄캄한 밤에 깊은 연못가에 가는 것입니다盲人騎瞎馬, 半夜臨深池."

당시 은중감은 눈을 다쳐 한쪽 눈으로만 사물을 보고 있었기 때문에 이 말이 더 가슴에 와 닿았다. 그래서 자신도 모르는 사이에 이렇게 외쳤다.

"그건 정말 위험한 일입니다."

면목面目

얼굴 면 눈 목

'면面' 자는 눈을 두드러지게 그린 사람의 얼굴 모습이다. '얼굴과 눈'이라는 말인데, 얼굴과 눈은 남에게 보이는 자신의 가장 중요한 부분이다. 따라서 됨됨이 또는 체면을 뜻한다.

《사기史記》〈항우본기項羽本紀〉를 보면 항우의 자존심이 상당함을 알 수 있다.

한나라 유방과 초나라 항우의 싸움이 막바지에 접어들었을 때 일이다. 이 싸움에서 사면초가四面楚歌의 수세에 몰린 항우는 스물여덟 기밖에 남지 않은 기마병을 이끌고 장강 북쪽 기슭에 이르러 동쪽으로 오강을 건너려 했다. 그런데 오강의 정장이 배를 강 언덕에 대고 기다리다가 항우에게 말했다.

"강동은 비록 좁지만 땅이 사방 1000리이며 백성이 수십만이니 왕 노릇하기에 충분합니다. 대왕께서는 서둘러 강을 건너십시오. 지금 오직 저에게만 배가 있어 한나라 군대가 도착해도 건널 수 없습니다江東雖小, 地方千里, 衆數十萬人, 亦足王也. 願大王急渡. 今獨臣有船, 漢軍至, 無以渡."

항우가 웃으며 말했다.

"하늘이 나를 망하게 하는데, 내가 어찌 강을 건너겠는가! 나 항적이 강동의 젊은이 8000명과 함께 강을 건너 서쪽으로 갔는데, 지금 한 사람도 돌아오지 못했거늘, 설사 강동의 부모와 형제들이 나를 불쌍히 여겨 왕으로 삼아준다 해도 내가 무슨 면목으로 그들을 보겠는가? 설령 그들이 말하지 않는다 해도 나 자신이 마음에 부끄럽지 않겠는가天之亡我, 我何渡爲! 且籍與江東子弟八千人渡江而西, 今無一人還, 縱江東父兄憐而王我, 我何面目見之? 縱彼不言, 籍獨不愧於心乎?"

그러고는 정장에게 말했다.

"나는 그대가 장자長者임을 알겠다. 내가 이 말을 탄 지 다섯 해째인데, 맞설 만한 적이 없으며 하루에도 1000리를 달려 차마 이 말을 죽일 수 없으니 그대에게 주노라吾知公長者. 吾騎此馬五歲, 所當無敵, 嘗一日行千里, 不忍殺之, 以賜公."

항우는 기병들에게 모두 말에서 내려 걷도록 하고는 손에 짧은 무기만을 들고 싸웠다. 이때 항우 혼자서 죽인 한나라 군사가 수백 명이나 되었다. 그러나 항우도 몸에 10여 군데 부상을 입었다. 항우가 한나라 기사마騎司馬 여마동呂馬童을 바라보며 말했다.

"너는 내 옛 부하가 아니더냐若非吾故人乎?"

그러자 여마동은 왕에게 이 사람이 바로 항우라고 말했다. 이에 항우는 이렇게 말했다.

"내가 듣건대 한나라가 내 머리를 1000금과 1만 호의 읍으로 사려고 한다고 하니, 내 그대를 위해 덕을 베풀겠다吾聞漢購我頭千金, 邑萬戶, 吾爲若德."

그러고는 스스로 목을 찔러 죽었다.

명경지수明鏡止水

밝을 **명** 거울 **경** 그칠 **지** 물 **수**

'밝은 거울과 조용한 물'이라는 말로, 한 점 티나 흔들림이 없는 거울과 물처럼 맑고 고요한 마음을 가리킨다. 비슷한 뜻으로 운심월성雲心月性, 평이담백平易淡白이 있다.

《장자莊子》〈덕충부德充符〉 편에는 덕이란 참된 도를 체득한 인간의 내면이 밖으로 드러난 것임을 밝히는 문답 네 개가 담겨 있는데, 여기에 나오는 말이다.

노나라에 형벌로 한쪽 발이 잘린 왕태王駘라는 불구자가 있었다. 그는 덕망이 매우 높아서 그를 따라 배우는 이가 공자의 제자와 비슷한 정도였다. 그래서 노나라의 현자 상계가 공자에게 이렇게 물었다.

"왕태는 외발이입니다. [그런데] 그를 따르는 이가 선생님의 제자와 노나라 인구를 나눌 정도입니다. 서서 가르치지도 않고 앉아서 의논하지도 않았는데, 빈 마음으로 찾아가면 꽉 채워서 돌아옵니다. 본래 말 없는 가르침이라는 게 있어서 형체가 없어도 마음이 완성된 사람이 아니겠습니까? 이는 어떤 사람입니까王駘兀者也. 從之遊者, 與夫子中分魯. 立不教, 坐不議, 虛而往, 實而歸. 固有不言之教, 無形而心成者邪? 是何人也?"

공자가 말했다.

"그분은 성인이다. 나는 아직 찾아뵙지 못했지만 앞으로 스승으로 삼으려고 한다. 하물며 나만 못한 사람들이야 말할 게 있겠느냐! 어찌 노나라만을 빗대는 것인가! 나는 장차 온 천하 사람들을 이끌고 가서 그를 따르려고 한다夫子聖人也. 丘也直後而未往耳, 丘將以爲師. 而況不如丘者乎! 奚假魯國! 丘將引天下而與從之."

상계가 또 물었다.

"그는 자신을 위함에 자기 지혜로 그 마음을 터득하고, 자신의 마음으로 그 변함없는 본심을 터득했습니다. [그러고 보면 그것은 자기 자신을 위해서 한 수양인데] 세상 사람들은 어째서 그에게 모여들까요彼爲己以其知, 得

其心以其心. 得其常心, 物何爲最之哉?"

공자가 말했다.

"사람은 흐르는 물을 거울로 삼지 말고 멈추어 있는 물을 거울로 삼아야 하니, 오직 멈추어 있어야 모든 멈추어 있는 것을 멈추게 할 수 있다人莫鑑於流水, 而鑑於止水, 唯止能止衆止."

한편 정나라의 현인 신도가申徒嘉는 형벌로 발 하나가 잘렸는데, 정자산鄭子産과 함께 백혼무인伯昏無人을 스승으로 섬기며 배우고 있었다. 그런데 자산은 발 하나가 없는 불구자와 함께 다니는 게 싫어서 신도가에게 이렇게 말했다.

"내가 먼저 나가면 자네가 남고, 자네가 먼저 나가면 내가 있기로 하세我先出則子止, 子先出則我止."

그러자 신도가는 이렇게 대답했다.

"선생님 문하에 본래 이 같은 대신의 구별 따위가 있었는가? 자네는 자기가 대신이라는 작위를 좋아해서 남을 깔보는 모양이군. '거울이 밝으면 먼지가 끼지 못하고, 먼지가 끼면 거울이 밝지 못한다. 어진 사람과 오래도록 함께 있으면 허물이 없어진다.'라는 말이 있네. 지금 자네가 크게 높일 것은 선생님의 도인데, 아직도 이러한 소리를 하다니 큰 잘못이 아닌가先生之門, 固有執政焉如此哉? 子而說子之執政而後人者也. 聞之曰: '鑑明則塵垢不止, 止則不明也. 久與賢人處則無過.' 今子之所取大者, 先生也, 而猶出言若是, 不亦過乎?"

신도가가 한 말에서 '감명鑑明'은 현자의 맑고 깨끗한 마음을 비유하는데, '감鑑'은 '경鏡'과 같은 뜻이다. 그러나 송나라에서 유가나 선학禪學에서도 즐겨 사용하면서부터 장자 특유의 허무주의적 색채가 사라지고 고요하고 깨끗한 마음을 비유하게 되었다. '명경불피明鏡不疲(심성이 맑은 이는 피로를 모른다)'라는 말도 있다.

명모호치明眸皓齒

밝을 **명** 눈동자 **모** 흴 **호** 이 **치**

'맑은 눈동자와 흰 이'라는 말로 외모가 빼어난 미인을 뜻한다. 호치명모皓齒明眸, 호치성모皓齒星眸라고도 한다.

이 말은 두보의 시 〈곡강에서 슬퍼하다哀江頭〉에 보인다.

소릉의 시골 늙은이 소리 죽여 울며
봄날 곡강 굽이를 남몰래 거니네.
강가의 궁전 그 많은 문 다 닫았는데
가는 버들과 새로운 부들은 누굴 위해 푸른가.
그 옛날 천자의 무지개 기가 남원에 내려왔을 적에
뜰 안의 만물은 생기가 돌았지.
소양전의 으뜸가는 미인은
함께 수레 타고 임금 따라가 모셨다.
수레 앞 재인들은 활과 화살을 메고
백마는 황금 재갈 물고 있었다.
몸 젖혀 하늘 향하여 구름을 쏘니
한 화살에 새 두 마리 맞추어 떨어뜨렸다.
맑은 눈동자 흰 이의 여인은 지금 어디 있는가
피 묻어 떠다니는 영혼은 돌아오지 못하는구나.
맑은 위수는 동으로 흐르고 검각은 깊으니
떠난 사람과 남은 사람 서로 소식 없다.
인생살이 정이 있어서 눈물이 가슴 적시고
강물과 강가의 꽃은 어찌 끝이 있겠는가.
해 질 녘 오랑캐 기병이 일으킨 먼지가 성에 가득하니
성 남쪽으로 가려다가 성 북쪽을 바라본다.

少陵野老呑聲哭, 春日潛行曲江曲.

江頭宮殿鎖千門, 細柳新蒲爲誰綠.

憶昔霓旌下南苑, 苑中萬物生顏色.

昭陽殿裏第一人, 同輦隨君侍君側.

輦前才人帶弓箭, 白馬嚼齧黃金勒.

翻身向天仰射雲, 一箭正墜雙飛翼.

明眸皓齒今何在, 血汚遊魂歸不得.

淸渭東流劍閣深, 去住彼此無消息.

人生有情淚沾臆, 江水江花豈終極.

黃昏胡騎塵滿城, 欲往城南望城北.

당나라 숙종 지덕 원년(756) 가을, 두보는 나이 마흔다섯에 부주를 떠나 영무靈武에서 즉위한 숙종에게 달려간다. 그러나 불행하게도 안녹산의 반란군에게 붙잡혀 장안으로 압송된다. 그는 장안에 억류된 동안 옛 땅에 다시 온 감회와 전란으로 파괴된 풍경을 보며 남다른 느낌이 있었다.

시인은 그 이듬해 봄 장안의 동남쪽에 있는 곡강을 따라 발길을 재촉하게 되는데, 이 시는 그때의 감회를 적은 것이다. '명모호치明眸皓齒'는 양귀비의 아름다운 모습을 형용한 말이다.

명세지재命世之才

목숨 **명** 세상 **세** 어조사 **지** 재주 **재**

'세상을 구할 만한 인재'를 의미한다. 원래는 천명에 순응하여 세상에 내려온 인재를 의미했는데, 후대에는 명망이 높고 세상 사람들에게 존경받는 걸출한 인물을 가리키는 말이 되었다.

위나라를 창업한 난세의 영웅 조조曹操를 품평한 교현橋玄의 말로, 명세재命世才라고도 한다.

"천하는 장차 혼란에 빠질 것인데, 세상을 구할 만한 인재가 아니면 이를 구제할 수 없을 것이오. 그리고 [천하를] 안정시키는 일은 아마도 그대에게 달려 있을 것이오天下將亂, 非**命世之才**不能濟也. 能安之者, 其在君乎."(〈무제기武帝紀〉)

교현은 조정에서 삼공을 역임한 관료였는데, 그가 무명인 조조에게 이런 평가를 내린 것은 조조의 앞날에 큰 보탬이 되었다. 어린 시절 끝도 없이 놀면서 숙부를 거짓말쟁이로 놀려주기도 한 조조. 그는 누구인가?

조조는 성姓은 조曹이고, 휘諱(고인이 된 제왕의 이름을 직접 부르지 않고 앞에 붙여 존경의 뜻을 표시하는 말)가 조操이며, 자字는 맹덕孟德이다. 한나라 때 상국을 지낸 조참曹參의 후예이고, 조부 조등曹騰 역시 환관이었으며, 그의 아버지 조숭曹嵩도 환관이었다. 어려서 눈치가 빠르고 권모술수와 임협방탕任俠放蕩(사내다움을 뽐내며 멋대로 논다는 의미)의 기질이 강한 그를 알아주는 사람은 아무도 없었다.

그러나 교현의 이 말은 사실로 입증되었다. 나이 스물에 낭郞이 되었고, 황건적의 난이 일어나자 기도위騎都尉에 임명되어 영천의 황건적을 토벌했으며, 이 일로 승진하여 제남국濟南國의 상相(지방장관)이 되었다. 북방을 장악하고 있던 원소와의 관도 싸움에서 승리를 이끌고, 능력 위주로 인재를 등용하고 냉철한 국가 경영 지침을 견지했기에 천하를 장악할 수 있었던 것이다.

명정언순名正言順

이름 **명** 바를 **정** 말씀 **언** 순할 **순**

'명분이 바르고 말이 순조롭다'는 말로, 일을 할 때 명분이 있고 정당하며 이유가 타당해야 한다는 뜻이다.

기원전 501년 쉰한 살이던 공자는 노나라에 가서 벼슬을 한 적이 있었다. 그는 정치적 업적이 두드러져 쉰여섯 살이 되던 해에 대사구大司寇라는 직책을 맡았다. 짧은 몇 달이지만 노나라의 면모를 크게 고쳤다. 그러자 이웃의 제나라 경공景公은 약소한 노나라가 점차 강대하게 성장할 것을 걱정했다.

결국 경공은 많은 미녀와 준마를 뽑아서 당시 향락에 빠져 있던 노나라 정공定公에게 보내 정사政事를 등한시하게 하려고 했다. 그러나 노나라 군주는 이미 황음무도荒淫無道(주색에 빠져 사람으로서 마땅히 할 도리를 돌아보지 않는 면이 있음을 말함)하여 나라를 다스리는 일에는 관심이 없었다.

공자의 제자 자로가 이 점에 불만을 품고 정공 밑에서 벼슬하고 있던 스승 공자에게 노나라를 떠나라고 권했다. 공자는 노나라가 곧 제사를 지내게 되므로, 만일 정공이 예법에 따라 제사를 마친 다음에 제사 음식을 대부들에게 나누어주면 떠나지 않기로 마음먹었다. 그런데 노나라 정공이 그렇게 하지 않자 공자는 매우 실망하여 노나라를 떠나 위衛나라로 가버렸다.

《논어論語》〈자로子路〉 편을 보면 자로가 공자에게 투정 어린 말투로 항의하는 말이 나온다.

자로가 물었다.

"위나라 임금이 선생님을 우대하여 정치를 맡기시면, 선생님께서는 무엇을 먼저 하시겠습니까衛君待子而爲政, 子將奚先?"

공자가 말했다.

"반드시 명분을 바로잡아야 할 것인저必也正名乎!"

자로가 물었다.

"그런 일이 [언제] 있었습니까? 선생님의 생각은 [현실과] 너무 동떨어져 있습니다. 무엇을 바로잡는다는 말씀이십니까有是哉? 子之迂也. 奚其正?"

공자가 말했다.

"거칠구나, 유(자로)여! 군자는 자기가 모르는 것은 대체로 [의문으로] 남겨두는 법이거늘, 명분이 바르지 않으면 말이 순조롭지 못하다. 말이 순조롭지 못하면 일이 이루어지지 않는다. 일이 이루어지지 않으면 예악이 일어날 수 없다. 예악이 일어나지 않으면 형벌이 들어맞지 않게 된다. 형벌이 들어맞지 않으면 백성들은 팔다리를 둘 데가 없다. 그러므로 군자는 명분을 세울 때는 반드시 말할 수 있어야 하고, 말을 할 때는 반드시 실천할 수 있어야 한다. 군자는 자신의 말에 대해 대충 행하는 것이 없도록 할 뿐이다野哉, 由也! 君子於其所不知, 蓋闕如也, 名不正, 則言不順. 言不順, 則事不成. 事不成, 則禮樂不興. 禮樂不興, 則刑罰不中. 刑罰不中, 則民無所措手足. 故君子名之必可言也, 言之必可行也. 君子於其言, 無所苟已矣."

공자는 《논어》 〈안연顏淵〉 편에서도 "임금은 임금다워야 하고, 신하는 신하다워야 하며, 아버지는 아버지다워야 하고, 자식은 자식다워야 한다君君, 臣臣, 父父, 子子."라고 하여 모든 사람이나 사물이 명분대로 움직이고 명분에 맞게 존재하면 모든 일이 제대로 된다고 했다. 공자는 모든 정치의 근본도 '명분을 바로 세우는 데'서 이루어진다고 보았다.

명철보신明哲保身

밝을 **명** 밝을 **철** 보전할 **보** 몸 **신**

사태와 사리에 환하게 밝아서 자기의 신명神命을 위험한 자리에나 욕된 곳에 빠뜨리지 않고 잘 보전하는 것을 가리킨다. 명철보궁明哲保躬, 명신보철明身保哲이라고도 한다.

《시경詩經》〈대아大雅 · 증민烝民〉 편에 나오는 말이다.

중산보仲山甫가 주나라 선왕宣王의 명을 받고 제나라로 성을 쌓으러 갈 때, 윤길보尹吉甫가 전송하면서 중산보의 덕을 찬양하며 이런 시를 지었다.

엄숙하신 임금 명령은 중산보가 맡고
나라의 정치가 잘되고 안 됨을 중산보가 밝히네.
밝고 밝게 그 몸 보전하며
자나깨나 오로지 한 사람만을 섬기네.
肅肅王命, 仲山甫將之,
邦國若否, 仲山甫明之.
既明且**哲**, 以**保**其**身**,
夙夜匪解, 以事一人.

'명철明哲'은 본래《서경書經》〈설명說命〉 편에서, 은나라 무정武丁의 성스러운 덕을 칭송하여 "천하의 사리에 통하고 뭇사람보다 앞서 아는 이는 명철하다."라고 한 말에서 나왔다. 그리고 '보신保身'은 나오고 물러나는 데 순리에 어긋남이 없는 것을 뜻하며, 때로는 처세에 능한 사람을 가리킨다.

모린慕藺

사모할 **모** 골풀 **린**

'인상여藺相如를 사모한다'는 말로, 어질고 유능한 사람을 존경하고 흠모한다는 뜻이다.

한나라 무제의 서남이西南夷 정책을 지지한 사마상여司馬相如를 다룬《사기史記》〈사마상여열전司馬相如列傳〉에 나오는 말이다.

"사마상여는 촉군 성도 사람으로 자는 장경이다. 어려서부터 책 읽기를 좋아하고 격검을 배웠으므로 부모는 그를 견자라고 불렀다. 사마상여는 공부를 마치자, 인상여의 사람됨을 사모하여 이름을 상여로 바꾸었다司馬相如者, 蜀郡成都人也, 字長卿. 少時好讀書, 學擊劍, 故其親名之曰犬子. 相如既學, **慕藺**相如之爲人, 更名相如."

사마상여가 흠모한 인상여는 조나라의 대신으로, 진秦나라 소양왕에게서 '화씨벽和氏璧(초나라 사람 변화卞和가 발견한 옥 덩어리를 갈아 만든 진귀한 둥근 옥)'을 지킨 인물이다.

혜문왕 때, 진秦나라 소양왕이 조나라에 화씨벽이 있다는 소문을 듣고 억지로 빼앗으려고 거짓으로 성 열다섯 개와 화씨벽을 바꾸자고 제안했다. 조나라 왕은 세력이 큰 진나라의 의견을 받아들일 수도 받아들이지 않을 수도 없어 고심했다. 만일 진나라의 요구에 따른다면 화씨벽만 잃게 될 테고, 그러지 않을 경우에는 침략을 받을 게 뻔했기 때문이다.

그러던 참에 인상여에게 이 일을 맡기게 되었는데, 인상여는 왕명을 받아 화씨벽을 가지고 진나라로 들어가 소양왕의 간계를 간파하고 지혜롭게 힘껏 싸워서 다시 온전하게 가지고 돌아왔다.

모순矛盾

창 모 방패 순

'창과 방패'라는 말로, 말이나 행동이 앞뒤가 맞지 않음을 뜻한다. 비슷한 말로 자가당착自家撞着, 자상모순自相矛盾이 있다. 모순矛楯이라고도 쓴다.

《한비자韓非子》〈난일難一〉 편에는 일반에게 알려진 역사적 이야기나 설화에 대한 비판적 논의가 많은데 다음 이야기를 보자.

초나라 사람 중에 방패와 창을 파는 이가 있었는데, 그것을 자랑하여 말했다.

"내 방패는 견고하여 사물 중에 이것을 뚫을 수 있는 것은 아무것도 없다吾楯之堅, 物莫能陷也."

또 다시 창을 가리키며 말했다.

"내 창은 날카로워서 사물 중에 뚫지 못하는 것은 아무것도 없다吾矛之利, 於物無不陷也."

그러자 어떤 이가 말했다.

"그대의 그 창으로 그대의 그 방패를 뚫으면 어찌 되는가以子之矛陷子之楯, 何如?"

그 사람은 대답할 수가 없었다. 무릇 뚫을 수 없는 방패와 뚫지 못함이 없는 창은 함께 존립할 수가 없다.

당나라 유지기의 《사통史通》〈잡설 상雜說上〉에는 '자상모순自相矛盾'이라고 쓰여 있다.

목경지환木梗之患

나무 목 인형 경 어조사 지 근심 환

'나무 인형의 근심'이라는 말로, 나무 인형이 화를 당하면 본래의 나무로 돌아갈 수 없듯이, 본래의 자기 모습을 잊고 함부로 행동해서는 돌이킬 수 없다는 뜻으로 쓰인다. 또 타향에서 객사하여 고향으로 돌아가지 못하거나 자기의 본래 모습으로 돌아가지 못함을 가리킨다.

《사기史記》〈맹상군열전孟嘗君列傳〉에 나오는 말이다.

맹상군孟嘗君은 제나라 선왕宣王의 서제庶弟인 전영田嬰의 첩이 낳은 아들이다. 전영은 5월 5일에 태어난 사내아이는 훗날 자기 아버지를 죽일 것이라는 미신을 믿고 맹상군을 키우지 못하게 했다. 그러나 맹상군의 어머니는 몰래 그를 키웠고, 그는 장성하여 전영의 대를 잇게 되었다.

맹상군은 제후와 빈객들을 귀천의 구분 없이 후하게 대접했으므로 식객 수가 수천 명이나 되었으며, 그가 어질다는 소문이 곳곳으로 퍼져 나갔다.

맹상군이 서쪽 진秦나라 소양왕을 만나려고 그 나라로 들어가려고 할 때, 빈객들이 간언하며 만류했다. 하지만 그는 듣지 않았다. 그러고는 이렇게 말했다.

"인간 세상의 일로 내게 간언하는 것은 다 아는 일이다. 만일 영적인 세계의 일을 가지고 내게 간언하는 이가 있다면 나는 그를 죽일 것이다."

그때 소대蘇代가 이렇게 말했다.

"오늘 아침 저는 밖에서 이곳으로 오는 길에 나무 인형과 흙 인형이 서로 주고받는 말을 들었습니다. 나무 인형이 '하늘에서 비가 내리면 너는 허물어질 거야.'라고 말하자, 흙 인형이 '나는 원래 흙에서 태어났으니 허물어지면 흙으로 돌아가면 그뿐이지만 하늘에서 비가 내리면 너는 어디까지 떠내려가야 할지 몰라.'라고 대답했습니다. 진나라는 호랑이나 이리처럼 사나운 나라입니다. 그런데 당신이 굳이 가려고 하시니 돌아오지 못하는 일이라도 생기면 흙 인형의 비웃음을 피하지 못할 것이겠지요今旦代從外來, 見木禺人與土禺人相與語. 木禺人曰: '天雨, 子將敗矣.' 土禺人曰: '我生於土, 敗

則歸土, 今天雨, 流子而行, 未知所止息也.' 今秦, 虎狼之國也. 而君欲往, 如有不得還, 君得無爲土禺人所笑乎."

이 말을 듣고 맹상군은 진나라로 가려던 생각을 곧 그만두었다.

목불견첩目不見睫

눈 **목** 아니 **불** 볼 **견** 눈썹 **첩**

'눈은 눈썹을 보지 못한다'는 말로, 사람이 남의 허물은 보아도 자신은 제대로 보지 못함을 의미하여 자기 자신을 잘 헤아리라는 뜻이다.

눈으로 자신의 눈썹을 볼 수 없듯이 자신을 살피는 것보다 남의 사정을 살피는 일이 훨씬 더 쉽다는 의미로《한비자韓非子》〈유로喩老〉편에 나온다.

이 말이 나오게 된 배경은 이렇다. 초나라 장왕이 월나라를 정벌하려고 하자 두자杜子가 간언했다.

"왕께서는 무엇 때문에 월나라를 정벌하려고 하십니까?"

왕이 말했다.

"월나라는 정치가 어지럽고 병력이 약하기 때문이오."

두자가 말했다.

"신은 [사람의] 지혜가 눈과 같은 것이 될까 두렵습니다. [지혜는 눈과 같아] 백 보 밖은 볼 수 있지만 자신의 눈썹은 볼 수 없습니다. 왕의 병사는 진秦나라와 진晋나라에 패배해 수백 리의 영토를 잃었는데, 이것은 병력이 쇠약한 것입니다. 장교莊蹻가 나라 안에서 도적질을 하고 있지만 벼슬아치들은 이를 금지할 수 없는데, 이것은 정치가 어지러운 탓입니다. 왕의 병력이 쇠약하고 정치가 어지러운 것은 월나라보다 더한데도 월나라를 정벌하려고 하니, 이것은 지혜가 눈과 같은 것입니다臣患智之, 如目也. 能見百步之外而**不能自見其睫**. 王之兵自敗於秦 · 晉, 喪地數百里, 此兵之弱也. 莊蹻爲盜於境內而吏不能禁, 此政之亂也. 王之弱亂, 非越之下也, 而欲伐越, 此智之如目也."

이 말을 들은 장왕은 월나라를 공격하려는 계획을 멈추었다. 그러자 한비는 이 고사를 총평하여 "아는 것의 어려움은 남을 보는 데 있는 것이 아니라 자신을 보는 데 있다知之難, 不在見人, 在自見."라고 하면서 '명明'의 의미를 '자견自見', 즉 자신을 보는 것이라고 풀이했다. 이 말은 노자가 "스스로 아는 자는 명철하다自見之爲明."라고 한 것과 함께 읽어보면 그 의미가 통한다. 통찰력은 남을 아는 것보다 자신을 제대로 파악하는 데서 나온다.

목탁木鐸

나무 **목** 방울 **탁**

'나무 방울'이라는 말로, 본래 고대에 문사文事 및 법령 등에 관한 교령教令을 낼 때 쳤던 것이다. 세상 사람을 지도하거나 인도할 만한 사람을 비유하며, 인도의 목어木魚에서 그 유래를 찾을 수 있다.

《논어論語》〈팔일八佾〉 편에 나오는 말이다.

공자는 쉰다섯 살쯤에 벼슬을 버리고 자기 이상을 실현할 나라를 찾아 국외로 나갔다. 14년 동안 이러한 생활을 계속한 공자는 다시 노나라로 되돌아온다. 이 기간 동안 공자는 여러 나라 임금을 만나 도덕 정치의 중요성을 강조하고 자신의 주장을 받아들여 백성을 다스리라고 외쳤다.

공자는 어지러운 천하를 바로잡으려는 긴 여정에서 여러 어려운 상황에 부딪혔다. 우선 위衛나라를 떠나 진陳나라로 가다가 광匡 땅에서 양호陽虎로 오인되어 그곳 사람들에게 위협을 받았고, 두 번째로는 위나라를 떠나 조나라를 거쳐 다시 진陳나라에 가려고 송나라를 지나다가 송나라의 대장군 사마환퇴司馬桓魋에게 죽을 뻔한 일도 겪었다.

세 번째로는 진나라에서 3년가량 머물다가 다시 위나라로 돌아가려고 광 땅 근처의 포蒲 지역을 지나다가 그곳 사람들의 방해를 받았다. 또한 공자가 진나라와 채蔡나라 사이에 오랫동안 머물러 있다가 초나라 소왕昭王이 공자를 초빙했을 때, 진나라와 채나라에서는 현명한 공자가 강한 초나라로 가면 큰일이라고 생각하여 군대를 동원해서 공자의 길을 막았다. 그 때문에 공자 일행은 꼼짝하지도 못한 채 양식도 떨어지고 병든 제자가 생기는 등 고생했다.

이처럼 공자는 14년 동안 주유하며 수많은 고난을 겪었지만, 고난만 있었던 것은 아니다. 공자는 이 기간을 통해 이론과 실천을 겸비한 정치가로서 명성을 떨쳤고, 뛰어난 학문과 심오한 사상으로 많은 제자를 거느렸으므로 찾아가는 곳마다 상당한 대우를 받기도 했다.

한번은 공자 일행이 위衛나라 국경 부근에 있는 의義라는 고을에 이르렀을 때, 그곳 관문을 지키던 이가 만나기를 청하면서 이렇게 말했다.

"군자가 이곳에 오면 제가 일찍이 뵙지 않은 적이 없었습니다君子之至於斯也, 吾未嘗不得見也."

공자를 따르던 자들이 그로 하여금 스승을 만나보도록 했다. 그는 뵙고 나와서 말했다.

"여러분은 어찌 [관직을] 잃는 것을 걱정합니까? 천하에 도가 없어진 지 오래되었으므로 하늘은 선생님을 [세상의] 목탁으로 삼으실 것입니다二三子, 何患於喪乎? 天下之無道也久矣, 天將以夫子爲**木鐸**."

이와 같이 목탁은 공자처럼 어리석은 세상 사람들을 가르칠 만한 능력을 갖춘 사람을 뜻한다.

무병자구無病自灸

없을 **무** 질병 **병** 스스로 **자** 뜸질할 **구**

'질병이 없는데 스스로 뜸질을 한다'는 말로, 불필요한 노력을 하여 정력을 낭비하는 것을 뜻한다.

《장자莊子》〈도척盜跖〉 편에 나오는 말이다.

공자 친구 유하계柳下季에게 도척盜跖이라는 동생이 있었다. 도척은 천하의 큰 도적이었다. 그는 9000명을 거느리고 천하를 마음대로 오가며 제후들의 영토를 침범하여 포학한 짓을 자행하는가 하면, 남의 집에 구멍을 뚫어 물건을 훔치고 소와 말을 빼앗아 가며 부녀자를 납치하는 일도 서슴지 않았다. 그리고 이득을 탐하느라고 친척을 잊으며 부모 형제를 돌보지 않고 조상 제사도 지내지 않았다.

공자는 도척이 천하의 악당이 되어 잘못을 범하는 것은 그 자신은 물론이고 유하계의 수치라 생각하여 설득하려고 찾아갔다. 그러나 도척은 오히려 눈을 부릅뜨고 칼자루를 만지며 공자를 꾸짖었다. 공자는 도척을 설득하는 말은 하지도 못한 채 잰걸음으로 달려 문을 나왔다. 그는 수레에 올랐지만 고삐를 잡으려다 세 번이나 놓쳤고, 눈은 멍하니 아무것도 보이지 않았으며, 얼굴은 꺼진 잿빛 같았다. 수레 앞턱의 가로나무에 기댄 채 고개를 떨구고 숨도 내쉬지 못할 정도였다. 공자가 노나라의 동문 밖에 이르렀을 때 마침 유하계를 만났다.

유하계가 말했다.

"요즘 며칠 동안 볼 수가 없던데 거마의 행색으로 보아 혹시 도척을 만나러 갔던 게 아닌가今者闕然數日不見, 車馬有行色, 得微往見跖邪?"

공자는 하늘을 우러르며 한숨을 짓고 대답했다.

"그렇다네然."

유하계가 말했다.

"도척은 아마 내가 전에 말한 것처럼 자네 의견을 받아들이지 않았겠지跖得無逆汝意若前乎?"

공자가 대답했다.

"그렇다네. 나는 질병이 없는데 스스로 뜸질을 한 꼴일세. 부산하게 달려가서 호랑이 머리를 건드리고 수염을 만지다가 하마터면 호랑이에게 먹힐 뻔했지然. 丘所謂無病而自灸也. 疾走料虎頭, 編虎須, 幾不免虎口哉."

이렇듯 장자는 유가의 예교禮教를 비판하면서 자연스러운 성정性情을 존중할 것을 비유했다.

무산지몽巫山之夢

—— 무당 **무** 뫼 **산** 어조사 **지** 꿈 **몽** ——

'무산의 꿈'이라는 말로, 남녀 간의 은밀한 정사情事를 가리킨다. 무산운우巫山雲雨, 무산지우巫山之雨라고도 한다.

전국시대 말의 궁정 문학가 송옥宋玉의 〈고당부高唐賦〉를 보면 이런 이야기가 있다.

전국시대 초나라 양왕襄王이 운몽雲夢이라는 곳에서 놀다가 고당관高唐館에 이르게 되었다. 그때 하늘을 바라보니 이상한 모양을 한 구름이 피어오르고 있었다. 양왕은 그 모습이 몹시 신기해 수행하고 있던 송옥에게 물었다.

"이것은 무슨 기운이오此何氣也?"

그러자 송옥은 그 구름은 조운朝雲(아침에 낀 구름)이라는 것으로, 다음과 같은 내력을 갖고 있다고 설명했다.

옛날 선왕先王이 하루는 고당관에서 연회를 열어 즐거이 놀다가 잠시 낮잠을 잤다. 그런데 왕의 꿈속에 아주 아리따운 여인이 찾아와 이렇게 말했다.

"저는 무산에 사는 여인인데, 왕께서 고당에 오셨다는 말을 듣고 잠자리를 받들고자 왔습니다妾, 巫山之女也, 爲高唐之客, 聞君遊高唐, 願薦枕席."

왕은 그녀의 매혹적인 모습에 넋을 잃었으므로 스스럼없이 잠자리를 같이하며 운우지정雲雨之情을 나누었다. 여인은 헤어질 무렵이 되자 이런 말을 했다.

"저는 무산 남쪽의 높은 봉우리에 사는데, 날마다 아침에는 구름이 되고 저녁에는 비가 되어 아침저녁으로 양대 아래 머무를 것입니다妾在巫山之陽, 高丘之阻, 旦爲朝雲, 暮爲行雨. 朝朝暮暮, 陽台之下."

말이 끝나자마자 여인은 자취를 감추었고, 왕은 퍼뜩 잠에서 깨어났다.

다음 날 아침, 왕이 무산 쪽을 바라보니 꿈속에서 만난 여인이 한 말대로 산봉우리에 아름다운 구름이 걸려 있었다. 그래서 왕은 그곳에 사당을 지어 '조운朝雲'이라고 하여 그녀를 그리워했다.

무용지용無用之用

없을 **무** 쓸 **용** 어조사 **지** 쓸 **용**

'쓸모없는 것의 쓰임'이라는 말로, 세속적인 안목으로는 별로 쓰임이 없는 것처럼 보이는 게 도리어 큰 쓰임이 있다는 뜻이다.

《장자莊子》〈인간세人間世〉 편에서 장자는 다음과 같은 우화를 들었다.

"산에 있는 나무는 [사람들에게 쓰이기 때문에 잘려] 제 몸에 화를 미치고, 등불은 [밝기 때문에] 불타는 몸이 된다. 계수나무는 먹을 수 있기 때문에 베이고, 옻나무는 그 칠을 쓸 수 있기 때문에 잘리고 찍힌다. 사람들은 모두 유용有用의 쓰임만을 알 뿐 무용無用의 쓰임을 알지 못한다山木自寇也, 膏火自煎也. 桂可食, 故伐之, 漆可用, 故割之. 人皆知有用之用, 而莫知**無用之用**也."

이것은 초나라의 미치광이 접여接輿가 공자가 주장한 인의와 도덕을 비판한 말이다. 이렇듯 인간에게 쓸모가 있으면 오히려 명대로 살 수 없게 된다. 따라서 이런 나무들의 입장에서는 결코 쓸모가 있는 게 못 된다. 그들이 자신을 망치는 것은 모두 다 유용한 것이기 때문이다.

또 다른 면에서 장자는 이런 말을 했다.

"혜자惠子가 장자에게 '당신 말은 쓸모가 없소.'라고 하자, 장자는 '쓸모가 없음을 알고 나서 비로소 쓸모 있는 것을 말할 수 있소. 저 땅은 [턱없이] 넓고 크지만 사람이 [이용하여 걸을 때] 소용되는 곳이란 발이 닿는 땅바닥뿐이오. 그렇다고 발이 닿은 부분만 재어놓고 그 둘레를 파 내려가 황천에까지 이른다면 과연 사람들에게 그래도 쓸모가 있겠소?'라고 대답했다. 그러자 혜자는 '쓸모가 없소.'라고 했다. 이에 장자는 '그러니까 쓸모없는 것이 실은 쓸모 있는 것임이 또한 분명한 것이오.'라고 했다惠子謂莊子曰: '子言無用.' 莊子曰: '知無用而始可與言用矣. 天地非不廣且大也, 人之所用容足耳. 然則廁足而塹之致黃泉, 人尙有用乎?' 惠子曰: '無用.' 莊子曰: '然則**無用之爲用**也亦明矣'."

유용의 용과 무용의 용 가운데 어느 것이 더 중요한가에 대한 장자의 입장은《장자》〈산목山木〉 편의 다음과 같은 말에 나타난다.

"장자가 산속을 가다가 잎과 가지가 무성한 거목을 보았다. 그런데 나무꾼이 그 곁에 머문 채 나무를 베려 하지 않으므로 그 까닭을 물었더니 '쓸모가 없습니다.'라고 대답했다. 장자가 말했다. '이 나무는 재목감이 안 되므로 천수를 다할 수 있구나.' 장자가 산을 나와 옛 친구 집에 머물렀다. 친구는 매우 반기며 심부름하는 아이에게 거위를 잡아 대접하라고 일렀다. 아이가 '한 마리는 잘 울고 또 한 마리는 울지 못하는데 어느 쪽을 잡을까요?'라고 묻자, 주인은 '울지 못하는 쪽을 잡아라.'라고 했다莊子行於山中, 見大木, 枝葉盛茂. 伐木者止其旁而不取也, 問其故, 曰: '無所可用.' 莊子曰: '此木以不材得終其天年.' 夫子出於山, 舍於故人之家. 故人喜, 命豎子殺雁而烹之. 豎子請曰: '其一能鳴, 其一不能鳴, 請奚殺?' 主人曰: '殺不能鳴者.'

다음 날 제자가 장자에게 물었다. '어제 산속의 나무는 쓸모가 없어서 그 천수를 다할 수가 있었는데, 지금 이 집 주인의 거위는 쓸모가 없어서 죽었습니다. 선생님은 대체 어느 입장에 머물겠습니까?' 장자가 웃으면서 말했다. '나는 쓸모 있음과 없음의 중간에 머물고 싶다. 그러나 쓸모 있음과 없음의 중간이란 도와 비슷하면서도 실은 참된 도가 아니므로 화를 아주 면하지는 못한다. 만약 이런 자연의 도에 의거하여 유유히 노닌다면 화를 면하게 될 것이다. 영예와 비방도 없고 용이 되었다가 뱀이 되듯이 신축자재伸縮自在하며, 때의 움직임과 함께 변하여 한 군데에 집착하지 않는다. 올라갔다 내려갔다 하며 남과 화합됨을 자기 도량으로 삼는다. 마음을 만물의 근원인 도에 노닐게 하여 만물을 뜻대로 부리되 그 만물에 사로잡히지 않으니 어찌 화를 입을 수 있겠느냐'明日, 弟子問於莊子曰: '昨日山中之木, 以不材得終其天年, 今主人之雁, 以不材死. 先生將何處?' 莊子笑曰: '周將處乎材與不材之間. 材與不材之間, 似之而非也, 故未免乎累. 若夫乘道德而浮遊則不然. 無譽無訾, 一龍一蛇, 與時俱化, 而無肯專爲. 一上一下, 以和爲量. 浮遊乎萬物之祖, 物物而不物於物, 則胡可得而累邪!'"

무위이민자화無爲而民自化

—— 없을 **무** 할 **위** 어조사 **이** 백성 **민** 스스로 **자** 될 **화** ——

'억지로 하는 게 없지만 백성이 저절로 감화된다'는 말이다.

《노자老子》 57장에 다음과 같은 이야기가 나온다.

"올바름으로 나라를 다스리고, 기이함을 용병하며, 일거리를 만들지 않음으로써 천하를 취한다. 내가 무엇으로 그러하다는 것을 알겠는가? 이러한 이치 때문이다. 천하에 꺼리고 피하는 것이 많아지면 백성들은 더욱 가난해지고, 백성들이 이로운 기물을 많이 갖게 되면 국가는 점점 더 혼란해지며, 사람들에게 기교와 사치가 많아지면 기이한 물건들이 점점 더 많아지고, 법령이 더욱 드러날수록 도적이 많아지게 된다. 그러므로 성인은 말한다. '내가 억지로 하는 게 없지만 백성이 저절로 감화되고, 내가 고요함을 좋아하니 백성이 저절로 올바르게 되며, 내가 일거리를 만들지 않으니 백성이 저절로 부유해지고, 내가 욕심을 없애니 백성이 저절로 순박해진다'以正治國, 以奇用兵, 以無事取天下. 吾何以知其然? 以此. 天下多忌諱, 而民彌貧, 民多利器, 國家滋昏, 人多伎巧, 奇物滋起, 法令滋彰, 盜賊多有. 故聖人云. '我**無爲而民自化**, 我好靜而民自正, 我無事而民自富, 我無欲而民自樸.'"

위정자가 덕을 지니고 있으면 '하는 게 없어도 백성은 그 덕에 교화된다'는 말이다.

가령 다음 글들이 그렇다.

공자는 《논어論語》 〈위정爲政〉 편에서 "정치를 덕으로 하는 것은, 비유하면 마치 북극성이 자리를 지키고 있고, 다른 모든 별이 함께 그것을 떠받드는 것과 같다爲政以德, 譬如北辰, 居其所而衆星共之."라고 말했다.

공자는 《논어》 〈위령공衛靈公〉 편에서 "[아무것도] 하는 것이 없는데도 다스린 이는 아마도 순임금이구나! 무엇을 했겠는가? 몸을 공손히 하고 바르게 임금의 자리를 지키고 있었을 뿐이다無爲而治者其舜也與! 夫何爲哉? 恭己正南面而已矣."라고 했다.

무위이처無位而處

—— 없을 **무** 자리 **위** 말 이을 **이** 곳 **처** ——

'자리에 없는 듯 [조용히] 처신한다'는 뜻이다.

제위에 오른 군주의 처신을 말하는 것으로 권세나 기호를 드러내기보다는 감춤으로 힘을 더 갖는다는 것이다. 《한비자韓非子》 〈주도主道〉 편에 나오는 말이다.

"[군주는] 고요하여 그가 마치 자리에 없는 듯 처신하고, 적막하여 아무도 그 소재를 파악할 수 없도록 한다寂乎其**無位而處**, 漻乎莫得其所."

현명한 군주가 되기 위한 영원불변의 도는 신하들이 그들의 재능을 다 발휘하도록 여건을 조성하는 데 있다. 군주가 자기가 아니면 안 된다는 생각으로 일일이 모든 일에 다 관여해서는 안 된다는 것이다. 백성이 법을 우습게 여기는 것은 군주가 자신만의 기호를 들이대어 나대기 때문이라는 것이다. 군주의 권위는 호들갑을 떨면 오히려 백성이나 신하들에게 흠결로 나타나게 된다. 은인자중隱忍自重으로 권위를 지킬 수 있는 무게감을 갖추어야 하며, 일관된 잣대로 백성을 대해야 한다.

군주가 사사로운 쾌락에 빠져들면 직무를 소홀히 하여 적지 않은 폐단이 발생한다. 제왕의 자리는 기분 내키는 대로 하는 자리가 아니다. 자신의 일거수일투족을 바라보는 수많은 눈이 있어 그의 처신은 늘 '무위이처'의 냉정함이 요구된다.

무위이치無爲而治

없을 **무** 할 **위** 말 이을 **이** 다스릴 **치**

'하는 것이 없는데도 다스려진다'는 말로, 나라가 잘 다스려지는 상태를 뜻한다. '무치無治' 혹은 '무위지치無爲之治'라고도 하며 '정치靜治', 즉 고요한 다스림과도 같은 말이다.

유가의 관점에서 '무위이치'란 현인賢人을 임용하여 덕德으로 백성을 감화시켜 나라를 원만하게 다스리는 것이다. 공자는《논어論語》〈위령공衛靈公〉편에서 이렇게 말한다.

"[아무것도] 하는 것이 없는데도 다스린 이는 아마도 순임금이구나! 무엇을 했겠는가? 몸을 공손히 하고 바르게 임금의 자리를 지키고 있었을 뿐이다**無爲而治**者其舜也與! 夫何爲哉? 恭己正南面而已矣."

여기서 '공기恭己'란 제왕이 엄숙하고 공경스럽게 자신을 추스르는 것을 말한다.《대대례大戴禮》〈주언主言〉편에도 비슷한 말이 있다.

"옛날 순임금에게는 왼쪽에 우가 있고 오른쪽에는 고요가 있어 자리에서 내려오지도 않고 천하가 다스려졌다."

순자도 "천자는 자신을 공손히 하고 있을 뿐이다天子共己而已矣."(〈왕패王霸〉편)라고 했으니 '공共'은 '공恭'과 통한다.

도가의 관점에서 본다면 자연에 순응하며 일체의 작위의 통치 행위를 하지 않는 것, 즉 '다스림이 없으면서도 다스려지지 않음이 없는無治而無不治' 경지를 말한다.

유가의 '무위이치'와 도가의 '무위이치'는 방법은 다를지언정 잘 다스려지는 정치라는 지향점은 유사하다.

무하유지향無何有之鄕

없을 무 어느 하 있을 유 어조사 지 곳 향

'있는 것이라곤 아무것도 없는 곳'이라는 말로, 장자가 추구한 무위자연의 이상향을 뜻한다.

《장자莊子》〈소요유逍遙遊〉 편에서 장자의 친구 혜자가 장자에게 말했다.

"내게 큰 나무가 있는데 사람들은 그것을 가죽나무라고 한다네. 그 큰 줄기는 옹이로 막혀 있어 먹줄을 칠 수가 없고, 그 작은 가지는 꼬이고 구부러져 자尺를 댈 수가 없다네. 길에 서 있지만 장인들은 거들떠보지도 않지. [그런데] 자네 말은 [이 나무처럼] 크기만 하지 쓸모가 없어 사람들이 한결같이 내버려두는 걸세吾有大樹, 人謂之樗. 其大本擁腫而不中繩墨, 其小枝卷曲而不中規矩. 立之塗, 匠者不顧. 今子之言, 大而無用, 衆所同去也."

그러자 장자가 말했다.

"자네는 너구리나 살쾡이를 본 적이 없는가? 몸을 낮게 웅크리고서 놀러 나오는 [닭이나 쥐 같은] 것을 노려 이리 뛰고 저리 뛰며 높고 낮은 곳을 가리지 않다가, 덫에 걸리거나 그물에 [걸려서] 죽게 되지. 무릇 검은 소는 크기가 하늘에 드리운 구름 같아 큰일은 하지만 쥐를 잡을 수는 없네. 지금 자네는 저 큰 나무가 있는데 쓸모가 없어 걱정인 듯하지만, 어째서 있는 것이라곤 아무것도 없는 곳에 심고 그 곁에서 하는 일 없이 배회하면서, 그 그늘에 유유히 누워보지는 못하는가? 도끼에 찍히는 일도 없고, 만물이 해를 끼칠 일도 없을 걸세. 쓸모가 없다고 어찌 괴로워하겠는가子獨不見狸狌乎? 卑身而伏, 以候敖者, 東西跳梁, 不辟高下, 中於機辟, 死於罔罟. 今夫斄牛, 其大若垂天之雲, 此能爲大矣, 而不能執鼠. 今子有大樹, 患其無用, 何不樹之於**無何有之鄕**, 廣莫之野, 彷徨乎無爲其側, 逍遙乎寢臥其下? 不夭斤斧, 物無害者. 無所可用, 安所困苦哉?"

《장자》〈응제왕應帝王〉 편에도 다음과 같은 이야기가 있다.

천근天根이 은양殷陽에서 노닐며 요수蓼水 강가에 이르러 문득 무명인無名人과 만나서 말했다.

"천하를 다스리는 방법을 묻고 싶습니다請問爲天下."

무명인이 말했다.

"물러가라, 넌 야비한 인간이다. 얼마나 유쾌하지 못한 물음이냐! 난 이제 막 조물주와 벗이 되려 하고 있다. 싫증이 나면 다시 저 아득히 높이 나는 새를 타고 이 세계 밖으로 나가 아무것도 없는 곳에서 노닐며, 있는 것이라곤 아무것도 없는 드넓은 들판에 살려 한다. 그런데 너는 또 무엇 때문에 천하를 다스리는 일 따위로 내 마음을 움직이려 하느냐去, 汝鄙人也. 何問之不豫也! 予方將與造物者爲人. 厭, 則又乘夫莽眇之鳥, 以出六極之外, 而遊**無何有之鄕**, 以處壙埌之野. 汝又何帠以治天下感予之心爲?"

《장자》〈지북유知北遊〉 편에도 이런 내용이 있다.

"시험 삼아 당신과 함께 있는 것이라곤 아무것도 없는 경지에서 소요하고 함께 합하여 끝이 없는 지도至道에 대해 말해보겠소. 시험 삼아 당신과 함께 무위의 입장에서 편안하고 고요하게, 맑고 깨끗하게 만물과 조화로우면서 유유자적하겠소. 내 뜻은 공허해지며, [따라서 마음은] 가는 일이 없고 [마음이 가서] 다다르는 데도 알지 못하오."

묵수墨守

먹 묵 지킬 수

'묵자의 지킴墨子之守'이라는 말로, 자기주장이나 소신을 끝까지 굳게 지킨다는 뜻이다. 고수固守·사수死守와 같으며, 묵수성규墨守成規·묵수구습墨守舊習이라고도 한다.

《묵자墨子》〈공수公輸〉 편에 나오는 말이다.

초나라 형왕荊王은 공수반公輸盤이 만든, 성벽을 기어 올라갈 수 있는 높은 사다리를 이용하여 송나라를 공격하려 했다. 반전론자 묵적墨翟은 이 소식을 듣고 곧장 출발하여 공수반을 만났다. 공수반이 그에게 찾아온 까닭을 묻자 묵적은 이렇게 말했다.

"북방에 나를 모욕하는 자가 있으니, 그대의 힘을 빌려 그를 죽이고 싶습니다北方有侮臣者, 願藉子殺之."

공수반이 말했다.

"나는 의로워서 정녕 사람을 죽이지 않소吾義固不殺人."

그러자 묵적은 두 번 절하고서 말했다.

"나는 북쪽에 있으면서 당신이 구름에 닿을 만큼 높은 사다리를 만들어 송나라를 치려 한다고 들었습니다. 송나라가 무슨 죄를 지었습니까? 더구나 초나라는 영토가 커서 그 땅을 메울 백성이 부족한 형편입니다. 모자라는 백성을 죽이고 남아도는 땅을 두고 싸우는 것은 지혜로운 일이 아니며, 죄 없는 송나라를 치는 것은 인仁이라 할 수 없습니다. 이처럼 하는 것이 지혜롭지도 어질지도 못한 일임을 알면서도 임금에게 간언하지 않는 사람은 충신이라고 할 수 없습니다. 설령 간언했다고 해도 임금을 설득하지 못한다면 강직하다고 할 수 없습니다. 사람을 죽이지 않는다면서 전쟁을 하여 살상하는 일은 이 이치를 모르는 것입니다."

공수반은 묵적의 말에 고개를 끄덕이고 초왕을 만날 수 있도록 알선해 주었다. 묵적은 초왕을 설득하며 말했다.

"지금 여기에 어떤 사람이 있는데, 자기 집의 화려한 수레를 두고 이웃

집의 찌그러진 수레를 훔치려는 사람, 비단에 수를 놓아 만든 아름다운 옷을 두고 이웃집의 짧은 베옷을 훔치려는 사람, 또 자기 집의 밥과 고기 등 좋은 음식을 두고 남의 집 겨나 술지게미를 훔치려는 사람이 있습니다. 그는 어떤 사람이겠습니까今有人於此, 舍其文軒, 鄰有敝輿, 而欲竊之, 舍其錦繡, 鄰有短褐, 而欲竊之, 舍其粱肉, 鄰有糠糟, 而欲竊之. 此爲何若人也?"

그러자 초왕이 대답했다.

"반드시 도적질하는 버릇이 있는 사람이오必爲有竊疾矣."

묵적이 말했다.

"초나라 땅은 사방 5000리이고 송나라 땅은 사방 500리이니, 화려한 수레에 찌그러진 수레와 같습니다. 초나라에는 운몽이라는 호수가 있는데 여기에는 무소 · 외뿔소 · 고라니 · 사슴 등으로 가득 차 있고, 장강과 한수에는 물고기 · 자라 · 악어 등으로 가득 차 있어 천하에서 가장 부유한 나라라고 할 만합니다. 그런데 송나라에는 꿩 · 토끼 · 붕어마저 없는 실정이니 이것은 밥과 고기의 좋은 음식에 겨와 술지게미 같습니다. 그리고 초나라에는 큰 소나무 · 가래나무 · 편나무 · 예장나무 등 높은 수목이 많지만 송나라에는 높은 나무라고는 없으니 이것은 비단에 수놓은 아름다운 옷에 짧은 베옷과 같습니다. 신이 생각하기에 이 나라의 세 중신이 송나라를 치려는 것은 지금 예로 든 도적질하는 버릇과 다를 게 없습니다荊之地方五千里, 宋之地方五百里, 此猶文軒之與敝輿也. 荊有雲夢, 犀兕麋鹿滿之, 江漢之魚鱉黿鼉爲天下富. 宋所謂無雉兔鮒魚者也, 此猶粱肉之與糠糟也. 荊有長松, 文梓楩楠豫章, 宋無長木, 此猶錦繡之與短褐也. 臣以王吏之攻宋也, 爲與此同類."

이렇게 되자 초왕은 전쟁의 책임을 공수반에게 돌렸다. 묵적은 공수반과 모의模擬로 성을 만들어 전쟁을 해보기로 했다. 이 전쟁에서 공수반은 열 가지 책략으로 끈질기게 공격했지만 묵적의 성을 함락시킬 수 없었다. 마지막으로 공수반이 묵적을 이길 방법이 있다고 말하자, 묵적은 이렇게 말했다.

"공수자(공수반)의 뜻은 신을 죽이는 데 불과합니다. 신을 죽이면 송나라는 막을 수 없어 공략할 수 있다고 여깁니다. 그러나 신의 제자 금골리 등

300명이 이미 신의 방어 무기를 가지고 송나라의 성 위에 있으면서 초나라의 원수를 기다릴 것입니다. 비록 신을 죽이더라도 끊을 수 없습니다公輸子之意不過欲殺臣. 殺臣, 宋莫能守, 乃可攻也. 然臣之弟子禽滑厘等三百人, 已持臣守圉之器, 在宋城上而待楚寇矣. 雖殺臣, 不能絕也."

결국 초왕은 송나라를 치지 않겠다고 다짐했다.

본래 '묵수'란 성을 굳게 지키는 것을 말하지만, 요즈음에는 주위의 열악한 환경이나 비판 등에 동요되지 않고 꿋꿋이 일을 해나가는 것을 가리킨다.

묵자비염墨子悲染

——— 먹 **묵** 아들 **자** 슬플 **비** 물들일 **염** ———

'묵자가 물들이는 것을 슬퍼한다'는 말로, 사람은 습관에 따라 그 성품의 좋고 나쁨이 결정된다는 뜻이다.

《묵자墨子》〈소염所染〉 편에 나오는 말이다.

노나라의 사상가요 겸애설兼愛說을 주장한 묵자가 어느 날 실을 물들이는 사람을 보고 탄식하여 말했다.

"파랑으로 물들이면 파란색, 노랑으로 물들이면 노란색, 이렇게 물감의 차이에 따라 빛깔도 변하여 다섯 번 들어가면 반드시 다섯 가지 색이 되니, 물들이는 일이란 조심하지 않을 수 없다染於蒼則蒼, 染於黃則黃, 所入者變, 其色亦變, 五入必而已則爲五色矣, 故染不可不愼也."

그러고 나서 묵자는 물들이는 일이 결코 실에만 국한되는 게 아님을 지적하고, 나라도 지향하는 바에 따라 흥하기도 하고 망하기도 한다고 했다.

"순임금은 허유와 백양에게 물들었고, 우임금은 고요와 백익에게 물들었고, 탕왕은 이윤과 중훼에게 물들었고, 무왕은 태공망과 주공 단에게 물들었으니, 이 네 왕노릇 할 만한 자들은 물들이는 것이 마땅하기 때문에 천하의 제왕이 되었으며 즉위하여 천자가 되고 공적과 명성은 천지를 뒤덮었다. [그러므로 후세 사람들은] 천하의 인의를 사람들에게 나타낸 자들을 들어 반드시 이 네 왕노릇 할 만한 자들을 일컫는다舜染於許由, 伯陽, 禹染於皐陶, 伯益, 湯染於伊尹, 仲虺, 武王染於太公, 周公, 此四王者, 所染當, 故王天下, 立爲天子, 功名蔽天地. 擧天下之仁義顯人, 必稱此四王者.

[한편] 하나라의 걸왕은 간신과 추치의 [사악한 행동]에 물들었고, 은나라 주왕은 숭후와 악래에게 물들었고, [주나라] 여왕은 괵공 장보와 영이종에게 물들었고, 유왕은 부공이와 채공곡에게 물들었다. 이 네 폭군들은 잘못 물들었기 때문에 나라는 쇠잔해지고, 몸은 비참하게 죽임을 당하여 천하에 모욕을 받았다. [그러므로 후세 사람들은] 천하의 의롭지 못함을 들어서 사람을 욕되게 한 자들로 반드시 이 네 폭군을 일컫는다夏桀染於幹

辛, 推哆, 殷紂染於崇侯, 惡來, 厲王染於厲公長父, 榮夷終, 幽王染於傅公夷, 蔡公穀. 此四王者所染不當, 故國殘身死, 爲天下僇. 擧天下不義辱人, 必稱此四王者."

문경지교刎頸之交

벨 **문** 목 **경** 어조사 **지** 사귈 **교**

'목을 베어줄 수 있을 만한 사귐'이라는 말로, 우정이 깊어 생사고락을 함께하는 사이를 가리킨다. 문경지계刎頸之契라고도 하며 줄여서 문경刎頸이라고도 한다. 비슷한 말로는 관포지교管鮑之交·금란지교金蘭之交·단금지교斷金之交·교칠지교膠漆之交·막역지교莫逆之交·빈한지교貧寒之交·저구지교杵臼之交·지란지교芝蘭之交·금석지교金石之交 등이 있으며, 반대되는 말로는 시도지교市道之交·주식형제酒食兄弟가 있다.

《사기史記》〈염파인상여열전廉頗藺相如列傳〉을 보면, 전국시대 조나라 환관의 우두머리 무현繆賢의 가신 가운데 인상여藺相如라는 이가 있었다. 그는 조나라 혜문왕 때, 진秦나라 소양왕에게 빼앗길 뻔한 화씨벽을 무사히 가지고 돌아온 공으로 상대부上大夫로 임명되었다.

그로부터 3년 뒤, 진나라 왕은 조나라 왕에게 사신을 보내 서하西河 바깥쪽의 민지澠地에서 평화적인 회견을 하자고 제의했다. 이 회견에서 진나라 왕은 술자리가 한창 무르익자 혜문왕을 욕보여 제압하려 했다. 이때 인상여는 오히려 진나라 왕을 망신 주고 혜문왕의 위신을 세워주었다. 회견을 마치고 돌아온 조나라 왕이 인상여의 공로를 크게 치하하고 상경上卿으로 삼았으므로 상여의 지위는 염파廉頗보다 높아졌다. 염파가 말했다.

"나는 조나라 장군이 되어 성의 요새나 들에서 적과 싸워 큰 공을 세웠다. 그러나 인상여는 겨우 혀와 입만을 놀렸을 뿐인데 지위가 나보다 높다. 또 상여는 본래 미천한 출신이니, 나는 부끄러워서 차마 그의 밑에 있을 수 없다我爲趙將, 有攻城野戰之大功. 而藺相如徒以口舌爲勞, 而位居我上. 且相如素賤人, 吾羞, 不忍爲之下."

그러고는 이렇게 다짐했다.

'내가 상여를 만나면 반드시 그를 모욕하리라我見相如, 必辱之.'

상여는 이 말을 듣고 염파와 마주치지 않으려 했다. 상여는 조회가 있을 때마다 으레 병을 핑계 삼아 염파와 서열을 다투려 하지 않았을 뿐만 아니라, 외출했을 때도 멀리 염파가 보이면 수레를 끌어 숨어버리기도 했다. 그래서 사인들이 모두 이렇게 간했다.

"저희가 친척을 떠나와서 나리를 섬기는 까닭은 오직 나리의 높은 뜻을 사모하기 때문입니다. 지금 나리께서는 염파와 같은 서열에 있습니다. 그러나 나리는 염파가 나리에 대해 나쁜 말을 퍼뜨리고 다니는데도 그가 두려워 피하시며 지나치게 겁을 내십니다. 이것은 평범한 사람들도 부끄러워하는 일인데, 하물며 장군이나 재상이라면 어떻겠습니까! 못난 저희는 이만 물러갈까 합니다臣所以去親戚而事君者, 徒慕君之高義也. 今君與廉頗同列. 廉君宣惡言而君畏匿之, 恐懼殊甚. 且庸人尚羞之, 況於將相乎! 臣等不肖, 請辭去."

인상여는 그들을 완강하게 말리며 말했다.

"그대들은 염 장군과 진나라 왕 가운데 누가 더 무섭소公之視廉將軍孰與秦王?"

"염 장군이 진나라 왕에 못 미칩니다不若也."

"저 진나라 왕의 위세에도 불구하고 나는 그를 궁정에서 꾸짖고 그 신하들을 부끄럽게 만들었소. 내가 아무리 어리석기로 염 장군을 겁내겠소? 내가 곰곰이 생각해보건대 강한 진나라가 감히 우리 조나라를 치지 못하는 까닭은 나와 염파 두 사람이 있기 때문이오. 만일 지금 호랑이 두 마리가 어울려서 싸우면 결국은 둘 다 살지 못할 것이오. 내가 염파를 피하는 까닭은 나라의 위급함을 먼저 생각하고 사사로운 원망을 뒤로하기 때문이오夫以秦王之威, 而相如廷叱之, 辱其群臣. 相如雖駑, 獨畏廉將軍哉? 顧吾念之, 彊秦之所以不敢加兵於趙者, 徒以吾兩人在也. 今兩虎共鬥, 其勢不俱生. 吾所以爲此者, 以先國家之急而後私讎也."

염파는 이 말을 듣고 윗옷을 벗고 가시 채찍을 등에 짊어지고 인상여의 문 앞에 이르러 사죄하며 이렇게 말했다.

"비천한 저는 장군께서 이토록 너그러우신 줄 몰랐습니다鄙賤之人, 不知將軍寬之至此也."

이렇게 하여 마침내 서로 화해하고 목을 베어줄 수 있는 벗이 되었다卒相如驩, 爲刎頸之交.

문외작라門外雀羅

문 문 바깥 외 참새 작 새그물 라

'문 바깥에 참새 그물을 친다'는 말로, 방문객의 발길이 끊어짐을 뜻한다. 문가작라門可雀羅, 문작가라門雀可羅라고도 한다.

《사기史記》〈급정열전汲鄭列傳〉을 보면, 한나라 무제 때 현명한 신하 가운데 급암汲黯과 정당시鄭當時가 있었다. 급암은 학문을 좋아하고 의협심이 있으며 기개와 지조를 중시했고, 집 안에 있을 때도 품행이 바르고 깨끗했으며, 직간하기를 좋아하여 여러 차례 무제와 대신들을 무안하게 만들기도 했다. 신하들 가운데 어떤 이가 급암을 꾸짖자 급암이 이렇게 말했다.

"천자께서는 삼공三公과 구경九卿을 두어 보필하는 신하로 삼았는데, [신하된 자로서] 어떻게 아첨하여 천자의 뜻만 따라 하여 폐하를 옳지 못한 곳으로 빠지게 하겠소? 또 이미 그런 지위에 있는 이상 자기 몸을 희생시키더라도 조정을 욕되게 해서야 되겠소天子置公卿輔弼之臣, 寧令從諛承意, 陷主於不義乎? 且已在其位, 縱愛身, 柰辱朝廷何."

정당시는 청렴하여 집안 살림을 돌보지 않고, 나라에서 받은 봉록이나 하사품으로 빈객들을 대접했다. 그는 조정에 나갈 때마다 무제가 한가한 틈을 살펴 말씀을 올렸는데, 천하의 덕망 있는 이에 대해 말씀드리지 않은 적이 없었다.

이 두 사람은 모두 구경 자리까지 오르기는 했지만, 강한 개성으로 벼슬길이 순탄하지만은 못했다. 이들이 현직에 있을 때는 방문객들이 끊이지 않았지만, 파면되자 집안 형편이 어려워지고 빈객들은 모두 떠나갔다.

태사공 사마천은 급암과 정당시의 전기를 쓰고 나서 다음과 같은 말을 덧붙였다.

"급암이나 정당시 같은 현명한 사람도 세력이 있을 때는 빈객이 열 배로 늘었다가 세력을 잃으면 그렇지 못했으니 하물며 보통 사람임에랴! 하규下邽의 적공翟公은 이렇게 말했다. '처음 내가 정위廷尉가 되었을 때는 빈객이 문 앞에 가득 찼지만, 파면되자 문 바깥에 참새 잡는 그물을 쳐도 될 정도였다. 내가 다시 정위가 되자 빈객들은 예전처럼 모여들려고 했다. 그래서 나는 문에 「한 번 죽고 한 번 사는데 사귀는 정을 알고, 한 번 가난하고 한 번 부유함으로써 사귀는 모습을 알며, 한 번 귀했다가 한 번 천해짐으로써 사귀는 참된 정을 알게 된다.」라고 써 붙였다.' 급암이나 정당시에게도 이러한 말이 해당되니 슬픈 일이로구나夫以汲鄭之賢, 有勢則賓客十倍, 無勢則否, 況衆人乎! 下邽翟公有言. '始翟公爲廷尉, 賓客闐門, 及廢, **門外**可設**雀羅**. 翟公復爲廷尉, 賓客欲往. 翟公乃人署其門曰: 「一死一生, 乃知交情, 一貧一富, 乃知交態, 一貴一賤, 交情乃見.」' 汲鄭亦云, 悲夫!"

문전성시門前成市

문 문 앞 전 이룰 성 저자 시

'대문 앞이 시장을 이룬다'는 말로, 찾아오는 사람이 하도 많아서 마치 장이 선 것 같다는 뜻이다. 원말은 문여시인門如市人이며, 문전여시門前如市 · 문정여시門庭如市라고도 한다.

《한서漢書》〈정숭전鄭崇傳〉을 보면, 후한 애제哀帝 때 정숭鄭崇이라는 충신이 있었다. 그는 본래 명문 귀족으로서 아버지의 뒤를 이어 상서복야尙書僕射라는 고위 관직에 임명되었다.

정숭은 깨끗하고 곧은 인물이었기에 외척들의 횡포나 부패를 보면 묵과하지 않고 거침없이 직언했다. 그뿐만 아니라 애제가 당시 동현董賢이라는 미남자와 동성연애에 빠져 국정을 돌보지 않는 행실을 비판하며 임금 직분을 다하라고 간언하기도 했다. 그러나 그 간언은 받아들여지지 않았다. 몸에 좋은 약은 입에 쓰듯이 이런 그의 행동은 애제의 눈에 거슬릴 수밖에 없었고, 간신들에게도 정숭은 타도해야 할 대상이었다.

당시 궁궐에 조창趙昌이라는 간신이 있어 정숭을 내쫓을 음모를 꾸미고 있었다. 그는 정숭이 궁궐 밖의 종족宗族과 내통하고 있다는 거짓 상소문을 올렸다. 애제는 곧장 정숭을 불러들여 꾸짖으며 문책했다.

"그대의 대문 앞이 마치 시장을 이루는 것처럼 사람이 들끓는다고 하는데, 어찌하여 주상에게 모든 것을 금하라고 하느냐君門如市人, 何以欲禁切主上?"

물론 이 말은 벼슬을 사려고 뇌물을 갖고 정숭의 집에 몰려드는 이가 많음을 빗댄 것이다. 정숭은 이에 다음과 같이 대답했다.

"신의 문 앞이 시장 같을지라도 마음만은 물과 같이 깨끗합니다. 다시 조사해주십시오臣門如市, 臣心如水. 願得考覆."

그러나 애제는 정숭을 평소 눈엣가시처럼 여겼던 터라 옥에 가두고 관직을 박탈했다. 정숭은 끝내 감옥 안에서 죽고 말았다.

'문전성시'는 후세로 내려오면서 고위 관직에 있는 이가 뇌물을 받으며 사람들을 끌어들이는 일이나 이것을 경계해야 함을 나타내는 말로 쓰였다.

문정경중問鼎輕重

물을 **문** 솥 **정** 가벼울 **경** 무거울 **중**

'솥의 무게를 묻는다'는 말로, 제위를 엿보려는 속셈에서 비롯되었다. 상대방의 형편을 살펴보고 공격하는 것을 가리킨다.

《춘추좌씨전春秋左氏傳》 선공宣公 3년조에 나오는 말이다.

춘추시대 초나라 장왕莊王은 세력을 확장하려고 육혼陸渾에 사는 융족戎族을 정벌하고 낙하洛河에 이르렀다. 그는 주나라 도성 교외에서 열병식을 가지며 세력을 과시했다. 주나라 정왕定王은 짐짓 장왕의 세력에 놀라 왕손만王孫滿을 보내어 장왕을 위문했다. 그러자 장왕은 왕손만에게 구정九鼎의 크기와 무게에 관해 물었다.

구정은 본래 고대에 국가의 정권을 상징하여 대대로 나라에 전한 보물이다. 하나라 우임금이 구주九州의 동銅을 수집하여 정鼎(세 발 달린 솥) 아홉 개를 만들어 구주를 상징했다고 한다.

왕손만은 장왕이 제위를 엿보고 있음을 눈치채고 이렇게 대답했다.

"[그것은] 덕행에 있지 [보물] 정鼎에 있지 않습니다在德不在鼎."

왕손만이 이어서 말했다.

"옛날 하나라가 바야흐로 덕이 있을 때는 먼 나라에서 사물을 그려 바쳤고, 구주의 제후들이 금속을 헌납하여 정을 주조할 때 사물의 형상을 새기고 온갖 사물을 거기에 갖추어 백성들이 신령스럽고 간사함을 알게 되었습니다. 그러므로 백성들이 내와 연못, 산과 숲에 들어가도 불순한 것을 만나지 않았습니다. 이매와 망량을 만날 수 없었습니다. 상하가 협력할 수 있어 하늘이 내려준 것을 이을 수 있었습니다. 걸왕은 덕이 어두워져, 구정은 상(은)나라로 옮겨가 600년 동안 이어졌습니다. 상나라 주가 포학하여 정이 주나라로 옮겨왔습니다昔夏之方有德也, 遠方圖物, 貢金九牧, 鑄鼎象物, 百物而爲之備, 使民知神奸. 故民入川澤山林, 不逢不若. 螭魅罔兩, 莫能逢之. 用能協於上下, 以承天休. 桀有昏德, 鼎遷於商, 載祀六百. 商紂暴虐, 鼎遷於周.

세상에 덕행이 행해지면 비록 구정은 작아지지만 무겁고, 세상이 어지러워 간사한 사람이 들끓으면 구정은 커지지만 가벼워집니다. 하늘은 밝은 덕을 내려 밝은 임금이 머무는 곳이 있습니다. 성왕이 겹욕郟鄏(낙양)에 구정을 안치했을 때 대대로 30대에 걸쳐 700년 동안 나라가 이어질 거라는 복점蔔占(거북 껍질을 불에 태워서 그 갈라진 무늬로 길흉화복을 점침)이 나왔으니, 이것은 하늘의 뜻입니다. 주나라의 덕이 비록 쇠했으나, 하늘의 명은 바뀌지 않았습니다. 솥의 무게는 물을 만한 것이 아닙니다德之休明, 雖小, 重也, 其奸回昏亂, 雖大, 輕也. 天祚明德, 有所厎. 成王定鼎於郟鄏, 卜世三十, 卜年七百, 天所命也. 周德雖衰, 天命未改. 鼎之輕重, 未可問也."

이 말을 듣고 장왕은 돌아갔다.

문하門下

—— 문 문 아래 하 ——

본래 '문하門下'라는 말은 '문하생이 드나드는 권세 있는 집'을 가리켰다. '스승 집에 드나들며 가르침을 받는 사람'이라는 뜻도 있다. 문하생門下生과 같은 말이며, 문생門生이라고도 한다.

《회남자淮南子》〈도응훈道應訓〉 편에 나오는 말이다.

"공손룡이 제자를 돌아보고 말하기를 '문하 중에 일부러 큰 소리로 외칠 자가 있느냐公孫龍顧謂弟子曰: '門下故有能呼者乎?'"

바로 문하생, 제자의 의미다.

또 이런 내용도 있다. 《수서隋書》〈왕통전王通傳〉에 의하면, 수나라 말에 왕통王通이라는 유학자가 있었다. 그는 학문이 높고 세상 이치에 밝으나 벼슬할 생각을 하지 않았다. 그는 오히려 자기 학문을 다른 사람에게 가르쳐 유능한 인재를 양성하고자 했다.

왕통이 하분河汾이라는 곳에 집을 마련하고 자리를 잡자, 많은 사람이 멀리서 찾아와 문하생이 되었다. 그는 엄격한 가르침을 주면서 학문에 정진했다. 그의 제자 중에서 방현령, 위징, 정원程元 같은 이들은 유명한 인물이 되었다. 이로 인해 당시 사람들 가운데 왕통의 문하로 들어가려 하지 않는 이가 없어 '하분문하河汾門下'라는 말이 생겨나기까지 했다.

한편 《사기史記》〈위공자열전魏公子列傳〉에는 "평원군 문하에서 이 말을 듣고 절반 넘게 평원군을 떠나 공자에게로 왔다平原君門下聞之, 半去平原君歸公子."라고 기록되어 있으며, 여기서는 '문하'가 '문객門客'을 말하는 것으로 그 의미가 다르다.

물의物議

만물 물 논의할 의

'사물에 대한 논의'라는 말로, 세상 사람들의 평판 또는 비난을 뜻한다.

《한서漢書》〈사기경전謝幾卿傳〉을 보면, 사기경謝幾卿은 어릴 때부터 신동이라는 소리를 들을 만큼 총명하고 영특했다. 천성이 대범하고 술을 좋아하여 사귀는 친구도 많았다. 한번은 잔칫집에 갔다가 술에 취하지 않고 맑은 정신으로 집으로 향하게 되었는데, 도중에 술집을 보자 지나치지 못하고 수레를 멈추었다. 그러고는 같이 간 일행과 함께 술이 떨어질 때까지 마셨다.

사기경은 이러한 술버릇 때문에 끝내 관직에서 파면당하게 되었다. 무제는 사기경이 지방 토벌에 나갔다가 실패한 것을 문책하여 파면시켰는데, 이것은 사실상 명령을 수행하지 못해서 처벌받았다기보다 그의 자유분방하고도 방탕한 생활 태도 때문이었다.

이때 좌승左丞 유중용庾仲容도 파면되어 고향 집으로 돌아오게 되었다.

"두 사람은 득의양양하게 살았으니, 함께 덮개가 없는 수레를 타기도 하고, 교외 들판을 노닐면서 [세상의] 물의는 담아두지 않았다二人意相得, 竝肆情誕縱或乘露車, 歷遊郊野, 不屑物議."

물환성이物換星移

만물 **물** 바뀔 **환** 별 **성** 옮길 **이**

'만물은 바뀌고 별은 옮겨간다'는 말로, 시대와 세태가 끊임없이 변화하는 것을 뜻한다.

초당初唐(당나라 국초國初인 618년부터 현종 즉위년인 712년까지의 약 100년간을 말함) 시인 왕발王勃의 〈등왕각騰王閣〉에 나온다.

'초당사걸初唐四傑'로 불린 왕발은 강주絳州 용문龍門 사람으로 약관의 나이에. 과거에 급제하여 괵주참군虢州參軍을 지냈으나, 두 차례나 면직당하는 우환을 겪기도 했다. 그는 교지령交趾令으로 좌천된 부친을 찾아가다 스물일곱의 젊은 나이에 물에 빠져 죽었다. 왕통의 손자이기도 하다.

왕발의 대표작 〈등왕각〉을 한번 음미해보자.

등왕이 세운 높은 누각 장강 기슭에 서 있으되
패옥 소리 말방울 소리에 가무는 사라졌네.
아침에는 채색 기둥에 남포의 구름 날고
저녁에는 구슬로 만든 발 걷고 서산의 비를 바라본다.
한가로이 떠가는 구름 연못의 짙은 물빛 언제나 유유한데
만물은 바뀌고 별을 옮겨간 지 몇 해가 지났던가.
누각에 계시던 황태자는 지금 어디 계시는지
난간 밖에는 장강만 부질없이 흐른다.

滕王高閣臨江渚, 佩玉鳴鸞罷歌舞.
畫棟朝飛南浦雲, 珠簾暮捲西山雨.
閑雲潭影日悠悠, **物換星移**幾度秋.
閣中帝子今何在, 檻外長江空自流.

등왕각은 당 고조 이연의 아들 등왕騰王 이원영李元嬰이 홍주도독洪州都督으로 있을 때 지은 누각이다. 왕발은 아버지를 찾아가는 길에 홍주도독

염백서閻伯嶼가 등왕각을 보수하여 베푼 낙성식에 참가했다. 이 시는 연회에서 염백서가 등왕각을 지은 내용을 개괄한 다음 끝부분에 붙인 것으로, 옛 등왕각의 아름다운 경치를 묘사하며 부귀영화의 덧없음을 탄식하고 있다.

1연에서 시인은 인생의 허무함을 시공時空과 흥쇠興衰를 대조시켜 표현하면서 등왕각의 아름다운 모습을 담담한 필치로 표현해나간다. 그 옛날 등왕의 생전에 들리던 패옥 소리와 방울 소리가 이미 사라진 데서 시인은 인생무상을 느낀다. 높게 솟아 있는 등왕각의 모습이 오히려 외딴곳에 떨어져 있는 것처럼 보일 뿐이어서 위용보다는 쓸쓸함만 휘몰아친다.

등왕각의 어제, 그리고 오늘의 모습은 단지 한가롭고도 유유하게 떠다니는 저 구름과 부질없이 흘러가는 장강만이 알 뿐이라는 푸념조의 마무리를 통해 마음껏 누렸던 부귀영화가 세월이 지나면 덧없는 것임을 느낄 수밖에 없다.

미망인未亡人

아닐 **미** 죽을 **망** 사람 **인**

'(남편과 함께 죽어야 하는데) 아직 죽지 않은 사람'이라는 말로, 보통 남편이 죽고 홀로 남은 여자를 가리킬 때 쓴다.

《춘추좌씨전春秋左氏傳》 장공莊公 28년에 나온다.

초나라 재상 자원子元이 문왕文王의 부인을 유혹하려 했다. 당시 문왕은 이미 저승길로 가고 부인만이 쓸쓸히 시간을 보내고 있었다. 자원은 우선 궁궐 옆에 집을 지었다. 그러고는 그곳에서 은나라 탕왕이 처음 추었다는 만무萬舞를 추었다. 문왕의 부인은 그 음악 소리를 듣고 눈물을 흘리며 말했다.

"돌아가신 왕은 이 무악을 군사들을 훈련시킬 때 사용하셨는데, 지금 재상은 이것을 원수들을 무찌르는 데 사용하지 않고, 미망인의 곁에서 사용하고 있으니 괴이하지 않은가先君以是舞也, 習戎備也, 今令尹不尋諸仇讎, 而於未亡人之側, 不亦異乎?"

한편 이러한 이야기도 있다.

전국시대 일이다. 위衛나라 정공定公이 세상을 떠나자, 왕위 계승은 첩이 낳은 아들 간衎의 몫이었다. 그는 아버지의 죽음을 슬퍼하는 기색은커녕 눈물 한 방울 흘리지 않고 흉악하기가 이를 데 없었다. 비妃 강씨薑氏는 간의 태도에 분개하며 탄식하듯 뇌까렸다.

"저놈이 위나라를 망하게 할 텐데, 아마 반드시 미망인인 나부터 비롯될 것이겠지! 아, 하늘이 위나라를 재난에 빠뜨렸구나! 내가 전鱄(강 부인의 아들)에게 사직을 맡게 하지 못하다니是夫也, 將不唯衛國之敗, 其必始於未亡人! 烏呼, 天禍衛國也夫! 吾不獲鱄也使主社稷!"

대부들은 이 말을 듣고 두려움에 떨었다.

남편이 죽고도 살아가는 게 죄스러웠던 것은 옛날 일이다. 오늘날 이 말은 남편과 사별한 부인을 높여 부르는 말로 달리 쓰이고 있다.

미봉책彌縫策

—— 꿰맬 **미** 꿰맬 **봉** 꾀 **책** ——

'꿰매어 깁는 계책'이라는 말로, 잘못된 것을 임시변통으로 꾸며댐을 뜻한다. 임시방편臨時方便, 고식책姑息策과 같다.

《춘추좌씨전春秋左氏傳》 환공桓公 5년조에 나오는 말이다.

춘추시대에 주나라는 명분상 천자 나라였지만 실제로는 제후국의 나라였다. 환왕桓王은 기울어가는 주 왕실의 세력을 일으킬 방도를 모색하다가 평소 오만방자한 정나라를 치기로 했다. 당시 정나라는 한창 세력을 확장하여 강성해졌으므로 노골적으로 천자를 무시하는 경향이 짙었다.

정나라를 다스리는 이는 장공莊公이었는데, 환왕은 공격에 앞서 그의 왕실 경사卿士로서의 자격을 박탈했다. 장공은 이에 분개하며 신하가 임금을 찾아뵙는 조견朝見을 그만두었다. 환왕은 장공의 이런 태도를 빌미로 징벌군을 일으키고 괵虢·채蔡·위衛·진陳 나라의 군사를 규합하여 자신이 총사령관을 맡았다.

왕군王軍은 정나라에 이르러 환왕이 중군을 맡고, 괵공 임보林父는 우군을 거느렸다. 채나라와 위나라 군사가 여기에 속했다. 주공 흑견黑肩은 좌군을 이끌었다. 진나라 군사가 여기에 속했다.

정나라의 자원子元이 좌거左拒(방형의 진형)를 만들어 채나라와 위나라를 상대하고, 우거右拒를 만들어 진나라를 상대하게 하며 말했다.

"진나라는 어지러워 병사들이 싸울 마음이 없으니 그들을 먼저 습격하면 반드시 달아날 것입니다. 천자의 병사들도 그것을 보면 반드시 대열이 어지러워질 것입니다. 채나라와 위나라의 병사들 역시 오래 지탱하지 못하고 틀림없이 먼저 달아나려고 할 것입니다. 이때 병력을 모아 천자의 병사들을 집중 공격하면 승리할 수 있습니다陳亂, 民莫有鬪心, 若先犯之, 必奔. 王卒顧之, 必亂. 蔡衛不枝, 固將先奔. 旣而萃於王卒, 可以集事."

장공은 원의 의견을 받아들여 직접 병사들을 이끌고 출전하여 승리했다. 이때 장공은 '어려지진魚麗之陳(물고기가 떼를 지어 앞으로 나아가는 것처럼 둥글고 긴 대형이나 진법)'으로 진陣을 쳤는데, 장공이 친 진은 '선편후오, 오승미봉先偏後伍, 伍承彌縫'이었다. 이것은 곧 '전차를 앞에 세우고 보병을 뒤따르게 하는데, 전차와 전차 사이의 간격을 보병으로 미봉한다'라는 뜻이다.

여기서 '미봉'이란 군대를 재배열하여 보충하여 메운다는 뜻이다. 이렇듯 미봉은 군대와 관련 있는 말이었다. 하지만 원뜻과는 달리 흔히 일을 근본적으로 해결하지 않고 땜질식으로 처방할 때 '미봉책'이라는 말을 쓴다.

미생지신尾生之信

꼬리 **미** 날 **생** 어조사 **지** 믿을 **신**

'미생의 믿음'이라는 말로, 약속을 굳게 지키는 사람을 가리킨다. 융통성이 없는 어리석은 믿음을 뜻하기도 한다.

춘추시대 노나라에 미생尾生이라는 남자가 살았다. 그는 신의가 두터운 사람으로 약속한 것은 어떤 경우를 막론하고 지키는 사람이었다.

하루는 사랑하는 여인과 다리 밑에서 만나기로 약속을 했다. 그는 약속한 시간에 그 다리 밑으로 갔지만 여인은 약속 시간이 훨씬 지나도 나타나지 않았다. 미생은 조금만 기다리면 오리라고 생각하여 계속 그녀를 기다렸다.

그런데 갑자기 장대비가 쏟아지더니 개울물이 점점 붇기 시작했다. 처음에는 미생의 발등까지밖에 닿지 않았지만 시간이 흐를수록 무릎을 적시고 허리, 가슴, 목까지 차올랐다. 그러나 미생은 그 자리를 떠날 수가 없었다. 다리 기둥을 붙들고 물살에 휩쓸려가지 않으려고 발버둥을 쳤지만 급속도로 불어나는 물에 끝내 익사하고 말았다.

《장자莊子》〈도척盜跖〉 편에서 도척은 미생을 다음과 같이 비판했다.

"[제사에 쓰려고] 찢어발긴 개나 떠내려가는 돼지, 또는 바가지를 든 거지와 다를 바가 없다. 모두 명목에만 달라붙어 죽음을 가벼이 여겼고, 본성으로 돌아가 수명을 보양하려 하지 않았기 때문이다無異於磔犬, 流豕, 操瓢而乞者. 皆離名輕死, 不念本養壽命者也."

미생의 어리석은 행동을 비판한 이 말은 공자를 중심으로 한 유가의 명분만 좇는 모습을 빗댄 것이다.

반면 《사기史記》〈소진열전蘇秦列傳〉에서 소진은 연나라 왕을 만났을 때 약속을 굳게 지킨 미생을 칭찬하며 이렇게 말했다.

"미생처럼 신의 있는 자는 다리 밑에서 여인과 만나기로 약속했으나, 그 여인이 오지 않자 물이 불어도 떠나지 않은 채 다리 기둥을 껴안고 죽었습니다. 이처럼 신의 있는 사람을 왕께서는 또 어떻게 천 리 밖으로 보내 제나라의 강한 군대를 물리치게 할 수 있겠습니까 信如尾生, 與女子期於梁下, 女子不來, 水至不去, 抱柱而死. 有信如此, 王又安能使之步行千里卻齊之彊兵哉?”

미연방未燃防

아닐 **미** 불탈 **연** 막을 **방**

'불이 나기 전에 막는다'는 말로, 곡돌사신曲突徙薪 · 방화어미연防禍於未然 · 방환미맹防患未萌 · 방미두점防微杜漸 · 유비무환有備無患 · 미우주무未雨綢繆와 같은 뜻이다. 임갈굴정臨渴掘井 · 강심보루江心補漏 · 환지호천患至呼天과 반대되는 말이다.

진晉나라 육기陸機는 오吳나라 세족이었으나, 오나라가 망한 뒤 문을 걸어 잠그고 독서에 전념하여 훗날 훌륭한 문인이 될 수 있는 기초를 닦았다. 나중에 동생 육운陸雲과 함께 낙양으로 와서 장화張華를 만나 그의 추천으로 벼슬도 하고 문명文名도 날리기 시작했다. 그는 시인으로서보다 위진남북조시대의 대표적인 문학비평서《문부文賦》의 저자로 더 유명하다.

육기는 악부 17수를 지었는데, 그 가운데 〈군자행君子行〉이란 작품에 이 말이 나온다.

하늘의 일이 평탄하고 쉬운 것과 달리
사람의 일은 험한 데다 어렵기까지 하구나.
길한 일과 흉한 일은 서로 기대 뒤따르고
뒤집어지는 것이 크고 작은 물결 같도다.
병이 나아도 괴로움은 멀리 있지 않고
걱정거리는 아닌 것 같은 곳에서 생겨나는 법이다.
불을 가까이하면 마땅히 뜨거워지는 것인데
얼음 위에서 어찌하여 추위를 무서워하는가.
형제를 이간질하면 하늘의 도가 사라지고
오해는 성인조차 의심하는 마음을 내게 하는데,
쫓겨난 신하에게 무슨 할 말이 있고
버려진 친구의 탄식을 어찌하여 가당하다 하겠는가.
복이 올 때는 언제나 조짐이 있고

재앙이 찾아올 때도 까닭이 없지 않으니,
하늘이 주는 손해는 거절하기가 쉽지 않고
사람이 주는 이익은 오히려 반길 만하다.
귀감을 어찌하여 먼 데서만 찾는가
눈앞에 비뚤어진 갓이 본보기일 터인데.
인정에 맞추는 것이 힘들어도 스스로 믿고
군자는 불이 나기 전에 미리 막는다.

天道夷且簡, 人道險而難.
休咎相乘躡, 翻覆若波瀾.
去疾苦不遠, 疑似實生患.
近火固宜熱, 履冰豈惡寒.
掇蜂滅天道, 拾塵惑孔顔,
逐臣尚何有, 棄友焉足歎.
福鍾恒有兆, 禍集非無端,
天損未易辭, 人益猶可歡.
朗鑒豈遠假, 取之在傾冠
近情苦自信, 君子防未然.

군자는 멀리 앞을 내다보고 결정하지 사사로운 정에 이끌리지 않기 때문에 언제나 복을 받는다는 말이다.

민무신불립民無信不立

백성 **민** 없을 **무** 믿을 **신** 아니 **불** 설 **립**

'백성이 믿어주지 않으면 존립할 수 없다'는 말로, 정치는 백성의 신뢰와 지지를 얻음으로써 성립한다는 뜻이다.

정치가이자 외교가로서 명성을 떨친 자공이 어느 날 공자에게 정치의 기본에 관해 물었다. 그러자 공자는 정치의 핵심 요소로 "식량을 충족시키는 것, 병기를 충분하게 하는 것, 백성들이 [군주를] 믿게 하는 것足食足兵, 民信之矣."(《논어論語》〈안연顔淵〉 편)을 꼽았다. 자공이 이 셋 중에서 무엇을 포기해야 하느냐고 묻자 공자는 주저 없이 '병기'를 버리라고 했다(去兵). 다시 공자에게 남아 있는 것 중에서 또 무엇을 버리면 되느냐고 하자 '식량'을 버리라고 했다(去食). 그러고는 결코 버려서는 안 될 것으로 백성의 신뢰를 꼽으면서 "옛날부터 [사람은] 누구나 죽게 되지만, 백성이 믿어주지 않으면 [나라는] 존립할 수 없다自古皆有死, **民無信不立**."고 했다.

공자의 사상에서 '신信'의 의미는 매우 중요하다. 자장이 공자에게 인仁의 내용을 물었을 때 '공손함(恭) · 너그러움(寬) · 믿음(信) · 영민함(敏) · 은혜(惠)' 등 다섯 가지 항목을 거론하면서 그 중심에 '신'을 두었다. 믿음이 있어야 사람들이 신임하게 된다고 생각했다. 그리고 공자는 "충심과 믿음을 주로 하는" 것을 강조하고, "말에는 반드시 믿음이 있어야" 한다면서 '의義 · 예禮 · 손孫(겸손) · 신信'을 군자의 네 가지 덕목으로 꼽았다.

세상에 이름이 알려진 쉰 살 이후 공자는 천하 제후국을 주유하면서 가장 절실하게 깨달았던 것이 있다. 바로 군사력과 식량 등 안보와 경제 요소보다 오히려 절대적으로 중요한 것이 바로 보이지 않는 민초들의 신뢰라는 사실이다. 또 어떤 군주도 이것을 제대로 알지 못했다는 점이다.

박시제중博施濟衆

넓을 **박** 베풀 **시** 구제할 **제** 무리 **중**

'널리 베풀어 많은 사람을 구제한다'는 뜻으로, 백성들에게 은혜를 베푸는 인정仁政을 의미한다.

《논어論語》〈옹야雍也〉 편에 나오는 말이다.

자공이 공자에게 물었다.

"만약 백성들에게 널리 [은덕을] 베풀어 많은 사람을 구제할 수 있다면, 어떻습니까? [그를] 인仁하다고 할 수 있습니까如有**博施**於民而能**濟衆**, 何如? 可謂仁乎?"

그러자 공자는 단순히 인에 그치는 게 아니라 성인聖人의 덕치일 것이라고 답했다.

공자 시대에는 타고난 성인만이 백성을 널리 이롭게 할 수 있었다. 군주에게만 성인의 면허증이 발부되었기 때문이다. 오늘날은 다르다. 타고난 혈통이 아니라 실력을 통해 만인지상萬人之上의 자리에 오를 수 있다. 그렇다면 실력만 있으면 널리 백성을 이롭게 할 수 있는가? 그렇지 않다. 반드시 인仁과 서恕와 충忠이 있어야 한다.

인仁은 "자기가 서고자 하면 남을 일으켜주고, 자신이 이루고자 하면 남을 이루게 해주는 것己欲立而立人, 己欲達而達人"이다.

인仁은 인人과 인人이 기대고 있는 글자로 기본적으로 '사람을 사랑하는 것愛人'이다. 서恕는 "자기가 하고자 하지 않는 바를 남에게 하라고 하지 않아야己所不欲, 勿施於人" 한다는 것이다. 서는 '여如'와 '심心'이 합쳐진 단어다. 서로 마음이 같다는 것인데, 다른 사람의 입장에서 배려한다는 것이다. '충忠'은 마음을 중심에 둔다는 원리다. 이는 진심盡心, 즉 마음을 다하는 것이지 결코 충성을 맹세함을 뜻하지 않는다. 인과 서는 거의 같은 개념이고, 충은 그것을 실행하는 마음 자세다.

위정자는 인서仁恕의 마음을 품고 백성에게 충忠해야 한다. 그래야 박시제중할 수 있다.

반간反間

되돌릴 **반** 틈 **간**

'거짓으로 적국 사람이 되어 적정을 탐지하여 본국에 알리는 일 또는 그 일을 하는 사람'을 뜻한다. 적국의 간첩을 역이용하여 적이 탐지한 책략과 반대가 되는 책략을 쓰는 것을 가리키기도 하고, 이간질을 뜻하기도 한다.

《손자병법孫子兵法》〈용간用間〉 편에 나오는 말로 다섯 종류의 간첩이란 의미의 오간五間 중 하나다.

손무孫武는 오늘날 첩자에 해당하는 간자間者를 오간으로 분류했다.

"간첩을 활용하는 데에는 다섯 가지가 있으니, '인간因間'이 있고, '내간內間'이 있으며, '반간反間'이 있고, '사간死間'이 있으며, '생간生間'이 있다. 다섯 유형의 간첩이 모두 일어나면 [적군은] 아무도 우리의 도를 알 수 없으니 이것을 일컬어 '신기神紀(신묘하여 추측하기 어려운 도道)'라고 하며 다른 사람의 군주 된 자의 보배다. '인간因間'은 그 고향의 사람을 활용하는 것이다. '내간'은 적의 관료를 활용하는 것이다. '반간'은 적의 간첩을 [아군의 첩자로] 활용하는 것이다. '사간'은 조정 밖에서의 일을 거짓된 것으로 만들어 우리 아군의 간첩이 그것을 알게 하고 [다시] 적의 간첩에게 전달되게 하는 것이다. '생간'은 돌아와 [적정을] 보고하게 하는 것이다用間有五: 有因間, 有內間, 有**反間**, 有死間, 有生間. 五間俱起, 莫知其道, 是謂神紀, 人君之寶也. 因間者, 因其鄕人而用之. 內間者, 因其官人而用之. **反間**者, 因其敵間而用之. 死間者, 爲誑事於外, 令吾間知之, 而傳於敵. 生間者, 反報也."

손무가 간자를 중시한 까닭은 적국과 싸워 이기려면 삼군의 군사력보다 정보가 더 중요함을 알았기 때문이다.

춘추전국시대에 첩자는 필요악의 존재를 넘어서 보편적이었다. 전쟁은 반드시 외교전을 전초전으로 치렀고, 외교와 전쟁의 갈림길은 첩자들의 활약상에서 결정되었다. 워낙 첩자가 많다 보니, 왕은 최측근을 제외하고는 신하 대부분을 믿지 않았고 감시를 붙이기도 했다.

'필취어인必取於人'이란 말도 있듯이, 전쟁도 사람을 통해서 정보를 얻어내라는 것이다. 사람을 통하라는 것인즉슨 적국이나 적진의 깊숙이 침투해서 깊이 있는 정보를 캐내라는 것이다. 외부의 관찰은 한계가 있고 전쟁을 수박 겉핥기식으로 얻어낸 정보를 가지고 할 수는 없다.

특히 손무는 첩자를 친밀하게 대하여 신뢰를 얻고, 상을 후하게 주며, 기밀을 유지하고, 지혜와 인과 의를 갖추어야 하며, 첩자가 제공하는 첩보를 판별하는 능력도 갖추어야 한다고 말했다. 이러한 능력을 갖추지 않는다면 첩자를 활용할 도리가 없다. 특히 첩자를 활용하는 데에는 기밀 유지가 최우선으로 '발설한 자와 들은 자를 모두 죽여야 한다'는 말은 섬뜩할 정도다.

반골反骨

되돌릴 **반** 뼈 **골**

'거꾸로 난 뼈'라는 말로, 모반을 뜻한다. 또는 세상의 권위 따위에 순종하지 않는 기질이나 사람을 따르지 않는 기질을 뜻하기도 한다.

《삼국지三國志》〈촉서蜀書 · 위연전魏延傳〉을 보면, 위연魏延은 자가 문장文長이고 의양군 사람이다. 그는 부속部屬 신분으로 유비를 따라 촉으로 들어가 여러 차례 전공을 세웠으므로 아문장군牙門將軍으로 승진했다.

유비는 한중왕이 되어 성도로 옮겼으므로 한천漢川(한중 일대)을 지킬 중요한 장수를 얻어야 했다. 사람들이 논하기는 틀림없이 장비가 임용될 것이라고 했고, 장비도 마음속으로 자신일 거라고 생각하고 있었다. 그런데 유비가 뜻밖에 위연을 뽑아 한중을 감독하는 진원장군鎭遠將軍으로 삼고 한중 태수를 겸하도록 하자 군사들은 다 놀랐다.

유비는 신하들을 모아놓고 위연에게 물었다.

"지금 그대에게 중요한 임무를 맡겼는데 그대는 직무를 어떻게 감당할지 말해보시오."

이에 위연은 이렇게 대답했다.

"만일 조조가 천하를 들어서 온다면 대왕을 위해 그를 막기 청합니다. 부장이 이끄는 10만 병사를 이르게 한다면 대왕을 위해 그들을 섬멸시키고자 청합니다若曹操舉天下而來, 請爲大王拒之. 偏將十萬之衆至, 請爲大王呑之."

유비는 그를 매우 칭찬했고, 사람들도 다 위연의 장엄한 말에 감복했다.

위연은 매번 제갈량을 수행하여 출정했는데 문득 병사 1만 명을 요청하여 제갈량과는 다른 길로 나아가 동관에서 만나 한신의 선례에 따르려고 했지만 제갈량이 제지하고 허락하지 않았다.

위연은 늘 제갈량을 겁쟁이라고 하며 자기 재능을 마음껏 펼칠 수 없음을 한탄했다. 위연은 사졸을 잘 양성하고 사람들을 뛰어넘는 용맹함이 있으며 성격이 오만함으로, 그때 사람들은 다 그를 피했다.

제갈량의 진영에서 10리 떨어진 곳까지 나간 위연은 머리에 뿔이 돋는 꿈을 꾸었다. 꿈을 풀이하는 조직趙直에게 묻자, 조직은 위연을 속여서 말했다.

"기린은 뿔이 있지만 쓰지 않습니다. 이것은 싸우지 않고 적군이 자멸하려는 징조입니다夫麒麟有角而不用. 此不戰而賊欲自破之象也."

조직은 물러나 다른 사람에게 일렀다.

"각角이라는 글자는 칼〔刀〕 아래에 쓰였습니다. 머리 위에 칼을 쓰고 있으므로 매우 불길합니다角之爲字, 刀下用也. 頭上用刀, 其凶甚矣."

위연은 조직의 해몽을 믿고 모반을 꾀하려 했다. 그러나 위연의 모반을 미리 알아챈 제갈량은 자신이 죽기 전에 이런 일에 대비하여 계략을 세워두었다. 위연이 피살되고 유비가 그 이유를 제갈량에게 묻자 이렇게 말했다.

"제가 보기에 위연의 머리 뒤에는 거꾸로 난 뼈가 있었습니다吾觀魏延腦後有**反骨**."(《삼국지연의三國志演義》 53회) 그래서 위연은 군권을 장악하려다 끝내 양의楊儀가 보낸 마대馬岱의 칼에 목이 잘렸으며, 삼족이 멸해졌다.

반근착절盤根錯節

— 소반 **반** 뿌리 **근** 섞일 **착** 마디 **절** —

'서린 뿌리와 섞인 마디'라는 말로, 얽히고설켜 해결의 실마리를 찾지 못하는 어려운 일을 비유한다. 또는 어떤 세력의 뿌리가 깊어 제거하기가 어려움을 뜻한다.

《후한서後漢書》〈우후전虞詡傳〉에 의하면, 후한의 6대 황제인 안제安帝는 열세 살이라는 어린 나이로 제위에 올랐으므로 화제和帝의 등 황후鄧皇后가 섭정을 하게 되었다. 이 무렵 서북쪽 변방에서는 강족羌族의 반란이 잦았고, 선비鮮卑와 흉노 등이 호시탐탐 쳐들어올 기회만을 엿보고 있었다. 게다가 나라 안은 극심한 가뭄으로 흉년이 들었다.

이처럼 나라 안팎의 상황이 여의치 못하자, 당시 병권을 쥐고 있던 등즐鄧騭은 국비가 부족하다는 이유를 들어 양주涼州 땅을 포기하려 했다. 그러나 낭중郞中 우후虞詡는 등즐의 결정에 강력히 반대하고 나섰다. 양주는 본래 수많은 열사와 무인을 배출한 곳이라 상징적인 의미가 크기 때문이었다. 신하들도 우후의 주장에 동의하여 등즐의 계획은 실현되지 못했다.

그 뒤로 등즐은 우후를 미워하기 시작했다. 그러던 참에 조가현朝歌縣에 비적匪賊이 나타나 그곳 현령이 살해되는 사건이 일어나자, 우후를 현령으로 삼아 토벌하라는 지시를 내렸다. 사람들은 우후의 앞날을 걱정했으나 우후는 태연히 말했다.

"뜻은 바꿈을 구하지 않고, 일은 어려움을 피하지 않는 것이 신의 직책이오. 서린 뿌리와 섞인 마디를 부딪치지 않고야 어찌하여 유달리 기물을 예리하게 할 수 있겠는가志不求易, 事不避難, 臣之職也. 不遇**盤根錯節**, 何以別利器乎?"

조가현에 온 우후는 여러 계책으로 비적을 말끔히 소탕했다.

반도이폐半途而廢

반 **반** 길 **도** 어조사 **이** 폐할 **폐**

'절반의 길에서 그만둔다'는 뜻으로, 시작은 있으나 끝이 없음을 말한다. 중도이폐中道而廢라고도 한다.

《예기禮記》〈중용中庸〉 편에 나오는 말로, 공자가 말했다.

"숨긴 것을 찾아내고 괴이한 행동을 하면 후세에 기록해줄 사람이 있겠지만, 나는 이런 일을 하지 않는다. 군자는 도를 따라 행하다가 길 반쯤에서 그만두지만 나는 그칠 수가 없구나. 군자는 중용에 의거하다가 세상에 은둔하여 알려지지 못한다 해도 후회하지 않으니 오직 성인만이 할 수 있다素隱行怪, 後世有述焉, 吾弗爲之矣. 君子遵道而行, **半塗而廢**, 吾弗能已矣. 君子依乎中庸, 遯世不見知而不悔, 唯聖者能之."

이 문장을 주희는《중용장구中庸章句》에서 이렇게 해설했다.

"도를 지켜 행함은 능히 선善에서 택하는 것이요, 중도에 그만두는 것은 힘이 부족하여 그러는 것이다. 이는 그 지혜는 족히 이에 미칠 수 있지만 행동이 미치지 못함이 있어서 그러하니 마땅히 강해야 할 것에 강하지 못한 경우다. 이己는 그치는 것이다. 성인은 이에 억지로 하면서 감히 폐하지 못하는 게 아니라, 대체로 지극히 성실해서 쉬지 않아 저절로 그만둘 수 없는 바가 있는 것이다."

이 성어와 관련된《후한서後漢書》〈열녀전列女傳〉의 다음 이야기도 널리 알려져 있다.

후한 때 하남군에 현명하고 총명한 여자가 있었는데, 사람들은 그녀의 이름은 알지 못하고 그녀의 남편 이름이 악양자樂羊子인 것만 알았다. 어느 날 악양자가 길에서 금덩어리를 주워서는 집에 돌아와 아내에게 주었다. 아내는 길에서 주워온 것임을 알고는 이렇게 말했다.

"제가 듣자 하니 먼 길을 가려는 사람은 도천의 물을 마시지 않고, 품행이 깨끗한 사람은 '아, 와서 먹게.'라며 주는 음식을 받지 않는다고 합니다妾聞志士不飮盜泉之水, 廉者不受嗟來之食."

악양자는 이 말을 듣고 매우 부끄러워 금덩어리를 멀리 내던지고 스승을 찾아 학문을 익히러 떠났다. 1년 뒤에 악양자가 집으로 돌아왔다. 아내가 악양자에게 그 까닭을 물었다.

악양자가 말했다.

"다른 까닭은 없고 집 나선 지가 오래되어 집 생각이 나서 왔소."

아내는 이 말을 듣고 짜고 있던 베를 칼로 잘라버렸다. 악양자는 아내의 행동을 보고 느낀 바가 있어 학문에 정진한 결과 7년 만에 커다란 성취를 이루었다.

반문농부班門弄斧

나눌 **반** 문 **문** 희롱할 **농** 도끼 **부**

'노반魯班의 문 앞에서 도끼를 휘두른다'는 말로, 자신보다 실력이 현저히 앞선 대가 앞에서 분수도 모르고 잘난 체를 한다는 뜻이다.

옛날에 노반이라는 이는 도끼를 다루는 데 뛰어난 재주가 있었다. 그러니까 노반의 집 문 앞에서 도끼를 가지고 장난치는 일은 우습고 한심스러운 일이 아닐 수 없었다.

당나라 시인 유종원柳宗元은 〈왕씨백중창화시서王氏伯仲唱和詩序〉라는 글에서 이 말을 인용했다.

"반씨와 영씨의 문에서 도끼를 다루니, 이는 두꺼운 얼굴일 뿐이다操斧於班郢之門, 斯強顔耳."

좀 더 분명한 근거는 명나라 시인 매지환梅之煥에 의한 것이다. 매지환이 당나라 시인 이백이 만년에 유람하던 채석강采石江에 갔는데, 물속에 있는 맑고 고운 달을 보고 뛰어들었다는 이백의 전설이 떠올랐다. 주변을 돌아보니 이백의 묘와 적선루謫仙樓 등 적잖은 명승고적이 있었다. 이날 매지환은 이백의 묘비에 많은 시문이 쓰여 있는 것을 보고는 일필휘지하여 시 한 수를 썼다.

채석강 가에 한 무더기 흙이 있는데
이백의 이름은 천고에 드높다.
이리저리 왔다 갔다 하며 시 한 수를 지으니
노반의 문 앞에서 큰 도끼를 휘두르는 것 같구나.
采石江邊一堆土, 李白之名高千古.
來來往往一首詩, 魯班門前弄大斧.

잘 알다시피, 이백은 시 1000여 수를 남겼는데, 형식적인 데 매이는 것을 싫어한 그의 낭만적 기질은 서정성이 뛰어난 감각적 시의 독보적 경지를 개척했다.

이백은 풍류를 좋아하여 술과 달을 소재로 삼아 노래한 작품이 많은데 대부분 명작으로 손꼽힌다. 그런 이백의 무덤 앞에서 이런 시를 남기고 있으니 광인狂人 이백의 눈으로 보면 '반문농부'가 아니겠는가?

반식재상伴食宰相

짝 **반** 먹을 **식** 재상 **재** 서로 **상**

'곁에서 짝하여 밥 먹는 재상'이라는 말로, 하는 일도 없이 다른 사람 덕분에 자리만 차지하고 있는 무능한 벼슬아치를 비유한다. 혼세마왕混世魔王, 반식중서伴食中書, 반식대신伴食大臣이라고도 한다.

당나라 현종은 개원지치開元之治로 국력을 증강해서 최대 전성기를 맞이했다. 모든 주변 이민족은 당나라의 위세에 굴복하여 줄지어 조공했고, 장안은 세계적인 국제도시로 번영했다. 이때 현종을 보좌한 어진 신하 가운데 요숭姚崇이라는 이가 있었다.

《구당서舊唐書》〈노회신전盧懷愼傳〉을 보면, 요숭은 업무 처리에 탁월한 능력을 발휘하여 주어진 일은 무엇이든지 확실하게 처리했다. 요숭이 이 방면에서 이름을 낼 수 있었던 데에는 그와 함께 황문감黃門監(환관 감독부서의 으뜸 벼슬)으로 있던 노회신盧懷愼의 도움도 적지 않았다.

노회신은 지나칠 만큼 청빈한 생활을 하여 그 처자식은 언제나 먹고 입는 것을 걱정하지 않는 날이 없었지만, 관리로서 그의 업무 능력은 그다지 높이 평가받지 못했다.

요숭이 휴가를 얻어 열흘 동안 자리를 비우게 되었을 때, 노회신이 그 일을 대신하게 되었다. 그런데 그의 업무 처리 능력은 요숭과 견줄 수 없었으므로 일을 재빠르게 처리하지 못하여 일거리가 점점 쌓여 갔다. 산더미처럼 쌓인 일거리는 요숭이 휴가를 마치고 돌아온 뒤에야 제대로 처리될 수 있었다. 그래서 다음과 같이 기록했다.

"[이런 일이 있고 난 후] 노회신은 자기 역량이 요숭에게 미치지 못함을 깨닫고 모든 일을 미루어 사양했다. 그래서 당시 사람들은 그를 '반식재상'이라고 일컬었다懷愼自以爲吏, 道不及崇, 每事皆推讓之. 時人謂之**伴食宰相**."

반의희斑衣戱

얼룩 반 옷 의 놀 희

'반斑' 자는 얼룩진 무늬를 뜻한다. '알록달록한 옷을 입고 논다'는 말로, 어버이에게 효도함을 뜻한다. 노영지희老英之戱, 반의지희班衣之戱, 노래지희老萊之戱라고도 한다.

당나라 이한李翰이 네 글자를 한 구句로 하여 엮은 아동용 교과서《몽구蒙求》〈고사전高士傳〉을 보면, 춘추시대 노나라에 노래자老萊子라는 사람이 살았다. 그는 효심이 지극하여 부모님을 봉양하는 일에 정성을 다했다. 그는 일흔의 백발노인이 되었지만, 그 부모는 정성껏 보살피는 아들의 효성 때문인지 그때까지 정정하게 살아 있었다.

노래자는 늘 어린아이처럼 알록달록한 무늬가 있는 옷을 입고 천진난만한 표정으로 부모님 앞에서 재롱을 떨었다. 그 재롱에 부모님도 자신들의 나이가 얼마나 되는지 헤아리려 하지 않았고, 노래자도 나이 많은 부모님 앞에서는 자기 나이를 밝히지 않았다. 그리고 부모님 식사는 손수 갖다 드렸으며, 식사를 마칠 때까지 마루에 엎드려 있었다. 이것은 갓난아이가 울고 있는 모습을 흉내 낸 것이다.

초나라 왕실이 혼란해졌을 때 노래자는 몽산蒙山 남쪽에 숨어 밭을 갈아 생활하며 책을 썼다. 이때부터 '노래자'라고 부르게 되었다.

《북당서초北堂書鈔》〈효자전孝子傳〉에도 관련 고사가 나온다.

"노래자는 나이 일흔에도 부모님이 여전히 살아 계셔서 항상 색동옷을 입고 어린아이처럼 장난하면서 부모님을 즐겁게 해주었다老萊子年七十, 父母猶在, 萊子常服**斑**襴**衣**, 爲嬰兒**戱**以娛父母."

발본색원拔本塞源

—— 뺄 발 근본 본 막을 색 근원 원 ——

'나무를 뿌리째 뽑고 물의 근원을 없앤다'는 말로, 폐해弊害의 근원을 뽑아서 없애버림을 뜻한다. 발색본원拔塞本源이라고도 한다. 비슷한 뜻으로 거기지엽去其枝葉, 삭주굴근削株堀根, 전초제근剪草除根, 부저추신釜底抽薪, 불류여지不留餘地, 삭주굴근削株掘根, 본말도치本末倒置 등이 있다. 양탕지비揚湯止沸, 화상요유火上澆油, 포신구화抱薪救火 등은 반대의 뜻이다.

《춘추좌씨전春秋左氏傳》 소공昭公 9년조를 보면, 진晉나라가 천자 나라인 주나라를 무시하고 주변국의 땅을 빼앗자 주나라 경왕景王이 백부인 진나라 군주에게 사신을 보내 호소하는 말이 나온다.

"내게 백부님(평공을 가리킴)이 있는 것은 옷에 갓과 면류관이 있고, 나무와 물에 근원이 있으며, 백성에게 지혜로운 군주가 있는 것과 같습니다. 백부님이 만일 갓을 찢고 면류관을 훼손하고 뿌리를 뽑고 근원을 막으며 지혜로운 군주를 버린다면 오랑캐라 한들 어찌 한 사람이라도 남아 있겠습니까我在伯父, 猶衣服之有冠冕, 木水之有本原, 民人之有謀主也. 伯父若裂冠毁冕, **拔本塞原**, 專棄謀主, 雖戎狄, 其何有余一人?"

위 말의 요지는 좋은 관계를 뿌리 뽑고 물 막듯 할 필요가 있느냐는 것이다.

한편 명나라의 대표적인 철학자 왕양명王陽明은 '발본색원론拔本塞源論'을 제시했는데, 그 첫머리는 이렇다.

"이 '발본색원론'이 천하에 밝혀지지 않는다면 천하에 성인을 배우는 자가 나날이 번잡하고 어려워 이 사람들은 금수나 이적과 동류이나 오히려 스스로 성인의 학문이라고 생각한다夫'拔本塞源之論'不明於天下, 則天下之學聖人者, 將日繁日難, 斯人倫於禽獸夷伙, 而猶自以爲聖人之學."

왕양명이 '발본색원론'을 주장하게 된 것은 사람들의 사사로운 정과 욕심이 사회를 혼란스럽게 만들 뿐만 아니라 마지막에는 크나큰 화근이 되기 때문이다. 그는 이상 사회의 전형적인 인간상으로 요 · 순 · 우 같은 성인을 꼽았다.

발호跋扈

뛰어넘을 **발** 통발 **호**

발跋은 '뛰어넘는다'는 뜻이고, 호扈는 '대나무로 엮은 통발'이다. 작은 물고기는 통발에 남지만 큰 물고기는 그것을 뛰어넘어 도망쳐버리므로, 제 마음 내키는 대로 행동하는 것이나 아랫사람이 권력을 휘둘러 윗사람을 범하는 것을 가리킨다.

한나라가 외척과 환관들의 다툼 때문에 멸망했다는 것은 널리 알려진 사실이다. 《후한서後漢書》〈양통전梁統傳〉에 의하면, 외척 중에서 특히 8대 순제順帝 황후의 오라버니인 양기梁冀란 자가 20년에 걸쳐 실권을 장악하고 횡포를 부렸다. 그는 순제가 죽자 겨우 두 살짜리 조카를 9대 충제沖帝에 즉위시켰고, 1년 뒤에는 여덟 살짜리를 10대 질제質帝에 즉위시켰다. 질제는 어릴 때부터 총명했는데, 양기의 횡포가 이만저만 눈에 거슬리는 게 아니었다.

어느 날 질제는 신하들과 마주한 자리에서 양기에게 눈을 지그시 멈추고 말했다.

"이자가 발호장군이로군此**跋扈**將軍也."

이것은 양기가 물고기를 잡을 때 쓰는 통발을 뛰어넘어 도망친 큰 물고기처럼 방자함을 비유한 말이다. 양기는 이 말을 듣고는 화가 치밀어 측근에게 명하여 질제를 독살했다.

방약무인傍若無人

곁 방 같을 약 없을 무 사람 인

'곁에 사람이 없는 것 같다'는 말로, 주위에 있는 다른 사람을 전혀 의식하지 않고 자기 마음대로 말하거나 행동하는 대담무쌍함을 뜻한다. 방약무인旁若無人으로도 나오며, 비슷한 말로는 안중무인眼中無人 · 안하무인眼下無人 · 오안불손傲岸不遜 · 오만불손傲慢不遜 · 경거망동輕擧妄動이 있다.

《사기史記》〈자객열전刺客列傳〉에 나오는 말이다.

연나라 태자 단丹이 일찍이 조나라에 볼모로 가 있었는데, 훗날 시황제로 불린 진秦나라 왕 정政은 조나라에서 태어나 어릴 때 단과 사이가 좋았다. 정이 즉위하여 진나라 왕이 되자, 단은 진나라에 볼모로 갔다. 단에 대한 시황제의 예우가 좋지 못하자, 단은 이를 원망하며 연나라로 도망쳤다. 단은 연나라로 돌아와 진나라 왕에게 원수를 갚아줄 사람을 찾았으나 나라가 작아서 힘이 미치지 못했다.

이때 단의 마음속에 자객 형가荊軻가 들어왔다.

형가는 위衛나라 사람으로 책 읽기와 격투기, 검술을 좋아했다. 그는 그 재능으로 위나라 원군元君에게 유세했으나 등용되지 못했다. 그 뒤로 이곳저곳 떠돌아다니게 되었다. 한번은 갑섭蓋聶과 검술을 이야기하게 되었는데, 갑섭이 성을 내며 그를 노려보자 그대로 떠나버렸다. 그리고 한단에서 노구천魯句踐과 장기를 두었는데 장기판의 승부수를 놓고 다투게 되었다. 노구천이 성을 내고 꾸짖자, 형가는 아무 말 없이 달아나 결국 두 번 다시 만나지 않았다.

그 뒤 형가는 연나라로 가서, 연나라의 개 잡는 백정과 축筑(비파와 비슷한 현악기)을 잘 타는 고점리高漸離와 친하게 지냈다. 술을 좋아하는 형가는 날마다 개 백정과 고점리와 어울려 연나라 시장 바닥에서 술을 마셨다. 술이 얼큰하게 취하면 고점리가 축을 타고 형가는 그 소리에 맞추어 시장 가운데서 노래를 부르며 서로 즐겼으며, 그러다가 또 서로 울기도 했는데 마치 곁에 사람이 없는 것처럼 자유분방했다已而相泣, 旁若無人者.

형가는 비록 술꾼들과 사귀어 놀기는 했지만, 그 사람됨이 신중하고 침착하며 글 읽기를 좋아했다. 그는 제후국을 떠돌면서 한결같이 그곳의 현인이나 호걸, 나이 많고 덕을 갖춘 사람들과 사귀었다. 그는 결국 연나라에서 숨어 사는 선비 전광田光의 눈에 띄었고, 바로 진나라에 볼모로 잡혀 갔다가 돌아온 지 얼마 안 된 태자 단丹에게 소개되어 진시황 암살 계획에 동원된다. 자객 형가는 진나라를 모반하고 연나라에 숨어들어 온 번오기樊於期의 목과 연나라의 기름진 땅 독항督亢의 지도를 갖고 진시황을 죽이러 떠나야 했다.

그러나 형가 혼자 보내서는 안 된다는 것을 안 태자 단이 형가의 조수로 진무양秦舞陽을 추천했으니, 진무양은 열세 살 때 사람을 죽여 감히 쳐다보는 사람이 없을 정도였다.

그러나 형가는 그자를 거부하면서 자신은 진무양 아닌 그 누군가와 함께 떠나겠다고 머뭇거린다. 그러자 태자 단은 형가를 우유부단優柔不斷하다고 의심했고, 피 끓는 기개의 형가가 하직 인사 이후 먼 진나라로 발길을 재촉하면서 읊조린 말이 '장사일거불부반壯士一去兮不復返(장사는 한 번 떠나면 다시 돌아오지 못하리)'이다.

형가가 진시황과 지척의 거리를 두고도 결국 뜻을 이루지 못했던 것은, 이 슬픈 곡조의 노래에서 예고되었다고 할 수 있다.

> 바람 소리 소슬하고 역수는 차갑구나
> 장사가 한 번 떠나면 다시는 돌아오지 못하리.
> 風蕭蕭兮易水寒, 壯士一去兮不復返.

사마천은 형가가 떠나며 부른 이 노래를 "우성으로 노래하니 그 소리가 강개하여 듣는 사람들이 모두 눈을 부릅떴고, 머리카락이 관을 찌를 듯 치솟았다復爲羽聲慷慨, 士皆瞋目, 髮上指冠."라고 섬뜩한 어조로 묘사하고 있다.

《후한서後漢書》〈연독전延篤傳〉에도 관련 고사가 나온다.

"비록 고점리가 축을 타더라도 곁에 사람이 없는 것 같았다雖漸離擊筑, 傍若無人."

방촌이란方寸已亂

—— 모 **방** 마디 **촌** 이미 **이** 어지러울 **란** ——

'마음이 이미 혼란스러워졌다'는 말로, 마음이 흔들린 상태에서는 어떠한 일도 계속할 수 없음을 비유한다. 원말은 방촌란方寸亂이다. 심신부정心神不定, 여좌침전如坐針氈과 같다. 무동어충無動於衷, 심안리득心安理得은 반대의 뜻이다.

《삼국지연의三國志演義》 36회를 보면, 삼국시대에 유비를 보좌하던 사람 가운데 서서徐庶라는 이가 있었다. 서서는 탁월한 재능을 갖고 있을 뿐만 아니라 여러 종의 병서를 독파하여 특히 진영을 구축하는 일에 두각을 나타냈다. 당시 유비와 적대 관계에 있던 조조는 서서의 재능을 탐내 자기 사람이 되어달라고 청했지만 서서는 단호히 거절했다.

그러자 조조의 모사 정욱程昱이 꾀를 하나 냈는데, 서서가 지극한 효자라는 점을 이용하기로 한 것이다. 먼저 서서의 어머니를 속여 위나라로 데려온 뒤, 서서에게 투항하도록 종용하는 편지를 쓰게 했다. 그렇지만 서서의 어머니도 사사로운 정에 얽매이지 않는 여장부였으므로 조조의 요구를 거절했다. 할 수 없이 정욱은 서서 어머니의 필적을 흉내 내어 서서에게 편지를 보냈다.

마침 군사 문제를 계획하던 서서는 이 편지를 받고 마음이 혼란해졌다. 그래서 유비에게 가서 말했다.

정사《삼국지三國志》〈촉서蜀書 · 제갈량전諸葛亮傳〉에는 다음과 같이 기록되어 있다.

"본래 장군과 함께 천하를 제패하는 일을 도모하려고 이 작디작은 땅에 왔습니다. 그러나 지금은 노모를 잃게 되어 제 마음이 혼란스러워서 큰일에 이로움이 되지 못하겠으니, 청컨대 여기서 작별을 고합니다本欲與將軍共圖王霸之業者, 以此方寸之地也. 今已失老母, **方寸亂**矣, 無益於事, 請從此別."

배반낭자杯盤狼藉

잔 **배** 쟁반 **반** 어지러울 **낭** 어지러울 **자**

'잔과 쟁반이 어지럽게 흩어져 있다'는 말로, 술을 마시며 흥겹게 노는 모습이나 연회가 끝난 뒤 술잔과 접시가 어지럽게 흩어져 있는 모습을 뜻한다. 정정유조井井有條와 반대의 뜻이다.

《사기史記》〈골계열전滑稽列傳〉에 나오는 이 이야기는 꽤 흥미롭다.

순우곤淳于髡은 제나라 사람의 데릴사위로 들어갔다. 키는 일곱 자도 안 되지만 익살스럽고 변설에 능하여, 여러 번 제후에게 사신으로 나갔어도 일찍이 몸을 굽히거나 욕되게 행동하지 않았다.

위왕 8년에 초나라가 군대를 일으켜 제나라로 쳐들어왔다. 위왕은 순우곤을 시켜 조나라로 가서 구원병을 청하게 했고, 조나라 왕은 정예병 10만 명과 전차 1000승을 주었다. 초나라는 이 말을 듣고 밤에 군대를 이끌고 가버렸다.

위왕은 후궁에 주연을 준비하여 순우곤을 불러 술을 내려주며 이렇게 물었다.

"선생은 얼마나 마셔야 취하시오先生能飮幾何而醉?"

순우곤이 대답했다.

"저는 한 말을 마셔도 취하고, 한 섬을 마셔도 취합니다臣飮一斗亦醉, 一石亦醉."

위왕이 말했다.

"선생이 한 말을 마시고 취한다면 어떻게 한 섬을 마실 수 있겠소? 그 까닭을 들려줄 수 있소先生飮一斗而醉, 惡能飮一石哉? 其說可得聞乎?"

순우곤이 대답했다.

"대왕이 계신 앞에서 술을 내려주신다면 법을 집행하는 관리가 곁에 서 있고 어사가 뒤에 있어, 저는 몹시 두려워하며 엎드려 마시기 때문에 한 말을 못 넘기고 바로 취합니다. 만일 어버이에게 귀한 손님이 있어 제가 옷매무시를 단정히 하고 꿇어앉아 앞에서 모시며 술을 대접하면서 때때로 끝잔을 받기도 하고 여러 차례 일어나 술잔을 들어 손님의 장수를 빌기라도 하면, 두 말을 마시기 전에 곧바로 취합니다. 만약 사귀던 친구를 오랫동안 만나지 못하다가 뜻밖에 만나면, 매우 기뻐 지난날의 일들을 이야기하고 사사로운 생각이나 감정까지 서로 터놓게 되어 대여섯 말을 마시면 취합니다賜酒大王之前, 執法在傍, 御史在後, 髡恐懼俯伏而飮, 不過一斗徑醉矣. 若親有嚴客, 髡帣韝鞠跽, 待酒於前, 時賜餘瀝, 奉觴上壽, 數起, 飮不過二斗徑醉矣. 若朋友交遊, 久不相見, 卒然相睹, 歡然道故, 私情相語, 飮可五六斗徑醉矣.

만약에 같은 고향 마을에 모여 남녀가 한데 섞여 앉아 상대방에게 술을 돌리며 쌍육雙六과 투호投壺 놀이를 벌여 짝을 짓고 남자와 여자가 손을 잡아도 벌을 받지 않고, 눈이 뚫어져라 쳐다보아도 금하는 일이 없으며, 앞에 귀고리가 떨어지고 뒤에 비녀가 어지럽게 흩어지는 경우라면 저는 이런 것을 좋아하여 여덟 말쯤 마셔도 약간 취기가 돌 뿐입니다. 그러다 날이 저물어 술자리가 끝나면 술 단지를 한군데에 모아놓고 자리를 좁혀 남녀가 한자리에 앉고 신발이 뒤섞이고 술잔과 쟁반이 어지럽게 흩어지고 마루 위의 불이 꺼집니다. 주인은 저만 머물게 하고 다른 손님들을 돌려보냅니다. 이윽고 얇은 비단 속옷의 옷깃이 열리는가 싶더니 은은한 향내가 퍼집니다. 이때 제 마음은 매우 즐거워 술을 한 섬은 마실 수 있습니다. 그러므로 '술이 극도에 이르면 어지럽고 즐거움이 극도에 이르면 슬퍼진다.' 라고 하는데, 모든 일이 다 이와 같습니다若乃州閭之會, 男女雜坐, 行酒稽留, 六博投壺, 相引爲曹, 握手無罰, 目眙不禁, 前有墮珥, 後有遺簪, 髡竊樂此, 飮可八斗而醉二參. 日暮酒闌, 合尊促坐, 男女同席, 履舃交錯, **杯盤狼藉**, 堂上燭滅. 主人留髡而送客. 羅襦襟解, 微聞薌澤. 當此之時, 髡心最歡, 能飮一石. 故曰: '酒極則亂, 樂極則悲.' 萬事盡然."

순우곤의 이 말은 사물이란 극도에 이르면 안 되며, 극도에 이르면 반드시 쇠하게 됨을 풍자한 것이다. 위왕은 그 뒤로 밤새워 술 마시는 것을 그만두고, 순우곤에게 제후들 사이의 외교 업무를 맡겼다. 왕실에서 주연이 열릴 때마다 순우곤은 언제나 곁에서 왕을 모셨다.

배수진背水陣

등배 물수 진칠진

'배背' 자는 북北과 육달월(肉-月)이 합해진 것으로 사람이 서로 등을 대고 있는 모양이니, 배수진은 '물을 등지고 진을 친다'는 말이다. 즉, 어떤 일에 죽음을 각오하고 대처하는 것을 뜻한다. 배수일전背水一戰 또는 배수지진背水之陣이라고도 하며, 비슷한 말로는 파부침주破釜沈舟 · 기량침선棄糧沈船 · 사량침선捨糧沈船 · 제하분주濟河焚舟 등이 있다.

《사기史記》〈회음후열전淮陰侯列傳〉에 나오는 말이다.

한신韓信은 장이張耳와 함께 병사 수만 명을 이끌고 동쪽으로 가서 정형井陘에서 내려와 조나라를 치려고 했다. 조나라 왕과 성안군成安君은 한나라 군대가 곧 쳐들어온다는 말을 듣자 병사를 정형 어귀로 모이도록 했는데, 그 수가 20만 명이라고 했다. 그러나 광무군廣武君 이좌거李左車가 성안군을 설득했다.

"들리는 바에 의하면, 한나라 장수 한신은 서하를 건너서 위나라 왕 표豹를 사로잡고 하열夏說도 사로잡아 연오連敖를 피로 물들였다고 합니다. 이제는 장이의 도움을 받아 우리 조나라를 함락시키려고 의논하고 있다니, 이는 승세를 타고 고국을 떠나 멀리서 싸우는 것으로 그 예봉을 막아내기 어려울 듯합니다. 제가 듣건대 천 리 먼 곳에서 군사들의 식량을 보내면 수송이 어려워 병사들에게 주린 빛이 돌고, 땔나무를 하고 풀을 베어야 밥을 지을 수 있으면 군사들은 저녁밥을 배불리 먹어도 아침까지 가지 못한다고 합니다. 지금 정형으로 가는 길은 폭이 좁아 수레 두 대가 나란히 갈 수 없으며, 기병도 대열을 지어 갈 수 없습니다. 이러한 길이 수백 리나 이어지므로 그 형세로 보아 군량미는 반드시 뒤쪽에 있을 것입니다. 원컨대 제게 기습병 3만 명만 빌려주시면 지름길로 가서 그들의 군량미 수송대를 끊어놓겠습니다. 군께서는 도랑을 깊이 파고 성벽을 높이 쌓아 진영을 굳게 지키기만 하고 한나라 군대와 맞붙어 싸우지는 마십시오. 이렇게 하면 적군은 앞으로 나가 싸울 수 없을 테고, 물러가려고 해도 돌아갈 수 없을 것입니다. 이때 우리 기습병이 적의 뒤를 끊고 적이 약탈할 만한 식량을 치워버리면 열흘도 못 되어 적군의 두 장수 한신과 장이의 머리를 휘하에 바칠 수 있습니다. 부디 군께서는 제 계책에 유의해주십시오. 이렇게 하시지 않으면 반드시 적군의 두 장수에게 사로잡히고 말 것입니다聞漢將韓信涉西河, 虜魏王, 禽夏說, 新喋血閼與. 今乃輔以張耳, 議欲下趙, 此乘勝而去國遠鬥, 其鋒不可當. 臣聞千里餽糧, 士有飢色, 樵蘇後爨, 師不宿飽. 今井陘之道, 車不得方軌, 騎不得成列. 行數百里, 其勢糧食必在其後. 願足下假臣奇兵三萬人, 從閒道絕其輜重. 足下深溝高壘, 堅營勿與戰. 彼前不得鬥, 退不得還. 吾奇兵絕其後, 使野無所掠, 不至十日, 而兩將之頭可致於戲下. 願君留意臣之計. 否, 必爲二子所禽矣."

그러나 성안군은 기습 작전을 싫어하여 광무군의 건의를 받아들이지 않았다.

한신은 첩자를 통해 광무군의 계책이 받아들여지지 않았다는 말을 듣고 매우 기뻐하며 과감히 병사를 이끌고 정형의 좁은 길로 내려왔다. 정형 어귀에서 30리 못 미친 곳에 머물러 야영하고, 그날 밤에 군령을 전하여 가볍게 무장한 병사 2000명을 뽑아 저마다 붉은 기를 하나씩 가지고 샛길로 해서 산속에 숨어 조나라 군사를 바라보도록 하고 다음과 같이 명령했다.

"조나라 군사는 우리 군사가 달아나는 것을 보면 반드시 성벽을 비워놓고 우리 군사의 뒤를 쫓아올 것이다. 그때 너희는 재빨리 조나라 성벽으로 들어가 조나라 기를 빼고 한나라의 붉은 기를 세워라趙見我走, 必空壁逐我. 若疾入趙壁, 拔趙幟, 立漢赤幟."

또 비장을 시켜 가벼운 식사를 전군에게 나누어주도록 하고 이렇게 말했다.

"오늘 조나라 군사를 무찌른 뒤 다 같이 모여 실컷 먹자今日破趙會食."

장수들은 아무도 그 말을 믿지 않았으나 응하는 척하며 대답했다.

"네, 알겠습니다諾."

한신은 군사 1만 명을 먼저 가도록 하고 정형 어귀로 나가서 물을 등지고 진을 치게 했다. 조나라 군대는 이것을 바라보고는 병법을 모른다며 한껏 비웃었다.

날이 샐 무렵, 한신이 대장의 깃발을 세우고 진을 치면서 정형 어귀로 나갔다. 조나라 군대는 성벽을 열고 나가 한참 동안 격렬하게 싸웠다. 한신과 장이가 거짓으로 북과 기를 버리고 강기슭의 진지로 달아나니, 강기슭의 군사는 진문陣門을 열어 맞아들였다. 다시 격렬한 싸움이 벌어졌다. 조나라 군대는 정말로 성벽을 비워놓고 한나라의 북과 기를 차지하려고 한신과 장이를 뒤쫓아 왔다. 그러나 한신과 장이가 강가의 진지로 들어간 뒤에는 한나라 군대가 죽기를 각오하고 싸웠으므로 도저히 무찌를 수가 없었다.

한편 앞서 한신이 내보냈던 기습 병사 2000명은 조나라 군사들이 성벽을 비워놓고 전리품을 좇는 틈을 엿보아 조나라의 성벽 안으로 달려 들어가 조나라 기를 모두 뽑아버리고 한나라의 붉은 기 2000개를 꽂았다.

조나라 군대는 이기지도 못하고 한신 등을 사로잡을 수도 없으므로 성벽으로 되돌아가려 했다. 그러나 조나라의 성벽에는 온통 한나라의 붉은 기가 꽂혀 있었다. 몹시 놀란 조나라 병사들은 한나라 군대가 이미 조나라 장수들을 다 사로잡았다고 생각하여 어지러이 달아났다.

장수들은 적의 머리와 포로를 바치고 축하한 뒤 한신에게 물었다.

"병법에는 산과 언덕을 오른쪽으로 하여 등지고 물과 못을 앞으로 하여 왼쪽에 두라고 했는데, 오늘 장군께서는 저희에게 도리어 물을 등지고 진을 치게 하면서 조나라를 무찌른 뒤 다 같이 모여 실컷 먹자고 하셨습니다. 하지만 저희는 마음속으로 받아들이지 않았는데 마침내 이겼습니다. 이것은 무슨 전술입니까兵法右倍山陵, 前左水澤, 今者將軍令臣等反**背水陣**, 曰破趙會食. 臣等不服, 然竟以勝. 此何術也?"

한신이 대답했다.

"이것도 병법에 있는 것이오. 여러분이 그것을 알아차리지 못했을 뿐이오. 병법에는 죽을 곳에 빠뜨린 뒤라야 비로소 살게 할 수 있고, 망할 곳에 둔 뒤라야 비로소 멸망하지 않을 수 있다는 말이 있지 않소? 또 내가 평소에 사대부를 길들여 따르게 할 수 있었던 게 아니고, 시장 바닥에 있는 사람들을 몰아다가 싸우게 한 것과 같소. 이런 형국이므로 이들을 죽을 땅에 두어 저마다 자신을 위하여 싸우게 하지 않고 살 수 있는 곳을 준다면 모두 달아날 텐데, 어떻게 이들을 쓸 수 있겠소此在兵法, 顧諸君不察耳. 兵法不曰陷之死地而後生, 置之亡地而後存? 且信非得素拊循士大夫也, 此所謂驅市人而戰之. 其勢非置之死地, 使人人自爲戰, 今予之生地, 皆走, 寧尙可得而用之乎!"

장수들은 모두 탄복했다.

배중사영杯中蛇影

잔 **배** 가운데 **중** 뱀 **사** 그림자 **영**

'술잔 속의 뱀 그림자'라는 말로, 스스로 미혹된 상태에서 쓸데없이 의심하고 걱정하는 것을 비유한다. 비슷한 말로는 배궁사영杯弓蛇影 · 반신반의半信半疑 · 초목개병草木皆兵 · 의신의귀疑神疑鬼 · 의심암귀疑心暗鬼 · 오우천월吳牛喘月 · 풍성학루風聲鶴唳 · 호매호골狐埋狐搰 · 기우杞憂 · 기인우천杞人憂天이 있고, 반대되는 말로는 처지태연處之泰然 · 안지약태安之若泰 · 담소자약談笑自若 · 태연자약泰然自若 · 약무기사若無其事 등이 있다.

《진서晉書》〈악광전樂廣傳〉을 보면, 진晉나라에 악광樂廣이라는 사람이 있었다. 그는 어릴 때 아버지를 여의고 어려운 살림 속에서도 학문에 전념하여 훗날 하남의 태수에 임명되었다.

악광에게는 절친한 친구가 한 명 있었는데, 무슨 일인지 한동안 만날 수가 없었다. 그는 친구에게 무슨 변고가 생긴 건 아닌지 걱정하며 찾아갔다. 며칠 만에 만난 친구는 안색이 좋지 않았다. 악광이 어찌 된 일이냐고 물었더니 친구는 이렇게 대답했다.

"저번에 자리를 마련한 적이 있지. 술을 막 마시려는데 술잔 속에 뱀이 보여 기분이 나빴는데 마시고 나니 그 뒤로 병이 들었네前在坐, 蒙賜酒. 方欲飮, 見**杯中**有**蛇**, 意甚惡之, 旣飮而疾."

악광은 이상한 일도 다 있다고 고개를 갸우뚱거리며 지난번 일을 더듬기 시작했다.

그때 친구와 만난 곳은 관가에 있는 자신의 집무실이었다. 그 집무실 벽 모퉁이에는 옻칠로 뱀 그림이 그려진 활이 하나 있었는데, 그 활이 친구의 술잔에 비친 것이었다.

생각이 여기에 이르자 악광은 다시 친구를 초대하여 술자리를 마련했다. 그러고는 그 친구를 저번에 앉았던 바로 그 자리에 앉게 하고는 술잔에 술을 따라주었다. 그러고 나서 물었다.

"술잔 속에 다시 보이는 것이 없는가杯中復有所見不?"

친구는 짐짓 두려운 표정을 지으며 말했다.

"처음에 본 것과 같은 것이 보이네所見如初."

악광이 껄껄 웃으면서 말했다.

"술잔 속에 보이는 뱀은 벽 모퉁이[에 그려진 뱀] 그림자일세杯中蛇即角影也."

이 말을 듣고 벽의 활을 확인한 친구는 밝게 웃었다. 그리고 병도 씻은 듯이 나았다.

백구과극白駒過隙

—— 흰 **백** 망아지 **구** 지날 **과** 틈 **극** ——

'흰 망아지가 달리는 것을 문틈으로 본다'는 말로, 인생이 빨리 지나감을 비유한다. 일월여사日月如梭, 광음사전光陰似箭, 석화전광石火電光, 사지과극駟之過隙, 구극駒隙이라고도 한다. 도일여년度日如年은 반대의 뜻이다.

《장자莊子》〈지북유知北遊〉 편에서 장자는 인생의 허무와 초월을 논하면서 우리가 살아간다는 게 다음과 같다고 했다.

"사람이 천지 사이에 사는 시간은 마치 흰 망아지가 달리는 것을 문틈으로 보는 것같이 순식간이다. 사물은 모두 자연의 변화에 따라 생겨나서 다시 변화에 따라 죽는다. 변하여 생겨나는가 하면 다시 변하여 죽는다. 이것을 생물이나 인간은 애달파하고 슬퍼한다. [그러나 죽음이란] 활집이나 호주머니를 끄르듯이 하늘에서 받은 형체를 떠나 육체가 산산이 흩어지고 정신이 이 형체를 떠나려 할 때 몸도 함께 따라서 [무無로 돌아가는 것이며, 그것은] 곧 크게 귀의하는 것이다! 무형에서 유형이 생기고 유형이 무형으로 돌아감은 사람들이 모두 알고 있는 바이며, 도에 이르려는 이가 애써 추구할 일이 못 된다. 이것은 또 사람들이 다 같이 거론하는 것이지만 도에 이른 이는 그런 일을 논하지 않으니, 논하는 이는 도에 이르지를 못한다. 도란 이것을 뚜렷이 보려 하면 만날 수 없고, 변론으로 말하기보다는 침묵을 지켜서 깨닫도록 해야 한다. 도란 귀로 들을 수가 없으니 귀를 막고 몸으로 터득하느니만 못하다. 이와 같이 하면 크게 [이치를] 터득했다고 한다人生天地之間, 若**白駒之過**隙, 忽然而已. 注然勃然, 莫不出焉. 油然漻然, 莫不入焉. 已化而生, 又化而死. 生物哀之, 人類悲之. 解其天弢, 墮其天, 紛乎宛乎, 魂魄將往, 乃身從之, 乃大歸乎! 不形之形, 形之不形, 是人之所同知也, 非將至之所務也. 此衆人之所同論也, 彼至則不論, 論則不至. 明見無值, 辯不若默. 道不可聞, 聞不若塞. 此之謂大得."

장자는 삶의 본질을 꿰뚫어보고 세상에 대한 집착을 버리라고 하는 것이다.

《한서漢書》〈위표전魏豹傳〉에도 “인생 한 세상은 마치 흰 망아지가 달리는 것을 문틈으로 보는 것과 같다人生一世間, 如白駒過隙.”라는 말이 있다.

백락일고伯樂一顧

―――― 맏 **백** 즐거울 **락** 한 **일** 돌아볼 **고** ――――

'백락伯樂이 한 번 돌아본다'는 말로, 명마가 백락을 만나 세상에 알려졌듯이 현명한 사람도 그 사람을 알아주는 이를 만나야 출세할 수 있음을 비유한다. 백락일반伯樂一盼 · 백락지상伯樂之賞이라고도 하며, 백락伯樂이라고 줄여 쓰기도 한다.

《전국책戰國策》〈연책燕策〉에 이런 이야기가 보인다.

하루는 준마를 시장에 내다 팔려고 하는 이가 백락伯樂을 찾아와서 이렇게 말했다.

"제게 준마가 있어 이 말을 팔려고 아침마다 시장에 나간 지 사흘이 되었지만 누구 하나 관심을 보이는 이가 없습니다. 부디 선생께서 오셔서 그 말을 보시고, 가셔서 그 말에 대해 의견을 말씀해주신다면 사례하겠습니다臣有駿馬, 欲賣之, 比三旦立於市, 人莫與言. 願子還而視之, 去而顧之, 臣請獻一朝之賈."

백락은 준마를 보러 시장으로 갔다. 그 말은 백락이 생각한 것보다 훨씬 준수했으므로 자신도 모르는 사이에 감탄하는 표정을 짓고는 말 주위를 둘러보았다. 그러고는 아깝다는 표정을 지으며 그 자리를 떠났다.

이 모습을 지켜본 사람들은 그 말이 구하기 어려운 준마라고 생각하고는 앞다퉈 사려 했다. 그래서 말은 값이 껑충 뛰었고, 마침내 말 주인이 처음 생각한 값의 열 배나 받고 팔았다. 여기에서 '백락이 한 번 돌아본다'는 말이 나왔다.

한편 한유韓愈는 자신의 본뜻을 백락과 천리마에 붙여 이야기한 〈잡설雜說〉에서 다음과 같은 말을 했다.

"세상에는 백락이 있고, 그런 뒤에 천리마가 있는 것이다. 천리마는 항상 있으나 백락은 항상 있는 것이 아니다. 그러므로 비록 좋은 말이 있더라도 단지 노예의 손에 모욕을 당하다가 마구간에서 [보통의 말들과] 나란히 죽게 되어 천리마로 불리지 못한다世有伯樂, 然後有千里馬. 千里馬常有,

而伯樂不常有. 故雖有名馬, 祇辱于奴隸人之手, 騈死于槽櫪之間, 不以千里稱也."

천리마가 백락이 있어서 존재하게 되었듯이, 현명한 인재는 현명한 군주가 있어서 존재하게 된다는 말이다.

백락자伯樂子

맏 **백** 즐거울 **락** 아들 **자**

'백락의 아들'이라는 말로, 어리석은 자식을 뜻한다.

명나라 장정사張鼎思가 쓴《낭야대취편琅琊代醉編》에 나오는 말이다.

주나라 때 백락이라는 이는 말을 잘 감정했다. 그는 이름이 손양孫陽으로 진秦나라 목공穆公의 신임을 얻어 백락장군伯樂將軍에 봉해졌다. 어느 날 백락은 아들을 앞에 앉혀놓고 말 보는 방법을 다음과 같이 말했다.

"불룩 나온 이마에 땅강아지 눈같이 튀어나온 눈, 누룩을 쌓아놓은 것과 같은 말발굽이어야 한다隆顙蛈目, 蹄如累麴."

백락의 아들은 말을 식별하는 방법을 손에 적은 다음, 이곳저곳 다니며 명마를 구하려고 애썼다. 그러던 어느 날 백락의 아들은 커다란 두꺼비를 보고 아버지에게 이렇게 말했다.

"명마 한 마리를 구했습니다. 명마의 관상과 대략 같습니다. 그런데 말발굽만은 누룩을 쌓아놓은 것과 다릅니다得一馬, 略與相同, 但蹄不如累麴爾!"

백락은 자식이 두꺼비를 명마라고 말하는 것을 보고 그 어리석음에 할 말을 잃었다.

양신楊愼의《예림벌산藝林伐山》에도 나온다.

"백락은 그 아들의 어리석음을 알았으나 화를 가라앉히지 못하고 웃으며 말했다. '이 말은 잘 뛰기는 하겠지만 수레를 끌지는 못하겠구나'伯樂知其子之愚, 但轉怒爲笑曰. '此馬好跳, 不堪御也'."

백년하청百年河淸

일백 **백** 해 **년** 강 이름 **하** 맑을 **청**

'백 년 만에 황하가 맑아진다'는 말로, 원말은 사하지청俟河之淸이다. 아무리 오랜 시간이 지나도 이루어지기 어려운 일이나 기대할 수 없는 일을 뜻한다. 비슷한 말로 부지하세월不知何歲月, 천년일청千年一淸, 하청난사河淸難俟, 황하천년일청黃河千年一淸, 여사하청如俟河淸 등이 있다.

《춘추좌씨전春秋左氏傳》 양공 8년조에 나오는 말이다.

춘추시대 중엽에 정나라는 국가의 존망이 걸린 위기에 봉착했다. 정나라가 초나라의 속국인 채나라를 친 일을 빌미로 초나라가 보복 공격을 해온 것이다. 조정 신하들은 어떻게 할지 논의했는데, 한쪽에서는 진晉나라의 원군을 기다리며 끝까지 싸우자고 하고, 또 다른 쪽에서는 항복하자고 주장했다. 이때 대부 자사子駟가 이런 말을 했다.

"주나라 시에 '황하가 맑기를 기다리나 사람의 목숨은 얼마나 남았나? 점을 쳐서 묻는 것이 많으면 점괘의 그물에 걸려 옴짝달싹할 수 없게 된다.'라는 구절이 있습니다. 계책을 세우는 무리가 많으면 백성들의 어긋남이 많아지고, 일은 점점 더 이루어지지 않으며, 백성들은 조급해합니다周詩有之曰: '**俟河之淸**, 人壽幾何. 兆云詢多, 職競作羅.' 謀之多族, 民之多違, 事滋無成, 民急矣."

원군이 언제 올지 모르는 상황에서 대책을 시급히 내놓아야 한다는 내용이다.

결국 정나라는 초나라에 항복하여 화친을 맺었다.

백룡어복白龍魚服

흰 백 용 룡 물고기 어 입을 복

'흰 용이 물고기의 옷을 입는다'는 말로, 신분이 높은 사람이 서민의 허름한 옷으로 갈아입고 미행하는 것으로 위태로운 지경에 빠지게 됨을 비유한다.

《설원說苑》〈정간正諫〉에 나오는 말이다.

오나라 왕이 백성들과 함께 술을 마시려고 하자 옆에 있던 오자서伍子胥가 말리면서 간언했다.

"[마셔서는] 안 됩니다! 옛날에 흰 용이 차가운 연못으로 내려와 물고기로 변한 일이 있는데, 어부 예저豫且가 그 눈을 쏘아 맞혔습니다. 흰 용은 하늘로 올라가 천제께 하소연했습니다. 이에 천제께서는 '그 당시 어느 곳에서 어떤 모습을 하고 있었느냐?'라고 물었습니다. 흰 용은 '저는 차가운 연못으로 내려가 물고기로 변해 있었습니다.'라고 대답했지요. 천제께서는 '물고기는 진실로 사람들이 쏘아 잡을 수 있는 것이다. 이와 같다면 예저에게 무슨 죄가 있겠느냐?'라고 말씀하셨습니다. 무릇 흰 용은 천제의 귀한 짐승이고, 예저는 송나라의 미천한 신하입니다. 흰 용이 모습을 바꾸지 않았던들 예저는 쏘지 않았을 것입니다. 지금 천제의 지위를 버리고 포의의 선비들을 따라 술을 마시려고 하십니까? 신은 예저의 후환이 있을까 두렵습니다不可! 昔白龍下淸冷之淵, 化爲魚, 漁者豫且射中其目. 白龍上訴天帝. 天帝曰: '當是之時, 若安置而形?' 白龍對曰: '我下淸冷之淵化爲魚.' 天帝曰: '魚固人之所射也. 若是, 豫且何罪?' 夫白龍, 天帝貴畜也, 豫且, 宋國賤臣也. 白龍不化, 豫且不射. 今棄萬乘之位, 而從布衣之士飮酒? 臣恐其有豫且之患矣."

그래서 왕은 술을 마시지 않았다.

이와 비슷한 내용이 《장자莊子》〈외물外物〉 편에도 나온다.

송나라의 원군元君이 밤에 꿈을 꾸었는데, 꿈속에서 머리를 풀어헤친 한 남자가 쪽문으로 들여다보며 이렇게 말했다.

"나는 재로宰路의 못에서 왔습니다. 청강淸江의 사자로 하백에게 가다가 어부 예저에게 사로잡혔습니다予自宰路之淵. 予爲淸江使河伯之所, 漁者余且得予."

원군이 꿈에서 깨어나 사람을 시켜 이 꿈을 점치게 했더니 이렇게 말했다.

"이것은 신령스러운 거북입니다此神龜也."

그래서 원군이 어부 중에 예저라는 이가 있는지 물었더니 정말로 있었다. 원군은 예저를 조정으로 불러들여 물었다.

"무슨 고기를 잡았느냐漁何得?"

"흰 거북이가 그물에 걸렸는데, 그 둥근 모양이 다섯 자나 됩니다網得白龜焉, 其圓五尺."

원군은 그 거북을 바치라고 했으나, 어부에게 받은 거북을 죽여야 할지 살려두어야 할지 마음을 정하지 못했다. 그래서 점을 쳐보니 거북을 죽여 점을 치면 길하다고 했다. 그리하여 거북을 가르고 귀갑龜甲(거북의 등딱지)을 지져 일흔두 번이나 점을 치니 길흉이 모두 들어맞았다.

공자가 말했다.

"신령스러운 거북은 원군의 꿈에 나타날 수는 있었지만 예저의 그물을 피할 수는 없었다. 그의 지력은 일흔두 번의 점에 어긋남이 없을 정도였지만 창자가 도려내지는 재앙을 피할 수는 없었다神龜能見夢於元君, 而不能避豫且之網. 知能七十二鑽而無遺筴, 不能避刳腸之患!"

백리부미百里負米

일백 **백** 마을 **리** 짐질 **부** 쌀 **미**

'100리나 떨어진 먼 곳으로 쌀을 지고 나른다'는 말로, 빈곤하면서도 효성이 지극하여 부모를 잘 봉양하는 것을 뜻한다. 원말은 부미백리負米百里이고, 비슷한 말로 반의지희斑衣之戲 · 반포지효反哺之孝 등이 있다.

공자가 제후나 제자들과 나눈 이야기를 기록해놓은《공자가어孔子家語》〈치사致思〉편에 이런 내용이 있다.

공자의 제자 자로子路는 효성이 지극하기로 이름이 나 있었다. 하루는 자로가 공자에게 이렇게 말했다.

"무거운 물건을 지고 먼 곳으로 갈 때는 땅이 좋은지 나쁜지를 가리지 않고 쉬게 되고, 집이 가난하여 부모님을 모실 때는 봉록이 많은지 적은지를 가리지 않고 관리가 됩니다.

예전에 제가 부모님을 섬길 때는 늘 명아주 잎과 콩잎 같은 거친 음식으로 대접하며, 직접 쌀을 100리 밖에서 져 왔습니다. 부모님이 돌아가시고 나서 남쪽 초나라에서 관리가 되었을 때는 수레가 백 대나 되고, 창고에 쌓아놓은 쌀이 만 종鍾(한 종은 여섯 석 두 말)이나 되며, 깔개를 포개놓고 앉아 솥을 늘어놓고 먹었는데, 명아주 잎과 콩잎을 먹고 직접 쌀을 지고 가기를 원했지만 할 수 없었습니다昔者由也事二親之時, 常食藜藿之食, 爲親**負米百里**之外. 親歿, 南遊於楚, 從車百乘, 積粟萬鍾, 累茵而坐, 列鼎而食, 願欲食藜藿, 爲親負米, 不可得也. 말린 물고기를 묶어놓은 것이 어찌 썩지 않겠습니까? 부모님의 수명은 흰 망아지가 달리는 것을 문틈으로 보는 것처럼 순간일 뿐입니다."

공자가 감탄하며 말했다.

"자로가 부모님을 섬기는 것은 살아 계실 때는 힘을 다해 섬기고, 죽은 뒤에는 그리움을 다하는구나!"

백면서생白面書生

흰백 얼굴면 글서 서생생

'글만 읽어 얼굴이 창백한 사람'이라는 말로, 글만 읽어 세상 물정에 어둡고 경험이 없거나 적은 사람을 뜻하며, 과장이나 너스레가 없는 결벽성을 가리키기도 한다. 백면랑白面郞, 서생백면書生白面, 문약서생文弱書生, 문질빈빈文質彬彬이라고도 한다. 표형대한彪形大漢, 식도노마識途老馬, 환고자제紈綺子弟는 반대의 뜻이다.

중국 남조 송의 정사正史《송서宋書》〈심경지전沈慶之傳〉에 의하면, 남북조시대 송나라의 문제文帝와 북위의 태무제太武帝는 각각 스물도 안 된 젊은 나이에 즉위하여, 강남의 사진四鎮 지역을 두고 화의와 전쟁을 병행했다. 태무제는 북쪽을 통일한 뒤 유연柔然에 대비하려고 서역의 여러 나라와 수교를 맺었고, 문제는 남쪽 임읍林邑을 평정하여 북위와의 싸움에 대비하는 식이었다.

어느 날 태무제가 유연을 공격하자, 문제는 북위를 토벌할 절호의 기회라고 생각하고 귀족들과 상의하여 군대를 일으키려 했다. 이때 태자의 교위校尉로 있던 심경지沈慶之가 이 일을 상의하려고 모인 귀족들을 꾸짖으며 문제에게 말했다.

"밭일은 마땅히 종들에게 물어보고, 베 짜는 일은 마땅히 하녀들에게 물어야 합니다. 지금 폐하께서는 적국을 치려고 하면서 백면서생들과 더불어 도모하려 하시니 일이 어찌 성공하겠습니까耕當問奴, 織當問婢. 陛下今欲伐國, 而與**白面書生**輩謀之, 事何由濟?"

심경지는 글을 모르는 무인이었지만, 당시 자신의 당당한 기세에 힘입어 글만 읽고 세상일에 경험이 없는 귀족들을 빗대어 '백면서생'이라고 말한 것이다. 문제도 무인의 피를 이어받은 데다가 심경지의 문인과 무인의 대비가 재미있었는지 큰 소리로 웃고는 군대를 일으켰지만 끝내 패하고 말았다.

백문불여일견百聞不如一見

일백 백 들을 문 아니 불 같을 여 한 일 볼 견

'백 번 듣는 것이 한 번 보는 것만 못하다'는 말로, 이론보다는 직접적인 경험이 중요함을 강조하는 말이다.

《한서漢書》〈조충국전趙充國傳〉을 보면 전한前漢 선제宣帝 때 서북쪽에 있는 강족이 쳐들어오자, 선제는 어사대부 병길丙吉을 보내 후장군後將軍 조충국趙充國에게 토벌군의 장수로 임명할 만한 사람을 물어보도록 했다. 조충국은 무제 때 이광리李廣利의 휘하 장수로 흉노 토벌에 출전했다가 포위되자 군사 100여 명을 이끌고 사투한 끝에 포위망을 뚫고 살아 나온 인물이었다. 그는 그 공으로 거기장군車騎將軍에 임명되어 오랑캐 토벌의 선봉장이 되었다.

병길에게 질문을 받은 조충국은 이렇게 대답했다.

"노신보다 나은 사람은 없습니다無逾于老臣者矣."

당시 조충국은 고희를 앞둔 나이였다. 결국 선제는 조충국을 불러 강족을 토벌할 방법을 물었다.

"백 번 듣는 것이 한 번 보는 것만 못합니다. 군사는 예측하기 어려우니, 신이 금성군金城郡(지금의 간쑤성甘肅省 란저우蘭州 부근)으로 달려가 방략을 그려 올리겠습니다百聞不如一見. 兵難逾度, 臣願馳至金城, 圖上方略."

선제는 그렇게 하도록 했다. 현장을 둘러보고 돌아온 조충국은 기병보다는 둔전병屯田兵(변방에 주둔하면서 평상시는 농사를 짓도록 하는 병사)을 두는 게 좋겠다고 보고했다. 조충국의 계책은 받아들여졌고, 그 뒤로는 강족의 침입도 수그러들었으며, 서북쪽 변방도 안정을 되찾았다.

백미白眉

흰 백 눈썹 미

'흰 눈썹'이라는 말로, 여러 사람 가운데 가장 우수한 사람을 뜻한다.

《삼국지三國志》〈촉서蜀書 · 마량전馬良傳〉을 보면 위 · 촉 · 오가 천하의 패권을 다투던 무렵 촉나라에 마량馬良이라는 이가 있었다. 마량은 양양襄陽의 의성宜城 출신으로 자는 계상季常이다.

마량은 형제가 다섯 명이었는데, 이들은 모두 재능과 명성이 출중했다. 당시 고향 마을에서는 이들을 두고 다음과 같은 가요를 만들었다.

"마씨馬氏의 오상五常(뛰어난 다섯 형제가 모두 자字에 상常을 썼으므로 오상이라고 했다) 중에서 백미가 가장 훌륭하구나馬氏五常, 白眉最良."

이렇게 부른 이유는 "마량의 눈썹 가운데에 흰색 털이 있었기良眉中有白毛" 때문이다. '미眉' 자는 눈〔目〕 위에 눈썹이 자란 모양을 본뜬 글자이다.

훗날 유비는 형주에 있을 때 마량을 불러 종사從事로 삼았다가 좌장군左將軍의 속관으로 임명했다. 나중에 유비가 제帝라고 일컬은 뒤에는 마량을 시중으로 임명했다. 또 유비가 오나라를 정벌하러 갈 때, 마량은 오계五溪의 이민족을 귀순시키는 데 크게 이바지했다. 그러나 유비는 이릉夷陵에서 패배했고, 마량도 살해되었다.

마량의 동생 마속馬謖도 유비의 사람이 되었다. 그는 일반 사람들을 뛰어넘는 걸출한 재능을 갖고 있었고, 군사전략에 대해 논의하기를 좋아했다. 유비는 임종할 무렵 제갈량에게 이렇게 말했다.

"마속은 실제보다 말이 과장되어 크게 쓸 수 없소. 그대는 그를 잘 살펴보시오!"

그러나 제갈량은 유비의 생각이 틀렸다고 보고 그를 참군으로 임명했으며, 그를 불러 담론을 하면 으레 대낮부터 밤까지 계속했다. 마속과 제갈량의 사이가 얼마나 가까웠는지는 마속이 죽을 때 제갈량에게 보낸 편지로 알 수 있다.

"명공께서 저를 자식처럼 돌보았으며 저도 명공을 아버지처럼 생각했으니, 되돌아보면 곤鯀과 우禹의 의리처럼 깊었습니다. 평생의 교분이 여기에서 무너지게 하지 않겠으며, 제가 비록 죽어 황천에 간들 여한은 없을 것입니다."

이 편지를 읽은 이들은 눈물을 비 오듯 흘렸다고 한다.

백발삼천장白髮三千丈

흰 **백** 터럭 **발** 석 **삼** 일천 **천** 길 **장**

'백발의 길이가 3000길'이라는 말로, 머리가 몹시 세었다는 것이다. 노인의 흰머리가 많이 자랐음을 과장되게 표현한 것으로, 늙어가는 모습과 세월의 무상함을 비유한 말이다.

이백李白은 두보와 더불어 중국의 양대 산맥을 이루는 천재 시인이다. 그의 시 세계는 복잡하여 뭐라고 한마디로 잘라 말하기 힘들다. 그는 도가적 성향이 강하고, 정치적 포부도 있으며, 공명심이 강한 유가적인 면도 있었다. 어쨌든 그도 자인하듯 미치광이요, 사귄 친구만 해도 400명을 헤아린다니, 호방한 성격에서 우러나온 낭만주의적 시풍을 그 특색으로 한다.

〈추포의 노래秋浦歌〉를 보자.

백발이 삼천 장
시름에 겨워 이토록 자랐구나.
알 수 없구나, 밝은 거울 속의 몰골은
어디서 가을 서리를 맞았는지.
白髮三千丈, 緣愁似個長.
不知明鏡裏, 何處得秋霜.

이 시는 본래 17수로 된 연작시이며, 만년(쉰다섯 살)에 영왕永王 이린李璘의 거병에 가담한 죄로 유배되었다가 다시 사면되어 동쪽으로 와서 지은 것으로 모든 시행이 애수에 젖어 있다. 자유분방한 열정과 낭만주의적인 예술 기교를 이용하여 원망하는 마음으로 가득 찬 자아의 형상을 묘사한 걸작이라고 할 수 있다.

천재 시인 이백도 늙음 앞에서는 무력해질 수밖에 없었던 모양이다. 그의 작품에 그림자처럼 따라다니던 술과 달도 이 시에는 보이지 않으니 그의 풍류와 협기가 사라진 것인가? 아니면 때를 얻지 못한 데서 오는 자성의 목소리인가? 이백은 쉰 살이 훨씬 넘도록 살아온 자신의 삶의 태도와 생활 방식에 깊이 회의하고 있었는지도 모른다. 이 시를 쓰고 몇 년 뒤에 생을 마감했으니 말이다.

백아절현伯牙絶絃

—— 맏 백 어금니 아 끊을 절 줄 현 ——

'백아가 거문고 줄을 끊는다'는 말로, 자기를 알아주는 참다운 벗의 죽음을 슬퍼하는 것을 뜻하며, 친구 간의 우정을 비유한다. 백아금절伯牙琴絶 또는 백아파금伯牙破琴이라고도 하며, 지음知音과 비슷하다.

《열자列子》〈탕문湯問〉 편을 보면, 전국시대에 진晉의 대부로 거문고의 명인인 유백아兪伯牙라는 이가 있었다. 백아가 거문고를 탈 때면 종자기鍾子期라는 친구가 그 소리를 듣기 좋아했다. 종자기는 백아가 거문고를 탈 때의 심리 상태가 슬프든 기쁘든 괴롭든 언제나 소리를 정확히 이해하고 감상할 수 있었다. 종자기는 거문고의 현을 떠나 들려오는 소리에 자기감정을 정확히 담아내는 백아의 재주를 매우 아꼈다.

하루는 백아가 거문고를 타면서 높은 산에 오르는 생각을 했는데, 종자기가 이렇게 말했다.

"훌륭하구나! 높고 험한 것이 태산 같군善哉! 峨峨兮若泰山!"

또 흐르는 물을 생각하며 거문고를 타자 이렇게 말했다.

"훌륭하구나! 넘실거리는 것이 강물 같군善哉! 洋洋兮若江河!"

하루는 백아가 태산 북쪽으로 놀러갔다가 갑자기 폭우가 쏟아져 바위 아래에서 비를 피하게 되었다. 그는 문득 마음이 슬퍼져서 거문고를 당겨 이것을 노래했다. 처음에는 비가 내리는 곡조로 하고, 다음에는 산이 무너지는 소리를 만들었다. 곡조를 연주할 때마다 종자기는 백아의 마음을 다 알았다.

백아가 거문고를 놓고 탄식하며 말했다.

"훌륭하구나! 훌륭하구나! 자네가 소리를 들을 줄 아는 것이! 뜻과 생각과 표현하는 것이 내 마음과 같으니, 내 [음악] 소리가 그대로부터 도망칠 곳이 있겠는가善哉! 善哉! 子之聽夫! 志想象猶吾心也. 吾於何逃聲哉?"

그러던 어느 날 종자기가 세상을 떠나고 말았다. 그러자 백아는 절망한 나머지 자기 거문고 소리를 들을 만한 사람이 없다며 애지중지하던 거문고 줄을 끊어버리고 다시는 거문고를 타지 않았다.

당나라 시인 오융吳融도 〈대규파금부戴逵破琴賦〉라는 작품에서 "백아가 줄을 끊은 것은 단지 친구의 도리를 증명하는구나**伯牙絶絃**, 但證知音之道." 라고 했다.

백안시白眼視

흰 백 눈 안 볼 시

'눈을 희게 하고 본다'는 말로, 상대방을 무시하거나 업신여기는 행동 또는 눈빛을 말한다. 냉안冷眼이라고도 하고, 괄목상대刮目相對와 반대의 뜻이다.

위진남북조시대 정시正始 이후는 내일을 예측할 수 없는 혼란의 연속이었다. 이때 사마씨司馬氏가 권력을 잡아 위나라는 명색일 뿐 망한 거나 다름없었다. 이런 상황에서 지식인들은 세상을 피해 숨어 살면서 현실을 초월할 수 있는 노장사상에 큰 관심을 보였다. 그 결과 초현실적인 이야기나 하는 '현담玄談' 풍조가 성행하고 죽림칠현이 나왔다.

이 죽림칠현 가운데 완적阮籍이 '백안시'와 관련이 있다.

《진서晉書》〈완적전阮籍傳〉을 보면, 완적은 건안칠자建安七子의 한 사람인 완우阮瑀의 아들이다. 완우가 조조 밑에 있었기 때문에 완적은 사마씨 집단에 대한 반감이 강했지만 어찌할 수 없어 술과 방종한 생활로 소극적인 반항을 했다. 그는 예교에 얽매이는 지식인을 보면 속물이라 하여 '백안시'하고, 그렇지 않은 사람을 보면 '푸른 눈〔青眼〕'을 하고 보았다고 한다.

《태평어람太平禦覽》561권에도 이 말이 나온다.

어느 날 완적의 어머니가 세상을 떠났는데, 그는 매우 슬퍼 마음을 주체할 수가 없었지만 겉으로 드러내지 않았다. 혜강의 동생 혜희嵇喜가 조문하러 왔지만 "완적은 곡도 하지 않고 흰 눈을 보였다籍以不哭, 見其白眼." 혜희는 황망히 그 집을 빠져나와 혜강에게 이 일을 소상히 말했다. 혜강이 술과 거문고를 들고 완적을 찾아가자, 그는 기뻐하며 푸른 눈을 하고 그를 맞이했다.

백옥루白玉樓

──── 흰 백 구슬 옥 누각 루 ────

문인이나 묵객墨客이 죽으면 올라간다는 천상의 높은 누각으로, 문인이나 묵객의 죽음을 일컫는 말이다.

《전당문全唐文》〈이하소전李賀小傳〉에 의하면, 당나라 시인 이하李賀는 중국 시인 중에서 매우 이채로운 작가 중 한 사람으로서 자는 장길長吉이다. 그는 몰락한 왕족의 후예로 태어나 스물일곱 살에 요절한 천재 시인이다. 글재주가 비상하여 어려서부터 큰 뜻을 품었으나 때를 만나지 못한 채 비분에 가득 찬 삶을 살았다. 그의 시는 과장된 수사법과 환상적인 수사 기교, 날카로운 현실 풍자와 규중 여인의 애정 문제에 대한 섬세한 묘사로 유명하다.

이하가 막 숨을 거두려고 할 때 일이다. 붉은 옷을 입은 천사 한 명이 수레를 타고 내려와서 이하를 부르며 말했다.

"천제께서 백옥루를 만들어놓고 당신을 불러와 기記를 쓰도록 하려고 하십니다. 하늘에는 거의 즐거울 뿐 고통스럽지 않습니다帝成白玉樓, 立召君爲記. 天上差樂, 不苦也."

그러고는 죽었다. 이로부터 문인이나 묵객의 죽음, 또 일반 사람들의 죽음을 '백옥루를 완성했다', '백옥루에 오르다', '백옥루'라고 하게 되었다.

백전백승百戰百勝

일백 **백** 싸울 **전** 일백 **백** 이길 **승**

'백 번 싸워 백 번 이긴다'는 말로, 싸울 때마다 승리한다는 뜻이다. 백발백중百發百中, 백전불패百戰不敗, 소향피미所向披靡, 전무불승戰無不勝, 누전누첩屢戰屢捷, 공무불극攻無不克, 절절승리節節勝利, 무견불최無堅不摧와 비슷한 말이다. 누전누패屢戰屢敗, 외축부전畏縮不前, 궤불성군潰不成軍, 절절패퇴節節敗退는 반대의 뜻이다.

《손자병법孫子兵法》〈모공謀攻〉편을 보면 다음과 같은 말이 나온다.

"대체로 용병의 원칙에는 [적의] 국가를 온전히 하는 것을 상책으로 삼으며, 적국을 쳐부수는 것을 차선책으로 삼는다. [적국의] 군軍을 온전히 한 채 이기는 것이 상책이며, 군軍을 무찌르는 것은 차선책이다. [적의] 여旅를 온전히 한 채 이기는 것이 상책이며, [적의] 여旅를 무찌르는 것은 차선책이다. [적의] 졸卒을 온전히 한 채 이기는 것이 상책이며, [적의] 졸卒을 무찌르는 것은 차선책이다. [적의] 오伍를 온전히 한 채 이기는 것이 상책이며, [적의] 오伍를 쳐부수는 것은 차선책이다. 그러므로 백 번 싸워 백 번 이기는 것이 잘된 것 중에 잘된 용병이 아니며, 싸우지 않고 적을 굴복시키는 용병이 잘된 것 중에 잘된 용병이다凡用兵之法, 全國爲上, 破國次之; 全軍爲上, 破軍次之; 全旅爲上, 破旅次之; 全卒爲上, 破卒次之; 全伍爲上, 破伍次之. 是故**百戰百勝**, 非善之善者也; 不戰而屈人之兵, 善之善者也."

이렇듯 손무의 본뜻은 '백전백승'이 그다지 좋은 전략이 아니라는 말이다. 즉, 최소한의 비용으로 최대의 효과를 얻겠다는 뜻이다. '전全'의 중요성을 강조하고 '파破'의 무용성을 거듭 강조했다. 아군의 절대적인 전력의 우위에서 고도의 전략을 구사할 때 적이 심리적인 면에서 저항의 의지를 상실하고 조직적인 대응을 하지 못하면 이는 이미 승리한 전쟁이다. 다만 다른 수단을 강구한 다음에 마지막 방법으로 동원할 수 있는 게 전쟁이라는 것이다. 어쨌든 일단 전쟁이 일어나면 무조건 이겨야 한다는 논리에는 변함이 없다.

백주지조柏舟之操

잣나무 **백** 배 **주** 어조사 **지** 절개 **조**

'잣나무 배의 절개'라는 말로, 과부가 재혼하지 않고 정조를 지키는 것을 뜻한다. 백주지서柏舟之誓, 백주고절柏舟高節이라고도 한다.

《시경詩經》〈용풍鄘風 · 백주柏舟〉 편에 나오는 말이다.

두둥실 저 잣나무 배 황하 가운데 떠 있네.
늘어진 저 다팔머리 총각 실로 내 배필이었으니
죽어도 딴마음 안 가지리다.
어머니는 곧 하늘인데 나를 몰라주시네.
汎彼**柏舟**, 在彼中河.
髧彼兩髦, 實維我儀, 之死矢靡他.
母也天只, 不諒人只.

두둥실 저 잣나무 배 황하 가에 떠 있네.
늘어진 저 다팔머리 총각 실로 내 남편이었으니
죽어도 허튼 마음 안 가지리다.
어머니는 곧 하늘인데 나를 몰라주시네.
汎彼**柏舟**, 在彼河側.
髧彼兩髦, 實維我特, 之死矢靡慝.
母也天只, 不諒人只.

위 시의 내용은 이렇다.

위衛나라 희후僖侯의 아들 공백共伯과 공강共姜이라는 여자가 일찍이 약혼을 했는데 뜻하지 않게 공백이 죽었다. 공강의 어머니는 딸이 청상과부로 살아갈 날을 걱정하여 개가를 종용하지만, 공강은 자기 배필은 공백뿐이라며 자신의 곧은 절개를 잣나무 배에 비유하여 보여준 것이다.

백중지간伯仲之間

맏 **백** 버금 **중** 어조사 **지** 사이 **간**

'형제 중 장남과 차남처럼 큰 차이가 없는 사이'라는 말로, 서로 비슷하여 우열을 가리기 어려움을 나타낸다. 백중지세伯仲之勢 · 불상상하不相上下와 비슷한 말이며, '백중간伯仲間'으로 줄여 쓰기도 한다. 천연지별天淵之別과 반대의 뜻이다.

백伯과 중仲은 본래 형제의 순서를 구분하여 부르던 말이다. 주나라에서는 아이가 태어난 지 석 달이 되면 이름을 지어주고, 스무 살이 되면 사람들을 초대하여 관을 씌워주고 자를 지어주었으며, 쉰 살이 되면 자 위에 형제의 순서를 나타내는 백伯(첫째) · 중仲(둘째) · 숙叔(셋째) · 계季(막내) 등을 붙였고, 죽으면 시호를 내렸다고 한다. 이러한 습관은《사기史記》〈공자세가孔子世家〉의 공자에 대한 기록을 통해서도 볼 수 있다.

"공자는 노나라 창평향昌平鄕 추읍鄒邑(지금의 산둥성 취푸曲阜의 남동)에서 태어났다. 그의 선조는 송나라 사람 공방숙孔防叔이다. 방숙은 백하伯夏를 낳았고, 백하는 숙양흘叔梁紇을 낳았다. 흘은 안씨顔氏와 야합하여 공자를 낳았는데, 이구尼丘에서 기도를 한 뒤 공자를 얻게 되었다. 노나라 양공 22년에 공자가 태어났다. 그가 태어났을 때 머리 중간이 움푹 파여 있었으므로 구丘라고 이름했다. 자는 중니仲尼이고, 성은 공씨다孔子生魯昌平鄕陬邑. 其先宋人也, 曰孔防叔. 防叔生伯夏, 伯夏生叔梁紇. 紇與顔氏女野合而生孔子, 禱於尼丘得孔子. 魯襄公二十二年而孔子生. 生而首上圩頂, 故因名曰丘云. 字仲尼, 姓孔氏."

'백중지간'이라는 말은 위나라의 조비가《전론典論》〈논문論文〉에서 처음 썼다.

"문인들이 서로 경시하는 것은 예로부터 그러했다. 부의傅儀와 반고는 백중지간이다文人相輕, 自古而然. 傅毅之於班固, **伯仲之間**耳."

부의와 반고는 둘 다 전한의 이름 있는 작가로서, 그들의 문재가 서로 우열을 가릴 수 없었기에 이렇게 말한 것이다.

법불아귀法不阿貴

법 **법** 아니 **불** 언덕 **아** 귀할 **귀**

'법은 귀한 자에게 아부하지 않는다'는 뜻이다. 철면무사鐵面無私 · 법망무정法網無情과 비슷한 말이며, 순사왕법徇私枉法 · 탐장왕법貪贓枉法과 반대의 뜻이다.

《한비자韓非子》〈유도有度〉 편에 나오는 말로 "법불아귀法不阿貴(법은 귀한 자에게 아부하지 않고) 승불요곡繩不撓曲(먹줄은 굽은 모양에 따라 사용하지 않는다)"이라고 쓰여 법의 형평성과 공정성을 강조한다.

"뛰어난 목수는 눈대중으로도 먹줄을 사용한 것처럼 맞출 수 있지만 반드시 먼저 규規(둥근 형태를 교정하는 기구)와 구矩(직사각형을 바로잡는 곱자)를 가지고 재며, 뛰어난 지혜를 가진 이는 민첩하게 일을 처리해도 사리에 들어맞지만 반드시 선왕의 법도를 귀감으로 삼습니다巧匠目意中繩, 然必先以規矩爲度; 上智捷擧中事, 必以先王之法爲比."

군주는 자신의 능력이나 지혜에 자만하지 말고 법에 따라 다스려야 한다는 것이다. 수많은 군주가 몰락한 원인은 법에 따르지 않고 자신의 지식과 자의적 판단에 따라 임의적인 잣대를 들이대 단죄하려고 했기 때문이다. 그래서 말한다.

"법을 받드는 사람이 강하면 나라가 강해질 것이고 법을 받드는 자가 약하면 그 나라도 약해질 것이다奉法者強, 則國強, 奉法者弱, 則國弱."

강국이 되느냐 약소국이 되느냐 하는 것은 법에 대한 군주의 태도에 달려 있음을 말한 것이다. 군주가 엄격한 법치를 행하면 군주의 권위는 더욱 확립되고 권세 역시 강화되므로 법치가 제대로 서게 되면 신상필벌信賞必罰의 원칙에 따라 나라가 다스려진다. 그러므로 현명한 군주라면 법에 따라 공정한 인사 지침에 따라 인재를 등용해야지, 주변 사람들의 평판에 근거해 임용해서는 안 된다. 사람의 평판이란 저마다의 이해관계 속에서 나오는 것으로 결코 객관성을 담보할 수 없고, 결국 담합하여 군주를 기만하고 나라를 좌지우지한다.

변장자호卞莊刺虎

성씨 **변** 풀 성할 **장** 찌를 **자** 범 **호**

'변장자가 호랑이를 찔러 죽였다'는 말로, 실력이 대등한 쌍방의 다툼을 이용해 이득을 얻는 제삼자의 지혜를 뜻한다. 어부지리漁夫之利, 방휼상쟁蚌鷸相爭, 일거양득一擧兩得, 일전쌍조一箭雙鵰 등과 같다.

《사기史記》〈장의열전張儀列傳〉에 나오는 말이다.

전국시대에 한韓나라와 위魏나라는 서로 싸운 지 1년이 지나도록 풀지 못하고 있었다. 진秦나라 혜왕이 화해를 주선하려고 주위 신하들에게 묻자 어떤 사람은 주선하는 편이 낫다고 하고, 어떤 사람은 주선하지 않는 편이 낫다고 했다. 혜왕이 결정을 내리지 못하고 망설이는데, 마침 진진陳軫이 진나라에 왔다.

혜왕이 말했다.

"지금 한나라와 위나라가 싸움을 벌인 지 한 해가 넘었는데 그치지를 않고 있소. 어떤 사람은 과인이 그들을 화해시키는 편이 낫다고 하고, 어떤 사람은 화해시키지 않는 편이 낫다고 하여 과인은 결정을 내리지 못하고 있소. 그대는 그대의 왕(초나라 왕)을 위하여 계책을 내는 것처럼 과인을 위해 계책을 생각해보시오."

그러자 진진이 대답했다.

"또 일찍이 왕께 변장자卞莊子라는 이가 호랑이를 찔러 죽인 일을 들려드린 사람이 있었습니까? 변장자가 호랑이를 찌르려고 하자, 묵고 있던 여관의 심부름하는 아이가 말리면서 '호랑이 두 마리가 소를 잡아먹으려고 하는데 먹어봐서 맛이 좋으면 분명히 서로 다툴 것입니다. 다투면 반드시 싸울 테고, 서로 싸우면 큰 놈은 상처를 입고 작은 놈은 죽을 것입니다. 상처 입은 놈을 찔러 죽이면 한꺼번에 호랑이 두 마리를 잡았다는 명성을 얻을 것입니다.'라고 했습니다. 변장자도 그럴 것이라고 생각하고 서서 기다렸습니다. 조금 있으니 정말로 호랑이 두 마리가 싸워서 큰 놈은 상처를 입고 작은 놈은 죽었습니다. 변장자가 상처 입은 놈을 찔러 죽이니, 한 번에 호랑이 두 마리를 잡는 공을 세웠다고 합니다亦嘗有以夫**卞莊子刺虎**聞於王者乎? 莊子欲刺虎, 館豎子止之, 曰: '兩虎方且食牛, 食甘必爭. 爭則必鬥, 鬥則大者傷, 小者死. 從傷而刺之, 一擧必有雙虎之名.' 卞莊子以爲然, 立須之. 有頃, 兩虎果鬥, 大者傷, 小者死. 莊子從傷者而刺之, 一擧果有雙虎之功.

지금 한나라와 위나라가 싸움을 벌인 지 한 해가 넘도록 해결이 나지 않았다면, 큰 나라는 타격을 입을 테고 작은 나라는 멸망할 것입니다. 타격 입은 나라를 친다면 한꺼번에 둘을 얻는 이득이 있을 것입니다. 이는 변장자가 호랑이를 찔러 죽인 것과 비슷한 일입니다. 신이 왕께 바치는 계책과 [초나라] 왕을 위해 바치는 계책에 무슨 차이가 있겠습니까今韓魏相攻, 期年不解, 是必大國傷, 小國亡. 從傷而伐之, 一擧必有兩實. 此猶莊子刺虎之類也. 臣主與王何異也."

혜왕이 말했다.

"옳은 말이오善."

그러고는 끝내 화해시키지 않았다. 정말 큰 나라는 타격을 입었고, 작은 나라는 멸망하고 말았다. 이에 진나라는 군사를 일으켜 크게 쳐부수었다. 이는 모두 진진의 계책에서 나온 것이다.

병문졸속兵聞拙速

—— 군사 **병** 들을 **문** 졸렬할 **졸** 빠를 **속** ——

'용병에는 졸렬해도 속전속결해야 함을 듣다'라는 뜻이며, 졸속拙速이라고 줄여서 쓴다.

손무孫武는 싸움에서 지구전보다 속전속결을 주장한 병법가다. 그가 신속한 싸움을 주장한 까닭은 지구전을 벌일 때 불리한 점을 누구보다도 잘 알고 있었기 때문이다.

《손자병법孫子兵法》〈작전作戰〉 편에 구체적인 내용이 나온다.

"만일 전쟁을 하면서 질질 끌다가 승리하게 되면 무기는 둔해지고 사기는 꺾이게 되어 성을 공격해도 힘만 소진된다. 오랜 기간 군대를 햇빛에 노출시키면 국가의 비용이 부족해진다. 무기가 무뎌지고 사기가 꺾이고 힘만 소진하고 재물을 소모하면 제후들이 그 폐해를 틈타 일어난다. 비록 지혜로운 자가 있다 하더라도 그 뒤를 잘 수습할 수 없게 된다. 고로 용병에는 졸렬해도 속전속결해야 한다는 말을 듣기는 했어도 교묘하게 질질 끈다는 말은 보지 못했다. 용병을 오래 끌어서 나라에 이로운 사례는 지금까지 없었다. 그러므로 용병의 해로움을 이루 다 알지 못하는 자는 용병의 이로움도 이루 다 알 수 없다其用戰也, 勝久則鈍兵挫銳, 攻城則屈力. 久暴師則國用不足. 夫鈍兵挫銳, 屈力, 殫貨, 則諸侯乘其弊而起. 雖智者, 不能善其後矣. 故**兵聞拙速**, 未睹巧久. 夫兵久而國利者, 未之有也. 故不盡知用兵之害, 則不能得用兵之利矣."

전쟁은 승리라는 결과를 향해 신속하게 승부를 결정짓는 것이다. 춘추전국시대의 전쟁은 주로 야전에서 이루어지는 평지 전투가 많아 쌍방의 물질적, 정신적 손실이 상상을 초월할 정도로 많았다. 그러기에 손무는 위와 같은 말을 한 것이다. 그렇다면 그 방법론은 무엇일까? "식량을 적지에서 충당하라." 그리고 "군역軍役을 두 번 일으키지 않고 식량을 [전장으로] 세 번 실어 나르지 않는다."라고 제시한다. 양식이 없으면 생존할 수 없고 비축한 물자가 없으면 버틸 수 없다. 민생에 타격이 가지 않게 하거나 피해를 주지 않으면서 상대를 심리적으로도 위축시키라는 말이다.

여기서 '졸속拙速'이란 구久와 대비되는 말로 이 한 단어에서 손무의 의도가 그대로 읽힌다. 전쟁 전에 준비를 철저히 하더라도, 일단 전장에 나서면 속전속결이 최고다. 다소 위험을 떠안더라도 기동력을 발휘해야 한다. 마치 차의 시동을 걸어놓으면 기름이 소모되듯, 들판에서 오랫동안 야전노숙을 하면 군대는 녹슬게 마련이다. 질질 끌면 승기를 놓쳐 내부의 조직만 와해되고 상대를 유리하게 만들며 내란이 일어나게 될 가능성도 있다. 따라서 준비가 다소 미흡하더라도 기회가 생기면 즉각 전쟁을 개시하는 것, 이것이 졸속의 의미다. 춘추시대의 예법이나 관습으로 정해져 있는 번잡한 과정을 긴급한 사태에는 생략해도 좋다는 의미이기도 하다. 《사마법司馬法》〈정작定爵〉의 '규정을 줄인다'는 뜻의 '약법略法'도 졸속과 같다.

병입고황病入膏肓

병 병 들 입 염통 고 명치끝 황

'질병이 염통과 명치끝 사이로 들어간다'는 말로, 고치기 어려운 병을 뜻한다. 병근고황病近膏肓, 병거고황病居膏肓이라고도 한다. 병입골수病入骨髓와 같은 뜻이다. 비슷한 말로는 인명위천人命危淺 · 행장취목行將就木 · 불가구약不可救藥 · 불치지증不治之症 · 고맹지질膏肓之疾 · 기식엄엄氣息奄奄 · 무약가구無藥可救 · 엄엄일식奄奄一息 등이 있으며, 반대되는 말로는 묘수회춘妙手回春 · 수도병제手到病除 · 약도병제藥到病除 · 기사회생起死回生 · 현호구세懸壺救世 · 행림고수杏林高手 · 묘수인심妙手仁心 등이 있다.

《춘추좌씨전春秋左氏傳》 성공 10년조를 보면, 춘추시대 진晉나라 경공景公이 어느 날 이런 꿈을 꾸었다.

머리를 산발한 귀신이 뛰어오르며 경공에게 소리쳤다.

"네가 내 자손을 모두 죽이는구나. 나는 널 죽이겠다."

귀신은 첩첩으로 이어진 궁궐 문을 하나씩 부수어가며 경공이 있는 방까지 쫓아 들어왔다. 혼비백산한 경공은 귀신에게 잡히려는 순간 막 잠에서 깨어났다.

그 귀신은 10여 년 전 경공이 사구司寇로 임명했던 도안고屠岸賈라는 자가 무고하여 몰살시킨 조가趙家의 조상들이었다.

경공은 곧장 무당을 불렀는데, 무당의 해몽은 이러했다.

"왕께서는 올해 출하되는 햇보리를 드시지 못할 것입니다."

무당이 자기 능력으로는 이 액운을 막을 방법이 없다고 하자 경공은 그만 병석에 눕고 말았다.

며칠 뒤 경공은 진秦나라의 명의 고완高緩에게 치료를 받기로 했다. 고완이 오기 전에 경공은 또 꿈을 꾸었는데, 질병이 두 아이로 변하여 이렇게 말했다.

"그는 좋은 의사야. 우리를 상하게 할까 두려우니, 어디로 달아나야 하지彼良醫也. 懼傷我, 焉逃之?"

그중 한 아이가 말했다.

"명치 위 염통 아래에 자리 잡으면 우리를 어찌하겠어居肓之上, 膏之下, 若我何."

그 뒤 고완이 와서 진맥을 하더니 말했다.

"질병을 다스릴 수가 없습니다. 명치 위 염통 아래에 있으면 고칠 수 없습니다. 도달하려 해도 미치지 못하고 약도 듣지 않으니 다스릴 수가 없습니다疾不可爲也. 在肓之上, 膏之下, 攻之不可. 達之不及, 藥不至焉, 不可爲也."

작은 일이 문제의 소지가 될 수 있다면 반드시 먼저 해결해야 한다. 문제가 작을 때 해결해야 그 영향도 작은 법이다. 작은 문제니까 별거 아니라는 식으로 넘기면 이미 손을 쓸 수 없을 만큼 커져서 되돌아온다.

병입골수病入骨髓

병 병 들 입 뼈 골 골수 수

'병이 골수까지 들어가다'라는 말로, 어떤 상황이든 손쓸 수 없는 경지에 이르면 그땐 어떤 처방도 효험이 없다는 뜻이다. 모든 일은 미연에 방지하라는 의미를 담고 있으며, '병입고황病入膏肓'과 같은 말이다.

《사기史記》〈편작창공열전扁鵲倉公列傳〉에 나오는 말이다.

전설적 명의 편작扁鵲은 성은 진秦이고 이름은 월인越人이다. 젊었을 때는 여관의 관리인으로 일하기도 했다. 객사에 장상군長桑君이란 자의 비방약을 먹고 오장을 투시해서 볼 수 있는 힘이 생겼고 웬만한 질병은 모두 터득했다.

편작이 제나라로 갔을 때의 일이다. 환후桓侯(환공)가 편작을 빈객으로 예우했는데, 편작은 그를 보더니 대뜸 피부에 병이 있으니 치료하지 않으면 깊어질 것이라고 했다. 환후는 자신에게 질병이 없다며 이익이나 탐한다고 비난했다.

닷새가 지나자 편작은 다시 환후를 찾아가 "왕께서는 혈맥에 병이 있는데 지금 치료하지 않으면 훨씬 깊어질 것입니다君有疾在血脈, 不治恐深."라고 말했다. 그러나 환후는 치료할 생각조차 하지 않았다.

닷새 뒤에 편작이 다시 찾아가 더 심각한 어조로 장과 위 사이에 병이 있으니 치료하지 않으면 깊은 곳까지 들어간다고 말했다. 그러나 환후는 편작을 그냥 돌려보냈다.

다시 닷새 뒤에 편작이 찾아가 환후를 쳐다보고는 아무런 말 없이 물러났다. 이상한 생각이 든 환후가 사람을 보내 그 까닭을 묻자, 편작은 이렇게 대답했다.

"병이 피부에 있을 때는 탕약과 고약으로 고칠 수 있고, 혈맥에 있을 때는 쇠침과 돌침으로 치료할 수 있으며, 장과 위에 있을 때는 약주藥酒로 고칠 수 있습니다. 그러나 병이 골수까지 들어가면 사명司命(인간의 생명을 주관하는 고대 전설 속의 신)도 어찌할 수 없습니다. 지금은 병이 골수까지 들어가 있기 때문에 저는 더 이상 드릴 말씀이 없었던 것입니다疾之居腠理也, 湯熨之所及也; 在血脈, 鍼石之所及也; 其在腸胃, 酒醪之所及也; 其在**骨髓**, 雖司命無柰之何. 今在**骨髓**, 臣是以無請也."

환후는 편작을 찾았으나, 그는 이미 자리를 피해 떠난 뒤였다. 환후는 결국 치료도 못해보고 죽었다.

보우지탄鴇羽之嘆

너새 **보** 깃 **우** 어조사 **지** 탄식할 **탄**

'너새 깃의 탄식'이라는 말로, 신하나 백성이 전역戰役에 종사하느라 부모님을 보살피지 못함을 탄식하는 것을 비유한다. 너새는 기러기와 비슷하지만 부리는 닭과 닮았으며 며느리발톱은 없다. 비슷한 말로 북산지감北山之感이 있다.

이 말은《시경詩經》〈당풍唐風 · 보우鴇羽〉 편에 나온다.

푸드덕 너새 깃 날리며 상수리나무 떨기에 내려앉네.
나랏일로 쉴 새 없어 차기장 메기장 못 심었으니
부모님은 무얼 믿고 사시나.
아득한 푸른 하늘이여, 언제 어디에 안착하려나.
肅肅鴇羽, 集於苞栩.
王事靡盬, 不能蓺稷黍, 父母何怙.
悠悠蒼天, 曷其有所.

푸드덕 너새 줄지어 날아 뽕나무 떨기에 내려앉네.
나랏일로 쉴 새 없어 벼 수수 못 심었으니
부모님은 무엇을 맛보시나.
아득한 푸른 하늘이여, 언제 옛날로 되돌아갈까나.
肅肅鴇行, 集於苞桑.
王事靡盬, 不能蓺稻粱, 父母何嘗.
悠悠蒼天, 曷其有常.

진晉나라는 소공昭公 뒤로 100여 년 동안 더욱 정사政事가 어지러워졌다. 백성은 전쟁터로 출정 가는 일이 잦았는데, 이때 병사들이 농사일을 하지 못해 불효를 범한 것이 마음에 걸려 부모님을 생각하며 부른 노래다.

보원이덕報怨以德

갚을 **보** 원망할 **원** 써 **이** 덕 **덕**

'원한을 덕으로 갚는다'는 말로, 복수해야 하는 상대에게 은혜를 베푼다는 뜻이다.

도가의 창시자 노자는 부정과 역설의 논리를 편 사상가다. 그의 말 가운데 《노자老子》63장에 이런 말이 있다.

"인위적인 것을 하지 않고, 일 없음에 종사해야 하며, 맛없는 경지에서 맛보아야 한다. 큰 것은 작은 것에서 생기고 많은 것은 적은 것에서 일어나니, 원한을 덕으로 갚아라. 어려운 일은 쉬운 일에서 계획되고, 큰일은 사소한 일에서 시작되므로, 천하의 모든 어려운 일은 반드시 쉬운 일에서 생겨난다. 천하의 모든 큰일은 반드시 사소한 일에서 생겨나므로 성인은 끝까지 크게 되려고 하지 않아 크게 될 수 있다. 대개 가볍게 승낙하는 것은 반드시 믿음이 적고, 너무 쉬운 일은 반드시 어려운 일이 많다. 이 때문에 성인은 도리어 쉬운 것을 어렵게 여기므로 마침내 어려운 것이 없게 된다爲無爲, 事無事, 味無味. 大小多少, **報怨以德**. 圖難於其易, 爲大於其細, 天下難事, 必作於易. 天下大事, 必作於細, 是以聖人終不爲大, 故能成其大. 夫輕諾必寡信, 多易必多難. 是以聖人猶難之, 故終無難矣."

이렇듯 노자는 천하의 모든 일은 처음부터 크고 어려운 게 아니라 작고 쉬운 데서부터 시작된다고 보았다.

복소무완란覆巢無完卵

엎어질 **복** 새집 **소** 없을 무 완전할 **완** 알 **란**

'엎어진 새집에는 온전한 알이 없다'는 말로, 근본이 잘못되면 그 지엽枝葉도 잘못된다는 뜻이다. 복소파란覆巢破卵과 비슷하다.

《세설신어世說新語》〈언어言語〉 편을 보면, 후한 시대 건안칠자의 한 사람으로 헌제 때 북해의 상相이 되어 학교를 세우고 유학을 가르친 공융孔融이라는 학자 이야기가 나온다. 그는 무너져가는 한나라 왕실을 구하고자 했으나 뜻을 이루지 못하고, 여러 번에 걸쳐 조조에게 간언하다가 미움을 사서 피살되었다.

공융이 일찍이 오나라의 손권에게 체포된 일이 있었다. 그때 공융에게는 아들이 둘 있었는데, 큰아들은 아홉 살이고, 작은아들은 여덟 살이었다.

손권의 부하들이 공융을 체포하러 왔을 때 두 아들은 마침 장기 놀이를 하고 있었는데, 조금도 자세를 흩뜨리지 않고 하던 놀이를 계속했다.

공융이 사자에게 말했다.

"바라건대 죄는 [나 혼자] 몸에서 끝나게 하고, 두 아이는 전혀 다치지 않게 해주시오冀罪止於身, 二兒可得全不."

이때 아들이 공융에게 말했다.

"아버님, 어찌 엎어진 새집 밑에 다시 온전한 알이 있을 수 있습니까大人, 豈見覆巢之下, 復有完卵乎?"

결국 두 아들도 체포되고 말았다.

복수불반覆水不返

—— 엎을 **복** 물 **수** 아니 **불** 돌이킬 **반** ——

'엎지른 물은 돌이켜 담을 수 없다'는 말로, 일단 저지른 일은 되돌릴 수 없다는 뜻이다. 복배지수覆杯之水, 복수불수覆水不收와 같다.

동진의 왕가王嘉가 지은《습유기拾遺記》에 나오는 말이다. 이 책의 원본은 사라졌으나 기괴하고 재미있는 이야기가 담겨 있다.

주나라 문왕文王이 하루는 사냥을 나갔다가 위수渭水(황허의 큰 지류) 근처에서 낚시질하는 한 노인을 만났는데, 그 모습이 남루하기 짝이 없었다. 그러나 문왕은 세상 돌아가는 이치를 꿰고 있는 그 노인의 탁월한 식견에 감탄했다. 그 노인이 바로 강태공 여상呂尙이었다. 문왕은 여상을 스승으로 모시고, 아버지 태공이 바라던 주나라를 일으켜 줄 만한 인물이라는 뜻으로 태공망太公望이라고 불렀다.

여상은 문왕을 만나기 전까지는 끼니도 잇지 못할 만큼 궁색하게 살았다. 그러나 그는 어려운 가정 형편은 돌보지 않고 책만 끼고 살았고, 그 아내 마馬씨는 굶주림을 견디다 못해 친정으로 달아났다.

그로부터 세월이 흘러 여상이 문왕을 만나 부귀공명을 이루게 되자, 이 소문이 마씨의 귀에까지 전해졌다. 마씨는 여상을 찾아와서 이렇게 말했다.

"전에는 굶주림을 견디지 못해 떠났지만, 이제 그런 걱정은 안 해도 될 것 같아서 돌아왔어요."

그러자 여상은 잠자코 있다가 그릇의 물을 마당에 쏟고서 말했다.

"저 물을 그릇에 담아보시오."

마씨는 당황하여 물을 그릇에 담으려고 했지만 쏟아진 물은 이미 땅속으로 스며든 뒤였다. 여상은 차가운 얼굴로 말했다.

"엎지른 물은 돌이켜 담을 수 없소覆水不返盆."

한 번 떠난 아내는 돌아올 수 없다는 말이다.

부마駙馬

결말 **부** 말 **마**

'왕의 행차에 여벌로 준비한 예비용 수레(副車)를 끌던 말'을 뜻하며, 임금의 사위를 가리킨다. 부마도위駙馬都尉라고도 한다.

동진의 간보干寶가 편찬한 설화집《수신기搜神記》에 나오는 말이다.

전국시대 농서 땅에 신도탁辛道度이라는 한 젊은이가 살고 있었다. 그는 학문이 뛰어난 스승을 찾아가다가, 옹주雍州를 몇 리 앞두고 날이 저물어 더 이상 갈 수가 없었다. 그는 하룻밤 묵을 만한 곳을 찾다가 큰 기와집을 발견하고는 다가가 문을 두드렸다. 푸른 옷을 입은 한 여자가 나오기에 신도탁이 사정 이야기를 하자, 주인 여자에게 물어보더니 집 안으로 안내했다. 신도탁이 밥상을 물리자 주인 여자가 들어와 이렇게 말했다.

"저는 진秦나라 민왕의 딸로서 조曹나라로 시집갔다가 남편과 사별하고 23년 동안 혼자 살고 있습니다. 오늘 당신이 찾아주셨으니 저와 부부의 연을 맺어주십시오."

신도탁은 처음에는 신분상의 차이를 들어 완강히 거절했으나, 여자의 간곡한 청에 못 이겨 그렇게 하기로 했다. 사흘이 지난 다음 날 아침에 그 여자는 어두운 얼굴로 신도탁에게 말했다.

"당신은 산 사람이고 저는 귀신입니다. 함께 더 있고 싶지만 꼭 사흘 밤만 가능하고 오래 머물 수 없으니 재앙이 생기기 때문입니다君是生人, 我鬼也. 共君宿契, 此會可三宵, 不可久居, 當有禍矣."

그러고는 금 베개를 하나 주고는 작별 인사를 했다. 신도탁은 어찌 된 영문인지 몰라 어리둥절하며 방문을 나섰고, 처음 만났던 푸른 옷을 입은 여자가 배웅을 했다. 신도탁은 대문을 나선 다음 발길이 떨어지지 않아 뒤를 돌아보았다. 그런데 큰 기와집은 온데간데없고 허허벌판에 무덤 하나가 있을 뿐이었다. 신도탁은 놀라 도망치듯 그 자리를 떠났다. 한참 내달리다 멈추어 서서 가슴을 보니 금 베개를 여전히 끌어안고 있었다.

진나라에 다다른 신도탁은 먹을 것을 사려고 금 베개를 팔려 했다. 마침 그 시장을 지나던 진나라 왕비는 금 베개를 보고는 깜짝 놀라 신도탁이 그것을 갖게 된 경위를 추궁했다. 신도탁은 지금까지 있었던 일을 하나도 빠짐없이 말했지만 왕비는 믿지 못해 공주의 무덤을 파보도록 했다. 무덤을 파고 관을 열어보니 다른 부장품은 다 있는데 금 베개만 없어졌고, 시체를 조사해보니 부부의 정을 나눈 흔적이 역력했다.

모든 사실을 확인한 왕비는 신도탁이야말로 진정 자신의 사위라며 부마도위駙馬都尉로 임명하고 많은 보물을 주었다. 이로부터 사람들은 임금의 사위를 '부마駙馬'라고 부르게 되었다.

참고로 《설문해자說文解字》 〈마부馬部〉에 의하면, "'부' 자는 부마이다附, 副馬也."

단옥재段玉裁는 주석을 달아 "부는 두 번째다. …… 바른 위치에서 수레를 모는 게 아니니 모두 부마가 된다副者貳也. …… 非正駕車皆爲副馬."라고 설명했다.

부본엽요拊本葉搖

칠부 근본본 잎엽 흔들요

'뿌리를 치면 잎이 흔들리게 된다'는 말로, 다스리는 것도 기술이 필요하다는 의미다.

《한비자韓非子》〈외저설 우하外儲說右下〉 편에 이런 말이 나온다.

"나무를 흔들 경우 한 잎 한 잎 그 잎을 끌어당기면 힘만 들 뿐 전체에 미치지 못하지만, 좌우에서 그 뿌리를 친다면 잎이 모두 흔들릴 것이다搖木者一一攝其葉, 則勞而不徧, 左右拊其本, 而葉徧搖矣."

군주가 아랫사람을 다스리는 법은 근본을 장악하면 된다는 것이다.

조보造父가 마침 김을 매고 있는데, 아버지와 아들이 수레를 타고 지나가는 것이 보였다. 말이 놀라서 가려고 하지 않자, 아들은 수레에서 내려 말을 끌고, 아버지도 내려서 수레를 밀며 조보에게 수레 미는 것을 도와달라고 청했다. 그래서 조보는 농기구를 수습해 묶어 수레에 올려놓고 그 부자에게 손을 뻗어 수레에 올라타도록 했다. 그리고 고삐를 당기며 채찍을 들기만 하고 사용하지도 않았는데 말이 일제히 달려나갔다. 만일 조보가 말을 다스릴 수 없었다면 비록 힘을 다하고 몸을 수고롭게 하여 그들을 도와 수레를 밀었다고 하더라도 말은 오히려 가려고 하지 않았을 것이다. 지금 몸을 수고롭게 하지 않고 농기구를 수레에 싣고 사람들에게 덕을 베풀었던 것은 수레 모는 술術이 있어서 그것을 제어할 수 있었기 때문이다. 군주는 조보처럼 해야 한다는 것이다.

이번에는 지엽에 얽매인 사례다. 전영田嬰(맹상군의 아버지)이 제나라 재상으로 있을 때 왕에게 이렇게 유세하는 이가 있었다.

"한 해의 회계 보고에 대해 왕이 며칠의 짬을 내어 스스로 직접 듣지 않으면 벼슬아치의 간사함과 사악함 그리고 부당함을 알 수 없습니다終歲之計, 王不一以數日之間自聽之, 則無以知吏之姦邪得失也."

왕은 이 말을 수긍했다. 전영은 이 소식을 듣고 즉시 왕에게 자신의 회계 감사 보고를 듣도록 했다. 왕도 장차 그것을 듣기로 했고, 전영은 벼슬아치를 시켜 곡물의 두斗 · 석石 · 구區 · 승升 단위의 회계장부를 갖추도록 했다. 왕은 직접 회계 보고를 듣기로 했지만 끝까지 듣지는 못했다. 식사를 마치고 다시 앉았지만 일은 끝나지 않았다. 전영이 다시 일러 말했다.

"신하들은 1년 동안 아침저녁으로 게으름을 피운 적이 없습니다. 왕께서 하룻저녁만이라도 이것을 들으시면 신하들은 부지런히 일을 하게 될 것입니다群臣所終歲日夜不敢偷怠之事也. 王以一夕聽之, 則群臣有爲勸勉矣."

왕이 말했다.

"알았소."

그러나 잠시 뒤 왕은 잠이 들었다. 그러자 벼슬아치들은 모두 칼을 들고 왕이 서명한 문서의 곡식 기록을 삭제하여 없애버렸다. 그리하여 왕이 직접 회계 보고를 듣기 시작한 이후로는 혼란만 생겨나게 되었다. 왕이 잘 알지도 못하면서 너무 세세하게 관여하다 보면 실수를 저지르게 되는 것이다.

부자상은父子相隱

아비 **부** 아들 **자** 서로 **상** 숨길 **은**

'아버지와 아들이 서로의 죄를 숨겨준다'는 말로, 아버지와 자식이 서로 간에 숨겨주고 말하지 않는 '은이불언隱而不言'의 관계임을 말하고 있다.

《논어論語》〈자로子路〉 편에 나오는 말이다.

초나라의 정치가 섭공葉公이 어느 날 공자에게 자랑하듯 말했다.

"우리 마을에 몸가짐이 바른 자가 있으니, 그 아버지가 양을 훔치자 아들이 그것을 고발했습니다吾黨有直躬者, 其父攘羊, 而子證之."

섭공의 말에 공자는 고개를 절레절레 저으며, "아버지는 아들을 위해 숨겨주고 아들은 아버지를 위해 숨겨주는 속에 오히려 정직이 있다父爲子隱, 子爲父隱, 直在其中矣."라고 대답했다. 그게 우리 마을의 도리라고 공자는 말했다.

공자는 인륜이 땅에 떨어진 당대의 상황 속에서 가족 중심의 정을 최고의 가치로 삼았다. 공자가 볼 때 앞의 것은 '자慈'이고 뒤의 것은 '효孝'다. 《장자莊子》〈도척盜跖〉 편에는 "직궁이 아버지를 고발하고 미생이 물에 빠져 죽은 것은 믿음의 우환이다直躬證父, 尾生溺死, 信之患也."라고 되어 있다. 반면《여씨춘추呂氏春秋》〈당무當務〉 편에서는 "직궁의 믿음은 믿음이 없는 것만 못하다."라고 하면서 공자의 견해를 지지했다. 공자의 견해는 시간이 지날수록 많은 지지를 얻었다.

《구당서舊唐書》〈서언백전徐彦伯傳〉에는 "말할 수 있으나 말하지 않는 것이 바로 은隱이다."라고 했다. 공자의 뜻을 적극적으로 새긴 것이다. 나아가 주희는 공자의 '은'을 '천리天理와 인정人情의 지극함'이라고 풀이했다. 이후 적지 않은 오해가 생겼다. 이는 공사를 구분하지 못하는 인정주의에 함몰될 위험이 있기 때문이다.

'은隱'은 숨긴다는 뜻이다. 이 단어는 때로 엄폐掩蔽나 엄호掩護의 의미로 많이 쓰인다.

감추고 감싸주는 것은 '부자'간에만 그치지 않고 군신 간에도 적용된다. '동당벌이同黨伐異'란 말이 있듯이, 사회 전반에서 잘못을 서로 은폐해주는 심각한 온정주의도 문제지만, 고소와 고발이 난무하는 비정적非情的 인간 관계 또한 사회의 심각한 문제가 아닐 수 없다.

부족치치아간不足置齒牙間

——— 아니 **부** 족할 **족** 둘 **치** 이 **치** 어금니 **아** 사이 **간** ———

'치아 사이에 두기에는 충분하지 못하다'는 말로, 입에 올릴 만한 가치가 없음을 뜻한다.

《사기史記》〈유경숙손통열전劉敬叔孫通列傳〉을 보면, 숙손통叔孫通이라는 사람의 이야기가 나온다. 그는 세상 돌아가는 이치에 밝은 사람이었는데, 설薛 땅 사람으로서 진나라에 문학文學으로 불려와서 박사로 임용한다는 조서를 기다리고 있었다. 여러 해 뒤에 진승이 산동에서 반란을 일으켰다. 사자에게 그 소식을 전해 들은 이세 황제는 박사와 여러 선비를 불러 물었다.

"초나라에 수자리 살던 병사들이 기蘄를 공격하고 진陳에까지 이르렀다고 하는데, 공들은 어떻게 생각하시오楚戍卒攻蘄入陳, 於公如何?"

박사와 선비 30여 명이 앞으로 나와서 이렇게 말했다.

"남의 신하 된 자는 사사로이 병사들을 가져서는 안 됩니다. 사사로이 병사를 소유하면 그것이 바로 역적이니, 그 죄는 죽어 마땅하며 용서할 수 없습니다. 폐하께서는 급히 군대를 동원하여 그들을 치시기 바랍니다人臣無將. 將即反, 罪死無赦. 願陛下急發兵擊之."

이세 황제는 이 말을 듣고 화가 나서 얼굴빛이 바뀌었다. 그때 숙손통이 앞으로 나아가 말했다.

"여러분의 말은 모두 틀렸습니다. [진나라는] 천하를 통일하여 한집이 되게 하고, 각 군과 현의 성을 허물고 무기를 녹여 다시는 그 무기를 쓰지 않겠다는 뜻을 천하에 보였습니다. 또한 위로는 밝은 군주가 있고 아래로는 법령이 갖추어져 있어 사람들은 각자 자기 직업에 충실하고 사방에서 사람들이 모여들고 있는데, 어찌 감히 반란을 일으키는 자가 있겠습니까! 이것은 다만 쥐나 개가 물건을 훔쳐가는 것에 지나지 않습니다. 어찌 치아 사이에 둘 가치가 있겠습니까! 지금 군수와 군위가 그들을 잡아들여 죄를 다스릴 텐데, 어찌 걱정하십니까諸生言皆非也. 夫天下合爲一家, 毁郡縣城, 鑠其

兵, 示天下不復用. 且明主在其上, 法令具於下, 使人人奉職, 四方輻輳, 安敢有反者! 此特群盜鼠竊狗盜耳. 何**足置之齒牙間**! 郡守尉今捕論, 何足憂!"

이세 황제는 기뻐했다. 그러고는 다른 선비들에게도 물어보니, 어떤 선비는 반란을 일으킨 것이라 하고 어떤 선비는 도적이라고 했다. 이세 황제는 어사에게 명하여 선비들 가운데 반란을 일으킨 것이라고 말한 자는 형리에게 넘기도록 하고, 도둑이라고 한 자는 모두 그대로 두게 했다. 한편 이세 황제는 숙손통에게 비단 스무 필과 옷 한 벌을 내리고 박사로 삼았다. 숙손통이 궁궐을 나와 학관學館으로 돌아오자 선비들이 말했다.

"선생은 어찌 그리도 아첨을 잘하십니까先生何言之諛也?"

숙손통이 말했다.

"여러분은 모릅니다. 나는 하마터면 호랑이 입을 빠져나오지 못할 뻔했습니다公不知也. 我幾不脫於虎口!"

그러고는 설 땅으로 달아났다.

숙손통의 이런 모습에 대해 사마천은 "너무 곧은 것은 굽어 보이고, 길은 본래부터 꾸불꾸불하다大直若詘, 道固委蛇."라고 평했다. 도가의 지혜와 능력을 갖추어 말과 용모를 살피기에 뛰어났고 세상 돌아가는 이치에 밝았던 숙손통이 나아가고 물러나기를 시세의 변화에 맞추어 마침내 한나라 유학의 종정이 된 이유를 그 사고의 유연성에서 찾은 것이다.

부중지어釜中之魚

——— 솥 **부** 가운데 **중** 어조사 **지** 물고기 **어** ———

'솥 안에 있는 물고기'라는 말로, 곧 죽을 목숨이라는 뜻이다. 위기에 처한 사람을 가리킨다. 어유부중魚遊釜中, 풍중지촉風中之燭과 비슷한 말이다.

《삼국지연의三國志演義》 42회에 나오는 말이다.

"지금 유비는 솥 안의 물고기요, 함정 속의 호랑이인데, 만일 이때를 틈타 사로잡지 않으면 마치 물고기를 풀어서 바다로 들어가게 하고, 호랑이를 풀어놓아 산으로 돌아가게 하는 것과 같습니다今劉備**釜中之魚**, 阱中之虎; 若不就此時擒捉, 如放魚入海, 縱虎歸山矣."

북송의 사마광司馬光이 편찬한 《자치통감資治通鑑》 〈한기漢紀〉 편에 나오는 말이다.

후한 때 양익梁冀이라는 자는 20여 년 동안이나 온갖 횡포를 저질렀다. 하루는 사자 여덟 명을 파견하여 주州와 군郡을 순찰하도록 명령했다. 이 사자들 가운데 장강張綱이라는 이가 있었는데, 그는 평소 양익의 처사에 상당한 불만을 지니고 있었다. 그래서 양익의 수레바퀴를 낙양 숙소의 흙 속에 묻고 이렇게 중얼거렸다.

"승냥이와 이리 같은 양익 형제가 요직을 차지하고 있는데, 어찌 여우나 살쾡이 같은 지방 관리를 조사할 수 있는가?"

그러고는 양익 형제를 탄핵하는 상소문을 올렸다.

이 일로 장강은 양익의 원망을 사 도적 떼가 득실거리는 광릉군廣陵郡의 태수로 자리를 옮기게 되었다. 그렇지만 장강은 두려워하는 기색 하나 없이 혼자 도적 떼의 소굴로 찾아가서는, 그들의 두목인 장영張嬰에게 사물의 이치를 설명하며 개과천선하도록 종용했다.

장강의 말에 깊은 감동을 받은 장영은 이렇게 말했다.

"저희가 이와 같이 서로 취하여 목숨을 오래 보존할지라도 그것은 마치 물고기가 솥 안에 있는 것과 마찬가지이므로 결코 오래 지속할 수 없습니다汝等若是, 相取久存命, 其如釜中之魚, 必不久之!"

그러고는 항복했다. 장강은 그곳에서 도적 떼와 함께 잔치를 벌이고 모두 풀어주었다. 그래서 광릉군은 본모습을 되찾게 되었다.

부지교지富之教之

——— 부유할 **부** 어조사 **지** 가르칠 **교** 어조사 **지** ———

'위정자는 백성을 먼저 잘살게 하고 나서 가르치라'는 말로서, 선부후교先富後教라는 말로도 알려져 있다.

《논어論語》〈자로子路〉 편을 보면, 공자가 위衛나라에 갈 때 제자 염유冉有가 모셨다. 위나라의 인구가 많아 이를 보고 감탄하는 공자에게 염유가 더 이상 무엇이 필요하냐고 묻자, '잘살게 해줘야 한다富之'고 했다. 잘살게 되면 또 무엇을 하느냐고 다시 물으니 '가르쳐야 한다教之'고 했다. 그 상황을 이렇게 기록하고 있다.

공자가 위나라에 갈 때 염유가 수레를 몰았다. 공자가 말했다.

"[백성이] 많구나庶矣哉!"

염유가 물었다.

"이미 많아졌는데 또 무엇을 더 해야 합니까既庶矣, 又何加焉?"

[공자가] 말했다.

"잘살게 해줘야 한다富之."

[염유가] 물었다.

"이미 잘살게 되었는데 또 무엇을 더 해야 합니까既富矣, 又何加焉?"

[공자가] 말했다.

"가르쳐야 한다教之."

공자는 먼저 잘살게 하고 가르치라고 말하고 있으니, 제아무리 중요한 예의나 염치라도 생계가 해결되지 못하면 제대로 지켜질 리 만무하다고 인식했다. 이러한 생각은 공자를 계승한 맹자나 순자에게도 그대로 이어졌으며, 유명한 관중의 경제 우선 정책도 공자의 가르침과 맥을 같이하고 있다.

사실 공자는 "가난하면서 원망하지 않는 것은 어렵지만, 부자이면서 교만하지 않은 것은 쉽다."라면서 '빈貧'과 '부富'를 대비시켰다. 그러면서도 "가난하면서도 즐거움으로 삼고, 부유하면서도 예의를 좋아하는 것"을 더 강조하면서 한 걸음 더 나아가 자신을 재물과 연관 없는 존재로 묘사하기를 좋아했다.

"의롭지 못하고 잘살고 귀하게 되는 것은 내게 뜬구름과 같다."라면서 애써 부 자체를 외면하고자 한 것도 사실이다. 거친 밥을 먹고 물을 마시며 팔을 굽혀 그것을 베개로 삼는 안빈낙도의 삶을 추구한 공자였기에 그렇다.

"부유함과 귀함은 사람들이 바라는 바이지만 그것이 정당하게〔道〕 얻은 것이 아니면 머물러서는 안 된다富與貴是人之所欲也, 不以其道得之, 不處也."(〈이인里仁〉 편)

부귀富貴를 본능의 문제로 보면서도 도道에 입각해서 추구해야 한다는 잣대를 제시한 것이다.

부행기덕富行其德

부유할 **부** 행할 **행** 그 **기** 덕 **덕**

'부유하면 그만큼의 덕을 행한다'는 말로, 가진 자의 덕목을 일컫는다.

《사기史記》〈화식열전貨殖列傳〉에 나오는 가진 자의 덕목을 말한 대목으로 도주공 범려范蠡가 나눔의 미덕을 찬탄한 것이다.

"군자가 부유하면 덕을 행하기를 즐겨 하고, 소인이 부유하면 자신의 능력에 닿는 일을 한다. 못이 깊어야 고기가 살고, 산이 깊어야 짐승이 오가며, 사람은 부유해야만 인의가 따른다. 부유한 사람이 세력을 얻게 되면 세상에 더욱 드러나게 되고, 세력을 잃으면 빈객들이 갈 곳이 없어져 즐겁게 하지 않는다君子富, 好行其德; 小人富, 以適其力. 淵深而魚生之, 山深而獸往之, 人富而仁義附焉. 富者得埶益彰, 失埶則客無所之, 以而不樂."

탁월한 투자자답게 범려는 시세의 흐름에 민감하게 반응하여 돈을 벌었다. 원래 그는 월왕 구천을 보필했는데 20여 년간 계획을 세워 마침내 오나라를 멸망시키는 일에 기여하고 상장군上將軍 자리에 올랐다. 범려는 너무 커진 자신의 명성을 유지하기 어렵다고 여겼다. 더군다나 구천의 사람됨은 어려울 때는 같이할 수 있어도, 편안할 때는 함께하기 어렵다는 생각에 직책을 사직하고 가벼운 보물을 간단히 챙겨 집안 식솔들과 함께 배를 타고 제나라로 갔다.

이름을 치이자피鴟夷子皮로 바꾸고 다시 생계를 도모하자니, 돈을 벌 방법이 의외로 많았다. 그가 택한 방법은 물자를 쌓아두었다가 시세의 흐름을 보아 내다 파는 것이었다. 말하자면 매점매석이었는데 19년 동안에 천금의 거금을 손에 쥐었다.

그러나 범려는 자신이 많은 돈을 가진 것이 부담스러웠다. 이때 타국 출신인 그에게 재상 자리가 주어졌다. 그 당시 제나라는 전통이 굉장히 강한 나라였고 남방의 월나라를 대단히 무시했는데, 바로 그곳 출신인 범려에게 자리가 주어졌던 것이다.

범려는 자신이 돈을 많이 가지고 있어 제나라에서 재상 벼슬을 할 수 있게 되었다는 사실에 깨달은 바가 있어, 기꺼이 재상에게 주는 인수를 반환하고 재물을 다 주변 사람에게 나누어주고는 떠나버렸다. 과연 범려가 아니었다면 이렇게 흔쾌히 자신의 모든 부를 던질 수 있었겠는가.

부화뇌동附和雷同

붙을 **부** 응할 **화** 우레 **뢰** 같이할 **동**

'우렛소리에 부합하여 함께한다'는 말로, 뚜렷한 자기 생각이 없고 경솔히 남의 주장에 따르는 것을 뜻한다. 줄여서 뇌동雷同이라고도 쓴다.

《예기禮記》〈곡례 상曲禮上〉 편에 나오는 말이다.

"다른 사람의 말을 자기 말처럼 하지 말고, 다른 사람의 의견에 동조하지 마라毋雷同. 반드시 옛 성현을 모범으로 삼고, 선왕의 가르침에 따라 이야기하라."

이는 아랫사람이 손윗사람에게 지켜야 할 예절을 설명한 것이다.

또 공자는《논어論語》〈자로子路〉 편에서 이렇게 말했다.

"군자는 [사람들과] 조화를 이루지만 [부화]뇌동하지는 않고, 소인은 [부화]뇌동하지만 조화를 이루지는 못한다君子和而不同, 小人同而不和."

군자는 남을 자기처럼 생각하기 때문에 남과 조화를 이루지만, 각자에게 주어진 역할을 열심히 수행하므로 부화뇌동하지 않는다. 그러나 소인은 이익을 좇는 사람이기 때문에 이익을 같이하는 사람들끼리 같이 행동하지만 남과 조화를 이루지 못한다는 뜻이다.

'부화뇌동'은 우레가 한 번 치면 천지 만물이 이에 반응하여 소리를 내는 것처럼, 다른 사람의 말이 옳고 그른지를 헤아리지 않고 무조건 따르는 것을 가리킨다. 공명정대한 명분이나 사리 판단보다는 이해관계에 따라 생각하기 때문이다.

한편《한비자韓非子》〈설림 상說林上〉 편에서도 '부화뇌동'의 의미를 이렇게 설명했다.

"미치광이가 동쪽으로 달려가면 뒤쫓는 자도 동쪽으로 달려간다. 그들이 동쪽으로 달려간 것은 같지만, 동쪽으로 달려가서 하고자 한 일은 다르다. 같은 일에 종사하는 사람이라도 상세히 살피지 않을 수 없다狂者東走, 逐者亦東走. 其東走則同, 其所以東走之爲則異. 同事之人, 不可不審察也."

북산지감北山之感

―――― 북녘 **북** 뫼 **산** 어조사 **지** 느낄 **감** ――――

'북산의 감개'라는 말로, 나랏일 때문에 부모님을 제대로 봉양하지 못함을 비유한다.

《시경詩經》〈소아小雅 · 북산北山〉 편의 첫 부분에 나오는 말이다.

저 북산에 올라가 기杞나물을 캐네.
튼튼한 관리가 아침저녁으로 일을 하지만
나랏일에 소홀할 수 없기에 우리 부모님을 걱정하게 하네.
陟彼**北山**, 言采其杞.
偕偕士子, 朝夕從事,
王事靡盬, 憂我父母.

너른 하늘 밑이 임금님 땅 아님이 없으며
모든 땅의 물가까지 임금님 신하 아님이 없거늘
대부들을 고루 쓰지 않으시어 나만 일하느라 홀로 수고하네.
溥天之下, 莫非王土,
率土之濱, 莫非王臣,
大夫不均, 我從事獨賢.

네 마리 말이 끄는 수레 쉬지 않고 달리니
장대하나 나랏일 많기도 하네.
다행히 나는 늙지 않았고 기쁘게도 나는 한창때라
정력이 왕성하여 온 나라를 경영할 수 있네.
四牡彭彭, 王事傍傍.
嘉我未老, 鮮我方將,
旅力方剛, 經營四.

어떤 이는 편히 쉬고
어떤 이는 온갖 고생 하며 나라 섬기고
어떤 이는 침대에 누워 쉬고
어떤 이는 쉬지 않고 돌아다니네.
或燕燕居息, 或盡瘁事國,
或息偃在牀, 或不已于行

어떤 이는 부르짖음도 알지 못하고
어떤 이는 처참히 고생하고
어떤 이는 뒹굴뒹굴 편히 놀고
어떤 이는 나랏일로 급히 돌아치네.
或不知叫號, 或慘慘劬勞,
或棲遲偃仰, 或王事鞅掌.

어떤 이는 술 마시기에 빠져 즐기거늘
어떤 이는 처참히 허물 두려워하며 일하고
어떤 이는 들락날락하며 큰소리치고 있거늘
어떤 이는 안 하는 일 없이 수고하네.
或湛樂飮酒, 或慘慘畏咎,
或出入風議, 或靡事不爲.

주나라 유왕幽王이 무도하여 힘없는 백성만을 끝없는 부역으로 내몰아 부모님을 제대로 봉양할 수 없음을 풍자한 시다.

포학했던 고대 군주들은 영토를 넓히려고 가난한 백성까지 전쟁터로 내몰았다. 기약 없는 싸움을 하는 백성은 전사하는 두려움도 두려움이지만, 고향에 두고 온 부모님과 처자식 걱정에 눈물 마를 날이 없었다. 그들은 부모님 가까이에서 효성을 다해 모시지 못하는 게 가장 큰 불효라고 생각했다.

분서갱유焚書坑儒

불사를 **분** 글 **서** 묻을 **갱** 선비 **유**

'책을 불사르고 유생을 묻는다'는 말로, 진시황의 문화 말살 정책을 가리킨다.

《사기史記》〈진시황본기秦始皇本紀〉에서 사마천은 진시황秦始皇의 다양한 모습을 전해주고자 한다.

진시황이 6국을 평정한 지 8년이 지났을 때, 그는 천하를 통일한 업적에 만족하여 함양궁에 신하들을 모아놓고 주연을 베풀었다. 이 자리에서 박사 순우월淳于越이 8년 동안 실시해온 군현제를 봉건제로 바꾸자고 건의했다. 군현제로는 황실의 무궁한 안녕을 보장하기가 어렵기 때문이라는 것이었다.

시황제는 신하들의 의견을 들어보기로 했는데, 승상 이사李斯가 이렇게 말했다.

"지금 천하가 이미 안정되어 법령이 통일되고, 백성들은 가정에서 농사에 힘쓰고 있습니다. [그러나] 유생들은 법령과 해서는 안 될 것들을 익히고 있습니다. 이제 모든 유생은 지금 것을 본받지 않고 옛것을 배워 이 시대를 비난하면서 백성들을 미혹하고 어지럽히고 있습니다. …… 이런 짓을 금하지 않는다면 위로는 황실의 세력이 약해질 테고, 아래로는 붕당이 만들어질 것입니다. 마땅히 이를 금지하는 것이 이롭습니다. …… 태우지 말아야 할 것은 의술, 복서卜筮, 농업에 관한 책과 역사서이고, 만약 법령을 배우고자 하는 이는 관리로 스승을 삼아야 합니다今天下已定, 法令出一, 百姓當家則力農工, 士則學習法令辟禁. 今諸生不師今而學古, 以非當世, 惑亂黔首. …… 如此弗禁, 則主勢降乎上, 黨與成乎下. 禁之便. …… 所不去者, 醫藥卜筮種樹之書, 若欲有學法令, 以吏爲師.

시황제는 이사의 건의를 받아들여 관청에 비치하고 있던 희귀본은 물론이고 개인이 소장한 문학 서적까지 모두 거두어들여 불태워버렸다. 이것이 이른바 '분서焚書' 사건이다.

그 이듬해 아방궁이 완성되자 시황제는 불로장생을 꿈꾸며 신선술에 깊이 빠졌고, 신선술을 닦는 방사들을 후대했다. 그런데 방사로 총애를 받던 노생盧生과 후생侯生이 시황제의 부도덕함을 비난하고 달아나는가 하면, 또 다른 방사와 유생들이 분서 사건을 공개적으로 반박하고 나섰다. 이에 진시황은 대노하여 이들을 잡아들여 문초하고는 모두 땅속에 매장했는데, 그 수가 460명이나 되었다고 한다. 이 일을 '갱유坑儒'라고 한다.

이 분서갱유로 인해 진시황은 폭군으로 일컬어지게 되었으며 망국으로 향하는 결정적인 실책을 범하게 되었다. 아울러 춘추시대와 전국시대에 이룬 학문적 성과를 가늠하기 어려워졌을 뿐만 아니라, 방대한 인류 지식의 상실을 초래했다.

그러나 어찌 되었든 진시황은 척박한 서쪽 진나라를 떨치고 처음으로 천하를 통일한 인물임이 틀림없다. 그에게는 많은 인재가 포진해 있었고, 여섯 나라를 하나의 제국으로 통합하려고 도량형과 화폐, 문자를 통일했으며, 통치의 근간이던 봉건제를 군현제로 바꾼 혁신을 이룬 인물이었다. 또 막강한 국력을 바탕으로 만리장성을 쌓아 오랑캐의 침략을 방어하고 진나라의 모든 체제를 개혁하는 등 전무후무한 성과를 거둔 제왕이었다.

불감기우不堪其憂

—— 아니 **불** 견딜 **감** 그 **기** 근심 **우** ——

'보통 사람은 궁핍한 삶에서 오는 근심을 견뎌내기 어렵다'는 말로, 공자의 말이다.

《논어論語》〈옹야雍也〉 편에 나오는 말이다.

"어질구나, 회(안회)여! 한 통의 대나무 밥과 한 표주박의 마실 거리를 가지고 누추한 골목에 살면서도, 다른 이들은 그 근심을 견디지 못하는데 회는 그 즐거움을 바꾸려 하지 않으니, 어질구나, 회여賢哉回也! 一簞食, 一瓢飮, 在陋巷, 人**不堪其憂**, 回也不改其樂, 賢哉回也!"

안회에 대한 공자 특유의 날카로운 시각이 돋보이는 이 구절은 호학好學 정신이 투철한 안회에 대한 찬사다. 공자가 생각하기에 보통 사람은 물질적 욕망을 충족시켜 만족감을 느끼지만, 안회는 그와 정반대로 의식주 문제에 초연하고 형이상학적 문제만을 추구한다. 물론 공자의 삶도 안회처럼 생계 문제에 초연하려고 한 맥락과 기본적으로 같다.

"거친 밥을 먹고 [차가운] 물을 마시며, 팔을 굽혀 그것을 베개로 삼으면 즐거움도 그 속에 있다. 의롭지 못하고 잘살아 귀하게 되는 것은 나에게는 뜬구름만 같은 것이다飯疏食, 飮水, 曲肱而枕之, 樂亦在其中矣. 不義而富且貴, 於我如浮雲."

공자의 제자는 가난한 집 출신이 많았다. 공자의 나이 서른다섯 이전의 제자 중에는 가난한 집 출신이 많았고, 제나라와 주나라에 갔다가 다시 고국 노나라로 돌아온 서른여섯 이후부터 쉰넷까지도 염옹冉雍과 염구冉求, 안회 등 여전히 가난한 자가 많았다. 위衛나라 상인 출신으로 돈이 많았던 자공만이 예외였다. 공자는 스스로도 "군자는 도를 도모하지, 먹을 것을 도모하지 않는다. …… 군자는 도를 걱정하지 가난을 걱정하지는 않는다."라고 말했다.

물질에 대한 집착을 버려야 제대로 된 학문의 길로 들어설 수 있다고 한 공자의 가르침은 오늘의 현실에서도 꽤 새겨볼 가치가 있지 않은가.

불구대천지수不俱戴天之讐

아니 **불** 함께 **구** 일 **대** 하늘 **천** 어조사 **지** 원수 **수**

'하늘을 함께 일 수 없는 원수'라는 말로, 철천지원수를 뜻한다. 대천지수戴天之讐, 불공대천不共戴天이라고 줄여 쓰기도 한다.

《예기禮記》〈곡례曲禮〉 편에 나오는 말이다.

"아버지의 원수와는 같은 하늘을 함께 이고 살지 않고, 형제의 원수를 보고 무기를 가지러 가지 않으며, 친구의 원수와는 같은 나라에서 살지 않는다父之讐弗與共戴天, 兄弟之讐弗反兵, 交遊之讐弗同國."

아버지의 원수와 같은 하늘 밑에서 산다는 것은 자식 된 도리로 있을 수 없는 일이고, 형제의 원수를 우연히 만나게 되면 그 자리에서 복수해야지 무기를 가지러 가다가 원수 갚을 기회를 놓쳐서는 안 되며, 친구의 원수와는 한 나라에서 살 수 없다는 말이다. 아버지, 형제, 친구는 가장 가까운 사람들로서 그들이 있기에 자신이 존재하는 것이니, 그들의 원수가 바로 내 원수라는 말이다.

한편 맹자는《맹자孟子》〈진심 하盡心下〉 편에서 이렇게 말했다.

"내 이제야 남의 어버이를 죽이는 게 중한 죄인 줄을 알았노라. 남의 아비를 죽이면 남도 자기 아비를 죽일 것이며, 남의 형을 죽이면 남도 자기 형을 죽일 터이니, 그렇게 되고 보면 자기가 죽이지는 않았다 할지언정 별로 다를 게 없다吾今而後知殺人親之重也. 殺人之父, 人亦殺其父; 殺人之兄, 人亦殺其兄, 然則非自殺之也, 一間耳."

복수의 칼날은 더 아픈 고통과 비극만을 낳을 뿐이라는 말이다.

불구심해不求甚解

—— 아니 **불** 구할 **구** 심할 **심** 풀 **해** ——

'깊이 있는 해석을 추구하지 않는다'는 말로, 책을 읽어 대의를 깨달을 뿐 지나치게 이해하기 어려운 해석을 구하지 않고 마음속으로 이해한다는 뜻이다.

도연명陶淵明은 〈오류선생전五柳先生傳〉이라는 전기 형식을 빌려 작가 자신의 인생관과 생활관을 객관적으로 서술했는데, 해학적인 맛이 두드러져 후세 전기 문장의 규범 중 하나가 되었다. 동진의 저명한 전원시인인 그는 생활이 지극히 청고하여 집안에 변변한 밭뙈기도 없고, 가뭄과 재해로 해마다 어려운 삶을 살았다. 그러나 도연명은 그 안에서도 즐거움을 찾았으며, 한가할 때는 글을 읽고 시를 써서 위안을 삼았다.

다음은 그 글의 첫머리다. 여기서 '선생'은 도연명 자신이다.

> 선생은 어디 사람인지 알지 못하고 그 성과 자도 자세하지 않으나 집 주위에 버드나무 다섯 그루 있어 그 호로 삼았다. 한가롭고 고요하며 말이 적고 명예와 실리를 도모하지 않았다. 독서를 좋아하지만 깊이 있는 해석을 추구하지 않고 매번 뜻 맞는 곳이 있으면 기꺼이 밥 먹는 것도 잊어버린다.
>
> 先生不知何許人, 亦不詳其姓字, 宅邊有五柳樹, 因以爲號焉. 閑靖少言, 不慕榮利. 好讀書, **不求甚解**, 每有意會, 便欣然忘食.

이 작품은 도연명이 스물여덟 살 전후에 쓴 것으로, 그가 책을 읽을 때 한 자 한 구의 해석에 구애받지 않고 책 속의 대의를 깨닫는 데 중점을 둔 독서법이 담겨 있다. 그런데 오늘날에는 학습할 때 대충대충 하여 깊이 이해하지 못함을 빗대어 표현한다.

불비불명不蜚不鳴

아니 **불** 날 **비** 아니 **불** 울 **명**

'날지도 않고 울지도 않는다'는 말로, 큰일을 하려고 오랫동안 조용히 때를 기다린다는 뜻이다.

《사기史記》〈골계열전滑稽列傳〉을 보면, 제나라 위왕威王은 수수께끼를 좋아하고 음탕하게 놀며 밤새도록 술에 빠져 나랏일을 돌보지 않고 정치를 경대부卿大夫에게 맡겨버렸다. 그리하여 문무백관은 문란해졌고, 제후들이 동시에 침략하여 나라의 존망이 아침저녁으로 절박한 지경에 놓였다. 그런데도 주위 신하들 가운데 감히 간언하는 이가 없었다.

이때 순우곤이 위왕에게 이런 수수께끼를 냈다.

"나라 안에 큰 새가 있는데, 왕의 뜰에 멈추어 있으면서 3년이 지나도록 날지도 않고 울지도 않고 있습니다. [왕께서는] 이것이 어떤 새인지 아십니까國中有大鳥, 止王之庭, 三年**不蜚**又**不鳴**. 不知此鳥何也?"

왕이 대답했다.

"이 새는 날지 않으면 그만이지만 한 번 날았다 하면 하늘 높이 날아오르고, 울지 않으면 그만이지만 한 번 울었다 하면 사람들을 놀라게 할 것이다此鳥不飛則已, 一飛沖天, 不鳴則已, 一鳴驚人."

《여씨춘추呂氏春秋》〈중언重言〉 편에도 이와 비슷한 이야기가 있다.

초나라 목왕穆王이 죽고 아들 장왕莊王이 즉위했다. 장왕은 황하 남쪽까지 세력을 확장한 목왕과는 달리, 밤낮 주색에 파묻혀 있으면서 간언하는 자는 사형에 처한다고 했다. 장왕의 이런 생활이 어느덧 3년째 계속되자, 충신 오거伍擧가 연회석상에 나와 이렇게 말했다.

"언덕 위에 새 한 마리가 있는데, 3년 동안 날지도 않고 울지도 않습니다. 이는 어떤 새입니까有鳥在於阜, 三年**不蜚不鳴**. 是何鳥也?"

장왕은 매서운 눈초리로 오거를 보더니 말했다.

"3년 동안 날지 않았으니 한 번 날면 하늘까지 이를 것이고, 3년 동안 울지 않았으니 한 번 울면 세상 사람들을 깜짝 놀라게 할 것이오. 알았으면 물러가시오三年不蜚, 蜚將沖天, 三年不鳴, 鳴將驚人. 擧退矣, 吾知之矣."

장왕은 오거가 질문한 참뜻을 모르는 듯 여전히 음탕한 생활을 했다. 그러자 대부 소종蘇從이 다시 간언했다.

장왕은 그에게 이렇게 물었다.

"죽음을 각오하고 있는가?"

소종은 머리를 조아린 채 말했다.

"죽음을 무릅쓰고 눈을 뜨시기를 간언합니다."

그 뒤 장왕은 마음을 바꾸어 조정으로 나와 정사政事를 돌보았다. 장왕은 수많은 인물을 다시 등용하는가 하면, 부패와 부정을 일삼는 관리들을 벌하면서 선정을 펼쳤다.

불수진拂鬚塵

—— 털 불 수염 수 먼지 진 ——

'수염의 티끌을 턴다'는 말로, 윗사람에게 비굴하게 아첨함을 뜻한다.

줄여서 불수拂鬚라고도 쓴다.

《송사宋史》〈구준전寇準傳〉을 보면, 북송 진종 때 재상을 지낸 구준寇準은 강직하고 청렴결백했다. 그는 재능 있고 지혜로운 젊은이를 만나면 반드시 천거하여 나라의 일꾼으로 삼았다. 당시 참정參政 벼슬을 하던 정위丁謂도 구준의 추천을 받아 발탁된 인물이었다.

정위는 유능한 인재이기는 하지만 윗사람들에게 잘 보이려고 비굴할 만큼 아첨을 했다. 한번은 이런 일이 있었다.

구준이 중신들과 회식을 하는데, 이때 구준이 잘못하여 수염에 음식을 묻혔다. 구준의 모습을 본 정위는 쏜살같이 달려와 자기 소맷자락으로 구준의 수염에 붙은 음식을 털어냈다. 그러자 구준은 웃으면서 이렇게 말했다.

"정사에 참여하는 나라의 대신이 어찌 벼슬의 우두머리의 수염을 터는가參政國之大臣, 乃爲官長拂須鬚邪?"

이 말에 정위는 부끄러워 고개도 들지 못한 채 슬그머니 자리를 빠져나갔다.

불위여우不違如愚

아니 **불** 어길 **위** 같을 **여** 어리석을 **우**

'어긋남이 없어 마치 어리석은 것 같다'는 뜻이다.

《논어論語》〈위정爲政〉 편에 나오는 말로 공자가 안회와 온종일 대화를 하고 내린 총평이다.

"내가 회(안회)와 온종일 이야기를 나누었는데, 어긋남이 없어 마치 어리석은 것 같았다. 물러간 뒤 그가 홀로 지내는 것을 살펴보니 또한 [내가 해준 말들을] 충분히 발휘하고 있었으니 회는 어리석지 않다吾與回言終日, **不違, 如愚**. 退而省其私, 亦足以發, 回也不愚."

'불위不違'란 주희의 설대로 '의불상배意不相背', 즉 '뜻이 서로 어긋나지 않는 것'이란 의미이니, 듣기를 좋아하고 말대꾸를 하거나 이견이나 문제를 제기하지 않는 것이다. 스승인 공자와 논쟁하거나 자기주장을 펼치지 않는다는 말이다.

이 단어는《논어》〈옹야雍也〉 편에도 있으니, "안회는 그 마음이 석 달 동안 인仁을 어기지 않았고, 그 나머지 제자들은 하루나 한 달 [인에] 이를 뿐이다回也, 其心三月不違仁, 其餘則日月至焉而已矣."

안회는 왜 이토록 맹목적으로 공자의 말을 따르고 순종했을까? 적어도 젊은이라면 때로는 스승의 말에 이의를 제기하고 때로는 건설적 비판도 할 수 있지 않았을까? 공자가 '족이발足以發'이라고 안회의 자세에 의미를 부여한 것은 단순한 신임 이상의 마음이 배어 있다. 안회는 스승의 말을 들으면 그 의미를 이해하고 스스로 진일보한 해석을 했다.

안회가 불과 서른한 살(마흔한 살이라는 설도 있다)에 요절했을 때, 공자는 "하늘이 나를 버리시는구나天喪予!"라고 한탄했다.

불인인지심不忍人之心

아니 **불** 참을 **인** 사람 **인** 어조사 **지** 마음 **심**

'남의 마음을 차마 지나치지 못하는 마음'을 나타내는 말로, 인간에 대한 연민과 동정심을 뜻한다.

맹자는 인간이면 누구나 이런 마음을 갖고 있다는 시각인데, 그는 고자告子와 인성 문제를 논하면서 기본적으로 인간은 선한 마음을 지니고 있다고 보았다. 이런 사유는 인본주의의 발단이 되며, 그가 인정仁政과 덕정德政을 주창하는 기본 틀이기도 한데, 그 논지는 아래와 같다.

"인간은 모두 남의 마음을 차마 지나치지 못하는 마음을 가지고 있다. 옛날의 왕은 남의 마음을 차마 지나치지 못하는 마음을 가지고 있었으므로 이런 마음으로 정치를 시행했다. 남의 마음을 차마 지나치지 못하는 마음으로 남의 마음을 차마 지나치지 못하는 정치를 하게 되면, 천하를 다스리는 것이 손바닥에서 하는 것과 같을 것이다人皆有**不忍人之心**. 先王有**不忍人之心**, 斯有不忍人之政矣. 以**不忍人之心**, 行不忍人之政, 治天下可運於掌上."

《맹자孟子》〈공손추 상公孫丑上〉 편에 나오는 이 말은 정치가 이런 마음에서 출발해야 한다는 것이다. 그러고는 우물에 빠지려는 어린아이를 보고 놀라움과 측은한 감정을 느끼는 것을 예로 들었다. 맹자에 따르면, 누구에게나 아이를 구하려는 감정이 생기는 것은 그 어린아이의 부모에게서 어떤 혜택을 얻고자 하기 때문도 아니고, 이웃 사람과 친구들의 칭찬을 듣기 위해서도 아니며, 그러한 경우를 보고 그러한 감정을 느끼지 않았다는 비난을 싫어하기 때문도 아니라는 것이다.

"측은해하는 마음이 없으면 인간이 아니고, 부끄럽고 싫어하는 마음이 없으면 인간이 아니며, 사양하는 마음이 없으면 인간이 아니고, 옳고 그름을 판단하는 마음이 없으면 인간이 아니다無惻隱之心, 非人也; 無羞惡之心, 非人也; 無辭讓之心, 非人也; 無是非之心, 非人也."

맹자는 과거 선왕들이 '불인인지심不忍人之心'을 지니고 있었던 것과 달리 지금의 왕들은 그렇지 못하다고 탄식한다. 사리사욕만을 추구하고 패도霸道 정치(힘으로 다스리는 정치)를 일삼으며 민생을 파탄 내고 있다고 말이다.

불입호혈부득호자不入虎穴不得虎子

아니 **불** 들 **입** 범 **호** 구멍 **혈** 아니 **부** 얻을 **득** 범 **호** 아들 **자**

'호랑이 굴에 들어가지 않고는 호랑이 새끼를 잡을 수 없다'는 말로, 모험하지 않고는 큰일을 할 수 없음을 뜻한다.

《후한서後漢書》〈반초전班超傳〉에 의하면, 반초班超는 후한 때 무인으로 《한서漢書》를 지은 반고의 동생이다. 그가 가사마假司馬 직책을 맡았던 서기 73년 명제明帝 때 흉노족을 토벌하는 데 큰 공을 세웠다. 얼마 지나지 않아 그는 큰 상을 받고 다시 군중참모軍中參謀 곽순郭恂과 함께 서쪽 오랑캐 선선국鄯善國(타클라마칸사막의 북동쪽, 지금의 투루판吐魯番 동쪽 약 90킬로미터 지점에 있던 고대 국가)에 파견되었다. 선선국 왕은 처음에는 반초와 그 일행 서른여섯 명을 융숭하게 대접했다.

그런데 어느 날 갑자기 태도를 바꾸어 박대하기 시작했다. 반초는 궁궐 안에서 어떤 일이 일어났음을 직감하고 부하를 시켜 그 진상을 알아보도록 했다. 심부름을 갔던 부하는 놀랄 만한 소식을 가지고 왔다.

"지금 이 나라에 흉노 사신이 와 있는데, 백 명이나 되는 군사를 이끌고 왔다고 합니다."

반초는 곧장 일행을 불러 이렇게 말했다.

"지금 이곳에는 흉노 사신이 군사를 이끌고 와 있소. 선선국 왕이 우리를 모두 죽이지 않으면 흉노 사신에게 넘길 것이오. 그러면 우리는 그들에게 끌려가 죽게 될 텐데, 무슨 좋은 수가 없겠소?"

조금 있다가 반초가 흉노의 숙소에 쳐들어가야 한다며 다시 말했다.

"호랑이 굴에 들어가지 않고는 호랑이 새끼를 잡을 수 없소不入虎穴, 不得虎子."

그날 밤 반초 일행은 흉노의 숙소를 습격하여 불을 지르고 모두 죽였다. 이 일로 선선국과 인근 50여 오랑캐 부족이 한나라에 복종하게 되었다. 그리고 반초의 활약상은 두고두고 세상 사람들의 입에 오르내리게 되었다.

불초不肖

아니 **불** 닮을 **초**

'[자기 아버지를] 닮지 않았다'는 말로, 못나고 어리석은 사람을 뜻한다. 자식이 부모에게 자신을 낮추어 일컫는 말이기도 하고, 불효자를 가리키기도 한다.

요임금은 아들 단주丹朱가 어리석어 천하를 이어받기에는 부족하다는 것을 알았기에 제위를 순에게 넘겨주기로 했다. 순에게 제위를 넘겨주면 천하 모든 사람이 이익을 얻고 단주만 손해를 보지만, 단주에게 제위를 넘겨주면 천하 모든 사람이 손해를 보고 단주만 이익을 얻는다는 것을 알았기 때문이다.

《맹자孟子》〈만장 상萬章上〉 편에 또 이런 말이 있다.

"요임금의 아들 단주가 어리석었던 것처럼 순의 아들도 어리석었다. 순이 요임금을 도운 것과 우가 순임금을 도운 것은 해를 거듭한 것이 많아서 백성에게 혜택을 베푼 지가 오래되었고, 계啓는 착해서 공경스럽게 우임금의 도를 계승할 수 있었으며, 익益이 우임금을 도운 것은 해를 거듭한 것이 적어서 백성에게 혜택을 베푼 지가 오래되지 않았다. 순과 우와 익 사이에 시간적 거리의 길고 짧음과 그 자식들의 현명함과 어리석음은 모두 하늘이 시킨 것이요, 사람 힘으로는 할 바가 아니다. 특별히 하는 것이 없지만 저절로 되는 것은 하늘이요, 사람의 힘으로 달성하려 하지 않아도 이루어지는 것은 천명이다丹朱之**不肖**, 舜之子亦**不肖**. 舜之相堯, 禹之相舜也, 歷年多, 施澤於民久, 啓賢, 能敬承繼禹之道, 益之相禹也, 歷年少, 施澤於民未久. 舜, 禹, 益相去久遠, 其子之賢**不肖**, 皆天也, 非人之所能爲也. 莫之爲而爲者, 天也, 莫之致而至者, 命也."

요가 붕어하고 삼년상을 마쳤을 때, 순은 요임금의 뜻에도 불구하고 천자 자리에 오를 수 없었다. 그래서 단주에게 천하를 양보하고 자신은 남하南河 남쪽으로 피했지만 제후들이 봄과 가을에 천자를 알현하는 조근朝覲 때마다 단주에게로 가지 않고 순에게 왔고, 소송을 거는 사람들도 단주가 아니라 순에게 해결해달라고 왔으며, 송덕을 구하는 이들은 단주가 아니라 순의 공덕을 구했다. 그러자 순은 이렇게 말했다.

"하늘의 뜻이로다天也!"

그러고는 도성으로 가서 천자 자리에 올랐다.

맹자는 천지 만물의 원동력이 하늘이며, 이 세상을 이끌어가는 원동력이 하늘이라는 뜻이라고 했다. 사람은 근본적으로 스스로 사는 게 아니라 하늘에 의하여 살게 되는 것이다.

불치하문不恥下問

아니 **불** 부끄러울 **치** 아래 **하** 물을 **문**

'아랫사람에게 묻는 것을 부끄러워하지 않는다'는 뜻이다. 민이호학敏而好學과 비슷한 말이다.

공자는 사람 됨됨이가 호학다문好學多問했는데 제사를 지낼 때도 주변 사람들에게 시시때때로 물어보아, 어떤 사람이 공자가 예의를 알지 못한다고 비웃어도 전혀 개의치 않았다.

다음 이야기는 《논어論語》 〈공야장公冶長〉 편에 나오는데, 위衛나라 대부 공어孔圉가 됨됨이가 강직하고 겸손하며 호학하여 그가 죽은 뒤 '문文'이라는 시호를 붙여 후인들이 그를 공문자孔文子라고 불렀다. 그런데 이를 공자의 제자 자공이 마음속으로 달갑지 않게 여겨 공자에게 어떻게 해서 공어의 시호에 '문' 자를 붙이게 되었느냐고 물었다.

"공문자는 무엇 때문에 [시호에] '문文'이라고 일컬어지게 된 것입니까孔文子何以謂之文也?"

공자가 말했다.

"영민하지만 배우기를 좋아하고 아랫사람에게 묻는 것을 부끄러워하지 않았다. 이 때문에 '문'이라고 부른 것이다敏而好學, **不恥下問**. 是以謂文也."

여기서 '민敏'은 두뇌 회전이 빠른 것이기도 하고 행동이 민첩한 것을 가리키기도 한다. 하문下問은 자신보다 지위가 낮은 사람이나 나이가 적은 사람에게 묻는 것을 말한다.

불혹不惑

아니 불 미혹할 혹

'미혹되지 않는다'는 말로, 뚜렷한 주견을 세워 마음이 흔들리지 않는다는 뜻이다. 나이 마흔을 가리킨다. 나이 마흔에는 어떤 선택을 하더라도 후회하지 않고 미혹됨이 없이 일관되게 일을 추진해나가는 것을 말한다.

《논어論語》〈위정爲政〉 편에 나온다.

"나는 열다섯에 배움에 뜻을 두었고, 서른이 되어서는 자립했으며, 마흔이 되어서는 미혹되지 않았고, 쉰이 되어서는 천명을 알게 되었으며, 예순이 되어서는 귀가 순해졌고, 일흔이 되어서는 마음이 하고자 하는 대로 따라도 법도를 넘지 않았다吾十有五而志于學, 三十而立, 四十而**不惑**, 五十而知天命, 六十而耳順, 七十而從心所欲, 不踰矩."

공자의 40대는 끊임없는 '혹惑' 떼어내기의 과정이었다. 사마환퇴가 큰 나무를 쓰러뜨려 자신을 죽이려 했을 때도 굴복하고 싶은 혹을 떼어냈고, 제자 자로가 "선생님, 군자도 이렇게 구차할 때가 있습니까?"라며 대들 때도 비참한 마음에 동의하고 싶은 마음의 혹을 떼어내야 했다.

요즘은 마흔이란 말이 화두다. 삶의 절반을 살아오면서 자신의 삶에 대한 회의와 성찰이 사회의 저변에 흐르고 있다는 의미이리라. 시인 백거이白居易도 "내 나이 불혹을 지났으니 물러나 쉬는 것도 정녕 이른 것이 아니다."라고 했으니, 마흔은 삶의 중요한 전환기임이 분명하다. 그러기에 '반생半生' 혹은 '중년中年'이라 불린다.

붕정만리鵬程萬里

붕새 **붕** 길 **정** 일만 **만** 거리 **리**

'붕새가 날아가는 길이 만 리'라는 말로, 먼 길 또는 젊은이의 먼 장래나 원대한 포부를 뜻하며, 붕정鵬程이라고도 한다. 비슷한 말로는 도남圖南, 도남붕익圖南鵬翼, 도남지익圖南之翼이 있다.

《장자莊子》 첫머리 〈소요유逍遙遊〉 편은 말한다.

"북녘 바다에 물고기가 있는데, 그 이름을 곤鯤이라고 한다. 곤은 크기가 몇천 리나 되는지 알 수가 없다. 이 물고기가 변해서 새가 되면 그 이름을 붕鵬이라 한다. 붕의 등 너비는 몇천 리나 되는지 알 수 없다. 힘차게 날아오르면 그 날개는 하늘 가득히 드리운 구름 같다. 이 새는 바다 기운이 움직여 남쪽 바다로 날아가려 한다. 남쪽 바다란 곧 천지를 말한다. 괴이한 일을 아는 제해齊諧라는 사람이 있는데, 그는 이렇게 말했다. '붕이 남쪽 바다로 날아갈 때는 파도를 3000리 일으키고, 회오리바람을 타고 하늘 높이 오를 때는 9만 리나 오르며, [그런 뒤에야] 6월의 바람을 타고 날아간다'北冥有魚, 其名爲鯤. 鯤之大, 不知其幾千里也. 化而爲鳥, 其名爲鵬. 鵬之背, 不知其幾千里也. 怒而飛, 其翼若垂天之雲. 是鳥也, 海運則將徙於南冥. 南冥者, 天池也. 齊諧者, 志怪者也, 諧之言曰: '鵬之徙於南冥也, 水擊三千里, 摶扶搖而上者九萬里, 去以六月息者也.'"

'소요유'란 구속이 없이 절대적으로 자유로운 경지에서 노니는 것을 말한다. 우리가 몸담은 이 세상은 권력, 신분, 도덕, 권위, 삶과 죽음 등 여러 가지 구별이 있고, 그 구별이 사람들을 구속한다. 이 속에서 사람들은 자기 욕심을 위해 뛰고 있다. 장자는 이러한 사람들을 비웃으며 구속을 초월하여 완전한 자유, 즉 대자연의 커다란 품 안에서야 비로소 참 행복을 느끼게 된다고 주장한다. 이러한 소요유의 즐거움을 무한한 허공을 힘차게 날아올라 미지의 북해로 날아가는 대붕에 비유한 것이다.

비방지목誹謗之木

헐뜯을 **비** 헐뜯을 **방** 어조사 **지** 나무 **목**

'헐뜯는 나무'라는 말로, 임금이 백성의 마음을 헤아려 올바른 정치를 하는 것을 뜻한다.

요임금은 백성을 자식처럼 여기고 어진 정치를 실행하여 태평성대를 구가한 천자다. 그는 교만하지 않았고, 거드름을 피우지 않았으며, 큰 덕을 밝혀 구족九族(같은 종족 9대代의 사람들을 말한다)들이 화목하게 지내도록 했고, 백관들을 공명정대하게 다스렸기에 모든 제후국이 화합했다.

요임금이 공과 사를 분명히 구분했음은 만년에 후계자를 물색한 일에서 엿볼 수 있다.

방제放齊라는 신하가 요임금의 아들 단주를 총명하다고 추천했지만, 요임금은 단주가 덕이 없고 싸움을 좋아하여 쓸 수 없다고 잘라 말했다. 이에 사악四嶽이 순을 추천했다.

"그는 장님의 아들입니다. 아비는 도덕을 전혀 모르는 사람이고, 어미는 남을 잘 헐뜯는 사람이며, 동생은 교만합니다. 그렇지만 그는 효성을 다하여 가정을 화목하게 했으며, 가족들이 나쁜 일을 하지 않도록 만들었습니다."

그래서 요임금은 두 딸 아황娥皇과 여영女英을 그에게 시집보내어 딸들을 대하는 그의 덕행을 살펴보았다. 순은 요의 두 딸을 신분을 낮추어 자기가 사는 곳으로 맞이하여 부인의 예절을 지키게 했다.

요는 순의 이러한 행동이 마음에 들어 먼저 그에게 백성에게 오전五典(아비는 위엄이 있고, 어미는 자애로우며, 형은 우애롭고, 동생은 공경하며, 자식은 효성스러워야 한다는 다섯 가지 도덕 윤리)을 가르치도록 하니 널리 시행되었고, 다시 백관의 일을 총괄하도록 하니 그 일이 모두 질서 있게 행해졌다.

또 순에게 사문四門에서 손님을 접대하는 일을 맡기니 그곳에서 일을 보는 사람들이 빈객에게 정중하게 대했고, 깊은 산림과 하천 및 연못에 관한 일을 맡기자 폭풍과 우레 속에서도 일을 그르치지 않았다. 그래서 요는 순을 성인으로 보고 천자 자리를 그에게 주었다.

사실 요임금은 일찍이 자신이 백성을 다스림에 행여라도 잘못이 있을까 언제나 걱정하고 두려워했다. 그래서 궁리 끝에 궁궐 문 앞에 아주 큰 북을 하나 달아 '감간의 북敢諫之鼓'이라고 했다. 그것은 '감히 간언하는 북'이라는 뜻으로, 요임금이 정치를 하면서 범하는 잘못을 발견하면 지위 고하를 막론하고 누구든 그 북을 쳐서 말하도록 했다.

그리고 궁궐 다리에는 나무 네 개를 엮어 기둥을 세워 '비방지목誹謗之木'이라고 이름을 붙였는데, 이것은 '헐뜯는 나무'라는 뜻이다. 요임금의 정치에 불만이 있는 이가 그 나무 기둥에 불평스러운 점을 적어 알리도록 한 것이다.

《사기史記》〈효문본기孝文本紀〉에서는 요임금이 '감간의 북' 대신 '진선의 기進善之旌'와 '비방지목誹謗之木'을 세웠다고 한 내용을 효문제가 조서의 형식으로 다음과 같이 다루고 있다.

"옛날에는 천하를 다스릴 때 조정에는 선으로 나아가도록 훈계가 되는 좋은 말을 진상하는 깃발과 [남에 대한] 비방을 새길 수 있는 나무가 있어서 다스림의 방법을 전달해 간언하는 자가 받아들일 수 있게 했다. 그러나 오늘날의 법은 [남을] 비방하고 민심을 흔드는 요사스러운 말을 하는 데 대한 죄명이 있으니, 이 때문에 많은 신하가 과감하게 남김없이 생각을 말하지 못하게 해서 황제가 자신의 과실을 들을 수 없게 되었다. 이래서야 장차 어떻게 먼 곳의 현명하고 선량한 이들을 오게 할 수 있겠는가? 이 법령을 없애도록 하라! 백성 가운데 어떤 이가 황제를 저주하고서 서로 말하지 않기로 약속했다가도 뒤에 서로 기만해 저주한 말을 고발하면 관리들이 대역죄로 간주하고, 이 처벌에 대해 딴소리를 하면 관리들은 또 조정을 비방하는 것으로 여겼다. 이는 빈천한 백성들이 어리석고 무지해 사형 죄를 저지른 것이므로 짐은 매우 찬성하지 않노라. 이제부터 이 법령을 어기는 자가 있어도 죄로 다스리지 마라古之治天下, 朝有進善之旌, **誹謗之木**, 所以通治道而來諫者. 今法有誹謗妖言之罪, 是使衆臣不敢盡情, 而上無由聞過失也. 將何以來遠方之賢良? 其除之! 民或祝詛上以相約結而後相謾, 吏以爲大逆, 其有他言, 而吏又以

爲誹謗. 此細民之愚無知抵死, 朕甚不取. 自今以來, 有犯此者勿聽治."

한편, 중국 전한의 회남왕淮南王 유안劉安이 저술한 책《회남자淮南子》〈주술훈主術訓〉 편에서는 '감간의 북'은 요임금이 만들었지만 '비방지목'은 순임금이 세운 것이라고 했다.

비육지탄髀肉之嘆

넓적다리 **비** 고기 **육** 어조사 **지** 탄식할 **탄**

'넓적다리 군살을 탄식한다'는 말로, 마땅히 해야 할 일을 하지 않고 허송세월하는 것을 비유한다. 비육髀肉이라고 줄여 쓰기도 한다. 비슷한 말로는 비리육생髀裏肉生, 비육복생髀肉復生이 있다.

정사《삼국지三國志》〈촉서蜀書 · 선주전先主傳〉에 나오는 말이다.

한번은 유비劉備가 조조와의 싸움에서 수세에 몰린 적이 있었다. 이때 유비는 당시 형주에서 세력을 구축하고 있던 유표劉表를 찾아가 신세를 졌다.

하루는 유표가 연회를 열고 유비를 초청했다. 유비는 연회 도중 화장실에 갔다가 자기 넓적다리에 군살이 많은 것을 보게 되었다. 유비는 혼란스러운 세상에 태어나 나라를 위해 큰일을 하지 못하고 허송세월만 하는 것이 창피하기도 하고 가슴 아파 자신도 모르는 사이에 눈물이 흘러내렸다.

유비가 다시 연회장으로 돌아왔을 때 그의 눈은 충혈되었고 얼굴빛이 어두웠다. 유표가 그 까닭을 묻자, 유비는 이렇게 말했다.

"저는 지난날에는 늘 안장을 벗어나지 못하여 넓적다리에 군살이 붙을 틈이 없었는데, 오랫동안 말을 타지 않아 허벅지에 군살이 올랐습니다. 세월을 헛되이 보내고 때를 놓쳐 앞으로 늙어가는데 공업도 세우지 못했습니다. 이런 까닭으로 슬플 뿐입니다備往常身不離鞍, 髀肉皆散, 今久不騎, **髀里肉生**. 日月蹉跎, 老將至矣, 而功業不建. 是以悲耳."

유표는 유비의 말을 듣고 동감하는 바가 있어 어떻게든 도와주려고 결심하게 되었다.

빈계지신牝鷄之晨

—— 암컷 **빈** 닭 **계** 어조사 **지** 새벽 **신** ——

'암탉의 새벽', 즉 암탉이 새벽에 울면 집안이 망한다는 뜻이다.

중국 고대사의 원조 격인《서경書經》〈목서牧誓〉 편에 나오는 말이다.

"암탉은 새벽에 울지 않는다. 암탉이 새벽에 울면 집안이 무너진다牝鷄無晨. **牝鷄之晨**, 惟家之索."

이것은 주나라 무왕이 은나라 주왕을 치려고 목야牧野에서 병사들을 모아놓고 맹세한 말 가운데 일부다. 여기서 암탉은 주왕의 사랑을 받으며 온갖 술수를 써서 나라를 혼란스럽게 만든 달기妲己를 가리킨다.

사실상 동이 트기 전에 어둠을 깨고 큰 소리로 우는 것은 수탉이다. 우리 선친들은 이 닭 울음소리를 듣고 일어나 일과를 시작했으므로 수탉은 오늘날의 시계 같은 역할을 했다. 그런데 알 낳는 일을 하는 암탉이 수탉 대신 새벽에 울면 불길하다고 여겼던 것 같다. 이 말은 후대로 오면서 여자가 목소리를 높여가며 설치는 것을 빗대어 부정적인 뜻으로 쓰이게 되었다.

빈자일등貧者一燈

가난할 **빈** 놈 **자** 한 **일** 등불 **등**

'가난한 사람의 등불 하나'라는 말로, 가난하지만 정성을 다해 보시布施하는 태도로서 그 공덕의 크기가 만 개의 등만 한 가치가 있다는 것을 가리킨다. 빈녀일등貧女一燈이라고도 한다.

본래 《아도세왕수결경阿闍世王授決經》이란 책에 나오는 말이며, 이 내용은 쉽고 흥미로운 불교의 인연 설화를 수록해놓은 《현우경賢愚經》의 〈빈녀난타품貧女難陀品〉에도 나온다. 그 내용은 이렇다.

사위국舍衛國(중인도中印度 가비라위국迦毘羅衛國의 서북에 위치하며, 석가가 25년간 설법을 교화했다는 땅)에 난타難陀라는 가난한 여자[貧女]가 살고 있었다. 그녀는 석가가 그곳에 머물고 있다는 소식을 듣고 공양을 바치고 싶었으나, 남에게 구걸하여 연명하는 처지라 그럴 수가 없었다.

그녀는 하루 종일 구걸하여 겨우 동전 두 닢을 손에 쥐게 되었다. 비록 적은 돈이지만 기름이라도 사서 석가에게 등불을 바치고 싶었다. 그러나 기름 장수는 한 닢에 해당하는 적은 양은 팔지 않는다고 했다. 난타는 자신의 간절한 소원을 말하며 사정했고, 이에 감동한 기름 장수는 그녀에게 많은 기름을 주었다. 난타는 기쁜 마음으로 등불을 밝혀 다른 사람들의 등불 사이에 정성을 다해놓았다.

그런데 이상한 일이 일어났다. 하룻밤이 지나자 다른 사람들의 등불은 점점 꺼져 갔지만, 난타의 등불만은 더 활활 타올라 광채를 발하는 것이었다. 석가는 난타의 정성스러운 마음을 알고 나중에 비구니로 받아들였다고 한다.

이 이야기는 가난한 사람이 신불에 바치는 등 하나는 부자가 바치는 등 만 개보다 오히려 불빛이 밝다는 것으로, 성의를 다해 바친 물건은 약소할지라도 공덕이 큼을 말한다. 즉, 공물의 크기 문제가 아니라 정성의 유무가 더할 나위 없는 가치를 지닌다는 것이다.

빙탄불상용氷炭不相容

얼음 **빙** 숯 **탄** 아니 **불** 서로 **상** 받아들일 **용**

'얼음과 숯은 서로 받아들이지 못한다'는 말로, 서로 타협할 수 없는 사이를 뜻한다. 빙탄불용氷炭不容, 빙탄부동기冰炭不同器, 수화불용水火不容이라고도 한다.

한나라 무제 때의 명신이요, 골계가滑稽家로서 이름을 떨친 동방삭東方朔은 그 당시 무제에게 직간을 서슴지 않은 몇 안 되는 인물이었으나 끝내 조정의 시기를 받아 관직에서 쫓겨나게 되었다. 그래서 그는 자신과 동병상련의 처지에 있던 전국시대 초나라의 애국 시인 굴원屈原을 추모하여 지은 〈칠간七諫〉에서 이렇게 읊었다.

얼음과 숯은 서로 함께할 수 없으니
나는 진실로 목숨이 길지 못함을 안다.
즐거움도 없이 홀로 고통스럽게 죽어
내 나이 다하지 못함을 슬퍼한다.
氷炭不可以相幷兮, 吾固知乎命之不長.
哀獨苦死之無樂兮, 措予年之未央.

이 시의 '얼음과 숯은 서로 함께할 수 없으니'라는 구절에서 '빙탄불상용'이라는 말이 나왔다.

굴원은 부정부패와 아첨만을 일삼는 당시 관리들과는 달리 나라의 앞날을 걱정하며 충언하기를 서슴지 않았다. 굴원의 간언은 아첨하는 자들의 폐부를 찔렀다. 그래서 이들은 굴원에게 누명을 씌워 관직을 박탈했고, 참소를 당한 굴원은 강호를 떠돌게 되었다. 굴원은 자신의 우국충정을 알아주지 않는 세상이 야속하여 그 마음을 시로 나타냈는데, 후세 사람들은 그 문학적 가치를 높이 평가한다. 갈등과 번뇌를 겪던 굴원은 끝내 멱라수汨羅水에 몸을 던져 죽고 말았다.

사면초가四面楚歌

—— 넉 사 낯 면 초나라 초 노래 가 ——

'사방에서 들려오는 초나라 노래'라는 말로, 사방이 모두 적에게 둘러 싸였거나 고립되어 돕는 사람이 없는 상태를 뜻한다. 준말은 초가楚歌이며, 비슷한 말로는 해하지전垓下之戰 · 진퇴유곡進退維谷 · 진퇴양난進退兩難 · 진퇴무로進退無路 · 고립무원孤立無援 · 무소도야無所禱也 등이 있다.

《사기史記》〈항우본기項羽本紀〉에 나오는 말이다.

항우는 유방에게 거센 도전을 받아 천하의 패권을 두고 여러 차례 싸움을 벌이다가 홍구를 경계로 서쪽은 한나라 영토로, 동쪽은 초나라 영토로 하기로 약조했다. 유방이 서쪽으로 돌아가려고 하자 장량과 진평이 이렇게 권했다.

"한나라는 지금 천하의 거의 절반을 차지했고 제후들도 모두 귀의했습니다. 이에 반해 초나라 군사들은 지치고 식량도 떨어졌으니, 이는 하늘이 초나라를 망하게 하려는 것입니다. 따라서 이 기회를 틈타 [그 나라를] 빼앗는 것이 낫습니다. 지금 놓아주고 공격하지 않으면 이는 이른바 호랑이를 길러 스스로 근심을 남기는 꼴입니다漢有天下太半, 而諸侯皆附之. 楚兵罷食盡, 此天亡楚之時也, 不如因其機而遂取之. 今釋弗擊, 此所謂養虎自遺患也."

그래서 유방은 항우를 양하陽夏까지 추격하여 진을 치고는 한신, 팽월과 만나 초나라 군대를 치기로 약조했다. 이때 항우를 무찌르면 한신에게는 진현陳縣 동쪽에서 해안에 이르는 지역을 주고, 팽월에게는 수양 북쪽에서 곡성穀城까지의 땅을 주기로 약조했다. 이들이 이끄는 군대는 모두 해하에서 모여 항우를 향해 진격했다.

항우의 군대는 해하에 방벽을 구축하고 있었는데, 군사는 적고 군량미는 다 떨어진 데다 한나라 군대와 제후의 군대에 여러 겹으로 포위되어 있었다. 밤에 한나라 군대가 사방에서 모두 초나라 노래를 부르는 소리를 듣고夜聞漢軍四面皆楚歌 항우는 깜짝 놀라 말했다.

"한나라 군대가 벌써 초나라 땅을 모두 빼앗았단 말인가? 어찌하여 초나라 사람이 이리도 많은가漢皆已得楚乎? 是何楚人之多也!"

항우는 술잔을 기울이며 비통한 심정을 〈해하가垓下歌〉로 노래했다.

힘은 산을 뽑을 만하고 기개는 온 세상을 덮을 만한데
시국이 불리하니 추騅도 달리지 않네.
추도 나가지 않으니 어찌해야 하나
우虞여, 우여, 어이하면 좋으냐.
力拔山兮氣蓋世, 時不利兮騅不逝.
騅不逝兮可奈何, 虞兮虞兮奈若何.

우虞는 항우의 절대적인 총애를 받던 여인이고, 추騅는 항우가 타고 다니던 준마다. 항우는 이 노래를 몇 번이고 부르고는 눈물을 떨구었고, 주위에 있던 이들도 눈시울을 적셨다. 그러고는 바로 말에 올라 부하 800여 명을 이끌고 포위망을 뚫고 남쪽으로 오강까지 내달렸다. 오강까지 오는 동안 항우는 한나라의 추격을 받으면서 부하들에게 이런 말을 했다.

"내가 군사를 일으킨 지 8년이 되었다. 직접 70여 차례 전투를 벌였는데 내가 맞선 적은 격파하고 내가 공격한 적은 굴복시켜 일찍이 패배를 몰랐으며, 마침내 천하의 패권을 차지하게 되었다. 그러나 지금 결국 이곳에서 곤궁한 지경에 이르렀으니, 이는 하늘이 나를 망하게 하는 것이지 결코 내가 싸움을 잘하지 못한 죄가 아니다. 오늘 정녕 결사의 각오로 통쾌히 싸워서 세 차례 승리하여, 그대들을 위해서 포위를 뚫고 적장을 참살하고 적군의 깃발을 쓰러뜨려서 그대들이 하늘이 나를 망하게 하는 것이지 싸움을 잘못한 게 아님을 알게 하고 싶다吾起兵至今八歲矣. 身七十餘戰, 所當者破, 所擊者服, 未嘗敗北, 遂霸有天下. 然今卒困於此, 此天之亡我, 非戰之罪也. 今日固決死, 願爲諸君快戰, 必三勝之, 爲諸君潰圍, 斬將, 刈旗, 令諸君知天亡我, 非戰之罪也."

이것은 지도자로서 위상을 끝까지 지키고자 했던 고뇌의 말이며, 따르는 병사들의 사기를 북돋우기 위한 처절한 외침이었다.

사석위호射石爲虎

쏠 사 돌 석 할 위 범 호

'돌을 호랑이로 보고 화살을 쏘았다'는 말로, 일념을 갖고 하면 어떤 일이든 성취할 수 있음을 비유한다.

흉노와 70여 차례 싸워서 혁혁한 공을 세운 이광李廣을 다룬《사기史記》〈이장군열전李將軍列傳〉에 나오는 이야기다. 이광은 '한나라의 비장군'으로 불리었다. 사마천은 그의 활 솜씨를 이렇게 기록하고 있다.

"이광이 사냥을 나갔다가 풀숲에 있는 돌을 호랑이로 [잘못] 보고 활을 쏘았더니 그 화살촉이 돌 속으로 들어가 버렸다. 자세히 보니 돌이었으므로 한 번 더 쏘았으나 [화살촉이 박혀] 더 이상 다시 들어가지 않았다廣出獵, 見草中石, 以**爲虎**而**射**之, 中石沒鏃. 視之石也, 因復更射之, 終不能復入石矣."

이광은 자신이 부임한 군에 호랑이가 있다는 소리를 들으면 언제나 직접 나가서 활로 쏘곤 했다. 우북평右北平에 있을 때, 이광의 화살을 맞은 호랑이가 달려들어 이광에게 상처를 입혔지만 결국 이광이 호랑이를 쏘아 죽인 적도 있었다.

이광은 태어날 때부터 키가 크고 팔이 원숭이처럼 길었다. 그가 활을 잘 쏘는 것은 천부적으로 타고난 것이어서 그 자손이나 남들이 아무리 배워도 그에게 미치지는 못했다. 이광은 말을 더듬고 말수가 적었으며, 다른 사람과 한가하게 있을 때는 땅바닥에 진형을 그려놓았고, 또 땅의 넓고 좁은 것을 재어 표적을 만든 뒤 활을 쏘아 누가 멀고 가까운가를 비교하여 내기 술을 마시곤 했다.

이광은 군사를 인솔할 때 식량과 물이 부족한 곳에서 물을 보아도 병졸들이 물을 다 마시기 전에는 물에 가까이 가지 않았으며, 병졸들이 음식을 다 먹고 난 뒤에야 비로소 음식을 먹었다. 이렇듯 사람들에게 관대하면서 까다롭지는 않아 병졸들은 그에게 지휘받는 것을 좋아했다. 또 활을 쏠 때는 적이 습격해와도 거리가 수십 보 안에 들어오지 않거나 명중시킬 자신이 없으면 쏘지 않았고, 쏘기만 하면 활시위 소리가 나자마자 고꾸라졌다.

이 때문에 그는 싸움터에서 자주 적에게 포위되거나 곤욕을 겪었고, 맹수를 쏠 때도 부상을 당하는 일이 많았다고 한다.

이광은 청렴하여 상을 받으면 그것을 번번이 부하들에게 나누어주었고, 음식도 군사들과 함께 먹었다. 이광은 죽을 때까지 40여 년에 걸쳐 봉록 2000석을 받는 관직에 있었으나 집에는 남아 있는 재물이 없었으며, 끝까지 집안 재산을 말하는 일이 없었다.

사이비似而非

갈을 사 어조사 이 아닐 비

사이비자似而非者의 준말이다. 글자 그대로 '겉은 같은 듯하지만 실제로는 다른 것, 즉 겉과 속이 다른 것'을 말한다.

《맹자孟子》〈진심 하盡心下〉 편을 보면, 맹자의 제자 만장萬章이 맹자에게 이렇게 묻는 내용이 있다.

"한 마을 사람이 모두 진실한 사람이라고 칭찬한다면 어느 곳을 가더라도 진실한 사람이 되지 않는 것이 없을 텐데, 공자께서 덕을 해친다고 하신 것은 무슨 까닭입니까一鄕皆稱原人焉, 無所往而不爲原人, 孔子以爲德之賊, 何哉?"

맹자가 말했다.

"비난하려 해도 특별히 지적할 게 없고, 꼬집으려 해도 꼬집을 만한 게 없으며, 일반 세속과 함께하고, 깨끗하지 못한 세상에 합세하여 평소에 충성하고 신의 있는 듯이 보이며, 행동은 청렴하고 결백한 것 같아서 모든 사람이 다 그를 좋아하고 자기 자신도 옳다고 여기지만 요와 순 같은 성인의 도에 함께 들어갈 수 없기에 덕을 해친다고 한 것이다. 공자께서는 '[나는] 같은 듯하지만 다른 것을 싫어하나니 독보리를 싫어하는 것은 곡식을 더럽힐까 두렵기 때문이고, 아첨함을 싫어하는 것은 의리를 어지럽힐까 두렵기 때문이고, 말재주를 싫어하는 것은 믿음을 어지럽힐까 두렵기 때문이며, 정나라의 음란한 음악을 싫어하는 것은 정악正樂을 어지럽힐까 두려워서이고, 자줏빛을 싫어하는 것은 그것이 붉은빛을 어지럽힐까 두려워하기 때문이요, 향원鄕原을 싫어하는 것은 그 덕을 어지럽힐까 두려워서이다.'라고 하셨다. 군자는 바른길로 돌아올 뿐이니 떳떳한 길이 바로잡히면 일반 백성이 일어나고, 일반 백성이 일어나면 사특한 것과 나쁜 것이 없어질 것이다非之無擧也, 刺之無刺也, 同乎流俗, 合乎汙世, 居之似忠信, 行之似廉潔, 衆皆悅之, 自以爲是, 而不可與入堯舜之道, 故曰德之賊也. 孔子曰: '惡**似而非**者, 惡莠, 恐其亂苗也; 惡佞, 恐其亂義也; 惡利口, 恐其亂信也; 惡鄭聲, 恐其亂樂也; 惡紫, 恐

其亂朱也; 惡鄕原, 恐其亂德也.' 君子反經而已矣. 經正, 則庶民興; 庶民興, 斯無邪慝矣."

여기서 '향원'이란 한 고을에서 점잖다고 일컬어지는 사람이다. 향원은 학문에는 전혀 뜻이 없지만 점잖고 훌륭한 사람으로 위장하는 데 능하고 빈틈이 없으므로 겉으로는 훌륭한 사람으로 보이게 되고, 그로 말미암아 사회적인 영향력도 갖게 된다.

성인 공자는 명분과 실질의 부합을 원칙으로 삼았다. 따라서 그는 세상에서 사이비한 사람을 제일 싫어했으며, 사이비의 전형으로 피稗를 들었다. 또 공자는 수작에 능한 사람도 싫어했는데 정의를 혼란스럽게 만들기 때문이었다. 군자란 묵묵히 자기 일을 실천해나가는 사람이 아니던가.

그러기에 맹자는《맹자孟子》〈양혜왕 상梁惠王上〉편에서도 양혜왕을 보고 와서는 "그를 보아도 백성의 임금 같지 않다望之不似人君."라고 했던 것이다.

사족蛇足

뱀사발족

'뱀의 발'이라는 말로, 화사첨족畵蛇添足 또는 사고무족蛇固無足의 준말이다. 본질에서 어긋난 소용없는 일을 하는 것을 가리킨다.

《전국책戰國策》〈제책齊策〉에 나오는 말이다.

초나라 회왕懷王 6년 때 일이다. 초나라의 주국柱國 소양昭陽이 이끄는 군대가 위나라를 쳐서 성 여덟 개를 얻고, 다시 군대를 움직여 제나라를 치려 했다. 제나라 왕은 이 일로 근심에 싸였다. 때마침 진秦나라의 사자 진진이 제나라에 와 있었는데, 제나라 왕을 위해 초나라로 가서 소양을 만나기로 했다.

진진은 소양에게 이렇게 말했다.

"초나라의 법에는 적군을 물리치거나 적장을 죽이면 그 관직과 작위는 어떻습니까楚之法, 覆軍殺將, 其官爵何也?"

소양이 대답했다.

"관직은 상주국이 되고, 작위는 가장 높은 집규가 됩니다官爲上柱國, 爵爲上執珪."

"이보다 존귀한 관직이 무엇입니까異貴於此者何也?"

"오직 영윤이 있을 뿐이지요唯令尹耳."

"영윤은 귀합니다! 왕은 두 명의 영윤을 두지 않습니다. 제가 비유를 들어 말씀드리지요. 초나라에 어떤 제사를 맡은 사람이 집안일 하는 사람에게 술을 한 잔 주자 사인舍人들이 의논하여 말했습니다. '여러 사람이 마시기에 넉넉하지 않고 한 사람이 마시기에 넉넉합니다. 땅에 뱀을 그려서 먼저 완성한 사람이 이 술을 마시기로 합시다.' 어떤 사람이 뱀을 먼저 완성하고 술잔을 당겨 장차 그것을 마시려 하다가, 왼손으로 술잔을 쥐고 오른손으로 뱀에 그림을 그리며 말했습니다. '나는 뱀에 발을 덧붙일 수도 있소.' [뱀의 발을] 다 완성하지 못했는데, [다른] 사람이 뱀을 그리고 그 술잔을 빼앗으며 말했습니다. '뱀은 본래 발이 없는데, 당신은 어찌 발을 그릴 수 있는가?' [두 번째로 뱀을 그린 사람이] 결국 그 술을 마셨습니다. 뱀의 발을 그린 사람은 결국 그 술을 잃었습니다. 지금 당신은 초나라 재상 지위에 있으면서 위나라를 쳐서 군대를 물리치고 장군을 죽여 여덟 개의 성을 얻었는데, 군사들이 약해지지 않았고, 제나라를 공격하려 합니다. 제나라는 공을 두려워함이 심합니다. 공은 이것으로도 공적을 쌓는 것이 충분하며, 관직의 위상은 매우 귀중합니다. 전쟁에서 패한 적이 없음에도 멈출 줄 모르는 사람은 자신이 장차 죽게 되고, 작위는 장차 아랫사람에게 돌아갈 것이니, 뱀의 발을 그리는 것과 같습니다令尹貴矣! 王非置兩令尹也. 臣竊爲公譬可也. 楚有祠者, 賜其舍人卮酒, 舍人相謂曰: '數人飮之不足, 一人飮之有餘. 請畫地爲蛇, 先成者飮酒.' 一人蛇先成, 引酒且飮之, 乃左手持卮, 右手畫蛇, 曰: '吾能爲之足.' 未成, 一人之蛇成, 奪其卮曰: '蛇固無足, 子安能爲之足?' 遂飮其酒. 爲**蛇足**者, 終亡其酒. 今君相楚而攻魏, 破軍殺將得八城, 不弱兵, 欲攻齊. 齊畏公甚. 公以是爲名居足矣, 官之上非可重也. 戰無不勝而不知止者, 身且死, 爵且後歸, 猶爲**蛇足**也."

소양은 이 말에 공감하여 군대를 이끌고 떠났다.

살신성인殺身成仁

죽일 **살** 몸 **신** 이룰 **성** 어질 **인**

'제 몸을 희생하여 인仁을 이룬다'는 말로, 대의大義를 위해 자신의 안락을 도모하지 않고 경우에 따라서는 목숨을 바치기도 함을 뜻한다. 비슷한 말로 사생취의舍生取義가 있다.

공자는 《논어論語》〈위령공衛靈公〉 편에서 '인仁'의 중요성을 강조하며 이렇게 말했다

"뜻있는 선비와 인仁한 사람은 삶에 연연하여 인을 해치지 않고, 제 몸을 희생하더라도 인을 이루는 경우가 있다志士仁人, 無求生以害仁, 有**殺身以成**仁."

선비란 학문에 뜻을 두어 학문이 깊어질수록 어진 이에 가까워지는 사람이다. 어진 사람은 남과 구별되는 나, 즉 육체를 중심으로 파악하는 나로서의 삶을 극복하고, 남과 하나인 나, 즉 본마음을 중심으로 하는 나로서의 삶을 영위하는 자다.

따라서 어진 사람은 전체의 삶을 영위하는 입장에서 개체적인 삶을 판단하기 때문에 전체의 삶에 도움이 된다면 자기 몸의 죽음도 기쁘게 받아들일 수 있다. 그러기에 맹자도 '사생취의捨生取義'라는 말을 하지 않았던가?

삼고초려三顧草廬

석 **삼** 돌아볼 **고** 풀 **초** 오두막집 **려**

'오두막을 세 번 찾아간다'는 말로, 인재를 얻으려는 각고의 노력을 뜻한다. 초려삼고草廬三顧, 삼고지례三顧之禮, 삼고지우三顧之遇, 삼고三顧와 비슷한 말이다.

탁월한 군사전략가요, 정치가인 제갈량諸葛亮을 다룬《삼국지三國志》〈촉서蜀書 · 제갈량전諸葛亮傳〉에 나오는 이야기다.

제갈량은 자가 공명孔明이고, 본래 미천한 신분으로 직접 농사를 지으며 '양보음梁父吟'을 즐겨 불렀다. 그는 키가 여덟 자였으며 늘 자신을 관중과 악의에 비유했다. 그는 최주평崔州平, 서서徐庶 등과 친교를 맺고 있었다.

당시 유비劉備는 신야新野에 주둔하고 있었는데, 그를 만나러 온 서서가 이런 말을 했다.

"제갈공명은 와룡臥龍입니다. 장군께서는 어찌하여 그를 만나시려고 하십니까諸葛孔明者, 臥龍也. 將軍豈願見之乎?"

"당신이 그를 데리고 올 수 있겠습니까君與俱來?"

"이 사람은 가서 볼 수는 있어도 억지로 오게 할 수는 없습니다. 장군께서 몸을 굽혀 찾아가셔야 할 것입니다此人可就見, 不可屈致也. 將軍宜枉駕顧之."

그래서 유비가 제갈량을 찾아갔는데, 세 차례나 찾아간 다음에야 비로소 만날 수 있었다. 그리고 옆에 있는 사람들을 내보내고는 말했다.

"한 왕실은 기울고 붕괴했으며 간신들이 황제의 명령을 도용하여 황제가 몽진 길에 오르게 되었습니다. 저는 제 덕행과 역량을 헤아리지 못하고 천하에 대의를 펼치려고 했지만 지혜가 부족하여 좌절하고 실패해서 오늘이 지경에 이르렀습니다. 그러나 뜻만은 아직 버리지 않았으니, 어떻게 하면 좋을지 말씀해주십시오漢室傾頹, 奸臣竊命, 主上蒙塵. 孤不度德量力, 欲信大義於天下, 而智術短淺, 遂用猖獗, 至於今日. 然志猶未已, 君謂計將安出."

제갈량은 말했다.

"조조가 원소와 비교하여 명성은 희미하고 병력이 약한데도 원소를 무찌르고 강자가 될 수 있었던 까닭은 시운時運 때문만이 아니라 인간의 지모에 의지했기 때문입니다. 지금 조조는 이미 백만 병력을 끌어안고 천자를 끼고 제후들에게 호령하고 있으니 그와 역량을 비교할 수 없습니다. 손권은 강동을 지배한 지 벌써 삼대가 지났으며, 국가는 견고하고 백성은 의지하며, 현명한 사람이나 재간 있는 사람이 그에게 임명되었으니, 그를 밖에서 원조할 수는 있지만 도모할 수는 없습니다曹操比於袁紹, 則名微而衆寡, 然操遂能克紹, 以弱爲強者, 非惟天時, 抑亦人謀也. 今操已擁百萬之衆, 挾天子而令諸侯, 此誠不可與爭鋒. 孫權據有江東, 已歷三世, 國險而民附, 賢能爲之用, 此可以爲援而不可圖也. …… 익주는 요새가 견고하고 옥토가 천 리나 되므로 천연의 보고이며, 고조는 이곳을 기초로 하여 제업帝業을 세우셨습니다. 그 땅 주인 유장은 우매하고 유약하며, 장로가 북쪽에서 그를 위협하고 있고, 인구가 많고 국가가 부유하지만 백성을 보살피는 일에 마음을 둘 줄 모르므로 지혜와 재능이 있는 사람은 현명한 군주를 얻기 원합니다. 장군은 이미 왕실의 후예로서 신의가 천하에 빛나며, 영웅들을 널리 불러 받아들이고 갈증이 나는 것처럼 현인들을 갈망하고 있습니다益州險塞, 沃野千裏, 天府之土, 高祖因之以成帝業. 劉璋暗弱, 張魯在北, 民殷國富而不知存恤, 智能之士思得明君. 將軍既帝之冑, 信義著於四海, 總攬英雄, 思賢如渴."

그러고는 한 왕실을 부흥시킬 구체적인 방법을 내놓았다.

이로부터 유비는 제갈량과 더욱 친밀하게 지냈다. 그렇지만 관우와 장비는 탐탁하게 생각하지 않고 불평했다. 이에 유비는 이렇게 설명했다.

"내게 공명이 있는 것은 물고기가 물을 만난 것과 같소. 현제賢弟들이 다시는 언급하지 않기를 바라오孤之有孔明, 猶魚之有水也. 願諸君勿複言."

제갈량은 유비의 군사軍師가 되었고, 적벽싸움에서 조조의 100만 대군을 격파하는 등 수많은 전공을 세웠다. 천하삼분天下三分의 계책으로 유비에게 촉한蜀漢 건립의 명분을 제공한 이도 제갈량이었다. 그리고 유비가 죽은 뒤에는 유비의 아들 후주後主 유선에게 충성을 다했다. 유선에게 올린 〈출사표出師表〉에서도 유비의 삼고초려를 다음과 같이 말했다.

"신은 본래 벼슬이 없는 신분으로 남양에서 농사를 짓고 있었습니다. 혼란스러운 세상에서 구차하게 목숨을 보존하면서 제후에게 가서 명성을 구하려고 하지 않았습니다. 그런데 선제께서는 신을 비천하다고 생각하지 않고 송구스럽게도 몸소 몸을 굽히고 세 번이나 신의 오두막을 찾아와 제게 당대의 상황을 물으셨습니다. 이 일로 감격하여 선제께서 계신 곳으로 달려갈 것을 허락했습니다臣本布衣, 躬耕於南陽. 苟全性命於亂世, 不求聞達於諸侯. 先帝不以臣卑鄙, 猥自枉屈, 三**顧**臣於**草廬**之中, 咨臣以當世之事. 由是感激, 遂許先帝以驅馳."

이렇듯 제갈량은 유비의 정성에 감읍感泣했던 것이다.

삼령오신三令五申

―― 석 **삼** 명령할 **령** 다섯 **오** 말할 **신** ――

'세 번 호령하고 다섯 번 거듭하다'는 말로, 몇 번이고 같은 내용을 명령하기도 하고 규정하기도 한다는 뜻이다.

《사기史記》〈손자오기열전孫子吳起列傳〉에 나오는 말이다.

제나라 사람인 손무孫武는 병법이 뛰어나 이름이 알려져 오나라 왕 합려闔閭를 만나게 되었다. 합려는 손무가 지은 병서 13편을 모두 읽어보았다면서 군대를 한번 지휘해 보일 수 있느냐고 말했다. 손무는 흔쾌히 좋다고 대답했다.

합려는 궁중의 미녀 180명을 불러들였다. 손무는 그들을 두 편으로 나누고 오나라 왕이 총애하는 후궁 두 명을 각 편의 대장으로 삼았다.

손무는 모든 이에게 창을 들게 하고는 이렇게 물었다.

"여러분은 자신의 가슴, 왼손, 오른손, 등을 알고 있는가汝知而心與左右手背乎?"

그러자 궁녀들이 대답했다.

"알고 있습니다知之."

손무가 말했다.

"'앞으로!' 하면 가슴 쪽을 바라보고, '좌로!' 하면 왼손 쪽을 바라보며, '우로!' 하면 오른손 쪽을 바라보고, '뒤로!' 하면 등 뒤쪽을 보도록 하라前, 則視心, 左, 視左手, 右, 視右手, 後, 即視背."

궁녀들이 대답했다.

"알겠습니다諾."

"[손무는 이렇게 훈련 규정을] 약속하고 공포한 뒤, 부월(형구로 쓰던 작은 도끼와 큰 도끼)을 마련해놓고 세 번 호령하고 다섯 번 거듭했다約束旣布, 乃設鈇鉞, 卽**三令五申**之." 그런데 북을 쳐서 오른쪽으로 행진하도록 했으나 궁녀들은 큰 소리로 웃기만 했다. 손무가 말했다.

"군령이 분명하지 않고 숙달되지 않은 것은 장수의 죄다約束不明, 申令不

熟, 將之罪也."

그러고는 다시 여러 차례 군령을 되풀이하고 북을 쳐서 왼쪽으로 행진하도록 했지만 궁녀들은 여전히 깔깔댈 뿐이었다.

손무는 말했다.

"군령이 분명하지 않고 명령에 숙달되지 않은 것은 장수의 죄이지만, 군령이 이미 정확해졌는데도 규정에 따르지 않는 것은 사졸들의 죄다約束不明, 申令不熟, 將之罪也, 旣已明而不如法者, 吏士之罪也."

손무는 이렇게 말하고 나서 좌우 대장의 목을 베려 했다. 누대 위에서 지켜보고 있던 오나라 왕은 자신이 사랑하는 여자들의 목을 베려는 것을 보고는 몹시 놀라 급히 사람을 보내 명을 내려 말했다.

"과인은 이미 장군이 용병에 뛰어나다는 것을 알았소. 과인은 이 두 후궁이 없으면 밥을 먹어도 단맛을 모르니, 부디 목숨만은 살려주시오寡人已知將軍能用兵矣. 寡人非此二姬, 食不甘味, 願勿斬也."

그러자 손무가 말했다.

"저는 이미 왕명을 받아 장수가 되었습니다. 장수가 군에 있을 때는 왕명이라도 받들지 않는 경우가 있습니다臣旣已受命爲將. 將在軍, 君命有所不受."

그러고는 두 여인의 목을 잘라버렸다. 그러자 궁녀들은 손무가 명령하는 대로 일사분란하게 움직이기 시작했다. 이미 죽어버린 동료들에 대한 어떤 슬픔이나 연민도 없이 그들은 서로 살아남으려고 손무의 말에 복종했다. 손무는 한 치의 흔들림 없이 오왕이 내린 과제를 수행하고는 전령을 보내 이제 왕이 명령만 내리면 이 궁녀들도 물불을 가리지 않고 적진에 뛰어들 것이라고 호언했다. 하지만 애첩을 둘이나 잃어버린 왕은 슬픔에 젖어 "장군은 관사로 돌아가 쉬도록 하시오. 과인은 내려가 보고 싶지 않소將軍罷休就舍. 寡人不願下觀."라며 물리쳤다.

냉철한 현실주의자 오왕이 결국 손무를 장군에 임명한 것은 국가의 존망과 생사를 가늠하는 전장에서는 당연한 일인지도 모를 일이다.

삼복백규三復白圭

석삼 반복할복 흰백 홀규

'백규를 세 번 반복한다'는 말로, 말이 신중함을 뜻한다. 삼사이행三思而行과 비슷한 말이며, 삼복사언三復斯言 · 사언삼복斯言三復이라고도 한다.

《논어論語》〈선진先進〉 편에 다음과 같은 글이 있다.

"남용이 백규(희고 맑은 옥)라는 시구를 [매일] 세 번이나 반복하자, 공자는 자기 형의 딸을 아내로 주었다南容三復白圭, 孔子以其兄之子, 妻之."

남용南容은 춘추시대 공자의 제자이며, 그가 외운 시는 《시경詩經》〈대아大雅 · 억抑〉 편에 나오는 다음 구절이다.

흰 구슬의 흠집은 그래도 갈면 되지만
말의 흠은 어떻게도 할 수 없다네.
白圭之玷, 尙可磨也,
斯言之玷, 不可爲也.

이 시는 본래 위衛나라 무공武公이 여왕厲王을 풍자하고, 또한 자신을 경계하려고 지은 것이다. 남용은 이 구절을 하루에 세 번씩 반복하여 외웠으므로 말에 신중하려고 힘썼음을 알 수 있다. 그래서 공자는 조카딸을 그 아내로 주었던 것이다.

삼생유행三生有幸

석 **삼** 날 **생** 있을 **유** 행복 **행**

'세 번 태어나는 행운이 있다'는 말로, 서로 간에 남다른 인연이 있음을 비유한다. 비슷한 말로 불승영행不勝榮幸이 있다. 삼생三生은 불가에서 전생前生, 금생今生, 내생來生을 말한다.

원나라의 오창령吳昌齡이 쓴 《동파몽東坡夢》 1절에 "오래전부터 노사부의 위대하신 명성을 들었는데, 오늘에서야 존안을 뵙게 되어 세 번 태어나는 행운이 있습니다久聞老師父大名, 今日得睹尊顔, 三生有幸."라는 구절이 있다.

한편 소식蘇軾의 《승원택전僧圓澤傳》에 이 이야기가 나온다.

법호法號가 원택圓澤인 승려가 있었다. 그는 불학佛學에 조예가 깊었고, 이원선李源善과 남다른 우정을 나누었다.

어느 날 두 사람이 함께 여행을 하게 되었는데, 어느 곳을 지나가다 만삭인 여인이 물 긷는 모습을 보게 되었다. 원택이 그 부인을 가리키며 이원선에게 말했다.

"저 부인은 임신한 지 3년이 되었네. 그녀는 내가 환생하여 그 아들이 되길 기다리고 있다네. 나는 그동안 환생을 피해 왔는데 오늘 그녀를 만났으니 더 이상 피할 수가 없을 것 같네. 사흘이 지나면 저 부인이 아이를 낳을 테니 자네가 저 여인 집에 한번 가보게. 만약 아이가 자네를 보고 웃으면 그게 바로 나일세. 그리고 13년 뒤 중추절 밤에 나는 항주杭州의 천축사天竺寺에서 자네를 기다리겠으니, 그때 가서 우리 다시 만나세."

이원선은 원택의 말을 듣고 웃었으니, 아기가 3년이나 배 속에 있다는 게 말도 안 되거니와 그 아이가 원택이라는 것은 아무리 생각해도 황당했기 때문이다.

이원선은 원택 화상이 입적했다는 소식을 듣고는 화들짝 놀라 원택이 했던 말을 떠올렸다. 그로부터 사흘 뒤에 이원선이 만삭이었던 부인 집으로 가서 아기를 보자, 아기는 그를 보고 빙그레 미소를 지었다.

그러고 나서 13년이 지나 중추절 밤이 되었다. 이원선은 약속한 대로 항주에 있는 천축사를 찾아갔다. 그가 막 절 문에 다다랐을 때, 어린 목동이 소 등에 타고 이런 동요를 불렀다.

삼생석 위에 옛정의 영혼이여
달을 감상하고 바람을 읊는 것 논하지 마라.
부끄럽게도, 정든 사람 멀리서 찾아왔는데
이 몸은 비록 다른 몸이나 [마음은] 영원히 존재하리.
三生石上舊情魂, 賞月吟風不要論.
慚愧情人遠相訪, 此身雖異性常存.

이렇듯 삼생유행은 특별하여 끊어짐이 없는 인연을 말하는 것이다. 다른 사람의 도움을 받았을 때 이 말로 고맙다는 뜻을 표하기도 한다.

삼성오신三省吾身

—— 석삼 살필성 나오 몸신 ——

'세 가지로 나 자신을 살핀다'는 뜻이다. '독선기신獨善其身(홀로 자신만을 잘 보존한다)'이라는 말과 짝을 이루어 이해하면 좋다.

《논어論語》〈학이學而〉 편에 나오는 공자의 제자 증자曾子의 말이다.

"나는 날마다 세 가지로 나 자신을 살핀다. 다른 사람을 위해 [무언가를] 도모하는 데 진심을 다하지 않았는가? 벗들과 사귀면서 믿음이 없었는가? 전수받은 것을 익히지 않았는가吾日三**省吾身**. 爲人謀而不忠乎? 與朋友交而不信乎? 傳不習乎?"

'삼三'은 셋이란 의미다. '성省'은 반성反省 혹은 내성內省의 의미다. 매일 자신을 살피는 수련으로 마음의 평온을 유지하는 철저한 자기 관리의 자세이며 '오일삼성吾日三省'이라고도 한다.

증자는 이름은 삼參이고, 자는 자여子輿, 남무성南武城 사람으로 공자보다 마흔여섯 살 어렸다. 비록 '공문십철孔門十哲(공자의 제자 중 가장 뛰어난 열 명)'의 명단에는 없지만 송나라 때부터 주목받기 시작하여 명대에는 그 위상이 안회를 능가할 정도였다.

두 번째 구절에서 '충忠'은 어떤 일을 꾀할 때 성심誠心으로 임해야 하며 결코 다른 사람을 속여서는 안 된다는 뜻이니, '충'이란 진심을 다하는 것이다. 맨 마지막 구절에 대해 남북조시대의 황간皇侃은 "익히지 않은 것을 전해주었는가"라고 해석하기도 한다. 남에게 전해주려면 먼저 제대로 익히고 나서 전해주어야 한다는 것이다. 일리가 없는 것이 아니나 여기서는 '스승께 받은 것을 내가 익히지 않았는가'의 의미로 풀이하는 것이 '삼성오신'이란 의미와도 맞는다.

위의 인용구에서 '다른 사람'의 자리에 후배(제자), 친구, 스승을 차례대로 넣어서 이해해도 그 뜻이 잘 다가온다. '후배(제자)를 이끌었는가? 친구를 믿었는가? 스승의 가르침을 흘려듣지 않았는가?' 공자는 늘 도전하는 자세의 후진後進들을 목말라했다.

삼인성호三人成虎

석 삼 사람 인 이룰 성 범 호

'세 사람이면 호랑이도 만들어낸다'는 말로, 거짓말도 여러 사람이 하면 곧이들린다는 뜻이다. 유언비어로 진실을 은폐하는 것을 비유할 때도 쓴다. 삼인시호三人市虎, 시호삼전市虎三傳, 증삼살인曾參殺人, 삼인성시호三人成市虎, 시유호市有虎, 시호삼전市虎三傳, 삼인언이성호三人言而成虎, 십작목무부전十斫木無不顚이 비슷한 말이다.

《한비자韓非子》〈내저설 상內儲說上〉 편에 나오는 말이다.

전국시대 위魏나라 혜왕惠王 때 일이다. 대신 방공龐恭(《전국책戰國策》에는 방총龐葱이라고 되어 있다)은 태자와 함께 한단에 인질로 가면서 왕에게 일러 말했다.

"지금 어떤 한 사람이 시장에 호랑이가 있다고 말하면 왕께서는 믿으시겠습니까今一人言市有虎, 王信之乎?"

[왕이] 말했다.

"믿지 않소不信."

방공이 말했다.

"두 사람이 시장에 호랑이가 있다고 말하면 왕께서는 믿으시겠습니까二人言市有虎, 王信之乎?"

[왕이] 말했다.

"믿지 않소不信."

방공이 말했다.

"세 사람이 시장에 호랑이가 있다고 말하면 왕께서는 믿으시겠습니까三人言市有虎, 王信之乎?"

[왕이] 말했다.

"과인은 믿을 것이오寡人信之."

방공이 말했다.

"무릇 시장에 호랑이가 나타나지 않을 것은 분명합니다. 그런데도 세 사람이 말하자 호랑이를 만들어낸 것이 되었습니다. 지금 한단은 위나라에서 시장보다 멀리 떨어져 있고, 신을 비난하는 이는 세 사람보다 많으니 원컨대 왕께서는 이 점을 살펴주십시오夫市之無虎也明矣. 然而三人言而成虎. 今邯鄲之去魏也遠於市, 議臣者過於三人, 願王察之."

그러나 방공이 한단으로 떠나자마자 그를 참언하는 이들이 나타났다. 수년 뒤에 태자는 볼모에서 풀려나 돌아왔지만 방공은 끝내 혜왕을 만나지 못했다.

방공은 자기가 없는 동안 왕이 다른 신하들의 꾐에 넘어갈까 염려되어 일러둔 말이었는데, 결국 방공을 모함하는 신하들이 많아지자 왕은 방공을 의심했다. 그 후 방공이 한단에서 돌아왔을 때 끝내 위나라 왕을 만나지는 못했다. '삼인성호三人成虎'는 '세 사람이면 없던 호랑이도 만들어낸다'는 말로, 반복해서 들으면 거짓말도 사실이 된다는 의미다.

반복의 효과는 이래서 무섭다. 군주 주변 인물의 위험성을 경고하는 이 성언은 중간자적 위치가 얼마나 중요한 자리인지 알려주는 말이다. 즉, 전달자의 입장에 따라 그것이 군주에게 전해졌을 때 백팔십도 달라지는 현실은 너무나도 많다. 군주의 마음에 드는 정보만을 전달하려는 자들 때문에 아랫사람은 자신의 말이 군주의 귀에 들어가기도 전에 목숨을 달리하는 경우도 적지 않다.

《한비자韓非子》〈애신愛臣〉 편에 "애신태친 필위기신愛臣太親, 必危其身"이란 말이 있다. '믿는 사람을 더욱 경계하라'는 말로 군주의 총애를 받는 신하의 권세나 지위가 높아지면 힘의 향방이 군주에게서 신하에게로 옮겨가 군주의 신변마저 위태롭게 한다는 말이다.

"군주가 신하를 지나치게 가까이하면 반드시 그 자신을 위험에 빠뜨릴 것이며, 대신을 너무 귀하게 대우하면 반드시 군주의 자리를 갈아치우려고 할 것이다. 왕비와 후궁 간에 차등을 두지 않으면 반드시 적자嫡子를 위험에 빠뜨릴 것이고, 왕실의 형제들을 복종시키지 못하면 반드시 사직을 위태롭게 할 것이다."

한비가 예로 든 신하와 왕비와 후궁, 군주의 형제들은 모두 군주의 최측근에 있는 자들로서 왕의 신임을 얻고 있는 자들이다. 그러나 이러한 사람들이 오히려 군주를 위험에 빠뜨리게 되는 암적 존재이기도 하다. 하극상下剋上이나 내란, 형제간의 왕권 다툼, 처첩 간의 갈등 등 모든 것은 군주와 가장 가까운 자들에 의해 대부분 저질러진다. 현명한 군주라면 총애하는 신하일지라도 분수에 맞는 봉록과 권한을 갖게 해서 사악한 마음을 미연에 방지하는 데 힘써야 한다.

삼촌지설三寸之舌

——— 석 **삼** 마디 **촌** 어조사 **지** 혀 **설** ———

'세 치 혀'란 말로, 뛰어난 말재주를 가리킨다. 삼촌설三寸舌이라고도 한다.

《사기史記》〈평원군우경열전平原君虞卿列傳〉에 나오는 말이다.

기원전 257년 서쪽 강국 진秦나라가 조나라 수도 한단을 포위하자, 조나라 왕은 평원군平原君을 남방의 초나라로 보내 구원병을 요청하는 맹약을 체결하게 하고자 했다. 평원군은 문무를 겸비한 20명의 인재를 뽑으려 했고 19명은 선발했으나 맨 마지막 한 명이 문제였다.

그러자 3년 동안 눈에 띄지 않던 식객 모수毛遂란 자가 나타나 자신을 알아주지 않는 평원군을 탓하면서 자신은 주머니 속의 송곳(낭중지추囊中之錐) 수준이 아니고 송곳의 자루 수준이라고 호기롭게 자천自薦하는 것이었다. 주머니는 평원군이고 자루는 물론 모수요, 송곳의 끝은 다른 식객들의 하찮은 재주를 의미하는 것이었다. 그의 무례는 하늘을 찌를 법했다. 그런데도 평원군은 모수를 일행에 끼워 넣었다.

초나라 왕을 찾아간 평원군은 밤새워 담판을 벌였으나 오만방자한 초왕의 태도로 인해 새벽까지 결말이 나지 않았다. 그래서 나머지 식객들도 초조하게 문밖에서 서성거릴 뿐이었다. 그러자 모수가 칼을 잡고 초왕에게로 달려가 이렇게 말했다.

"왕께서 저를 꾸짖는 것은 초나라 사람이 많기 때문입니다. [그러나] 지금 열 걸음 안에는 초나라 사람이 많아도 왕께서 의지할 수 없으며, 왕의 목숨도 제 손에 달려 있습니다王之所以叱遂者, 以楚國之衆也. 今十步之內, 王不得恃楚國之衆也, 王之命縣於遂手."

모수의 이 말에 초왕은 합종의 맹약을 체결하게 되었다.

모수가 돌아왔을 때 평원군이 말했다.

"나는 다시는 감히 선비를 고르지 않겠다. 내가 지금까지 고른 선비는 많다면 천 명이 되고 적어도 백여 명은 될 것이다. 나는 스스로 천하의 선비를 잃은 적이 없다고 생각해왔는데 이번 모 선생의 경우에는 실수했다. 모 선생의 세 치 혀는 군사 백만 명보다도 강했다勝不敢復相士. 勝相士多者千人, 寡者百數. 自以爲不失天下之士, 今乃於毛先生而失之也. 毛先生以三寸之舌, 彊於百萬之師."

결국 평원군은 모수를 중용하여 상객으로 삼았다.

연횡가로 유명한 장의의 '시오설視吾舌'이란 말도 '내 혀를 보라'는 말로 변설로 천하를 움직일 수 있음을 비유한다. 고조 유방을 만나 변설로 설득시킨 역이기나 사로잡힌 고조를 도운 후공의 '삼촌설三寸舌'도 유명하다.

상가지구喪家之狗

초상 **상** 집 **가** 어조사 **지** 개 **구**

'상갓집 개'라는 말로, 상갓집은 슬픈 나머지 개에게 먹을 것을 줄 경황이 없어 개가 파리해지므로 기운이 없어 축 늘어진 사람이나 수척하고 쇠약한 사람 혹은 이익을 좇아 이리저리 기웃거리는 사람을 비꼬는 말이다. 오면곡형烏面鵠形(까마귀 얼굴에 따오기 같은 형상)과 비슷한 말이다.

《사기史記》〈공자세가孔子世家〉에서 공자는 최고의 성인으로 묘사되고 있다. 춘추시대 말기의 뛰어난 사상가인 공자는 야합으로 태어나 어려서 부모를 여의었고, 아내는 가출했으며, 아들은 그보다 먼저 세상을 떠났다. 그는 쉰여섯 살 때 노나라 조정의 대사구로서 직무를 대행했지만 몇 년 뒤에는 이 자리마저 잃었다.

그 뒤 공자는 위衛나라로 갔다가 다시 노나라로 돌아오기까지 13여 년 동안 이 나라 저 나라로 편력하는 생활을 계속해야 했다. 공자가 편력을 시작했을 무렵, 위나라에서 조曹나라와 송나라를 거쳐 정나라로 갔을 때 일이다. 공자는 제자들과 서로 길이 어긋나서 홀로 성곽의 동문에 서 있었다.

한 정나라 사람이 자공에게 말했다.

"동문에 어떤 사람이 서 있는데 이마는 요임금과 닮았고, 목은 고요와 닮았으며, 어깨는 자산과 닮았습니다. 그렇지만 허리 아래로는 우임금보다 세 치나 짧고 풀 죽은 모습이 마치 상갓집 개 같았습니다東門有人, 其顙似堯, 其項類皐陶, 其肩類子產. 然自要以下不及禹三寸. 纍纍若**喪家之狗**."

자공이 이 말을 공자에게 그대로 전했더니 공자는 웃으며 말했다.

"사람 모습이 어떠냐 하는 것은 그리 중요한 게 아니다. 그런데 상갓집 개 같다고 했다는데, 정말 그랬지! 그랬지形狀, 末也. 而謂似**喪家之狗**, 然哉! 然哉!"

공자의 제자 안회 역시 공자가 자신의 모습을 일컬어 광야에서 헤매는 코뿔소와 호랑이 같다고 하자 바로 이런 말로 위로했다.

"선생님의 도가 지극히 크기 때문에 천하에서 받아들이지 못합니다. …… 받아들여지지 않은 연후에 군자의 모습이 드러날 것입니다夫子之道至大, 故天下莫能容. …… 不容然後見君子."

세상과 무조건 타협하는 것은 때로는 좋지 않은 결과를 가져온다. 안회의 말처럼 받아들여지지 않음으로써 더욱 빛날 수 있기 때문이다.

상덕부덕上德不德

—— 윗**상** 덕**덕** 아니**부** 덕**덕** ——

'최상의 덕은 덕으로 여겨지지 않는다'는 말로, 진실된 덕은 스스로 내세우지 않아도 겉으로 드러나게 된다는 뜻이다.

《노자老子》 38장에 나오는 말이다.

"최상의 덕은 덕으로 여겨지지 않는데, 이로써 덕이 있다. 낮은 덕은 덕을 잃어버리지 않으려고 하여 이 때문에 덕이 없는 것이다. 높은 덕은 고의로 하지 않고 해야 할 이유도 없다. 낮은 덕은 일부러 하려고 하며 할 이유도 있다**上德不德**, 是以有德. 下德不失德, 是以無德. 上德無爲而無以爲, 下德爲之而有以爲."

《한비자韓非子》〈해로解老〉 편에도 나오는 이 말은 도가의 무위 철학적 성격을 정치적으로 해석한 것인데, '상덕'을 갖춘 군주는 굳이 밖으로 덕이 있다고 애써 나서지 않으며, 자연에 순응할 뿐 어떤 작위作爲보다는 무위無爲의 이치를 터득한 자다.

재미있는 것은 이 말을 처음 한 사람이 한비韓非가 아닌 노자라는 사실이다. 단호한 법치를 역설한 법가 사상의 한비가 무위자연으로 대표되는 도가 사상의 노자의 주장을 있는 그대로 받아들여 〈해로解老〉와 〈유로喩老〉 편을 지었다는 것은 대단히 흥미로운 일이다. 노자보다 몇백 년 뒤에 태어난 한비는 노자가 남긴 《도덕경道德經》을 정치적으로 해석해 통치술의 근본을 끄집어낸다.

'하덕下德'을 가진 군주는 자연에 순응하는 것은 맞지만 의도적인 작위를 일삼는 자다. 덕德이란 내면적인 것이고 스스로 얻어지는 것으로 무위無爲함으로써 모여진 것이고, 무욕無欲의 상태에서 만들어진다는 것이 노자의 관점이고 한비의 재해석이기도 하다.

그러므로 군주는 나라를 순리대로 조용히 다스려야지 요란을 떨며 다스리는 것은 결코 바람직한 것이 아니다. 앞으로 나설수록 하등下等의 군주밖에 될 수 없다는 말이다. 좀 더 자신을 깊숙이 감추면서 어리석은〔愚〕 것처럼 해야 한다. '우愚'란 우매愚昧가 아니며 돈후박실敦厚朴實(돈후하고 소박하고 성실함)의 의미다. 천박淺薄이나 부화浮華와는 거리가 먼 개념이다. 군주가 고유의 덕을 잃지 않고 새롭고 조화로운 기운을 이룰 수 있도록 부단히 덕을 쌓는 것이 중요한 것이다.

이렇듯 파격적인 논지를 편 한비는 비록 상앙商鞅의 '법法'과 신불해申不害의 '술術', 신도愼到의 '세勢'를 사상의 축으로 삼았지만, 그 가슴에는 노자의 '무위자연설'이 깊이 박혀 있었기 때문에 훨씬 깊이 있는 이론을 만들어낼 수 있었다.

이러한 시각은 한나라의 건국 군주인 유방이 말 타고 천하를 다스릴 수 없다는 역생易生의 말을 경청한 사례, 유학을 치국의 근본으로 삼으면서 '겉으로는 도가요 안으로는 법가外道內法'를 유지한 한 무제의 통치 스타일에 접목되었다.

상병벌모上兵伐謀

—— 윗 **상** 군사 **병** 칠 **벌** 꾀할 **모** ——

'최고의 계책은 [적의] 전략을 공격하는 것'이란 말로, 《손자병법孫子兵法》〈모공謀攻〉 편에 나온다. '벌伐'은 '공攻'과 마찬가지로 공격을 뜻하고, '모謀'는 책략 혹은 전략을 말한다.

"최고의 계책은 [적의] 전략을 공격하는 것이고, 차선책은 외교관계를 공격하는 것이며, 그다음은 군대를 공격하는 것이고, 최하의 방법은 성을 공격하는 것이다. 성을 공격하는 것은 어쩔 수 없는 경우에 사용하는데, 노櫓(망루에 걸친 전차)와 분온轒轀(가죽으로 무장한 네 바퀴의 공성용 전차)을 수리하고 기구를 갖추는 데에만 석 달이 지나서야 완성된다. 성을 공격하기 위한 토산土山을 쌓는 데에만 또 석 달이 소요된다. 장수가 그의 분함을 이기지 못하고 [병사들에게] 개미처럼 성벽을 공격하게 하여 사졸의 3분의 1이나 죽게 만들고도 성은 함락시키지 못하니, 이는 공격하는 것의 재앙이다上兵伐謀, 其次伐交, 其次伐兵, 其下攻城. 攻城之法, 爲不得已, 修櫓轒轀, 具器械, 三月而後成. 距堙, 又三月而後已. 將不勝其忿而蟻附之, 殺士卒三分之一, 而城不拔者, 此攻之災也.

따라서 용병을 잘하는 자는 적의 군대를 굴복시키지만 전쟁은 하지 않고, 적의 성을 함락시키지만 공격은 하지 않으며, 적의 나라를 무너뜨리지만 질질 끌지는 않고, 반드시 [적을] 온전하게 하여 천하를 다투므로 군대는 무너지지 않으면서 이익은 정말로 온전해지니, 이것이야말로 지모로써 성을 공격하는 방법이다故善用兵者, 屈人之兵而非戰也, 拔人之城而非攻也, 毁人之國而非久也, 必以全爭於天下, 故兵不頓而利可全, 此謀攻之法也."

여기서 손무는 '벌모' · '벌교' · '벌병' · '공성'의 순서를 이야기하고 있는데, 밑의 단계로 내려갈수록 희생만 커지고 성과가 없어진다. 이는 손무가 말한 '비전非戰' · '비공非攻' · '비구非久'의 삼비三非 원칙과 같은 맥락에서 이해되는 것으로 아군의 손실을 최소화하고 적의 침략 의도를 꺾는 용병법이다.

'벌모伐謀'란 상대국을 굴복시키려고 때로는 위협하고 때로는 이간질하고 때로는 유혹하는 등 동원할 수 있는 거의 모든 모략을 의미한다. 사방이 제후국에 둘러싸인 상태에서 튼튼한 연맹을 맺는 '벌교伐交' 역시 '벌모' 못지않게 중요하다. '벌교'란 다른 제후국들이 아군의 전술에 대응하는데 급급하게 만들어 이쪽의 틈은 보이지 말아야 한다는 것이다. 그래서 아군의 외교 전술을 알지 못하게 하려고, 전쟁을 결정하면 성문을 걸어 잠그고 통행증을 폐기하여 적국의 사절이 외교적인 접근을 하지 못하게 하기도 했다. 외교가 총성 없는 전쟁이라는 말도 있듯이, 승리의 보조 수단으로 외교의 중요성을 설파한 것이다.

손무는 군사적으로 대응하는 '벌병伐兵'을 외교 다음의 대응책으로 삼았고, 피해는 크되 효과를 내기는 어려운 '공성攻城'을 최하위에 두었다. 성을 오르는 병사들을 '의부蟻附', 즉 개미 떼로 비유하면서 무능한 장수가 병사들을 하찮은 미물로 여기고 치르는 무모한 전술이라고 보았다. 완전한 승리란 '나라를 온전하게〔全國〕' 유지하면서 이기는 것이지, '나라를 파괴하면서〔破國〕' 얻는 것은 차선책이다.

최소의 비용, 최대의 효과란 단지 용병의 문제에 그치는 것이 아니라 어떤 일을 하든 간에 적용되어야 하는 원칙이다.

상선약수上善若水

윗상 착할선 같을약 물수

'최상의 선은 물과 같다'는 말로, 만물을 이롭게 하는 물의 성질을 최상의 이상적인 경지로 삼는 도가의 말이다.

《노자老子》8장 첫머리에 나오는 말이다.

"최상의 선은 물과 같다. 물은 만물을 이롭게 하는 데 뛰어나지만 다투지 않고, 모든 사람이 싫어하는 곳에 머문다. 그러므로 도에 가깝다上善若水. 水善利萬物而不爭, 處衆人之所惡. 故幾於道."

'사람은 높은 곳을 향하고 물은 낮은 곳을 향한다'는 말이 있다. 모든 사람이 아래에 놓이는 것을 싫어하지만 물은 그 반대라는 것이 노자의 생각이다. 이롭게 하기, 다툼 없기, 남들이 싫어하는 곳에 처하기 등 세 가지 속성을 모티브로 하는 물의 속성을 상징하는 노자의 사고가 집약된 것이 바로 '상선약수'라는 말이다.

'상선上善'은 '상덕上德'과 같은 단어다. 노자는 '도'를 물과 기본적으로 같은 선상에 놓고 우리에게 물과 같은 존재가 되라고 요구한다. 늘 낮은 곳에 처하면서 남과 다툼이 없으면서도 생명의 근원이 되는 바로 그런 존재다. 물은 만물을 이롭게 해주고 낮은 곳에 처하면서 자기만을 고집하지 않는다. 그러면서도 자기를 잃지 않아 도를 잘 터득한 성인과 어울리며 말없는 교화와 무위의 유익함을 상징한다. 그래서 바로 아래에 '이만물利萬物'이라는 물의 제1특성을 부각시킨 것이다. 유약함을 특성으로 하면서도 이로움을 주는 물의 무위야말로 우주 운행의 이치일 뿐만 아니라 개인적 행위의 필수 요건이기도 하다.

새옹지마塞翁之馬

변방 **새** 늙은이 **옹** 어조사 **지** 말 **마**

'변방 늙은이의 말'이라는 말로, 인생의 길흉화복이 무상하여 예측할 수 없음을 가리킨다. 전화위복轉禍爲福과 같다. 인간만사새옹지마人間萬事塞翁之馬의 준말이며, 새옹실마塞翁失馬 · 새옹마塞翁馬 · 북옹마北翁馬 · 새옹화복塞翁禍福라고도 한다. 비슷한 말로는 화복규승禍福糾纆, 반화위복反禍爲福, 흑우생백독黑牛生白犢이 있다.

초기 도가의 노장사상을 기반으로 하여 유안劉安이 지은 《회남자淮南子》 〈인간훈人間訓〉에 나오는 말이다.

중국 북방에 호胡라는 이민족이 살고 있었다. 어느 날 변방 늙은이의 말 한 마리가 오랑캐 땅으로 달아나자 이웃 사람들이 위로했다. 그러나 그 늙은이는 그 일을 마음에 두지 않고 태연히 말했다

"이 일이 어찌 복이 되지 않겠습니까此何遽不爲福乎?"

몇 달이 지난 어느 날, 달아났던 그 말이 오랑캐의 좋은 말 한 필을 데리고 돌아왔다. 마을 사람들이 와서 축하하는 말을 하자 늙은이는 이번에도 기뻐하는 낯빛이 없이 태연히 이렇게 말했다.

"이 일이 어찌 화가 되지 않겠습니까此何遽不爲禍乎?"

얼마 뒤에 그 아들이 말을 타다가 떨어져 다리가 부러지고 말았다. 마을 사람들이 또 위로하러 왔다. 그러나 늙은이는 슬퍼하는 기색도 없이 여전히 태연하게 말했다.

"이 일이 어찌 복이 되지 않겠습니까此何遽不爲福乎?"

그로부터 1년이 지나 오랑캐가 쳐들어오자 젊은이들은 모두 전쟁터로 나가야만 했다. 전쟁터로 나간 젊은이들은 대부분 살아 돌아오지 못했으나 늙은이의 아들만은 불구여서 끌려가지 않아 목숨을 부지할 수 있었다.

《회남자》에는 이렇게 결론이 나온다.

"따라서 복이 화가 되고 화가 복이 되니 변화는 끝이 없고 깊어 예측하기 어렵다故福之爲禍, 禍之爲福, 化不可極, 深不可測也."

서시빈목西施矉目

서녘 **서** 베풀 **시** 찡그릴 **빈** 눈 **목**

'서시가 눈살을 찡그린다'는 말로, 공연히 남을 흉내 내는 것을 비유하며, 또 남의 단점을 장점인 줄 알고 따라 하는 것을 가리킨다. 서시봉심西施捧心, 서시효빈西施效矉이라고도 한다. 비슷한 말로는 한단학보邯鄲學步, 화호불성반류견畫虎不成反類犬 등이 있다.

《장자莊子》〈천운天運〉 편에 나오는 말이다.

공자가 서쪽 위衛나라로 유세를 떠나자, 제자 안연顔淵은 노나라의 악사 사금師金과 공자의 여행에 관해 이런저런 이야기를 하게 되었다. 사금은 공자가 위험에 빠질 것이라며 그 이유를 몇 가지 비유를 들어 설명했다.

"예의나 법도란 때에 대응하여 변하는 거야. 지금 가령 원숭이를 잡아다 주공의 옷을 입힌다면 원숭이는 반드시 [그것을] 물어뜯고 찢어발겨서 모두 없애버린 뒤에야 만족할 걸세. 옛날과 지금의 차이를 보면 원숭이와 주공이 다른 것과 같네禮義法度者, 應時而變者也. 今取猿狙而衣以周公之服, 彼必齕齧挽裂, 盡去而後慊. 觀古今之異, 猶猿狙之異乎周公也."

또 이런 이야기가 있다.

"[미인] 서시가 가슴을 앓아 그녀의 마을에서 눈살을 찡그리고 있었더니, 그 마을의 추녀醜女가 그녀를 보고 찡그린 것을 아름답다 여기고 돌아와 자기도 가슴에 손을 얹고 눈살을 찡그렸다네. [그 꼴이 너무 흉측하여] 마을 부자富者가 그녀를 보고는 문을 굳게 잠그고 밖에 나가지 않았고, 가난한 사람들은 그녀를 보고는 처자를 이끌고 달아나버렸다네. 그 추녀는 [서시가] 눈살을 찡그린 모양이 아름답다는 것은 알았으나, 눈살을 찡그리면 아름다워지는 까닭은 알지 못했다네. [그러니] 애석하지만 자네 선생도 곤궁해질걸세西施病心而矉其里, 其里之醜人見之而美之, 歸亦捧心而矉其里. 其里之富人見之, 堅閉門而不出, 貧人見之, 挈妻子而去走. 彼知矉美而不知矉之所以美. 惜乎, 而夫子其窮哉."

장자는 이 글에서 공자를 중심으로 하는 유가의 옛 법에 구애되어 시대의 변화에 뒤떨어진 태도를 배척하고, 자신에게 집착하지 않고 세상의 변화에 순응하되 유연하게 대처하는 곳에 삶의 길이 있음을 강조했다.

서제막급噬臍莫及

씹을 **서** 배꼽 **제** 아닐 **막** 미칠 **급**

'배꼽을 물려고 해도 미치지 못한다'는 말로, 일을 그르치고 나서는 후회해도 소용없다는 뜻이다. 서제하급噬臍何及 · 서제무급噬臍無及이라고도 하며 후회막급後悔莫及과 비슷한 말이다.

《춘추좌씨전春秋左氏傳》 장공莊公 6년조에 나오는 말이다.

초나라 문왕文王은 세력을 확장하려고 신申나라를 치기로 했다. 초나라가 신나라까지 가려면 반드시 신나라와 이웃한 등鄧나라를 지나야만 했다. 당시 등나라 임금은 기후祁侯였는데, 문왕은 그의 조카였다. 기후는 문왕이 병사들을 이끌고 오자 매우 반갑게 맞이했다.

그때 추생騅甥 · 담생聃甥 · 양생養甥, 세 사람이 앞으로 나와 기후에게 말했다.

"등나라를 멸망시킬 자는 틀림없이 이 사람입니다. 만일 일찌감치 도모하지 않으면 뒤에 군주께서는 배꼽을 물려는 것처럼 후회하게 될 것입니다. 그를 도모할 때가 이르면 도모하십시오. 지금이 바로 그때입니다亡鄧國者, 必此人也. 若不早圖, 後君**噬齊**. 其及圖之乎. 圖之, 此爲時矣."

"사람들은 내가 먹다 남긴 음식을 먹으려 들지 않을 것이다人將不食吾餘."

기후가 한 이 말은 조카를 죽이면 사람들이 자신을 미워하고 천하게 여겨 죽은 뒤에 제사를 지내주지 않을 것이라는 뜻이다. 이에 세 사람은 이렇게 말했다.

"만일 저희 세 사람의 말도 따르지 않으신다면 [나라가 망하여] 사직이 제사를 받지 못할 것인데, 임금께서 먹다 남길 음식이 있겠습니까若不從三臣, 抑社稷實不血食, 而君焉取餘?"

그러나 기후는 끝내 그들의 권유를 듣지 않았다. 그로부터 10년 뒤에 문왕은 등나라를 쳐서 멸망시켰다.

성혜成蹊

이룰 **성** 지름길 **혜**

'샛길을 만든다'는 말로, 덕이 있는 자는 잠자코 있어도 그 덕을 사모하여 사람들이 따른다는 뜻으로 사마천이 이광李廣을 평한 것이다.

《사기史記》〈이장군열전李將軍列傳〉에 나오는 말이다.

한나라 효경제 때 흉노가 상군上郡으로 대거 쳐들어왔다. 천자는 중귀인中貴人(황제의 총애를 받던 환관)에게 이광을 따라 군사를 통솔하고 훈련시켜 흉노를 치도록 명령했다. 중귀인은 기병 수십 명을 이끌고 사방으로 달리다가 흉노 군사 세 명을 발견하고 싸우게 되었다. 그러나 세 사람은 중귀인 쪽으로 몸을 돌리더니 활을 쏘아 중귀인에게 상처를 입히고, 뒤따르던 한나라 기병을 거의 다 죽이려 했다. 중귀인이 이광이 있는 곳으로 달려들어오자 이광이 말했다.

"그들은 틀림없이 수리를 쏘는 명사수다是必射雕者也."

이광은 기병 100명을 이끌고 세 사람을 뒤쫓아 달려갔다. 세 사람은 말이 없어 걸어서 달아났으므로 몇십 리밖에 가지 못했다. 이광은 기병들에게 좌우로 날개처럼 벌리도록 하고 자신이 그 세 사람을 쏘아 두 사람을 죽이고 하나를 사로잡았다. 잡고 보니 정말 수리를 쏘는 명사수들이었다. 이광이 이들을 묶은 뒤 말 위에 올라 흉노 땅을 바라보니 기병 몇천 명이 눈에 띄었다. 흉노는 이광을 보고 자신들을 유인하러 온 기병으로 알고 모두 놀라서 산 위로 올라가 진을 쳤다. 이광이 이끄는 기병 100명도 매우 두려워하여 말머리를 돌려 물러나려고 했으나 이광은 이렇게 말했다.

"우리는 [본진의] 대군에서 수십 리 떨어져 있다. 만일 지금 이러한 상황에서 기병 백 명으로 달아난다면 흉노들이 우리에게 활을 쏘며 뒤쫓아와 순식간에 전멸하고 말 것이다. 지금 우리가 이곳에 머물러 있으면 흉노들은 틀림없이 우리를 대군을 끼고 있는 유인병으로 알고 감히 공격하지 못할 것이다吾去大軍數十里. 今如此以百騎走, 匈奴追射我立盡. 今我留, 匈奴必以我爲大軍〔之〕誘(之), 必不敢擊我."

이광은 모든 기병에게 명령을 내렸다.

"전진前!"

또 흉노의 진지 앞 2리쯤에서 멈추어 이렇게 명령했다.

"모두 말에서 내려 안장을 풀어라皆下馬解鞍."

그러자 기병들이 물었다.

"흉노는 수가 많으며 바로 눈앞에 있는데, 만일 급습해오면 어떡합니까虜多且近, 即有急, 柰何?"

"저 오랑캐들은 우리가 달아날 줄로 알고 있다. 지금 모두 안장을 풀어 달아나지 않는다는 것을 보여서 우리가 유인병이라는 생각을 굳히게 하려는 것이다彼虜以我爲走. 今皆解鞍以示不走, 用堅其意."

정말 흉노 기병들은 끝까지 공격해오지 않았다.

사마천은 다음과 같이 말했다.

"전해 오는 말에 '자기 몸이 바르면 명령하지 않아도 시행되며, 자기 몸이 바르지 못하면 명령을 해도 따르지 않는다.'라고 했는데, 아마 이 장군을 두고 하는 말일 것이다. 나는 이 장군을 본 적이 있는데 시골 사람처럼 투박하고 소탈하며 말도 잘하지 못했다. 그가 죽던 날 그를 알든지 모르든지 세상 사람 모두가 슬퍼했으니, 그의 충실한 마음씨가 정녕 사대부의 신뢰를 얻은 것인가? 속담에 '복숭아나 오얏은 말을 하지 않지만 그 밑에는 저절로 샛길이 만들어진다.'라고 했다. 이 말은 사소한 것이지만 큰 이치를 설명할 수 있을 것이다傳曰: '其身正, 不令而行, 其身不正, 雖令不從.' 其李將軍之謂也. 余睹李將軍悛悛如鄙人, 口不能道辭. 及死之日, 天下知與不知, 皆爲盡哀, 彼其忠實心誠信於士大夫也? 諺曰: '桃李不言, 下自成蹊.' 此言雖小, 可以諭大也."

복숭아와 오얏은 물론 이광을 비유한다.

이광이 사마천 말대로 정치에 밝지 못하고, 어리석고 순진해서 조정의 분위기를 제대로 파악하지 못하여 평가 절하된 면모를 이 여덟 글자로 정리할 수는 없으리라. 이광이 제후에 오르지 못한 것은 장군과 장군이 아닌 자에게 요구되는 역할의 차이를 그가 제대로 알지 못했던 것이 가장 큰 이유이다.

세고익위勢高益危

권세 **세** 높을 **고** 더할 **익** 위태로울 **위**

'권세는 높을수록 더욱 위태롭다'는 말로, 겸허하게 처신해야만 명철보신할 수 있다는 경고의 메시지다.

《사기史記》〈일자열전日者列傳〉에 나오는 말이다.

전국시대 초나라 때의 중대부 송충宋忠과 박사 가의賈誼가 시장에서 점을 치면서 숨어 사는 현자 사마계주司馬季主를 찾아갔다가 질타를 받고 탄식하며 내뱉은 말이다.

조정의 권력에 몸담고 있던 이들은 천하의 원리를 담은《주역周易》에 통달한 이 가운데 조정에 천거할 사람이 없는지 알아보려고 찾아 나섰다가 시장을 들르게 되었다. 현달顯達한 이를 수소문하니 사마계주라는 자가 서너 명의 제자를 거느리고 시장 한구석에 자리를 내어 한가롭게 점을 봐주는 일로 소일하고 있었다. 두 사람이 찾아가 이야기를 듣는데 음양과 일월성신의 운행, 길흉의 징험 등에 대한 설명이 정확히 들어맞는 것이었다.

감동한 이들은 그에게 "어떻게 이런 낮은 곳에 살면서 천한 일을 하십니까?" 하면서 자신들과 함께 조정에서 일을 해보자는 의도를 내비쳤다. 그러자 자존심에 상처를 입은 사마계주는 즉각 비판했다.

"권세로 서로 끌어들이고 이익으로 서로 이끌며, 도당을 만들어 바른 사람을 배척함으로써 높은 영예를 구하고, 나라의 봉록을 받고 있으면서 사사로운 이익만을 꾀하며, 나라의 법을 어기고 농민들을 착취합니다相引以勢, 相導以利, 比周賓正, 以求尊譽, 以受公奉, 事私利, 枉主法, 獵農民."

관리들의 비열한 행위에 비해 자신이 더 낫다는 말과 다른 것이 아니었다. 그러자 송충과 가의는 탄식하며 이렇게 말했다.

"도란 높을수록 더욱 편하지만 권세는 높을수록 더욱 위태롭다. 혁혁한 권세를 가진 자리에 있으면 몸을 망치는 날이 오게 마련이다道高益安, **勢高益危**. 居赫赫之勢, 失身且有日矣."

그러고는 이 둘은 작별 인사를 한 뒤 궁궐로 돌아왔다. 그러나 이들은 여전히 권력에 취해 빠져들었다. 문제는 그다음이다. 송충은 흉노에 사신으로 갔다가 도중에 돌아온 일로 죄를 짓게 되었으며, 가의 역시 양회왕梁懷王의 스승이 되었다가 왕이 낙마하자 식사를 하지 못하다가 굶어 죽었다.

세군細君

가늘 **세** 임금 **군**

본래는 '제후의 부인'을 일컫던 말인데, 남에게 자기 아내를 말하거나 남의 아내를 부를 때 쓴다.

《한서漢書》〈동방삭전東方朔傳〉에 나오는 말이다.

한나라 무제武帝 때 동방삭東方朔이라는 관리가 있었는데, 그는 재치와 기지가 남달리 뛰어났다. 그가 벼슬에 나선 것도 뻔뻔스러울 만큼 배짱이 좋은 기지 때문이었다. 무제가 천하의 재능 있는 이들을 구할 때 사람들이 대부분 정치 문제를 논의했던 것과 달리, 동방삭은 처음부터 끝까지 자기 자랑만 늘어놓았다. 그러나 무제는 그런 동방삭이 마음에 들었다.

당시에는 한여름 복날이 되면 상시랑常侍朗(시종관)들에게 고기를 나누어주는 관례가 있었다. 이날도 상시랑들은 임금이 내린 고기를 나누어줄 관리를 기다리고 있었다. 그런데 그 관리가 저녁 늦도록 오지 않자 동방삭은 주위의 시선은 아랑곳하지 않고 직접 칼을 들고 고기를 잘랐다. 주위에 있던 관리들이 뜻밖의 행동에 당황하자, 동방삭은 태연히 농담조로 말했다.

"복날이라 빨리 집으로 가야 합니다. 하사품, 잘 받아 갑니다."

그러고는 집으로 내달려갔다.

다음 날 고기 분배를 맡았던 관리는 동방삭이 절차를 무시하고 마음대로 하사품을 가져갔다고 무제에게 보고했다. 무제는 당장 동방삭을 불러 무례함을 꾸짖고 직접 자기를 비판하게 했다. 그러자 동방삭은 두 번 절하고 이렇게 말했다.

"삭이여, 삭이여! 어명을 기다리지 않고 하사품을 받아 갔으니 어찌 이리도 무례한가! 칼을 빼어 고기를 자르다니 얼마나 용감한가! 고기를 자르되 많이 갖지 않았으니 또 얼마나 청렴한가! 집에 가지고 가서 세군에게 주었으니 또한 얼마나 어진가朔來, 朔來! 受賜不待詔, 何無禮也! 拔劍割肉, 壹何壯也! 割之不多, 又何廉也! 歸遺**細君**, 又何仁也!"

무제는 동방삭이 처음에는 자기 잘못을 뉘우치고 있는 듯하여 고개를 끄덕였지만, 끝까지 듣고 보니 도리어 자신을 칭찬하고 있음에 그만 웃지 않을 수 없었다. 무제는 그런 동방삭에게 술 한 섬과 고기 100근을 내렸다.

세월부대인歲月不待人

해 **세** 달 **월** 아니 **부** 기다릴 **대** 사람 **인**

'세월은 사람을 기다리지 않는다', 즉 세월은 한번 가면 다시 돌아오지 않음을 뜻한다. 세불아여歲不我與, 세월여류歲月如流와 같다.

도연명陶淵明은 진晉나라 시인으로, 이름은 잠潛이고, 연명은 그의 자字다. 도연명이 살던 때는 동진의 왕실이나 사족들의 세력이 약해지고 신흥 군벌들이 대두하여 서로 각축을 벌였다. 군벌들은 동진의 왕을 유폐시키거나 사살했고, 자기들끼리 엎치락뒤치락하며 흥망성쇠를 거듭했다. 그리고 이민족의 침략과 농민 봉기 등이 끊이질 않아 국가와 백성의 생활은 도탄에 빠져 허덕이고 있었다.

당시 도연명의 집안은 대단하지는 않았으나 그의 학식은 보수적 문인 계층에 속했다. 그는 신흥 군벌들과 어울릴 수 없어서 정계를 은퇴하게 되었다.

도연명은 〈귀거래사歸去來辭〉를 쓰고 전원으로 들어가 몸소 농사를 지었으며, 때때로 술에 취해 "동쪽 울타리 아래에서 국화를 따다가 유연히 남산을 바라보는採菊東籬下, 悠然見南山" 은일隱逸의 풍류를 즐겼다. 그의 〈잡시雜詩〉에도 그러한 마음이 잘 나타나 있다.

인생은 뿌리 없이 떠다니는 밭두렁의 먼지 같은 것.
바람 따라 흐트러져 구르는 인간은 원래 무상한 몸.
세상에 태어난 모두가 형제리니 어찌 반드시 골육만이 육친이랴.
기쁨 얻거든 마땅히 즐겨야 하며 말술 이웃과 함께 모여 마셔라.
젊은 시절은 다시 오지 않으며 하루에 새벽은 두 번 맞지 못하나니.
때를 놓치지 말고 부지런히 일해라, 세월은 사람을 기다리지 않으니.
人生無根蔕, 飄如陌上塵.
分散逐風轉, 此已非常身.
落地成兄弟, 何必骨肉親.

得歡當作樂, 斗酒聚比隣.

盛年不重來, 一日難再晨.

及時當勉勵, **歲月不待人**.

세이공청洗耳恭聽

씻을 **세** 귀 **이** 공손할 **공** 들을 **청**

'귀를 씻고 공손히 듣는다'는 말로, 다른 사람의 말을 공경스럽고 진지하게 듣는다는 뜻이다. 비슷한 말로 경이세청傾耳細聽이 있고, 청이불문聽耳不聞이 반의어다.

진대晉代 황보밀皇甫謐은 요임금 때의 피의被衣부터 위魏나라 말기 초선焦先까지 청고한 선비들의 언행과 일화를 91조의 짤막한 이야기집으로 묶어 《고사전高士傳》이라는 책을 지었는데, 이 책 〈허유許由〉 편에 이런 이야기가 나온다.

요임금이 다시 허유를 불러 구주九州의 수장으로 삼으려 했으나 허유는 듣고 싶지 않아 영수 가에서 귀를 씻었다. 그때 그의 친구 소부가 소를 끌고 와 물을 먹이려다 허유가 귀 씻는 것을 보고 그 까닭을 물었다.

허유가 대답했다.

"요임금이 나를 불러 구주의 수장으로 삼으려 하기에 그 소리가 듣기 싫어 귀를 씻고 있네堯欲召我爲九州長, 惡聞其聲, 是故洗耳."

소부는 이렇게 말했다.

"자네가 높은 언덕과 깊은 계곡에 거처한다면 사람 다니는 길이 통하지 않을 텐데, 누가 자네를 볼 수 있겠는가? 자네가 일부러 떠돌며 알려지기를 바라 명예를 구한 것이니, 내 소의 입만 더럽혔네子若處高岸深谷, 人道不通, 誰能見子? 子故浮遊, 欲聞求其名譽, 汙吾犢口."

그러고는 상류로 가서 물을 먹였다.

허유가 죽자 기산 꼭대기에 장사를 지내고 '허유산'이라 명명했는데, 그 산은 양성의 남쪽 10여 리에 있다. 요임금은 그 묘를 찾아가 '기산공신箕山公神'이라 부르고 오악五嶽에 배향했으며, 대대로 제사를 받들어 지금까지도 끊이지 않고 있다.

당시 요임금은 주변 사람들이 허유야말로 능력 있는 고사高士라고 해서 그가 자신의 제위를 이어받을 수 있다고 생각하여 사신을 허유가 은거하고 있는 기산에 찾아가게 했던 것이다. 그런데 오히려 허유가 제위에는 관심도 없을 뿐만 아니라 심지어 사자의 말을 듣고는 귀가 더러워졌다고 생각하여 귀를 물에 씻었다는 것이다.

'기산세이箕山洗耳'라고도 불리는 이 성어는 이렇듯 오늘날의 뜻과는 전혀 다른 역사적 맥락을 지니고 있다. 말하자면 당시 허유는 스스로 고고하다고 자만하여 사자의 말 따위를 듣지 않으려 했던 데 비해, 오늘날에는 오히려 상대편에게 가르침을 받으려고 귀를 씻고 공경스럽게 들으려는 공손한 자세를 비유적으로 표현한다.

소국과민小國寡民

작을 **소** 나라 **국** 적을 **과** 백성 **민**

'나라를 작게 하고 백성을 적게 한다'는 뜻으로, 노자가 생각하는 이상적인 국가의 모습을 나타낸다.

작은 정부야말로 진정한 위정자의 지향점이어야 한다는 것으로《노자老子》80장에 나오는 말이다.

"나라를 작게 하고 백성을 적게 해서, 열 명이나 100명이 사용하는 도구가 있을지라도 쓰지 않고, 백성들로 하여금 죽음을 무겁게 여기고 멀리 이사 가지 않게 한다**小國寡民**, 使有什伯之器而不用, 使民重死而不遠徙."

이 말은 무위無爲 관념의 필연적 산물이며, 노자 정치사상의 구체적인 표현이다. 당시의 패권 경쟁의 구도와는 전혀 상반되고 상충되는 논리인데, 노자가 국가의 발전을 불필요하다고 보는 이유는 다음과 같다. 그가 긍정하는 것은 무위의 경계에 머물며 '반反'의 법칙을 이용해 만물을 지배하는 자다. 이는 어떤 고귀한 가치를 실현하는 것이 아니니 당연히 문화의 번다한 가치를 긍정할 수 없었으며, 나아가 국가 번영도 가치 있는 것으로 보지 않았다. 노자가 내세운 이상적인 세계는 결국 소박한 사람들이 사는 소박한 세계다. 서로 다른 다양성이 어울리며 소외는 없다.

《노자》80장의 하단부에 묘사된 소국과민의 모습은 이렇다.

"그 [먹던] 음식을 달게 여기고, 그 [입던] 옷을 아름답게 여기며, 그 [사는] 곳을 편안히 여기고, 그 풍속을 즐거워하게 하니, 이웃 나라가 서로 바라보고, 닭 울고 개 짖는 소리가 서로 들릴지라도 백성은 늙어 죽을 때까지 서로 오고 가지 않는다甘其食, 美其服, 安其居, 樂其俗, 隣國相望, 鷄犬之聲相聞, 民至老死不相往來."

작은 나라일지라도 백성은 의식주 문제가 해결되고 저마다 자신이 사는 세계에 만족하면서 안분安分의 여유를 느끼면 잘 다스려지는 나라다. 할 일을 하면서 편안히 살아가는 모습이 진정한 행복이라는 노자의 구상이야말로 자아를 실현하면서도 타자와 동화되는 혼융일체의 세계이며, 모든 이기심과 허욕, 거만함이 녹아버리는 세계다. 이는 사람과 사람 사이의 인간적 유대 관계를 강화하고 친밀감이 확장되게 하여 인위가 배척되며 번거로운 제반 사회적 제도도 사라진 국가다.

소년이로학난성少年易老學難成

젊을 **소** 해 **년** 쉬울 **이** 늙을 **로** 배울 **학** 어려울 **난** 이룰 **성**

'소년은 쉽게 늙고 학문은 이루기 어렵다'는 말이다.

북송의 소동파는 〈춘소春宵〉라는 시에서 "봄밤의 일각은 천금에 해당한다 春宵一刻値千金"라고 하면서 시간의 귀중함을 강조했다.

송나라의 대유학자 주희朱熹도 학문을 처음 배우는 사람들에게 열심히 익히라는 권고를 《우성偶成》〈권학문勸學文〉에서 다음과 같이 칠언절구로 말했다.

소년은 쉽게 늙고 학문은 이루기 어려우니
순간의 세월을 헛되이 보내지 마라.
연못가의 봄풀 채 꿈도 깨기 전에
계단 앞 오동나무 잎이 가을을 알린다.
少年易老學難成, 一寸光陰不可輕.
未覺池塘春草夢, 階前梧葉已秋聲.

일찍 아버지를 여의고 학업에 정진하여 동아시아 지성계에서 독보적인 위상을 구축한 주희는 열여덟 살 때 과거 예비시험에 합격하고, 이듬해 본시험에 합격하여, 스물네 살 때 관직에 나아가 실권 없는 공무를 부단히 수행하며 한편으로는 학자로서 발군의 역량을 발휘했다. 기존 오경 중심의 유학을 사서 중심의 신유학, 즉 성리학으로 탈바꿈시킨 그는 늘 "나는 게으름을 피우지 못하는 자"라고 하면서 제자 467명을 기른 대유학자였다.

소심익익小心翼翼

작을 **소** 마음 **심** 날개 **익** 날개 **익**

'마음을 작게 하고 공경하며 삼간다'는 말로, 매우 조심한다는 뜻이다. 비슷한 말로 일사불구一絲不苟 · 근소신미謹小愼微 · 여림심연如臨深淵 · 여리박빙如履薄氷이 있고, 반대말로 모수모각毛手毛脚 · 조심대의粗心大意 · 대대렬렬大大咧咧이 있다.

주나라 선왕宣王은 폭군 여왕厲王의 뒤를 이어 제위에 올랐다. 그의 명으로 중산보가 제나라로 성을 쌓으러 가게 되자 윤길보가 전송하며 시를 지어 노래한 것이《시경詩經》〈대아大雅 · 증민烝民〉편에 나온다.

중산보의 덕은 훌륭하고 법도가 있네.
훌륭한 거동에 훌륭한 모습으로 마음을 작게 하고 삼가며
옛 교훈을 본받으며 위의에 힘쓰고
천자님을 따르며 밝게 명령을 펴드리네.

仲山甫之德, 柔嘉維則.
令儀令色, **小心翼翼**,
古訓是式, 威儀是力,
天子是若, 明命使賦.

중산보는 당시 선왕의 잘못을 수차례 간했으나, 선왕은 듣지 않았다.

속수지례束脩之禮

묶을 **속** 육포 **수** 어조사 **지** 예절 **례**

'육포 열 묶음의 예절'이라는 말로, 스승을 처음 만나 가르침을 청할 때 예절을 갖추는 것을 뜻한다.

공자가 천명을 깨닫고 이 세상을 구제하려 했을 때 제일 먼저 생각한 일은 교육을 통한 인재 양성이었다. 교육은 사람을 사람답게 만들고 사회를 인간 사회로 만드는 최소한의 전제였다. 그것은 구체적으로 예를 실현하는 것이었다. 공자는 예를 만들어 인간 사회를 건설한 주공을 모범으로 생각했다. 공자는 예의 형식에서 오는 한계를 극복하려면 도를 알아야 하고, 도를 확실히 알고 실천하려면 덕을 밝혀야 하며, 덕을 밝히는 근본적인 방법은 인仁을 알고 실천하는 것이라고 생각했다.

《논어論語》〈술이述而〉 편에서 공자는 이렇게 말했다.

"스스로 육포 열 묶음 이상을 [예물로] 가져오면, 나는 일찍이 가르쳐주지 않은 적이 없다自行**束脩**之以上, 吾未嘗無誨焉."

'속束'은 묶은 다발로 열 개를 말하며, '수脩'는 말린 고기 포를 뜻한다. 이 속수는 예물 가운데서 가장 약소한 것이다. 공자가 살던 시절에 사람들은 누군가를 만나러 갈 때 반드시 선물을 챙겼는데, 그것은 신분에 따라 차이가 있었다.

공자는 물론 돈을 벌려고 제자들을 가르친 게 아니었다. 공자는 모든 가르침은 예에서 시작된다고 보았다. 그가 제자들에게 속수 이상의 예물을 가지고 오게 한 것은 제자들이 예를 지키게 하려는 것이었다.

송양지인宋襄之仁

송나라 **송** 도울 **양** 어조사 **지** 어질 **인**

'송나라 양공의 어짊'이라는 말로, 자신에게 도움이 되지 않는 쓸데없는 동정이나 배려 또는 관용을 뜻한다.

《춘추좌씨전春秋左氏傳》 희공僖公 22년을 보면 재미있는 이야기가 있다.

양공襄公은 춘추시대 첫 패자였던 제나라 환공이 죽자, 그 뒤를 이어 패자가 될 야망을 품었다. 그는 먼저 환공의 뒤를 이을 후계 다툼이 치열한 제나라를 공격하여 공자 소昭를 세움으로써 자신의 추종 세력이 되도록 만들었다. 그로부터 4년 뒤에 송 · 제 · 초, 세 나라의 맹주가 되었다.

그 이듬해 정나라가 초나라에 굴복하자 양공은 정나라를 쳤다. 초나라는 정나라를 구원하려고 대군을 파병했다. 양공은 초나라 군대와 홍양泓陽(홍수泓水의 북쪽)를 사이에 두고 대치했다.

이때 송나라 군대는 물을 건너 이미 정렬했으나, 초나라 군대는 아직도 물을 건너지 못했다.

재상 목이目夷가 간언했다.

"적들은 수가 많고 우리는 적으니, 초나라 사람들이 모두 건너기 전에 이를 치십시오彼衆我寡, 及其未旣濟也, 請擊之."

그러나 양공은 듣지 않았다.

초나라 군대가 모두 물을 건너고 아직 정렬하지 못했을 때 또 공에게 고했으나 공은 듣지 않고 진을 친 뒤에야 이를 공격했다. 송나라 군대가 크게 져서 양공은 다리를 다치고 문관門官(시종)이 모두 죽자 나라 사람이 모두 양공을 탓했다.

양공은 이렇게 말했다.

"군자는 상처 입은 자를 다시 상하게 하지 아니하며, 머리가 희끗희끗한 자를 사로잡지 않는다. 옛날 싸움에서는 험난한 지세를 이용해서 [승리를 구하려] 하지 않았다. 과인이 비록 망한 나라(송나라는 상 왕조의 후손)의 후예라 하지만 정렬도 하지 않았는데 [적을 치려고] 북을 울리지는 않는다君子

不重傷, 不禽二毛. 古之爲軍也, 不以阻隘也. 寡人雖亡國之餘, 不鼓不成列."

그렇지만 양공은 이때 입은 상처로 그 이듬해에 죽었다. 세상은 양공이 쓸데없이 인정을 베풀었다며 비웃었다.

수서양단首鼠兩端

머리 수 쥐 서 두 량 바를 단

'쥐가 머리만 내놓고 주위를 살핀다'는 말로, 결정을 내리지 못하고 망설이는 상태 또는 두 마음을 가지고 적당한 기회를 엿보는 것을 비유한다. 수시양단首施兩端과 같으며, 좌고우면左顧右眄과 비슷한 말이다. 수시首施, 주저躊躇라고도 쓴다.

《사기史記》〈위기무안후열전魏其武安侯列傳〉에 나오는 말이다.

위기후魏其侯 두영竇嬰은 효문제 황후의 조카이고, 무안후武安侯 전분田蚡은 황후와는 아버지가 다른 동생이다.

위기후와 무안후는 모두 황실의 외척이었으나 사이는 그다지 좋지 않았다. 처음에는 위기후의 위세가 높아 전분이 그의 집에 드나들며 그를 모시고 술자리를 함께하곤 했는데, 꿇어앉고 일어서는 행동거지가 마치 자식이나 손자가 하는 것과 같았다. 그러나 시간이 지나면서 전분의 신분이 높아져 무안후로 봉해졌으며 막강한 세력을 구축하게 되었다.

무안후가 연나라 왕의 딸을 부인으로 맞자, 태후가 조서를 내려 열후와 종실을 불렀으므로 모두 가서 축하해주었다. 위기후는 무안후와 관계가 서먹하던 관부灌夫를 억지로 데리고 갔다.

술자리가 한창 무르익을 무렵, 무안후가 일어나서 축배를 들자 그 자리에 있던 사람들은 모두 자리에서 일어나 엎드렸다. 이어서 위기후가 축배를 들자 친분이 있는 사람만 자리에서 일어설 뿐 절반 정도가 그 자리에서 무릎만 붙이고 허리를 세우고 마셨으므로 관부는 기분이 언짢았다. 관부는 일어나 술을 따라 사람들에게 권하면서 무안후 앞에까지 갔다. 무안후는 무릎을 자리에 붙인 채 윗몸을 세우고 말했다.

"잔에 가득 부으면 마실 수 없는데不能滿觴."

관부는 화가 났지만 억지로 웃으면서 말했다.

"장군께서는 높은 분이니 다 마시십시오將軍貴人也, 屬之."

무안후는 끝내 마시지 않았다. 관부가 차례로 술잔을 돌려 임여후臨汝侯

관현灌賢(관영灌嬰의 손자)에게 이르렀을 때, 마침 임여후는 정불식程不識과 귓속말을 하고 있었고 자리에서 일어서지도 않았다. 관부는 분을 참지 못하여 임여후에게 욕을 했다.

"평소에는 정불식을 한 푼의 가치도 없는 사람이라고 헐뜯더니, 오늘은 어른이 잔을 권하는데도 계집애들처럼 귓속말을 하시오生平毁程不識不直一錢, 今日長者爲壽, 乃效女兒呫囁耳語!"

무안후가 관부에게 말했다.

"정불식과 이광은 모두 동궁과 서궁의 위위衛尉(궁문 경비를 맡은 부대를 통솔하던 직책)요. 지금 많은 사람 앞에서 정 장군을 모욕하는데, 중유는 어찌 이 장군의 입장은 생각하지 않소程李俱東西宮衛尉. 今衆辱程將軍, 仲孺獨不爲李將軍地乎?"

관부가 말했다.

"오늘 목이 달아나고 가슴에 구멍이 뚫려도 정불식이나 이광을 어찌 알겠소今日斬頭陷匈, 何知程李乎?"

무안후는 성을 내며 말했다.

"이것은 내가 관부를 교만하게 만든 죄다此吾驕灌夫罪."

그러고는 기병에게 관부를 잡아두도록 했다. 관부는 나가려고 했지만 그럴 수가 없었다. 적복籍福이 일어나 그를 위해 사죄하고, 관부의 목을 눌러 사죄하도록 하려 했으나 관부는 더욱 화를 낼 뿐 사죄하지 않았다. 무안후는 기병을 지휘하여 관부를 결박해 전사傳舍(여행길에 오른 사람들이 쉬는 곳)에 가두게 했다.

이에 위기후는 동쪽 궁전으로 가서 관부의 장점을 힘을 다해 칭찬하고, 그가 몹시 취해서 저지른 일인데 무안후가 다른 일을 가지고 죄를 씌워서 벌주려 한 것이라고 주장했다. 이에 무안후는 관부가 포악하고 방자하며 극악무도한 일을 했다고 말했다.

황제는 조정 신하들에게 물었다.

"두 사람 중 누구 말이 옳소兩人孰是?"

어사대부 한안국이 말했다. 한안국은 재물 욕심이 많았고, 일찍이 전분에게 뇌물을 주어서 관직을 옮기기도 했으나, 한편으로는 자기보다 현명하고 청렴한 인사들을 추천하는 훌륭한 인사정책을 펼쳤던 인물로 알려진 자다.

"위기후가 '관부는 아버지가 나라를 위해 죽자 직접 창을 들고 위험을 예측할 수 없는 오나라 군영 속으로 달려 들어가 몸에 수십 군데 상처를 입어 이름이 삼군에서 으뜸이었다니, 이 사람은 천하의 장사입니다. 큰 죄를 지은 것도 아니고 술잔을 돌리다 생긴 다툼인데 다른 허물을 끌어내어 처형할 만한 것은 못 됩니다.'라고 했는데 그 말이 옳습니다. 승상도 '관부는 간사하고 교활한 무리와 가까이 지내며 백성을 침탈하고 집에는 수만 금의 재산을 쌓아두고 영천에서 포악하고 방자하게 행동하며 종실을 업신여기고 황실의 골육들을 범했으니, 이는 가지가 기둥보다 크고 종아리가 넓적다리보다 커서 부러지지 않으면 반드시 갈라진다고 하는 것입니다.'라고 했는데 승상의 말도 옳습니다. [그러니] 오직 현명하신 주상께서 판결하십시오魏其言'灌夫父死事, 身荷戟馳入不測之吳軍, 身被數十創, 名冠三軍, 此天下壯士. 非有大惡, 爭杯酒, 不足引他過以誅也'. 魏其言是也, 丞相亦言'灌夫通姦猾, 侵細民, 家累巨萬, 橫恣潁川, 淩轢宗室, 侵犯骨肉, 此所謂 枝大於本, 脛大於股, 不折必披'. 丞相言亦是. 唯明主裁之."

어느 쪽이 잘못이라고 확실히 말하지 않는 조정 중신들의 애매한 태도에 실망한 황제는 조회를 파했다. 무안후는 조회가 끝나자 지거문止車門을 나와서 어사대부 한안국을 불러 수레에 같이 타고 가면서 성내어 말했다.

"[나는] 그대와 함께 늙은이를 제거하려 했는데, [그대는] 어찌하여 쥐가 머리를 내놓고 주위를 살피듯 하는 것인가與長孺共一老禿翁, 何爲首鼠兩端?"

수석침류漱石枕流

—— 양치질할 **수** 돌 **석** 베개 **침** 흐를 **류** ——

'돌로 양치질하고 흐르는 물을 베개 삼는다'는 말이다. 본래는 흐르는 물로 양치질하고 돌을 베개 삼는다고 해야 맞으므로 사실이 아닌데 억지를 부리는 것을 비유한다. 침류수석枕流漱石이라고도 쓴다. 비슷한 말로는 추주어륙推舟於陸, 견강부회牽強附會, 아전인수我田引水가 있다.

진晉나라가 한창 혼란 속에 빠져 있을 때 지식인들 사이에는 청담淸談이 유행했다. 청담이란 세속적인 도덕이나 명성을 경시하고 노장의 철학적 이치를 중시하며 담론하는 것을 말한다. 이 같은 청담을 즐긴 이로는 죽림칠현이 가장 대표적이다.

《진서晉書》〈손초전孫楚傳〉을 보면 당시 손초孫楚라는 젊은이는 벼슬길에 나아가지 않고 산림 속에 은거하기로 결심하고, 친구 왕제王濟에게 자기 생각을 털어놓으며 이렇게 말했다.

"돌로 양치질하고 흐르는 물을 베개로 삼겠소漱石枕流."

그러자 왕제가 웃으며 말했다.

"흐르는 물을 베개 삼을 수 있는 것이 아니고, 돌을 가지고 양치질할 수는 없는 것이지流非可枕, 石非可漱."

자신의 실언을 지적당한 손초는 무척이나 자존심이 상하여 이렇게 말했다.

"흐르는 물로 베개를 삼겠다는 것은 [고대의 은둔지사 허유처럼 쓸데없는 말을 들었을 경우] 귀를 씻기 위해서이고, 돌로 양치질을 한다는 것은 이를 닦기 위해서요枕流欲洗其耳, 漱石欲厲其齒."

물론 손초도 내심 자기 말이 견강부회牽強附會(이치에 맞지 않는 말을 억지로 끌어 붙여 자기에게 유리하게 함)한 줄을 알고 있었으나 궤변으로 아전인수我田引水하듯 억지를 부린 것이다.

수자부족여모竪者不足與謀

—— 더벅머리 **수** 놈 **자** 아니 **부** 족할 **족** 더불 **여** 의논할 **모** ——

'소인배와는 함께 일을 도모할 수 없다'는 말로, 풋내기와는 큰일을 꾀할 수 없음을 뜻한다.

《사기史記》〈항우본기項羽本紀〉에 나오는 말이다.

항우와 유방이 천하를 두고 다투던 때 일이다. 항우는 진秦나라 땅을 공략하여 평정하려고 함곡관에 이르렀으나 관소를 지키는 병사가 있어서 들어갈 수 없는 데다 유방이 이미 함양을 함락시켰다는 소식을 듣자 크게 노하여 함곡관을 공격하도록 했다. 게다가 유방이 관중의 왕이 되어 진귀한 보물을 모두 차지하려고 한다는 말을 듣고는 곧장 병사 40만 명을 홍문鴻門에 집결시켰다. 이때 유방의 병사는 10만 명으로 패상에 있었다.

유방은 수적으로 열세여서 항우와 싸워 이길 자신이 없으므로 걱정이 이만저만이 아니었다. 이때 장량이 항우의 계부季父인 항백과 친했으므로 그를 통해 항우의 마음을 돌리려고 계획했다.

유방은 항백에게 이렇게 말했다.

"나는 관내에 들어와 털끝만큼도 감히 보물을 가까이하지 않았고, 관리와 백성들을 호적에 올리고 궁중 창고를 봉인하고 장군을 기다렸습니다. 장수를 파견해 관을 지키게 한 까닭은 도적의 출몰과 예기치 않은 일을 대비해서입니다. 밤낮으로 [항우] 장군이 오기만을 바랐는데, 어찌 감히 모반하겠습니까! 당신께서 내가 감히 은혜를 배반하지 않을 것이라고 모두 말씀해주십시오吾入關, 秋豪不敢有所近, 籍吏民, 封府庫, 而待將軍. 所以遣將守關者, 備他盜之出入與非常也. 日夜望將軍至, 豈敢反乎! 願伯具言臣之不敢倍德也."

항백의 말을 들은 항우는 마음이 누그러들었다.

이튿날 유방은 100여 기騎를 이끌고 홍문까지 와서 항우에게 사죄했다. 항우는 일의 경위를 파악하고는 유방을 위해 연회를 열었다. 이때 항우와 항백은 동쪽을 향해 앉고, 범증은 남쪽을 향해서 앉았으며, 패공은 북쪽을, 장량은 서쪽을 향해 앉았다. 범증은 항우에게 여러 차례 눈짓하며 차고 있던 옥결玉玦을 들어서 유방을 죽이자고 암시했지만 항우는 묵묵부답이었다. 이에 범증은 밖으로 나와 항장에게 유방에게 축수를 올리고 칼춤을 추다가 찌르도록 했다.

일이 이렇게 되자 유방과 항우를 중재하려던 항백도 칼을 뽑아 들고 춤을 추면서 패공을 막아주었으므로 항장은 유방을 공격할 수 없었다. 뒤늦게 유방이 위급한 처지에 놓였음을 듣게 된 유방의 참승 번쾌가 달려와 유방을 위기에서 구해주어 무사히 패상의 진영으로 돌아갈 수 있었다.

뒤늦게 유방이 달아난 것을 알게 된 범증은 유방이 사죄하는 뜻으로 항우에게 준 구슬을 땅에 놓고는 칼을 뽑아 깨뜨리며 말했다.

"아! 소인배와는 함께 [천하를] 도모할 만하지 않다. 항왕의 천하를 빼앗을 자는 분명 패공일 테니 우리는 그의 포로가 될 것이다唉! 豎子不足與謀. 奪項王天下者, 必沛公也, 吾屬今爲之虜矣."

어린아이라고 욕한 것은 겉으로는 항장을 가리키나 실은 항우를 가리킨다. 범증의 말대로 유방이 천하를 차지하고 항우는 자결했다.

수적천석水滴穿石

물 수 물방울 적 뚫을 천 돌 석

'물방울이 돌을 뚫는다'는 말로, 작은 노력이라도 끈기 있게 계속하면 큰일을 이룰 수 있음을 뜻한다. 점적천석點滴穿石과 같으며, 비슷한 말로는 적수성연積水成淵 · 적토성산積土成山이 있다.

주자의 제자인 남송의 학자 나대경羅大經의 《학림옥로鶴林玉露》라는 어록집에 나오는 말이다.

북송의 장괴애張乖崖가 숭양현崇陽縣의 현령으로 재직할 때의 일이다. 하루는 관아 이곳저곳을 면밀히 살펴보고 있는데 한 아전이 창고에서 황급히 뛰쳐나왔다. 장괴애는 그 행동이 수상하여 붙잡아서 조사해보니 상투 속에서 엽전 한 닢이 나왔다. 취조한 결과 그 엽전은 창고에서 훔친 것이었다. 이에 장괴애는 이렇게 판결문을 적어 나갔다.

"하루 한 닢씩 천 날이면 천 닢이 된다. 먹줄에 쓸려서 나무가 잘리고 물방울이 돌을 뚫는다一日一錢, 千日千錢. 繩鋸木斷, **水滴穿石**."

아전은 장괴애의 판결문을 듣고 엽전 한 닢 훔친 것을 그렇게 판결하는 법이 어디 있느냐고 항변했지만 장괴애는 그를 사형에 처했다.

수주대토守株待兔

지킬 **수** 그루터기 **주** 기다릴 **대** 토끼 **토**

'그루터기를 지켜 토끼를 기다린다'는 말로, 노력하지 않고 요행僥倖을 바라는 심리를 뜻한다. 오늘날에도 좁은 식견이나 경험만을 믿고 변통할 줄 모르는 사람, 옛것으로 오늘을 바라보려는 태도를 말한다. 비슷한 말로는 각주구검刻舟求劍, 교주고슬膠柱鼓瑟, 연목구어緣木求魚, 묵수성규墨守成規, 호일오로好逸惡勞, 좌향기성坐享其成, 고수성규固守成規 등이 있다. 반대되는 말로는 수기응변隨機應變, 견풍사타見風使舵, 통권달변通權達變, 제구포신除舊布新, 표신입이標新立異, 차파하려借坡下驢 등이 있다.

《한비자韓非子》〈오두五蠹〉 편에 나오는 말이다.

"송나라 사람으로 밭을 가는 자가 있었는데, 밭 가운데에 그루터기가 있었다. 토끼가 달려가다 그루터기에 부딪혀 목이 부러져 죽었다. 그러자 농부는 쟁기를 버리고 그루터기를 지키며 다시 토끼를 얻으려고 기다렸다. 토끼는 다시 얻을 수 없었으며, 그는 송나라 사람들의 웃음거리가 되었다. 지금 선왕의 정치를 좇아 현재의 백성을 다스리려고 하는 것은 모두 그루터기를 지키는 것과 유사한 것이다宋有人耕田者, 田中有株. 兔走觸株, 折頸而死. 因釋其耒而守株, 冀複得兔. 兔不可複得, 而身爲宋國笑. 今欲以先王之政, 治當世之民, 皆守株之類也."

'수주대토守株待兔'는 '수守'와 '대待'에 중점이 있으니 사람이 주도적인 노력을 하지 않고 의외의 성공만을 바라는 것으로, '각주구검刻舟求劍(배에 새겨 칼을 구하다)'이란 말과 유사한데 차이점은 분명하다. '각주구검'은 각刻과 구求에서 보듯 '노력은 했어도 상황의 변화를 제대로 이해하지 못해' 결과적으로는 잘못된 방법으로 해결책을 모색하려 한다는 것이다. 만일 변통할 줄 아는 농부라면 그루터기 옆에 몇 그루의 나무를 심어 토끼가 쉽게 눈치채지 못하게 하는 유연성을 발휘했을 것이다.

이 우화를 통해 한비가 말하고자 한 것은 다음과 같다. 군주는 옛날 방식이나 영원불변한 규범만을 고집할 것이 아니라, 그 시대의 상황에 따라 적절한 방법인 법치를 통해 나라를 다스려야만 한다는 것이다. 상고시대에나 가능했던 인치人治나 덕치德治를 고집하지 말고 법치法治에 입각하여 법과 원칙에 따라 나라의 기강을 바로 세워 군주의 통치를 안정시키라는 메시지다.

수즉다욕壽則多辱

목숨 수 곧 즉 많을 다 욕될 욕

'오래 살다 보면 욕된 일이 많다'는 뜻이다.

《장자莊子》〈천지天地〉 편에 나오는 말이다.

요임금이 화華라는 고장을 여행할 때 그곳 국경지기가 말했다.

"아, 성인입니다! 청컨대 성인을 위해 축복합니다. 성인이 장수하도록 해주십시오嘻, 聖人! 請祝聖人. 使聖人壽!"

그러자 요임금은 이렇게 대답했다.

"사양하겠습니다辭."

"성인이 부유하도록 해주십시오使聖人富!"

요임금은 또 이렇게 말했다.

"사양하겠습니다辭."

"성인께 아들이 많도록 해주십시오使聖人多男子!"

요임금이 대답했다.

"사양하겠습니다辭."

그러자 국경지기가 말했다.

"장수, 부유, 아들이 많음은 사람들이 바라는 바입니다. [그러나] 당신은 유독 바라지 않으시니, 어째서입니까壽, 富, 多男子, 人之所欲也. 女獨不欲, 何邪?"

요임금이 대답했다.

"아들이 많으면 걱정거리가 많아지고, 부유하면 일이 많으며, 오래 살다 보면 욕된 일이 많아집니다. 이 세 가지는 [무위의] 덕을 수양하기 위한 것이 아닙니다. 그러므로 사양했습니다多男子則多懼, 富則多事, **壽則多辱**. 是三者, 非所以養德也. 故辭."

국경지기가 말했다.

"처음에 나는 당신을 성인이라 생각했지만 지금은 그저 군자 정도밖에 안 된다는 걸 알았습니다. 하늘이 만민을 낳으면 반드시 그들에게 직무를 내리는 법입니다. 아들이 많더라도 각자에게 직무를 내린다면 무슨 걱정이 있겠습니까! 부자가 되더라도 사람들에게 그것을 나누어준다면 무슨 귀찮은 일이 있겠습니까! 대체로 보아 성인이란 메추라기처럼 거처가 일정하지 않고 새 새끼같이 주는 대로 먹으며 새처럼 자유로이 날아다녀도 자취를 남기지 않습니다. 천하에 도가 베풀어지고 있으면 만물과 함께 번성하고, 천하에 도가 베풀어지고 있지 않으면 자기 본래의 덕을 닦으며 고요한 삶을 누립니다. 천 년을 살다가 세상이 싫어지면 속세를 떠나 선경으로 올라갑니다. 저 흰 구름을 타고 천제의 이상향에 이릅니다. 이리하여 장수와 부유함과 아들이 많다는 세 가지 수고도 찾아들지 않고 몸에 늘 아무런 해가 없다면 무슨 욕된 일이 있겠습니까始也我以女爲聖人邪, 今然君子也. 天生萬民, 必授之職. 多男子而授之職, 則何懼之有! 富而使人分之, 則何事之有! 夫聖人, 鶉居而鷇食, 鳥行而無彰. 天下有道, 則與物皆昌, 天下無道, 則脩德就閒. 千歲厭世, 去而上僊. 乘彼白雲, 至於帝鄕. 三患莫至, 身常無殃, 則何辱之有?"

국경지기가 그곳을 떠나려 하자, 요임금이 뒤쫓아 가서 말했다.

"묻기를 청합니다請問."

국경지기가 말했다.

"물러갈 뿐입니다退已."

수청무대어水清無大魚

물 수 맑을 청 없을 무 클 대 물고기 어

'물이 맑으면 큰 물고기가 없다'는 말로, 사람이 지나치게 결백하면 따르는 무리가 없음을 비유한다. 수지청즉무어水至清則無魚의 준말이며, 수청무어水清無魚라고도 쓴다. 인지찰즉무도人至察則無徒와 같다.

후한 시대《한서漢書》를 지은 반고에게 반초班超라는 동생이 있었다. 반초는 형 반고와 달리 문학보다는 무예에 뛰어났다. 그는 명제 때 오랑캐 땅의 50여 부족을 복속시켜 한나라의 세력을 확장시킨 공으로 화제和帝 때 정원후定遠侯로 봉해졌으며, 서역도호부西域都護府의 도호都護(총독)로 취임했다. 반초의 임무는 복속된 50여 부족을 감독하여 모반을 미리 막는 것이었다.

《후한서後漢書》〈반초전班超傳〉에 따르면, 반초는 이 일을 10년 동안 충실히 잘하고 귀국하게 되었다. 이때 그의 후임으로 임명되어 온 임상任尙이 찾아와 서역을 다스리면서 유의할 점을 물었다. 이에 반초는 임상의 사람 됨됨이를 꼼꼼히 살펴본 다음 이런 말을 해주었다.

"지금 그대는 성격이 엄하고 조급한 것 같소. '물이 맑으면 큰 물고기가 없다'라는 말이 있듯이, 정치를 살피려고만 하면 아랫사람과 조화를 이루지 못하오今君性嚴急. '水清無大魚', 察政不得下和."

그런데 임상은 반초의 충고를 귀담아듣지 않았다. 그는 자기 방법대로 다스렸고, 그 결과 반초가 복속시킨 부족들은 임상이 다스린 지 5년 만에 저마다 모반을 일으켜 한나라를 등졌다.

순망치한脣亡齒寒

——— 입술 순 망할 망 이 치 찰 한 ———

'입술이 없으면 이가 시리다'는 말로, 서로 떼려야 뗄 수 없는 긴밀한 관계를 나타내며 한쪽이 망하면 다른 한쪽도 보전하기 어려움을 비유한다. 간단히 순치脣齒라고도 하며, 이해관계가 가장 깊은 나라를 가리키는 순치지국脣齒之國이라는 말도 있다. 비슷한 말로는 영욕여공榮辱與共, 순치상의脣齒相依, 식식상관息息相關, 성문실화城門失火, 앙급지어殃及池魚, 피지부존皮之不存, 모장언부毛將焉附, 생사상의生死相依, 호상관주互相關注, 보거상의輔車相依, 소훼란파巢毁卵破, 소경란파巢傾卵破, 휴척상관休戚相關, 가도멸괵假道滅虢, 고장난명孤掌難鳴, 독불장군獨不將軍, 순치보거脣齒輔車, 조지양익鳥之兩翼이 있다. 반대되는 말로는 격안관화隔岸觀火, 소매평생素昧平生, 수화불용水火不容, 동상이몽同床異夢, 세불양립勢不兩立이 있다.

《춘추좌씨전春秋左氏傳》 희공 5년조에 나오는 말이다.

춘추시대 진晉나라 헌공獻公은 괵虢나라를 칠 야심을 품고 있었는데, 괵나라를 치려면 반드시 우虞나라를 지나쳐야만 했다. 헌공은 임시방편으로 우나라와 형제의 의를 맺으려고 진귀한 보물을 보내고, 아울러 자기 군대가 그곳을 지나가도록 허락해달라고 요청했다.

이때 우나라의 현인 궁지기宮之奇는 왕에게 이렇게 간언했다.

"괵나라는 우리 우나라의 변방입니다. 만일 괵나라가 망하면 우나라도 반드시 망하게 될 것입니다. 진나라에 길을 열어주어서는 안 되며 도적과 친할 수는 없습니다. 한 번도 지나치다고 말할 수 있는데, 어찌 두 번 다시 할 수 있겠습니까? 속담에 '수레의 짐받이 판자와 수레바퀴는 서로 의지하고 있고, 입술이 없으면 이가 시리다'라는 말이 있습니다. 이것은 바로 우나라와 괵나라의 관계입니다虢, 虞之表也. 虢亡, 虞必從之. 晉不可啟, 寇不可翫. 一之謂甚, 其可再乎? 諺所謂'輔車相依, **脣亡齒寒**者'. 其虞虢之謂也."

"진나라는 우리와 동성同姓인데 어찌 우리를 해치겠는가晉, 吾宗也, 豈害

我哉?”

우나라 왕은 이미 감언과 뇌물로 헌공에게 마음을 빼앗겼으므로 궁지기의 간언을 들은 척도 하지 않았다. 궁지기는 어리석은 왕을 안타까워하며 가족들을 이끌고 우나라를 떠났다. 이때 그는 이런 말을 했다.

“우나라는 섣달을 넘기지 못할 것이다虞不臘矣.”

진나라 군대는 궁지기의 예견대로 12월에 괵나라를 정벌하고, 돌아오는 길에 우나라에 머물렀다가 우나라마저 공격하여 차지했다.

술이부작述而不作

서술할 **술** 말 이을 **이** 아니 **부** 지을 **작**

'서술하되 짓지는 않는다'라는 뜻으로, 공자가 스승의 역할을 강조하며 한 말이다.

원문은 이렇다.

"서술하되 짓지는 않고 믿어서 옛것을 좋아하니, 남몰래 나를 노팽과 비교해본다**述而不作**, 信而好古, 竊比於我老彭."(《논어論語》〈술이述而〉 편)

여기서 '술述'이란 '선현의 말을 천술闡述한다'는 의미다. 황간의 주석을 보충하면 '옛 문장에 전해오는 것傳於舊章'을 뜻한다. '작作'은 '새로운 것을 저술著述한다'는 의미로 주희 역시 이 글자를 창시創始로 해석했다. 그러니 '부작不作'이란 '잘 알지 못하면서 지어낸다'는 의미를 지니고 있으니 공자 자신은 그렇게 하지 않겠다는 말씀이다. 노팽은 팽조彭祖를 가리키는데, 더러는 노자와 팽조라는 설도 있지만 타당성이 부족하다.

《대대례大戴禮》에서 "옛날 상나라의 노팽 및 중훼昔商老彭及仲傀"라는 말이 있는 것이 그 근거다. 이 문장은 "아마도 알지 못하면서도 창작하는 자가 있겠지만, 나는 그런 적이 없다蓋有不知而作之者, 我無是也."라는 문장과 같은 맥락으로 이해하면 좋다. 《논어》 〈위정爲政〉 편에도 "옛것을 익히고 새로운 것을 알면溫故知新 스승이라고 할 수 있다."라고 하여 '온고지신'을 스승의 자격으로 보았다. 공자는 복고 정신에 입각한 자신의 철학을 분명히 드러내면서 학문에서 선현을 존중하고 창작보다는 서술에 무게를 두었다.

현재는 과거의 연장선이고 미래 역시 현재의 확장이라는 측면에서 이해해야 마땅하며, 스승 또한 미래에 펼쳐질 일을 정확히 파악하여 대처할 능력을 구비해야 한다는 것이다.

시오설視吾舌

—— 볼 시 나 오 혀 설 ——

'내 혀를 보라'는 말로, 변설로 천하를 움직일 수 있음을 비유한다.

《사기史記》〈장의열전張儀列傳〉에 나오는 말이다.

'세 치 혀三寸舌'로 유명한 장의張儀는 위魏나라 사람이다. 일찍이 소진과 함께 귀곡鬼穀 선생을 스승으로 모시고 유세술을 배웠는데, 소진은 스스로 장의에 미치지 못한다고 생각했다. 장의는 학업을 마치자 유세하러 제후들을 찾아갔다.

장의는 일찍이 초나라 재상 소양昭陽의 식객으로 머문 적이 있었다. 어느 날 소양과 함께 술을 마시는데, 소양이 애지중지하던 구슬을 잃어버렸다. 모두가 행색이 초라한 장의를 의심하고 이렇게 말했다.

"장의는 가난하고 행실이 좋지 않으니, 틀림없이 그자가 재상의 구슬을 훔쳤을 것입니다儀貧無行, 必此盜相君之璧."

그러고는 모두 장의를 붙들어 수백 번 매질을 했는데, 끝내 장의가 구슬을 훔쳤다고 말하지 않으므로 풀어주었다.

장의의 아내가 말했다.

"아! 당신이 글을 읽어 유세하지 않았던들 어찌 이런 수모를 겪었겠습니까嘻! 子毋讀書遊說, 安得此辱乎?"

그러자 장의는 자기 아내에게 이렇게 대꾸했다.

"내 혀가 아직 [붙어] 있는지 없는지 보아주시오視吾舌尙在不."

아내가 말했다.

"혀는 남아 있네요舌在也."

장의가 말했다.

"됐소足矣."

그 뒤 장의는 진나라 재상이 되자 격문을 써서 초나라 재상에게 알렸다.

"지난날 내가 당신과 술을 마셨을 때, 나는 당신 구슬을 훔치지 않았건만 당신은 나를 매질했소. 이제 당신 나라를 잘 지키시오. 나는 당신 나라의 성읍을 훔칠 것이오."

결국 장의는 빼어난 언변으로 저 유명한 연횡책을 펼쳐서 진시황이 천하를 통일하는 데 초석을 다졌다.

식무구포食無求飽

—— 먹을 **식** 없을 **무** 구할 **구** 배부를 **포** ——

'먹음에 배부름을 추구하지 않는다'는 말로, 군자가 물질적 욕망에 사로잡히면 호학하려는 의지가 감소할 수밖에 없다는 의미로서 절제미를 강조하고 있다.

《논어論語》〈학이學而〉 편에 나오는 말이다.

"군자는 먹음에 배부름을 추구하지 않고, 거처함에 편안함을 추구하지 않으며, 일을 처리하는 데 신속하고 말하는 데는 신중하며, 도가 있는 곳에 나아가 [스스로를] 바로잡는다면, 배우기를 좋아한다고 말할 수 있을 뿐이다君子**食無求飽**, 居無求安, 敏於事而愼於言, 就有道而正焉, 可謂好學也已."

군자는 도덕과 학식을 두루 갖춘 존재다. 이 문장은 호학의 기본을 말하는데, 정신에 힘을 쓰고 물질적인 것을 도외시하라는 말이다. 배부름을 추구하는 것은 소인의 행태다. 그런 공자이기에 일상에서도 '포飽'의 의미를 평가절하했으니, "배부르게 먹는 것을 온종일 하고 마음 쓰는 데가 아무것도 없다면 곤란하구나. 육박(장기의 일종)과 바둑이라도 있지 않은가? 그런 것이라도 하는 것이 더 현명하다."라고 했다. '빈이락貧而樂', 즉 가난하면서도 즐거움으로 삼는 것은 공자가 추구한 삶의 지향이었고 평생 일관한 삶의 자세였다. 그도 때로는 집편지사執鞭之士(채찍을 들고 길을 트는 자)가 되어 부를 구하고 싶다고 푸념하기도 했으나, 곧 다른 길임을 알고는 자신이 좋아하는 길을 소신 있게 걸어갔다. 공자 문하생 77명 가운데는 가난한 서민 출신이 압도적으로 많았다.

한편, 사마천의 《사기史記》〈화식열전貨殖列傳〉에 보면 "70명의 제자 무리 중에서 자공이 가장 풍요롭고 윤택했다七十子之徒, 賜最爲饒益."라고 하여 자공을 설명한 내용이 이 장의 문답과 비교해서 생각할 만하다.

식언食言

먹을 식 말씀 언

'말을 먹는다', 즉 거짓말을 일삼는다는 뜻이다. 자식기언自食其言이라고도 한다.

《서경書經》〈탕서湯誓〉 편에 나오는 이야기다.

은나라 탕왕은 하나라 걸왕의 폭정을 보다 못해 군사를 일으켰다. 이때 영지인 박亳 땅에서 백성에게 다음과 같은 맹세를 했다.

"공을 세운 이에게는 큰 상을 내릴 테니 내 말을 의심하지 마시오. [나는] 내가 한 말을 [다시] 삼키지 않겠소予其大賚汝, 爾無不信. 朕不食言."

여기서 말을 다시 삼키지 않는다는 것은 이미 한 말을 바꾸지 않는다는 뜻이다.

또《춘추좌씨전春秋左氏傳》 애공哀公 25년조를 보면, 노나라 애공이 월나라에서 돌아왔을 때 대부 계강자季康子와 맹무백孟武伯이 오오吾梧까지 마중을 나가 축하연을 베풀었다. 애공은 이 두 신하가 곽중郭重을 내세워 자신을 자주 비방한 일을 알고 있었다. 맹무백은 곽중을 보고 이렇게 말했다.

"어찌 살이 쪘는가何肥也?"

그러자 애공이 말했다.

"그야 말을 많이 먹었으니 살이 찔 수밖에 없잖은가是食言多矣, 能無肥乎."

이것은 이 두 신하가 곽중을 통해 거짓말을 일삼은 것을 빈정댄 말이다.

아도물阿堵物

언덕 **아** 담 **도** 만물 **물**

'이 물건'이라는 말로, 돈을 가리킨다.

《세설신어世說新語》〈규잠規箴〉 편을 보면, 위진남북조시대 왕이보王夷甫(왕연)라는 이가 있었다. 그는 죽림칠현 중 한 사람인 왕융의 사촌동생이다. 왕이보는 성격이 고아하여 세속적인 일보다는 청담을 좋아했으나 요직을 두루 역임했다. 그런데 흉노가 진晉나라의 도읍 낙양으로 쳐들어왔을 때 싸움 한 번 제대로 하지 못하고 목이 잘려 죽고 말았다.

왕이보의 아내는 재주가 적고 성격이 강퍅했으며 재물 모으는 일을 크나큰 기쁨으로 알고 사는 여자였다. 게다가 남편의 일에 간섭이 심했다. 왕이보는 이를 근심만 했지 어떻게 막을 길이 없었다.

이때 왕이보와 같은 고향 출신인 유주자사 이양李陽이 도읍에서 유협遊俠을 거느리고 있었다. 왕이보의 아내도 이양만은 두려워했다. 그래서 왕이보는 아내를 달랠 때마다 이렇게 말했다.

"나만 당신이 이렇게 해서는 안 된다고 생각하는 것이 아니라, 이양도 당신이 하는 일을 지나치다고 보고 있소."

〈규잠〉 편에는 이런 기록도 있다.

"왕이보는 단아하고 현묘하고 심원함을 숭상하여 늘 자신의 부인이 탐욕스럽고 혼탁하다고 싫어하면서 입으로 일찍이 '전錢' 자를 말한 적이 없었다. 아내는 그를 한번 시험해보려고 여종을 시켜 돈을 침대 둘레에 뿌려 다닐 수 없게 해놓았다. 왕이보가 새벽에 일어나 돈에 막혀 나갈 수가 없는 것을 보고는 여종을 불러 소리쳤다. '이 물건을 모두 치워라!'王夷甫雅尚玄遠, 常嫉其婦貪濁, 口未嘗言錢字. 婦欲試之, 令婢以錢遶牀, 不得行. 夷甫晨起, 見錢閡行, 呼婢曰: '擧卻**阿堵物**!'"

그러나 왕이보의 이 말에는 자신의 부귀를 상실할까 봐 노심초사하는, 일종의 치기 어린 마음도 깊이 배어 있다.

아향阿香

언덕 **아** 향기 **향**

아향은 진나라 어느 여자의 이름이다. 여기서는 아름다운 여인으로 우뢰를 맡고 있다는 뇌신雷神을 뜻한다.

《초학기初學記》에서 《속수신기續搜神記》를 인용하는 데에 나오는 말이다.

진晉나라 의흥義興 사람으로 성이 주周인 이가 있었다. 그는 영화永和 연간에 성곽 문을 나와 먼 길을 떠났다. 날이 저물었는데 그는 길가 외딴집 앞에 이르게 되었다. 그 집 앞에는 먼 곳을 바라보고 있는 한 소녀가 있었다. 그 소녀는 열여섯 살에서 열일곱 살가량 되어 보이고 용모가 단정하며 옷은 깨끗했다. 주씨가 아무 생각 없이 그 집 앞을 지나치자 그녀가 날이 이미 저물었고 앞마을은 매우 먼데 어떻게 가려고 하냐고 물었다.

이에 주씨는 하룻밤 묵어가기를 부탁했다. 그녀는 주씨를 위해 불을 피우고 음식을 준비했다.

밤 8시가 되자 밖에서 어린아이의 부르는 소리가 들려왔다.

"아향阿香!"

그러자 그녀가 대답했고, 그 어린아이는 또 이런 말을 했다.

"관리가 당신을 불러 뇌거를 밀라고 합니다官喚汝推雷車."

그녀는 인사를 하고 갔다. 밤이 되자 우렛소리가 요란하게 들리더니 비가 내렸다.

다음 날 새벽이 되어 그녀가 돌아왔을 때 주씨는 이미 말에 올라 떠날 채비를 하고 있었다. 어제 묵었던 곳을 돌아보니 새로 만든 무덤이 하나 보였다.

악목불음惡木不蔭

악할 **악** 나무 **목** 아니 **불** 그늘 **음**

'나쁜 나무의 가지는 그늘이 생기지 못한다'는 말로, 덕망이 있어야 곁에 따르는 무리가 많다는 뜻이다.

《순자荀子》〈권학勸學〉 편에 이런 말이 나온다.

"'숲에 나무가 무성해야 도끼가 이르고, 나무에 그늘이 있어야 모든 새가 쉰다林木茂而斧斤至焉, 樹成蔭而衆鳥息焉.'라고 한다. 나무에 잔가지도 없어 햇빛을 가릴 만한 공간이 없다면 누가 그 아래에서 쉴 수 있겠는가?"

경개지심耿介之心, 즉 덕이 있고 큰마음이 있는 사람에게는 따르는 사람이 많다. 사람이 나쁜 심사를 품고 있으면 그 주위에는 사람이 모여들지 않는다. 그것은 덕이 부족하기 때문이므로 남을 탓하기에 앞서 자기 자신을 반성해야 한다.

'창고가 가득해야 예절을 안다'며 경제를 우선시한 정치가 관중도 이런 말을 했다.

"대체로 선비는 덕망이 있고 큰마음을 품어야 한다. 나쁜 나무의 가지는 그늘이 생기지 못하는 법이다. 나쁜 나무도 이 점을 부끄러워하거늘, 하물며 나쁜 사람들과 함께 처하겠는가夫士懷耿介之心, **不蔭惡木**之枝. 惡木尙能恥之, 況與惡人同處?"

안도安堵

편안할 **안** 담 **도**

'편안한 담'이라는 말로, 담 안에 있으면 편안하게 살 수 있다는 뜻이다. 어떤 근심도 없는 것 또는 편안하거나 안정시키는 것을 뜻한다. 안도여상安堵如常이라고도 하며, 안거安居와 같은 말이다.

전국시대의 기인奇人 전단田單을 다룬 《사기史記》〈전단열전田單列傳〉에 나오는 말이다.

전국시대 후기에 연나라 소왕은 명재상 악의樂毅가 이끄는 연합군을 거느리고 제나라를 공략했다. 무려 5년여 동안 제나라의 성 70여 개를 함락시켰고, 결국 제나라의 민왕을 망명시킬 정도로 대대적인 승리를 거두었다. 그러나 즉묵卽墨과 거莒, 두 성만은 함락되지 않았다.

얼마 지나자 연나라 소왕이 죽고 혜왕이 즉위했는데 혜왕은 악의와 사이가 좋지 않았다. 이에 전단은 연나라에 첩자를 보내 혜왕과 악의를 이간시키고, 연나라 군대에 거짓 정보를 퍼뜨려 제나라 병사들의 사기를 진작시켰다.

전단은 이제 병사들이 싸울 만하다고 생각하자 몸소 판版과 삽을 들고 병졸들과 똑같이 일했다. 또 자기 아내와 첩까지 군대 속에 끼워 넣고 음식을 있는 대로 풀어 병사들을 먹였다. 그러고 나서 무장한 병사들은 모두 숨어 있게 하고 노약자와 부녀자들만 성 위로 오르게 한 뒤 사신을 보내 연나라에 항복한다고 약속했다. 이 말을 들은 연나라 군사는 모두 만세를 불렀다.

전단은 또 백성에게서 돈 2만 냥을 거두어 즉묵의 부자들을 통해서 연나라 장수에게 보내며 이렇게 말했다.

"즉묵이 곧 항복하면 내 집안과 처첩들만은 포로로 삼지 말고 편안하게 살 수 있도록 해주십시오卽墨卽降, 願無虜掠吾族家妻妾, 令安堵."

연나라 장수는 매우 기뻐하며 그렇게 하기로 했다. 연나라 군사들은 이 일로 마음이 더욱더 풀어졌다.

전단은 성안에서 소 1000여 마리를 모아 붉은 비단에 오색으로 용무늬를 그려 넣은 옷을 만들어 입히고, 뿔에는 칼날을 붙들어 매고 꼬리에는 갈대를 매달아 기름을 붓고 그 끝에 불을 붙였다. 그러고는 성벽에 구멍을 수십 개 뚫어 밤을 틈타 그 구멍으로 소를 내보내고 장사 5000명이 그 뒤를 따르게 했다. 꼬리가 뜨거워지자 소가 성이 나서 연나라 군대 진영으로 뛰어드니 연나라 군사는 한밤중에 매우 놀랐다. 쇠꼬리에 붙은 횃불이 눈부시게 빛나는데 연나라 군사가 자세히 보니 모두 용 모습을 하고 있었다. 그들은 쇠뿔에 받히는 대로 모두 죽거나 상처를 입었다. 게다가 장사 5000명이 나뭇가지를 머금은 채 공격했고, 성안에서는 북을 울리며 함성을 질렀다.

이렇게 하여 제나라의 70여 성을 모두 되찾고, 제나라 양왕을 거에서 맞이하여 임치로 모시고 들어가 정사政事를 맡겼다. 양왕은 전단을 안평군安平君에 봉했다.

안서雁書

기러기 안 글 서

'기러기발에 묶은 편지'라는 말로, 먼 곳에서 전해온 반가운 편지나 소식을 나타낸다. 안신雁信, 안찰雁札, 안백雁帛이라고도 한다.

《한서漢書》〈소무전蘇武傳〉에 나오는 말이다.

흉노의 선조는 하후씨夏后氏의 후예로 순유淳維라고 불렸다. 당요唐堯와 우순虞舜 이전에는 산융山戎, 험윤玁狁 등의 여러 종족이 척박한 북방에서 유목 생활을 하고 있었다. 이들은 초목을 따라 살기 때문에 성곽이나 일정한 주거지가 없고 농사도 짓지 않았으나 각자 세력 범위만은 경계가 분명했다. 그리고 보통 때는 목축에 종사하는 한편 새나 짐승을 사냥하는 것을 직업으로 삼았고, 긴급한 상황일 때는 모두 군사 행동에 나설 수가 있었다. 흉노는 자신들의 군주를 선우單于라고 불렀다. 흉노는 시간이 흐를수록 세력이 강성해져 북방 오랑캐를 모두 항복시키고 남쪽으로는 중국을 자주 침략했다.

한나라와 흉노의 싸움으로 인해 각국에 전쟁 포로가 억류되어 있었다. 무제는 중랑장 소무蘇武를 흉노 땅으로 보내 포로 교환 문제를 해결하도록 했다. 당시 흉노는 내분이 일어나 혼란스러웠다. 흉노는 한나라의 사절단을 협박하여 항복하지 않으면 죽이겠다고 했다. 그때 사람들은 대부분 항복을 결심했는데, 오직 소무만은 한나라 신하임을 강조하며 항복하지 않았다.

흉노는 소무를 인적이 끊긴 깊은 산속 굴에 가두고 먹을 것을 주지 않았다. 그러나 소무는 눈을 녹여 갈증을 삭이고 가죽 담요를 씹어 먹으면서 목숨을 부지했다. 소무가 죽지 않자 흉노는 그를 북해 근처 인적이 드문 곳으로 보내 양 치는 일을 시켰다. 그렇지만 주위의 도둑들이 양을 모두 훔쳐가자 소무는 들쥐를 먹으면서 목숨을 이어갔다.

세월이 흘러 무제가 죽고 소제가 즉위했다. 소제는 그로부터 6년 뒤, 흉노에 사신을 보내 소무의 귀환을 요구했다. 이에 선우는 소무가 이미 여러

해 전에 죽었다며 응하지 않았다.

그날 밤 상혜常惠라는 이가 한나라 사신의 숙소로 찾아와 이렇게 말했다.

"저는 소무를 따라 이곳으로 왔다가 붙잡히자 투항한 사람입니다. 그때 끝까지 투항하지 않은 소무는 지금 북해로 추방되어 그곳에서 살고 있습니다."

이튿날 다시 선우를 만난 사신은 이렇게 말했다.

"황제께서 상림원에서 사냥하다가 기러기 한 마리를 쏘아 맞혔습니다. [그런데 그 기러기] 발목에 글이 새겨진 헝겊이 감겨 있어 풀어보니 소무 등이 북해에 있다고 적혀 있었습니다天子在上林苑中射獵, 射得一隻大雁. 腳上系著帛書, 上面說蘇武等人在北海."

흉노는 깜짝 놀라며 한나라 사신에게 소무 등이 아직도 살아 있다고 했다.

며칠이 지나 흉노 사자가 데려온 소무는 헝클어진 머리에 다 떨어진 털가죽 옷을 입고 있어 모양새가 말이 아니었지만 한나라 사신의 증표인 부절符節을 손에 꼭 쥐고 있었다.

이리하여 소무는 꿈에도 그리던 고국으로 돌아오게 되었다. 그가 한나라를 떠난 지 19년 만의 일이다.

안자어晏子御

편안할 **안** 아들 **자** 말부릴 **어**

'안자의 마부'라는 말로, 실력도 갖추지 않은 사람이 배경에 기대어 오만한 것을 비유한다.

《사기史記》〈관안열전管晏列傳〉에 나오는 말이다

춘추시대 제나라의 정치가 안영晏嬰(안자)은 이유夷維 사람으로 제나라의 영공·장공·경공을 섬겼으며 청렴하므로 사람들에게 존경을 받았다.

안영은 재상이 된 뒤에도 밥상에 고기반찬을 두 가지 이상 놓지 못하게 했으며, 첩에게는 비단옷을 입지 못하게 했다. 또 조정에 나아가서는 임금이 물으면 바르고 신중하게 대답하고, 묻지 않을 때는 몸가짐을 조신하게 했다. 임금이 나라를 올바르게 다스리면 그 명령을 따르지만 올바르지 않을 때는 그 명령을 따르지 않았다.

안영이 제나라 재상이 되어 밖으로 나가려 할 때 마부의 아내가 문틈으로 자기 남편을 엿보았다. 그녀 남편은 재상의 마부였는데 마차의 큰 차양을 받쳐 들고 말 네 필에게 채찍질을 하면서 의기양양하여 자못 만족스러운 표정이었다. 시간이 지나 마부가 돌아오자 그 아내는 헤어지자고 했다. 남편이 까닭을 묻자 그녀는 이렇게 대답했다.

"안자라는 분은 키가 여섯 자도 채 못 되는데 제나라 재상이 되어 제후들 사이에서 이름을 떨치고 있습니다. 오늘 제가 그분이 외출하는 모습을 살펴보니 품은 뜻이 깊고 늘 자신을 낮추는 겸손한 태도를 보였습니다. 그런데 지금 당신은 키는 여덟 자나 되건만 겨우 남의 마부 노릇을 하면서도 아주 의기양양합니다. 이것이 소첩이 헤어지자고 하는 까닭입니다晏子長不滿六尺, 身相齊國, 名顯諸侯. 今者妾觀其出, 志念深矣, 常有以自下者. 今子長八尺, 乃爲人僕**御**, 然子之意自以爲足. 妾是以求去也."

이 일이 있고 나서 마부는 겸손해졌다. 안영이 이상한 생각이 들어 물었더니 마부는 있는 그대로 대답했다. 그래서 안영은 그를 추천하여 대부로 삼았다.

안중지정眼中之釘

눈 안 가운데 중 어조사 지 못 정

'눈 속의 못'이라는 말로, 싫거나 미워서 늘 눈에 거슬리는 사람을 비유한다. 안중정眼中釘이라고 줄여 쓰기도 하며, 반대말은 안중지인眼中之人이다.

송나라 구양수가 사찬私撰한 《신오대사新五代史》〈조재례전趙在禮傳〉에 나오는 말이다.

당나라 말 혼란스러운 정치 상황에서 조재례趙在禮라는 탐관오리가 있었다. 그는 하북 절도사 유인공劉仁恭의 부하였으나 고관들에게 뇌물을 상납하여 출셋길에 오른 뒤 후량 · 후당 · 후진 등 세 왕조에 걸쳐 각지의 절도사를 역임했다.

조재례는 송주宋州에서도 민중을 착취했다. 그러다가 영흥永興 절도사로 발령이 나자 그곳 백성은 춤을 추며 기뻐했다.

"마치 눈 속의 못이 빠진 것 같으니, 어찌 즐겁지 않겠는가眼中拔釘, 豈不樂哉!"

이 말은 입에서 입을 타고 조재례에게까지 전해졌고, 화가 난 조재례는 그들에게 보복하려고 1년만 더 유임시켜달라고 조정에 청원했다. 그는 청원이 받아들여지자 즉시 못을 빼는 돈〔拔釘錢〕이라고 일컫고 상당액을 납부하라는 명을 내렸다. 만일 정해진 기간 안에 내지 않으면 가차 없이 투옥하거나 혹독한 벌에 처했다. 이처럼 악랄한 수법으로 착취한 돈이 1년 동안에 100만 관貫이나 되었다고 한다.

알운곡遏雲曲

——— 막을 알 구름 운 곡 곡 ———

'지나가는 구름을 막는 노래'라는 말로, 매우 아름다운 노랫소리를 뜻한다.

《열자列子》〈탕문湯問〉 편에 나오는 말이다.

진秦나라에서 이름을 떨친 가수 설담薛譚이 진청秦青에게 노래를 배울 때 일이다. 설담은 진청의 재주를 다 배우지 못했는데도 자신이 다 알았다고 생각하며 돌아가겠다고 했다. 진청은 떠나는 설담을 만류하지 않고 교외의 갈림길까지 전송하면서 슬픈 노래를 불렀다. 그 노랫소리가 숲과 나무를 뒤흔들고 울림은 지나가는 구름을 막을 정도였다聲振林木, 響遏行雲. 이에 설담은 자기 잘못을 사과하며 다시 제자로 받아달라고 부탁하고는 평생토록 그의 곁에 있었다.

한번은 진청이 그 친구들을 돌아보며 말했다.

"옛날 [한韓나라 가수] 한아韓娥가 제나라에 갔다가 식량이 떨어져 옹문雍門을 지나면서 노래를 팔아 먹을 것을 빌렸다고 합니다. 그가 떠나간 뒤에도 남아 있는 소리가 기둥과 들보를 맴돌면서 사흘 동안이나 끊이지 않아 곁에 있던 사람들은 노래 부르는 사람이 떠나지 않았다고 여겼답니다. 한번은 여관에 들렀는데 여관에 있던 사람들이 그를 욕보여서 한아가 길게 소리를 뽑으며 슬픈 곡을 불렀는데 1리 안에 있던 늙은이부터 애들에 이르기까지 함께 슬퍼하고 근심하며 눈물을 흘리면서 서로 마주 보고 사흘 동안 음식을 먹지 않았다고 합니다. 급히 그를 뒤쫓아 가자 한아가 다시 소리를 길게 뽑으면서 노래를 했는데, 1리 안에 있던 늙은이나 애들 모두가 기뻐 날뛰면서 손뼉 치며 춤을 추는데 자신들도 어쩔 수가 없었고 조금 전 슬픔은 다 잊고 있더랍니다. 이에 많은 예물을 주어 그를 떠나보냈다고 합니다. 그 때문에 옹문 근처 사람들은 지금까지도 노래와 통곡을 잘하는데, 한아가 남긴 소리를 본떴기 때문이라고 합니다昔韓娥東之齊, 匱糧, 過雍門, 鬻歌假食. 既去而餘音繞梁欐, 三日不絕, 左右以其人弗去. 過逆旅, 逆旅

人辱之, 韓娥因曼聲哀哭, 一里老幼悲愁, 垂涕相對, 三日不食. 遽而追之, 娥還, 復爲曼聲長歌, 一里老幼喜躍抃舞, 弗能自禁, 忘向之悲也. 乃厚賂發之. 故雍門之人至今善歌哭, 放娥之遺聲."

진청과 한아의 절묘한 노래 솜씨를 이야기하면서 지극한 재주는 자연의 조화와 같은 것임을 강조한 말이다.

암중모색暗中摸索

어두울 **암** 가운데 **중** 더듬을 **모** 찾을 **색**

'어둠 속에서 더듬어 찾는다'는 말로, 어림으로 일을 추측하는 것을 가리키며 암색暗索이라고도 한다. 암중모착暗中摸捉과 같으며, 오리무중五里霧中과 비슷한 말이다.

수나라와 당나라의 재미있는 이야기를 모아놓은《수당가화隋唐佳話》를 보면, 당나라에 허경종許敬宗이라는 유명한 문장가가 있었다. 당 태종의 십팔학사十八學史 중 한 사람이었던 그는 대대로 벼슬을 한 명문 귀족의 후손으로 재상까지 지낸 인물이었다. 그러나 경솔하고 오만하며 사람을 여러 번 만나도 얼굴을 제대로 기억하지 못하는 큰 단점이 있었다.

허경종을 한 번이라도 만난 적이 있는 사람들은 그의 형편없는 기억력에 불만을 품게 되었고, 어떤 이는 신랄하게 험담을 하기도 했다. 이 말을 전해 들은 허경종은 이렇게 말했다.

"그대 같은 사람들의 얼굴이야 기억하기 어렵지만 만일 하손何遜 · 유효작劉孝綽 · 심약沈約 · 사조謝朓 같은 사람을 만난다면 어둠 속에서 더듬어서라도 찾아 알 수 있소卿自難記, 若遇何劉沈謝, **暗中摸索**者, 亦可識之."

허경종이 예로 든 하손 · 유효작 · 심약 · 사조는 남북조시대의 유명한 문장가들로서 임금을 도와서 문화국가를 건설하는 데 크게 공헌한 사람들이다.

한편 금나라 출신으로 서른두 살에 과거에 급제했으나 벼슬에는 뜻이 없고 글로 세월을 보낸 원호문元好問의《논시절구論詩絶句》권11에도 이렇게 나온다.

"눈 닿은 곳에 마음이 떠오르면 시구는 저절로 신묘해지니, 어둠 속에서 더듬어 찾는 것은 전혀 참되지 못하다眼處心生句自神, **暗中摸索**總非眞."

약관弱冠

약할 약 갓 관

'스무 살의 성년에 이른 남자'를 가리키는 말이다. '약弱'은 '부드럽고 약하다'는 의미로, 아직 대장부가 되기에 부족하지만 어쨌든 사람 구실을 할 수 있음을 말한다.

관혼상제冠婚喪祭는 사람이 일생을 살면서 거쳐야 하는 대표적인 네 가지 의례인 관례冠禮 · 혼례婚禮 · 상례喪禮 · 제례祭禮를 총칭하는 말이다. 이중 관례는 사례四禮 중에서 첫 번째 의식으로, 상투를 틀어 올리고 갓을 쓰며 수례자受禮者는 자字를 받게 된다.

《예기禮記》〈곡례曲禮〉편을 보면 나이에 따라 부르는 말이 나온다.

"사람이 태어난 지 10년은 어리다고 말할 수 있으니 배워야 한다. 스무 살이 되면 약弱이라고 하고 갓(冠)을 쓴다. 서른 살은 장壯이라고 하며 아내를 두어야 한다. 마흔 살은 강強이라 하여 벼슬을 해야 한다. 쉰 살은 애艾라고 하며 관복을 입고 정치를 해야 한다. 예순 살은 기耆라고 하여 일을 시킨다. 일흔 살은 노老라고 하여 일을 전한다. 여든 살과 아흔 살은 모耄라고 한다. 일곱 살을 도悼라고 하는데, 도와 모는 죄가 있어도 형벌을 가하지 않는다. 백 살은 기期라고 하며 공양을 받아야 한다人生十年曰幼, 學. 二十曰弱, 冠. 三十曰壯, 有室. 四十曰強, 而仕. 五十曰艾, 服官政. 六十曰耆, 指使. 七十曰老, 而傳. 八十, 九十曰耄. 七年曰悼, 悼與耄雖有罪, 不加刑焉. 百年曰期, 頤."

이렇게 보면 열 살은 공부할 때고, 스무 살은 갓을 쓰는 때다. 서른 살은 결혼할 나이가 되었다는 말이며, 마흔 살은 벼슬을 해야 할 때다. 또한 쉰 살은 요직에 나갈 때가 되었다는 말이다. 예순 살은 노인 대열에 끼게 되어 자기 일을 남들에게 시킬 만한 자격이 된다. 일흔 살은 집안일을 자식들에게 맡기는 때다.

약롱중물藥籠中物

—— 약 **약** 농 **롱** 가운데 **중** 만물 **물** ——

'약장 속의 물건'이라는 말로, 없어서는 안 될 꼭 필요한 물건을 뜻하며 약롱지물藥籠之物이라고도 한다.

《구당서舊唐書》 102권 〈적인걸전狄仁傑傳〉을 보면, 당나라 측천무후則天武后는 본래 태종의 후궁으로 야심만만한 여인이었다. 그녀는 태종이 죽자 비구니가 되었지만, 태종의 뒤를 이어 제위에 오른 고종의 눈에 띄어 그의 후궁이 되었다. 무후에 대한 고종의 총애는 남달랐으며, 그녀는 이에 기대 황후를 밀어내고 자신이 그 자리에 앉았다. 고종이 병석에 눕자 무후는 천후天后라 하며 정치적 실권을 쥐었고, 고종이 죽은 다음에는 중종과 예종을 폐하고 제위에 올라 당나라 국호를 주周로 바꾸었다.

정권을 완전히 장악한 무후는 아들 이단李旦을 황태자로 삼고 성을 무씨로 바꾸려 했다. 이때 무후의 생질들이 자신이 태자가 되어야 한다며 들고일어났다. 이때 재상으로 있던 적인걸狄仁傑은 무씨 일족의 황태자 책봉 계획을 보고 간언하여 저지시켰다. 그는 어떤 경우에도 소신껏 일했으므로 불의를 보면 그냥 지나치지 않고 직간을 했다. 그래서 그를 존경하고 따르는 인재들도 적지 않았다.

하루는 원행충元行沖이 적인걸에게 이런 말을 했다.

"큰 집에는 반드시 좋은 물건이 많아 맛난 음식으로 입을 즐겁게 하고 삼출蔘朮이라는 약초로 질병을 고칩니다. 저를 약장 속의 끝에 놓으시기를 바랍니다."

적인걸이 웃으며 다른 사람에게 말했다.

"자네는 내 약장 속의 물건일세. 하루라도 없으면 어찌 하겠는가此吾**藥籠中物**. 何可一日無也!"

덧붙여 《신당서新唐書》〈원행충전元行沖傳〉에도 이 성어가 나온다.

"그대는 바로 내 약장 속의 물건이라서 하루라도 없어서는 안 되네君正吾**藥籠中物**, 不可一日無也."

약법삼장約法三章

묶을 **약** 법 **법** 석 **삼** 글 **장**

'세 가지의 법령을 약조한다'는 말이다. 법삼장法三章이라고도 한다.

《사기史記》〈고조본기高祖本紀〉에 나오는 말이다.

한나라 원년 10월에 유방劉邦은 진秦나라 군사를 격파하고 패왕이 되었다. 유방의 군대가 마침내 제후들보다 먼저 패상에 도착했다. 진나라 왕 자영은 흰말이 이끄는 흰 수레를 타고 목에는 끈을 맨 채 황제의 옥새와 부절을 받들고 지도 근처에서 항복했다. 여러 장수 중 어떤 이가 진나라 왕을 죽이라고 말했다. 패공(유방)이 말했다.

"회왕이 나를 먼저 보낸 것은 내가 관용을 베풀 수 있을 것이라 여겨서요. 게다가 사람이 이미 항복했는데 또 죽이는 것은 상서롭지 못하오始懷王遣我, 固以能寬容. 且人已服降, 又殺之, 不祥."

그러고는 진나라 왕을 관리에게 맡기고, 마침내 서쪽으로 함양에 들어갔다. 그러고는 궁전에 머물며 쉬려고 하다가, 번쾌와 장량의 간언을 받아들여 진나라의 귀한 보물과 재화 창고를 봉하고 패상으로 회군했다. 여러 현의 나이 든 어른들과 호걸들을 불러 말했다.

"나이 든 어른들께서는 진나라의 가혹한 법령에 시달린 지 오래되었습니다. [가혹한 법령을] 비방한 사람은 멸족을 당했으며, 짝지어 논의한 사람들은 저잣거리에서 사형을 당했습니다. 먼저 관중에 들어선 자가 [이 땅의] 왕이 되기로 제후들과 약조했으니, 제가 마땅히 관중의 왕이 될 것입니다. 저는 어른들께 법령 세 가지만 약조하겠습니다. 사람을 죽였을 때는 사형에 처하고, 사람을 다치게 했거나 물건을 훔쳤을 때는 그 죄에 따라 판결할 것입니다. 그 나머지 진나라 법령은 전부 없앨 것이니, 모든 관리와 백성은 전처럼 안락하게 살 수 있을 것입니다. 제가 온 것은 어른들을 위해 해로움을 없애고자 하기 때문이지 침략하고 포악하게 하려는 것이 아니니 두려워하지 마십시오! 더구나 제가 패상으로 돌아와 주둔한 까닭은 제후들이 오기를 기다려서 조약을 정하기 위한 것뿐입니다父老苦秦苛法久

矣. 誹謗者族, 偶語者棄市. 吾與諸侯約, 先入關者王之, 吾當王關中. 與父老約, 法三章耳: 殺人者死, 傷人及盜抵罪. 餘悉除去秦法, 諸吏人皆案堵如故. 凡吾所以來, 爲父老除害, 非有所侵暴, 無恐! 且吾所以還軍霸上, 待諸侯至而定約束耳."

이렇듯 유방은 사람됨이 어질어 백성을 사랑했다. 진나라 백성은 모두 기뻐하며 유방이 왕이 되기를 바랐다. 유방은 한나라 초대 황제다. 아버지는 태공太公, 어머니는 유온劉媼이다. 유협들과 어울리면서 재야에서 대담한 성격과 친화력으로 세력을 확장하다가 진나라 말 진승과 오광의 반란을 틈타 군사를 일으켜 항우와 천하의 패권을 다투었다. 이렇듯 '약법삼장約法三章'이란 말로 법령을 간소화하여 소통의 리더십을 발휘했다. 그는 12년여 동안 재위하다가 예순두 살에 세상을 떠났는데, 자식은 여덟 명이었다.

약팽소선若烹小鮮

── 같을 **약** 삶을 **팽** 작을 **소** 생선 **선** ──

'마치 작은 생선을 삶는 것과 같다'는 말로, 가만히 두고 지켜보며 조심히 기다리는 정치를 비유한다. 여팽소선如烹小鮮 혹은 팽선烹鮮이라고도 한다.

《노자老子》 61장의 "큰 나라를 다스리는 것은 마치 작은 생선을 삶는 것과 같다治大國者若烹小鮮."라는 말에서 나왔다. 작은 생선은 살이 부드러우므로 이리저리 뒤집으면 부서지게 되니, 함부로 내장을 제거하거나 비늘을 제거할 수도 없고 소심익익小心翼翼의 조심스러운 마음으로 불의 세기를 조절하면서 세심하게 살펴보며 익히라는 것이다.

이 말은 《한비자韓非子》 〈해로解老〉 편에서 나라를 다스릴 때 자주 법령을 바꾸면(변법變法) 백성만 힘들게 할 뿐이라는 의미로 재해석되었다.

"무릇 법령이 바뀌면 이로움과 해로움이 바뀌게 되고, 이로움과 해로움이 바뀌면 백성들이 힘써야 할 일도 바뀐다. 힘써야 할 일을 바꾸는 것을 '업종을 바꾼다'고 한다. 그러므로 이런 이치에 근거해 살펴보면, 사람들을 쓰면서 자주 일을 바꾸면 성공할 가능성이 작아진다. 큰 물건을 보관하다가 자리를 자주 옮기면 손상되는 부분이 많아질 것이고, 작은 생선을 찔 때 자주 뒤집으면 그 윤기를 잃게 될 것이며, 큰 나라를 다스리면서 자주 법을 바꾸면 백성들이 고통스러워할 것이다. 이 때문에 도를 터득한 군주는 고요함을 귀중하게 여기고 법을 자주 바꾸지 않는다. 그래서 말하기를, '큰 나라를 다스리는 것은 마치 작은 생선을 삶듯이 하여야 한다'라고 했다凡法令更則利害易, 利害易則民務變. 民務變謂之變業. 故以理觀之, 事大衆而數搖之, 則少成功. 藏大器而數徙之, 則多敗傷; 烹小鮮而數撓之, 則賊其宰; 治大國而數變法, 則民苦之. 是以有道之君貴虛靜, 而重變法. 故曰: '治大國者若烹小鮮'."

《한비자韓非子》 〈외저설 우하外儲說右下〉 편에서는 말한다.

"현명한 군주는 벼슬아치를 다스리지 백성을 다스리지 않는다. …… 불길을 잡으려는 자가 물항아리를 들고 불 속으로 달려간다면 한 사람을 부

리는 것이고, 채찍을 쥐고 사람들을 재촉한다면 만 사람을 부리는 것이다
明主治吏不治民. …… 救火者, 吏操壺走火, 則一人之用也; 操鞭使人, 則役萬夫."

치도治道를 아는 군주는 허정虛靜, 즉 텅 빈 고요함을 귀하게 여기면서 변법을 해나가기 때문에 결코 백성을 혼란스럽게 하지 않으며, 능수능란하여 다른 사람이 눈치채지 못하게 귀신같이 일을 처리한다.

양금택목良禽擇木

좋을 **량** 날짐승 **금** 가릴 **택** 나무 **목**

'좋은 새는 나무를 가려서 둥지를 튼다'는 말로, 현명한 사람은 자기 재능을 알아주는 사람을 가려서 섬긴다는 뜻이다.

《춘추좌씨전春秋左氏傳》 애공 11년조에 나오는 말이다.

공자가 유세하려고 위衛나라에 갔을 때 일이다. 어느 날 공문자孔文子가 대숙질大叔疾을 공격하려고 공자와 의논했는데, 공자는 이렇게 대답했다.

"제사에 관해서는 배운 일이 있습니다. 하지만 전쟁에 대해서는 아는 바가 전혀 없습니다胡簋之事, 則嘗學之矣. 甲兵之事, 未之聞也."

자리에서 물러나자마자 공자는 서둘러 수레에 타려 했다. 제자가 그 까닭을 물었더니, 공자는 빨리 위나라를 떠나야겠다고 생각하고는 이렇게 대답했다.

"새가 나무를 가려서 둥지를 틀지, 나무가 어찌 새를 택할 수 있겠느냐鳥則擇木, 木豈能擇乎?"

이 말을 전해 들은 공문자는 객사로 달려와 공자의 귀국을 만류하며 이렇게 말했다.

"저는 결코 다른 뜻이 있어서 물었던 게 아닙니다. 단지 위나라의 대사에 관해 물어보고 싶었을 뿐이니 언짢게 생각 말고 좀 더 머무십시오."

공자는 이 말을 듣고 다시 위나라에 머물려고 했으나, 때마침 노나라에서 사람이 찾아와 귀국을 간청하여 노나라로 떠났다.

양두구육羊頭狗肉

양 양 머리 두 개 구 고기 육

'양 머리에 개고기'라는 말로, 겉보기만 그럴듯하게 보이고 속은 변변하지 않다는 뜻이다. 양두마육羊頭馬肉, 우골마육牛骨馬肉과 같은 말이다. 비슷한 말로는 구밀복검口蜜腹劍 · 동상이몽同床異夢 · 면종복배面從腹背 · 사이비似而非 · 사시이비似是而非 · 소리장도笑裏藏刀 · 양질호피羊質虎皮 · 표리부동表裏不同 · 표리불이表裏不二 · 명불부실名不副實 · 현양두매마포懸羊頭賣馬脯 등이 있으며, 반대되는 말로는 명부기실名副其實이 있다.

청대 고증학자 전대흔錢大昕이 고전에 실린 속어류俗語類를 모아서 펴낸 《항언록恒言錄》에서 《안자춘추晏子春秋》를 인용하며 나오는 말이다.

춘추시대 제나라 영공靈公은 특이한 취미가 있었다. 그는 궁중에 있는 미녀들을 데려와 남장을 시키고는 그 모습을 바라보며 즐겼다. 영공의 이러한 취미는 제나라 전체에 전해져 백성 가운데 남장한 미녀가 나날이 늘어갔다. 그러자 영공은 궁중 밖에 있는 여자들은 절대로 남장하지 못하도록 명령을 내렸다. 그러나 금령이 제대로 지켜지지 않았다. 영공은 금령이 지켜지지 않는 까닭이 궁금하던 차에 우연히 안영을 만나자 물었더니 대답했다.

"군왕께서는 궁궐 안에서는 남장하도록 하면서 [궁궐] 밖에서는 금했습니다. [이는] 마치 소머리를 문에 내걸어놓고 안에서는 말고기를 파는 것과 같습니다. 어찌하여 궁중에서 남장하는 것을 금하지 않으십니까? [궁중에서] 금하면 밖에서 아무도 할 수 없을 것입니다君使服之於內, 而禁之於外. 猶懸牛首於門, 而賣馬肉於內也. 公何以不使內勿服? 則外莫敢爲也."

이 말을 들은 영공은 깨우친 바가 있어 즉시 궁중에서 남장하는 것을 금했다. 그러자 채 하루도 지나지 않아 제나라 전국에 남장하는 여자가 모두 사라졌다.

양상군자梁上君子

들보 **량** 윗 **상** 임금 **군** 아들 **자**

'대들보 위의 군자'라는 말로, 도둑을 가리키는 비유적 표현이다. '쥐'를 가리키기도 한다. 비슷한 말로는 초두천자草頭天子 · 무본대상無本大商 · 녹림호걸綠林豪傑이 있으며, 반대되는 말로는 정인군자正人君子가 있다.

후한 말 진식陳寔은 태구현의 현령이었다. 《후한서後漢書》〈진식전陳寔傳〉을 보면 그는 젊을 때 현의 낮은 관리가 되어 하찮은 일을 하면서도 언제나 책을 가까이했으며, 사람됨이 교만하지 않고 모든 일을 공정하게 처리하여 백성의 신망을 얻었다.

어느 해 심한 흉년으로 백성의 고통은 이루 말할 수 없을 지경이었다. 하루는 진식이 여느 때와 마찬가지로 책을 읽고 있는데, 한 사람이 그의 방으로 몰래 숨어들더니 대들보 위로 올라갔다. 진식은 곁눈질로 그의 일거수일투족을 지켜보고 있었지만 모르는 체하고 아들과 손자들을 방으로 불러들여 이렇게 말했다.

"사람이란 스스로 힘쓰지 않으면 안 된다. 선량하지 못한 사람이라 할지라도 본성에서 그렇게 된 것은 아니다. 습관이 어느덧 습성이 되어 잘못된 행동을 하게 되는 것이다. 지금 저 대들보 위에 있는 군자도 그러한 사람들 가운데 한 명이다夫人不可不自勉. 不善之人未必本惡, 習以性成, 遂至於此. 梁上君子者是矣."

진식의 이 말에 도둑은 느낀 바가 있어 방바닥으로 내려와 머리를 조아리며 사죄했다. 진식은 그에게 말했다.

"자네 형색을 보니 나쁜 사람 같지는 않네. 마땅히 깊이 자신을 이기고 선함으로 돌아오게나. 이것은 당연히 가난하고 곤궁해서 그런 것이네視君狀貌, 不似惡人. 宜深剋己反善. 然此當由貧困."

그러고는 비단 두 필을 주어 돌아가도록 했다. 그 뒤로 그가 다스리는 현에서는 도둑을 볼 수 없었다. 이로부터 '양상군자'는 도둑을 가리키는 말이 되었다.

양약고구良藥苦口

좋을 량 약 약 쓸 고 입 구

본래는 독약고구毒藥苦口에서 나온 말인데, '좋은 약은 입에 쓰다'는 뜻으로 좋은 충고일수록 귀에 거슬린다는 말이다.

난세에 겸허와 배려로 유방의 천하 경영을 도운 그림자요 명철보신의 달인인 모사가 장량張良을 다룬《사기史記》〈유후세가留侯世家〉에 나온다.

진시황이 순행하다가 사구沙丘에서 객사하자 천하가 크게 동요하기 시작했다. 이때 전국 곳곳에서 진나라 타도를 외치며 군사가 일어났는데 유방과 항우도 그런 사람이었다. 유방이 여러 차례 싸워 항우보다 앞서 진나라 수도 함양으로 들어왔다.

유방이 진나라 궁궐로 들어가 보니 궁실과 휘장, 개, 말, 값진 보배, 부녀자 등이 수천을 헤아릴 정도로 많아 내심 그곳에 머무르고 싶었다. 번쾌가 유방에게 궁궐 밖으로 나가기를 충간했으나 유방은 듣지 않았다.

장량이 말했다.

"진나라가 무도했기 때문에 패공께서 여기에 오시게 된 것입니다. 천하를 위하여 남아 있는 적을 없애려면 마땅히 검소함을 바탕으로 삼아야 합니다. 그러나 진나라에 들어온 그 즐거움에 편안함을 느끼신다면 이는 이른바 '걸을 도와 포학한 짓을 하는 것'입니다. 또 '충성스러운 말은 귀에 거슬리지만 행동하는 데는 이롭고, 독한 약은 입에 쓰지만 병에는 이롭다.'라고 했습니다. 패공께서는 번쾌의 말을 듣기를 원합니다夫秦爲無道, 故沛公得至此. 夫爲天下除殘賊, 宜縞素爲資. 今始入秦, 即安其樂, 此所謂'助桀爲虐'. 且'忠言逆耳利於行, **毒藥苦口**利於病.' 願沛公聽樊噲言."

이리하여 유방은 패상으로 군사를 돌이켰다.

은나라 탕왕은 간언하는 충성스러운 신하가 있으므로 번창했고, 하나라 걸과 은나라 주는 아첨하는 신하들만 있어서 멸망했다. 임금이 잘못하면 신하가 간언하고, 아버지가 잘못하면 아들이 간언하며, 형이 잘못하면 동생이 간언하고, 자신의 잘못은 친구가 간언해야 한다.

양포지구楊布之狗

버들 **양** 베 **포** 어조사 **지** 개 **구**

'양포의 개'라는 말로, 겉모습이 변한 것을 보고 속까지 변했다고 잘못 판단하는 경우를 가리킨다. 비슷한 말로는 백왕흑귀白往黑歸가 있다.

《한비자韓非子》〈설림 하說林下〉 편에는 한비의 예리한 통찰력과 비유로 사람을 일깨우는 37가지 이야기가 있다. 거기에 나오는 말이다.

양주楊朱의 동생 양포楊布가 흰옷을 입고 나갔다가 비를 만나자 흰옷을 벗고 검은 옷으로 갈아입고 돌아왔다. 그의 개가 양포를 알아보지 못하고 짖었다. 양포는 화가 나서 개를 때리려고 했다.

양주가 말했다.

"너는 때리지 마라. 너 또한 이렇게 할 것이다. 만일 너의 개가 나갈 때는 하얀색이었는데 검은색이 되어 돌아왔다면, 네가 어찌 괴이하게 여기지 않을 수 있겠느냐子無撲矣. 子亦猶是也. 向者使汝狗白而往黑而來, 豈能無怪哉?"

양주가 동생에게 한 말은 때로 사물이나 사건을 있는 그대로 받아들이는 관용을 보여준다.

세상사도 마찬가지다. 대체로 겉모습을 보고 사람의 속까지 판단하는 경우가 많다. 하지만 속이 꽉 찬 사람은 겉모습에 신경 쓰지 않고, 속에 채워진 게 없는 사람은 겉모습으로 보상을 받고자 하는 경우가 더 많다. 그러므로 겉모습으로만 판단할 일은 아니다.

양호유환養虎遺患

기를 양 범 호 남길 유 근심 환

'호랑이를 길러 근심을 남긴다'는 말로, 남 사정을 봐주는 게 훗날 말썽의 소지가 됨을 뜻한다.

《사기史記》〈항우본기項羽本紀〉에 나오는 이 이야기는 기원전 203년 가을 유방과 항우의 싸움으로 거슬러 올라간다. 당시 한나라 군사는 식량이 풍부했지만 항우의 군사들은 군량미도 떨어지고 매우 지쳐 있었다. 항우는 서초西楚의 패왕이었으나 모사 범증이 떠난 뒤로는 싸움이 훨씬 불리해졌다. 이에 한나라 왕 유방이 항우에게 사람을 보내서 달래자 항우는 천하를 둘로 나누어 홍구 서쪽을 한나라 영토로 하고, 동쪽을 초나라 영토로 하기로 약조하고 나서 유방의 부모와 처자식을 돌려보냈다. 그러고는 군대를 철수하여 동쪽으로 돌아갔다.

유방이 서쪽으로 돌아가려고 하자 장량과 진평이 이렇게 권했다.

"한나라는 지금 천하의 거의 절반을 차지했고 제후들도 모두 귀의했습니다. [이에 반해] 초나라 군사들은 지치고 식량도 떨어졌으니, 이는 하늘이 초나라를 망하게 하려는 것입니다. 따라서 이 기회를 틈타 [그 나라를] 빼앗는 것이 낫습니다. 지금 놓아주고 공격하지 않으면 이는 이른바 '호랑이를 길러 스스로 근심을 남기는 꼴'입니다漢有天下太半, 而諸侯皆附之. 楚兵罷食盡, 此天亡楚之時也. 不如因其機而遂取之. 今釋弗擊, 此所謂'**養虎**自**遺患**'也."

이에 유방은 이 두 사람의 말을 깊이 새겨 항우를 뒤쫓아 가서 겹겹이 포위하여 멸망시켰다.

어부지리漁夫之利

—— 물고기 잡을 **어** 지아비 **부** 어조사 **지** 이로울 **리** ——

'어부의 이로움'이라는 말로, 힘이 엇비슷한 양쪽이 힘겹게 싸우다 보면 엉뚱하게 제삼자가 이익을 얻는다는 뜻이다. 방휼지쟁蚌鷸之爭이라고도 한다.

전국칠웅戰國七雄의 하나로서 진秦나라에 망한 연나라를 다룬《전국책戰國策》〈연책燕策〉을 보면 당시 연나라는 서쪽으로는 조나라, 남쪽으로는 제나라와 이웃해 있어 끝없이 위협을 당하고 있었다.

어느 해 연나라가 기근으로 곤경에 처하자 조나라가 쳐들어오려 했다. 마침 연나라는 제나라와 싸우고 있으므로 조나라와 다툴 여건이 아니었다. 그래서 연나라 소왕은 세객 소대蘇代에게 조나라 왕을 설득해보도록 했다. 소대는 조나라 왕을 찾아가서 이런 비유를 들었다.

"오늘 신이 오면서 역수를 건너는데, 펄조개가 나와 햇볕을 쬐다가 도요새가 그 속살을 쪼자, 펄조개가 껍질을 오므려 부리를 죄었습니다. 도요새가 '오늘 비가 오지 않고 내일도 비가 오지 않으면 너는 죽는다!'라고 하자, 펄조개 역시 도요새에게 '오늘 [부리를] 빼지 못하고 내일도 빼지 못하면 너는 죽는다.'라고 했습니다. 둘이 수긍하여 서로 멈추지 않자, 어부가 얻어서 두 놈 모두 사로잡아버렸습니다今者臣來, 過易水, 蚌方出曝, 而鷸啄其肉, 蚌合而箝其喙. 鷸曰: '今日不雨, 明日不雨, 即有死蚌!' 蚌亦謂鷸曰: '今日不出, 明日不出, 即有死鷸!' 兩者不肯相舍, 漁者得而並擒之."

조나라 왕은 소대의 말뜻을 이해할 수 있었다. 연나라가 펄조개라면 조나라는 도요새와 같으니, 둘이 싸우고 있는 틈에 제나라가 쳐들어오면 꼼짝없이 망하고 말 것이라는 경고였다. 결국 조나라 왕은 연나라를 치려던 계획을 그만두었다.

어이설패語以泄敗

말씀 **어** 써 **이** 샐 **설** 패할 **패**

'말이 새 나가면 실패한다'는 말로, '사이밀성事以密成', 즉 '일은 은밀해야 성공한다'는 말과 함께 쓰인다.

《한비자韓非子》〈세난說難〉 편에 나오는 말이다.

"무릇 일이란 은밀해야 성공하고 말이 새 나가면 실패한다. 꼭 자신이 누설한 것이 아니어도 대화하는 가운데 그만 숨겨진 일을 내비치게 되면 이러한 사람은 위태롭다夫事以密成, **語以泄敗**. 未必其身泄之也, 而語及所匿之事, 如此者身危."

말을 가려서 할 것을 강조하고 있다. 춘추전국시대처럼 서로 먹고 먹히는 격동의 시대에 세 치 혀는 목숨을 살리기도 하고, 죽이기도 했다.

《춘추좌씨전春秋左氏傳》 문공 13년조에 보면, 춘추시대 진秦나라의 대부 요조繞朝라는 사람의 처신과 관련한 이야기가 있다. 진晉나라의 대부 사회士會가 진秦나라로 달아났는데, 진晉나라에서는 진秦나라가 그를 벼슬아치로 등용할 것을 두려워했다. 그래서 위수여魏壽餘를 파견해 계략을 써서 사회를 데려오려 했다. 그런데 요조가 먼저 이런 진晉나라의 계획을 알고 진秦나라 강공康公에게 권유했다.

"위수여가 이번에 오는 것은 사실은 사회를 속이기 위해서입니다. 당신께서 따로 그를 만나십시오."

그러나 강공은 듣지 않았다. 위수여는 진秦나라에 도착한 뒤, 강공에게 사회와 함께 진晉나라로 가서 위 땅의 일을 결정짓게 해달라고 요청하자, 강공은 이를 허락하고 말았다. 사회가 출발하기 전에 요조는 그에게 말했다.

"당신은 우리 진秦나라에 진晉나라의 의도를 아는 사람이 없다고 생각하지 마시오. 단지 내 의견이 받아들여지지 않았을 뿐이오子無謂秦無人. 吾謀適不用也."

그러자 위기의식을 느낀 사회는 자기 나라로 돌아온 뒤, 요조의 재능과 지혜가 자신을 크게 위협한다고 느껴 첩자를 보내 요조를 모함했고, 강공은 그 모함이 사실인 줄 알고 요조를 죽이고 말았다.

만일 요조가 자신의 속내를 감추고 은밀히 행동했다면 이토록 허망하게 목숨을 잃는 일은 없었을 것이다. 그렇다면 이런 화를 면하려면 어떻게 해야 할까? 한비가 제시하는 해법은 "오랜 시일이 지나 두루 [군주의 총애가] 깊어져야만 심오한 계책을 올려도 의심받지 않고 군주와 서로 다투며 말하여도 벌을 받지 않을 것"이라는 것이다.

군주의 절대적 신임 이전에 섣불리 말을 꺼냈다가 제거된 자들은 예나 지금이나 늘 있었다.

여도지죄餘桃之罪

남을 **여** 복숭아 **도** 어조사 **지** 죄 **죄**

'먹다 남은 복숭아의 죄'라는 뜻으로, 총애를 받는 게 도리어 죄를 부르는 원인이 되는 경우를 비유한다. 비슷한 말로는 여도담군餘桃啗君이 있다.

신하가 군주를 설득하는 어려움을 말한 《한비자韓非子》〈세난說難〉 편에 나오는 말이다.

옛날 미자하彌子瑕는 위衛나라 왕에게 총애를 받았다. 위나라의 법에 왕의 수레를 몰래 타는 이에게는 발이 잘리는 형벌을 내리도록 했다. 미자하의 어머니가 병들었을 때, 어떤 사람이 밤에 몰래 와서 미자하에게 알려주었다. 그러자 미자하는 슬쩍 왕의 수레를 타고 나갔다. 왕은 이 일을 듣고 그를 칭찬하며 말했다.

"효자로구나! 어머니를 위하느라 발이 잘리는 벌도 잊었구나孝哉! 爲母之故, 忘其犯刖罪!"

다른 날 미자하는 왕과 함께 정원에서 노닐다가 복숭아를 따 먹게 되었는데, 맛이 아주 달자 반쪽을 왕에게 먹으라고 주었다.

왕이 말했다.

"나를 사랑하는구나! 맛이 좋으니 과인을 잊지 않고 맛보게 하는구나愛我哉! 忘其口味, 以啗寡人."

세월이 흘러 미자하의 미모가 쇠하고 왕의 사랑도 식게 되었을 때, 한번은 미자하가 왕에게 죄를 지었다. 이때 왕은 이렇게 말했다.

"이놈은 옛날에 과인의 수레를 몰래 훔쳐 타기도 하고, 또 자기가 먹다 남은 복숭아를 과인에게 먹으라고 내밀기도 했다是固嘗矯駕吾車, 又嘗啖我以餘桃."

미자하의 행동은 변함이 없었으나 전에는 칭찬을 받았지만 뒤에는 벌을 받은 까닭은 왕의 사랑이 미움으로 바뀌었기 때문이다.

역린逆鱗

거스를 **역** 비늘 **린**

'용의 목 부위에 거꾸로 난 비늘'이라는 말로, 이것을 건드리면 성이 나 건드린 자를 죽여버린다는 전설에서 나왔다. 곧 '군주의 분노 또는 군주가 분개할 만한 그의 약점'을 뜻한다.

한韓나라는 전국칠웅 가운데 가장 힘이 약하여 이웃 나라인 진秦에 멸망할 위기에 놓여 있었다. 그러나 왕안王安은 아무런 대책도 세우지 않고 시간만 허비하고 있었다. 한비韓非는 이러한 상황에 초조하지 않을 수 없었다. 그는 부국강병을 위해 법 집행이 엄격해야 한다고 생각했다. 그러나 왕안은 한비의 생각을 받아들이지 않았다.

그래서 한비는 설득의 어려움을 다음과 같이 말했다.

"무릇 다른 사람을 설득하기란 어려운 일이다. 내가 알고 있는 것을 납득시키는 게 어렵다는 것이 아니고, 또 내 언변이 내 뜻을 분명하게 전할 수 있느냐 하는 어려움도 아니며, 내가 거리낌 없는 언변으로 내 뜻을 다 보이게 할 수 있는가 하는 어려움도 아니다. 다른 사람을 설득시키는 어려움은 설복하려는 자의 마음을 알아내 언변을 그에게 맞출 수 있는가 하는 점에 있다. 설득하려는 상대가 고고한 명예를 구하려는 마음이 있는 사람인데 두터운 이익에 관한 내용으로 설득한다면 범속하다고 여겨 대우를 낮추고 반드시 멀리 내칠 것이다. 설득하려는 상대가 많은 이익을 추구하는 사람인데 고고한 명예에 관한 내용으로 설득한다면 생각이 없고 현실에 어두운 자라고 여겨 반드시 받아들이지 않을 것이다. 설득하려는 대상이 속으로는 이익을 좇지만 겉으로는 고고한 명예를 따르는 척하는데 명망이 높아질 수 있는 것으로 유세를 한다면 상대는 겉으로는 그를 거둘지 모르나 마음으로는 늘 멀리할 것이며, 이익되는 바를 들어 유세를 하면 속으로는 그 말을 쓰기로 결정해도 겉으로는 그를 물리쳐버릴 테니 이런 상황들을 살피지 않을 수 없다."

위 구절은 《한비자韓非子》 〈세난說難〉 편의 첫머리다. 한비는 다음과 같이 끝을 맺는다.

“용이라는 동물(蟲)은 유순해 길들이면 탈 수 있다. 그러나 턱 밑에 직경 한 자쯤 되는 역린이 있는데, 만약 사람이 그것을 건드리면 반드시 그 사람을 죽인다. 군주에게도 역린이 있어, 설득하려는 자는 군주의 역린을 건드리지 않을 수 있어야만 성공을 기대할 수 있다夫龍之爲蟲也, 可擾狎而騎也. 然其喉下有**逆鱗**徑尺, 人有嬰之, 則必殺人. 人主亦有**逆鱗**, 說之者能無嬰人主之**逆鱗**, 則幾矣.”

역부몽役夫夢

부릴 역 사내 부 꿈 몽

'하인의 꿈'이라는 말로, 인생의 부귀영화가 꿈과 같다는 뜻한다.

《열자列子》〈주목왕周穆王〉 편에 나온다.

주나라의 윤씨尹氏라는 사람은 재산을 크게 다스려서 그 밑에서 일하는 사람들은 아침저녁 없이 쉬지를 못했다. 한 늙은 일꾼이 근력은 다했으나 그를 위해 더욱 부지런히 일했다. 낮에는 신음하면서도 일을 하고, 밤에는 지쳐서 멍하니 앉아 있다가 깊은 잠이 들곤 했다.

그는 밤마다 임금이 되어 정사政事를 다스리며 마음껏 궁전에서 잔치하고 바라는 일을 멋대로 하는 꿈을 꾸었다. 그러나 깨어나면 곧 일을 다시 했다.

어떤 사람이 그의 노고를 위로하자 그 일꾼은 말했다.

"인생은 백 년이라지만 낮과 밤으로 나뉩니다. 나는 낮이면 하인이 되어 고생하지만, 밤이면 나라의 임금이 되어 그 즐거움이 비길 데가 없으니 무엇을 원망하겠습니까人生百年, 晝夜各分. 吾晝爲僕虜, 苦則苦矣, 夜爲人君, 其樂無比, 何所怨哉?"

반면 주인 윤씨는 마음으로는 세상일을 경영하고 생각은 집안일에 집중되어 있었다. 마음과 몸이 다 같이 피로하여 윤씨 역시 밤이면 지쳐서 잠이 들었는데 밤마다 남의 하인이 되어 이리저리 뛰어다니면서 힘들게 일하는 꿈을 꾸었다. 잠 속에서 헛소리하고 신음을 하다가 아침이 되어야만 그쳤다.

윤씨는 이를 걱정하여 그의 친구를 찾아가 상의했다.

친구가 말했다.

"자네의 지위는 한 몸을 영화롭게 하기에 충분하고, 재산은 여유가 있으며, 다른 사람들보다 훨씬 좋네. [그러니] 밤에는 하인이 되어 괴로움과 편안함을 반복하여 경험하는 것은 정상적인 것이라네. 자네가 깨어 있을 때와 꿈꿀 때 모두 편안함을 누리려 한다 하더라도 그게 가능한 일이겠나若

位足榮身, 資財有餘, 勝人遠矣. 夜夢爲僕, 苦逸之複, 數之常也. 若欲覺夢兼之, 豈可得邪?"

윤씨는 친구의 말을 듣고 그의 일꾼들이 해야 할 일을 너그러이 해주고 그가 생각하고 걱정하던 일들을 줄였다. 그러자 병이 모두 나았다.

역책易簀

바꿀 **역** 대자리 **책**

'대자리(침상)를 바꾼다'는 말로, 병이 위중하여 곧 죽는다는 것을 뜻한다.

《예기禮記》〈단궁 상檀弓上〉 편에 나온다.

공자의 제자 증삼曾參이 임종하려고 할 때 일이다. 악정자춘樂正子春은 침상 밑에 앉아 있고 증원曾元과 증신曾申이 발밑에 앉아 있었는데, 방구석에서 촛불을 들고 있던 동자童子가 말했다.

"화려하고 아름다운데, 대부의 대자리가 아닙니까華而睆, 大夫之簀與?"

자춘이 말했다.

"그만하거라止."

증삼이 이 말을 듣자 놀라서 탄식했다.

"아呼"

동자가 거듭 말했다.

"화려하고 아름다운데, 대부의 대자리입니까華而睆, 大夫之簀與?"

증삼이 말했다.

"그렇다. 이것은 바로 계손이 준 것이다. 나는 [병 때문에] 이것을 바꿀 수 없으니, 원元아, 일어나서 대자리를 바꾸거라然. 斯季孫之賜也. 我未之能易也, 元起**易簀**."

증원이 말했다.

"선생님은 병이 위중하시니 [자리를] 바꿀 수 없습니다. 내일 아침에 바꾸시기 바랍니다夫子之病革矣, 不可以變. 幸而至於旦, 請敬易之."

증삼이 말했다.

"너희가 나를 사랑하는 것은 저 동자만도 못하다. 군자는 사람을 사랑함에 덕으로 하고, 소인은 사람을 사랑함에 임시변통으로 한다. 내가 무엇을 구할 것인가? 나는 정도正道에 따라 죽으려는 것이니, 이로써 끝날 것이다爾之愛我也不如彼. 君子之愛人也以德, 細人之愛人也以姑息. 吾何求哉? 吾得正而斃焉, 斯已矣."

그들은 증삼을 부축해서 대자리를 바꾸었다. 증삼은 새 자리로 옮긴 뒤 몸을 바르게 하기도 전에 죽었다.

연리지連理枝

이을 **연** 이치 **리** 가지 **지**

'뿌리가 다른 나무의 가지가 엉켜 결이 이어져 있다'는 말로, 효성이 지극하거나 부부애가 진함을 비유한다. 연리連理라고도 한다.

《후한서後漢書》〈채옹전蔡邕傳〉을 보면, 후한 말 채옹蔡邕이라는 이가 있었다. 그는 학문이 뛰어난 문인으로 효성이 지극했다. 채옹은 어머니가 병으로 자리에 눕자 3년 동안이나 계절의 변화를 알지 못한 채 잠도 제대로 자지 않고 간호했다. 그러다가 어머니가 죽자 무덤 옆에 초막을 짓고 시묘살이를 했다.

하루는 묘 옆에서 나무가 났는데, 가지가 서로 붙어 자라나더니 결이 이어져서 마치 한 나무처럼 되었다. 사람들은 채옹의 효성이 어머니를 감동시켜 부모와 자식이 한 몸이 된 것이라고 말했다.

당나라 시인 백거이白居易의 시 〈장한가長恨歌〉에서는 이렇게 말하고 있다.

7월 7일 장생전에서
깊은 밤 아무도 모르게 약속했네.
하늘에서는 비익조가 되기를 바라고
땅에서는 연리지가 되기를 원하노라.
하늘과 땅의 장구함이 때로 다할지라도
이 한은 끝이 없어 끊어질 기약이 없으리라
七月七日長生殿, 夜半無人和語時.
在天願作比翼鳥, 在地願爲**連理枝**.
天長地久有時盡, 此恨綿綿無絶期.

이 시는 당나라 현종과 천하절색 양귀비의 애틋한 사랑을 노래하고 있다. 비익조比翼鳥는 암컷과 수컷의 눈과 날개가 하나씩이어서 짝을 짓지 아니하면 날지 못한다는 전설상의 새로, 남녀 사이의 변하지 않는 애정을 가리킨다. 아울러 '연리지'로 부부 사이의 애정이 깊음을 비유적으로 나타내고 있다.

연목구어緣木求魚

인연 **연** 나무 **목** 구할 **구** 물고기 **어**

'나무에 올라가 물고기를 구한다'는 말로, 불가능한 일을 하려고 함을 비유한다. 또 잘못된 방법으로 목적을 이루려고 하거나 수고만 하고 아무것도 얻지 못함을 뜻하기도 한다. 비슷한 말로는 사어지천射魚指天, 상산구어上山求魚, 여호모피與虎謀皮, 수중로월水中撈月, 연산구어緣山求魚, 죽람타수竹籃打水, 남원북철南轅北轍, 포신구화抱薪救火, 마전성경磨磚成鏡, 굴지심천掘地尋天, 도로무익徒勞無益, 도로무공徒勞無功이 있다.

상대의 허를 찌르는 날카로운 비유가 일품인 《맹자孟子》〈양혜왕 상梁惠王上〉 편에 나오는 말이다.

전국시대 제나라 선왕은 맹자에게 제나라 환공과 진나라 문공에 대해 물으며 자신도 그들처럼 제후의 맹주가 되고 싶다고 했다. 그러나 맹자는 제나라 환공이나 진나라 문공처럼 힘으로 천하를 제패하는 것은 천하를 안정시키는 근본 대책이 아니므로 대답을 회피했다. 대신 천하를 안정시킬 수 있는 왕도 정치를 제시함으로써 선왕의 주의를 환기했다.

우선 맹자는 제나라 선왕에게 왕도 정치를 실행할 수 있는 근거를 제시했다. 일찍이 선왕이 벌벌 떨면서 죄 없이 죽을 곳으로 끌려가는 소를 불쌍히 여긴 마음을 예로 들어, 이런 마음이 있으면 소를 사랑하는 구체적인 행동으로 옮겨 갈 수 있을 뿐만 아니라 눈에 보이지 않는 양에 대해서도 똑같이 사랑을 베풀 수 있다고 말했다. 이어서 사랑을 실천하는 방법은 가까운 곳에서 먼 곳으로 나아가야 한다고 제시했다. 그러고 나서 이렇게 물었다.

"아니면 왕께서는 병사를 일으켜 군사와 신하들을 위태롭게 하고 제후들에게 원한을 만들어놓은 뒤에야 마음이 유쾌하시겠습니까抑王興甲兵, 危士臣, 構怨於諸侯, 然後快於心與?"

"아닙니다. 내가 어찌 그러한 것에서 유쾌함을 느끼겠습니까? 앞으로 내가 크게 하고자 하는 것을 구하려고 합니다否. 吾何快於是? 將以求吾所大欲

也."

"왕께서 크게 하고자 하는 것을 들을 수 있겠습니까王之所大欲, 可得聞與?"

왕이 웃고 말을 하지 않자 맹자가 이렇게 말했다.

"기름지고 단 음식이 입에 부족하기 때문입니까? 가볍고 따뜻한 옷이 몸에 부족하기 때문입니까? 아니면 채색이 눈으로 보기에 부족하기 때문입니까? 소리와 음악이 귀로 듣기에 부족하기 때문입니까? 내시나 궁녀가 시키고 부리기에 부족하기 때문입니까? 왕의 여러 신하가 모두 충분히 이러한 것들을 공급하고 있으니, 왕은 어찌 이것 때문이겠습니까爲肥甘不足於口與? 輕暖不足於體與? 抑爲采色不足視於目與? 聲音不足聽於耳與? 便嬖不足使令於前與? 王之諸臣皆足以供之, 而王豈爲是哉?"

"아닙니다. 나는 이런 것들 때문에 그러지 않습니다否. 吾不爲是也."

"그렇다면 왕이 크게 하고자 하는 것을 알 수 있겠습니다. 땅을 개척하여 진秦나라와 초나라에 조회를 받고 중원에 군림하여 사방의 오랑캐들을 어루만지고자 하시는 것입니다. 이와 같은 소행으로 이와 같은 욕심을 추구한다면 나무에 올라가 물고기를 구하는 것과 같습니다然則王之所大欲可知已. 欲辟土地朝秦楚, 敍中國而撫四夷也. 以若所爲求若所欲, 猶**緣木**而**求魚**也."

왕이 말했다.

"이와 같이 심합니까若是其甚與?"

"이보다 더 심한 것이 있을 것입니다. 나무에 올라가서 물고기를 구하는 것은 물고기를 얻지 못하더라도 훗날의 재앙이 없습니다. 그러나 이와 같은 방법으로 얻고자 하는 바를 얻으려 하신다면 마음과 힘을 다해서 하더라도 훗날에 반드시 재앙이 있을 것입니다殆有甚焉. **緣木求魚**, 雖不得魚, 無後災. 以若所爲, 求若所欲, 盡心力而爲之, 後必有災."

맹자는 '연목구어'라는 말을 통해 맹주에 대한 욕심을 버리지 않는 선왕을 경계시켰다. 곧 힘으로 하는 정치를 그만두라는 경고다.

연작안지홍곡지지燕雀安知鴻鵠之志

— 제비 **연** 참새 **작** 어찌 **안** 알 **지** 큰 기러기 **홍** 고니 **곡** 어조사 **지** 뜻 **지** —

'연작이 홍곡의 뜻을 어찌 알겠느냐'는 말이다. 연작은 제비와 참새처럼 작은 새를 가리키고, 홍곡은 큰 기러기와 고니처럼 큰 새를 말한다. 즉, 연작은 식견이 짧고 얕은 사람을, 홍곡은 원대한 포부를 지닌 사람을 비유한다. 한마디로 평범한 사람이 영웅의 큰 뜻을 알리가 없다는 뜻이다.

《사기史記》〈진섭세가陳涉世家〉를 보면, 머슴에서 왕이 된 진승陳勝(자가 섭)의 이야기가 나온다.

진승은 젊을 때 다른 사람들과 함께 머슴살이를 했다. 어느 날 밭두둑에서 잠시 일손을 멈추고 쉬는데 그가 불평과 원망을 하며 이렇게 말했다.

"만일 부귀하게 된다면 서로 잊지 말기로 하지苟富貴, 無相忘."

머슴들은 비웃으면서 이렇게 대답했다.

"너는 고용되어 밭갈이를 하는데 무슨 부귀란 말인가若爲庸耕, 何富貴也?"

진승은 탄식하며 말했다.

"아! 제비와 참새가 어찌 큰 기러기와 고니의 뜻을 알리오嗟乎! **燕雀安知鴻鵠之志**哉!"

얼마 뒤 진시황이 죽고 이세가 제위에 오르자 사방에서 들불처럼 반란이 일어났다.

이때 진승은 오광吳廣과 함께 백성이 진나라의 통치에 가혹한 고통을 받고 있으며, 이세는 막내아들이므로 제위를 계승하면 안 된다고 생각하여 의거를 일으켰다.

진승은 여러 지역을 공략하여 함락시켰으며, 그때마다 병사 수도 늘어나 수만 명에 이르게 되었다. 향관삼로鄕官三老나 지방 호걸들은 진승을 왕으로 추대했으며, 국호를 초나라를 확장한다는 뜻으로 장초張楚라고 지었다.

진승이 왕으로 불린 것은 여섯 달 동안이었다. 그는 왕이 된 다음 찾아온 친구들이 오만불손하게 지나간 일들을 더듬어 자기 위엄을 해쳤다며 모두 참수시켰다. 이 일이 있고 난 후 진승의 또 다른 옛 친구들은 모두 그 곁을 떠났다. 이로 인해 진승은 계획한 일들을 이룰 수 없었다.

영서연설郢書燕說

땅 이름 **영** 글 **서** 제비 **연** 말씀 **설**

'영 사람의 글을 연나라 사람이 설명한다'는 말로, 문장을 해석할 때 말을 억지로 끌어다 붙여 교묘하게 이치에 꿰맞추는 것을 뜻한다.

언행의 효용성에 관한 사례 모음집 성격의《한비자韓非子》〈외저설 좌상外儲說左上〉 편에 나오는 말이다.

초나라 수도 영郢 사람으로, 연나라 재상에게 편지를 보내려는 이가 있었다. 밤에 편지를 쓰는데 불이 밝지 않았으므로 촛불을 드는 자에게 촛불을 들라고 말했다.

그러고는 '촛불을 들어라擧燭'라고 편지에 잘못 썼는데 '촛불을 들어라'는 말은 편지의 본래 뜻이 아니었다. 연나라 재상은 편지를 받고 오히려 기뻐하며 말했다.

"촛불을 들라고 하는 것은 밝음을 존중한 것이다. 밝음을 존중하는 것은 현명한 사람을 추천하여 그를 임용한다는 것이다擧燭者, 尙明也. 尙明也者, 擧賢而任之."

연나라 재상은 왕에게 아뢰었고, 왕은 매우 기뻐했으며, 나라는 이 때문에 다스려졌다. 나라가 다스려지기는 했지만 편지의 본래 뜻은 아니다.

오두五蠹

—— 다섯 오 좀벌레 두 ——

'나라의 좀벌레인 다섯 부류'를 말한다.

《한비자韓非子》〈오두五蠹〉 편에 나오는 말이다. 인의도덕의 정치를 주장하는 유가, 세객과 종횡가, 사사로운 무력으로 나라의 질서를 해치는 유협, 공권력에 의지해 병역이나 조세의 부담에서 벗어나는 권문귀족, 농민들의 이익을 빼앗는 상공인商工人, "이 다섯 부류의 사람은 나라의 좀벌레다此五者, 邦之蠹也."라고 했다.

한비韓非는 이러한 다섯 좀벌레를 법의 힘으로 없애야 나라를 강하고 부유하게 다스릴 수 있다고 주장했다.

이러한 인식 아래 한비는 자신이 처한 시대적 상황에서는 유가들이 군주와 신하의 관계를 어버이와 자식의 관계처럼 함으로써 나라가 잘 다스려질 것이라고 한 주장이 타당성이 없다며 강력히 반대한다. 유가들은 선왕의 도를 따를 것을 주장하고 인의를 내세우지만, 쓸데없이 용모나 복장 등이나 따지며, 행동보다는 말에 열중하고, 시대의 변화에 따른 법제에 대해 시비를 걸며, 사사건건 현실에도 맞지 않는 고사를 빌려 그들의 사욕을 채우려 하지 국가의 궁극적인 이익을 돌보려 하지 않는다는 것이다.

한비는 성인 공자가 훌륭한 인품의 소유자였음에도 불구하고 따른 자가 70여 명밖에 안 되었지만, 어리석은 군주였던 노나라 애공에게는 백성이 몰려들었던 것을 대비시킨다. 이런 점은 유협들에게도 마찬가지로 적용된다. 이들은 무리를 지어 다니면서 군주의 금제禁制를 침범하거나 위협한다. 권문귀족 역시 뇌물이나 세력을 동원하여 군주의 정당한 사업(전쟁이나 토목사업)을 방해하기도 한다.

이런 자들이 발붙이지 못하게 해야만 나라도 유지되고 군주도 안정된 정치를 하게 된다는 논지다.

오리무중五里霧中

다섯 **오** 리수 **리**(거리 리) 안개 **무** 가운데 **중**

'5리나 되는 짙은 안개 속에 있다'라는 말로, 어떤 일에 대해 어떻게 판단해야 할지 갈피를 잡지 못하는 모습을 가리킨다.

《후한서後漢書》〈장해전張楷傳〉에 따르면, 후한 순제 때 장해張楷라는 선비가 있었다. 그는 학문이 깊기로 명성이 자자했다. 순제가 그를 여러 번 등용하려고 했지만 그는 그때마다 병을 핑계로 응하지 않았다. 환관들이 아귀다툼하는 조정으로 들어가 벼슬살이하는 것을 혐오했기 때문이다.

학문이 깊고 절개와 지조가 있는 장해의 문하에는 언제나 100명이 넘는 제자들이 있었으며, 고관대작을 비롯하여 환관들까지도 그와 가까이하려고 다투었다. 장해는 이를 피해 화음산華陰山 기슭에서 은둔 생활을 했다. 그러나 그곳마저 그를 쫓아온 사람들로 붐볐고, 얼마 뒤에는 그곳에 장해의 자字를 딴 공초公超라는 저잣거리까지 생겼다.

장해는 도술에도 능하여 만나고 싶지 않거나 귀찮은 사람이 찾아오면 사방 5리에 이르는 안개를 일으켜 자신이 있는 곳을 숨기곤 하여 다음과 같이 기록되어 있다.

"성품이 도술을 좋아하여 능히 5리의 안개를 일으킬 수 있다性好道術, 能作五里霧."

당시 배우裵優라는 이도 안개를 일으킬 수 있었는데 한 번에 3리까지밖에 하지 못했다. 그래서 배우는 장해를 찾아가 5리까지 안개를 일으키는 기술을 배우려고 했으나, 장해가 숨어버려 뜻을 이루지 못했다.

오미사악五美四惡

다섯 **오** 아름다울 **미** 넉 **사** 악할 **악**

'다섯 가지 미덕과 네 가지 악'이란 말로, '존오미병사악尊五美屛四惡(다섯 가지 미덕을 존중하고 네 가지 악을 물리치다)'의 준말이다. 공자의 제자 자장이 공자에게 정치에 종사할 수 있느냐고 묻자 한 말이다.

《논어論語》〈요왈堯曰〉 편에 나오는 말로, "다섯 가지 미덕을 존중하고 네 가지 악을 물리치면 곧 정사에 종사할 수 있을 것이다尊五美, 屛四惡, 斯可以從政矣."라고 했다. '오미五美'란 "군자는 은혜를 베풀면서도 낭비하지 않고, 수고롭더라도 원망하지 않으며, 욕망은 있어도 탐욕은 없고, 느긋하면서도 교만하지 않으며, 위엄이 있으면서도 사납지 않은 것君子惠而不費, 勞而不怨, 欲而不貪, 泰而不驕, 威而不猛."이다. 이 말에 대해 보충 설명을 부탁하자 공자는 친절하게 이렇게 부연했다.

"백성이 이롭게 여기는 바에 따라서 백성들을 이롭게 하면, 이것이 또한 은혜를 베풀면서도 낭비하지 않는 것이 아니겠느냐? 수고롭게 할 만한 일을 가려서 수고롭게 한다면, 또한 누가 원망하겠느냐? 인仁하고자 하여 인을 이룬다면, 또 어찌 탐욕스럽겠느냐? 군자는 많고 적음을 상관하지 않고, 작거나 큰 것을 상관하지 않으며, 함부로 오만하게 하지 않으니, 이 또한 바로 넉넉하면서도 교만하지 않는 것이 아니겠느냐? 군자가 그의 의관을 바르게 하고 그의 시선을 높이 함으로써 근엄한 모습을 보여 사람들로 하여금 우러러 두렵게 한다면, 이 또한 위엄이 있으면서도 사납지 않은 것이 아니겠느냐因民之所利而利之, 斯不亦惠而不費乎? 擇可勞而勞之, 又誰怨? 欲仁而得仁, 又焉貪? 君子無衆寡, 無小大, 無敢慢, 斯不亦泰而不驕乎? 君子正其衣冠, 尊其瞻視, 儼然人望而畏之, 斯不亦威而不猛乎?"

공자보다 마흔여덟 살이나 어린 자장은 정치에 관심이 아주 많았다. 자장이 다시 '사악'이 무엇이냐고 묻자 말했다.

"가르쳐주지도 않고 죽이는 것을 잔인하다 하고, 경계하지도 않고 성공을 보려는 것을 포악하다 하며, 명령은 태만히 하고 기한 안에 이루려는 것을 해치는 것이라 하고, 오히려 남에게 주어야 하는데도 출납을 인색하게 하는 것을 쩨쩨한 벼슬아치라고 한다不教而殺謂之虐, 不戒視成謂之暴, 慢令致期謂之賊, 猶之與人也, 出納之吝謂之有司."

공자의 말처럼 '학虐'·'포暴'·'적賊' 등의 단어는 결국 위정자가 저지르는 악행과 관련된 것이다.

《논어》〈위정爲政〉 편에서 자장이 녹봉을 구하는 법을 물었을 때도 "말에 허물이 적고 행동에 후회가 적으면 녹봉은 그 안에 들어 있다言寡尤, 行寡悔, 祿在其中矣."라고 했으니, 공자가 말하는 이상적인 정치는 군자다운 마음과 선비의 자세로 원칙을 견지하면서 '위정이덕爲政以德', 즉 도덕과 예교로 국가를 다스리는 자세가 정녕 백성을 위하는 길인 셈이다. 이상적인 정치란 이렇듯 모두가 공감하는 상식의 수준에서 이루어지는 것이지 그 이상도 그 이하도 아니다.

오사필의吾事畢矣

—— 나 오 일 사 마칠 필 어조사 의 ——

'내 일은 끝났다'는 말로, 스스로 자신의 역할을 다했을 때 쓴다.

《송사宋史》〈문천상전文天祥傳〉을 보면, 남송이 멸망할 때 원나라에 항복하지 않고 끝까지 남송의 신하로서 항전하다가 세상을 떠난 사람 가운데 문천상文天祥이라는 이가 있었다. 그는 원래 문관 출신으로 여러 직책을 역임했는데 권력자 가사도賈似道와의 불화로 관직에서 물러나 은둔한 때도 많았고, 고향 문산에 별장을 짓고 살기도 했다.

덕우德祐 원년에 원나라 병사가 장강을 넘어 남쪽으로 내려오자 가사도는 실각했고, 문천상은 조서에 응하여 자신이 관직을 맡고 있던 평강平江에서 병사를 일으켜 전쟁을 막으려고 힘썼지만 수세에 몰리게 되었다. 이듬해 정월에 원나라 재상 백안伯顔의 병사가 임안臨安까지 밀어닥치자 진의중陳宜中과 장세걸張世傑 등 중신은 함께 도망가고, 문천상은 화의를 맺으라는 명을 받고 백안이 있는 곳으로 갔다가 적의 진영에 억류되었다.

억류되어 있을 때 항복을 알리는 문서가 전해져서 백안은 문천상 등을 북방으로 보냈지만, 그는 경구京口에서 기회를 보아 탈출하여 다시 일어날 계획을 도모한 다음 단종端宗의 신정권에 참여했다. 그러나 그 신정권도 원나라와 싸워 패하여 문천상은 포로가 되었다. 그 직후 남송 왕조는 전멸했다. 문천상은 북경北京으로 보내져 감옥에 갇히게 되었다.

새로운 왕조가 반역으로 이루어졌을 경우 그 지배자들은 명망 있는 인물들을 자기편으로 끌어들여 정통성을 증명하려고 하게 마련이다. 이로 인해 저항운동의 지도자였던 문천상이라는 존재는 원나라 입장에서 볼 때 귀화시킬 필요성이 높았다. 그래서 갖은 수단과 방법을 동원하고, 마지막에는 재상 지위까지 약속하면서 문천상의 마음을 돌리려 했다. 그러나 문천상은 이러한 제의를 받아들이지 않고 3년 동안 옥고를 치르다 결국 처형되었다.

문천상은 고통스러운 옥살이 속에서 〈정기가正氣歌〉라는 시를 지었다.

"문천상은 처형에 다다랐을 때 사뭇 조용히 벼슬아치에게 일러 말했다. '내 일은 끝났다'天祥臨刑殊從容, 謂吏卒曰: '**吾事畢矣**'."

이 말의 의미는 그가 송나라를 구하려는 사업이 수포로 돌아갔다는 것이다.

오십보백보五十步百步

——— 다섯 **오** 열 **십** 걸음 **보** 일백 **백** 걸음 **보** ———

'전쟁을 하다가 오십 걸음 도망간 사람이 백 걸음 도망간 사람을 비웃는다'는 말로, 결점이나 실수의 정도는 다르지만 본질은 같을 때 쓴다. 원말은 오십보소백보五十步笑百步이다. 비슷한 말로는 오십소백五十笑百, 대동소이大同小異, 피차일반彼此一般이 있다.

《맹자孟子》〈양혜왕 상梁惠王上〉 편에 나오는 이야기다.

맹자는 왕도 정치를 고취하려고 유세차 양나라 혜왕을 찾아갔다.

혜왕이 말했다.

"과인은 나라를 다스리는 데에 마음을 다했습니다. 하내河內 지방에 흉년이 들면 그 백성을 하동河東 지방으로 이주시키고, 그 곡식을 하내 지방으로 옮겨주었습니다. 하동 지방에 흉년이 들어도 그렇게 하고 있습니다. 이웃 나라의 정치를 살펴보면 과인이 마음을 쓰는 것처럼 하지 않는데도 이웃 나라의 백성이 더 적어지지 않으며, 과인의 백성이 더 많아지지 않는 것은 무슨 까닭입니까寡人之於國也, 盡心焉耳矣. 河內凶, 則移其民於河東, 移其粟於河內. 河東凶亦然. 察鄰國之政, 無如寡人之用心者, 鄰國之民不加少, 寡人之民不加多, 何也?"

맹자가 대답했다.

"왕이 전쟁을 좋아하시니 전쟁으로 비유하겠습니다. 둥둥 북을 쳐서 병기와 칼날이 이미 맞부딪친 다음에 갑옷을 버리고 병기를 끌며 달아나는데 어떤 자는 백 걸음을 간 뒤에 머물고, 어떤 자는 오십 걸음을 간 뒤에 머물고서 자신은 오십 걸음밖에 도망가지 않았다는 사실을 가지고 백 걸음 도망간 사람을 비웃는다면 어떻겠습니까王好戰, 請以戰喩. 塡然鼓之, 兵刃旣接, 棄甲曳兵而走, 或百步而後止, 或五十步而後止, 以**五十步笑百步**, 則何如?"

혜왕이 말했다.

"안 되지요. 다만 백 걸음을 도망가지 않았을 따름이지 이 사람도 도망간 것입니다不可. 直不百步耳, 是亦走也."

맹자가 다시 말했다.

"왕이 만일 이것을 아신다면 백성이 이웃 나라보다 많아지기를 바라지 마십시오王如知此, 則無望民之多於鄰國也."

양나라 혜왕의 정치는 부국강병을 추구하는 패도 정치를 벗어나는 것이 아니기에 다른 나라의 정치 방법과 큰 차이가 없고, 백성을 감명시킬 수도 없었다. 그럼에도 불구하고 혜왕은 자신의 행동을 스스로 높이 평가했던 것이다.

오월동주吳越同舟

—— 나라 이름 **오** 나라 이름 **월** 한 가지 **동** 배 **주** ——

'오나라 사람과 월나라 사람이 같은 배에 타고 있다'는 말로, 적의를 품은 사람끼리 같은 처지에 놓인 것을 비유하거나 적의를 품은 사람끼리라도 필요에 따라 서로 도울 수 있다는 뜻으로 쓰인다. 비슷한 말로는 동주상구同舟相救 · 동주제강同舟濟江 · 오월지쟁吳越之爭 · 오월지사吳越之思 · 동주공제同舟共濟가 있으며, 반대되는 말로는 구심두각勾心鬥角이 있다.

춘추시대 오나라의 손무孫武는 오왕 합려 때 서쪽으로는 초나라의 도읍을 공략하고, 북방의 제나라와 진晉나라를 격파하기도 한 명장이다.

《손자병법孫子兵法》〈구지九地〉 편에 다음과 같은 말이 있다.

"그러므로 용병을 잘하는 장수는 비유하건대 '솔연率然'처럼 부대를 지휘한다. '솔연'은 상산常山에 산다는 뱀의 이름인데, 그 머리를 치면 꼬리가 달려들고, 그 꼬리를 치면 머리가 달려들며, 그 허리를 치면 머리와 꼬리가 모두 달려든다. 감히 묻건대, '용병도 솔연[이란 뱀]처럼 부릴 수 있는가?' 대답하건대 '가능하다.' 오나라 사람과 월나라 사람이 서로 미워하는데, 그들이 같은 배를 타고 강을 건너다가 바람을 만났을 때는 서로 구원해주려는 것이 [마치 한 몸에 붙은] 왼손과 오른손처럼 하는 것과 같다. 이 때문에 바야흐로 전투가 시작될 때 말을 나란히 매어두고, 수레를 땅속에 묻어놓는 것은 병사들을 충분히 믿지 않는 것이다. 통제하고 용맹하게 하는 것을 일관되게 하는 것이 군정의 이치다. 강함과 부드러움을 모두 맞추는 것이 지형을 운용하는 이치다. 그러므로 용병을 잘하는 이가 손을 잡고 한 사람을 부리는 것처럼 하는 것은 병사들이 어찌할 수 없게 하려는 것이다故善用兵者, 譬如率然. 率然者, 常山之蛇也, 擊其首則尾至, 擊其尾則首至, 擊其中則首尾俱至. 敢問: '兵可使如率然乎?' 曰: '可.' 夫**吳**人與**越**人相惡也, 當其**同舟**而濟, 遇風, 其相救也如左右手. 是故方馬埋輪, 未足恃也. 齊勇若一, 政之道也. 剛柔皆得, 地之理也. 故善用兵者, 攜手若使一人, 不得已也."

상산에 사는 솔연이라는 뱀을 예로 들어 용병에 뛰어난 장수는 각 부대가 유기적으로 융합해 서로의 우군이 되도록 한다고 강조했다.

평소 사이가 원만하지 않은 병사들이라도 일단 적의 침략으로 위기 상황에 몰리면 '오월동주吳越同舟'처럼 합심해야 한다. 부연하면 춘추시대의 오나라와 월나라는 평소에는 원수처럼 지내다가도 강을 건널 때 풍랑을 만나면 언제 그랬느냐는 듯이 함께 배를 저어 그 위기를 극복했다는 것이다. 조직의 응집력이란 적을 흩어지게 한다. 아군의 힘은 하나로 뭉치는 데서 나온다. 이런 심리적인 문제를 고려하는 장수만이 전쟁을 승리로 이끌 수 있다.

오장군烏將軍

——— 까마귀 **오** 장수 **장** 군사 **군** ———

'검은 장군'이라는 말로, 돼지를 가리킨다.

당나라 우증유牛僧孺가 편찬한 전기소설집으로 주로 괴이하고 기괴한 설화를 모아놓은 《유괴록幽怪錄》(《현괴록玄怪錄》이 후대에 개명됨)에 이런 이야기가 있다.

당나라 사람 곽원진郭元振이 과거 시험에 낙제하여 진晉 땅에서 분汾 땅으로 갈 때 밤길에 길을 잃어 사당으로 들어가게 되었는데, 웬 여자가 대성통곡을 하고 있었다. 그 여자는 곽원진을 보고 이렇게 말했다.

"첩이 사는 이 마을 사당에 오 장군烏將軍이라는 자가 있는데, 능히 사람에게 화복을 불러일으킬 수 있습니다. 그는 해마다 와서 고향 사람에게 짝을 구하고, 그래서 마을 사람들은 반드시 아름다운 사람을 택하여 시집을 보냅니다. 첩은 비록 볼품없고 투박하지만, 아버지의 이익과 향인 오백이 돈에 조용히 응하여 선택되었습니다. 오늘 저녁, 향인의 딸과 함께 연회를 베풀던 사람이 여기에 이르러서는 취한 첩을 이방으로 함께 가두고 가, 장군님에게 가게 되었습니다. 지금 부모가 버리고 가서 나가면 죽는다고 하니 명령에 벌벌 떨리고 슬프고 두렵습니다. 그대는 거룩한 자여, 서로 구원하여 면할 수 있겠습니까? 마침내 몸소 없애 [오 장군의] 부인으로 가는 일을 제거해주신다면 지시를 받들겠습니다妾此鄕之祠有**烏將軍**者, 能禍福人. 每歲求偶於鄕人, 鄕人必擇處女之美者而嫁焉. 妾雖陋拙, 父利鄕人之五百緡, 潛以應選. 今夕, 鄕人之女並爲遊宴者, 到是, 醉妾此室, 共鎖而去, 以適於將軍者也. 今父母棄之就死, 而令惴惴哀懼. 君誠人耶, 能相救免? 畢身爲掃除之婦, 以奉指使."

곽원진은 크게 분개하며 말했다.

"그것이 언제쯤 옵니까? 나는 대장부가 되어 반드시 힘을 다해 구하겠소. 만일 되지 못하면 마땅히 몸이 죽어도 당신을 따를 것이요, 끝내 음란한 귀신의 손에 당신이 헛되이 죽게 하지 않을 것이오其來當何時? 吾忝爲大丈夫也, 必力救之. 如不得, 當殺身以徇汝, 終不使汝枉死於淫鬼之手也."

오래지 않아 오 장군이 들어왔다. 곽원진은 가지고 있던 칼로 그의 팔을 붙잡아 절단했다.

드디어 날이 막 밝아 그의 손을 보니 돼지 핏자국이 보였다. 다른 사람들과 함께 활과 칼을 가지고 피의 흔적을 뒤따라가자 커다란 묘 앞에 이르렀다. 그 묘를 파헤치니 왼쪽 앞다리가 없는 큰 돼지 한 마리가 묻혀 있었다.

오합지중烏合之衆

——— 까마귀 **오** 합할 **합** 어조사 **지** 무리 **중** ———

'까마귀가 모여 있는 무리'라는 말로, 잠시 모여 있는 것일 뿐 단결하지 못하는 집단을 가리키는 말이다. 오합지졸烏合之卒, 와합지중瓦合之衆이라고도 한다. 비슷한 말로 각자위정各自爲政, 군룡무수群龍無首가 있다.

관중管仲이 지은《관자管子》에 나오는 말이다.

"까마귀를 모아놓은 것 같은 무리는 처음에는 비록 기쁨이 있으나 후에는 반드시 서로 드러내고 비록 착한 척하나 친하지 않다烏合之衆, 初雖有歡, 後必相吐, 雖善不親也."

《후한서後漢書》〈경엄전耿弇傳〉을 보면, 전한 말에 대사마 왕망王莽은 평제平帝를 시해하고 스스로 제위에 올라 국호를 신新으로 바꾸었다. 그러나 잇따른 정변과 실정으로 곳곳에서 도적 떼가 들끓고 사회는 더욱 혼란스러워졌다. 그러자 이번에는 유수劉秀가 군사를 일으켜 왕망을 치고 유현劉玄을 황제로 추대했다.

그 이듬해 유수는 성제成帝의 아들 유자여劉子輿라고 자처하며 황제를 참칭하는 왕랑王郎을 토벌하러 나섰는데, 이때 상곡上穀의 태수 경황耿況은 아들 경엄耿弇에게 군사를 주어 유수를 돕도록 했다. 유수가 있는 곳으로 향하던 경엄의 군대는 잠시 동요했다. 손창孫倉과 위포衛包 등이 경엄의 뜻에 따를 수 없다고 반기를 들었기 때문이다.

그들은 이렇게 주장했다.

"유자여는 한 왕조의 정통인 성제의 아들이라고 합니다. 그를 두고 어디로 갑니까?"

경엄은 매우 노하여 이들을 앞으로 끌어낸 다음 칼을 빼 들고 말했다.

"자여(왕랑)은 도적일 뿐이고, 병사는 항복한 포로일 뿐이다. 내가 장안에 이르러 나라에서 진을 친 어양과 상곡의 병마를 사용하여 태원, 대군에서 수십 일 반복하여 경기병으로 기습하여 까마귀가 모여 있는 것 같은 무리를 밟으면 마치 마르고 썩은 것들이 부러지는 것과 같을 뿐이다. 너희가

[상황을] 알지 못하고 간다면 멸족되어 오래지 않을 것이다子輿弊賊, 卒爲降虜耳. 我至長安, 與國家陳漁陽上谷兵馬之用, 還出太原代郡, 反覆數十日, 歸發突騎以轔**烏合之衆**, 如摧枯折腐耳. 觀公等不識去就, 族滅不久也."

그러나 이들은 그날 밤 왕랑에게로 달아났고, 경엄은 유수의 토벌군에 합류하여 공을 세워서 건위대장군建威大將軍에 임명되었다.

옥석혼효玉石混淆

구슬 **옥** 돌 **석** 섞을 **혼** 뒤섞일 **효**

'옥과 돌이 뒤섞여 있다'는 말로, 훌륭한 것과 보잘것없는 것이 혼재해 있다는 뜻이다. 옥석구분玉石俱焚과 같다.

동진 때 갈홍葛洪이 지은《포박자抱樸子》〈상박尙博〉편에 나오는 말이다. 《포박자》는 도가 사상을 이해하는 데 중요한 책이다.

"《시경詩經》이나《서경書經》이 도의道義의 큰 바다라면, 제자백가의 글은 이것을 보충하는 냇물의 흐름이라고 할 수 있다. 방법은 달라도 덕을 닦는 데는 변함이 없다. 옛사람들은 재능을 얻기 어렵다고 한탄하며 곤륜산의 옥이 아니라고 야광주夜光珠를 버리거나 성인의 글이 아니라며 수양에 도움이 되는 말을 버리지 않았다.

시부詩賦의 잡다한 문장에 미혹되고, 제자백가의 깊고 아름다운 금언을 홀시하니, 참과 거짓이 뒤바뀌고, 옥과 돌이 뒤섞이며, 아악雅樂도 속악俗樂과 같은 것으로 보고, 아름다운 옷도 누더기로 보니, 아득하고 아득하여 참으로 한탄스럽고 슬프구나惑詩賦瑣碎之文, 而忽子論深美之言, 眞僞顚倒, **玉石混淆**, 同廣樂於桑間, 鈞龍章於卉服, 悠悠皆然, 可嘆可慨也."

갈홍은 이렇듯 세상의 유행을 좇으며 말초신경이나 건드리는 천박한 글에 사람들의 마음이 쏠리는 현실을 안타까워했다.

온고지신溫故知新

익힐 온 옛 고 알 지 새 신

'옛것을 익히고 새것을 안다'는 뜻으로, 법고창신法古創新과 비슷하다.

《명심보감明心寶鑑》에 "왕자소이지금往者所以知今"이라는 말이 있다. '옛것은 지나간 일을 알 수 있는 시금석'이라는 뜻이다.

유가의 비조 공자는 복고주의가 강한 중국의 문화 관념에 큰 영향을 끼쳤다. 공자는 《논어論語》〈위정爲政〉 편에서 스승의 자격을 다음과 같이 말했다.

"옛것을 익히고 새것을 알면 스승이라고 할 수 있다溫故而知新, 可以爲師矣."

스승의 역할은 예나 지금이나 변함없이 올바른 삶의 방법을 제시하는 것이다. 그러려면 미래에 펼쳐질 일을 정확히 파악하여 그것에 대처할 수 있는 능력이 누구보다 뛰어나야 한다. 미래 사회는 과거에서 현재까지 이어지는 연장선 위에 있으므로 과거와 현재에 이르는 흐름의 변화를 파악한다면 앞으로 다가올 미지의 세계도 어렵지 않게 예측할 수 있을 테고, 그에 관한 대처 방안도 정확히 세울 수 있을 것이다.

그러므로 스승 자리에 있는 사람이 단순히 피상적으로 학문을 전수하는 역할만 해서는 참된 스승이라고 할 수 없다.

와각지쟁蝸角之爭

달팽이 **와** 뿔 **각** 어조사 **지** 다툴 **쟁**

'달팽이 뿔 위에서 싸운다'는 말로, 부질없는 싸움이나 별 성과가 없는 싸움 또는 인간 세상의 보잘것없음이나 자그마한 세계를 비유한다. 와우각상쟁蝸牛角上爭의 준말이며, 와각상쟁蝸角相爭 · 와각두쟁蝸角斗爭 · 와우지쟁蝸牛之爭과 같다.

대도大道의 오묘한 경지는 유무라는 관념이나 언어로 이를 수 없음을 밝힌 《장자莊子》〈즉양則陽〉 편에 나오는 말이다.

전국시대 위나라 혜왕이 제나라 위왕과 맹약을 했으나 위왕이 배반하자, 혜왕은 노여워하여 자객을 보내 찔러 죽이려 했다. 당시 이 말을 들은 공손연公孫衍이 만승萬乘의 군주가 필부를 보내 원수를 갚는 것은 부끄러운 일이므로 군사를 일으켜 공격하라고 제의했다. 계자季子는 전쟁을 일으키는 것은 바람직하지 않다며 공손연의 의견에 반대했고, 화자華子는 공손연과 계자의 의견이 모두 잘못되었다고 반박하고 나섰다. 논쟁이 계속되며 결말이 나지 않자 혜왕은 어떻게 해야 할지 몰랐다.

이때 혜시惠施가 양나라 현인 대진인戴晉人을 천거하여 혜왕과 만나게 했다. 대진인이 말했다.

"이른바 달팽이라는 것이 있는데, 임금께선 아시는지요有所謂蝸者, 君知之乎?"

"그렇소然."

"달팽이의 왼쪽 뿔에 있는 나라는 촉씨라 하고, 오른쪽 뿔에 있는 나라는 만씨라고 했습니다. 때마침 이들이 서로 영토를 놓고 싸워서 주검이 수만이나 되게 즐비했고, 도망가는 군대를 쫓아갔다가 보름이 지난 뒤에야 돌아왔습니다有國於蝸之左角者曰觸氏, 有國於蝸之右角者曰蠻氏. 時相與爭地而戰, 伏尸數萬, 逐北旬有五日而後反."

혜왕이 말했다.

"아! 아마도 거짓말일 것인저噫! 其虛言與."

대진인이 말했다.

"신이 임금님을 위해 실제 사실을 예로 들어 말씀드려보겠습니다. 임금님께선 이 사방 위아래에 끝이 있다고 생각하십니까臣請爲君實之. 君以意在四方上下有窮乎?"

이 물음에 혜왕은 이렇게 대답했다.

"끝이 없소無窮."

그러자 대진인이 말했다.

"그럼 정신을 무한한 공간에서 노닐게 할 줄 알면서, 이 유한한 땅을 돌이켜본다면 이 나라 따위는 있을까 말까 할 만큼 아주 하찮은 것이 아니겠습니까知遊心於無窮, 而反在通達之國, 若存若亡乎?"

"그렇소然."

"유한한 이 땅에 위나라가 있고 그 위나라 속에 양이라는 고을이 있으며 양 속에 왕이 있습니다. 그렇다면 촉씨와 만씨 사이에 구별이 있겠습니까通達之中有魏, 於魏中有梁, 於梁中有王. 王與蠻氏, 有辨乎?"

"구별이 없소無辨."

대진인이 물러나자 혜왕은 멍하니 얼이 빠진 듯했다. 곧이어 혜시가 들어오자 혜왕은 이렇게 말했다.

"저 나그네는 뛰어난 인물이오. 성인이라도 그를 당하지 못할 거요客, 大人也. 聖人不足以當之."

혜시가 말했다.

"피리를 불면 오히려 높고 큰 소리가 납니다만, 칼자루 끝의 구멍을 불면 휙 하고 작은 소리밖에 나지 않습니다. 요순을 사람들은 칭찬하지만 이 대진인 앞에서 요순을 말한다는 것은 비유컨대 이런 휙 소리에 지나지 않습니다夫吹筦也, 猶有嗃也, 吹劍首者, 吷而已矣. 堯舜, 人之所譽也, 道堯舜於戴晉人之前, 譬猶一吷也."

와신상담臥薪嘗膽

——— 누울 **와** 땔나무 **신** 맛볼 **상** 쓸개 **담** ———

'땔나무 위에 눕고 쓸개를 맛본다'는 말로, 어떤 목적을 달성하려고 온갖 고난을 감내하는 것을 비유한다. 줄여서 상담嘗膽이라고도 하며, 회계지치會稽之恥 · 절치액완切齒扼腕 · 분발도강奮發圖強 · 여정도치勵精圖治 · 발분도강發憤圖強 · 소의간식宵衣旰食과 비슷한 말이다. 반대되는 말에는 흉무대지胸無大志와 망자비박妄自菲薄이 있다.

《사기史記》〈월왕구천세가越王句踐世家〉에 나오는 이야기다.

춘추시대 오나라와 월나라는 숙명의 라이벌 관계로 한시도 사이좋게 지내는 날이 없었다. 오나라 왕 합려闔閭는 월나라 왕 구천句踐과 싸우다 지면서 손가락에 화살을 맞았는데, 그 상처가 악화되어 끝내 목숨을 잃고 말았다. 합려는 임종할 무렵 아들 부차夫差에게 구천을 물리쳐 자기 원수를 갚아달라고 유언했다.

오나라 왕이 된 부차는 아버지의 유언을 잊지 않으려고 땔나무 위에서 잠을 잤으며, 자기 방을 드나드는 신하들에게는 방문 앞에서 아버지의 유언을 큰 소리로 외치도록 했다. 이렇게 하여 부차의 복수심은 나날이 커져만 갔다.

부차가 복수할 날을 위해 군사들을 훈련시킨 지 3년 만에 때가 왔다. 구천은 부차의 복수 계획을 알고는 참모 범려의 간언을 듣지 않고 먼저 공격했다. 그러나 복수심에 불타는 오나라 군대를 이기지 못하고 회계산까지 도망쳤다. 구천은 앞으로 진격할 수도 뒤로 물러날 수도 없는 상황에서 범려의 계책을 받아들여 우선 항복을 청했다. 이때 오나라 중신 오자서가 구천을 죽여 후환을 남기지 말라고 진언했지만, 부차는 월나라로부터 뇌물을 받은 백비의 의견대로 구천의 항복을 받아들이고 귀국까지 허락했다. 사마천은 구천이 치욕을 상기하는 장면을 이렇게 기록하고 있다.

"월왕 구천은 나라로 돌아와 곧 몸을 고단하게 하고 생각을 조바심이 나게 하며, 쓸개를 자리에 두고 앉아 있을 때나 누워 있을 때나 곧 쓸개를 우러러보며 음식을 먹을 때도 역시 쓸개를 맛보았다越王句踐返國, 乃苦身焦思, 置膽於坐, 坐臥即仰膽, 飲食亦嘗膽也."

그러고는 은밀히 군사를 훈련시켜 복수의 칼을 갈았다. 이를 눈치챈 오자서가 구천을 경계하도록 간언했으나 부차는 구천의 일은 잊은 채 오로지 중원으로 진출하는 데만 마음을 기울였다. 오자서는 끝까지 부차가 제나라로 출병하는 것을 만류하다가 명을 받고 자살하게 되었다. 오자서는 죽으면서 이렇게 말했다.

"반드시 내 눈을 오나라의 동쪽 문에 매달아놓아 월나라 군사가 쳐들어오는 것을 지켜보게 해주시오必取吾眼置吳東門, 以觀越兵入也!"

구천이 항복한 지 12년이 지난 어느 날, 부차가 천하의 패자가 되기 위해 기 땅에서 제후들과 회맹會盟하는 사이에 구천이 병사들을 이끌고 오나라를 공격했다. 그로부터 7년이 지나자 구천은 오나라의 수도 고소까지 밀고 들어와 부차를 굴복시켰다. 이렇게 하여 회계산에서 당한 치욕을 씻었다. 부차는 용동甬東에서 여생을 보내라는 구천의 제의를 거절하고 자결했다.

완벽完璧

완전할 **완** 둥근 옥 **벽**

'흠이 없는 옥'이란 말로, 어떤 사물이 흠잡을 데 없는 상태임을 뜻한다. 빌려온 물건을 온전히 돌려보낸다는 뜻도 있다. 화씨지벽和氏之璧, 완벽귀조完璧歸趙, 연성지벽連城之璧과 비슷한 말이다.

《사기史記》〈염파인상여열전廉頗藺相如列傳〉에 나오는 말이다.

조나라 혜문왕에게는 세상에서 가장 진기한 화씨和氏의 구슬이 있었다. 당시 막 강대해진 진秦나라 소양왕이 이 구슬을 어떻게든 손에 넣으려 했다. 그래서 진나라의 성 열다섯 개와 화씨의 구슬을 바꾸자고 제의했다.

혜문왕은 난감하지 않을 수 없었다. 소양왕의 청을 듣지 않으면 쳐들어올 테고, 화씨의 구슬을 준다면 구슬만 빼앗기고 성은 받지 못할 게 뻔하기 때문이었다. 혜문왕은 중신들과 논의한 끝에 인상여에게 구슬을 받들고 진나라로 가서 이 일을 적절히 처리하도록 하자고 했다. 인상여는 지혜와 용기를 겸비한 사람이었다.

왕이 누구를 사신으로 삼을지를 묻자, 인상여는 다음과 같이 말했다.

"왕께 [적당한] 인물이 없다면 신이 화씨벽을 받들고 사신으로 가고 싶습니다. 성이 조나라의 손에 들어오면 화씨벽을 진나라에 두고 오지만, 성이 조나라에 들어오지 않으면 화씨벽을 온전하게 가지고 조나라로 돌아오겠습니다王必無人, 臣願奉璧往使. 城入趙而璧留秦; 城不入, 臣請**完璧歸趙**."

소양왕은 인상여가 내놓은 화씨옥을 받아 들고 기뻐 어쩔 줄을 모르며 신하와 총희寵姬에게 두루 구경시켜주었다. 그러나 예상대로 성에 관한 말을 꺼내지 않자, 인상여는 그 의도를 알아채고 이렇게 말했다.

"그 화씨옥에는 작은 흠이 있는데 가르쳐드리지요璧有瑕, 請指示王."

그렇게 하여 다시 화씨옥을 손에 넣은 인상여는 기둥까지 뒷걸음치고는 소양왕을 노려보며 소리쳤다.

"조나라 왕은 닷새 동안 재계한 뒤 신을 사신으로 삼아 화씨벽을 받들게 하고, 진나라 조정에 삼가 편지를 보냈습니다. 조나라 왕이 이렇게 하신 까닭은 큰 나라의 위엄을 존중하여 존경하는 마음을 다하려고 한 것입니다. 그런데 지금 신이 진나라에 이르니 대왕께서는 신을 별궁에서 만나고 예절을 아주 하찮게 여기며 아주 거만하십니다. 그리고 화씨벽을 받으시고는 비빈들에게 차례로 건네주면서 신을 희롱했습니다. 신은 대왕께서 화씨벽을 받은 대가로 조나라에 성을 내줄 마음이 없음을 알았기 때문에 화씨벽을 다시 돌려받은 것입니다. 대왕께서 만일 신을 협박하려고 하신다면 신의 머리는 지금 이 화씨벽과 함께 기둥에 부딪쳐 깨질 것입니다趙王乃齋戒五日, 使臣奉璧, 拜送書於庭. 何者, 嚴大國之威以修敬也. 今臣至, 大王見臣列觀, 禮節甚倨. 得璧, 傳之美人, 以戲弄臣. 臣觀大王無意償趙王城邑, 故臣復取璧. 大王必欲急臣, 臣頭今與璧俱碎於柱矣."

이에 소양왕은 약속을 지키겠다고 다짐했다. 그러나 인상여는 그것도 거짓임을 알았으므로, 왕이 닷새 동안 재계를 한 다음에 주겠다는 구실을 붙여 구슬을 숙소로 가지고 와서는 부하를 시켜 조나라로 가지고 가게 했다. 뒤늦게 이 사실을 안 소양왕은 화가 났지만 자기 잘못도 있고 인상여의 담력에 감탄하여 정중히 대접하고 조나라로 돌아가게 했다.

왕좌지재王佐之才

——— 임금 **왕** 도울 **좌** 어조사 **지** 재주 **재** ———

'왕을 보좌할 만한 인재'라는 의미로, 왕좌지재王佐之材로도 나오며, 비슷한 말로 일군지재逸群之才가 있다.

《삼국지三國志》〈순욱전荀彧傳〉에 나온다.

명문가의 자손으로 태어난 순욱荀彧은 쉰 살에 세상을 떠나기까지 조조의 창업을 도운 핵심 참모다. 원래 그는 북방의 강력한 원소에게 상빈上賓의 예우를 받았고, 그의 동생 순심荀諶을 비롯하여 곽도郭圖 같은 자도 원소의 수하에 들어갔으나, 그는 원소가 한 번에 "결국 큰일을 이루지 못할終不能成大事" 사람으로 단정하고는 스물아홉에 과감히 원소를 버리고 조조에게로 와 '나의 장자방吾之子房'이라는 극찬을 들었다.

당시 동탁董卓이 천하를 풍미할 때 순욱은 동탁의 포학성과 무능함을 예견하고 조조를 따라 창업에 헌신하여 천하의 흐름을 정확히 읽어내면서 조조의 도겸陶謙 정벌에도 동행했고, 곽가와 정욱이란 모사를 조조에게 천거하는 안목을 두루 선보이며 소신과 명분으로 20여 년 동안 조조의 심복을 지냈다.

더구나 조조의 절대적 열세라고 분석된 원소와의 관도 싸움을 승리로 이끌었다. 당시 1만 명도 못 되는 병력으로 부상자가 속출하고 식량도 떨어지는 위기 상황에서 철군하려는 조조에게 다음과 같이 설득했다.

"공이 적의 10분의 1의 병력으로 경계를 정하고 그것을 지키면서 원소의 목을 조여 전진하지 못하게 한 지 벌써 반년이 되었습니다. 정세를 살펴볼 때 원소의 세력은 고갈되어 반드시 급변하는 일이 생길 것이고, 이는 바로 뛰어난 계책을 사용할 때이므로 놓쳐서는 안 됩니다公以十分居一之衆, 畫地而守之, 扼其喉而不得進, 已半年矣. 情見勢竭, 必將有變, 此用奇之時, 不可失也."

순욱은 조조의 인사 정책의 우위성인 공정함, 결단력, 임기응변, 신상필벌, 인재 예우 등이야말로 승리의 원동력이라고 했다. 결국 조조는 대승하여 천하 경영의 초석을 닦았으며, 순욱은 입지를 구축한다.

한편, 《한서漢書》 〈동중서전董仲舒傳〉에도 나온다.

"유향은 동중서가 왕을 보좌할 만한 인재라고 칭찬했다劉向稱董仲舒有王佐之材."

왕후장상영유종호王侯將相寧有種乎

— 임금 **왕** 제후 **후** 장수 **장** 서로 **상**(승상 **상**) 어찌 **녕** 있을 **유** 씨앗 **종** 어조사 **호** —

"임금, 제후, 장수, 승상이 어찌 씨가 있겠는가!"라는 말로, 사람의 신분은 노력하기에 따라 얼마든지 높아질 수 있음을 뜻한다.

《사기史記》〈진섭세가陳涉世家〉에 나오는 말이다.

진나라 이세 황제 원년 7월에 조정에서는 여문 왼쪽에 거주하는 곤궁한 자들을 뽑아 어양漁陽에 수자리를 살도록 했는데, 900명이 대택향大澤鄕에 머물렀다. 진승陳勝과 오광吳廣은 이 행렬에 편제되어 둔장屯長을 맡았는데, 때마침 하늘에서 큰비가 내려 길이 막혔으므로 도착할 기한을 이미 넘기게 되었다. 기한을 어기면 법에 따라 모두 목이 베이는 형벌을 받아야 했다.

진승과 오광은 상의하며 말했다.

"지금 달아나도 죽고 의거를 일으켜도 죽는다. 똑같이 죽을 바에는 나라를 위해 죽는 것이 좋지 않겠는가今亡亦死, 擧大計亦死. 等死, 死國可乎?"

장위將尉(사졸을 인솔하는 현위縣尉)가 검을 빼서 들려고 하자 오광은 일어나서 검을 빼앗고 장위를 죽였다. 진승도 그를 도와 둘이서 장위 두 명을 죽였다. 그러고는 부하들을 불러 모아 호소했다.

"너희는 비를 만났으므로 모두 기한을 어기게 되었다. 기한을 어기면 마땅히 모두 참수를 당해야 한다. 만약 너희가 참수를 당하지 않는다고 해도 변경을 지키다 죽는 사람이 본래 열 명 가운데 예닐곱 명은 된다. 하물며 장사는 죽지 않을 뿐인데, 만약 죽으려면 바로 세상에 커다란 명성을 남겨야 한다. 임금, 제후, 장수, 승상이 어찌 씨가 있겠는가公等遇雨, 皆已失期. 失期當斬. 藉弟令毋斬, 而戍死者固十六七. 且壯士不死即已, 死即擧大名耳. **王侯將相寧有種乎!**"

평소 원망이 쌓인 사람들은 이 말을 듣고 불끈 일어나 이들을 따랐다. 진승과 오광이 이끄는 농민군의 세력은 한 지방을 거칠 때마다 눈덩이처럼 불어났다.

무리는 모두 말했다.

"삼가 명을 받겠습니다敬受命."

바로 대택향에서 일어난 농민반란은 중국 역사상 최초의 반란으로 기록되었다. 사람은 누구나 평등하고 신분의 고하나 귀천의 여부에 의해 차별받지 않는다는 진승의 생각이 그를 왕으로 자리바꿈하게 했고 '세가'의 반열에 두게 만든 발분의 원동력이 되었다.

요동시遼東豕

——— 나라 이름 **요** 동녘 **동** 돼지 **시** ———

'요동의 돼지'라는 말로, 견문이 좁은 이가 자기 공을 자랑하지만 남이 보기에는 대수롭지 않은 일을 뜻한다. 요동지시遼東之豕의 준말이며, 요시遼豕라고도 한다. 비슷한 말로 정저지와井底之蛙와 촉견폐일蜀犬吠日이 있다.

《후한서後漢書》〈주부전朱浮傳〉에 의하면, 후한 세조 광무제 때 어양의 태수로 있던 팽총彭寵은 개국공신에 대한 평가에 불만을 품고 역모를 꾀하려 했다. 이를 눈치챈 대장군 주부朱浮가 조정에 보고하자, 팽총이 주부를 공격하려고 군사를 일으켰다. 주부는 팽총에게 편지를 보내 꾸짖었다.

"백통伯通(팽총의 자字) 그대는 자기 공이 하늘만큼 높다고 여기는 듯하오. 옛날 요동 사람이 자기가 기르던 돼지가 머리가 하얀 새끼를 낳자, 이것을 진귀하게 여겨 왕에게 헌상하려고 하동까지 갔는데, 그곳 돼지는 모두 머리가 하얀색인 것을 보았소. [그는] 부끄러워 [황급히 집으로] 돌아갔소. 지금 그대의 공을 조정에서 논한다면 요동 돼지에 지나지 않을 것이오伯通自伐, 以爲功高天下. 往時遼東有豕, 生子白頭, 異而獻之, 行至河東, 見群豕皆白. 懷慚而還. 若以子之功, 論於朝廷, 則爲**遼東豕**也."

그렇지만 팽총은 주부의 꾸지람에도 스스로 연왕燕王이라 하며 반란을 일으켰다가 2년 만에 토벌되고 말았으니 무턱대고 우쭐대다가 패가망신한 것이다.

요령부득要領不得

허리 **요** 목 **령** 아니 **부** 얻을 **득**

'사물의 중요한 부분을 얻을 수 없다'는 말로, 말이나 글의 핵심을 파악하지 못하는 것을 뜻한다. 반대말로 일목요연一目了然이 있다.

한나라 왕조의 대원大宛 정벌과 서역과의 교역 등을 다룬《사기史記》〈대원열전大宛列傳〉에 나오는 말이다.

전한 무제 때 흉노의 침략이 잦아서 늘 근심을 해야만 했다. 이 무렵 흉노가 월지月氏 왕을 죽이고 그 두개골로 술잔을 만들었다. 이에 월지는 흉노에 원한을 품고 복수의 칼을 갈고 있었다. 무제는 월지와 힘을 합쳐 흉노를 무찌를 계획을 세웠는데, 월지로 가려면 반드시 흉노 땅을 지나야만 했다.

이때 장건張騫이 사신으로 가게 되었다. 그러나 장건 일행은 흉노 땅을 지나다가 붙잡혀 10여 년 동안 억류되었다. 그는 이곳에서 결혼도 하고 자식까지 두었지만 한나라 사신으로서의 직책만은 굳게 지키고 변절하여 투항하지 않았다.

흉노 사람들의 감시가 점점 느슨해지자 장건은 무리와 함께 달아나 월지로 향했다. 장건 일행은 우여곡절 끝에 월지에 이르러 왕을 만나 무제의 뜻을 전했다. 그러나 월지는 이미 비옥하고 침략하는 자들도 거의 없어 안락하게 지내고 있었다. 또 한나라를 멀리 떨어진 곳에 있는 나라로 여겨 새삼스레 흉노에게 보복할 마음을 먹지 않았다.

그래서 장건은 대하大夏로 가서 월지를 설득하려 했지만 뜻을 이루지 못했다. 장건은 1년 남짓 머물다가 귀국길에 올랐다.

사관은 이 일을 다음과 같이 기록했다.

"장건은 월지를 떠나 대하에 이르렀지만 끝내 대월지의 허락을 얻지 못했다騫從月氏至大夏, 竟**不**能**得**月氏**要領**."

장건은 귀국길에 다시 흉노에게 붙잡혀 1년쯤 머무르다가 혼란을 틈타 탈출했다. 그가 처음 길을 떠날 때는 일행이 100여 명이나 되었으나 13년이 지난 뒤 돌아올 때는 겨우 두 사람뿐이었다. 무제는 장건의 기개를 높이 사 박망후博望侯로 봉했으며, 서역과 관련된 일에 계속 종사하게 했다.

용두사미龍頭蛇尾

용 룡 머리 두 뱀 사 꼬리 미

'용 머리에 뱀 꼬리'라는 말로, 시작은 거창하나 마지막은 보잘것없음을 뜻한다. 반대말로 시종여일始終如一, 유두유미有頭有尾, 수미일관首尾一貫, 선시선종善始善終 등이 있다.

선종禪宗, 특히 임제종臨濟宗 공안집公案集의 하나인 《벽암집碧巖集》에 나오는 말이다.

중국 용흥사龍興寺에 명승 진존숙陳尊宿이 있었다. 하루는 웬 낯선 승려가 이 절을 찾아왔다. 그래서 진존숙은 그에게 선문답을 했다.

"어디서 오셨습니까?"

그러자 그 승려는 갑자기 외마디 소리를 질렀다. 이에 진존숙은 중얼거리듯 말했다.

"허허, 한 차례 큰 소리로 꾸지람을 들었군."

그러고는 그 승려를 유심히 뜯어보았다. 그 승려는 오랜 기간 수행하여 도를 터득한 것처럼 보이지 않았다. 그래서 이렇게 말했다.

"비슷한 것은 비슷하지만, 옳다는 것은 옳지 않았으니, 그저 용머리에 뱀 꼬리인가 의심스럽다似則似 是則未是, 只恐**龍頭蛇尾**."

이것은 그 승려가 용 흉내를 내고 있기는 하지만 뱀인 것 같다는 말로 그 실체는 보잘것없음을 지적한 것이다.

우공문于公門

성씨 우 공변될 공 문 문

'우공의 가문'이란 말로, 음덕을 입어 자손이 번창한 가문을 가리킨다.

《한서漢書》〈우정국전于定國傳〉에 의하면, 우정국于定國의 자字는 만천曼倩이고 동해군東海郡 담현郯縣 사람이다. 그 아버지 우공于公은 현 옥리獄吏였으며, 군의 결조決曹로서 감옥에 갇힌 죄인들의 죄를 판결하는 일을 했다. 우공의 판결을 원망하는 이는 한 명도 없었다. 군에서는 우공을 위해 사당을 세워 우공사于公祠라고 했다.

처음 그 마을의 입구 문이 무너졌을 때, 부로들이 마침 함께 그것을 고치고 있었다. 우공이 말했다.

"좀 더 문을 높고 크게 하고, 말 네 마리와 덮개가 높이 솟은 수레를 드나들도록 하십시오. 나는 감옥의 죄수들을 다스리면서 음덕을 많이 쌓아 일찍이 원수진 일이 없습니다. 자손들이 반드시 흥할 것입니다少高大閭門, 令容駟馬高蓋車. 我治獄多陰德, 未嘗有所冤. 子孫必有興者."

우정국은 한나라 선제 때 승상이 되고 서평후西平侯로 봉해졌으며, 그 아들 영永은 어사대부가 되었고 뒤에 제후로 봉해졌다. 우공의 음덕이 자손에게서 빛을 본 것이다.

우공이산愚公移山

어리석을 **우** 공변될 **공** 옮길 **이** 뫼 **산**

'우공이 산을 옮긴다'는 말로, 어떤 일이든 끊임없이 노력하면 반드시 이루어진다는 뜻이다. 비슷한 말로는 수적천석水滴穿石, 마부작침磨斧作針, 산유천석山溜穿石, 십벌지목十伐之木, 적소성대積小成大, 적토성산積土成山, 진합태산塵合泰山 등이 있다.

《열자列子》〈탕문湯問〉 편에 나오는 이야기다.

북산北山에 우공愚公이라는 아흔 살 노인이 살고 있었다. 태형산太形山과 왕옥산王屋山은 사방 700리이고 높이는 1만 인仞이나 되는데, 본래 기주의 남쪽과 하양河陽의 북쪽 사이에 있었다. 우공의 집은 산을 마주 대하고 있고 산이 북쪽을 막고 있어 드나들 때 돌아서 다녀야만 했다. 그는 이것을 고민하다가 집안사람들을 모아놓고 상의했다.

"우리가 힘을 다해 험한 산을 평평히 다져서 예주豫州 남쪽으로 곧장 통하고 한수 남쪽으로 [곧장] 다다르게 하는 게 좋겠다. 괜찮겠느냐吾與汝畢力平險, 指通豫南, 達于漢陰. 可乎?"

모두가 이에 응했으나 그 아내가 무모한 계획을 비판했다.

"당신 힘으로는 조그만 괴보산魁父山의 언덕조차 없앨 수 없는데 태형산과 왕옥산을 어찌하시겠어요? 또 흙과 돌은 어디에 두지요以君之力, 曾不能損魁父之丘, 如太形王屋何? 且焉置土石?"

"삼태기로 발해 끝머리 쪽으로 운반해버리면 되오叩箕畚運於渤海之尾."

마침내 우공은 자손들과 짐을 질 세 사람을 거느리고서 돌을 두드려 깨고 흙을 파서 삼태기로 발해 끝머리 쪽으로 날랐다. 이웃에 사는 경성씨京城氏의 과부에게 유복자가 있었는데, 겨우 이를 갈기 시작한 나이지만 이 일을 돕게 했다.

하곡河曲의 지수智叟가 우공의 일을 비웃으면서 말했다.

"심하군요, 당신이 지혜롭지 못한 것이! 남아 있는 나이와 남아 있는 힘으로는 일찍이 산의 터럭 하나도 무너뜨릴 수 없거늘 흙과 돌 같은 것을 어떻게 하겠다는 거요甚矣, 汝之不惠! 以殘年餘力, 曾不能毁山之一毛, 其如土石何?"

북산의 우공은 길게 탄식하며 말했다.

"당신 마음의 고루함은 본래 거두어들일 수 없으니 과부 된 부인의 나약한 자식만도 못하구려. 비록 나는 죽게 되더라도 자식은 남아 있소. 내 자식은 또 손자를 낳을 것이고 손자는 또 자식을 낳을 것이며, 그 자식은 또 자식을 낳고, 그 자식은 또 손자를 낳아서 자자손손이 영원히 다하는 일이 없을 것이오. 그러니 산은 더 높아지지 않으니, 어찌 수고롭다 해도 평평하게 하지 않을 수 있겠소汝心之固, 固不可徹, 曾不若孀妻弱子. 雖我之死, 孺子存焉; 子又生孫, 孫又生子; 子又有子, 子又有孫; 子子孫孫, 无窮匱也. 而山不加增, 何苦而不平?"

하곡의 지수는 대답할 말이 없었다.

뱀을 다루는 조사신操蛇神이 그 얘기를 듣고서 우공이 그만두지 않을까 두려워하여 그 사실을 천제께 아뢰었다. 천제는 우공의 정성에 감동하여 과아씨誇蛾氏의 두 아들에게 명하여 두 산을 업어다가 하나는 삭동朔東에 놓고 하나는 옹남雍南에 놓게 했다. 이로부터 기주 남쪽과 한수 남쪽이 막혀 끊이지 않게 되었다.

우사생풍遇事生風

만날 우 일 사 일 생 바람 풍

'일을 보면 바람이 인다'는 말로, 본래는 젊은이들의 예기銳氣를 가리켰으나 시간이 흐르면서 시비를 일으키기 좋아하는 사람을 빗대는 말이 되었다. 원말은 견사풍생見事風生이다.

《한서漢書》〈조광한전趙廣漢傳〉에 나오는 말이다.

탁군에 사는 조광한趙廣漢이라는 사람이 말단 관직을 맡고 있다가 성실하고 청렴하여 윗사람에게 인정을 받아 마침내 도읍을 다스리는 최고 관리인 경조윤京兆尹이 되었다. 때마침 소제가 세상을 떠나게 되자 경성 근교 풍현豊縣의 두건杜建이 소제의 능원陵園을 관리하고 있었는데, 그는 직위를 남용하고 비행을 저질러 백성의 원성을 사고 있었다.

조광한은 두건에게 그 짓을 그만두라고 했으나 들은 척도 하지 않자 그를 감옥에 가두었다. 세도가들이 두건을 풀어주라고 압력을 가했지만 조광한은 그를 참형시켰다. 그러자 관리들도 조광한을 두려워하게 되었다.

조광한은 추진력이 있으며 사리사욕을 채우려고 비리를 저지르는 자들을 경멸하고 정의를 위해 목숨을 아끼지 않는 정열이 있었다.

이 점을《한서》에서는 이렇게 기록하고 있다.

"일을 보면 바람이 일고 회피하는 바가 없다見事風生, 無所回避."

그렇지만 조광한은 이러한 강직한 성품으로 간신배들의 미움을 사서 끝내 모함으로 죽었다. 부정한 풍조에 결코 물러서지 않는 조광한의 강직함이 빛바랜 것이 아닌가?

원견명찰遠見明察

―――― 멀 **원** 볼 **견** 밝을 **명** 살필 **찰** ――――

'멀리 보고 밝게 살핀다'는 말로, 지혜롭고 현명한 군주의 자세를 말한다. 군주는 자기 곁에 멋대로 일을 처리하는 간악한 신하들이 있는지 살필 수 있는 혜안이 있어야 함을 나타낸다.

《한비자韓非子》〈고분孤憤〉 편에 나오는 말이다.

"술術을 아는 인사는 반드시 멀리 내다보고 밝게 살핀다. 명확하게 꿰뚫지 않으면 사적인 음모를 밝혀낼 수 없다. 법法에 능한 인사는 반드시 굳세며 강직하다. 군세고 강직하지 않으면 간사한 자들을 바로잡을 수 없다 智術之士, 必**遠見**而**明察**. 不明察, 不能燭私. 能法之士, 必強毅而勁直. 不勁直, 不能矯姦."

강의경직強毅勁直은 법과 원칙을 지키는 인사들의 일반적인 속성이다. 이들은 주변과 타협하지 않고 소신을 굽히지 않는 외로운 사람들이다. 그러기에 한비는 '홀로 분격해 있다'는 의미의 '고분孤憤'이란 말을 쓴 것이다. 이들이 '원견명찰'한 군주의 신임을 받아 임용된다면 나라를 해치는 좀벌레들을 잡아낼 수 있을 터이지만, 그런 군주는 예상외로 매우 드물다. 아니 진실을 말하고 바른말을 좋아하는 군주는 없다는 것이 한비의 생각이다. 그래서 '강의경직'한 자들은 지위가 낮고, 그들을 인정하는 군주도 드물며, 항상 신변의 위협을 느껴 홀로 울분에 가득 차 있는 것이다. 신하에 대한 군주의 평가는 신하의 실제 공적이 아니라 친소 관계 등에 좌우되기 때문이다.

그러기에 군주는 주변에 사사로이 패거리를 지어 제멋대로 권력을 휘두르면서 군주의 권위를 가리는 자들이 얼마나 있는지 '명찰明察'의 지혜를 발휘해야 한다. 개혁적이고 혁신적인 사고를 갖춘 자들은 기득권들과 대립하고 충돌할 수밖에 없으며, 군주 곁을 떠나는 '강의경직'한 인재들이 곁에 머무를 수 있도록 배려해야 한다. 군주의 눈과 귀가 열려 있어야만 통치의 일차적 장애물인 인人의 장막에서 벗어날 수 있다.

원교근공遠交近攻

멀 원 사귈 교 가까울 근 칠 공

'먼 곳과 사귀고 가까운 곳을 공격한다'는 말이다. 반대말로는 원수근화遠水近火, 원족근린遠族近隣, 원수불구근화遠水不救近火가 있다.

《사기史記》〈범저채택열전范雎蔡澤列傳〉에 나오는 말이다.

진秦나라 소왕昭王은 수레를 보내 범저范雎를 불러오게 했다. 범저는 이궁離宮(왕이 임시로 머무는 궁실)에서 왕을 만났다. 그때 그는 길을 모르는 척하고 후궁들이 드나드는 영항永巷으로 들어갔다. 때마침 왕이 오자 환관은 화를 내고 범저를 내쫓으며 소리쳤다

"왕께서 납신다王至."

범저는 짐짓 환관에게 이렇게 말했다.

"진나라에 무슨 왕이 있단 말이오? 진나라에는 태후와 양후가 있을 뿐이오秦安得王? 秦獨有太后, 穰侯耳."

이 말에 소왕은 깨우치는 바가 있어 범저를 맞이하고는 좌우 신하들을 모두 물리치고, 무릎을 꿇고 말했다.

"선생은 과인에게 무엇을 가르쳐주겠소先生何以幸教寡人?"

그러나 범저는 한마디도 하지 않았다. 소왕이 거듭 부탁했으나 범저는 대답하지 않았다. 소왕이 다시 간곡하게 청했다.

그러자 범저는 다음과 같은 비유를 들었다.

"신이 듣기에 여상呂尙이 문왕을 만났을 때는 자신이 어부가 되어 위수渭水 근처에서 낚시질하고 있었습니다. 여기 우리처럼 사이가 멀었지요. [그러나 문왕이 여상의 말에] 이미 설복되어 그를 태사太師로 삼아 같이 수레를 타고 돌아온 것은 여상의 말에 깊이가 있었기 때문입니다. 그러므로 문왕은 여상의 힘으로 마침내 천하의 왕이 되었습니다. 만일 [처음에] 문왕이 여상을 멀리하여 깊이 있는 말을 하지 않았더라면 주나라는 천자로서 덕을 펼 수 없고, 문왕과 무왕 모두 그 왕업을 이루지 못했을 것입니다. 지금 신은 다른 나라에서 온 나그네로 왕과 사이가 가깝지 않습니다.

그러나 왕께 말씀드리고자 하는 것은 모두 군주를 바로잡고자 하는 일이며, 왕의 가까운 혈육에 관한 이야기이기도 합니다. 원컨대 어리석게나마 충성을 다하고 싶지만 아직 왕의 마음을 잘 모르겠습니다. 이것이 왕께서 세 차례나 물으셔도 [신이] 감히 대답하지 못한 까닭입니다臣聞昔者呂尙之遇文王也, 身爲漁父而釣於渭濱耳. 若是者, 交疏也. 已說而立爲太師, 載與俱歸者, 其言深也. 故文王遂收功於呂尙而卒王天下. 鄕使文王疏呂尙而不與深言, 是周無天子之德, 而文武無與成其王業也. 今臣羈旅之臣也, 交疏於王. 而所願陳者皆匡君之事, 處人骨肉之閒. 願效愚忠而未知王之心也. 此所以王三問而不敢對者也."

범저의 말에 소왕이 말했다.

"나는 당신 재능을 존경하므로 진심으로 가르침을 청하는 것입니다."

소왕의 이 말을 듣고 나서 범저가 말했다.

"한나라와 위나라를 넘어서 제나라의 강수를 치려는 양후의 계책은 좋지 않습니다. 적은 군대를 출동시키면 제나라를 깨뜨릴 수 없고, 많은 군대를 내보내면 진나라에 해롭습니다. 왕께서는 [진나라에서] 병력을 적게 보내고 모자라는 병력을 한나라와 위나라 군사를 동원하여 채우려고 하시는데 신이 생각할 때 그것은 옳지 못합니다. …… 왕께서는 먼 나라와 사귀고 가까운 나라를 공격하는 것이 제일 좋습니다. 그렇게 하면 한 치의 땅을 얻어도 왕의 것이 되고 한 자의 땅을 얻더라도 왕의 것이 됩니다. 지금 이런 계책을 버리고 멀리 있는 나라를 친다는 것은 역시 잘못된 일이 아니겠습니까夫穰侯越韓魏而攻齊綱壽, 非計也. 少出師則不足以傷齊, 多出師則害於秦. 臣意王之計, 欲少出師而悉韓魏之兵也, 則不義矣. …… 王不如**遠交**而**近攻**. 得寸則王之寸也, 得尺亦王之尺也. 今釋此而遠攻, 不亦繆乎!"

소왕은 범저의 견해를 따랐다.

원수불구근화遠水不救近火

멀 **원** 물 **수** 아니 **불** 구원할 **구** 가까울 **근** 불 **화**

'먼 곳에 있는 물은 가까운 곳에서 난 불을 끄지 못한다'는 말로, 멀리 있으면 긴급할 때 아무 소용이 없음을 뜻한다.

《한비자韓非子》〈설림 상說林上〉 편에 나오는 이야기다.

노나라 목공穆公이 공자들 중 어떤 이는 진晉나라에서 벼슬하도록 하고, 어떤 이는 초나라에서 벼슬하게 하자 여서犁鉏(제나라 대부)가 말했다.

"월나라에서 사람을 빌려 물에 빠진 아들을 구하려고 하는데, 월나라 사람이 비록 수영을 잘하더라도 아들은 반드시 살지 못할 것입니다. 불을 끄려고 바다에서 물을 길으려고 한다면 바닷물이 비록 많더라도 불은 반드시 꺼지지 않을 것입니다. 먼 곳에 있는 물은 가까운 곳에서 난 불을 끄지 못합니다. 지금 진나라와 초나라는 비록 강하지만 [적국인] 제나라가 가까이 있으니, 노나라의 근심은 해결하지 못할 것입니다假人於越而救溺子, 越人雖善遊, 子必不生矣. 失火而取水於海, 海水雖多, 火必不滅矣, **遠水不救近火**也. 今晉與荊雖強, 而齊近, 魯患其不救乎!"

원앙계鴛鴦契

원앙 **원** 원앙 **앙** 맺을 **계**

'금슬이 좋은 부부 사이'를 뜻한다.

《수신기搜神記》〈한빙부부韓憑夫婦〉에 나오는 말이다.

전국시대 송나라 강왕康王의 사인舍人 중 한빙韓憑이라는 이가 있었다. 그가 아내 하何씨를 얻었는데 보기 드문 절색이었다. 그런데 강왕이 그녀의 아름다움을 탐하여 권력으로 빼앗았다. 한빙이 원망하는 말을 하자 강왕은 그를 가두고 형벌에 처했다. 아내는 몰래 한빙에게 편지를 보냈다.

그 비가 오랫동안 내리니
냇물이 불어 깊어지고
해가 뜨면 이내 마음이라.
其雨淫淫, 河大水深, 日出當心.

왕이 그 편지를 손에 넣어 주위에 있는 이들에게 보였으나 그들은 그 뜻을 알지 못했다. 가신 소하蘇賀가 말했다.

"그 비가 오랫동안 내린다는 것은 근심하고 그리워하는 것을 뜻하고, 냇물이 불어 깊어진다는 것은 오가지 못한다는 말이며, 해가 뜨면 이내 마음이라는 것은 죽을 결심을 하고 있음을 뜻합니다其雨淫淫, 言愁且思也; 河大水深, 不得往來也; 日出當心, 心有死志也."

오래지 않아 한빙은 자살을 했고, 아내는 그의 옷을 몰래 간직하고 있었다.

어느 날 강왕이 죽은 한빙의 아내와 함께 누대에 올랐는데, 갑자기 그녀가 몸을 던져 자살했다. 그녀가 남긴 유서에는 이렇게 적혀 있었다.

"왕은 그 삶을 이롭게 여기지만, 소첩은 죽음을 이롭게 여깁니다. 원컨대 시신의 몰골이라도 한빙과 합장시켜주십시오王利其生, 妾利其死. 願以屍骨賜憑合葬!"

왕은 노여워하며 그 소원을 들어주지 않고 마을 사람들을 시켜 매장하되 두 묘가 마주 보도록 했다.

왕이 말했다.

"너희 부부의 사랑은 다하지 못한다. 만일 묘가 합쳐질 수만 있다면 나는 막지 않겠다爾夫婦相愛不已. 若能使冢合, 則吾弗阻也."

하룻밤 사이에 아주 커다란 나무가 두 묘 끝에서 자라나더니 열흘이 지나자 무성해져 몸체를 서로가 있는 쪽으로 굽혀 아래에서는 뿌리가 교차하고, 위에서는 나뭇가지가 교차했다. 또 원앙 암컷과 수컷 각 한 마리가 나무 위에 집을 짓고 아침저녁으로 떠나지 않으며 슬피 우는데, 그 소리가 사람들의 마음을 아프게 했다. 송나라 사람들은 그것이 애틋하여 그 나무를 상사수相思樹라고 했다. 상사라는 말은 이로부터 나오게 되었다. 남쪽 사람들은 이 새를 한빙 부부의 영혼이라고 했다宿昔之間, 便有大梓木, 生於二塚之端, 旬日而大盈抱, 屈體相就, 根交於下, 枝錯於上. 又有鴛鴦, 雌雄各一, 恒栖樹上, 晨夕不去, 交頸悲鳴, 音聲感人. 宋人哀之, 遂號其木曰相思樹. 相思之名, 起于此也. 南人謂此禽即韓憑夫婦之精魂.

원입골수怨入骨髓

원망할 **원** 들 **입** 뼈 **골** 골수 **수**

'원한이 골수로 들어간다'는 말로, 원한이 뼈에 깊숙이 사무칠 만큼 깊음을 말한다. 비슷한 말로 한지입골恨之入骨이 있다.

《사기史記》〈진본기秦本紀〉에 나오는 말이다.

진秦나라 목공穆公은 백리해百里奚와 건숙蹇叔의 반대에도 불구하고 정나라를 공격하기로 결정했다. 그러고는 백리해의 아들 맹명시孟明視와 건숙의 아들 서걸술西乞術 및 백을병白乙丙 등에게 군사를 통솔하도록 했다. 출병하는 날 백리해와 건숙은 패배할 전쟁에 자식들을 내보내야만 하는 안타까움에 통곡을 했다.

진秦나라 군대는 동쪽으로 진격하여 진晉나라를 거쳐 주나라의 도성 북문을 지났다. 이들이 진晉나라의 변경 성읍인 활滑에 이르렀을 때 정나라 상인 현고弦高를 만났는데, 소 열두 마리를 끌고 주나라로 팔러 가는 길이었다. 그는 자신이 죽거나 포로가 될까 두려워서 소를 바치면서 이렇게 말했다.

"듣건대 귀국에서 정나라를 정벌하려고 한다던데 정나라 왕은 착실하게 방어 준비를 하고, 또 신에게 소 열두 마리를 끌고 가서 병사들을 위로하도록 하셨소聞大國將誅鄭, 鄭君謹修守禦備, 使臣以牛十二勞軍士."

진나라의 세 장군은 말했다.

"장차 습격하려고 하는 것을 정나라가 이미 알고 있으니 쳐들어간다 해도 성공하지 못할 것이다將襲鄭, 鄭今已覺之, 往無及已."

그러고는 활을 멸망시켰다.

이때 진晉나라 문공이 죽었으나 장사도 지내지 못하고 있던 터였다. 태자 양공이 노하여 말했다.

"진秦나라는 부친을 잃은 나를 우습게 여겨 상중인 때를 틈타 우리 활읍을 침공했다秦侮我孤, 因喪破我滑."

그러고는 상복을 검게 물들여 입고 군대를 이끌고 효산肴山에서 진秦나라 군사를 가로막아 공격하여 크게 무찌르니, 진나라 병사들은 한 명도 도망치지 못했다. 진晉나라 군사들은 진秦나라의 세 장수를 포로로 잡아 돌아왔다. 문공의 부인은 진秦나라 여자였다. 그녀는 포로가 된 진秦나라의 세 장수를 위해서 이렇게 말했다.

"목공은 이 세 사람에 대한 원한이 골수에 사무쳐 있을 테니, 이 세 사람을 돌려보내 진秦나라 왕이 이들을 친히 통쾌하게 삶아 죽이도록 해주십시오繆公之怨此三人入於骨髓, 願令此三人歸, 令我君得自快烹之."

진晉나라 왕이 이를 허락하여 세 장수를 진秦나라로 돌려보냈다. 세 장수가 돌아오자 목공은 소복을 입고 교외까지 나와 맞이하고는 울며 말했다.

"내가 백리해와 건숙의 말을 듣지 않아 그대들을 욕되게 했으니, 그대들에게 무슨 죄가 있겠소? 그대들은 이 치욕을 씻기 위해서 마음을 다하고 게으르지 마시오孤以不用百里傒蹇叔言以辱三子, 三子何罪乎? 子其悉心雪恥, 毋怠."

그러고는 세 사람의 관직과 봉록을 전처럼 회복시키고 더욱 후대했다.

월단평月旦評

달 월 아침 단 품평 평

'매달 초하루 아침의 평'이라는 말로, 인물에 대한 품평을 뜻한다. 월단품月旦品이라고도 한다.

한나라 말에는 청담과 어떤 인물의 인품이나 골격 등을 평가하는 인물평이 유행했다. 이것은 하나의 시대적 흐름이었고, 세상 사람들의 관심사였다.

《후한서後漢書》〈허소전許劭傳〉을 보면 품행이 단정하고 명예와 절개를 숭상하면서도 인물 평가를 잘한 허소許劭라는 인물이 나온다.

후한 말, 허정許靖도 허소와 함께 인물 평가로 명성을 얻고 있었다. 이들은 매달 초하루가 되면 허소의 집에서 그들이 사는 여남군汝南郡의 인물들을 품평했는데, 그 품평이 적절하므로 좋은 평가를 받았다. 그래서 당시 출세를 꿈꾸던 사람 중에는 이들에게 인물평을 듣고자 하는 이가 상당히 많았다.

당시 두각을 나타내지 못하고 있던 조조도 이들의 평가를 듣고 싶었다. 허소는 평소 조조에 대한 세상 사람들의 평가가 좋지 않은 것을 알고 있으므로 그의 청을 받아들이지 않으려고 했으나 조조가 계속 재촉하자 이렇게 말했다.

"당신은 태평한 시대에는 유능한 신하가 되지만, 혼란한 세상에서는 간사한 영웅이 될 것이오子治世之能臣, 亂世之奸雄."

이 말을 듣고 조조는 껄껄 웃었다.

허소의 인물평은 조조의 성격을 정확히 꿰뚫고 있었고, 조조는 그러한 허소의 평가에 대해 나름의 의미를 두었다. 환관 출신이라는 조조의 배경 탓도 있겠지만, 시대의 흐름을 타고 처세에도 능하다는 면모를 보여주는 대목이 아닐 수 없다.

월하빙인月下氷人

달 **월** 아래 **하** 얼음 **빙** 사람 **인**

'달빛 아래 노인'이라는 말의 '월하노인月下老人'과 '얼음 위의 사람'이라는 말의 '빙상인氷上人'의 합성어로, 혼인을 중매하는 사람을 가리킨다.

《진서晉書》〈예술전藝術傳〉에 나오는 색담索耽이라는 점쟁이와 관련된 말이다.

당나라 때 위고韋固라는 노총각이 있었다. 그가 송성宋城이라는 현에 이르렀을 때, 푸른 달빛이 흰 수염의 노인을 밝게 비추고 있는 것을 보았다. 그 노인은 짐에 몸을 기댄 채 책을 펼쳐놓고 있었다. 위고가 무엇을 하고 있느냐고 묻자, 이 세상의 혼인 대상을 물색하는 중이라고 했다. 짐 속에 무엇이 들었는지 궁금해하자, 노인은 그것을 펼쳐 보이며 말했다.

"여기에는 붉은 끈이 있지. 이것은 부부를 맺어준다네. 사람들을 이것으로 매어놓으면 먼 곳에 있든 원수지간이든 부부가 되지."

위고는 노인의 말에 솔깃하여 자기 배필은 어디에 있는지 물었다.

"송성 북쪽에서 채소를 파는 노파가 안고 있는 아이가 자네 배필이라네."

하지만 위고는 그 말을 귀담아듣지 않았다. 그로부터 14년 뒤에 그는 태수의 딸과 결혼하게 되었다. 문득 노인의 말이 생각나서 신부에게 일신에 관해 물어보니, 자신은 태수의 양딸로 송성 북쪽에 사는 한 유모에 의해 길러졌다고 했다.

한편 영호책令狐策이라는 이는 자신이 얼음 위에 서서 얼음 아래 있는 어떤 사람과 이야기하는 꿈을 꾸고는 색담에게 해몽을 부탁했다. 색담의 해몽은 이러했다.

"얼음 위는 양陽이고 아래는 음陰인데, 양과 음이 이야기했다는 것은 중매하여 성립시킬 징조다. 얼음이 녹을 때 혼사를 치른다冰上爲陽, 冰下爲陰, 陰陽事也, 士如歸妻. 迨冰未泮, 婚姻事也."

얼마 뒤에 호책은 태수에게서 아들의 중매를 부탁받아 성사시켰으며, 결혼식은 얼음이 녹을 무렵 치러졌다.

위소회葦巢悔

갈대 위 집 소 뉘우칠 회

'갈대 위에 집을 지은 것을 후회한다'라는 말로, 학문을 하는 자는 확고한 주관을 가져야 함을 강조하기 위해 든 비유다.

《순자荀子》〈권학勸學〉 편에 나오는 말이다.

순자荀子는 전국시대 말 조나라 사람으로 이름은 황況이다. 옛 순국郇國의 공손公孫이었으므로 순荀씨 또는 손孫씨라고 하여 손황孫況이라고도 하며, 높여서 순경荀卿이라고도 한다.

순자는 제나라 양왕을 섬겼으나 참소를 당했고, 다시 초나라로 가서 당시 초나라 재상 춘신군春申君을 섬겨 난릉蘭陵이라는 땅의 현령이 되었다. 춘신군이 죽자 순자는 관직에서 물러나 난릉에서 문인 교육과 저작에 힘쓰며 여생을 마쳤다. 이때 많은 학자를 배출해냈는데, 한비나 이사 등이 대표적인 인물이다.

순자는 학문이란 경전을 외우는 데서 시작하여 인도人道의 최고 표준이 되는 예를 실천하는 데서 그친다고 했다. 그리고 학문을 하는 데는 먼저 자기가 설 자리를 확고히 하는 것이 중요함을 강조하려고 다음과 같은 비유를 들었다.

"남방에 새가 있는데 이름은 몽구라고 하며 깃으로 둥지를 만들고 터럭을 엮어 그것을 갈대 이삭 끝에 매어둔다. [그러나] 바람이 불면 갈대가 부러져 새끼는 죽고 알도 깨진다. 둥지는 완전한 것이 아닌 것이 아니고 매어둔 자리가 [허술하여] 그렇게 되는 것이다南方有鳥, 名曰蒙鳩, 以羽爲巢, 編之以髮, 繫之葦苕. 風至苕折, 子死卵破. 巢非不完也, 所繫者然也."

위정유목爲政猶沐

할 **위** 정사 **정** 같을 **유** 머리 감을 **목**

'정치를 하는 것은 머리를 감는 것과 같다'는 말로, 약간의 희생을 감수해야 큰 이익을 얻을 수 있다는 뜻이다.

《한비자韓非子》〈육반六反〉 편에 나오는 말이다.

"정치를 하는 것은 머리를 감는 것과 같아서 머리카락이 다소 빠지더라도 반드시 머리를 감아야 한다**爲政猶沐**也, 雖有棄髮, 必爲之."

'육반'이란 여섯 가지 상반되는 일이라는 뜻인데, 사람들은 자기의 이익에 따라 상반되는 입장에 서게 된다는 것이다.

〈육반〉 편에서 한비는 다시 말한다.

"죽음을 두려워하고 환난을 멀리하는 것은 [적에게] 항복하여 달아날 백성이지만, 세상에서는 그들을 받들어 '생명을 귀하게 여기는 선비'라고 말한다. 도를 배우고 학설을 세우는 것은 법을 어기는 백성이지만, 세상에서는 그들을 받들어 '문학이 있는 선비'라고 말한다. …… 적을 살려주고 간악한 자를 숨겨주는 것은 죽을죄에 해당하는 백성이지만, 세상에서는 그들을 받들어 '명예에 [몸을] 맡기는 선비'라고 말한다畏死遠難, 降北之民也, 而世尊之曰'貴生之士'. 學道立方, 離法之民也, 而世尊之曰'文學之士'. …… 活賊匿姦, 當死之民也, 而世尊之曰'任譽之士'."

한비가 이러한 유형의 사람들을 예시한 이유는 바로 군주의 판단력은 세상의 평가에 좌우되는 경우가 적지 않으며, 심지어 사악한 일을 자행하여 벌을 받아야 하는데도 상을 받는 경우도 적지 않다는 것이다. 머리를 감을 때 머리카락이 빠지는 것은 작은 손실에 해당한다. 그렇다고 해서 감지 않을 수 없다. 군주는 전후 사정을 잘 헤아려 균형의 정치를 해야 하는 그런 자리에 있음에도 불구하고, 그런 군주의 눈과 귀를 가리려는 모략과 음모 그리고 책략은 도처에서 언제든 시도된다. 세상에 아첨 싫어하는 리더가 있는가. 감언이설에 속아 패망의 길을 걷고 스스로 무덤을 파는 군주들은 늘 있어왔다.

위정이덕爲政以德

할 위 정사 정 써 이 덕 덕

'정치는 덕으로 해야 한다'는 말로, 공자가 주장한 유가의 정치 원리다.

공자가 《논어論語》〈위정爲政〉 편 첫머리에서 한 말이다.

"정치를 덕으로 하는 것은, 비유하면 마치 북극성이 자리를 지키고 있고, 다른 모든 별이 함께 그를 떠받드는 것과 같다**爲政以德**, 譬如北辰, 居其所而衆星共之."

이 말은 〈위정〉 편의 핵심으로 부연하면 다음과 같다.

"정령政令으로 이끌고 형벌로 다스리면, 백성들은 [법망을 교묘하게] 빠져나가고도 부끄러움을 모른다. 덕으로 이끌고 예로 다스리면 [백성은] 부끄러워할 줄도 알고 [잘못을] 바로잡게 된다道之以政, 齊之以刑, 民免而無恥. 道之以德, 齊之以禮, 有恥且格."

위 원문에서 '격格'은 규정을 엄격하게 준수하는 것이며 일정한 법도와 규범을 두고 관리하여 선함에 이르게 한다는 의미로써 빠져나간다는 의미의 '면免'과는 상반되는 개념이다. 공자는 정령과 형벌이라는 인위적이고 강제화된 정치를 반대했는데, 그 이유는 별 효과가 없을 뿐만 아니라 '부끄러움'을 알지 못한다는 것이다.

'부끄러움'을 아는 것은 인간이 동물과 다른 근본적인 이유다. 그러기에 공자가 말하는 덕치는 인간에 대한 감화를 핵심으로 해야 하는 배려의 정치다. 패권주의가 난무하는 춘추시대의 상황에서 이런 공자의 말은 설득력이 없어 보였다. 그럼에도 그는 일관되게 학문을 추구하면서도 끊임없이 정치에 관심을 기울였으며, 덕이 있는 자의 정치와 능력이 출중한 자의 정치 사이에서 고민하다가 마침내 덕치를 내걸었다.

위정재인爲政在人

할 **위** 정사 **정** 있을 **재** 사람 **인**

'정치를 하는 것은 사람에게 달려 있다'는 말로, 좋은 정치를 위해서는 인재를 얻는 것이 중요하다는 뜻이다.

《예기禮記》의 편명인 〈중용中庸〉의 '애공문정哀公問政' 조에 나오는 말이다.

"정치를 하는 것은 사람에게 달려 있으니, 사람을 취하는 것은 몸으로써 해야 하고, 몸을 수양하는 것은 도로써 해야 하며, 도를 수양하는 것은 인으로써 해야 한다**爲政在人**, 取人以身, 修身以道, 修道以仁."

노나라 군주 애공이 정치를 물었을 때 공자는 이처럼 명쾌하게 답변했다. 방책方策(목판과 죽간)에 기록되어 있는 문왕과 무왕 같은 성군의 정치력이 힘을 발휘한 것도 따지고 보면 현신賢臣에 달려 있으며, 만일 그 반대의 경우 정치는 멈출 수밖에 없다는 논지다. 물론 인재를 선택하는 것은 군주의 자질에 달려 있으니 여기서 말하는 '인人'은 바로 현신을 의미하므로 이 말은 '위정재신爲政在臣'이라고 써도 무방하다.

당 태종과 관련된 거의 모든 것을 다룬, 소통적 제왕학의 교과서로 평가받는 《정관정요貞觀政要》의 〈숭유학崇儒学〉 편에서도 "정치를 하는 요체는 오직 사람을 얻는 데 있으니, 그 재목이 아닌 자를 등용한다면 반드시 [제대로 된] 정치에 이르기 힘들 것이다爲政之要, 惟在得人, 用非其才, 必難致治." 라고 말했다.

그러나 문제는 왜 현신만을 강조하고 성군의 여부에는 관심을 기울이지 않았는가 하는 점이다. 이는 임명권자는 군주이지 신하가 아니고, 신하가 군주를 선택할 확률은 거의 없었기 때문이다. 더군다나 적장자 계승 원칙이 엄존하는 봉건제 아래에서는 능력 여하와는 무관하게 군주의 자리가 정해져 있었다. 그러니 제아무리 능력이 뛰어난 명대의 장거정張居正이나 척계광戚繼光 같은 현신들도 성군을 만나지 못하여 그들의 탁월한 역량을 제대로 발휘하지 못하고 곤욕을 치렀던 것이다.

위편삼절韋編三絶

다룸가죽 **위** 엮을 **편** 석 **삼** 끊어질 **절**

'책을 묶은 가죽 끈이 세 번이나 끊어졌다'는 말로, 책을 여러 번 읽어 닳고 닳은 것을 뜻하니 학문에 힘쓴다는 의미다.

공자는 학술과 문화와 교육 방면에서 큰 공적이 있고, 그의 사상은 후대에까지 전수되어 유가의 종주로 받들어졌다.

사마천은《사기史記》〈공자세가孔子世家〉에서 이렇게 말했다.

"공자는 만년에《주역周易》을 좋아하여 〈단彖〉·〈계繫〉·〈상象〉·〈설괘說卦〉·〈문언文言〉 편에 서문을 썼다. 그리고《주역》을 읽다가 가죽끈이 세 번이나 끊어졌다孔子晩而喜易, 序彖繫象說卦文言. 讀易, **韋編**三絶."

죽간은 중국에서 종이가 나오기 전에 종이 대신 쓰던 것으로, 대나무 쪽에다 글자를 써서 그것을 가죽 끈으로 묶어 만든 책을 말한다. 공자가 죽간을 꿴 가죽 끈이 세 번이나 끊어질 만큼《주역》을 읽었다는 것은 그 책을 한두 번이 아니라 수백 번 읽어 닳고 닳았다는 말이다. 학문에 얼마나 깊이 몰두했는지를 말해준다.

유교무류有教無類

있을 **유** 가르칠 **교** 없을 **무** 무리 **류**

'가르침에는 차별이 없다'는 말로, 배우고자 하는 사람에게는 누구에게나 배움의 문이 개방되어 있다는 뜻이다.

공자의 《논어論語》〈위령공衛靈公〉 편에 나오는 말이다. 공자의 교육 목적은 인을 실천하려 함이지 다른 것이 아니므로 가르침에 빈부나 귀천, 출신, 나이 등에 차등을 두지 않았다. 이것은 사람은 누구든지 교육을 받을 권리가 있다는 뜻이다.

이 점은 공자의 여러 제자를 통해서도 쉽게 알 수 있다. 가령 자공子貢과 염유冉有는 아주 부자였지만 안회는 가난하기가 이루 말할 수 없을 정도였고, 맹의자孟懿子는 신분이 높았지만 자로는 신분이 낮았다. 안회는 현명했지만 고시高柴는 어리석었으며, 안로顏路는 공자와 겨우 여섯 살 차이였으나 공손룡公孫龍은 공자보다 쉰세 살이나 적어 공자의 제자 가운데 가장 어렸다. 국적도 각기 달랐는데 자연子淵은 노나라, 자하는 위衛나라, 자장은 진陳나라, 자사子思는 송나라 출신이었다. 공자는 이러한 여러 가지 차이가 교육에 걸림돌이 될 수 없다고 보았다.

유무상생有無相生

있을 **유** 없을 **무** 서로 **상** 날 **생**

'있음과 없음은 서로를 낳는다'라는 말로, 절대적인 기준보다 상대적인 가치관을 중시한다는 뜻이다.

《노자老子》2장에 나오는 말이다.

"있음과 없음은 서로를 낳고, 어려움과 쉬움은 서로를 이루어주며, 길과 짧음은 서로 비교하고, 높음과 낮음은 서로 기울며, 곡조(음악)와 소리는 서로 어울리고, 앞과 뒤는 서로를 따른다**有無相生**, 難易相成, 長短相形, 高下相傾, 音聲相和, 前後相隨."

노자가 말하는 아름다움과 추함, 선과 악의 상대적인 문제가 표출되어 있다. 어떤 한 개념에 가치판단을 하는 것은 그것을 표상하고 판단하며 추리하는 의식 작용, 즉 주관의 상대적 소산이지 그 사물의 본래성과는 무관하다는 것이 노자의 관점이다. 모든 가치는 중립적으로 그 의미를 획득할 수 있다는 말이다.

'유무상생有無相生'이란 개념 역시 두 방향에서 이해해야 마땅하다. 일단 '유'를 말하면 '무'를 떠올리게 된다는 의미, 즉 상호의존관계라는 말이 그 첫째이고, 만물이 늘 변화 속에 존재한다는 점을 강조하는 것이다.

40장에서 노자는 "천하의 만물은 유에서 생겨나고, 유는 무에서 생겨난다天下萬物生於有, 有生於無."라고 하여 '유'와 '무'의 관계는 상호관계로 지금의 '유'는 이전에는 '무'였다는 사실을 지적했다. 이 '유무상생'의 문제는 노자 세계관의 핵심 중의 핵심으로 공자가 말하는 '정명正名'과는 대비된다.

공자는 군주는 군주, 신하는 신하, 아버지는 아버지의 직분에 따른 개인의 역할과 책임을 강조했다. 노자는 대립되어 존재하는 자연의 존재법칙이 유기적으로 조화하면서 '도道'를 이룬다고 보았다.

유어출청流魚出聽

흐를 류 물고기 어 날 출 들을 청

'유어流魚'는 흐르는 물속의 고기로서 '침어沈魚'라고 나오는 판본도 있다. 거문고 소리가 빼어나 '물속에 잠겨 있는 물고기가 나와 듣는다'라는 말로, 재주가 뛰어남을 칭찬하는 말이다.

모두 32편으로 이루어져 있고 일부는 제자들이 집필한 것으로 알려진《순자荀子》의 명편인 〈권학勸學〉 편에 나오는 말이다.

"옛날에 호파瓠巴가 비파를 타면 물속에 잠겨 있는 물고기도 나와 들었고, 백아가 거문고를 타면 수레를 끄는 말 여섯 필이 풀을 뜯어 먹다가도 고개를 들었다. 그러니 소리는 아무리 작다 하더라도 들리지 않는 게 없고, 행동은 아무리 숨겨도 드러나지 않는 게 없다. 산에 옥이 있으면 풀과 나무들이 윤택해지고, 못에서 진주가 나면 주변 언덕이 마르지 않는다. 선을 행하고 [사악함을] 쌓지 않는다면 어찌 명성이 드러나지 않겠는가昔者瓠巴鼓瑟, 而**沈魚出聽**; 伯牙鼓琴, 而六馬仰秣. 夫聲無細而不聞, 行無隱而不行. 玉居山而木潤, 淵生珠而岸不枯. 爲善而不積乎, 豈有不至哉?"

호파는 비파를 잘 타던 사람으로 자세한 사항은 알려져 있지 않으나, 《열자列子》에도 그가 거문고를 타면 새가 춤추고 물고기가 뛰었다는 기록이 나온다.

이렇듯 배움이란 꾸준히 한결같은 마음을 기울여 힘써야만 성과가 있다는 말로, 학문에 들어선 사람은 마땅히 올바른 길로 나아가야 함을 강조하는 것이다.

유자가교孺子可教

젖먹이 **유** 아들 **자** 가히 **가** 가르칠 **교**

'젊은이는 가르칠 만하다'는 말로, 열심히 공부하는 아이를 칭찬할 때 쓰는 말이다.

《사기史記》〈유후세가留侯世家〉에 나오는 말이다.

장량張良은 본래 삼대째 한韓나라 재상을 지냈으나, 육국이 진秦나라에 멸망한 뒤부터는 상황이 달라졌다. 장량은 회양淮陽 지방에서 예제禮制를 배우다가 조국 한나라를 위해 진나라에 복수하고자 가산을 정리하여 회양에서 힘을 쓰는 장사를 사서 그에게 시황제를 죽이라고 시켰다.

때마침 시황제가 박랑사博浪沙를 순시하러 왔기에 장사를 시켜 120근이나 되는 철퇴로 시황제를 공격하게 했다. 그러나 장사는 시황제의 호위병에게 붙들려서 장량의 지시를 받았다고 자백하고 말았다. 시황제는 전국에 수배령을 내려 장량을 잡도록 했다. 그러자 장량은 이름을 바꾸고 하비下邳로 가서 훗날을 도모하기로 했다. 사마천은 장량이 큰 인물이 된 사실을 다음과 같이 기록하고 있다.

장량이 일찍이 한가한 틈을 타 하비의 다리 위를 천천히 걸어가는데, 한 노인이 거친 삼베옷을 걸치고 장량이 있는 곳으로 다가와 곧장 자기 신발을 다리 밑으로 떨어뜨리고는 장량을 돌아보며 말했다.

"젊은이, 내려가서 신발 좀 주워와孺子, 下取履!"

장량은 의아해하며 때려주려고 했으나 나이가 많은 사람이라 억지로 참고 아래로 내려가서 신발을 가져왔다. 그러자 노인이 말했다.

"나한테 신겨履我!"

장량은 이미 노인을 위해서 신을 주워왔으므로 꿇어앉아 신을 신겨주었다. 노인은 발을 뻗어 신을 신기게 하고는 웃으면서 가버렸다. 장량은 매우 놀라서 노인이 가는 것을 바라만 보았다.

노인은 1리쯤 가다가 다시 돌아와서 말했다.

"젊은이가 가르칠 만하군! 닷새 뒤 새벽에 나와 여기서 만나지**孺子可教**

矣! 後五日平明, 與我會此."

장량은 더욱 괴이하게 여기며 꿇어앉아 말했다.

"알겠습니다諾."

장량은 갑작스러운 노인의 말에 어리둥절해졌다. 그로부터 닷새가 지난 다음 장량이 날이 밝자마자 다리 위로 나가니 노인은 벌써 나와 기다리고 있다가 몹시 화를 냈다. 그러고는 내일 다시 나오라고 말하고는 가버렸다.

그다음 날 장량은 새벽에 다리로 나갔으나 노인이 먼저 나와 기다리고 있었다. 사흘째 되는 날에도 장량보다 먼저 나와 그를 기다리고 있었다. 노인은 장량에게 약속 시간을 지키지 않는다며 욕을 하고는 그에게 닷새 뒤에 다시 나오라고 했다. 장량은 노인이 말한 날 캄캄한 새벽에 다리 위로 갔는데 노인은 아직 보이지 않았다.

장량이 한참 기다리자 노인이 어둠 속에서 나타났다. 그는 기뻐하며 장량에게 책을 한 권 주고는 10년 뒤에 제북濟北의 곡성산穀城山 아래로 와서 그를 찾으라고 했다. 원래 그 책은 강태공의 병법이며, 노인은 바로 황석공黃石公이었다.

무협소설에나 등장할 만한 이야기지만 결국 장량은 노인의 말대로 유방이 가장 신뢰하는 모사가 되었다. 우직함과 겸허함이 인물의 성장에 얼마나 크게 작용하는지 알 수 있는 일화다. 그런 우직함이 있었기에 장량은 유방에게 그림자형 조언자 역할을 할 수 있었다. 종래에는 자신의 모든 것을 내던지고 은둔의 길을 걸었는데, 과연 그다운 행보였다.

유재시거唯才是擧

—— 오직 **유** 재주 **재** 이 **시** 들 **거** ——

'오직 재능만이 추천의 기준'이라는 말로, '재才'는 인재人才이고, '거擧'는 천거薦擧의 의미로, '유재시용唯才是用'과 같은 말이다.

능력이 빼어난 사람만을 우대한다는 조조曹操의 인재 경영 원칙이다. 시대를 초월한 영웅으로 평가받는 조조는 웅크리며 때를 기다린 천하의 효웅 유비劉備나 부형의 뒤를 이은 수성의 제왕 손권孫權과 확연히 대비되는 인사 지침을 지니고 있었다. 그의 휘하에 90여 명의 개세지재蓋世之才(세상을 뒤덮을 만한 인재)가 모여들어 활동할 수 있었던 것은 바로 다음과 같은 원칙 때문이었다.

《삼국지三國志》〈무제기武帝紀〉에 인용된 〈구현령求賢令〉에 보인다.

"만일 반드시 청렴한 선비가 있어야만 기용할 수 있다면, 제나라 환공은 어떻게 천하를 제패할 수 있었는가! 지금 천하에 옥을 품고서 남루한 옷을 걸치고 [여상처럼] 위수의 물가에서 낚시질이나 일삼는 자가 어찌 없겠는가? 또 형수와 사통하고 뇌물을 받았다는 누명을 쓰는 바람에 위무지魏無知의 추천을 받지 못한 [진평과 같은] 자가 어찌 없겠는가? 여러분은 나를 도와 낮은 지위에 있는 사람들을 살펴 추천하라. 오직 재능만이 추천의 기준이다. 나는 재능 있는 사람을 기용할 것이다若必廉士而後可用, 則齊桓其何以霸世! 今天下得無有被褐懷玉而釣於渭濱者乎? 又得無有盜嫂受金而未遇無知者乎? 二三子其佐我明揚仄陋. **唯才是擧**. 吾得而用之."

여기서 거론된 여상이나 진평은 빼어난 능력 때문에 중용되어 주군을 도와 큰일을 이루었으니, 조조가 내세운 이 원칙은 주위의 평판이나 도덕성보다는 재능이었다. 국가의 존망이 좌우되는 당시 상황에서는 어쩔 수 없는 선택이었는지도 모른다. 냉혹한 승부사로서 죽기 바로 직전까지 전장을 누볐던 조조. 환관 출신의 비주류로서 북방의 권문세족 원소를 이기고, 아들 조비에 의해 위나라를 창업할 수 있었던 데에는 바로 능력과 효율 중심의 인재관을 견지했기 때문이다.

유좌지기宥坐之器

도울 **유** 앉을 **좌** 어조사 **지** 그릇 **기**

'늘 곁에 두고 보는 그릇'이라는 말로, 마음을 가지런히 하기 위한 자기 자신만의 기준을 이른다.

《공자가어孔子家語》〈삼원三怨〉 편에 나오는 말이다.

공자가 노나라 환공의 사당을 찾아간 일이 있었다. 사당 안에는 의식에 쓰는 의례용 기구인 의기欹器가 있었다. 공자는 그것을 보고 사당을 지키는 이에게 물었다.

"이것은 어디에 쓰는 그릇입니까此爲何器?"

사당지기가 대답했다.

"이는 늘 곁에 두고 보는 그릇입니다此蓋爲**宥坐之器**."

공자는 그 말을 듣고 고개를 끄덕이며 말했다.

"나도 곁에 두고 보는 그릇에 대해 들은 적이 있습니다. 이 그릇은 속이 비면 기울어지고, 알맞게 물이 차면 바로 서고, 가득 차면 엎어진다고 하더군요吾聞**宥坐之器**. 虛則欹, 中則正, 滿則覆."

공자가 제자들을 돌아보며 말했다.

"물을 부어라注水焉."

그러고는 물을 부으니 물이 가운데까지 차자 똑바로 있다가, 꽉 채우자 엎어졌다.

은감불원殷鑑不遠

은나라 **은** 거울 **감** 아니 **불** 멀 **원**

'은나라의 거울은 멀지 않다'는 말로, 다른 사람의 실패를 거울로 삼으라는 뜻이다. 상감불원商鑑不遠이라고도 한다.

고대 은나라의 마지막 왕인 주왕紂王은 포학한 폭군으로 널리 알려져 있다. 그러나 주왕이 처음부터 악한 사람이었던 것은 아니다. 그는 본래 지혜와 용기가 뛰어난 현명한 군주였으나, 북방 오랑캐인 유소씨有巢氏를 정벌한 뒤 공물로 받은 달기를 가까이하면서부터 음락을 좋아하고 점점 포학한 인물로 변해갔다.

주왕은 아끼는 달기를 즐겁게 해주려고 막대한 국고를 들여 주지육림酒池肉林 속에서 밤이고 낮이고 음란한 음악과 술에 빠져 살았다. 그러다 보니 백성의 피를 짜내게 되었고, 올바르게 간언하는 충신들을 처형하기에 이르렀다.

이때 왕을 보좌하던 삼공 중 구후九侯와 악후鄂侯는 처형되었고, 서백西伯은 "은나라 왕조의 시조인 탕왕에게 주벌誅罰을 당한 하나라 왕조의 걸왕을 거울삼아 멸망에 이르는 전철을 밟지 말라."고 간언하다 유폐되었다. 이 일을《시경詩經》〈대아大雅 · 탕蕩〉편에서는 다음과 같이 노래했다.

문왕께서 말씀하시길,
아아! 그대들 은상나라여!
사람들도 말하기를,
넘어지고 자빠져 뿌리를 드러냈네.
가지와 잎은 해가 없다 해도
뿌리가 실은 먼저 뽑힌 것이라고.
은나라의 거울 멀지 않으니
하나라 임금의 세상을 거울로 삼아야 했네.
文王曰咨, 咨女殷商!

人亦有言, 顚沛之揭.

枝葉未有害, 本實先撥.

殷鑑不遠, 在夏后之世.

또 주왕의 이복형인 미자, 숙부 비간, 왕족 기자도 주왕에게 무도한 행동을 그만두라고 간언했다. 그러나 이들의 간언도 받아들여지지 않아, 미자는 망명했고, 비간은 심장이 도려내졌으며, 기자는 거짓으로 미치광이 행세를 하고 다녀야만 했다.

읍참마속泣斬馬謖

울읍 벨참 말마 일어날속

'울면서 마속을 벤다'는 말로, 법의 공정성을 지키려고 개인적인 정을 버리는 것을 뜻하기도 하고, 큰 목적을 위해서 자기가 아끼는 사람을 희생시키는 것을 비유하기도 한다. 비슷한 뜻으로 일벌백계一罰百戒가 있다.

《삼국지연의三國志演義》32회에 나오는 말이다.

삼국시대 초, 제갈량諸葛亮은 위나라를 공격하려고 대군을 이끌고 성도를 출발했다. 제갈량은 한중漢中을 점령하고 기산으로 진격하여 위나라 군사를 크게 무찔렀다. 그러자 조조는 명장 사마의司馬懿를 급히 파견했다. 사마의가 이끄는 20만 대군은 기산 기슭에 부채꼴 모양으로 진영을 구축하고 제갈량의 군대와 대치했다. 제갈량은 사마의를 무찌를 계획을 이미 세워놓았지만 군량 수송로인 가정街亭을 수비하는 일이 문제였다.

그때 마속馬謖이 그 중책을 맡고 싶다고 자원했다. 마속은 제갈량과 절친한 마량의 동생으로 제갈량이 아끼는 장수이기도 했다. 그러나 제갈량은 망설이지 않을 수 없었다. 마속은 어린 데다가 싸워야 할 상대인 사마의는 지략이 뛰어난 장수이기 때문이었다.

마속은 제갈량에게 간청하며 말했다.

"저는 여러 해 동안 군사전략을 익혀왔습니다. 어찌 가정 하나 지키지 못하겠습니까? 만일 제가 이 싸움에서 지면 저뿐만 아니라 제 일가까지 처형해도 원망하지 않겠습니다."

그래서 제갈량은 마속에게 이 일을 맡겼다. 제갈량은 가정으로 떠나는 마속에게 가정에는 삼면이 절벽인 산이 많으니, 산기슭의 길을 굳게 지켜 위나라 군사가 접근하지 못하도록 하라고 명령했다.

그런데 가정에 도착한 마속은 지형을 살펴본 다음, 적군을 유인하여 역공하는 것이 훨씬 좋은 방법이라고 생각하여 산 정상에 진을 치고 적군을 기다렸다. 하지만 위나라 군대는 산기슭을 포위한 채 위로 올라오지 않았다. 시간이 흐르자 마속의 군대는 식수와 식량 보급이 끊겨 곤궁한 처지에 놓이게 되었고, 모든 병력으로 포위망을 뚫고 빠져나오려다가 참패하고 말았다.

이 때문에 제갈량은 전군을 한중으로 후퇴시켰고, 마속에게 중책을 맡긴 것을 크게 후회했다. 그는 군율을 어긴 마속을 처형하지 않을 수 없었다.

마속을 처형하는 날이 왔다. 이때 장완蔣琬은 마속 같은 유능한 장수를 잃는 것은 나라의 손실이라며 만류했지만 제갈량은 듣지 않았다. 제갈량은 이렇게 말했다.

"마속은 훌륭한 장수다. 그러나 개인적인 정 때문에 군율을 어긴다면 마속이 지은 죄보다 더 큰 죄를 짓게 된다. 아끼는 사람일수록 가차 없이 처단하여 대의를 바로잡아야 한다."

그러고 나서 제갈량은 상소를 올려 자신이 사람을 부당하게 써서 이러한 결과를 낳았다며 자기 직위를 세 등급 강등시켜달라고 요청했다. 마속이 형장으로 끌려갈 때 제갈량은 소맷자락으로 얼굴을 가리고 마룻바닥에 엎드려 울었다고 한다.

한편,《삼국지三國志》〈촉서蜀書 · 제갈량전諸葛亮傳〉에는 "마속을 죽여 병사들에게 사죄했다."라고 짧게 기록하고 있다.

이에 대해 소식蘇軾은 신종神宗 희녕熙寧 3년(1070)에 지은 〈의진사대어시책일도擬進士對御試策一道〉라는 글에서 이렇게 평가하고 있다.

"제갈공명과 같이 어진 사람도 사람을 아는 밝은 지혜는 부족했으니, 이 때문에 마속의 일로 실수를 했으나, 공명 또한 자신을 아는 데에 분명했으니, 이 때문에 종신토록 감히 위연을 등용하지 않은 것입니다諸葛孔明之賢, 而知人之明, 則其所短, 是以失之於馬謖, 而孔明亦審於自知, 是以, 終身不敢用魏延."

응대여류應對如流

응할 응 대답할 대 같을 여 흐를 류

'물 흐르듯 응대한다'는 말로, 언변이 능수능란하다는 뜻이다.

당나라 요사렴姚思廉이 편찬한 양나라의 정사正史인《양서梁書》〈서면전徐勉傳〉에 나오는 말이다.

남조에 서면徐勉이라는 사람이 있었다. 양나라 무제 때 사람으로 심약沈約, 범운範雲 등과 같은 명문이었다. 그는 어려서 아버지를 잃어 가난했으나 배우기를 매우 좋아했다. 그는 총명하여 여섯 살 때 제문祭文을 지을 수 있었고, 열여덟 살 때 국자생國子生(국자감의 학생)이 되었다.

이곳 좨주祭酒가 칭찬하여 말했다.

"이 사람은 보통 사람과는 비교할 수 없다. 그는 재상의 기품을 지녔다."

양나라 무제武帝, 즉 소연蕭衍이 즉위하면서 그를 상서좌승尙書左丞에 임명했다. 당시 양나라는 북위와 전쟁을 했는데, 모든 일을 서면이 직접 처리하여 한 달에 한두 번만 집에 가곤 했다. 그래서 식구들이 그의 건강을 염려하며 자주 귀가하여 쉬라고 권하자 서면이 말했다.

"나는 나라를 위하여 가정을 잊었으나, 내가 죽은 다음에는 이 일도 기록될 것이다."

서면은 관직에 재직하면서 한 번도 자기 직권을 함부로 남용하지 않았으며, 부하들의 수고를 위로하고 공로를 모두 부하들에게 돌렸다. 그의 책상 위에는 언제나 공문이 수북이 쌓여 있었지만 손님이 찾아오면 여유를 잃지 않고 "물 흐르듯 응대했다**應對如流**."

덧붙이면 이 성어는《진서晉書》〈장화전張華傳〉에도 비슷하게 나온다. 물론 주인공은 다른 사람이다.

"장화는 물 흐르듯 응대하여 듣는 자들이 피곤함도 잊었다華**應對如流**, 聽者忘倦."

응접불가應接不暇

응할 **응** 접할 **접** 아니 **불** 겨를 **가**

'워낙 바빠서 응접할 겨를이 없다'는 말로, 몹시 바쁨을 비유하는 표현이다. 응접무가應接無暇라고도 한다.

청담가淸談家들의 지혜와 문인들의 말솜씨를 엿볼 수 있는《세설신어世說新語》〈언어言語〉 편에 나오는 말이다.

진晉나라 때 이왕二王이라고 하면 서예가로 명성이 높았던 왕희지와 왕헌지王獻之(자는 자경子敬)를 가리킨다.

왕헌지는 회계산 북쪽 지방에 있는 산음山陰을 여행하다가 그곳의 수려한 경치를 보고 이렇게 감탄했다.

"산음의 길을 따라 걸어보면 산천의 경치가 매우 빼어나서 사람이 응접할 겨를을 주지 않는다. 만약 가을이나 겨울이 되면 더욱더 무엇이라고 그 회포를 말하기 어렵게 한다從山陰道上行, 山川自相映發, 使人**應接不暇**. 若秋冬之際, 尤難爲懷."

이렇듯 본래 산수가 너무 수려하여 일일이 다 구경할 틈이 없음을 뜻하는 말이었는데, 오늘날에는 어떤 일이 잇따라 일어나 마음을 쓸 겨를이 없는 경우를 가리킨다.

의공희학懿公喜鶴

아름다울 **의** 공변될 **공** 좋아할 **희** 학 **학**

'의공懿公이 학을 좋아한다'는 말로, 불필요한 애호는 재앙의 근원임을 비유한다.

한나라 가의賈誼가 편찬한 서지書誌로 《가자신서賈子新書》라고도 부르는 《가의신서賈誼新書》〈춘추春秋〉 편에 나오는 말이다.

"춘추시대 위衛나라의 의공은 학을 좋아하여 학 모양 옷을 입었고, 대부의 수레에 학을 태우기도 했다衛**懿公喜鶴**, 鶴有飾以文繡而乘軒者."

그는 백성의 고달픈 살림살이는 돌보지 않고 세금을 자주 거두어들였으며 아부하는 무리만을 총애했다. 어쩌다 신하 중에 간언하는 이가 있으면 그 면전에서 심하게 질책했다.

그러던 어느 날 오랑캐가 위나라의 성까지 쳐들어왔다. 의공은 눈물을 뚝뚝 떨어뜨리며 신하들에게 절하고 이렇게 말했다.

"적군이 이곳까지 왔소. 관리와 백성은 힘을 내어 싸워주시오."

관리와 백성이 말했다.

"당신이 총애하는 무리와 아끼는 학을 이끌고 가서 당신을 위해 싸우도록 하십시오. 저희는 버려진 사람들인데, 어찌 이 나라를 지키려고 싸우겠습니까君亦使君之貴優, 將君之愛鶴, 以爲君戰矣. 我儕棄人也, 安能守戰?"

그러고는 성문을 부수고 달아났다.

의공은 끝내 나라를 잃고 달아나다가 죽었다.

《춘추좌씨전春秋左氏傳》 문공文公 2년조에도 나온다.

의불경신하유이고衣不經新何由而故

— 옷 **의** 아니 **불** 지날 **경** 새 **신** 어찌 **하** 말미암을 **유** 말 이을 **이** 옛 **고** —

'옷이 새것을 거치지 않으면 어찌 헌것이 되겠느냐'는 말로, 옛것도 새것일 때가 있었다는 뜻이다.

《세설신어世說新語》〈현원賢媛〉 편은 어진 품덕을 갖춘 부녀자들의 언행을 기록한 것인데, 진晉나라 환거기桓車騎(환충桓沖)라는 사람의 이야기가 나온다. 그는 새 옷 입기를 무척 싫어하여 늘 낡은 옷만 입고 다녔다.

하루는 환거기가 목욕을 하고 나서 아내에게 옷을 가져오라고 하자, 그 아내가 일부러 새 옷을 가져다주었다. 환거기는 새 옷을 보자마자 몹시 화를 내며 빨리 헌 옷을 가져오라고 소리쳤다.

부인은 다시 옷을 가져다주며 이렇게 말했다.

"옷이 새것을 거치지 않으면 어찌 헌것이 되겠습니까衣不經新, 何由而故?"

그러자 환거기는 크게 웃으며 새 옷을 입었다.

의식족즉지영욕衣食足則知榮辱

—— 옷 **의** 먹을 **식** 족할 **족** 곧 **즉** 알 **지** 영화 **영** 욕될 **욕** ——

'입고 먹는 것이 풍족해야 영화와 욕됨을 안다'는 말이다.

《사기史記》〈관안열전管晏列傳〉 첫머리를 장식하는 말이다.

관중管仲은 영수潁水 유역 출신이다. 그는 젊을 때 늘 포숙아와 어울려 지냈는데, 포숙아는 그의 재능과 덕망을 잘 알아주었다. 훗날 관중은 포숙아의 추천으로 제나라의 국정을 맡아 환공이 천하의 패자가 되는 데 일익을 담당했다. 그는 제나라 재상이 되자 해안을 끼고 있는 제나라의 지리적 조건을 이용하여 산물을 교역하고 축적하여 부국강병에 힘썼으며, 백성과 고락을 함께했다.

관중은 정사政事를 시행할 때 화가 될 일도 잘 이용하여 복이 되게 하고, 실패하게 될 일도 잘 처리하여 성공하게 했으며, 일의 경중을 잘 헤아리고 그 득실을 저울질하는 데 신중했다. 관중의 재산은 제나라 왕실 재산만큼이나 많았지만 제나라 사람들은 그가 결코 사치스럽다고 여기지 않았다.

관중은 이렇게 말했다.

"창고에 물자가 풍부해야 예절을 알고, 입고 먹는 것이 풍족해야 영화와 욕됨을 안다. 임금이 법도를 실천하면 아버지와 어머니와 형과 동생과 아내와 자식이 굳게 뭉치고, 나라를 다스리는 네 가지 강령, 즉 예의〔禮〕· 정의〔義〕· 깨끗함〔廉〕· 부끄러움〔恥〕이 펼쳐지지 못하면 나라는 망한다. 수원水源에서 물이 흘러가듯이 명령을 내리면 그 명령은 민심에 순응하게 된다倉廩實而知禮節, **衣食足而知榮辱**. 上服度則六親固, 四維不張, 國乃滅亡. 下令如流水之原, 令順民心."

공자도 관중의 공적을 인정하여 이렇게 말했다.

"관중이 없었다면 나는 머리를 풀고 옷깃을 왼쪽으로 여몄을 것이다微管仲, 吾其被髮左衽矣."

이 말은 관중이 법도를 세우고 교화를 펴지 않았다면 오랑캐의 풍습을 따르게 되었을 것이라는 뜻이다. 정치가이면서도 경제력의 중요성을 강조한 관중의 현실주의적 관점이야말로 제나라 환공을 춘추오패의 주인공이 되게 하는 데 핵심이었다.

의심암귀疑心暗鬼

의심할 **의** 마음 **심** 어두울 **암** 귀신 **귀**

'의심하게 되면 있지도 않은 귀신이 나온다'는 말로, 마음속에 의심이 생기기 시작하면 갖가지 무서운 망상이 일어나 불안해진다는 뜻이다. 잘못된 선입견으로 판단을 그르치는 것을 비유하기도 한다. 같은 뜻을 가진 한자어는 기우杞憂, 기인우천杞人憂天, 기인지우杞人之憂, 배중사영杯中蛇影이 있다.

《열자列子》〈설부說符〉 편에 나오는 말이다.

어떤 사람의 집에 말라 죽은 오동나무가 있었는데, 이웃 영감이 그 나무를 보더니 이렇게 말했다.

"집 안에 말라 죽은 오동나무가 있으면 상서롭지 못하네."

그래서 오동나무 주인은 서둘러 그것을 베어버렸다. 그러자 이웃 영감은 이렇게 말했다.

"땔감이나 하게 그 나무를 주게나."

이에 오동나무 주인은 화를 내면서 말했다.

"영감님은 공연히 땔감이 욕심나서 내게 그것을 베게 했군요. 이웃이 이와 같이 음험하니 어찌 될 법이나 한 일입니까?"

이런 이야기도 있다.

"어떤 사람이 도끼를 잃어버리고는 그 이웃집 아들을 의심했다. 그의 걸음걸이를 보아도 도끼를 훔친 것 같고, 낯빛을 보아도 도끼를 훔친 사람 같고, 말씨를 들어도 도끼를 훔친 사람 같았다. 모든 동작과 태도가 도끼를 훔치지 않은 행동이 아니었다. 얼마 지나서 골짜기를 파다가 [잃었던] 그 도끼를 찾았다. 다음 날 다시 그 이웃집 아들을 보니 동작과 태도가 도끼를 훔친 사람 같지 않았다人有亡鈇者, 疑其鄰之子. 視其行步, 竊鈇也; 顏色, 竊鈇也; 言語, 竊鈇也. 動作態度, 無爲而不竊鈇也. 俄而扣其谷而得其鈇. 他日復見其鄰人之子, 動作態度, 無似竊鈇者."

사람은 어떤 일에 집착하게 되면 곧 편견을 가지고 모든 일이나 사람을 대하게 된다. 도끼를 잃었던 사람이 이웃집 아들을 보는 눈도 자기 생각에 따라 그처럼 달라졌던 것이다.

이와 비슷한 사례는《한비자韓非子》〈세난說難〉 편에도 나온다.

송나라에 한 부자가 있었는데 비가 내려 담장이 무너졌다. 아들이 말했다.

"담장을 수리하지 않으면 반드시 도둑이 들 것입니다不築, 必將有盜."

이웃 노인 또한 같은 말을 했다. 그날 밤 과연 많은 재물을 도둑맞았다. 그러자 집안사람들은 아들은 매우 지혜롭다고 여겼지만 그 이웃 노인에 대해서는 의심했다.

의즉전의疑則傳疑

—— 의심할 **의** 곧 **즉** 전할 **전** 의심할 **의** ——

'의심스러운 것은 의심이 나는 대로 전한다'는 뜻이다.

과거의 권위를 맹목적으로 신봉하기보다는 스스로 검토해 그 타당성이 부족하면 그대로 남겨 후세의 정확한 판단을 기다리게 한다는 사마천의 역사 서술의 원칙이다. 사마천은 〈삼대세표三代世表〉의 서문 끝에서 자신의 작업을 이렇게 요약하고 있다.

전설상의 황제로부터 공화정에 이르는 삼대三代를 표로 기록하면서 은나라 이전의 제후에 관한 일은 자료를 구하여 보첩譜牒으로 만들 수 없고 주나라 이전의 역사만 겨우 기록할 뿐이라고 하면서 노나라의 역사는 공자가 편찬한《춘추春秋》라는 책에 의거해 시간과 일월을 바로잡았는데 비교적 상세한 결과를 도출했다고 말한다. 그러고는 다시 말한다.

"순서에 따라 엮은《상서尚書》는 간략하여 연월이 없는데, 간혹 나타나 있는 곳도 있으나 대부분 없어진 데가 많아 기록할 수 없다. 그래서 의심스러운 것은 의심이 나는 대로 전했으니 아마도 신중하다고 할 것이다至於序尚書則略, 無年月, 或頗有, 然多闕, 不可錄. 故**疑則傳疑**, 蓋其愼也."

이도살삼사二桃殺三士

—— 두 **이** 복숭아 **도** 죽일 **살** 석 **삼** 선비 **사** ——

'복숭아 두 개로 세 명의 무사를 죽인다'는 말로, 체면을 중시하는 상대방을 꾀어 모두 자멸시키는 것을 비유한다.

공자는 일찍이 제나라의 안영, 정나라의 자산, 진晉나라의 숙향, 위衛나라의 거백옥遽伯玉, 오나라의 계찰季札을 존경했다. 공자는 이 가운데서 안영을 평가하여 다른 사람과 잘 사귀고 오래도록 존경심을 잃지 않는다고 했다. 공자는 안영이 사람을 사귈 때 그 사람의 돈이나 힘을 이용하려고 계산적으로 사귀지 않고 인격에 매료되어 사귀는 점을 높이 평가했다.

사실 안영은 제나라 재상이 된 뒤에도 근검절약하여 식사할 때는 고기 반찬은 두 가지 이상 놓지 못하게 하고, 첩에게는 비단옷을 입지 못하게 했다. 또 조정에 들어가서는 몸가짐을 바르게 했으며, 임금의 다스림이 올바른 경우에는 그 명에 순종하되 그렇지 않을 경우에는 그 명의 옳고 그름을 가리어 실행했다. 이로 인해 영공 · 장공 · 경공에 걸쳐 3대 동안 제후들 사이에서 명성을 날렸다.

안영은 공자의 이러한 평가 외에도 남다른 재치가 있었는데, 《안자춘추晏子春秋》〈간하諫下〉 편을 보면 이런 이야기가 나온다.

경공 곁에는 공손접公孫接과 고야자古冶子, 전개강田開疆 등 무사 세 명이 늘 따라다니며 호위를 했다. 이 무사들은 경공의 신임이 두터웠으며, 아랫사람들이 굽실거리는 것을 한껏 즐기다 보니 어느덧 그 도를 넘게 되었다.

안영은 이들의 작태를 유심히 지켜보다가 훗날 큰 화근이 되겠다고 판단하여 경공에게 이들을 제거하도록 권했다. 경공도 이들의 행동이 눈에 거슬린 지 오래므로 안영의 권유를 흔쾌히 받아들였다. 그러나 어떻게 처리해야 할지 그 방법이 떠오르지 않았다.

이때 안영이 말했다.

"이들에게 복숭아 두 개를 내리십시오. 그리고 서로 공을 따져보고 공이 많은 두 명이 각기 하나씩 먹도록 하십시오."

세 무사는 복숭아 두 개를 두고 다투다가 끝내 죽고 말았다. 이런 내용을 다음과 같이 기록하고 있다.

"춘추 때 공손접, 전개강, 고야자 세 사람의 신하가 제나라 경공을 섬겼는데 모두 용맹과 힘으로 소문이 났다. 제나라 재상 안영이 그들을 제거하려고 모의하여 제나라 경공에게 청하여 두 개의 복숭아를 세 사람에게 주어 공을 논하고 먹게 하도록 청하니, 결과적으로 세 사람은 복숭아를 버리고 스스로 목숨을 끊었다春秋時, 公孫接, 田開疆, 古冶子三人臣事齊景公, 均以勇力聞. 齊相晏嬰謀去之, 請齊景公以二桃賜予三人, 論功而食, 結果三人棄桃而自殺."

이모취인以貌取人

——— 써 이 얼굴 모 취할 취 사람 인 ———

'외모로 사람을 평가한다'는 말로, 외모의 못남과 빼어남의 양단의 평가가 있는데, 사마천이 자우에 대한 공자의 탄식을 인용하여 장량을 두고 한 말이다.

"외모로 사람을 평가했다가 자우에게 실수했다以貌取人, 失之子羽."

《사기史記》〈유후세가留侯世家〉에 나오는 말이다.

여기 거론된 자우는 공자보다 서른아홉 살 아래로 너무나 못생겨서 공자는 그가 가르침을 받으러 왔을 때 재능이 모자라는 사람이라고 생각했다고 한다. 그러나 그는 가르침을 받은 뒤 물러나면 덕행을 닦는 일에 힘썼고, 공적인 일이 아니면 경대부를 만나지 않았으며, 그를 따르는 제자만 300명이나 되었다.

반면 장량張良의 경우에는 능력이 그의 곱상한 외모에 의해 오히려 과소평가될 소지가 있다는 의미다.

장량은 청빈하고 고결한 성품을 지녔는데 고조를 도와 군대의 상황을 철저하게 분석해서 한 제국의 창업에 기여해 제후의 반열에 올랐다. 유방이 고릉固陵에서 곤경에 처했을 때, 장량의 계책으로 제나라 왕 한신이 오지 않았다면 결코 위기를 벗어나지 못했을 것이다. 그러기에 사마천은 그를 평하여 "한 고조가 곤궁한 경우가 자주 있었는데, 유후(장량)는 늘 공력을 남겼으니, 어찌 하늘의 뜻이 아니라고 말할 수 있겠는가高祖離困者數矣, 而留侯常有功力焉, 豈可謂非天乎?"라고 했다. 고조도 "군막 속에서 계책을 짜내어 천 리 바깥에서 승리를 결정짓는 일에 있어서는 내가 자방子房(장량)만 못하다夫運籌策帷帳之中, 決勝千里外, 吾不如子房."라고 푸념할 정도였다.

그런데 사마천이 사료를 취재하느라 답사하는 과정에서 장량의 고향 벽에 걸린 화상畵像을 보게 되었는데, 예상외로 곱상한 외모였다. 장량 정도의 전략가라면 관상학적으로도 심원한 내공이 스민 얼굴을 생각했는데 막상 보니 그렇지 않았다는 것이다. 자신의 선입견이 잘못되었다는 것을 깨달은 사마천은, 문득 공자의 말을 떠올리면서 외모에 가려진 진면목을 보지 못하는 어리석음을 범해서는 안 된다는 것을 기록한 것이다.

이목지신移木之信

옮길 **이** 나무 **목** 어조사 **지** 믿을 **신**

'위정자가 나무 옮기기로 백성들을 믿게 한다'는 말로, 남을 속이지 않거나 약속을 반드시 지킨다는 것을 비유하며, 사목지신徙木之信이라고도 한다.

《사기史記》〈상군열전商君列傳〉은 변법을 단행하여 개혁에 성공한 상앙을 비판적인 시각으로 그리고 있는데, 여기에서 나오는 말이다.

상군商君은 위衛나라 왕의 여러 첩이 낳은 공자들 가운데 한 사람으로, 성은 공손公孫이고 이름은 앙鞅이다. 그는 젊어서 형명지학刑名之學을 좋아했으며, 위나라 재상 공숙좌公叔座를 섬겨 중서자中庶子(대부 집안의 집사로서 지위는 사인보다 높다)가 되었다.

상군이 진秦나라 효공孝公을 섬길 때 일이다. 효공은 상군에게 새로운 법을 제정하도록 했다. 그는 법령이 이미 갖추어졌으나 백성이 새 법령을 믿지 않을 것이 염려되어 아직 널리 알리지는 않았다. 그래서 세 길이나 되는 나무를 도성 저잣거리의 남쪽 문에 세우고 백성들을 불러 모아 북쪽 문으로 옮겨놓는 자에게는 10금을 주겠다고 했다.

그러나 백성들은 이것을 이상히 여겨 아무도 옮기지 않았다. 다시 이렇게 말했다.

"[이것을] 옮기는 자에게는 50금을 주겠다能徙者予五十金."

어떤 사람이 이것을 옮겨놓자 곧바로 그에게 50금을 주어 나라에서 백성을 속이지 않음을 분명히 했다. 그러고 나서 새 법령을 널리 알렸다.

새로운 법령이 백성에게 시행된 지 1년 만에 진나라 백성 가운데 도성까지 올라와 새 법령이 불편하다고 호소하는 자가 1000명을 헤아릴 정도였다. 바로 그 무렵 태자가 법을 어기자 상군은 이렇게 말했다.

"법이 [제대로] 시행되지 못하는 것은 위에서부터 그것을 범하기 때문이다法之不行, 自上犯之."

상군은 법에 따라 태자를 처벌하려 했다. 그러나 군주의 뒤를 이을 태자를 처벌하기란 어려운 일이었다. 그래서 태자의 태부太傅로 있던 공자 건虔의 목을 베고 태사 공손고公孫賈에게는 이마에 글자를 새기는 경형黥刑을 내렸다. 그다음 날부터 진나라 백성들은 모두 새로운 법령을 지켰다.

법령이 시행된 지 10년이 되자 진나라 백성은 매우 만족했고, 길에 물건이 떨어져 있어도 주워가지 않았으며, 산에는 도적이 없고 집마다 풍족하며 사람마다 마음이 넉넉했다. 백성은 나라를 위한 싸움에는 용감하고 사사로운 싸움에는 겁을 먹었다. 도시나 시골이 모두 잘 다스려졌다.

이심전심以心傳心

써 **이** 마음 **심** 전할 **전** 마음 **심**

'마음으로서 마음을 전한다'는 말로, 염화미소拈華微笑와 같다.

송나라 혜명彗明 등이 편찬한 불교 서적 《오등회원五燈會元》은 선종의 지침서 역할을 한다. 이 책을 보면, 어느 날 석가가 수많은 제자를 영산으로 모이게 했다. 석가는 제자들을 보고 아무 말 없이 손가락으로 연꽃 한 송이를 집어 조금 비틀어 보였다. 제자들은 석가가 무엇을 말하려고 하는지 짐작할 수 없었다. 그런데 가섭迦葉만이 그 뜻을 깨닫고 빙긋이 웃었다. 가섭을 보고 석가는 이렇게 말했다.

"내게는 정법안장正法眼藏(부처님의 바른 교법, 인간이 본래 갖추고 있는 마음의 매우 뛰어난 덕), 열반묘심涅槃妙心(번뇌를 벗어나 진리에 도달한 마음), 실상무상實相無相(변하지 않는 진리), 미묘법문微妙法文(오묘한 불법으로 들어가 진리를 아는 길), 불립문자 교외별전不立文字 教外別傳(언어나 경전에 의하지 않고 이심전심으로 전하는 오묘한 진리)이 있다. 이것을 네게 전해주겠다."

이처럼 석가는 가섭에게 이심전심으로 불교의 진수를 전했다.

《육조대사법보단경六祖大師法寶壇經》의 〈행유품行由品〉을 보면 이런 내용이 있다.

"불법은 마음으로서 마음을 전하니 모두 스스로 깨닫게 하고 스스로 해탈하게 한다法則**以心傳心**, 皆令自悟自解."

이우위직以迂爲直

―――― 써 **이** 에돌 **우** 할 **위** 곧을 **직** ――――

'굽은 것을 곧은 것으로 삼다'라는 말로, 우회함으로써 곧장 가는 것과 같은 효과를 거두는 전략을 말한다. 간단히 '우직迂直' 혹은 '우직지계迂直之計'라고도 한다.

'우迂'는 구불구불하여 돌아가는 길이고, '직直'은 곧은 길이니, 목적을 위해 수단은 얼마든지 바꿀 수 있다는 것을 말한다.

《손자병법孫子兵法》〈군쟁軍爭〉 편에 나오는 말이다.

"군쟁 중에서 어려운 점은 굽은 것을 곧은 것으로 삼고, 근심거리를 [오히려] 이로움으로 삼는 것이다. 따라서 그 길을 구불구불 가는 것처럼 하여 적을 이익으로 유인하면 나중에 출발한 군대가 먼저 도착하는 것이니, 이는 우직지계를 안다고 하는 것이다軍爭之難者, **以迂爲直**, 以患爲利. 故迂其途, 而誘之以利, 後人發, 先人至, 此知迂直之計者也."

장수가 군대를 출동시킬 때 우회의 전략을 취함으로써 바로 적의 허를 찌르라는 것이다. 적의 눈과 마음을 빼앗아 아군의 기동을 눈치채지 못하게 하니 나중에 출발해도 먼저 도착한다. 적이 예측한 방향과 정반대 방향으로 기동하는 것이다. 상대가 보기에 도무지 불가능한 기동을 택하는 것이 결과적으로는 전쟁의 승리로 귀결된다.

쌍방의 군대가 서로 승리를 다투어 전쟁에서 먼저 기회를 잡아 유리한 장소와 시간을 장악하는 것이야말로 전쟁을 승리로 이끌 수 있는 핵심이다. 적군과 아군 가운데 누가 이러한 지점에 먼저 도착할 수 있고, 유리한 시간에 상대를 공격할 수 있는지가 승패를 좌우하는 관건이다.

인생조로人生朝露

—— 사람 **인** 날 **생** 아침 **조** 이슬 **로** ——

'인생은 아침 이슬과 같다'는 말로, 덧없는 세상살이를 비유한다. 같은 뜻을 가진 생자필멸生者必滅이 있다.

《한서漢書》〈소무전蘇武傳〉을 보면, 전한 무제 때 소무蘇武라는 이가 있었는데 포로 교환차 흉노에 사신으로 갔다가 포로가 되어 억류되었다. 그는 흉노의 항복 요구에 끝까지 굴하지 않다가 북해 근방에 있는 한 섬으로 추방되어 양치는 일을 하게 되었다. 당시 흉노의 선우單于는 소무에게 숫양이 새끼를 낳으면 한나라로 보내주겠다고 했으니, 결국 소무에게 귀국은 꿈도 꾸지 말라는 말이었다. 소무는 그곳에서 들쥐와 풀뿌리로 연명하면서도 한나라로 돌아갈 수 있다는 희망을 버리지 않았다.

그러던 어느 날 이릉李陵이 소무蘇武를 찾아왔다. 이릉은 소무가 한나라를 떠난 그 이듬해 흉노 기병과 혈전을 벌이다가 참패하여 포로가 된 다음 선우에게 항복하여 빈객으로서 후하게 대접을 받고 있었다. 이릉은 항복한 게 몹시 부끄러워 소무를 찾지 못하고 있다가 선우의 명을 받고 온 참이었다. 이릉은 소무를 위로하며 선우가 자신을 보내 데려오라고 한 내용을 전했다. 그러고는 이렇게 말했다.

"인생은 아침 이슬과 같은데, 어찌 이처럼 오래도록 고생하는가人生如朝露, 何久自苦如此!"

그러나 소무는 지조를 꺾지 않았다. 소무는 흉노 땅에서 19년 동안 갖은 고초를 겪다가 소제가 보낸 사신의 기지로 풀려났다.

일거수일투족一擧手一投足

—— 한 **일** 들 **거** 손 **수** 한 **일** 던질 **투** 발 **족** ——

'손 한 번 들고 발 한 번 옮긴다'는 말로, 사소한 하나하나의 행동이나 동작을 이른다. 일거일동一擧一動과 같다.

한유韓愈는 중당中唐의 대유학자요 문장가이며 고문古文운동의 지도자로서, 자는 퇴지退之이고 벼슬이 이부시랑吏部侍郞에 이를 만큼 관계官界에도 발을 깊숙이 들여놓았던 인물이다. 그는 산문가답게 시를 산문화했고, 비정상적인 장법章法과 운법韻法에 능했으며, 기괴한 글자나 편벽된 글자도 마다하지 않는 이단자였다.

한유의 시는 웅혼雄渾하다는 게 일반적인 평가인데, 그가 철저한 유가儒家 옹호론자였다는 데서 그의 작품이 탄생했다고 보인다. 현존하는 402수에는 전쟁이나 정치 문제를 다룬 것도 있고, 자기 처지를 비감 어린 필치로 묘사한 것도 있으며, 산수 자연을 아름답게 형상화한 것도 적지 않다.

한유의 글 가운데 〈과거에 응함에 있어 시험관에게 띄우는 편지應科目時與人書〉라는 작품이 있다. 이것은 한유가 관직에 오르기 전에 이부吏部 시험에 거듭 두 번이나 떨어지고 나서 한 고위 관리에게 보낸 편지다. 이 편지에 '일거수일투족'이라는 말이 나온다.

"천지의 물가와 큰 강가에는 괴물이 있습니다. 그것은 흔히 보는 물고기나 평범한 물건이나 엇비슷한 상대가 아닙니다. 그것이 물을 얻으면 비바람을 일으키며 하늘을 오르내리는 것도 어렵지 않습니다. [그러나] 물을 얻지 못하면 평범한 한 자 한 치의 미물일 뿐입니다. 높은 산과 언덕이 가로막고 있는 것도 아니고 넓은 길과 험한 곳이 가로놓여 있는 것도 아닙니다. 그러나 그것이 마른땅에 있으면서 제힘으로 물에까지 가지 못한다면 수달피의 웃음거리가 되기 십중팔구입니다. 만일 힘이 있는 사람이 그 딱한 모습을 가엽게 여겨 [물까지 끌어다] 줄 생각을 한다면 아마 손 한 번 들고 발 한 번 옮겨놓는 수고만 하면 될 것입니다天地之濱, 大江之濆, 有怪物焉. 蓋非常鱗凡介之品匹儔也. 其得水, 變化風雨, 上下於天不難也. 其不及水, 蓋尋常尺

寸之間耳. 無高山大陵曠途絕險爲之關隔也. 然其窮涸, 不能自致乎水, 爲獱獺之笑者, 蓋十八九矣. 如有力者, 哀其窮而運轉之, 蓋一**擧手一投足**之勞也."

한유는 이 편지로 은근히 자기를 밀어주기 바라는 뜻을 전했다.

물론 여기서 한유가 말하는 '일거수일투족'은 '아주 쉽게 할 수 있는 일'을 뜻하는데 오늘날의 뜻과는 거리가 있다고 할 수 있다.

일거양득一擧兩得

—— 한 일 들 거 두 량 얻을 득 ——

'한 가지 일로 두 가지 이익을 얻는다'는 말로, 일거겸득一擧兼得 · 일거양부一擧兩附 · 일전쌍조一箭雙雕 · 일석이조一石二鳥와 같다.

《전국책戰國策》〈진책秦策〉에 나온다.

진秦나라 혜문왕 때 일이다. 왕이 패업을 이루려면 반드시 중원으로 진출해야 한다고 장의가 주장하자, 사마조司馬錯는 다음과 같이 말했다.

"신이 듣건대 나라가 부유하기를 바라는 군주는 먼저 국토를 넓히는 데 힘써야 하고, 병사들이 강력하기를 바라는 군주는 먼저 백성의 부유함에 힘써야 하며, 패자가 되기를 바라는 군주는 먼저 덕을 쌓는 데 힘써야 한다고 합니다. 이 세 가지가 이루어지면 패업은 자연스럽게 이루어집니다. 그러나 지금 우리 진나라의 국토는 협소하고 백성은 빈곤합니다. 이 두 가지 문제를 한꺼번에 해결하려면 먼저 막강한 우리 진나라의 군사로 촉 땅의 오랑캐를 정벌하는 길밖에 없습니다. 이렇게 되면 국토는 넓어지고 백성의 재물이 쌓이게 될 것입니다. 한 가지 일로 두 가지 이익을 얻는 게 아니겠습니까?"

혜문왕은 사마조의 주장에 따라 오랑캐를 정벌하여 국토를 넓혔다.

한편《진서晉書 》〈속석전束晳傳〉을 보면 이런 이야기가 나온다.

진晉나라 혜제 때, 저작랑著作郞을 지내며《진서》를 편찬한 속석束晳이 농업 정책에 관하여 진언한 적이 있다. 그는 이때 위나라 때의 개척지 양평陽平 지방으로 들어가 살게 했던 백성을 다시 서쪽으로 이주시키자고 제의하며, 그 성과는 다음과 같을 것이라고 주장했다.

"[백성을] 서주西州로 이주시켜 변방 지역을 보충하고 10년 동안 부세를 면제해주고 어렵게 이주한 정황을 위로해줌으로써 이주시킨 일을 말한다면, 한 가지 일로 두 가지 이익을 얻는 것으로 밖으로는 실제적인 이익이 있고, 안으로는 관용을 베푸는 일이 됩니다謂可徙還西州, 以充邊土, 賜其十年之複, 以慰重遷之情. **一擧兩得**, 外實內寬."

일망타진一網打盡

한 일 그물 망 칠 타 다할 진

'한 번의 그물질로 모두 잡는다'는 말로, 특히 범인들을 하나도 놓치지 않고 검거할 때 쓴다. 비슷한 말로는 망타網打가 있다.

송나라의 위태魏泰가 지은 《동헌필록東軒筆錄》에 나오는 말이다.

송나라 인종仁宗은 대외적인 업적 면에서는 그다지 내세울 만한 게 없지만 내치에서는 많은 치적을 쌓았다. 그는 과거제도를 활성화하여 우수한 인재들을 등용하고 학술 진흥책을 펼치는 등 문치文治를 하여 이른바 경력慶曆(인종의 연호)으로 불리는 성세를 이룩했다.

인종은 나랏일을 결정할 때는 언제나 구양수, 사마광, 주돈이, 정호程顥, 정이程頤 같은 훌륭한 정치가들과 상의했다. 이들은 재능이 뛰어난 인재인 만큼 자기주장도 강하여 자주 충돌을 빚었으며, 끝내 두 당으로 나뉘어 교대로 정권을 잡는 지경에 이르렀다. 그래서 20년 동안에 17번이나 내각이 바뀌었다. 이를 경력의 당의黨議라고 한다.

두연杜衍이 재상으로 있던 때 일이다. 그때는 황제가 신하들과 상의하지 않고 조서를 내리는 경우가 잦았다. 그런데 두연은 임금의 조서가 내려오면 수십 장씩 쌓일 때까지 기다렸다가 되돌려 보냈다. 인종은 자기 생각을 번번이 묵살하므로 언짢았으나 어쩔 수 없었다.

이때 마침 두연의 사위 소순흠蘇舜欽이 공금 유용으로 체포되었다. 반대파에서는 잘됐다며 쾌재를 불렀는데, 그중 한 사람이 왕공진王拱辰이었다. 어사대부로서 수사권을 갖고 있던 왕공진은 소순흠을 혹독하게 문초하고 가까운 사람들을 죄가 있건 없건 모조리 잡아다가 투옥했다. 그런 다음 태연히 두연을 찾아가 말했다.

"범인들을 일망타진했습니다."

결국 두연은 이 사건의 도의적 책임을 지고 재상에서 물러났다.

중국 원나라 때의 사서史書인 《송사宋史》 〈인종기仁宗紀〉에도 나온다.

일모도원日暮途遠

날 **일** 저물 **모** 길 **도** 멀 **원**

'해는 저물고 갈 길은 멀다'는 말로, 할 일은 많고 시간은 없음을 뜻한다. 비슷한 말로는 일모도궁日暮途窮이 있다.

사마천이 비분강개한 필치로 쓴 《사기史記》〈오자서열전伍子胥列傳〉에 나오는 말이다.

오자서伍子胥는 초나라 사람으로 이름이 운員이다. 아버지는 오사伍奢이고 형은 오상伍尙이다. 그의 선조 오거伍擧는 초나라 장왕을 섬기며 직간直諫한 것으로 명성이 높았으므로 그 후손도 초나라에서 이름이 알려져 있었다. 그런데 평왕 때 오사는 비무기費無忌의 참언으로 오상과 함께 죽었고, 오자서는 송나라로 도망쳤다.

오자서는 이 나라 저 나라를 떠돌다가 공자 광光에게 의탁하게 되었다. 광은 오왕을 죽이고 왕위에 올랐는데, 그가 바로 오왕 합려闔閭다. 그는 왕위에 오르자 오자서를 행인行人(외무대신에 해당하는 관직)으로 임명하고 함께 나랏일을 논했다. 한편 오왕은 초나라의 대신으로 주살당한 백주리伯州犁의 아들 백비도 대부로 삼았다.

합려는 왕위에 오른 지 3년째 되던 해에 병사를 일으켜 오자서, 백비와 함께 초나라를 공격하여 예전에 배신한 장수들을 사로잡고, 여세를 몰아 초나라의 수도 영까지 진격하려 했으나 백성이 지쳐 있어 그냥 회군했다. 그 뒤 오왕은 초나라를 여러 차례 공격했고, 그때마다 승승장구를 거듭하여 영까지 점령했다.

본래 오자서는 신포서申包胥와 친하게 지냈는데, 오자서가 달아나면서 신포서에게 이렇게 말했다.

"나는 반드시 초나라를 엎고 말 것이오我必覆楚."

그러자 신포서는 이렇게 응수했다.

"나는 반드시 초나라를 지키겠소我必存之."

오나라 병사들이 영에 들어갔을 때, 오자서는 소왕을 잡으려고 했으나 그러지 못했다. 그 대신 초나라 평왕의 무덤을 파헤쳐 그 시신을 꺼내 300번이나 채찍질한 뒤에야 그만두었다. 산속으로 달아난 신포서는 사람을 보내 오자서에게 이런 말을 전했다.

"당신의 복수는 아마도 너무 지나친 것 같구려! 나는 사람이 많으면 한때 하늘도 이길 수 있지만, [일단] 하늘의 뜻이 정해지면 사람을 깨뜨릴 수도 있다고 들었소. 일찍이 평왕의 신하가 되어 평왕을 섬겼던 그대가 지금 그 시신을 욕보이니, 어찌 이보다 더 천리에 어긋난 일이 있겠소子之報讎, 其以甚乎! 吾聞之, 人衆者勝天, 天定亦能破人. 今子故平王之臣, 親北面而事之, 今至於僇死人, 此豈其無天道之極乎!"

그러자 오자서가 말했다.

"나를 위해 신포서에게 사과하고 해는 저물고 갈 길은 멀어 내가 이 때문에 도리어 순리에 거스르는 행동을 했다고 말해주게爲我謝申包胥曰, 吾日**莫途遠**, 吾故倒行而逆施之."

이에 신포서는 진秦나라로 달려가 위급함을 알리고 구원을 요청하여 오나라를 무찔렀다.

일수독박수질무성一手獨拍雖疾無聲

한 **일** 손 **수** 홀로 **독** 칠 **박** 비록 **수** 빠를 **질** 없을 **무** 소리 **성**

'한 손으로만 박수를 치면 비록 빠르게 칠지라도 소리가 나지 않는다'는 말로, 한 사람의 역량으로는 일을 해내기 어려운 경우에 조화와 협력의 중요성을 강조할 때 쓴다.

군신 관계의 원만한 조화와 협력의 중요성을 비유한 것으로 《한비자韓非子》〈공명功名〉 편에 나오는 말이다.

"군주의 근심은 그에게 아무도 호응하는 자가 없다는 데 있다. 그러므로 말한다. '한 손으로만 박수를 치면 비록 빠르게 칠지라도 소리가 나지 않는다'人主之患在莫之應, 故曰: '一手獨拍, 雖疾無聲'."

군주가 신하를 내치면 자신도 버려지므로, 신하와의 갈등이 최고조에 달했을 때 군주는 한 걸음 물러나 조정의 리더십을 발휘해야 한다는 것이다. 한비는 "오른손으로 원을 그리면서 왼손으로 네모를 그리면 둘 다 완성할 수 없다右手畫圓, 左手畫方, 不能兩成."라고 했다.

억지로 하면 안 되는 것이 있듯이 인간관계도 마찬가지다. 그러므로 한비는 한 걸음 더 나아가 잘 다스리는 나라의 군주와 신하의 관계를 설정하여 "잘 다스려지는 나라에서는 군주는 북채와 같고, 신하는 북과 같으며, 재능은 수레와 같고, 일은 말과 같다至治之國, 君若桴, 臣若鼓, 技若車, 事若馬."라고 하면서 유기적인 조화의 중요성을 강조했다. 신하가 군주의 신임을 얻었다고 해서 교만한 것도 안 되지만, 군주 역시 오만을 경계하고 겸허의 미덕을 실천해야 한다.

신하는 겸허한 자세로 군주의 그림자인 참모로 살아가는 법을 익혀야 하고, 때로는 적절한 자기 연출도 필요하다. 이것이 바로 요임금이 남면南面해서 군주로서 명예를 지킬 수 있었던 까닭이고, 순임금이 북면北面하여 신하의 자리에서 공을 세울 수 있었던 이유다. 한비가 내세운 현명한 군주의 조건은 천시天時 · 민심民心 · 자질資質 · 권세權勢 등 네 가지다. 천시는 바로 군주가 얻는 행운이고, 민심은 얻으면 모든 일이 순조롭게 해결되며,

자질은 군주의 기본적인 능력의 문제다. 그런데 권세가 없으면 아무리 현명한 군주라도 신하에 대한 통솔력을 발휘하지 못하여 성과를 내지 못할 수 있다.

일엽낙지천하추一葉落知天下秋

—— 한 **일** 잎 **엽** 떨어질 **락** 알 **지** 하늘 **천** 아래 **하** 가을 **추** ——

'낙엽 하나로 천하에 가을이 왔음을 안다'는 말로, 사소한 일로 미루어 큰일을 짐작할 수 있음을 뜻한다. 일엽지추一葉知秋라고도 쓴다.

《회남자淮南子》〈설산훈說山訓〉 편에 이런 이야기가 나온다.

"고기 한 점 먹고 냄비 속의 고기 맛을 다 알고, 깃털과 숯을 매달아놓고서 [방 공기가] 건조하고 습한 기운을 알 수 있다. 이는 작은 것으로 큰 것을 밝히는 것이다. 낙엽 하나를 보고 한 해가 저물어가는 것을 알고, 항아리 속의 얼음을 보고 천하가 추워졌음을 안다. [이것은] 가까운 것으로 먼 것을 논한 것이다嘗一臠肉, 知一鑊之味; 懸羽與炭, 而知燥濕之氣. 以小明大. 見一葉落, 而知歲之將暮; 睹瓶中之氷, 而知天下之寒. 以近論遠."

문장 선집인《문록文錄》에 인용된 당대 시인의 시구에도 보인다.

산속 스님은 세월을 헤아리지 않고
낙엽 하나로 천하에 가을이 왔음을 아네.
山僧不解數甲子, **一葉落知天下秋**.

일의대수一衣帶水

—— 한 일 옷 의 띠 대 물 수 ——

'옷의 띠만큼 좁은 강물'이라는 말로, 강폭이 좁음을 비유한다.

《남사南史》〈진기 하陳紀下〉에 나오는 말이다.

남북조시대는 혼란의 소용돌이 속에 있었다. 북방의 오호십육국과 남방의 여러 나라가 흥망성쇠를 거듭하면서 새로운 정권을 창출했다. 이 혼란을 마감하기 시작한 것은 수나라 문제가 등극한 뒤부터다. 그는 북방을 통일한 다음, 남조의 마지막 왕조인 진陳나라를 공격하여 천하를 통일하려 했다.

문제는 이렇게 선언했다.

"진나라 왕은 무도하여 백성을 도탄에 빠지게 했다. 이제 나는 백성의 어버이로서 어찌 옷의 띠만큼 좁은 강물에 한정하여 백성을 구하지 않을 수 있겠는가我爲百姓父母, 豈可限**一衣帶水**不拯之乎?"

당시 진나라 왕이던 후주後主 진숙보 陳叔寶는 술과 여자에 빠져 정사政事를 돌보지 않아 백성의 고통이 형언할 수 없을 지경이었다. 여기서 말하는 좁은 강물은 장강長江이다. 장강은 예로부터 천하의 요충지로서, 삼국시대 오나라 이후 장강을 낀 해안의 건강建康(지금의 장쑤성江蘇省 난징의 옛 이름)에 역대 남조의 도읍이 있었다.

문제가 이끄는 25만 대군은 순식간에 장강을 건너 진나라를 멸하고 천하 통일의 과업을 완성했다.

일이관지一以貫之

한 **일** 써 **이** 꿸 **관** 어조사 **지**

'하나로 꿰뚫는다'는 뜻으로, 준말은 일관一貫이다.

공자가 《논어論語》〈이인里仁〉 편에서 말했다.

"삼參(증삼)아, 나의 도는 하나로 꿰뚫는다參乎, 吾道一以貫之."

증삼이 말했다.

"맞습니다唯."

공자가 나가자 문인들이 물었다.

"무엇을 말씀하신 겁니까何謂也?"

증삼이 말했다.

"선생님의 도는 충忠과 서恕일 뿐이구나夫子之道, 忠恕而已矣."

공자는 부모와의 관계에서는 친親을 지키고, 임금과는 의義를 지키며, 부부 사이에는 별別을 지키고, 노인과는 서序를 지키며, 친구와는 신信을 지키는 등 삶의 모든 형태에서 인간으로서의 도리를 다하고 있으므로 모든 것을 다 배워서 실천한다고 생각하기 쉽지만 실제로는 그렇지 않음을 증삼에게 밝힌 것이다. 그것은 인仁을 터득하여 남과 하나가 되는 마음을 실현함으로써 나타나는 현실적 다양함에 지나지 않으므로, 공자의 다양한 실천은 모두 남과 하나가 되는 마음으로 일관되는 것이다.

증삼은 공자의 말을 알아듣고 재빨리 대답했으나 다른 제자들은 알아듣지 못해서 증삼에게 물었던 것이다. '충忠'은 글자 모양에서 알 수 있듯이 '중中'과 '심心'이 더해진 것으로서 '속에 있는 마음'을 뜻한다. 속에 있는 마음은 인仁이며 성性인데, '남을 나처럼 사랑한다'는 뜻에서 인仁이라 하고 '살려는 마음'이라는 뜻에서 성性이라고 하는 것이다. 그리고 '서恕'는 속에 있는 마음과 남의 마음이 같은 것이므로 같은(如) 마음(心), 즉 서恕라고 한다. 속에 있는 마음인 충忠이 밖으로 나타날 때는 서恕로 나타나는 것이다.

《논어》〈위령공衛靈公〉 편에도 이런 말이 보인다.

공자가 말했다.

"사賜(자공)야, 너는 내가 많이 배워서 그것들을 기억하고 있는 사람이라고 생각하느냐賜也, 女以予爲多學而識之者與?"

[자공이] 대답했다.

"그렇습니다. [그렇지] 않습니까然. 非與?"

[공자가] 말했다.

"아니다. 나는 그것들을 하나로 꿰뚫고 있다非也. 予一以貫之."

일자천금一字千金

한 일 글자 자 일천 천 쇠 금

'한 글자에 천금의 값어치가 있다'는 말로, 아주 뛰어난 글자나 시문을 비유한다. 일자연성一字連城, 일자백금一字百金이라고도 한다.

《사기史記》〈여불위열전呂不韋列傳〉에 나오는 말이다.

진秦나라 소양왕은 즉위한 지 56년 만에 죽고, 태자 안국군이 왕위에 올라 화양 부인을 왕후로 하고 자초를 태자로 삼았다. 그러자 조나라에서 자초의 부인과 아들 정을 받들어 진나라로 돌려보냈다.

진나라 왕이 즉위한 지 1년 만에 죽자 시호를 효문왕孝文王이라 하고 태자 자초가 왕이 되었는데, 이 사람이 장양왕莊襄王이다. 장양왕은 양어머니 화양 부인을 화양 태후라 하고, 생모 하희를 높여서 하 태후라 했다. 장양왕 원년에 여불위를 승상으로 삼고 문신후文信侯에 봉했으며, 하남 낙양의 10만 호를 식읍으로 주었다.

장양왕이 즉위한 지 3년 만에 죽자 태자 정이 왕위에 올랐다. 정은 여불위를 존중하여 상국으로 삼고 중부仲父라고 불렀다. 진나라 왕이 나이가 어리므로 태후는 때때로 사람들의 눈을 피해 여불위와 사사로이 정을 통했다. 여불위의 집에는 하인이 1만 명이나 있었다.

당시 위나라에는 신릉군信陵君, 초나라에는 춘신군, 조나라에는 평원군, 제나라에는 맹상군이 있었는데, 이들은 한결같이 선비를 존중하여 앞다퉈 빈객을 모셨다. 여불위가 진나라는 강한 나라이면서도 그렇게 하지 못하는 것을 부끄럽게 여겨 선비들을 불러서 정성껏 대하자 빈객이 3000명에 이르렀다.

이때 제후들의 나라에는 변사辯士가 많았는데, 순경荀卿 같은 이는 글을 지어 천하에 자기 학설을 퍼뜨렸다. 그래서 여불위는 자기 빈객들에게 각각 보고 들은 것을 쓰도록 하여 〈팔람八覽〉·〈육론六論〉·〈십이기十二紀〉 등 20여만 언言으로 모아, 이것이야말로 천지·만물·고금의 일을 다 갖추고 있다고 여겨 《여씨춘추呂氏春秋》라고 불렀다. 이 책을 함양의 시장 문 앞에 펼쳐놓고 천금을 걸어서 제후국의 유사와 빈객들을 모아 다음과 같이 말했다.

"한 글자라도 더하거나 뺄 수 있는 이에게 천금을 주겠다有能增省一字者, 予千金."

당시 뛰어난 빈객들은 앞다퉈《여씨춘추》의 문장에 손을 대려고 했지만 한 글자도 고치지 못했다.

일전쌍조一箭雙雕

——— 한 일 화살 전 쌍 쌍 수리 조 ———

'화살 한 대로 새 두 마리를 맞힌다'는 말로, 한 번에 두 가지를 얻는 것을 뜻한다. 원말은 일발쌍관一發雙貫이다. 일거양득一擧兩得 · 일석이조一石二鳥와 같으며, 쌍조일전雙雕一箭이라고도 한다.

《태평어람太平禦覽》 349권에 이런 이야기가 나온다.

북주에 장손성張孫晟이라는 사람이 있었다. 그는 총명하고 영민하며 군사에 관한 지식도 많은 데다가 활쏘기에 남다른 재능이 있었다. 장손성은 나중에 돌궐에 사신으로 가게 되었다.

돌궐 왕 섭도攝圖는 장손성의 재주를 아끼며 존경하여 늘 함께 사냥을 나갔다. 돌궐 사람들은 장손성이 활을 쏠 때 내는 활시위 소리가 마치 우렛소리 같고, 말을 타고 드넓은 평야를 내달리는 모습은 마치 번개 같다며 감탄했다.

이날도 장손성은 섭도와 함께 사냥을 즐기고 있었는데, 이런 상황이었다.

"두 마리의 수리가 날아가면서 고깃덩어리로 다투고 있는 것을 보고 이로 인해 화살 두 개를 장손성에게 주면서 쏘아서 그것을 취하도록 청했다. 장손성은 말을 몰아 수리를 만나 당기었다. 마침내 한 대만 쏘아 두 마리를 꿰었다有二雕, 飛而爭肉, 因以箭兩只與晟, 請射取之. 晟馳往, 遇雕相攫. 遂一發雙貫焉."

이 광경을 지켜본 사람들은 장손성의 활 솜씨에 놀라지 않을 수 없었다.

일제인부중초인휴一齊人傅衆楚人咻

— 한 **일** 나라 이름 **제** 사람 **인** 스승 **부** 무리 **중** 나라 이름 **초** 사람 **인** 떠들 **인** —

'제나라 사람 한 명을 스승으로 삼고 초나라 사람 여러 명이 떠든다'는 말로, 환경의 영향이 큼을 뜻한다.

《맹자孟子》〈등문공 하滕文公下〉 편에 이런 이야기가 있다.

맹자가 어느 날 대불승戴不勝에게 말했다.

"자네는 자네 왕이 착해지기를 바라는가? 내 그대에게 분명하게 말해주겠네. 여기에 초나라 대부가 있는데 그 아들이 제나라 말을 하기를 바란다면 제나라 사람에게 가르치게 하겠는가, 초나라 사람에게 가르치게 하겠는가子欲子之王之善與? 我明告子. 有楚大夫於此, 欲其子之齊語也, 則使齊人傅諸, 使楚人傅諸?"

"제나라 사람에게 가르치게 할 것입니다使齊人傅之."

맹자가 다시 말했다.

"제나라 사람 한 명을 스승으로 삼고 초나라 사람 여러 명이 떠들어댄다면 비록 날마다 종아리를 때리면서 그가 제나라 말을 하기를 요구하더라도 될 수 없겠지만, 그를 데려다 제나라 서울의 장악莊嶽 거리에 수년 동안 놓아두면 비록 날마다 종아리를 치면서 그가 초나라 말을 하기를 요구하더라도 또한 될 수 없을 것이네**一齊人傅**之, **衆楚人咻**之, 雖日撻而求其齊也, 不可得矣; 引而置之莊嶽之間數年, 雖日撻而求其楚, 亦不可得矣.

자네는 설거주薛居州를 착한 선비라 생각하여 그를 왕의 처소에 거처하게 했는데, 왕의 처소에 있는 자들이 나이 많은 사람이나 어린 사람, 계급이 낮은 사람이나 높은 사람이 모두 설거주와 같다면 왕이 누구와 더불어 착하지 않은 일을 하겠으며, 왕의 처소에 있는 자들이 나이 많은 사람이나 어린 사람, 계급이 낮은 사람이나 높은 사람이 모두 설거주와 같지 않다면 왕이 누구와 더불어 착한 일을 하겠는가? 설거주 한 사람이 홀로 송나라 왕을 어떻게 하겠는가?"

일패도지一敗塗地

——— 한 일 질 패 진흙 도 땅 지 ———

'한 번 싸움에 져서 땅바닥에 으깨어진다'는 말로, 여지없이 패하여 재기 불능 상태가 됨을 비유한다.

《사기史記》〈고조본기高祖本紀〉에 나오는 말이다.

진秦나라 이세 황제 원년 가을, 머슴 출신 진승陳勝이 기현蘄縣에서 봉기하여 왕위에 올라 국호를 장초張楚라고 했다. 여러 군현에서는 모두 그 지방 장관을 죽이고 진승에게 호응했다. 패현의 현령도 두려워하며 백성을 이끌고 진승에게 호응하려고 했는데, 이때 주리主吏인 소하蕭何와 옥리 조참曹參이 현령에게 이렇게 말했다.

"진나라 관리인 당신이 지금 마을 젊은이들을 거느리고 진나라를 배반하려 하시는데, 젊은이들이 나리의 뜻에 복종하지 않을까 걱정됩니다. 차라리 예전에 진나라의 가혹한 정치와 과중한 부역 때문에 고향을 떠나서 다른 곳으로 도망친 패현 사람들을 모두 부르십시오. 그러면 수백 명을 모을 수 있을 테니, 그들을 이용하여 마을 젊은이들을 위협하면 모두 복종할 것입니다."

그러자 현령은 번쾌에게 유방을 불러오도록 했다. 그때 유방은 이미 100명에 가까운 무리를 거느리고 있었다.

번쾌가 유방을 데려왔으나, 현령은 이를 후회하며 그들이 모반할까 두려워했다. 그래서 성문을 걸어 잠그고 성을 수비하면서 소하와 조참을 죽이려 했다. 겁이 난 이들은 성벽을 넘어 유방에게 투항했고, 유방은 비단에 글을 써서 화살에 꽂아 성안으로 쏘았다. 그는 마을 부로들에게 다음과 같은 서신을 올렸다.

"천하 백성이 오랫동안 진나라로 인해서 고통을 받아왔습니다. 지금 부로들께서는 현령을 위하여 성을 수비하고 있으나, 전국 제후가 모두 봉기했으니 이제 곧 패현을 공략해올 것입니다. 그러니 마을 사람들이 함께 현령을 처형하고 우두머리로 세울 만한 젊은이를 골라서 세우고 제후들에게 호응한다면 가족과 재산을 보전할 수 있을 것입니다. 그러지 않으면 아버지와 아들이 아무 의미 없이 죽임을 당하게 될 것입니다天下苦秦久矣. 今父老雖爲沛令守, 諸侯並起, 今屠沛. 沛今共誅令, 擇子弟可立者立之, 以應諸侯, 則家室完. 不然, 父子俱屠, 無爲也."

그러자 부로들은 젊은이들을 거느리고 가서 현령을 죽이고는 성문을 열고 유방을 맞이하여 패현 현령으로 삼으려 했다. 그러자 유방은 이렇게 말했다.

"천하가 혼란스러워 제후들이 궐기하고 있는 지금 무능한 장수를 두면 한 번 싸움에서 져서 땅바닥에 으깨어질 것이오. 내가 감히 내 목숨을 중히 여겨서가 아니라 내 능력이 부족하여 여러 부형과 젊은이들의 목숨을 보전할 수 없을까 두려워해서입니다. 이는 중대한 일이오니 이 일을 맡을 적임자를 신중히 선택하시기 바랍니다天下方擾, 諸侯並起, 今置將不善, **一敗塗地**. 吾非敢自愛, 恐能薄, 不能完父兄子弟. 此大事, 願更相推擇可者."

소하와 조참은 본래 문관 출신으로 자신의 목숨을 소중하게 여겼다. 그들은 이 일이 실패하면 진나라에 멸족의 화를 당할까 봐 두려워 유방에게 자리를 양보했다.

입목삼분入木三分

—— 들입 나무목 석삼 나눌분 ——

'나무에 세 푼이나 들어간다'라는 말로, 필력이나 문장이 힘찬 것을 비유한다. '분分'은 한 치(寸)의 10분의 1의 길이 단위다.

중국의 저명한 서예가 왕희지王羲之는 진나라 회계 사람으로, 자는 일소逸少이고 왕우군王右軍이라고도 불렸다. 그는 열세 살에 이미 널리 알려졌다.

왕희지는 천부적 자질도 있었지만 각고의 연습을 통해 글자의 구조와 기세를 연구하여 끊임없이 손가락으로 자기 옷자락에 써서 시간이 오래 지나면 옷이 너덜너덜해질 지경이었다. 또한 그는 붓으로 글자를 쓰는 데도 온 힘을 기울여 연못에 붓과 벼루를 씻으면 연못 물이 온통 검게 변할 정도였다고 한다.

이 성어는 당나라 장회관張懷瓘의 《서단書斷》에 나온다.

"진나라 황제가 북쪽 교외에서 제사를 지내는데, 왕희지가 축판을 고쳐 썼다. 공인이 그것을 깎아보니 붓이 나무에 세 푼이나 들어갔다晉帝祭北郊, 王羲之書祝版, 工人削之, 筆入木三分."

털로 된 붓으로 쓴 글씨에 목판이 파였다는 것은 믿기 어려운 말일 수도 있다. 그러나 이러한 전설적인 이야기는 그가 쓴 필력이 그의 명성답게 입신의 경지에 들어섰음을 뜻하는 것이다. 그의 작품은 글자가 힘차고 수려하면서도 단아한 면모를 지니고 있어 세속을 벗어난 듯하면서도 필획이 강하고 날카로웠다.

자두연기煮豆燃萁

삶을 자 콩 두 탈 연 콩깍지 기

'콩을 삶는데 콩깍지를 태운다'는 말로, 형제간의 아귀다툼을 한탄할 때 주로 쓴다.

《세설신어世說新語》〈문학文學〉 편에는 노장학을 중심으로 한 문인들의 문학 활동이 잘 나와 있다. 여기에 조식曹植이라는 인물이 나오는데, 그는 삼국시대 천하의 영웅인 조조의 셋째 아들로서 장남 조비曹丕와 함께 삼조로 불리며 이른바 건안문학建安文學을 꽃피웠다.

본래 조식은 당시 천하의 문재 중에서 8할을 차지한다는 평가를 받을 만큼 뛰어난 문명을 떨쳤으며, 조조도 맏아들인 조비보다 조식에게 깊은 애정을 가지고 제위를 넘겨줄 생각까지 굳히고 있었다. 따라서 조비는 조식을 경계할 수밖에 없었고, 조식도 조비의 그런 점이 늘 마음에 걸렸다. 끝내 천하의 제위는 조비에게 돌아갔지만, 조비는 조식에 대한 앙금이 남아 있어 어떻게 해서든 조식이 세력을 구축하지 못하게 하려고 갖은 수단과 방법을 동원했다.

어느 날 조비는 조식에게 일곱 발짝을 걷는 동안에 시를 짓지 못하면 큰 벌을 내리겠다고 엄포를 놓았다. 문재가 뛰어난 조식은 일곱 발짝을 디디면서 이런 시를 남겼다.

콩을 삶는데 콩깍지를 태우니
콩이 솥 안에서 우는구나.
본래 같은 뿌리에서 났거늘
서로 지지고 볶는 게 어찌 그리 급할까.
煮豆燃豆萁, 豆在釜中泣.
本是同根生, 相煎何太急.

이익 앞에서는 형제도 피도 눈물도 없다는 인간의 이기적 속성을 그대로 보여주는 시다.

이 시를 읽고 조비는 아무 말도 하지 못했다고 한다. 이것이 그 유명한 〈칠보시七步詩〉다. 여기에서 칠보지재七步之才라는 말이 나왔다. 그러나 조식은 조비에게 계속 배척을 받아 한 많은 생을 마감했고, 진사왕陳思王이라는 시호가 붙었다.

자포자기自暴自棄

스스로 **자** 사나울 **포** 스스로 **자** 버릴 **기**

'스스로 포기하고 내팽개치는 것'으로, 절망에 빠져 말이나 행동을 체념한 것을 뜻한다.

《맹자孟子》〈이루 상離婁上〉 편에서 맹자는 인의를 설명하려고 이렇게 말했다.

"자신을 해치는 자는 함께 [진리를] 말하는 것이 있을 수 없고, 자신을 버리는 자는 함께 [진리를] 행하는 것이 있을 수 없다. 말로 예의를 비방하는 것을 스스로 해친다고 하고, 내 몸은 인仁에 있거나 의義를 말미암을 수 없다고 하는 것을 스스로 버린다고 한다. 인은 사람의 편안한 집이고, 의는 사람의 바른길이다. 편안한 집을 비워두고 거처하지 않으며, 바른길을 버려두고 말미암지 아니하니, 슬프구나**自暴**者, 不可與有言也; **自棄**者, 不可與有爲也. 言非禮義, 謂之**自暴**也; 吾身不能居仁由義, 謂之**自棄**也. 仁, 人之安宅也; 義, 人之正路也. 曠安宅而弗居, 舍正路而不由, 哀哉!"

여기서 맹자는 '자포자自暴者'란 예의를 헐뜯기만 하는 무리이고, '자기자自棄者'란 인의에 따라 행동하지 못하는 무리라고 보았다. 전자는 적극적인 일탈자요, 후자는 소극적인 일탈자다. 따라서 이들과는 어떤 말도 할 수 없고 행동도 같이할 수 없다는 것이다. 이 두 부류의 사람들을 맹자가 가장 경멸했음을 알 수 있다.

《맹자》 첫머리에 맹자와 양나라 혜왕이 문답하는 장면이 나오는데, 혜왕은 자기 나라를 이롭게 하는 데 관심이 있었으나 맹자는 오직 인의만 있을 뿐이라고 응수했다. 맹자는 늘 인의를 내세워 왕도 정치를 주장했지만, 당시 정치적 여건이 그렇지 못하여 그의 이상은 실현되지 못했다.

장수선무長袖善舞

길 장 옷소매 수 잘할 선 춤출 무

'소매가 길면 춤을 잘 춘다'는 말로, 무슨 일을 하든 조건이 나은 사람이 소기의 성과를 달성하기 쉽다는 뜻이다. '돈이 많으면 장사를 잘한다多錢善賈'라는 성어와 함께 쓰이기도 한다.

《한비자韓非子》〈오두五蠹〉 편은 나라를 갉아먹어 황폐하게 만드는 다섯 부류를 신랄하게 비판하는 명편이다. 여기를 보면 한비는 합종과 연횡의 두 파로 나누어지거나 다른 나라의 힘을 빌리는 것은 모두 국가를 보존하는 방법이 아니라고 지적하고 다음과 같이 말했다.

"무릇 왕은 다른 사람을 공격할 수 있지만 그가 안정되면 공격할 수 없다. 강자는 다른 사람을 공격할 수 있지만 다스려지면 공격할 수 없다. 다스려지거나 강력해지는 것은 나라 밖에서 할 수 있는 것이 아니라 나라 안의 정치에 있는 것이다. 지금 나라 안에서 법술法術을 시행하지 않고 나라 밖에서 지모를 일삼는다면 다스려지고 강력해지는 데는 이르지 못할 것이다."

속담에 이런 말이 있다.

"소매가 길면 춤을 잘 추고, 돈이 많으면 장사를 잘한다長袖善舞, 多錢善賈."

이 말은 자질이 좋아야 일을 쉽게 이룬다는 것이다.

한비의 시각은 이렇다.

다스려져 강하게 된 나라는 모략을 꾸미기가 쉽고, 약하고 혼란스러운 나라는 계략을 세우기가 어렵다. 그러므로 진秦나라에서는 열 번 바뀌어도 도모한 것을 잃는 경우가 드물었지만, 연나라에서는 한 번 바꾸어도 도모한 것을 얻는 일이 드물었다. 진나라에 쓰이는 자는 지혜롭고 연나라에 쓰이는 자는 어리석어서가 아니라, 국가가 제대로 다스려지는가 아니면 다스려지지 않는가의 차이 때문이다.

한비자가 예로 들었듯이, 주나라는 진秦나라를 떠나 합종하여 1년 만에 공격을 받아 함락되었고, 위衛나라는 위나라를 떠나 연횡하여 반년 만에 멸망하게 되었다. 즉, 주나라는 합종을 하다 멸망하고, 위나라는 연횡을 하다 멸망한 것이다.

장지명산藏之名山

——— 감출 **장** 어조사 **지** 이름 **명** 뫼 **산** ———

'명산에 감추어둔다'라는 말로, 저술한 책이 제대로 평가받기 위해 깊이 감추어두고서 기다린다는 의미다.

사마천이 《사기史記》 130편을 완성하고 〈태사공자서太史公自序〉에서 이것이 몰고 올 파장에 대한 깊은 두려움을 말한 것이다.

"그것(정본)은 명산에 감추어두고 부본副本은 수도에 두어 후세의 성인·군자들의 열람을 기다린다**藏之名山**, 副在京師, 俟後世聖人君子."

부친의 유언을 받들어 방대한 분량의 《사기》를 완성한 사마천은 인간과 권력을 다룬 이 책의 예사롭지 않은 운명을 예감했다. 그의 말처럼 《사기》는 오랫동안 왕실과 역사가들에게 외면을 받으며 몇 세기를 보내야 했다. 이러한 비판의 이면에는 《사기》가 90년 늦게 나온 반고의 《한서漢書》와 달리, 도가와 병가, 잡가 등 제자백가를 두루 다루어 한 대의 국가 이념인 유학에 배치된다는 인식이 가로놓여 있다. 사마천은 자객과 골계가, 점쟁이, 유세가, 의사 등 당시 세상의 비주류들을 과감히 역사의 주류로 등장시켰다.

예를 들어, 형가가 연나라에서 거문고와 비슷한 악기인 축築의 명수 고점리와 비파를 타면서 술 마시고 노래하기도 하는 호방함, 그가 태자 단의 눈에 들어 진시황 암살 계획을 도모하는 이야기는 사마천이 아니면 쓰기 힘든 소재일 수밖에 없었다. 더 중요한 것은 또 있으니, 사마천에게 궁형의 치욕을 안긴 한 무제 전반에 대한 비판적 서술 시각의 문제다. 무제는 사마천이 《사기》에서 아버지 경제와 자신의 치부를 드러내 신랄하게 비판한 것을 보고 매우 노여워하며 이 두 본기本紀를 폐기하도록 했다고 한다.

그러나 《사기》가 소외의 시간만 보낸 것은 아니다. 당나라의 문장가 유종원은 《사기》를 '웅심아건雄深雅健(문장에 힘이 있고 함축성이 있어 품위가 빼어나다)'이라고 평가하면서 문장 학습의 기본 틀로 삼았고, 구양수는 애호가로서 《사기》를 즐겨 읽으면서 글을 지을 때 이용하기도 했다. 《사기》의 위상은 청대에 기윤紀昀과 조익趙翼 등에 의해 더욱 확고해졌으며, 근대 중국의 루쉰魯迅에 의해 역시 '천고千古의 절창絶唱'이라는 칭송을 들었다.

재고팔두才高八斗

재주 **재** 높을 **고** 여덟 **팔** 말 **두**

'재주가 높아 열 말 중에서 여덟 말을 차지한다'는 말로, 시문의 재주가 매우 뛰어난 사람을 가리킨다.

송나라 때 문헌《석상담釋常談》〈팔두지재八斗之才〉에 이런 내용이 있다.

남북조 남송南宋의 유명한 산수파 시인 사령운謝靈運이 일찍이 이렇게 말했다.

"온 천하에 재주가 한 섬 있다면 조자건曹子建이 혼자서 여덟 말을 차지하고, 내가 한 말을 차지하며, 온 세상 사람들이 나머지 한 말을 함께 나누었다天下才有一石, 曹子建獨占八斗, 我得一斗, 天下共分一斗."

조자건, 즉 조식의 재주가 매우 뛰어남을 극찬한 말이다. 조조의 셋째 아들 조식은 건안문학을 대표하는 사람으로서, 작품에 정치적 포부나 야심을 드러내기보다 서정성을 강조하는 시를 지어 세련된 시 형태를 띠고 있다. 그는 형 조비의 박해 아래 비극적인 삶을 살았지만 오언고시와 악부시에 뛰어난 업적을 남겼다.《조자건집曹子建集》이 있다.

재소자처在所自處

있을 **재** 바 **소** 스스로 **자** 곳 **처**

'자신이 처해 있는 곳에 달려 있다'는 말로, 어떤 환경 속에서도 자신의 입지를 선택해야 한다는 의미다.

《사기史記》〈이사열전李斯列傳〉에 나오는 말이다.

진시황을 도와 모든 체제를 완성한 인물로 평가받는 이사李斯는 초나라 사람으로 젊어서 순경에게서 제왕학을 터득하지만, 겨우 군郡에서 지위가 낮은 말단 관리로서 세월만 축내고 있었다.

어느 날 그는 쥐 두 마리를 보고 삶의 원리를 알았다. 변소에 있는 쥐는 사람이나 개가 나타나자 깜짝 놀라 도망을 갔다. 그런데 창고 안에 있는 쥐는 쌓아놓은 곡식을 먹으며 사람은 안중에 두지 않는 것을 보았다. 이사는 한탄했다.

"사람이 어질다거나 못났다고 하는 것은, 비유하자면 이런 쥐와 같아서 자신이 처해 있는 곳에 달렸을 뿐이다人之賢不肖譬如鼠矣, **在所自處**耳."

이사의 탄식처럼 생활 환경의 차이에 따라 어떤 이는 현자와 군자가 되는데, 어떤 이는 하층의 우민愚民과 소인으로 전락한다.

이사는 그러고는 곧바로 진秦나라로 가서 승상 여불위를 찾아가 그의 사인舍人, 즉 집사가 되었고, 다시 진시황에게 소개되어 궁궐의 모든 일을 총괄하는 장사長史의 자리에 오른다. 그는 진시황의 절대적인 신임을 바탕으로 공을 세워 객경이 된다.

이 과정에서 기득권의 강력한 반발에 축객을 당할 처지에 몰린 이사는 저 유명한 "태산은 흙을 사양하지 않고, 큰 강과 바다는 물줄기를 가리지 않는다泰山不讓土壤, 河海不擇細流."라는 인재 개방론을 들고 나와 위기를 벗어나 진시황의 핵심 측근으로 거듭난다.

발분의 세월을 야망으로 뒤바꾸어 파란만장한 삶을 보낸 이사는 기회주의자의 전형이기도 하다. 진시황의 유서 위조에 가담했다가 자신을 포함한 일족의 몰살로 귀결되었으니 말이다. 그러나 그의 삶은 진시황을 도와 봉건제도를 폐지하고 군현제도를 실시하는 등 정치 · 경제 · 사상 · 문화 등 각 방면에 일대 개혁을 단행하여 역사에 매우 큰 흔적을 남겼다.

저수하심低首下心

—— 밑 **저** 머리 **수** 아래 **하** 마음 **심** ——

'머리를 숙이고 마음을 아래로 향한다'는 말로, 남에게 머리를 숙여 복종함을 비유한다.

중국의 역대 명문을 추려 엮은 《고문진보古文眞寶》 후집 권3에 나오는 말이다.

당나라 중기에 고문운동을 일으킨 한유韓愈라는 인물은 문학에 능할 뿐만 아니라 이부시랑까지 오른 정치가다. 그는 불교를 강하게 배척한 유학자인데, 헌종獻宗이 부처님 사리를 조정에 들여놓으려 하자 〈논불골표論佛骨表〉를 써서 신랄하게 비판했다. 이로 인하여 헌종의 노여움을 사 사형당할 운명이었으나, 주위 사람들의 도움으로 겨우 사형을 면하고 조주자사潮州刺史로 좌천되는 정치적 비운을 맛보게 된다.

한유가 임지에 부임을 하고 보니 백성의 골칫거리가 하나 있었는데, 악어가 골짜기에 모여 있다가 아무 때나 가축을 잡아먹고 사람까지 해친다는 것이었다.

한유는 부임지의 문제를 화제로 삼아 〈악어문鰐魚文〉이라는 글을 썼다. 악어들에게 일주일 여유를 주어 남쪽 바다에 가서 살도록 명하고, 만일 말을 듣지 않으면 명사수를 시켜 모두 죽여버리겠다고 으름장을 놓는 내용이었다.

이 글 가운데 다음과 같은 말이 있다.

"자사가 비록 어리석고 약하지만 또한 어찌 악어에게 머리를 숙이고 마음을 아래로 하여 겁에 질려서 가는 눈으로 바라보기만 하며, 백성의 관리로서 여기에서 구차스럽게 살아가겠는가? 게다가 천자의 명을 받들고 와서 관리가 되었으니, 진실로 그 형세가 악어와 구별되지 않을 수 없다刺史雖駑弱, 亦安肯爲鰐魚**低首下心**, 伈伈睍睍, 爲民吏羞, 以偸活於此邪? 且承天子命, 以來爲吏, 固其勢不得不與鰐魚辨."

전거가감前車可鑑

앞 **전** 수레 **거** 가능할 **가** 거울 **감**

'앞의 수레가 뒤에 오는 수레의 거울이 된다'는 말이다. 본래는 '앞에 가는 수레가 엎어지면 뒤에 가는 수레가 경계하여 넘어지지 않도록 한다前車覆後車戒'라는 말로, 앞사람의 실패를 보고 후세 사람은 이를 경계로 삼아야 한다는 뜻이다.

《한서漢書》〈가의전賈誼傳〉에 나오는 말이다.

한나라 문제 때 가의賈誼라는 사람이 있었다. 그는 문학적 재능이 두드러진 작가로서 약관의 나이에 문제의 부름을 받아 박사가 되었다. 당시 안으로는 제왕들의 반란이 끊이지 않고 밖으로는 흉노의 침입이 잦았다. 이 일로 늘 고심하던 문제는 가의에게 좋은 방책이 없는지 물었고, 가의는 다음과 같은 상소를 올렸다.

"[진秦나라] 환관 조고가 [시황제의 둘째 아들] 호해에게 죄인을 다스리는 방법을 가르쳤는데, [호해는] 죄인을 죽이거나 코를 자르는 것을 배우지 않고, 아예 그 삼족을 모조리 멸하는 것만을 배웠습니다. [나중에 시황제가 사구에서 죽고] 호해가 황제가 되자 그는 다음 날부터 사람을 쏘아 죽이기 시작했습니다. [이를 보던 어떤 이가] 충심으로 간언했지만 자기를 비방한다고 말했으며, 나라를 다스리는 계책을 올렸지만 간사한 말이라고 여겨 여전히 풀을 베듯이 잔디를 깎듯이 사람을 죽였습니다. [그의 행동이 이러하다고 하여] 어찌 그의 본성이 악하겠습니까? 그가 그렇게 이끌어진 것은 그런 이유 때문이 아닙니다使趙高傅胡亥而教之獄, 所習者非斬劓人, 則夷人之三族也. 故胡亥今日即位而明日射人. 忠諫者謂之誹謗, 深計者謂之妖言, 其視殺人若艾草菅然. 豈惟胡亥之性惡哉? 彼其所以道之者非其理故也.

속담에 '누가 관리가 되어야 마땅한지는 모르지만 그가 일을 처리하는 것을 보면 알 수 있고', 또 '앞의 수레가 엎어지면 뒤의 수레가 경계한다.'라고 했습니다. 하 · 은 · 주, 삼대는 오래토록 번영했는데, 그 이유는 지난 일을 알고 있었기 때문입니다. 그런데도 그 번영을 배워서 얻지 못하는 사람은 성인의 지혜를 따르지 않는 사람입니다鄙諺曰: '不習爲吏, 視已成事.' 又曰: '**前車覆, 後車戒**.' 夫三代之所以長久者, 其已事可知也. 然而不能從者, 是不法聖智也."

전거후공前倨後恭

앞 **전** 오만할 **거** 뒤 **후** 공손할 **공**

'전에는 오만하다가 나중에는 공손하다'는 말로, 상대편의 입지에 따라 대하는 태도가 상반됨을 비유한다. 거존약비居尊若卑와 반대말이다.

《사기史記》〈소진열전蘇秦列傳〉을 보면, 춘추전국시대의 합종가인 소진蘇秦이 북쪽으로 조나라 왕에게 일의 경과를 보고하러 가는 길에 낙양을 지나게 되었다. 본래 처음에는 진秦나라의 혜왕을 유세하는 데 실패했으나 연나라 문후文侯를 만나 유세에 처음 성공한 이후 나머지 5개국도 합종책에 동참하도록 설득했다. 기원전 334년부터 기원전 320년까지 활동한 합종가로서 여섯 나라의 재상이 되었다. 기마와 짐을 실은 수레를 비롯하여 제후마다 소진을 모실 사자를 보내주어 전송하는 이가 매우 많아 국왕의 행차에 견줄 만했다.

주나라 현왕顯王은 이런 소문을 듣고 두려워 소진이 지나가는 길을 쓸도록 하고 교외까지 사람을 보내 위로하게 했다. 소진의 형제와 아내와 형수가 곁눈으로만 볼 뿐 감히 고개를 들어 바라보지 못하고 고개를 숙인 채 식사를 하니 소진이 웃으면서 형수에게 말했다.

"어째서 전에는 오만하더니 나중에는 공손합니까何**前倨**而**後恭**也?"

형수는 몸을 굽혀 기어 와서 얼굴을 땅에 대고 사과하며 말했다.

"계자季子(소진)의 지위가 귀하고 재물이 매우 많음을 알았기 때문입니다."

소진은 길게 탄식하며 말했다.

"이 한 몸도 부귀해지자 친척들이 두려워하고 빈천하면 업신여기는데, 하물며 일반 사람들이야 오죽하랴! 만일 내게 낙양성 주변에 밭이 두 이랑만 있었던들 어찌 여섯 나라의 재상 인수를 찰 수 있었을까此一人之身, 富貴則親戚畏懼之, 貧賤則輕易之, 況衆人乎! 且使我有雒陽負郭田二頃, 吾豈能佩六國相印乎!"

당시 소진은 천금을 풀어 일족과 친구들에게 나누어주었다.

전문거호후문진랑前門拒虎後門進狼

앞 **전** 문 **문** 막을 **거** 범 **호** 뒤 **후** 문 **문** 나아갈 **진** 이리 **랑**

'앞문의 호랑이를 막으니 뒷문의 이리가 나온다'는 말로, 한쪽의 재난을 피하자 또 다른 재난이 나타남을 비유한다. 줄여서 전호후랑前虎後狼이라고도 쓴다.

후한의 장제章帝가 죽고, 열 살의 어린 나이로 화제和帝가 제위에 올랐다. 나이 어린 임금이 자리에 오르면 외척이나 환관들이 득세하는 경우가 많은데 이때도 예외는 아니었다. 장제의 황후였던 두 태후와 그녀의 오빠 두헌竇玄이 정권을 잡자, 화제는 허울뿐인 임금에 지나지 않게 되었다.

얼마 뒤, 권력 맛을 알게 된 두헌은 한 걸음 나아가 화제를 시해하고 자신이 직접 제위에 오르려고 음모를 꾸미기 시작했다. 그러나 이 음모는 화제에게 발각되었고, 화제는 당시 실력을 지닌 환관 정중鄭衆을 시켜 두씨 일족을 제거하도록 했다. 뜻을 이루지 못한 두헌은 체포되기 직전에 자결했다.

그러나 두씨 일족의 횡포가 사라졌다고 하여 화제의 지위가 공고해진 것은 아니었다. 이번에는 두씨 일족 대신 정중이 권력을 쥐고 정사政事에 관여하기 시작했다. 이로 인해 후한은 결국 자멸하고 말았다.

원나라 때 조설항趙雪航이 그때 상황을 쓴《평사評史》에서 다음과 같이 비유적으로 설명했다.

"두씨가 비록 제거되었으나 환관들의 권력이 이로부터 흥성했다. 세속의 말에 '앞문의 호랑이를 막으니 뒷문의 이리가 나온다.'라는 말은 이를 두고 한 말이다竇氏雖除, 而寺人之權從茲盛矣. 諺曰: '**前門拒虎, 後門進狼**.' 此之謂也."

참고로 위의 문장에서 시인寺人은 임금 곁에서 일을 맡아보던 사람을 말한다.

전전긍긍戰戰兢兢

두려워할 **전** 두려워할 **전** 삼갈 **긍** 삼갈 **긍**

'전전戰戰'은 겁을 먹고 두려워 떠는 모습이고, '긍긍兢兢'은 몸을 삼가고 조심하는 모양이니, 매우 두려워하고 조심한다는 뜻이다.

《시경詩經》에는 악정惡政을 한탄하여 지은 작품이 많다. 특히 서주 말기는 씨족제 봉건사회가 무너지고 왕정이 쇠락하여 주공의 법이 제대로 통하지 않는 세상이 되어버렸다. 사람들 대부분은 눈앞의 이익이나 손실에만 매달려 나중에 그것이 큰 재앙으로 변하는 것을 알지 못했다.

《시경》〈소아小雅 · 소민小旻〉 편에 이런 구절이 나온다.

감히 맨손으로 호랑이 못 잡고 감히 걸어서 황하 못 건넘을
사람들은 그 하나는 알지만 그 밖의 것은 알지 못하네.
두려워하며 조심하기를 깊은 못에 임하듯 하고
엷은 얼음판 밟고 가듯 해야 한다네.

不敢暴虎, 不敢馮河,
人知其一, 莫知其他.
戰戰兢兢, 如臨深淵, 如履薄氷.

조심성 있는 사람은 악정에서도 깊은 연못이나 얇은 얼음 위에 있는 것처럼 처신한다는 말이다. 이처럼 전전긍긍이라는 말은 좋은 뜻이었다.

한편 《논어論語》〈태백泰伯〉 편을 보면 효성이 지극한 증삼이 병에 걸렸을 때 문하의 제자들을 불러놓고 이렇게 말했다.

"[이불을 걷고] 나의 발을 펴보거라. 내 손을 펴보거라. 《시경》에 '두려워하고 조심하기를 깊은 연못가에 있는 것처럼, 살얼음 위를 걷는 것처럼 하라.'라고 했는데, 지금부터는 내가 [죽음의 근심에서] 벗어나게 되었음을 알겠노라. 제자들아啟予足. 啟予手. 詩云, '**戰戰兢兢**, 如臨深淵, 如履薄冰.' 而今而後, 吾知免夫. 小子."

전전반측輾轉反側

돌아누울 **전** 구를 **전** 돌이킬 **반** 곁 **측**

'전전輾轉'은 수레바퀴가 한없이 도는 것이고, '반측反側'은 옆으로 뒤척이는 것을 말한다. 그러므로 '전전반측'은 마음에 걸리는 일이 있어 잠을 못 이루고 뒤척이는 것을 뜻한다. 비슷한 말로는 寤寐不忘오매불망, 전전불매輾轉不寐, 전측轉側이 있다.

《시경詩經》에는 유가 경전이라는 말이 무색할 만큼 남녀 간의 사랑을 다룬 시가 많다. 《시경》〈주남周南 · 관저關雎〉 편을 보자.

들쭉날쭉한 마름풀을 이리저리 헤치며
아리따운 아가씨를 자나 깨나 찾는구나.
그리워도 얻지 못해 자나 깨나 생각하네.
생각하고 생각하며 이리저리 뒤척이네.
參差荇菜, 左右流之,
窈窕淑女, 寤寐求之.
求之不得, 寤寐思服.
悠哉悠哉, **輾轉反側**.

이 시는 주나라 문왕과 왕비인 태사太姒를 칭송한 것이라는 해석과 후비의 덕을 읊은 것이라는 주희의 설도 있지만, 이런 견해들은 타당하지 않아 보인다. 이 시는 분명 남녀 간의 사랑을 노래한 연애시로 보는 것이 옳다. '전전반측'이라는 시구는 아름다운 여인을 그리워하며 잠을 이루지 못함을 형용한 것이다.

절각折角

——— 부러뜨릴 **절** 뿔 **각** ———

'절오록각折五鹿角'의 준말로 '오록의 뿔을 부러뜨린다'는 말이다. 구변으로 기세를 누르거나 콧대를 납작하게 만드는 것을 뜻하며 절주운각折朱雲角이라고도 한다.

《한서漢書》〈주운전朱雲傳〉을 보면, 한나라 때는 유학이 크게 흥성하여 그 어느 시대보다 학자들의 학문적 토론이 활발했다. 당시는《주역周易》연구가 왕성해 학파만 해도 여러 갈래였는데, 특히 양구하梁丘賀라는 학자가 세운 양구역梁丘易이 가장 유명했다. 이 학문을 좋아한 원제元帝는 이 학설이 다른 학설과 비교할 때 얼마나 뛰어난지 알고 싶었다. 그래서 양구역의 대가로서 언변이 좋은 오록충종五鹿充宗에게 이 일을 하도록 명령했다.

다른 학파들은 이 논쟁에 이길 승산이 없다고 판단하여 나서지 않으려 했다. 그러다가 주운朱雲이라는 이가 오록충종과 대결하기로 했다. 주운은 본래 학문보다는 협객들과 사귀기를 좋아하던 인물인데, 마흔이 넘어서야 학문에 뜻을 두어 명성을 날리게 되었다.

오록충종과 주운의 논쟁은 원제와 많은 학자가 보는 앞에서 진행되었다. 이 논쟁은 주운의 승리로 돌아갔고, 그 결과 박사로 임명되는 영예를 안게 되었다. 이때 학자들은 이 논쟁을 다음과 같은 비유를 들어 말했다.

"오록이 드세고 뿔이 길지만, 주운이 그 뿔을 부러뜨렸구나五鹿嶽嶽, 朱雲折其角."

오록충종의 이름에 '사슴 록鹿' 자가 들어 있으므로 '뿔을 부러뜨렸다'라는 말로 주운의 승리를 표현한 것이다.

절전折箭

부러뜨릴 **절** 화살 **전**

'화살을 부러뜨린다'는 말로, 서로의 힘을 한 군데로 모아 협력하는 것을 비유한다. 원말은 전절箭折이다.

《북사北史》〈토욕혼전吐谷渾傳〉에 나오는 말이다.

남북조 후위後魏 때, 선비족鮮卑族의 일파인 토욕혼吐谷渾의 왕 아시阿豺에게는 아들이 스무 명 있었다. 그중 맏이를 위대緯代라 했다. 하루는 아시가 아들들을 모아놓고 이렇게 말했다.

"너희는 각기 화살 하나씩을 손에 쥐고 부러뜨려보아라汝取一只**箭折**之."

아들들은 모두 쉽게 부러뜨렸다.

아시는 또 이렇게 말했다.

"이번에는 화살 열아홉 개를 쥐고 한 번에 부러뜨려보아라汝取十九只**箭折**之."

이번에는 모두 성공하지 못했다. 젖먹던 힘까지 다 해보았지만, 이루지 못했다.

이때 아시가 말했다.

"너희는 알겠느냐? 하나쯤이야 쉽게 부러뜨리지만, 많은 것은 꺾기가 어렵다. 힘을 하나로 모은 다음에야 나라가 튼튼해지는 법이다汝曹知否? 單者易折, 衆則難摧. 戮力一心, 然後社稷可固."

절차탁마 切磋琢磨

끊을 절 갈 차 쪼을 탁 갈 마

'칼로 끊고 줄로 갈며 망치로 쪼고 숫돌로 간다'는 말로, 학문에 정진하거나 인격을 수양한다는 뜻이다. 준말은 절마切磨다.

'절切'은 뼈를, '차磋'는 상아를, '탁琢'은 구슬을, '마磨'는 돌을 세공하는 것이다. 이 네 글자는 세공한다는 면에서는 같지만, 그 재료는 전혀 다르다. 재료를 달리하면서 좋은 결과를 낳는 것이 '절차탁마'다. 벗끼리 서로 격려하면서 학문과 덕행을 힘써 닦아 인격을 완성해가는 것을 비유하는 말이다.

《시경詩經》〈위풍衛風 · 기욱淇奧〉 편을 보면 이런 구절이 있다.

저 기수 물굽이를 바라보니
왕골과 마디풀 우거져 있네.
깨끗하고 멋진 우리 님이여,
끊는 듯 가는 듯 쪼는 듯 가는 듯하시네.
늠름하고 엄숙하며
훤하고 의젓하시네.
빛나고 빼어나니 멋진 님이여,
끝내 잊을 수 없구나.
瞻彼淇奧, 綠竹猗猗.
有匪君子, 如切如磋, 如琢如磨.
瑟兮僩兮, 赫兮咺兮.
有匪君子, 終不可諼兮.

본래 이 시는 절차탁마하여 학식과 덕망을 쌓은 군자를 칭송한 작품이다. 기수 가에 무성하게 자라난 푸른 대나무를 군자에 비유하여 읊은 시다.

공자는 이런 뜻을 받아들여 《논어論語》〈학이學而〉 편에서 이렇게 말했다.

"자공이 '가난하면서도 아첨하지 않고, 부유하면서도 교만하지 않으면 어떻습니까貧而無諂, 富而無驕, 何如?'라고 물었다. 공자는 '괜찮겠지만 가난하면서도 [이를] 즐거움으로 삼고, 부유하면서도 예를 좋아하는 것보다는 못하다可也, 未若貧而樂, 富而好禮者也.'라고 대답했다. 자공이 '《시경詩經》에서 [칼로] 끊듯이, [줄로] 갈듯이, [정으로] 쪼듯이 [숫돌로] 갈듯이라고 한 것은, 이것을 가리키는 것입니까詩云: 如切如磋, 如琢如磨, 其斯之謂與?'라고 했다. 공자는 '사(자공의 자字)야, 비로소 너와 더불어 《시》를 이야기할 수 있겠다! 지나간 것을 알려주었더니 다가올 것을 아는구나賜也, 始可與言詩已矣! 告諸往而知來者.'라고 말했다."

자공은 똑똑하고 재주가 있으며 이재理財에 밝아 부자가 되었으나, 말을 교묘하게 하고 뽐내기를 좋아하는 면이 있었다. 자신은 가난할 때도 아첨하지 않고 부자가 된 뒤에도 교만하지 않으므로 공자에게 훌륭하다는 칭찬을 듣고 싶어서 물어본 것이다. 그러나 공자는 그보다 더 나은 단계를 제시함으로써 자만하지 않고 더 발전할 수 있는 길로 유도했다.

즉, 공자는 도를 터득하고 덕을 밝히며 성性과 천명을 아는 학문이란 형이상학에 속하는 것이어서 매우 어려우므로 보옥을 다루는 사람들처럼 정성껏 해야 한다고 본 것이다.

절함折檻

——— 부러뜨릴 **절** 난간 **함** ———

'난간을 부러뜨린다'는 말로, 간곡하게 직언하는 것을 뜻한다.

《한서漢書》〈주운전朱雲傳〉에 나오는 말이다.

한나라 성제 때, 정승으로 있던 안창후安昌侯 장우張禹는 성제의 존경을 받고 있었다. 그는 성제를 믿고 안하무인眼下無人으로 행동하는 것도 서슴지 않았지만, 그 위세가 하늘을 찌를 듯하여 누구도 이 점을 지적하지 못했다.

이때 유학자 주운朱雲이 성제에게 간언했다.

"지금 조정 대신들은 위로는 폐하를 올바른 길로 이끌지 못하고, 아래로는 백성에게 무익한 일만 하면서 녹을 축내고 있으니 도둑이라고 할 수 있습니다. 제게 참마검斬馬劍(말을 벨 수 있는 칼)을 주시면 간사한 신하 한 명의 목을 베어 신하들을 경계시키겠습니다今朝廷大臣上不能匡主, 下亡以益民, 皆尸位素餐. 臣願賜尚方斬馬劍, 斷佞臣一人以厲其餘."

그 자리에 있던 대신들이 놀라 술렁거리자 성제가 물었다.

"간사한 신하가 누구인가?"

주운은 주저하지 않고 대답했다.

"안창후 장우입니다安昌侯張禹."

성제는 자기 스승을 간사한 신하로 폄하한 주운을 당장 끌어내라고 소리쳤다. 무관들이 주운을 끌어내려고 하자, 주운은 끌려 나가지 않으려고 난간을 붙들고 발버둥을 치며 장우의 목을 베어야 한다는 말만 계속 되풀이했다.

"주운이 조정의 난간을 기어가다가 난간이 부러졌다雲攀殿檻, **檻折**."

이 일이 있고 난 후 난간을 고치려고 할 때 성제는 이렇게 말했다.

"새것으로 바꾸지 말고 부서진 것을 그냥 붙이도록 해라. 직언을 한 신하의 충성의 징표로 삼겠다勿易, 因而輯之. 以旌直臣."

정저지와井底之蛙

—— 우물 **정** 밑 **저** 어조사 **지** 개구리 **와** ——

'우물 안 개구리'라는 말이다. 우물 바닥에서 하늘을 바라보면 하늘이 우물 입구만 하게 보인다. 따라서 견문이 좁아 편견에 사로잡혀 세상 물정을 모르는 사람을 가리킨다. 정와井蛙, 정중지와井中之蛙, 정저와井底蛙, 정중와井中蛙, 감중지와坎中之蛙, 정중관천井中觀天, 정중시성井中視星, 좌정관천坐井觀天이라고도 한다. 감정지와埳井之鼃도 같은 말이다.

《후한서後漢書》〈마원전馬援傳〉을 보면, 후한 때 마원馬援이라는 인재가 있었는데, 큰 뜻을 품고 조상의 무덤을 지키며 하루하루를 보내고 있었다. 그러던 어느 날 농서의 제후 외효隗囂가 마원의 인물됨을 알아보고 장군으로 임명했다.

당시 공손술公孫述은 촉나라에서 제帝라고 일컫고 있었다. 외효는 그가 어떤 인물인지 몹시 궁금하여 마원에게 만나보고 오라고 했다. 마원은 공손술과 고향 친구이므로 기쁜 마음으로 촉에 갔다. 그렇지만 공손술은 무장한 병사들을 계단 아래에 세워 거만한 태도로 마원을 맞이하고는 옛 친분을 생각하여 장군으로 임명하겠다고 했다. 마원은 공손술의 오만불손한 태도로 보아 큰일을 할 자가 아니라고 판단하고 서둘러 돌아와서 외효에게 말했다.

"자양(공손술의 자字)은 우물 안 개구리일 뿐입니다. 그리하여 망령되게 스스로 존대하고 있으니 오로지 동쪽에 뜻을 두는 것만 같지 못합니다子陽**井底蛙**耳. 而妄自尊大, 不如專意東方."

외효는 마원의 말을 듣고 공손술을 멀리했다.

《장자莊子》〈추수秋水〉 편에도 이런 말이 나온다.

"우물 안 개구리에게 바다를 말해도 소용없는 것은 그 개구리가 좁은 곳에 갇혀 살기 때문이고, 여름벌레에게 얼음을 말해도 별 수 없는 것은 그 벌레가 사는 계절에 집착되어 있기 때문이며, 한 가지 재주뿐인 사람에게 도를 말해도 통하지 않는 것은 그가 받은 교육에 얽매여 있기 때문이다井

蛙不可以語於海者, 拘於虛也; 夏蟲不可以語於冰者, 篤於時也; 曲士不可以語於道者, 束於教也."

조강지처糟糠之妻

지게미 **조** 겨 **강** 어조사 **지** 아내 **처**

'지게미와 쌀겨를 함께 먹은 아내'라는 뜻으로, 몹시 가난하고 천할 때에 고생을 함께 겪어온 아내를 이르는 말이다. 줄여서 조강糟糠이라고도 한다.

《후한서後漢書》〈송홍전宋弘傳〉을 보면 광무제 때 송홍宋弘이라는 이가 있었는데, 사람 됨됨이가 정직하고 온후하여 사람들에게 존경을 받았다. 광무제는 혼자 몸이 된 누나 호양 공주湖陽公主를 가엽게 여기던 중 신하들 가운데 배필이 될 만한 이를 은밀히 물색하게 되었다.

어느 날 신하들의 인품에 관해 담론하다가 호양 공주가 다음과 같이 말하는 것을 듣게 되었다.

"송공은 거동이나 용모, 덕의 그릇 면에서 모든 신하가 미칠 수 없지요宋公威容德器, 群臣莫及."

그런데 송홍에게는 아내가 있었다. 광무제는 누나가 송홍에게 마음이 있음을 알고 그를 불러 의중을 떠보려 했다.

"속담에 귀해지면 친구를 바꾸고, 부유해지면 아내를 바꾸는 것이 인지상정인가요諺言貴易交, 富易妻, 人情乎?"

송홍은 정색을 하며 꾸짖듯이 말했다.

"[신이 듣건대] 어려울 때 사귄 친구는 잊어서는 안 되고, 지게미와 쌀겨를 함께 먹은 아내는 마루에서 내려오게 해서는 안 된다고 합니다貧賤之交不可忘, **糟糠之妻**不下堂."

광무제는 송홍의 아내에 대한 마음을 알고는 누나를 시집보내려던 계획을 그만두었다.

조령모개朝令暮改

아침 조 영 령 저녁 모 고칠 개

'아침에 영을 내리고 저녁에 고친다'는 말로, 일관성 없는 정책을 빗대어 쓴다. 비슷한 말로 고려공사삼일高麗公事三日, 작심삼일作心三日, 조개모변朝改暮變, 조령석개朝令夕改, 조변모개朝變暮改, 조변석개朝變夕改, 조석변개朝夕變改가 있다.

전한 때 재정 경제에 밝은 어사대부 조조晁錯라는 인물이 있었다. 그는 당시 흉노족이 자주 북방을 침략하여 곡식을 약탈해가는 현실을 직시하고 변방의 부족한 곡식 문제를 해결할 묘책을 내놓았다.

조조가 상소한 글은 중농정책重農政策을 역설한 〈논귀속소論貴粟疏〉(곡식의 귀함을 논의한 상소문)로, 백성이 농사짓느라고 얼마나 고통에 시달렸는지를 기록하고 있다. 즉, 대략 다섯 가족인 농가에서 부역에 나가야 하는 사람이 두 사람이나 되어 춘하추동 쉴 날이 없다는 것이다. 게다가 관청에서 세금을 제멋대로 매기니 사적으로는 조문도 가야 하고 아이들을 길러야 하는 등 어려운 일이 한두 가지가 아니라고 했다.

그리고 조조는 이렇게 썼다.

"여전히 다시 홍수와 가뭄을 당하고, 갑자기 정사政事가 포학해지고, 부역과 세금 징수가 시도 때도 없어 아침에 영을 내리고 저녁에 고치는 것입니다尙復被水旱之災, 急政暴虐, 賦斂不時, **朝令**而**暮改**."

즉, 법령을 지나치게 자주 바꾸면 안 된다는 말이다. 그러나 조조의 이러한 노력은 현실화되지 못했고, 그는 끝내 귀족들의 시기를 받아 죽임을 당하고 말았다.

조명시리朝名市利

아침 **조** 이름 **명** 저자 **시** 이로울 **리**

'명성은 조정에서 다투고 이익은 시장에서 따진다'라는 말로, 어떤 일이든 알맞은 장소에서 하라는 뜻이다. 적시적지適時適地와 같다.

전국시대 진秦나라는 장의張儀의 연행책連橫策으로 전국을 통일할 수 있었다. 《전국책戰國策》〈진책秦策〉에 의하면 진나라 혜문왕은 촉과 한韓 가운데 어느 나라를 먼저 공격해야 할지 신하들에게 물었다.

이때 사마조司馬錯는 촉을 먼저 공격해야 한다고 주장하고, 장의는 한나라를 공격하여 중원으로 진출하는 게 좋다며 먼저 위나라, 초나라와 우호 관계를 맺은 다음 한나라의 삼천三川 지역으로 출병하여 환원의 구씨의 요충지 입구를 막고 둔류屯留로 진격하고 나서 천자 나라인 이주二周(동주와 서주)의 외곽으로 쳐들어가면 주나라는 자기 힘으로는 살 수 없음을 알고 천자를 상징하는 구정을 내놓을 것이라 했다. 이때 천자를 끼고 천하를 호령하면 천하는 모두 복종할 것이니 이것이 왕업王業이라 했다.

촉은 서쪽 먼 곳에 있는 나라로서 오랑캐의 우두머리일 뿐이니, 정벌한다고 해도 패왕의 이름을 이룰 수 없고 나라에도 도움이 되지 못하므로 장의는 "'명예는 조정에서 다투고 이익은 시장에서 따진다.'라는 말을 들었습니다. 지금 삼천 지역과 주나라 황실은 천하의 시장과 조정입니다. 그런데도 전하께서 이것을 다투지 않고 오랑캐와 다투려고 하시면 왕업은 멀리 있게 됩니다臣聞: '爭名者於**朝**, 爭**利**者於**市**.' 今三川, 周室, 天下之市朝也. 而王不爭焉, 顧爭於戎狄, 去王業遠矣."라고 했다.

하지만 혜문왕은 사마조의 진언을 따랐다.

서로 다투면 안 될 것에 힘을 써버리고, 정작 필요한 데에는 뒷짐을 지는 경우를 빗대어 쓰는 말이다.

조삼모사朝三暮四

—— 아침 **조** 석 **삼** 저물 **모** 넉 **사** ——

'아침에 세 개 저녁에 네 개씩 준다'는 말이다. 당장 눈앞에 보이는 차이만 알고 결과가 똑같은 것은 모른다거나, 이와는 달리 간사한 꾀로 남을 농락하는 것을 가리킨다. 조사삼모朝四三暮 · 조사모삼朝四暮三이라고도 하며, 줄여서 조삼朝三이라고 쓰기도 한다.

송나라에 저공狙公이라는 이가 있었다. 저공은 식구들의 양식을 줄여가면서까지 원숭이를 길러 서로 마음이 통할 정도였다. 그러나 원숭이 수가 점차 많아져 먹이를 충당하는 일이 걱정이었다. 하지만 저공은 원숭이들을 불쾌하게 하지 않으려고 이렇게 말했다.

《열자列子》〈동제董帝〉 편에는 이렇게 나온다.

"아침에는 세 개 저녁에는 네 개를 주려고 하는데 만족하느냐**朝**三而**暮**四, 足乎?"

여러 원숭이가 모두 일어나 화를 냈다. 잠시 후에 말했다.

"너희에게 도토리를 주는데 아침에는 네 개 저녁에는 세 개를 주면 만족하느냐與若芧, **朝四**而**暮**三, 足乎?"

여러 원숭이가 엎드려 기뻐했다.

《장자莊子》〈제물론齊物論〉 편에도 나오는데 비유하는 뜻은 조금 다르다. 《열자》에서는 지혜로운 자가 어리석은 자를 농락하는 것이 저공이 원숭이들을 농락하는 것과 같다고 말했고, 《장자》에서는 옳고 그름에 집착하는 자가 달관하지 못하면 같은 것임을 알지 못하고 편견을 갖게 된다는 비유로 삼았다.

조장助長

도울 조 성장할 장

'잘 자라도록 도와준다'는 말로, 발묘조장拔苗助長의 준말이다. 보통 선동煽動이라는 말과 같이 나쁜 뜻으로 쓰이며, 비슷한 말로 욕속부달欲速不達이 있다.

《맹자孟子》〈공손추 상公孫丑上〉 편에 나오는 말이다.

맹자는 호연지기浩然之氣를 기르는 데 급하게 서두르거나 억지로 추구하면 안 된다고 생각하여 다음과 같은 비유를 들었다.

옛날에 한 농부가 볏모를 심었으나 겉으로 보기에 잘 자라지 않았다. 초조한 마음에 어떻게 해서든 볏모가 빨리 자라게 해서 수확할 방법을 찾고 있었다. 물론 볏모는 눈에 띄지 않게 자라고 있었으나 농부의 마음이 다급했던 것이다.

어느 날 농부는 논으로 달려가 볏모를 조금씩 위로 뽑아 올리고는 집으로 돌아와 말했다.

"아, 오늘은 매우 피곤하다. 내가 볏모가 자라도록 도왔다今日病矣. 予助苗長矣."

이 말을 듣고 가족들은 모두 궁금했다. 이튿날 그 아들이 논에 가보니 볏모는 모두 말라 죽어 있었다.

"천 리 길도 한 걸음부터"라는 속담이 있다. '욕속부달欲速不達(빨리 하고자 하나 도달하지 못한다)'이라는 말처럼 세상 이치가 되지도 않을 일을 억지로 꿰맞춘다고 해서 잘될 턱이 없다. 졸속으로 처리하지 않고 하나하나 순리에 맞게 하는 자세가 필요하다.

조절간맹蚤絕姦萌

일찍 조 끊을 절 간사할 간 싹 맹

'간사한 싹을 일찍 끊는다'는 말로, 화근이 될 만한 조짐은 빨리 없애는 것이 상책이라는 뜻이다.

《한비자韓非子》〈외저설 우상外儲說右上〉 편에 나오는 말로, "권세를 잘 장악하는 자는 간사한 싹을 일찍 끊는다善持勢者蚤絕其姦萌."라는 뜻이다.

군주의 주위에는 간신, 특히 애첩들의 농간이 적지 않다. 궁정 권력의 비주류에 속하는 애첩들은 정실과 끊임없는 주도권 다툼을 벌이며, 어떤 방법으로든 군주의 뜻에 영합해 신임과 총애를 얻고 승계의 질서까지 농락하는 위험천만한 자들이다. 군주가 총애하는 애첩이 있으면 간신들도 추종하면서 자신들의 사리사욕을 채우며, 그들은 결국 한통속이 되어 군주나 주변 인물들의 목숨마저 위태롭게 하는 경우도 드물지 않았다.

한비가 〈간겁시신姦劫弑臣〉 편에서 든 비유를 보자.

초나라 장왕의 동생 춘신군에게는 여余라는 애첩이 있었고, 춘신군의 정실 소생으로 갑甲이라는 아들이 있었다. 여는 춘신군이 정실부인을 버리게 하려고 스스로 몸에 상처를 내고는 그에게 보이면서 눈물을 흘리며 말했다.

"군왕의 첩이 될 수 있었던 것은 소첩으로서는 매우 큰 행운입니다. 그렇지만 정실부인의 뜻을 따르고자 하면 군왕을 섬길 수 있는 이치가 아니고, 군왕의 뜻을 따르면 [정실]부인을 거스르게 되는 이치입니다. 소첩이 어리석은 까닭에 두 주인을 섬기기에는 힘이 부족한 듯합니다. 두 분을 모두 섬길 수 있는 상황이 아니고, 부인에게 죽임을 당하느니 군왕 앞에서 죽는 것만 못합니다. 소첩이 죽고 나서 만일 군왕 곁에 [총애받는 여인이] 다시 있게 된다면, 바라옵건대 군왕께서는 이 일을 잘 살피시어 사람들에게 비웃음을 당하는 일이 없도록 하십시오得爲君之妾, 甚幸. 雖然, 適夫人非所以事君也, 適君非所以事夫人也. 身故不肖, 力不足以適二主. 其勢不俱適, 與其死夫人所者, 不若賜死君前. 妾以賜死, 若復幸於左右, 願君必察之, 無爲人笑."

춘신군은 여가 꾸며낸 말만 믿고서 정실부인을 버렸다. 여는 또 적자 갑을 없애고 자기 아들로 대를 잇게 하려고 춘신군에게 갑을 음해하여 죽이게 했다. 결과적으로 정실은 버림을 받았고, 그의 아들은 죽임을 당한 것이다.

이 모든 비극은 군주의 책임이다. 결코 간계를 꾸미는 애첩이나 간신의 문제가 아니다.

종옥種玉

심을 종 구슬 옥

'옥을 심는다'는 말로, 아름다운 여인을 아내로 맞이함을 뜻한다.

간보干寶가 편찬한 소설집《수신기搜神記》권11에 나오는 말이다.

한나라 때 양공옹백楊公雍伯이라는 이는 효성이 지극하기로 소문이 나 있었다. 그는 부모님이 돌아가시자 무종산無終山에 묻었는데, 그 산은 아주 높고 물이 없었다. 그는 그곳에 우물을 만들어 지나가는 사람들이 물을 먹을 수 있도록 했다.

3년이 지난 어느 날, 한 나그네가 물을 마신 뒤 품속에서 돌 하나를 꺼내 그에게 주며 말했다.

"옥이 마땅히 그 속에서 나올 것이며, 너는 나중에 마땅히 좋은 아내를 얻게 될 것이다玉當生其中, 汝後當得好婦."

그리하여 양공옹백은 그 돌을 심었다.

그로부터 수년 뒤, 양공옹백은 북평北平 서씨에게 아주 아름다운 딸이 있다는 소문을 듣고 그녀를 아내로 맞고 싶었다. 이 일로 서씨를 찾아가자 그가 이렇게 말했다.

"백옥 한 쌍을 가져오면, 마땅히 혼인을 시키겠소得白壁一雙來, 當聽爲婚."

공은 밭 가운데 심어놓은 옥이 있는 곳에 가서 백옥 다섯 쌍을 얻어 아내를 얻었다公至所**種**玉田中, 得白壁五雙, 以聘.

이 소식은 그 당시 천자의 귀에도 들어갔다. 천자는 그를 대부로 삼았다.

옥을 심은 곳에는 사방 모퉁이에 각기 한 길 되는 큰 돌기둥이 있었고 한가운데가 1경傾이나 되었으니 '옥전玉田'이라는 이름이 따라붙었다.

주공삼태周公三笞

두루 주 공변될 공 석 삼 매질할 태

'주공의 세 차례 매질'이라는 말로, 자식을 엄하게 교육하는 것을 뜻한다.

중국 고대 제후나 선현들의 일화를 주로 수록한 것으로, 유향이 편찬한 일종의 훈계서인 《설원說苑》〈건본建本〉에 이런 이야기가 있다.

백금伯禽과 강숙봉康叔封이 성왕을 알현하고 주공을 만났다. 이들은 주공을 세 차례 만났는데 그때마다 매질을 당했다. 강숙봉은 놀란 얼굴로 백금에게 말했다.

"상자商子라는 이가 있는데 현명한 사람입니다. 그대와 함께 그를 만납시다有商子者, 賢人也. 與子見之."

강숙봉은 백금과 함께 상자를 찾아가서 말했다.

"일전에 저희 두 사람은 성왕을 알현하고 주공을 세 번 만났는데 세 번 매질했습니다. 그 까닭이 무엇인지 말씀해주십시오日吾二子者朝乎成王, 見周公三見而三笞. 其說何也."

상자가 말했다.

"두 분은 남산 남쪽에 가보지 않겠습니까? '교橋'라는 이름의 나무가 있지요."

두 사람은 남산 남쪽으로 가서 교라는 나무를 보았는데, 매우 높은 위쪽을 향하고 있었다. 돌아와서 상자에게 말하니, 상자가 이렇게 말했다.

"두 사람은 함께 남산 북쪽에 가보지 않겠습니까? '재梓'라는 이름의 나무가 있습니다."

그래서 이들은 남산 북쪽으로 가서 재라는 나무를 보았는데, 낮고 낮아 아래쪽으로 향하고 있었다. 이들이 이 나무를 보고 돌아오자, 상자가 말했다.

"재라는 것은 자식의 도리입니다."

두 사람은 다음 날 주공을 찾아갔다. 문을 들어서서는 삼가며 보폭을 줄여 걷고 마루에 올라 무릎을 꿇었다. 주공은 그들의 머리를 쓰다듬고 음식을 주고는 이렇게 말했다.

"어떤 군자를 만났느냐?"

두 사람이 대답했다.

"상자를 만났습니다見商子."

주공이 말했다.

"군자로구나, 상자여君子哉, 商子也!"

교목橋木은 아버지의 도리이고, 재목梓木은 자식의 도리를 뜻한다.

주위상계走爲上計

——— 달아날 주 할 위 윗 상 꾀 계 ———

강적을 만나거나 곤경에 처했을 때는 맞대응하기보다는 회피하거나 도망치는 것이 좋다는 뜻으로, 비슷한 말로는 주시상계走是上計 · 주위상책走爲上策 · 주위상저走爲上著가 있다.

중국 양梁나라의 소자현蕭子顯이 지은 《남제서南齊書》〈왕경칙전王敬則傳〉에 나오는 말이다.

남북조시대 제나라의 5대 황제인 명제明帝는 고제高帝 유유劉裕(소도성蕭道成)의 종질從姪(사촌 형제의 아들)이다. 그는 천명에 따라 황제 자리에 오른 게 아니라 고제의 증손자인 3, 4대 황제를 시해하고 찬탈한 것이었다. 그는 즉위하고 나서 고제의 직계 혈통을 살해하는가 하면 자기 생각을 거스르는 자는 모두 사형시켰다.

명제의 포학한 행위가 계속되자 고제 이후의 옛 신하 중 불안에 떨지 않는 이가 없었다. 그중에서도 특히 제나라의 개국공신으로서 대사마大司馬, 회계會稽 태수로 있던 왕경칙王敬則의 불안은 더했다. 명제도 왕경칙을 비롯한 고제의 신하들이 늘 마음에 걸렸다. 명제는 궁리 끝에 대부 장괴張瓌를 평동장군平東將軍으로 임명하여 회계군과 인접한 오군吳郡으로 파견했다.

그러자 왕경칙은 명제가 자기를 없애려는 줄을 눈치채고 먼저 병사 1만 명을 이끌고 수도 건강建康으로 향했다. 도중에 농민들이 속속 가세하여 병력은 삽시간에 10만 명으로 늘어난 것만 보아도 민심이 어떠한지 여실히 드러났다. 파죽지세로 밀고 올라온 반란군이 관군을 깨뜨리고 수도에서 가까운 홍성興盛을 점령하자 조정에서는 난리가 났고, 병석에 누워 있는 명제를 대신해 정사政事를 살피던 태자 소보권蕭寶卷은 관군의 패전 소식에 놀라서 달아날 준비를 했다. 그 소식을 들은 왕경칙은 통쾌하게 웃으며 이렇게 말했다.

“단 장군檀將軍도 서른여섯 가지 계책 가운데 달아나는 게 좋은 계책이라고 했다. 너희 부자는 오직 급히 달아나는 것일 뿐이다檀公三十六策, 走是上計. 汝父子唯應急走耳."

단 장군은 송나라 무제의 건국을 도운 단도제檀道濟를 말한다. 그는 북위와 싸울 때 물러나 달아나는 것을 가장 좋은 방법이라고 말한 적이 있다.

그 뒤 왕경칙은 관군에게 포위당하여 목이 잘려 죽고 말았다.

준조절충樽俎折衝

술통 **준** 도마 **조** 꺾을 **절** 충돌할 **충**

'술자리에서 적의 창 끝을 꺾는다'는 말로, 무력이 아닌 평화로운 방법으로 유리하게 담판 짓는 것을 뜻한다. 절충준조折衝樽俎, 준조지사樽俎之師라고도 한다.

《안자춘추晏子春秋》〈내편內篇〉 16장에 나오는 말이다.

춘추시대 제나라 경공 때, 재상에 해당하는 상국에 임명된 안영晏嬰이라는 이가 있었다. 안영은 인품이 온후하고 학문을 널리 연마했으며 낡은 갖옷을 30년이나 입을 만큼 검소하고 청렴했다. 50년 동안 상국 자리에 있으면서 이인자 행동 미학의 귀감이 되어 결단력과 슬기와 해학이 넘쳤다. 그는 언제나 자기 분수에 맞는 것만을 가지고 지나친 것은 욕심을 부리지 않았다. 그래서 경공이 큰 식읍을 하사했을 때도 사양했다. 그리고 자신이 모시고 있는 경공이 궁궐 여인들에게 남장을 시켜 즐길 때나 주흥에 빠져 있을 때는 서슴없이 직간했다.

안영은 무엇보다도 외교 수완이 뛰어나 제나라의 위상을 높이는 데 큰 역할을 했다. 이러한 안영의 언행을 수록하면서 그의 외교 능력을 다음과 같이 평가했다.

"술통과 도마 사이를 나가지 않고도 천 리 밖의 일을 절충한다不出**樽俎**之間, **折衝**千里."

중과부적衆寡不敵

무리 **중** 적을 **과** 아니 **부** 대적할 **적**

'무리가 적으면 대적하지 못한다'는 말로, 원말은 과부적중寡不敵衆이다.

《맹자孟子》〈양혜왕 상梁惠王上〉 편을 보면, 전국시대에 제나라 선왕이 맹자에게 패왕이 되는 방법을 묻자, 맹자는 왕도王道로 해야 한다며 이렇게 말했다.

"땅을 개척하여 진秦나라와 초나라에 조회를 받고 중원에 군림하여 사방의 오랑캐들을 어루만지고자 하시는 것입니다. 이와 같은 소행으로 이와 같은 욕심을 추구한다면 나무에 올라가 물고기를 구하는 것과 같습니다欲辟土地, 朝秦楚, 莅中國而撫四夷也. 以若所爲求若所欲, 猶緣木而求魚也."

"이와 같이 심합니까若是其甚與?"

"이보다 더 심한 것이 있을 것입니다. 나무에 올라가서 물고기를 구하는 것은 물고기를 얻지 못하더라도 재앙이 없습니다. 그러나 이와 같은 방법으로 얻고자 하는 바를 얻으려 하신다면 마음과 힘을 다해서 하더라도 반드시 재앙이 있을 것입니다殆有甚焉. 緣木求魚, 雖不得魚, 無後災. 以若所爲, 求若所欲, 盡心力而爲之, 後必有災."

"[그 내용을] 들을 수 있습니까可得聞與?"

"추鄒나라 사람들과 초나라 사람들이 싸우면 왕은 어느 쪽이 이기리라고 생각하십니까鄒人與楚人戰, 則王以爲孰勝?"

"초나라 사람들이 이길 것입니다楚人勝."

"그렇다면 작은 것은 본래 큰 것을 대적할 수 없고, 적은 것은 본래 많은 것을 대적할 수 없으며, 약한 것은 본래 강한 것을 대적할 수 없습니다. 해내의 땅 가운데 사방 1000리가 되는 것이 아홉인데 제나라가 그 하나로 모아서 가지는 것이니, 하나로 모아서 가지고 여덟을 복종시키는 게 추나라가 초나라를 대적하는 것과 무엇이 다르겠습니까? 그러하니 역시 그 근본으로 돌아가야 할 것입니다然則小固不可以敵大, **寡**固**不**可以**敵衆**, 弱固不可以敵彊. 海內之地方千里者九, 齊集有其一, 以一服八, 何以異於鄒敵楚哉? 蓋亦反其本矣."

중원축록中原逐鹿

가운데 **중** 들 **원** 쫓을 **축** 사슴 **록**

'중원에서 사슴을 쫓는다'는 말로, 제위나 정권을 다툼을 뜻한다. 준말은 축록逐鹿이며 축록중원逐鹿中原이라고도 한다. 각축角逐과 같다.

《사기史記》〈회음후열전淮陰侯列傳〉에 나오는 말이다.

한나라 10년에 진희陳豨가 모반하자 고조는 장수가 되어 직접 치러 갔다. 한신은 병을 핑계로 따라가지 않고, 아무도 모르게 진희에게 사람을 보내서 이렇게 말했다.

"군사를 일으키면 내가 여기서 그대를 돕겠소弟擧兵, 吾從此助公."

한신은 가신들과 짜고 밤에 거짓 조서를 내려 각 관아의 죄인들과 관노들을 풀어주고, 이들을 동원해서 여후呂后와 태자를 습격하려 했다. 각기 맡을 부서가 정해지고 진희의 회답만을 기다리고 있었다. 이때 한신의 가신 가운데 한신에게 죄를 지은 자가 있어 한신이 잡아 죽이려 했다. 그러자 가신의 아우가 여후에게 변고를 알리고 한신이 모반하려는 상황을 말했다.

여후는 한신을 불러들인 뒤, 무사를 시켜 한신을 포박하여 장락궁長樂宮의 종실鐘室에서 목을 베도록 했다. 한신은 죽으면서 이렇게 말했다.

"내가 괴통의 계책을 쓰지 못한 게 안타깝다. 아녀자에게 속은 것이 어찌 운명이 아니겠는가吾悔不用蒯通之計, 乃爲兒女子所詐, 豈非天哉!"

여후는 한신의 삼족을 멸했다.

고조는 진희를 토벌하고 돌아와서 한신이 죽은 것을 알고 한편으로는 기뻐하고 한편으로는 가엽게 여기면서 물었다.

"한신이 죽을 때 무슨 말을 했는가信死亦何言?"

여후가 말했다.

"한신은 괴통의 계책을 쓰지 못한 게 안타깝다고 했습니다信言恨不用蒯通計."

고조가 말했다.

"그는 제나라의 변사다是齊辯士也."

이에 제나라에 조서를 내려 괴통을 체포하도록 했다. 괴통이 잡혀오자 고조가 물었다.

"네가 회음후에게 모반하도록 가르쳤느냐若教淮陰侯反乎?"

"그렇습니다. 제가 가르쳤습니다. 그러나 그 못난이가 제 계책을 쓰지 않았기 때문에 자멸해버렸습니다. 만약 그가 제 계책을 썼던들 폐하께서 어떻게 그를 이길 수 있었겠습니까然. 臣固教之. 豎子不用臣之策, 故令自夷於此. 如彼豎子用臣之計, 陛下安得而夷之乎!"

고조가 화를 내며 말했다.

"이놈을 삶아 죽여라亨之."

괴통이 말했다.

"진秦나라의 기강이 느슨해지자 산동 땅이 크게 어지러워지고 진나라와 성이 다른 사람들이 아울러 일어나 영웅호걸들이 까마귀 떼처럼 모여들었습니다. 진나라가 그 사슴(황제의 권한)을 잃자, 천하는 다 같이 이것을(사슴) 쫓았습니다. 이리하여 키 크고 발 빠른 자(고조)가 먼저 이것을 얻었습니다. 도척이 기르는 개가 요임금을 보고 짖은 것은 요임금이 어질지 못해서가 아닙니다. 개는 본래 자기 주인이 아닌 사람을 보면 짖게 마련입니다. 당시 저는 한신만을 알았을 뿐 폐하는 알지 못했습니다. 또 천하에는 칼날을 날카롭게 갈아서 폐하가 하신 일과 똑같이 하려고 하는 사람이 매우 많았습니다. 생각해보면 그들은 능력이 모자랐을 뿐입니다. 그러면 폐하께서는 그들을 모두 삶아 죽이겠습니까秦之綱絕而維弛, 山東大擾, 異姓並起, 英俊烏集. 秦失其鹿, 天下共逐之. 於是高材疾足者先得焉. 跖之狗吠堯, 堯非不仁. 狗因吠非其主. 當是時, 臣唯獨知韓信, 非知陛下也. 且天下銳精持鋒欲爲陛下所爲者甚衆. 顧力不能耳. 又可盡亨之邪?"

고조가 말했다.

"풀어주어라置之."

그러고는 괴통의 죄를 용서했다.

증삼살인曾參殺人

일찍 **증** 석 **삼** 죽일 **살** 사람 **인**

'증삼이 사람을 죽였다'는 말로, 사실이 아닌데도 사실이라고 말하는 이가 많으면 진실이 된다는 뜻이며, 살인증자殺人曾子 · 삼살인參殺人이라고도 쓴다. 비슷한 말로는 삼인성시호三人成市虎, 시유호市有虎, 시호삼전市虎三傳, 삼인언성호三人言成虎, 삼인성호三人成虎, 십작목무부전十斫木無不顚이 있다.

《전국책戰國策》〈진책秦策〉에 나오는 말이다.

공자의 제자로 효성이 지극했던 증삼曾參이 노나라 비費라는 읍에 있을 때 일이다. 이곳 사람 가운데 증삼과 이름과 성이 같은 이가 있었는데, 그가 사람을 죽였다. 그러자 사람들이 증삼의 어머니에게 달려와 말했다.

"증삼이 사람을 죽였어요曾參殺人."

증삼의 어머니가 말했다.

"내 아들은 사람을 죽이지 않았습니다吾子不殺人."

그러고는 태연히 짜고 있던 베를 계속 짰다.

얼마 후, 또 한 사람이 뛰어들어오며 말했다

"증삼이 사람을 죽였어요曾參殺人."

이번에도 증삼의 어머니는 미동도 하지 않고 베를 계속 짰다. 또 얼마의 시간이 지나고 어떤 사람이 헐떡이며 뛰어들어와 말했다

"증삼이 사람을 죽였어요曾參殺人."

그러자 증삼의 어머니는 두려움에 떨며 베틀의 북을 던지고 담을 넘어 달렸다. 현명한 증삼을 믿는 어머니도 세 사람이 그를 의심하며 말하니 아들을 믿을 수 없는 지경이 되었다.

지강급미舐糠及米

핥을 지 겨 강 미칠 급 쌀 미

'쌀겨를 핥다가 쌀까지 먹게 된다'는 말로, 외부의 침범이 내부에까지 미치거나 사람 욕심이 끝없음을 비유한다.

《사기史記》〈오왕비열전吳王濞列傳〉은 얼굴에 모반의 상이 있던 유비劉濞의 이야기를 다루고 있다.

한나라 조정 신하들이 오나라 땅을 깎는 문제를 논의했다. 오왕 비濞는 땅이 깎이는 데서 그치지 않을까 봐 두려워하다가 음모를 꾸며 반란을 일으키려 했다. 그렇지만 생각해보니 제후들 가운데 자신과 함께 일을 꾀할 만한 사람이 없었다. 그러던 중 교서왕膠西王이 용감하고 기개를 소중히 여기며 용병을 좋아하여 제나라 지역의 모든 나라가 두려워하고 꺼린다는 말을 들었다. 그래서 중대부 응고應高를 보내 교서왕을 설득하도록 했다. 응고는 편지 대신 구두로 오왕의 뜻을 전하며 이렇게 말했다.

"오왕은 어리석어 머지않아 닥칠 우환을 염려하면서 감히 다른 사람에게 말하지 않고 저를 보내 터놓고 마음을 전하게 했습니다吳王不肖, 有宿夕之憂, 不敢自外, 使喩其驩心."

교서왕이 말했다.

"[내게] 무엇을 가르쳐주려 하십니까何以教之?"

응고가 말했다.

"지금 황상께서는 간신들에게 현혹당하고 간악한 신하들에게 조종되어 작은 장점을 좋아하시며, [중상모략하는] 적신賊臣의 말을 듣고 있습니다. 이러한 신하들은 법령을 자신들 마음대로 고쳐 제후들의 땅을 침략하여 빼앗고, 요구하여 거두어들이는 게 점점 늘어만 가며, 선량한 사람들에 대한 주벌이 날이 갈수록 더욱더 심해지고 있습니다. 민간에 유행하는 말 가운데 '쌀겨를 핥다가 쌀까지 먹게 된다.'라는 말이 있습니다. 오나라와 교서는 모두 이름 있는 제후국입니다. 그러나 한 번이라도 가혹한 감사를 받게 되면 안녕과 자유를 누릴 수 없을 것입니다今者主上興於姦, 飾於邪臣, 好小

善, 聽讒賊. 擅變更律令, 侵奪諸侯之地, 徵求滋多, 誅罰良善, 日以益甚. 里語有之, '**舐糠及米**'. 吳與膠西, 知名諸侯也. 一時見察, 恐不得安肆矣.

오왕은 몸에 속병이 있어 천자를 알현하지 못한 지 20여 년이 되었습니다. 오왕은 언제나 의심을 받고 있으면서도 자신이 직접 분명하게 변명조차 하지 못하는 것을 걱정하고 있습니다. 지금도 움츠리고 발을 모으고 있으면서도 용서받지 못할까 봐 두려워하고 있습니다. 가만히 들으니 왕께서 작위와 관련된 일로 문책을 받아 제후의 봉지를 깎일 것이라는 말이 있습니다. 이것은 땅까지 깎일 만한 죄는 아닙니다. 다음 일은 봉지를 깎이는 데서 그치지 않을 것입니다."

교서왕은 응고의 논리 정연한 설득으로 오왕의 제의에 마침내 동의했다.

지공무사至公無私

지극할 **지** 공평할 **공** 없을 **무** 사사로울 **사**

'지극히 공평하고 사사로움이 없다'는 뜻이다. 대공무사大公無私 · 공평무사公平無私라고도 쓰며, 반대말은 대사무공大私無公이다.

도가와 명가名家, 법치 등을 겸비한 사상서《관자管子》〈형세해形勢解〉 편에 사물을 날리는 바람과 사물을 적시는 비 이야기가 나온다.

"바람은 만물을 나부끼게 하는 것이다. 바람이 만물을 나부끼게 할 때는 귀천과 미추를 가리지 않는다. 비는 만물을 적시는 것이다. 비가 떨어질 때는 대소와 강약을 가리지 않는다. 바람과 비는 지극히 공평하고 사사로움이 없어서 지나는 곳에 일정한 방향이 없다風, 漂物者也. 風之所漂, 不避貴賤美惡. 雨, 濡物者也. 雨之所墮, 不避小大強弱. 風雨**至公**而**無私**, 所行無常鄉."

이 둘은 '지극히 공평하고 사사로움이 없어至公而無私' 우리가 이것들을 만나게 되어도 결코 원망해서는 안 된다고 한다.

지려능리砥厲能利

숫돌 **지** 갈 **려** 능할 **능** 날카로울 **리**

'숫돌에 갈아야 날카로워질 수 있다'는 말로, 명품은 끊임없는 단련의 과정을 거쳐 탄생한다'는 의미를 담고 있다. '려厲'는 '려礪'의 의미다.

《순자荀子》〈성악性惡〉 편에 나오는 말이다.

순자는 제나라 환공의 총蔥, 강태공의 궐闕, 주나라 문왕의 녹錄, 초나라 장왕의 홀曶, 오왕 합려의 간장干將과 막야莫耶, 거궐鉅闕과 벽려辟閭 이것들은 모두 고대의 훌륭한 검이라고 말하고는 이렇게 덧붙였다.

"[고운] 숫돌에 갈지 않으면 날카로워질 수 없고, 사람의 힘을 들이지 않고는 자를 수도 없다不可**砥厲**, 則不**能利**, 不得人力, 則不能斷."

천하의 명검들은 끊임없는 시행착오와 단련의 과정을 거쳐서 탄생한 것이지 그 어느 한순간 뚝딱하여 나온 것이 아니라는 것이다. 《오월춘추吳越春秋》〈합려내전闔閭內傳〉에 나오는 간장, 막야의 이야기처럼 말이다.

지록위마指鹿爲馬

——— 가리킬 **지** 사슴 **록** 할 **위** 말 **마** ———

'사슴을 가리켜 말이라 한다'는 말로, 위압적으로 억지를 쓰며 사람을 속여 옳고 그름을 뒤집는 경우를 가리킨다. 원말은 이록위마以鹿爲馬인데, 마록전도馬鹿顚倒라고도 하며, 줄여서 지록指鹿이라고 쓰기도 한다.

한나라 육가陸賈가 쓴《신어新語》〈변혹辨惑〉 편에 이런 내용이 나온다.

진秦나라 이세 황제 때 최고 권력자는 환관 출신 조고趙高였다. 그는 승상 이사를 죽이고, 선제先帝 때의 대신과 장군까지도 무참히 죽이더니, 마침내 황제를 밀어낼 음모를 꾸미게 되었다. 그는 신하들 가운데 자기편이 몇 명이나 되는지 시험해보기로 하고는 방법을 궁리했다.

어느 날 이세 황제에게 사슴 한 마리를 바치면서 말했다.

"말입니다馬也."

그러자 황제가 웃으면서 말했다.

"승상은 틀렸소, 사슴을 말이라고 하다니丞相誤也, **以鹿爲馬**."

그러고는 신하들을 둘러보았다. 조고의 위세를 두려워하고 있던 신하들은 잠자코 있는가 하면, 어떤 이는 말이라고 대답하기도 했다. 물론 사슴이라고 바르게 말하는 이도 있었다. 조고는 사슴이라고 말한 자들의 얼굴을 똑똑히 기억하고 있다가 죄를 뒤집어씌워 죽여버렸다. 그 뒤로 조고의 말에 이의를 제기하는 사람을 찾아볼 수 없었다.

조고는 당시 반란군이 들끓기 시작한 혼란한 와중에 끝내 이세 황제를 죽이고 부소扶蘇의 아들 자영을 진秦나라 왕으로 삼았지만 자신은 자영에게 피살되는 비참한 운명을 맞이했다.

지상담병紙上談兵

종이 **지** 윗 **상** 말할 **담** 군사 **병**

'종이 위에서 병법을 말한다'는 말로, 이론에만 밝을 뿐 실제적인 지식은 없는 경우에 쓴다. 곽씨지허郭氏之墟와 같으며, 지상논병紙上論兵·지상지병紙上之兵이라고도 한다.

《사기史記》〈염파인상여열전廉頗藺相如列傳〉에 나온다.

조나라 효성왕孝成王 때 진秦나라와 장평에서 대치했다. 조나라의 명장 조사趙奢는 이미 세상을 떠났고, 인상여藺相如는 병이 위독했다. 그래서 조나라는 염파廉頗를 장군으로 삼아 진나라를 치도록 했다. 조나라 군대는 보루의 벽만 튼튼히 할 뿐 나가 싸우지 않았다. 진나라 군대가 자주 싸움을 걸어와도 염파는 맞서 싸우지 않았다. 이때 조나라 왕은 진나라 첩자가 퍼뜨린 말을 듣고 믿게 됐는데, 그 말은 이러했다.

"진나라가 두려워하는 것은 오직 마복군 조사의 아들 조괄趙括이 장군이 되는 일뿐이다秦之所惡, 獨畏馬服君趙奢之子趙括爲將耳."

그래서 조나라 왕은 염파 대신 조괄을 장군으로 삼으려 했다. 그러자 인상여가 만류했다.

"조괄은 그저 자기 아버지가 남긴 병법 책을 읽었을 뿐 사태 변화에 대처할 줄은 모릅니다括徒能讀其父書傳, 不知合變也."

그러나 조나라 왕은 인상여의 말을 듣지 않고 조괄을 장군으로 삼았다. 조괄은 어릴 적부터 병법을 배워 군사에 대해 이 세상에서 자기를 당할 자가 없다고 자만했다. 일찍이 그는 아버지 조사와 함께 군사 일을 토론한 적이 있는데, 조사는 그를 당해낼 수 없었다. 그러나 조사는 그가 잘한다고 하지 않았다. 조괄의 어머니가 조사에게 그 까닭을 묻자, 이렇게 대답했다.

"전쟁이란 목숨을 거는 거요. 그런데 괄이 이놈은 전쟁을 너무 쉽게 말하오. 조나라가 괄을 장군으로 삼지 않으면 다행이지만 만일 장군으로 삼는다면 틀림없이 조나라 군대를 파멸할 자는 조괄일 것이오兵死地也. 而括易言之. 使趙不將括即已, 若必將之, 破趙軍者必括也."

조괄이 떠나려고 할 때 그의 어머니는 남편의 말이 생각나 왕에게 글을 올려 자신의 아들을 장군으로 삼으면 안 된다고 했다. 해괴한 생각이 든 왕이 무슨 이유냐고 묻자 조괄의 어머니는 조심스럽게 대답했다.

"처음 신첩이 괄의 부친을 섬길 적에 장수들을 위해 몸소 먹을 것을 마련하니 나아와 먹는 자가 십수 명이었고, 벗이 된 자도 백수 명이었습니다. 왕과 종실에서 상으로 내려준 물품은 모두 군대의 벼슬아치나 사대부에게 주었고, 출전 명령을 받으면 그날부터 집안일을 묻지 않았습니다. 지금 괄은 하루아침에 장군이 되어 동쪽을 향해 앉아서 조회를 받게 되었지만 군대의 벼슬아치 가운데 누구 하나 제 아들을 존경해 우러러보는 이가 없습니다. 왕께서 내려주신 돈과 비단을 가지고 돌아와 집에 감추어두고 날마다 이익이 될 만한 땅이나 집을 둘러보다가 그것들을 사들입니다. 왕께서는 어찌 그 아버지와 같으리라 생각하십니까? 부자간에 마음 쓰는 것이 다르니, 원컨대 왕께서는 제 아들을 장군으로 보내지 마십시오始妾事其父, 時爲將, 身所奉飯飮而進食者以十數, 所友者以百數. 大王及宗室所賞賜者盡以予軍吏士大夫, 受命之日, 不問家事. 今括一旦爲將, 東向而朝, 軍吏無敢仰視之者. 王所賜金帛, 歸藏於家, 而日視便利田宅可買者買之. 王以爲何如其父? 父子異心, 願王勿遣."

그러나 왕은 이미 결정했다며 간언을 일축했다. 그러자 조괄의 어머니는 아들이 혹 실패하더라도 연좌제를 적용하지 말라고 애원했고 왕은 결정을 되돌리지 않았다. 조괄은 염파를 대신하게 되자 군령을 모두 바꾸고 군대의 벼슬아치를 모조리 교체했다. 진나라 장군 백기가 이 소식을 듣고 기병을 보내 거짓으로 달아나는 척하면서 조나라 군대의 식량 운송로를 끊고 조나라 군대를 둘로 나뉘게 했다. 병졸들의 마음은 조괄에게서 떠나갔다.

40여 일이 지나자 조나라 군사들은 굶어 죽어갔다. 조괄이 정예부대를 앞세우고 직접 싸우러 나갔지만 진나라 군사가 쏜 화살에 맞아 죽고 말았다. 조나라 군대는 싸움에서 지고 수십만 명이 진나라에 항복했다. 진나라는 이들을 모두 땅에 묻어 죽였다.

이듬해 진나라 군대는 드디어 한단을 포위했고, 한단은 1년 남짓 포위

속에서 벗어날 수 없었다. 조나라는 초나라와 위나라 제후들의 구원으로 겨우 한단의 포위망을 풀었다. 조나라 왕은 조괄의 어머니가 앞서 한 말 때문에 그녀를 죽이지 않았다.

경험은 대단히 소중한 자산이다. 어떤 일을 겪어보지 않고 함부로 논할 수 없다는 말은 인간이 절대 위기를 겪으면 평소의 경험이 고스란히 드러나기 때문에 생겨난 것이다. 조괄 어머니의 차가운 이성도 배울 점이 있다. 자식이라고 해서 무조건 두둔하지 않는 서릿발 같은 냉철함은 평소 냉정한 자기 검열의 과정 없이 터득하기 어려운 삶의 지혜다.

지승지도知勝之道

알 지 이길 승 어조사 지 길 도

'승리를 알 수 있는 이치'라는 말로, 손무가 제시한 용병의 원칙에서 나온 말이다.

손무가 지은《손자병법孫子兵法》〈모공謀攻〉편에 나온다.

"싸워야 할 때를 아는 것과 싸워서는 안 될 때를 아는 자는 승리한다. 병력이 많고 적음에 따라 용병법을 아는 자는 승리한다. 위[장수] 아래[병사]가 한마음으로 하고자 하면 승리한다. 준비하고 있으면서 준비하지 못한 적을 기다리는 자는 승리한다. 장수가 유능하고 군주가 조종하려 들지 않으면 승리한다. 이 다섯 가지는 승리를 알 수 있는 이치다知可以戰, 與不可以戰者勝. 識衆寡之用者勝. 上下同欲者勝. 以虞待不虞者勝. 將能而君不御者勝. 此五者, **知勝之道**也."

승리의 관건은 판단력, 용병의 유연성, 상하의 일치된 마음, 준비성, 정치적 간섭으로부터의 자유 등이다. 이 가운데 장수와 부하의 단합이 잘되어 적군이 비집고 들어올 틈이 생기지 않게 하는 것이 무엇보다 중요하다. 용병은 심리적인 문제요 인화人和가 관건이다. 적어도 상식적인 군주라면 장수의 독자성을 배려해주고, 장수 역시 소신에 따라 전략을 구사해야 한다.

장수는 야전 사령관으로서 군주가 내정에 충실하도록 밖에서 잘 보좌한다. 군주는 자신이 잘 알지 못하는 전쟁터의 일을 궁궐에서 함부로 왈가왈부해서는 안 된다. 그래서 손무는 군주의 세 가지 금기 사안을 말하면서 군대의 진퇴를 잘 알지도 못하면서 함부로 명령하거나, 삼군의 사정을 제대로 알지도 못하면서 군정에 참견하거나, 삼군의 권한을 알지도 못하면서 직책을 맡으려 해서는 안 된다는 것이다. 실무자인 장수는 전쟁의 전권을 쥐고 일을 추진해야 한다.

지어지락知魚之樂

—— 알 지 물고기 어 어조사 지 즐거울 락 ——

'물고기의 즐거움을 안다'는 말로, 융통성 있는 유연한 사고를 가리킨다. '자비어안지어지락子非魚安知魚之樂'의 준말로서 '호량지변濠梁之辨'이라는 말로도 알려져 있다.

사물에 대한 인식과 시각의 차이를 극명하게 보여주는 말이다. 《장자莊子》 내편과 외편을 통틀어 백미로 손꼽히는 〈추수秋水〉 편의 '만물제동설萬物齊同說' 관련 우화에서 나온 것이다. 장자가 당대의 변론가 혜자惠子와 함께 호수濠水의 다리를 거닐다가 문득 이렇게 말한다.

"물고기가 나와 유유히 노닐고 있으니, 이것은 물고기의 즐거움이야儵魚出遊從容, 是魚之樂也."

혜자가 말했다.

"그대는 물고기가 아닌데, 어떻게 물고기의 즐거움을 아는가子非魚, 安知魚之樂?"

장자가 말했다.

"그대는 내가 아닌데 어떻게 내가 물고기의 즐거움을 알지 못한다는 것을 아는가子非我, 安知我不知魚之樂?"

혜자가 다시 말했다.

"나는 그대가 아니니 본래 그대를 알지 못하네. 그대도 본래 물고기가 아니니 그대가 물고기의 즐거움을 알지 못하는 것이 분명하네我非子, 固不知子矣. 子固非魚也, 子之不知魚之樂全矣."

그러자 장자가 말했다.

"이야기의 근본으로 되돌아가 보세. 그대가 내게 '그대가 어찌 물고기의 즐거움을 아는가?'라고 물은 것은 내가 물고기의 즐거움을 아는 것을 이미 그대가 알았기 때문이네. 나는 호수의 다리 위에서 그 즐거움을 아는 것이지請循其本. 子曰: '汝安知魚樂'云者, 既已知吾知之而問我. 我知之濠上也."

장자의 친구인 혜자는 분석적 지성을 갖춘 자다. 그는 당당하고도 정연한 논리에 입각하여 장자 사유의 오류를 지적하고자 한다. 그런데 장자도 비슷한 논리로 그에게 맞서면서 논의의 차원을 확장한다. '물고기의 즐거움'을 두고 벌이는 장자와 혜자 사이의 논쟁을 보면 궤변처럼 보이기도 한다. 장자가 이성의 벽을 허물고 상식의 허를 찌르는 직관적 사유를 신축자재伸縮自在하게 하는 것이 놀라울 뿐이다. 고정된 시각에 집착하지 않는 사고의 유연함이 필요하지 않은가?

지어지앙池魚之殃

——— 못 **지** 물고기 **어** 어조사 **지** 재앙 **앙** ———

'연못 속 물고기의 재앙'이라는 말로, 아무 까닭이나 잘못도 없이 재앙을 당할 때 쓴다. 원말은 앙급지어殃及池魚라고 되어 있다. 비슷한 말로는 횡래지액橫來之厄, 횡액橫厄이 있다.

《여씨춘추呂氏春秋》〈효행람孝行覽〉에 이런 내용이 있다.

송나라 사마 환퇴桓魋가 귀중한 주옥을 가지고 있었는데 죄를 지어 망명하게 되었다. 왕이 사람을 시켜 주옥이 있는 곳을 묻자 연못 속에 던져버렸다고 대답했다. 그래서 연못물을 모두 빼내고 찾아보았으나 주옥은 찾지 못하고 물고기들만 떼죽음을 당하고 말았다. 이는 화禍나 복福이 미치는 것으로 여기서는 화를 말한다.

또《태평광기太平廣記》에 이런 이야기가 있다.

초나라 성문에 불이 나자 사람들은 정신없이 물을 퍼내 불을 껐다. 그런데 불길을 잡고 보니 성안에 살고 있던 물고기가 모두 말라 죽어 있었다. 그래서 나온 말이 "성문에 불이 나자 그 재앙이 연못 속 물고기에 미쳤다城門失火, **殃及池魚**."라는 것이다.

《광운廣韻》에 의하면 "'지중어'는 사람 이름인데 송나라 성문 근처에 살았다. 성문에 불이 났는데, 그 불이 그의 집까지 번져 지중어가 타 죽었다池仲魚, 人姓字也, 居宋城門. 城門失火, 延及其家, 仲魚燒死."라고 하여 나쁜 일이 번져 화가 미침을 비유했다.

지연중지어자불상知淵中之魚者不祥

알 **지** 못 **연** 가운데 **중** 갈 **지** 물고기 **어** 놈 **자** 아니 **불** 상서로울 **상**

'연못 속의 물고기를 아는 사람은 상서롭지 못하다'는 말로, 남의 속내를 너무 많이 알면 화를 당할 수 있다는 뜻이다.

《한비자韓非子》〈설림 상說林上〉 편에 나오는 말이다.

습사미隰斯彌가 전성자田成子를 알현했을 때 전성자는 그와 함께 누각에 올라 사방을 둘러보았다. 삼면이 모두 탁 트였는데, 남쪽을 보자 습사미의 집에 있는 나무가 시야를 가렸다. 전성자는 아무 말도 하지 않았지만, 습사미는 돌아와서 사람을 시켜 그것을 베도록 했다. 도끼질을 하여 나무가 좀 파였을 때, 습사미는 나무 베는 일을 그치게 했다. 그러자 상실相室(집안일을 맡아하는 집사)이 말했다.

"어찌 그렇게 빨리 변하십니까?"

습사미가 말했다.

"옛 속담에 '연못 속의 물고기를 아는 사람은 상서롭지 못하다.'라는 말이 있다. 전성자는 큰일을 꾸미고 있는데, 내가 그의 미묘한 부분을 안다는 사실을 보이게 되면 나는 반드시 위험해질 것이다. 나무를 베지 않는 것은 죄가 되지 않지만, 다른 사람이 말하지도 않은 것을 알게 된다면 그 죄는 클 것이다. 그래서 베지 못하게 하는 것이다古者有諺曰: **'知淵中之魚者不祥.'** 夫田子將有大事, 而我示之知微, 我必危矣. 不伐樹, 未有罪也, 知人之所不言, 其罪大矣. 乃不伐也."

이 예화를 보면 군주는 자신의 속내를 아랫사람이 알게 되는 것을 대단히 예민하게 생각한다는 것을 알 수 있고, 군주의 속마음을 함부로 아는 척하면 위험에 직면할 수 있다는 의미도 담겨 있다. 즉, 함부로 군주의 마음속으로 들어가려고 하다가는 화를 당할 수 있다는 의미심장한 전언이다.

ㅈ

지자요수인자요산智者樂水仁者樂山

슬기 **지** 놈 **자** 좋아할 **요** 물 **수** 어질 **인** 놈 **자** 좋아할 **요** 뫼 **산**

'지혜로운 이는 물을 좋아하고, 어진 이는 산을 좋아한다'는 말이다.

공자는 지혜로운 자의 부류에 속하는 사람과 어진 이의 부류에 속하는 사람의 일반적인 경향을《논어論語》〈옹야雍也〉 편에서 이렇게 말했다.

"지혜로운 사람은 물을 좋아하고, 어진 사람은 산을 좋아한다. 지혜로운 사람은 동적이고, 어진 사람은 정적이다. 지혜로운 사람은 즐기고, 어진 사람은 오래 산다**知者樂水, 仁者樂山**. 知者動, 仁者靜. 知者樂, 仁者壽."

지혜로운 사람들은 사람들의 서로 다른 점을 구별하는 데 익숙하므로 나와 너의 관계에 많은 관심을 가진다. 이들은 횡적 관계로 맺어지는 인간관계를 유지하려면 겸허한 자세가 필요하기에 수평적이면서도 아래로 내려가는 것을 좋아하여 물을 좋아한다. 그리고 호기심이 많아 늘 움직이고, 노동하는 과정 하나하나를 귀중하게 생각하고 즐긴다.

이와 달리 어진 사람은 나와 하늘의 관계에 관심을 두기 때문에 모든 가치를 위에 두고 그곳으로 올라가려는 경향이 있으므로 산을 좋아한다. 그리고 호기심이 적어 한 장소에 가만히 있기를 좋아하며 조용한 성격이 많고, 가치 기준을 마음에 두고 물질적 욕구에 집착하지 않기 때문에 오래 산다.

지지위지知之爲知

알 **지** 어조사 **지** 할 **위** 알 **지**

'아는 것을 안다고 한다'는 말로, 아는 것과 모르는 것에 대해 스스로 정직한 것이 진정한 앎이라는 뜻이다. '부지위부지不知爲不知'라는 말과 함께 쓰인다.

앎의 기본을 말한 명구로서《논어論語》〈위정爲政〉 편에 나온다.

공자는 자신보다 아홉 살 어린 제자 자로에게 이렇게 말한다.

"유야, 네게 안다는 것이 무엇인지 가르쳐줄까? 어떤 것을 알면 안다고 하고 알지 못하면 알지 못한다고 하는 것, 이것이 [진정으로] 아는 것이다 由, 誨女知之乎? **知之爲知**之, 不知爲不知, 是知也."

아는 것과 아는 척하는 것의 차이를 말한 공자의 말은 앎의 기본이 정직함에서 나온다는 것을 지적하고 있다. 맨 마지막의 '지知' 자는 지혜智慧의 의미다. 모르고도 안다고 하고 다른 사람의 눈을 속이는 거짓으로 아는 척하는 것은 앎의 기회를 스스로 포기하는 것이다. 이 말은 '알아야 할 것은 알아야 하고, 알지 않아도 되는 것은 알려고 하지 않는다'는 의미로 해석하는 경우도 있다. 어떤 학자들은 더 확장하여 배워야 할 것이 너무 많은데 굳이 쓸데없는 것까지 배울 필요가 있느냐 하는 의미로 풀이하기도 하는데, 공자의 원의原意를 너무 과대 포장한 것으로 보인다.

공자는 '지知'에 대해 낮은 자세를 견지했다. 그가 태묘에 가서 모든 것을 하나하나 묻자 어떤 사람이 공자를 비꼬아 "누가 추 땅의 아들(공자)이 예를 안다고 말했는가? 태묘에 들어서는 매사를 묻더라."라고 하자 공자는 듣자마자 "이것(매사를 묻는 것)이 예다是禮也."라고 되받아쳤다. 매사에 스스로 판단하는 것을 경계하고, 모든 것은 절차를 거쳐야 하고 물어보고 처신하는 자세가 필요하다는 것이다.

지천명知天命

—— 알 **지** 하늘 **천** 목숨 **명** ——

'하늘의 명을 안다'는 말로, 쉰 살을 비유적으로 이른다. '오십이지천명五十而知天命'에서 나왔다.

《논어論語》〈위정爲政〉에 나오는 것으로, '천명天命'이란 사물에 드러나는 자연스러운 이치 혹은 하늘이 부여한 사명이다. 그것은 〈술이述而〉 편에 나오는 "내게 몇 년을 더 보태주어 쉰 살이 될 때까지《주역周易》을 배우게 된다면 [천명을 알아] 큰 허물을 없게 할 것이다加我數年, 五十以學易, 可以無大過矣."에서 그 뜻이 더욱 분명해진다.

공자가 나이 쉰에《주역》을 배운 것과 예순에 천명을 알았다는 것은 결코 우연의 일치가 아니다. 군자삼외君子三畏라는 말, 즉 "군자에게는 세 가지 두려워하는 것이 있다. 천명을 두려워하고, 대인(높은 자리에 있는 자)을 두려워하며, 성인(도덕을 갖춘 자)의 말씀을 두려워해야 한다君子有三畏. 畏天命, 畏大人, 畏聖人之言."라고 한 말에서 알 수 있듯, 공자에게 '천명'은 외경의 첫 번째 대상이었다.

공자는 "소인은 천명을 알지 못하므로 두려워하지 않고 대인을 함부로 대하며 성인의 말을 업신여긴다小人不知天命而不畏也, 狎大人, 侮聖人之言."라고 덧붙였다. 군자와 소인의 근본적인 차이는 천명을 인지하느냐의 여부에 달려 있다. 자기 역량이 어느 정도인지, 도대체 무엇을 할 수 있는지, 무엇을 하도록 운명지어졌는지를 제대로 인식하는 것이 중요하다는 것이다.

"천명을 알지 못하면 군자가 될 수 없다不知命, 無以爲君子也."라고 했듯이, 공자는 인간에게 정해진 운명을 수용하고자 한 듯하다. 심지어 그가 천하를 주유하며 제후들에게 인정받지 못하고 수많은 난관에 부닥치면서도 "도가 장차 행해지는 것도 천명이고, 도가 장차 없어지는 것도 천명이다道之將行也與, 命也, 道之將廢也與, 命也."(〈헌문憲問〉 편)라고 내뱉었다. 결국 '지천명'이란 정해진 삶의 틀을 편안히 인정하면서 세태에 흔들리지 않고 안분지족安分知足의 즐거움을 느끼면서 선비처럼 살아가라는 충고다.

지치득거舐痔得車

——— 핥을 **지** 치질 **치** 얻을 **득** 수레 **거** ———

'치질을 핥아 수레를 얻는다'는 말로, 미천한 일을 하여 큰 이익을 얻는 것을 가리킨다. 자기 목적을 위해서는 수단과 방법을 가리지 않음을 비판할 때 쓴다.

《장자莊子》〈열어구列禦寇〉 편에 나오는 말이다.

송나라 사람 조상曹商이 왕을 위해 사자가 되어 진秦나라에 갔다. 그는 수레 몇 대만을 이끌고 떠났으나 진나라에 가서 진나라 왕에게서 수레 100대를 더 받았다. 그는 송나라로 돌아와 장자를 만나서 말했다.

"[나는 이렇듯] 비좁은 골목에 살면서 구차하게 신을 삼고, 비쩍 마른 목덜미를 하고 두통으로 얼굴이 누렇게 뜬 꼴이 되는 일에는 서투르오. 그보다는 만승 천자를 깨우쳐 수레 100대를 얻는 것이 내 장기오夫處窮閭阨巷, 困窘織屨, 槁項黃馘者, 商之所短也. 一悟萬乘之主, 而從車百乘者, 商之所長也."

장자가 대답했다.

"진나라 왕은 병이 나서 의사를 불렀을 때, 종기를 터뜨려 고름을 뺀 자에게는 수레 한 대를 주고, 치질을 핥아서 고치는 자에게는 수레 다섯 대를 준다더군. 치료하는 데가 더러운 곳으로 내려갈수록 많이 준다는데, 그대는 어찌 그 치질을 고쳤는가? 어찌 수레를 얻은 게 많은가? 그대는 당장 꺼져버리게秦王有病召醫, 破癰潰痤者得車一乘, **舐痔**者**得車**五乘. 所治愈下, 得車愈多, 子豈治其痔邪? 何得車之多也? 子行矣!"

장자는 이익을 위해서는 자존심을 버리는 현실에 개탄하면서 특히 돈을 벌고 권력을 지향하는 사람들에게서 이런 모습이 많이 나타남을 풍자하고 있다.

지피지기백전불태知彼知己百戰不殆

알 **지** 저 **피** 알 **지** 자기 **기** 일백 **백** 싸움 **전** 아니 **불** 위태로울 **태**

'상대를 알고 나를 알면 백 번 싸워도 위태롭지 않다'는 말로, 아군과 적군의 전반적인 전력戰力을 제대로 파악해야만 결정적인 피해를 보지 않는다는 뜻이다. 자신의 전력을 과대평가하고 아전인수하듯 해석하거나 기고만장해서 상대를 무시하다가 낭패를 보기 일쑤니 삼가라는 말이다.

손무는《손자병법孫子兵法》〈모공謀攻〉 편에서 승리로 가는 다섯 가지 길의 첫 번째 요소로 "싸워야 할 때를 아는 것과 싸워서는 안 될 때를 아는 자知可以戰, 與不可以戰者"를 거론한다. 전쟁에서는 정확한 판단이 가장 중요하다. 그러고 나서 병력의 많고 적음에 따른 용병술, 장수와 병사의 심리 상태, 전쟁 대비, 장수에 대한 군주의 무한 신뢰 등을 거론한다. 이 다섯 가지에 대한 철저한 분석력이 뒷받침되지 않으면 싸워봐도 위험에 빠질 수밖에 없다는 것이다. 전쟁이란 "나라의 중대한 일이고, 죽음과 삶의 문제이며, 존립과 패망의 길"이기 때문이다.

상대를 알고 나를 알아야 한다는 말은 역으로 상대를 모르고 나를 모른 채 전쟁터로 달려가는 경우가 더 많다는 반증 아닐까? 그래서 손무는 "적을 알고 나를 알면 백 번 싸워도 위태롭지 않을 것이다. 적을 알지 못하고 나만 알면 한 번은 이기고 한 번은 지게 될 것이며, 적을 알지 못하고 나도 알지 못하면 싸울 때마다 반드시 위태롭게 될 것이다**知彼知己, 百戰不殆**. 不知彼而知己, 一勝一負, 不知彼不知己, 每戰必殆."(〈모공謀攻〉 편)라고 결론을 내린다.

그렇다면 무엇을 알아야 하는가? 바로 '도道 · 천天 · 지地 · 장將 · 법法'이라는 오사五事이니, 전쟁의 다섯 가지 핵심 요소로서 올바른 정치, 기후와 기상, 지리적 이점, 지도자의 능력, 제도와 질서 등 국가의 모든 시스템을 점검해 문제점이 없는지 살펴보고 전쟁에 임해야 한다. 여기에 군대의 질적인 문제까지 고려한 것이 칠계七計, 즉 일곱 가지 요소가 추가되는데, 이는 자연적 요인과 인위적 요소를 모두 포함한다.

적군과 아군의 객관적 조건은 겉으로 드러나는 것처럼 보인다. 그러나 그것은 빙산의 일각이며 감추어진 전력은 늘 더 무서운 파괴력을 감추고 있다. 군사를 부리는 장수는 전장에서 쓸데없는 명분 싸움이나 허세를 부리다가 결국 패망하게 된다.

징갱취제懲羹吹虀

혼날 **징** 국 **갱** 불 **취** 버무릴 **제**

'국에 데어 [놀란 나머지] 냉채까지 불어서 먹는다'는 말로, 한 번 실패로 모든 일에 지나치게 조심하는 것을 비유한다. 징갱취채懲羹吹菜, 징갱취회懲羹吹膾라고도 한다.

전국시대 말 초나라는 동쪽 제나라와 합종하여 북쪽에 있는 진秦나라에 대항했다. 그러나 당시 관리 중에는 장의의 연횡책을 받아들여 진나라와 손잡기를 주장하는 이도 적지 않았다. 그때 회왕懷王은 이들의 주장에 솔깃하여 제나라와의 동맹관계를 깼지만, 그 결과 진나라에 붙잡혀 죽는 처지가 되었다.

당시 초나라의 국운을 걱정하던 굴원屈原의 우국충정이 《초사楚辭》에 잘 나타나 있다. 그 가운데 〈구장九章 · 석송惜誦〉에 이런 시구가 나온다.

국에 데어 냉채까지 부는데
어찌 이런 생각을 바꾸지 못하는가.
懲於**羹**而**吹虀**兮, 何不變此志也.

초나라의 삼려대부三閭大夫였던 굴원은 연횡책을 끝까지 반대한 인물 가운데 한 사람이었다. 회왕이 죽자 왕위에 오른 회왕의 동생 자란子蘭은 연횡파의 우두머리였다. 굴원은 그를 미워했고, 자란도 굴원이 눈엣가시 같으므로 일을 꾸며 유형流刑을 보냈다.

창업수성創業守成

비롯할 **창** 업 **업** 지킬 **수** 이룰 **성**

'창업'은 일을 시작하여 일으킨다는 말이고, '수성'은 이룩한 사업을 잘 지켜 보존한다는 말로 '이창업수성난易創業守成難'에서 나왔다. 일을 일으키기가 어려운지, 그것을 보존하기가 어려운지 논하기 어렵다는 말이다.

당나라 300년 역사의 초석을 세운 이는 고조 이연이지만, 정치 체제를 확고하게 정립한 이는 이연의 둘째 아들 이세민이다. 이세민은 당나라 건국과 더불어 진왕秦王에 봉해져 직접 군대를 이끌고 각지를 돌아다니며 조정의 뜻에 거스르는 세력들을 평정했으며, 이 바탕 위에서 황태자로 옹립되고 스물아홉 살에 제위를 물려받았다.

이세민은 즉위한 이듬해에 연호를 '정관'이라 하고, 23년 동안 내치와 외치를 훌륭하게 하여 '정관의 다스림貞觀之治'이라는 태평성대를 이룩해 냈다. 이런 태종의 위업을 가능하게 한 명신들과 태종의 문답을 모아 엮은 책이 《정관정요貞觀政要》다. 최고 통치자인 군주가 갖추어야 할 도리를 이야기하는 《정관정요》 〈군도君道〉 편에 이런 문답이 실려 있다.

하루는 태종이 조정 대신들에게 물었다.

"제왕의 일로 제업을 창시하는 것과 이룬 것을 지키는 것 중에서 어느 것이 더 어려운가帝王之業, **創業**與**守成**孰難?"

그러자 상서복야 방현령이 대답했다.

"초매草昧(개국 초기) 처음에는 여러 영웅과 나란히 일어나서 힘을 가지고 다툰 뒤에 이것을 신하로 삼는 것이니 제업을 창시하는 것이 어렵습니다草昧之初, 與群雄竝起, 角力而後臣之, **創業**難矣!"

이 말을 들은 위징이 이렇게 반박했다.

"예로부터 제왕은 가난에서 얻지 않을 수 없었고, 안일한 데서 이를 잃지 않은 것이 없으니, 이룬 것을 지키는 것이 어렵습니다自古帝王, 莫不得之於艱難, 失之於安逸, **守成**難矣."

태종은 두 신하의 말을 듣고는 이렇게 매듭지었다.

"방현령은 나를 따라다니면서 천하 평정에 참여하며 수많은 죽을 고비를 겪고 겨우 살아났으니, 창업이 어려운 것을 알았고, 위징은 나와 더불어 정치를 안정되게 하여 [국가의 위기란] 항상 교만과 사치가 부귀에서 생겨나고, 재앙과 혼란은 소홀한 데에서 생겨나는 것을 두려워하므로 수성이 어려운 것을 안 것이다. 그러나 제업을 창시하는 어려움은 이미 지나갔으니, [지금부터는 그대들과 더불어] 이룬 것을 지키는 어려운 일을 장차 감당하며 여러 관리와 더불어 삼가야 할 것이다玄齡與吾共取天下, 出百死, 得一生, 故知創業之難, 征與吾共安天下, 常恐驕奢生於富貴, 禍亂生於所忽, 故知守成之難. 然**創業**之難, 既已往矣, **守成**之難, 方當與諸公慎之."

창해일속滄海一粟

——— 푸를 **창** 바다 **해** 한 **일** 조 **속** ———

'푸른 바닷속에 있는 좁쌀 한 톨'이라는 말로, 아주 작고 보잘것없는 것을 비유한다. 비슷한 뜻을 가진 말로는 구우일모九牛一毛, 대해일속大海一粟, 대해일적大海一滴, 조족지혈鳥足之血, 창해일적滄海一滴이 있다.

북송의 소동파蘇東坡는 당송팔대가唐宋八大家의 한 사람으로서 산문과 시에 뛰어났다. 천하의 명문 〈적벽부赤壁賦〉는 소동파가 황주黃州로 귀양을 갔을 때 지은 것으로 신선에 기탁하여 말하고 있다. 전편에서는 바람과 달이 있어 즐거우므로 신선을 부러워하지 않는다고 말했으나, 후편에서는 강산의 갑작스러운 변화에 놀라 또다시 신선을 부러워한다.

〈전적벽부前赤壁賦〉의 내용은 이렇다.

소동파가 어느 날 벗과 함께 적벽에 가서 유람하고 있었다. 음력 7월 중순이라 날씨도 쾌청하고 물결도 잔잔하게 일었다. 때마침 하늘에는 달이 떠 있어 그 달빛이 일렁거리는 물결에 비치는 모습이 마치 선경과 같았다. 여기에 술상을 차려놓고 잔을 주고받으며 시를 읊조렸다. 문득 소동파는 조조와 주유가 한판 승부를 벌였던 적벽싸움이 떠올라 이렇게 읊조렸다.

"달 밝고 별 드문데 까막까치가 남쪽으로 날아간다는 것은 조맹덕曹孟德(조조)의 시가 아닌가? 서쪽으로 하구夏口를 바라보고 동쪽으로 무창武昌을 바라보니 산천이 서로 엉켜 울창하니, 이는 조맹덕이 주랑周郞(주유)에게 곤욕을 치렀던 곳이 아닌가? 바야흐로 그가 형주를 격파하고 강릉江陵으로 내려와 물결을 따라 동쪽으로 진출할 때, 전함은 천 리에 뻗쳐 있고 깃발이 공중을 가렸다. 술을 걸러 강에 임하고 창을 비껴들고 시를 읊으니, 진실로 한세상의 영웅이었는데 지금은 어디에 있는가? 하물며 나와 그대는 강가에서 고기 잡고 나무하면서 물고기와 새우와 짝하고 고라니와 사슴과 벗하고 있다. 작은 배를 타고서 술 바가지와 술동이를 들어 서로 권하니, [우리 인생은] 천지 사이에 하루살이처럼 기대어 사는구나. [우리 몸은] 푸른 바닷속에 있는 좁쌀 한 톨처럼 작디작구나. 우리 삶의 짧음을 슬펴하며 장강의 무궁함을 흠모한다月明星稀, 烏鵲南飛, 此非曹孟德之詩乎? 西望夏口, 東望武昌, 山川相繆, 鬱乎蒼蒼, 此非孟德之困於周郎者乎? 方其破荊州, 下江陵, 順流而東也, 舳艫千里, 旌旗蔽空. 釃酒臨江, 橫槊賦詩, 固一世之雄也, 而今安在哉? 況吾與子漁樵於江渚之上, 侶魚蝦而友麋鹿. 駕一葉之扁舟, 擧匏樽以相屬, 寄蜉蝣於天地. 渺**滄海**之一**粟**. 哀吾生之須臾, 羨長江之無窮."

여기에서 '창해일속滄海一粟'이라는 말이 나왔다. '일속一粟'에는 동파 자신의 학식이나 덕망이 다른 사람들에게 미치지 못한다는 겸손한 마음도 깔려 있다. 어쨌든 이 말은 인생의 무상함을 그 이면에 담고 있다.

천도시비天道是非

―――― 하늘 **천** 길 **도** 옳을 **시** 아닐 **비** ――――

'하늘의 도가 옳으냐 그르냐'는 말로, 얄궂은 운명을 한탄할 때 쓴다.

사마천은 친구를 변호하다 거세를 당하는 치욕을 겪었다. 그는《사기史記》〈백이열전伯夷列傳〉에서 억울하게 궁형을 당한 울분을 다음과 같이 토로했다.

"어떤 사람이 이렇게 말했다. '하늘의 이치는 사사로움이 없어 언제나 착한 사람과 함께한다.' 백이와 숙제는 착한 사람이라고 할 수 있지 않은가? 그러나 그들은 이처럼 어진 덕망을 쌓고 행실을 깨끗하게 했건만 굶어 죽었다! 또 공자는 제자 70명 가운데서 안연이 학문을 좋아한다고 칭찬했다. 그러나 안연은 늘 가난해서 술지게미와 쌀겨 같은 거친 음식조차 배불리 먹지 못하고 끝내 젊은 나이에 죽고 말았다. 하늘이 착한 사람에게 복을 내려준다면 어찌 이런 일이 있을 수 있는가或曰: '天道無親, 常與善人.' 若伯夷, 叔齊, 可謂善人者非邪? 積仁絜行如此而餓死! 且七十子之徒, 仲尼獨薦顔淵爲好學. 然回也屢空, 糟糠不厭, 而卒蚤夭. 天之報施善人, 其何如哉?

[춘추시대 말에 나타난 도적] 도척은 날마다 죄 없는 사람을 죽이고 그들의 간을 회쳐 먹었다. 잔인한 짓을 하며 무리 수천 명을 모아 제멋대로 천하를 돌아다녔지만 끝내 하늘에서 내려준 자기 수명을 다 누리고 죽었다. 이것은 도대체 그의 어떠한 덕행에 의한 것인가? 이러한 것들은 그러한 사례 중에서도 가장 두드러지는 것이다盜跖日殺不辜, 肝人之肉. 暴戾恣睢, 聚黨數千人橫行天下, 竟以壽終. 是遵何德哉? 此其尤大彰明較著者也.

요즘 시대에 들어서면서 하는 행동은 규범을 따르지 않고 오로지 법령이 금지하는 일만 일삼으면서도 한평생 호강하고 즐겁게 살며 대대로 부귀가 이어지는 사람이 있다. 그런가 하면 걸음 한 번 내딛는데도 땅을 가려서 딛고, 말을 할 때도 알맞은 때를 기다려서 하며, 길을 갈 때는 작은 길로 가지 않고, 공평하고 바른 일이 아니면 떨쳐 일어나서 하지 않는데도 재앙을 만나는 사람은 그 수를 헤아릴 수 없을 만큼 많다. 나는 매우 당혹스럽다. 만약 이러한 것이 하늘의 도리라면 과연 옳은 것인가 그른 것인가 若至近世, 操行不軌, 專犯忌諱, 而終身逸樂, 富厚累世不絕. 或擇地而蹈之, 時然後出言, 行不由徑, 非公正不發憤, 而遇禍災者, 不可勝數也. 余甚惑焉. 儻所謂**天道**, **是**邪**非**邪?"

흔히 유가 관념에서 하늘의 도는 늘 권선징악이라고 이야기하지만, 따지고 보면 세상의 도리인 '세도世道', 인간의 도리인 '인도人道'가 더 현실적이다. 사마천이 봤을 때, 하늘의 도는 결코 시是, 즉 옳은 쪽이나 선善, 즉 착한 쪽으로 가는 것은 아니다. 경우에 따라서는 비非, 틀린 것으로 갈 수도 있고, 악惡, 나쁜 것으로 갈 수도 있다는 말이다. 어찌 보면 사마천 자신이 궁형을 당해 세상을 보는 시각이 달라졌기에 비로소 발견할 수 있었던 질문일지도 모른다.

〈태사공자서太史公自序〉에서 사마천이 "태사공은 이릉李陵의 화를 입고 감옥에 갇히고 말았다. 그는 한숨을 쉬고 탄식하며 말했다. '이것이 나의 죄인가? 이것이 나의 죄인가? 몸이 망가져 쓸모없게 되었구나'是余之罪也夫? 是余之罪也夫? 身毁不用矣.'"라고 한 부분과 함께 읽어보면 의미가 분명히 다가온다.

천려일득千慮一得

——— 일천 **천** 생각할 **려** 한 **일** 얻을 **득** ———

'천 번 생각하면 한 번은 얻는 게 있다'는 말로, 많이 생각하다 보면 가끔 쓸 만한 것도 있다는 뜻이다. 천려일실千慮一失과 반대말이며, 지자일실智者一失과 같다.

《사기史記》〈회음후열전淮陰侯列傳〉에 나오는 말이다.

한나라 사람 한신韓信은 젊을 때 이렇다 할 업적이 없었으나, 훗날 대장군으로 승진하여 혁혁한 공을 세운 인물이다.

한신이 조나라 군대 20만 명을 물리치고 조나라 재상 성안군을 죽이고서, 조나라 왕과 그 모사 이좌거李左車를 사로잡았다. 한신은 이좌거의 능력을 익히 알고 있었기에 그를 불러 북쪽 연나라와 동쪽 제나라를 쳐서 이길 수 있는 방법을 물었다. 이좌거는 자신은 대답할 만한 능력이 없다며 거듭 사양했다. 한신이 계속해서 설득하자 이렇게 말했다.

"신이 들으니 '슬기로운 사람도 천 번 생각에 반드시 한 번 실수가 있을 수 있고, 어리석은 사람도 천 번 생각하면 반드시 한 번은 맞을 수 있다.'라고 합니다. 그래서 '미치광이의 말도 성인은 가려서 듣는다.'라고 합니다. 신의 계책이 반드시 쓸 만한 것은 못 되지만 [그래도] 어리석지만 충심껏 아뢰겠습니다臣聞'智者千慮, 必有一失; 愚者**千慮**, 必有**一得**.' 故曰'狂夫之言, 聖人擇焉.' 顧恐臣計未必足用, 願效愚忠."

이좌거는 거듭된 싸움에서 이겨 백성과 병사들의 사기는 올라 있지만 너무 지쳤으므로 제 기량을 발휘하기 어렵다고 지적하고, 싸우기보다는 한신의 장점을 연나라와 제나라에 알려 복종시키는 게 좋겠다고 말했다. 물론 한신도 이좌거를 받아들여 한 제국 창업의 일등공신으로 자리매김한다.

천의무봉天衣無縫

—— 하늘 **천** 옷 **의** 없을 **무** 꿰맬 **봉** ——

'하늘의 옷은 꿰맨 자국이 없다'는 말로, 억지로 기교를 부림이 없이 깔끔하게 처리된 것을 가리킨다. 문학작품이나 예술 작품 중에서 손댈 것 없는 걸작을 말한다. 원말은 천의비선天衣非線이다. 비슷한 말로 무봉천의無縫天衣, 십전십미十全十美, 백옥무하白玉無瑕, 완미무결完美無缺이 있다.

송나라 태종의 칙명으로 977년에 편집된, 정통 역사에는 없는 신선이나 도사 이야기 등을 집대성한《태평광기太平廣記》권68에 나오는 말이다.

곽한郭翰은 문학과 글씨에 흥미가 많은 청년이었는데 일찍 부모를 여의었다.

어느 무더운 여름날, 그는 마당에서 선선한 바람을 쐬고 있었다. 그때 하늘 한 모퉁이에서 어떤 물체가 마치 구름처럼 둥실 떠내려오더니 눈부시게 아름다운 여자가 내려섰다. 망연자실한 채 서 있는 곽한 옆으로 그 여인이 사뿐히 다가왔다.

"당신은 도대체 누구십니까?"

곽한의 말에 그녀는 이렇게 대답했다.

"보시다시피 하늘에서 내려온 선녀입니다. 천제의 허락을 얻어 잠시 하계에 쉬러 내려왔습니다. 당신이 세속을 멀리하며 사는 것이 부러워 이렇게 찾아왔습니다."

곽한이 그녀 곁으로 다가가 훑어보니 치맛자락이나 저고리 등 어디 하나 실로 꿰맨 자국이 없었다. 아무리 생각해보아도 알 수 없는 노릇이었다. 그 여자는 미소를 띠며 곽한에게 말했다.

"하늘의 옷은 본래 꿰맨 자국이 없어요天衣本非針線爲也."

천재일우千載一遇

—— 일천 **천** 해 **재** 한 **일** 만날 **우** ——

'천 년에 한 번 만난다'는 말로, 좀처럼 만나기 어려운 좋은 기회를 뜻한다. 천재일시千載一時, 천재일회千載一會라고도 쓴다.

동진의 원굉袁宏은 문학적 재능이 남달랐지만 아버지를 일찍 여의어 생활이 궁핍하여 상납미上納米를 수송하는 배의 인부 노릇을 했다.

당시 사상謝尙이라는 한 귀족이 어느 가을밤 강물에 배를 띄우고 달구경을 하고 있었다. 문득 어디에선가 아름다운 시구를 읊는 영롱한 목소리가 수면을 따라 들려왔다. 그는 그 소리가 끝나기를 기다렸다가 하인을 보내 소리하는 이를 찾아오게 했는데, 그가 바로 원굉이었다.

이 인연으로 원굉은 사상의 참군이 되었다가, 나중에 동양군東陽郡의 태수가 되었다. 그는 수많은 시문을 지었는데, 특히 〈삼국명신서찬三國名臣序贊〉은 진수의 《삼국지三國志》에 나오는 위 · 촉 · 오, 세 나라를 세운 명신 20여 명을 칭찬하는 찬贊을 지은 것으로서 명작이다. 원굉은 어진 신하가 현명한 군주를 만나기가 어려움을 이렇게 말했다.

"천 년에 한 번 만남은 현명한 군주와 지혜로운 신하의 경사스러운 만남이다. …… 즐거움이 없을 수 없는 만남이며 그 기회를 잃어버리면 어찌 슬픔이 없을 수 있겠는가**千載一遇**, 賢智之嘉會. …… 遇之不能無欣, 喪之何能無慨."

천지신지아지자지天知神知我知子知

하늘 **천** 알 **지** 귀신 **신** 알 **지** 나 **아** 알 **지** 그대 **자** 알 **지**

'하늘이 알고 귀신이 알며 내가 알고 그대가 안다'는 말로, 온 세상 모든 사람이 아는 공공연한 비밀이라는 뜻이다.

《후한서後漢書》〈양진전楊震傳〉을 보면, 후한 때 양진楊震이라는 인물이 있었는데 자는 백기伯起였다. 그는 어려서 학문을 좋아하고 훌륭한 인품에 일 처리가 분명하여 '관서關西의 공자'라는 칭송을 들었다.

한번은 양진이 창읍昌邑에서 하룻밤을 묵게 되었다. 그곳 현령 왕밀王密은 양진의 천거로 벼슬을 한 인물이었다.

밤이 깊어지자, 왕밀은 황금 한 꾸러미를 들고 양진의 숙소를 찾아와 내밀었다. 양진은 화를 버럭 내며 당장 가져가라고 호통을 쳤다. 그러자 왕밀은 이렇게 말했다.

"저문 밤이라 아는 사람이 없습니다暮夜無知者."

이 말에 양진은 더욱 화를 내며 이렇게 꾸짖었다.

"하늘이 알고 귀신이 알고 내가 알고 그대가 아는데 어찌하여 알지 못한다고 말하는가天知神知我知子知, 何謂無知?"

이 말에 왕밀은 슬그머니 황금 꾸러미를 가지고 사라졌다.

철면피鐵面皮

—— 쇠 **철** 얼굴 **면** 가죽 **피** ——

'쇠로 만든 낯가죽'이라는 말로, 염치를 모르는 사람을 가리킨다. 후안무치厚顔無恥 · 안갑顔甲 · 안후顔厚와 같고, 강안여자強顔女子는 비슷한 말이다.

송나라 사람 손광헌孫光憲이 지은 《북몽쇄언北夢瑣言》에 나오는 말이다.

왕광원王光遠이라는 이가 있었다. 그는 학문적 재능이 있어 어렵지 않게 벼슬길에 올랐지만, 출세를 위해서라면 물불을 가리지 않고 아첨을 했다. 그의 아첨은 다른 사람 앞이라고 해서 수그러드는 법이 없었다.

한번은 술에 잔뜩 취한 권력자가 왕광원을 채찍으로 때리려고 하자, 그는 당신을 위해서라면 기꺼이 매를 맞겠노라고 했고, 주정뱅이는 정말로 왕광원의 등을 사정없이 때렸다. 그러나 왕광원은 화를 내기는커녕 오히려 비위를 맞추며 끊임없이 듣기 좋은 말을 늘어놓았다.

곁에서 이 모습을 지켜보던 한 친구가 말했다.

"자네는 창피스럽지도 않은가? 사람들 앞에서 이런 짓을 당하고 잠자코 있는가?"

그러나 왕광원은 아무 일도 없었다는 듯이 태연하게 말했다.

"자네 말이 맞네. 그러나 그 사람에게 잘 보여서 손해 볼 것은 없지."

이에 친구는 할 말을 잃었다.

당시 사람들은 그를 두고 이렇게 말했다.

"광원은 낯가죽이 열 겹 철갑처럼 두껍다光遠顔厚如十重鐵甲."

첩경捷徑

빠를 첩 길 경

'지름길 또는 어떤 일에 이르기 쉬운 방법'을 말하며, 관리가 되기 위한 지름길이라는 뜻이다. 종남첩경終南捷徑, 남산첩경南山捷徑이라고도 한다.

《태평광기太平廣記》21권에 나오는 말이다.

성당盛唐 때는 불교와 도교의 영향으로 현실을 피해 은둔을 즐기려는 사람이 많았다.

노장용盧藏用이라는 선비가 있었다. 그는 관리가 되어 조정에서 활동하고자 했으나, 자기 능력으로는 대과까지 치르며 관직에 오르기가 쉽지 않음을 깨달았다. 그는 일부러 장안 부근의 종남산終南山에서 은둔하면서 기회를 엿보기로 했다. 이렇게 은둔하다 보니 어느덧 주위 사람들의 주목을 받아 좌습유左拾遺로 임명되었다.

그 뒤 사마승정司馬承禎이라는 사람이 또 종남산에 은둔했다가 조정으로부터 부름을 받게 되었다. 그러나 사마승정은 관직에 뜻이 없기에 다시 은둔하려고 했다. 그때 그를 성 밖까지 전송한 사람이 노장용이었다.

노장용은 종남산을 가리키며 사마승정에게 말했다.

"참 좋은 산이지요."

이에 사마승정은 노장용을 비꼬아 이렇게 말했다.

"내가 보기에는 벼슬길의 첩경일 따름이지요以僕所觀, 乃仕途之**捷徑**."

청천백일青天白日

—— 푸를 **청** 하늘 **천** 흰 **백** 날 **일** ——

'푸른 하늘의 밝은 태양'이라는 말로, 아무런 부끄러움이나 죄도 없고 결백함을 뜻한다. 견청천도백일見青天覩白日이라고도 한다.

중당의 대문호 한유韓愈는 친구 최군崔群과 친하게 지냈는데, 그가 다른 임지로 부임하여 떠나게 되자 자신이 있는 곳으로 빨리 돌아와 달라고 〈여최군서與崔群書〉라는 편지를 보냈다.

"요즈음 또 어떤 사람이 '그대는 참으로 완전무결하지만 오히려 의심할 만한 것이 있습니다.'라고 말을 했소. 그래서 내가 그 사람에게 물었소. '무엇이 의심스럽소?' 의심하는 사람이 말하길 '군자는 마땅히 좋아하는 것과 싫어하는 것이 있어야 하므로, 좋아하는 것과 싫어하는 것이 확실하지 않으면 안 됩니다. [그런데] 최군(청하)과 같은 사람은 사람들이 현명하거나 어리석음에 관계없이 그를 훌륭하다고 말하지 않는 사람이 없으며, 그의 인품에 탄복하니, 이로 인하여 그를 의심하는 것뿐입니다.'라고 했습니다. 그래서 나는 사람들에게 이렇게 말했소. '봉황과 지초는 현명한 자나 어리석은 자나 아름답고 상서롭다고 하오. 푸른 하늘의 밝은 태양은 노비조차 맑음과 밝음을 아오. 이것을 음식에 비유하여 말하면 먼 곳의 진미는 즐기는 이도 있고 즐기지 않는 이도 있지만 쌀 · 수수 · 회膾 · 적炙(구운 고기) 같은 것을 어찌 즐기지 않는 사람이 있다고 들었겠소比亦有人說'足下誠盡善盡美, 抑猶有可疑者'. 僕謂之曰: '何疑?' 疑者曰: '君子當有所好惡, 好惡不可不明. 如清河者, 人無賢愚, 無不說其善, 服其爲人, 以是而疑之耳.' 僕應之曰: '鳳凰芝草, 賢愚皆以爲美瑞; 青天白日, 奴隸亦知其清明. 譬之食物, 至於遐方異味, 則有嗜者, 有不嗜者, 至於稻也, 粱也, 膾也, 炙也, 豈聞有不嗜者哉?"

이 편지에서 '푸른 하늘의 밝은 태양'이란 세상에서 아무런 부끄러움도 없는 최군의 인품을 가리키는 말이다.

청천벽력青天霹靂

푸를 **청** 하늘 **천** 벼락 **벽** 벼락 **력**

'푸른 하늘에 벼락'이라는 말로, 맑게 갠 하늘에 떨어진 벼락이란 뜻이다. 생각지 못한 돌발사고 또는 급박한 상황이 벌어지는 것을 비유한다.

남송의 애국 시인 육유陸遊는 금나라가 쳐들어왔을 때 살았던 시인이다. 그는 중원을 함락시킨 이민족에 맞서 싸우자고 부르짖었으나 받아들여지지 않자 실의 속에서 국토가 회복되기만을 바라며 살아갔다.

'청천벽력'이라는 말은 육유의 오언고시 〈9월 4일 닭이 울기 전에 일어나 짓다九月四日鷄未鳴起作〉에 나온다.

나 방옹은 병이 들어 가을을 지내다가
홀연히 일어나 술에 취한 듯 붓을 놀린다.
마침 오래 움츠렸던 용과 같이
푸른 하늘에 벼락이 친다.
비록 괴기하게 떨어졌다고 말하지만
한참 동안 참고 묵묵히 있으려고 한다.
하루아침에 이 늙은이가 죽으면
천금을 가져와도 얻지 못하리.
放翁病過秋, 忽起作醉墨.
正如久蟄龍, **青天飛霹靂**.
雖雲墮怪奇, 要勝常憫默.
一朝此翁死, 千金求不得.

이 시의 시간적 배경은 가을이 끝나갈 무렵인 음력 9월이다. 여름에서 늦가을까지 병마에 허덕인 육유는 어느 날 병을 이겨낸 것 같은 생각이 든다. 마치 술에 취한 듯 흥겹게 붓을 놀리려 하지만 몸은 말을 듣지 않는다.

이 시에서 '용龍'은 자신을 비유하며 그 기세는 하늘로 올라갈 때 치는 벼락과 같다고 한다. '청천벽력'이라는 말에는 육유의 솔직함이 깃들어 있다. 그러나 역시 병든 자신을 어찌할 수 없는 현실을 여전히 한탄할 뿐이다.

청출어람青出於藍

푸를 **청** 날 **출** 어조사 **어** 쪽풀 **람**

'푸른색은 쪽[藍]에서 나왔지만 쪽빛보다 더 푸르다'는 말로, 제자가 스승보다 더 나음을 비유한다. 출람出藍, 출람지예出藍之譽, 출람지재出藍之才라고도 한다. 비슷한 말로 후생각고後生角高가 있다.

유가의 도통道通에서 배제되어 이단자 취급을 받은 순자는 그의 책《순자荀子》에서 학문을 권하는 내용을 〈권학勸學〉 편이라는 제목으로 첫머리에 두고 이렇게 말했다.

"배움이란 그만둘 수 없는 것이다. 푸른색은 그것을 쪽빛에서 취했지만 쪽빛보다 푸르고, 얼음은 물이 그렇게 된 것이지만 물보다 차다學不可以已. **青取之於藍, 而青於藍**, 冰水爲之, 而寒於水."

본래 '남藍'은 검은 청색 빛깔의 염색 재료로서, 이것을 찧어 독에 물을 넣고 저으면 거품이 생기는데 이것을 남수藍水라고 한다. 여기에 실이나 헝겊을 담그면 선명한 푸른빛으로 물이 든다. 학문에 뜻을 둔 사람은 늘 노력해야 하며 중도에 그만두어서는 안 된다는 뜻이다. 푸른색이 쪽빛보다 푸르듯이, 얼음이 물보다 차듯이 면학을 계속하면 스승을 능가하는 학문의 깊이를 가진 제자도 나타날 수 있다는 말이다.

초궁초득楚弓楚得

—— 초나라 **초** 활 **궁** 초나라 **초** 얻을 **득** ——

'초나라 사람이 잃은 활을 초나라 사람이 얻는다'는 말로, 도량이 좁음을 비유한다. 초인실궁초인득지楚人失弓楚人得之의 준말이다.

《공자가어孔子家語》〈호생好生〉 편에 나오는 말이다.

춘추시대 초나라 공왕恭王이 하루는 사냥을 나갔다가 활을 잃어버렸다. 공왕을 모시고 함께 사냥을 나섰던 신하들이 활을 찾아오겠다고 말하자 공왕은 이렇게 말했다.

"그만두시오. 초나라 왕이 잃은 활을 초나라 사람이 줍게 될 텐데 무엇 때문에 찾으려 하시오止. 楚王失弓, 楚人得之, 又何求之!"

신하들은 임금의 도량이 매우 넓다고 말했으나, 뒷날 공자는 이 이야기를 듣고 길게 탄식하며 말했다.

"안타깝다, 그자가 큰 그릇이 아니구나. 사람이 잃은 활을 사람이 얻게 된다고 말하지 못하고, 어찌 초나라 사람들에게만 한정시키다니惜乎其不大也. 不曰人遺弓, 人得之而已, 何必楚也."

공자는 초나라 공왕이 잃은 활을 반드시 초나라 백성이 주우리라고 한정한 것을 듣고 도량이 좁다고 보았다. 초나라 백성뿐 아니라 모든 사람이 주울 것이라고 했다면 마음이 넓다고 평가했을 것이다.

초록몽蕉鹿夢

파초 蕉 사슴 鹿 꿈 夢

'나무꾼이 사슴 잡은 꿈을 꾸었다'는 말로, 인생에서 얻거나 잃는 것이 마치 꿈과 같은 것임을 비유한다.

《열자列子》〈주목왕周穆王〉 편에 나온다.

정나라의 어떤 사람이 들에서 나무를 하다가 사슴을 때려잡았다. 그는 남이 그것을 볼까 두려워서 엉겁결에 구덩이 속에 감추어놓고 땔나무로 덮었다. 그는 기쁨을 이기지 못하고 있다가 사슴을 숨겨둔 곳을 잊어버렸다. 그는 꿈을 꾸었다고 생각하고 길을 걸으면서 그 일을 중얼거렸다.

그의 곁에서 걸어가던 어떤 사람이 그 말을 엿듣고서 사슴을 찾아냈다. 그는 집으로 돌아와 아내에게 말했다.

"조금 전에 나무꾼이 사슴 잡는 꿈을 꾸었는데 그 장소를 모른다고 했지만, 나는 그의 말대로 하여 사슴을 찾았소. 그는 바로 진실한 꿈을 꾸는 사람일 것이오向薪者夢得鹿而不知其處, 吾今得之. 彼直真夢矣."

그의 아내가 말했다.

"당신이 나무꾼이 사슴을 잡는 꿈을 꾼 게 아닐까요? 어찌 그런 나무꾼이 있겠어요? 지금 사슴을 찾아왔으니 당신 꿈이 진실된 것이지요若將是夢見薪者之得鹿邪? 詎有薪者邪? 今真得鹿, 是若之夢真邪?"

남편이 말했다.

"내가 그것을 근거로 하여 사슴을 얻었는데, 그의 꿈이 내 꿈임을 어떻게 알겠소吾據得鹿, 何用知彼夢我夢邪?"

한편 나무꾼은 사슴을 잃은 것을 잊지 않고 있다가 그날 밤 그것을 감춘 곳을 꿈꾸었고, 사슴을 훔쳐 간 사람에 대해서도 꿈을 꾸었다.

날이 밝자 꿈을 따라 그를 찾아가 만났다. 그리하여 사슴을 두고 소송을 벌이게 되었고, 이 사건은 사사士師에게로 넘어갔다.

사사가 말했다.

"그대는 처음에 사슴을 잡고 꿈이라 말했고, 사슴 잡은 꿈을 꾸었을 때는 그것을 사실이라고 여겼다. 그런데 저 사람은 그대가 꿈꾸었다는 사슴을 진짜로 가졌으면서도 그대와 사슴을 다투고 있다. 저 사람의 아내 또한 꿈에서 남의 사슴이 있다는 것을 알아도 아무도 그 사슴을 얻을 수 없다고 말한다. 지금 그러한 증거로 이 사슴이 있으니 이 사슴을 둘로 나누거라若初真得鹿, 妄謂之夢, 真夢得鹿, 妄謂之實. 彼真取若鹿, 而與若爭鹿. 室人又謂夢仞人鹿, 無人得鹿. 今據有此鹿, 請二分之."

이 말을 듣고 정나라 임금이 말했다.

"아아! 사사는 다시 꿈에 다른 사람에게 사슴을 나누어준 것일 게다."

이에 대하여 재상에게 묻자, 재상이 아뢰었다.

"꿈을 꾸었는지 꾸지 않았는지 저로서는 분별할 수 없는 일입니다. 생시 일인지 꿈속 일이었는지를 분별할 수 있는 분은 오직 황제나 공자 같은 분일 것입니다. 지금은 황제도 공자도 없는데 누가 그것을 분별할 수 있겠습니까? 그러니 사사의 말을 따르는 게 좋을 듯합니다."

초법엄형峭法嚴刑

——— 준엄할 **초** 법 **법** 엄할 **엄** 형벌 **형** ———

'매우 철저한 법과 엄격한 형벌'이란 말로, 엄정한 법치의 시행을 이른다. 초법각주峭法刻誅와도 유사하다.

《한비자韓非子》〈오두五蠹〉 편의 말이다.

"십 인十仞(7~8척)의 성곽을 누계樓季도 뛰어넘을 수 없는 것은 가파르기 때문이고, 천 인千仞의 산에서 다리를 저는 양을 쉽게 사육할 수 있는 것은 평평하기 때문이다. 그래서 현명한 군주는 그 법을 가혹하게 하고 그 형벌을 엄하게 하는 것이다十仞之城, 樓季弗能踰者, 峭也; 千仞之山, 跛牂易牧者, 夷也. 故明主**峭**其**法**而**嚴**其**刑**也."

유가 사상의 핵심인 '인仁'이니 '덕德'이니 '서恕'와 같은 것들에 주목하지 않았던 한비는 성질이 나쁜 어린이를 예로 들어 설명했다. 아이의 부모가 걱정을 몹시 해도 좀처럼 고쳐지지 않고, 마을 사람이 나무라도 소용없으며, 소위 어른이 타일러도 아랑곳없는 아이는 관청에서 관리가 나와 못된 자를 찾고 있다고 말하는 강압을 행사해야만 두려운 마음에 자신의 잘못을 고치게 된다는 것이다. 결국 부모가 사랑으로 감싸기보다는 관청의 엄벌이 더 큰 교육적 효과를 발휘한다는 논지다.

그래서 현명한 군주는 '초법엄형'이라는 방법을 사용함으로써 준엄한 법 집행의 면모를 보여야 한다는 것이다. 포상 역시 정확하고 후해야 하며 그 대상은 결코 친소 관계에 좌지우지되어서는 안 된다는 점을 강조했다. 백성이 속으로 믿고 있어야 실질적인 효과가 있으며 군주를 위해 기꺼이 충성한다는 것이다.

물론 한비의 이 말이 상징하는 섬뜩함과 폭압성은 분명 짚고 넘어가야 하지만, 생존과 패망으로 각인되는 당시의 무질서를 탈피하기 위한 강력한 카리스마형 제왕학이라는 점도 감안해야 한다. 당시는 군주도 생존을 위해, 시해되지 않기 위해 몸부림칠 수밖에 없는 서글픈 존재였다.

촌철살인寸鐵殺人

마디 **촌** 쇠 **철** 죽일 **살** 사람 **인**

촌寸은 보통 성인 남자의 손가락 한 개 폭을 말하고, 철鐵은 쇠로 만든 무기를 말하므로 촌철은 '한 치도 못 되는 무기'를 뜻한다. 따라서 촌철살인은 날카로운 경구를 비유하는 말로, 상대방의 허를 찌르는 한마디 말이 수천 마디 말을 능가한다는 뜻이다.

나대경羅大經이 지은《학림옥로鶴林玉露》는 그의 집에 찾아온 손님들과 주고받은 말을 기록한 책인데, 그중 종고선사宗杲禪師가 선禪에 관해 말한 대목에 '촌철살인'이라는 말이 〈을편乙篇〉 제1의 살인수단殺人手段에 나온다.

"비유하건대 어떤 사람이 수레에 무기를 싣고 와서 무기 하나를 꺼내 놀고, 또다시 무기 하나를 취하여 노는 것과 같다. 이것은 사람을 죽이는 수단이 아니다. 나는 겨우 한 치 길이의 칼만 있어도 사람을 죽일 수 있다譬如人載一車兵器, 弄了一件, 又取一件來弄. 便不是殺人手段. 我則只有**寸鐵**, 便可**殺人**."

이 말은 그가 선의 요체를 잘 파악하고 있는 것인데, 여기서 '살인'이란 무기로 사람을 죽인다는 뜻이 아니라 마음속의 속된 생각을 없애는 것을 뜻한다. 물론 깨달음에 이르지 못한 사람은 속된 생각을 없애려고 수천수만의 대답을 하겠지만, 깨달음의 경지에 이르기에는 모두 부족하다.

추고마비秋高馬肥

가을 추 높을 고 말 마 살찔 비

'가을 하늘이 높고 말이 살찐다'는 말로, 본래는 '추심새마비秋深塞馬肥'에서 나왔다. 가을의 안락함과 풍요로움을 형용한다. 추고마장秋高馬壯이라고도 한다.

초당 시인 두심언杜審言이 북녘에 있는 친구 소미도蘇味道가 하루빨리 장안으로 돌아오기를 바라며 지은 〈증소미도贈蘇味道〉라는 시에 나오는 말이다.

구름은 깨끗한데 요사스러운 별이 떨어지고
가을이 깊으니 변방의 말이 살찌는구나.
말안장에 의지하여 영웅의 칼을 움직이고
붓을 휘두르니 격문이 날아든다.
雲淨妖星落, **秋深塞馬肥**.
據鞍雄劍動, 搖筆羽書飛.

이 시는 변방의 정경과 당나라 군대의 빛나는 승전보를 전하고 있다. '추심새마비秋深塞馬肥'라는 구절은 군대의 승리를 깊어가는 가을 날씨에 비유한 것이다. 우리나라에서는 일반적으로 '천고마비天高馬肥'라는 말을 쓰고 있다.

추기급인推己及人

—— 밀 **추** 자기 **기** 미칠 **급** 사람 **인** ——

'자기 처지로 미루어 다른 사람의 형편을 헤아린다'는 뜻이다. 추기급물推己及物이라고도 한다.

송나라 주희가 쓴 〈여범직각서與範直閣書〉에 나오는 말이다.

"배움은 충서에서 온 것으로 남과 자신을 비교하여 바로잡는 것을 면하지 못하며 자신을 미루어 남에게 미치면 마땅하다學者之於忠恕, 未免參校彼己, **推己及人**則宜."

춘추시대 제나라에 사흘 밤낮을 쉬지 않고 큰 눈이 내렸다. 경공은 따뜻한 방 안에서 여우 털로 만든 갖옷을 입고 아름다운 설경에 빠져 있었다. 그는 눈이 계속 내리면 세상이 더욱 깨끗하고 아름다울 것이라고 생각하고 그렇게 되기를 바랐다.

그때 안영이 경공의 곁으로 들어와 창문 밖에 가득 쌓인 눈을 지그시 바라보았다. 경공은 안영도 함박눈에 흥취를 느낀 것이라 생각하고는 들뜬 목소리로 말했다.

"[올해 날씨는] 이상하군. 사흘이나 눈비가 내렸건만 [봄날처럼] 조금도 춥지 않군怪哉. 雨雪三日而天不寒."

안영은 경공의 여우 털 갖옷을 물끄러미 바라보더니, 정말로 날씨가 춥지 않은지 되물었다. 경공은 안영이 물은 뜻을 되새겨보지도 않고 웃음을 짓기만 했다. 그러자 안영은 낯빛을 바꾸어 이렇게 말했다.

"제가 들으니 옛날 현명한 군주들은 자기가 배불리 먹으면 남이 굶주리지 않을까를 알고, 자기가 따뜻한 옷을 입으면 남이 춥지 않을까를 알았으며, 자기 몸이 편안하면 남이 피로하지 않을까 알았다고 합니다. 지금 주군께서는 이를 알지 못하시는 것 같군요嬰聞古之賢君, 飽而知人之饑, 溫而知人之寒, 逸而知人之勞. 今君不知也."

폐부를 찌르는 듯한 안영의 이 말에 경공은 부끄러워 아무 말도 하지 못했다. 그에게는 역지사지하여 보는 지혜가 없었던 것이다.

추선秋扇

가을 추 부채 선

'가을 부채'라는 말로, 남자의 사랑을 잃은 여자의 처지를 비유한다. 또는 철 지나 물건이 쓸모가 없게 된 경우를 비유한다.

한나라 성제成帝의 후궁으로 우리에게 널리 알려진 이는 반첩여班婕伃와 조비연趙飛燕이다. 성제는 처음에는 반첩여를 많이 총애했지만, 시간이 흐르면서 조비연에게로 사랑이 옮겨갔다. 조비연은 성제의 마음이 혹시라도 반첩여에게 되돌아갈까 염려하여 반첩여를 모략하여 옥에 가두었다. 나중에 반첩여의 혐의는 풀렸지만, 그 처지는 옛날 임금의 총애를 한 몸에 받던 때와는 같지 않았다.

하루는 가을이 되어 쓸모없게 된 부채와 자기 처지가 같다는 생각이 들어 〈원가행怨歌行〉이라는 시를 짓게 되었는데, 이 시에 '추선'이라는 말이 나온다.

새로 재단한 제나라의 흰 비단은
희고 깨끗하기가 서리와 눈 같구나.
마름질하여 만든 합환 부채는
둥글기가 밝은 달 같다.
임의 품과 소매 속을 드나들며
흔들려 움직이면서 산들바람을 일으키는구나.
언제나 두려운 것은 가을철이 되어
찬바람이 더위를 앗아가는 것이다.
대나무 상자 안에 부채가 버려지듯
임의 정이 중도에 끊어질까 싶구나.
新裂齊紈素, 鮮潔如霜雪.
裁爲合歡扇, 團團似明月.
出入君懷袖, 動搖微風發.

常恐秋節至, 涼飈奪炎熱.

棄捐篋笥中, 恩情中道絶.

이 시에서 알 수 있듯 '추선秋扇'이라는 한 단어가 나오는 게 아니고, 3구의 '합환선合歡扇'과 7구의 '추절秋節'에서 '추선'이라는 성어가 만들어진 것이다.

타산지석他山之石

——— 다를 **타** 뫼 **산** 어조사 **지** 돌 **석** ———

'다른 산에서 나는 돌로 이 산에 나는 옥을 갈 수 있다'는 말로, 조금 덜 좋은 것으로도 아주 좋은 것으로 바꿀 수 있다는 뜻이다. 원문에는 '타산지석它山之石'으로 나온다.

《시경詩經》〈소아小雅 · 학명鶴鳴〉에 나오는 말이다.

높은 언덕에서 학 울어 그 소리 하늘까지 들리고
물고기는 물가나 때로는 연못 속에 잠겨 있네.
즐겁게도 저 동산에는 심어놓은 박달나무 있고
그 아래에는 닥나무가 수북하구나.
다른 산의 돌이라도 옥을 갈 수 있구나
鶴鳴于九皐, 聲聞于天,
魚在于渚, 或潛在淵.
樂彼之園, 爰有樹檀, 其下維穀.
它山之石, 可以攻玉.
(*穀은 '楮(닥나무)'이니 나쁜 나무이다.)

이 시는 초은招隱의 뜻을 담고 있다. 시구마다 은자가 사는 곳의 풍물을 비유적으로 읊고 있다. 돌은 소인을 비유하고, 옥은 군자를 비유하며, 군자도 소인에 의해 학식과 덕망을 쌓아갈 수 있음을 말한 것이다. 장삼이사張三李四같이 평범한 사람들의 말이나 행동도 거울로 삼으면 자신을 바로잡는 데 도움이 된다는 뜻이다.

타압경원앙打鴨驚鴛鴦

칠 **타** 오리 **압** 놀랄 **경** 원앙 **원** 원앙 **앙**

'오리를 매질하여 원앙을 놀라게 한다'는 말로, 한 사람을 벌줌으로써 다른 많은 사람을 놀라게 한다는 뜻이다.

송나라의 여사륭呂士隆이라는 이는 관기官妓를 매질하기 좋아했다. 한번은 사소한 잘못으로 한 관기를 매질하려 하자 관기가 이렇게 말했다.

"감히 따르지 못하겠습니다. 항주의 관기들이 편안할 수 있겠습니까?"

이에 여사륭은 느끼는 바가 있어 들었던 채찍을 버렸다.

담론과 음주를 즐기고 명사와도 교류를 잘하던 북송 시인 매요신梅堯臣(자는 성유聖俞)이 이 이야기를 듣고 〈타압打鴨〉이라는 시를 지었는데 다음과 같다.

오리 때려 원앙 놀라게 하지 마라.
원앙은 막 연못 속으로 내려앉았으니
외로운 섬의 늙은 재두리와 비하지 못한다.

莫打鴨, 驚鴛鴦.
鴛鴦新向池中落, 不比孤洲鴰鶬.

타초경사打草驚蛇

칠타 풀초 놀랄경 뱀사

'풀을 두드려 뱀을 놀라게 한다'는 말로, 생각 없이 한 일이 뜻밖의 결과를 낳는 것을 뜻한다. 또 이 사람을 훈계하여 다른 사람을 깨우친다는 뜻도 있다. 타초사경打草蛇驚이라고도 쓴다. 비슷한 말로는 숙호충비宿虎衝鼻가 있다.

중국 4대 기서奇書 중 하나인 《수호전水滸傳》 29회에 나오는 말이다.

송강宋江이라는 이가 양산박梁山泊에 근거지를 두고 동평부東平府를 공략하려고 할 때 일이다. 송강을 따르던 사진史進이 계책을 하나 제시했는데, 자신이 다니던 가기歌妓의 집을 거점으로 삼아 성안에 불을 질러 공격하자는 것이었다. 송강은 이 계책을 받아들였다.

사진은 먼저 자기 신분을 노출하지 않으려고 변장을 하고 가기의 집을 찾았으나 그 가기는 사진이 산채에 있는 사람이라는 것을 알고 있었다. 그런데 할머니와 이런저런 이야기를 주고받다가 사진의 신분을 말하게 되었고, 할머니는 펄쩍 뛰며 빨리 관가에 고발해야 한다고 했다. 이때 곁에 있던 할아버지가 할머니를 만류하며 이렇게 말했다.

"돈을 많이 받았는데 어떻게 밀고를 하겠소?"

그렇지만 할머니는 당장 관가로 달려갈 기세였다. 이에 할아버지는 할머니를 진정시키며 우선 서란瑞蘭을 시켜 사진에게 술을 먹여 달아나지 못하도록 하자고 하면서 이렇게 말했다.

"공연히 스스로 풀을 두드려서 뱀을 놀라게 하면 도리어 그에게 팔다리를 만들어주는 것이니 오히려 좋지 못하오空自去**打草惊蛇**, 倒吃他做了手脚, 却是不好.

그러면서 포졸들이 그를 체포할 수 있도록 한 다음에 관가에 고발하는 게 좋겠다는 제안을 했다.

태두泰斗

—— 클 태 말 두 ——

태산북두泰山北斗(태산과 북두칠성)의 줄임말로, 그 방면에서 썩 권위가 있어 세상의 존경을 받는 대학자를 가리킨다. 산두山斗라고도 한다.

'태산'은 글자상으로 큰 산이라는 뜻이지만, 중국 오악의 하나로서 천자가 봉선封禪 의식을 거행하던 명산이다. '북두'는 모든 별의 중심인 북극성으로 뛰어난 인물을 비유할 때 쓴다.

고문 운동을 주도한 당나라의 한유韓愈는 문장이 맹자와 비견될 만했는데, 그는 당송팔대가 가운데 특히 유학을 존중하고 불교를 배척한 완고한 사람이었다.

《당서唐書》〈한유전韓愈傳〉에서는 명문장가 한유를 다음과 같이 총체적으로 평가했다.

"한유가 죽은 뒤에는 그의 학문과 문장이 더욱 흥성하여 사람들은 그를 태산북두처럼 우러러 존경했다自愈歿, 其學大行, 學者仰之如**泰山北斗**."

당나라가 일어난 뒤로 한유는 육경六經의 문장으로 모든 학자를 가르치고 인도하는 스승이 되었다.

태산불사토양泰山不辭土壤

—— 클 태 뫼 산 아니 불 사양할 사 흙 토 땅 양 ——

'태산은 흙을 사양하지 않는다'는 말로, 사소한 의견이나 인물을 받아들일 수 있는 사람만이 큰 인물이 될 수 있음을 비유한다. 토양세류土壤細流라고도 한다. 원말은 태산불양토양太山不讓土壤이다.

진秦나라의 흥망을 엿볼 수 있는《사기史記》〈이사열전李斯列傳〉에 나오는 말이다.

이사李斯는 초나라 사람으로, 진나라 왕에게 유세하여 큰 신임을 받아 객경이 되었다. 때마침 한韓나라의 정국鄭國이라는 사람이 와서 진나라를 교란하려고 논밭에 물을 대는 운하를 만들려 했다. 이 음모가 발각되자 진나라 왕족과 대신은 모두 왕에게 이렇게 말했다.

"제후 나라에서 와서 진나라를 섬기는 자들은 대체로 자기 나라 군주를 위해 유세하여 진나라 군주와 신하 사이를 이간시키기만 합니다. 청컨대 빈객을 모두 내쫓으십시오諸侯人來事秦者, 大抵爲其主游閒於秦耳. 請一切逐客."

이사도 논의의 대상이 되어 내쫓을 인물의 명단에 들어 있었다. 그래서 이사는 글을 올려 다음과 같이 말했다.

"신이 듣건대 땅이 넓으면 곡식이 많이 나고, 나라가 크면 인구도 많으며, 군대가 강하면 병사도 용감하다고 합니다. 태산은 흙을 사양하지 않으므로 그렇게 높아질 수 있었고, 하해는 작은 물줄기도 가리지 않으므로 그렇게 깊어질 수 있었습니다. 왕은 어떠한 백성이라도 물리치지 않기 때문에 자기 덕을 천하에 밝힐 수 있는 것입니다. 그러므로 땅에는 사방의 구분이 없고 백성에게는 다른 나라의 차별이 없습니다. 사계절이 조화되어 아름답고 귀신은 복을 내립니다. 이것이 오제와 삼왕에게 적이 없었던 까닭입니다臣聞地廣者粟多, 國大者人衆, 兵彊則士勇. 是以**太山不讓土壤**, 故能成其大; 河海不擇細流, 故能就其深. 王者不卻衆庶, 故能明其德. 是以地無四方, 民無異國. 四時充美, 鬼神降福. 此五帝, 三王之所以無敵也.

그런데 지금 진나라는 백성을 버려서 적국을 이롭게 하고, 빈객을 물리쳐서 제후를 도와 공업을 세우게 하며, 천하의 선비를 물러가게 하여 감히 서쪽으로 향하지 못하게 하고, 발을 묶어 진나라로 들어오지 못하게 하고 있습니다. 이것은 이른바 '도적에게 군사를 빌려주고 도둑에게 식량을 보내는 것'과 같습니다. 대체로 진나라에서 나지 않는 물건 가운데 보배로운 것이 많으며, 진나라에서 태어나지 않은 인재 가운데 충성스러운 인물이 많습니다. 지금 빈객을 내쫓아 적국을 이롭게 하고 백성들을 버림으로써 원수를 이롭게 하고 안으로는 저절로 비게 되고 나라 밖으로 제후들에게 원한을 사면 나라가 위태롭지 않기를 바라도 그렇게 될 수밖에 없을 것입니다今乃棄黔首以資敵國, 卻賓客以業諸侯, 使天下之士退而不敢西向, 裹足不入秦. 此所謂'藉寇兵而齎盜糧'者也. 夫物不産於秦, 可寶者多; 士不産於秦, 而願忠者衆. 今逐客以資敵國, 損民以益讎, 內自虛而外樹怨於諸侯, 求國無危, 不可得也."

이사의 논점은 분명하다. 인재를 받아들이려면 포용력이 있어야 하고 포용력이 있으려면 지연을 따지지 말고 받아들이는 열린 마음이 필요하다는 것이다. 이사의 이 편지를 읽고 난 진시황은 곧바로 빈객을 내쫓으라던 명령을 없었던 것으로 하고, 이사를 권력의 이인자 자리에 앉히고서 22년간 그가 하는 모든 개혁과 국가 시스템 구축에 힘을 실어준다.

태산퇴양목괴泰山頹梁木壞

큰 태 뫼 산 무너질 퇴 들보 량 나무 목 무너질 괴

'태산이 무너지고 대들보가 꺾인다'는 말로, 한 시대의 스승이나 존경하는 사람의 죽음을 뜻한다.

《예기禮記》〈단궁 상檀弓上〉 편에 나오는 말이다.

공자가 일찍 일어나 손을 등 뒤로 돌려 지팡이를 끌고 문 앞을 거닐면서 노래했다.

태산이 무너지려나
대들보가 꺾어지려나
철인이 무너지려나.
泰山其頹, **梁木其壞**, 哲人其頹.

그러고는 방으로 들어가서 문을 마주하고 앉았다.

자공이 노랫소리를 듣고 이렇게 중얼거렸다.

"태산이 무너진다면 나는 누구를 사모하고 우러러볼까? 대들보가 무너지고 철인이 병들면 나는 앞으로 어디에 의지할까? 선생님께서는 아마 곧 병들려는 것 같다**泰山其頹**, 則吾將安仰? **梁木其壞**, 哲人其萎, 則吾將安放? 夫子殆將病也."

자공이 방으로 들어가자 공자가 말했다.

"사賜야, 너는 어찌하여 이다지도 더디 온단 말이냐? [사람이 죽었을 때] 하후씨는 동계東階(동계는 주인이 오르내리는 계단이므로 죽은 자를 주인으로 대우하는 것) 위에 빈소를 마련했으니, 이는 조阼로서 주인의 자리다. 은나라 사람은 두 기둥 사이에 안치했으니, 손님과 주인의 사이에 끼운(신神으로 대우한 것) 것이다. 주나라 사람들은 서계西階 위에 안치했는데, 이는 죽은 이를 빈賓으로 대접한 것이다. 나는 은나라 사람이다. 나는 어젯밤 꿈에 두 기둥 사이에 앉아 있었다. 무릇 현명한 임금이 일어나지 않고 있는데 천하에서 그 누가 나를 군君으로 높이겠느냐? 나는 이제 죽으려는 것이다賜, 爾來何遲也? 夏後氏殯於東階之上, 則猶在阼也. 殷人殯於兩楹之間, 則與賓主夾之也. 周人殯於西階之上, 則猶賓之也. 而丘也, 殷人也. 予疇昔之夜, 夢坐奠於兩楹之間. 夫明王不興, 而天下其孰能宗予? 予殆將死也."

공자의 자존심도 대단하지만 첫 마디부터 자공을 핀잔하는 공자의 태도가 독특하다. 자공은 공자의 이런 꾸짖음에도 아랑곳하지 않고 삼년상을 치러주고 공자를 떠받들어 천하에 이름이 나게 하는 데 기여한다.

공자는 병들어 누운 지 이레 만에 자공과 증삼 등 제자들이 지켜보는 가운데 일흔세 살의 나이로 세상을 떠났다.

토사구팽兎死狗烹

—— 토끼 **토** 죽을 **사** 개 **구** 삶을 **팽** ——

'토끼가 죽으면 개가 삶아진다'는 말로, 이용할 대로 이용하여 가치가 없어지면 내팽개친다는 뜻이다. '교토사양구팽狡兎死良狗烹'의 준말이다. 비슷한 말로는 교토사주구팽狡兎死走狗烹, 구팽狗烹, 주구팽走狗烹, 조진궁장鳥盡弓藏, 적국파모신망敵國破謀臣亡이 있다.

《사기史記》〈회음후열전淮陰侯列傳〉에 나오는 말이다.

종리매鍾離昧는 본래 한신韓信과 사이가 좋았기 때문에 항왕項王이 죽은 뒤 한신에게로 도망쳤다. 한나라 왕은 종리매에게 원한이 있으므로 그가 초나라에 있다는 말을 듣고 초나라에 조서를 내려 종리매를 사로잡으라고 했다. 한신은 초나라에 처음 왔기 때문에 현과 읍을 순행할 때면 경비병을 세우고 드나들었다.

어떤 사람이 글을 올려 이렇게 말했다.

"초나라 왕 한신이 모반했다."

한 고조는 진평陳平의 계책에 따라 천자가 순행한다고 하면서 제후들을 모두 불러 모으기로 했다. 남쪽에 운몽이라는 큰 호수가 있었는데, 고조는 사자를 보내 제후들에게 진으로 모이도록 거짓으로 이렇게 말하도록 했다.

"내가 곧 운몽으로 가겠소吾將游雲夢."

사실은 한신을 습격하려고 한 것이었으나 한신은 그 사실을 알지 못했다. 고조가 초나라에 이를 무렵, 한신은 병사를 일으켜 모반하려 했다. 그러나 스스로 죄가 없다고 여겨 고조를 만나려고 하면서도 사로잡히지 않을까 염려가 되었다.

그때 어떤 사람이 한신을 달래어 이렇게 말했다.

"종리매의 목을 잘라 황제를 뵈면 황제께서는 반드시 기뻐할 테니 걱정할 필요가 없습니다斬昧謁上, 上必喜, 無患."

그래서 한신이 종리매를 만나 상의하자 종리매가 말했다.

"한나라가 초나라를 쳐서 빼앗지 않는 까닭은 내가 당신 밑에 있기 때문이오. 만일 당신이 나를 잡아 자진해서 한나라에 잘 보이려고 한다면 나는 오늘이라도 죽겠소. [그러나] 당신도 뒤따라 망할 것이오漢所以不擊取楚, 以眛在公所. 若欲捕我以自媚於漢, 吾今日死. 公亦隨手亡矣."

그러고는 한신에게 호통을 쳤다.

"당신은 훌륭한 인물이 아니오公非長者!"

종리매는 스스로 목을 찔러 죽었다. 한신은 그의 목을 가지고 진으로 가서 고조를 만났다. 그러자 고조는 무사를 시켜 한신을 묶게 하고 수레에 실었다. 한신이 말했다.

"정말 사람들 말에 '날랜 토끼가 죽으면 훌륭한 사냥개를 삶아 죽이고, 높이 나는 새가 모두 없어지면 좋은 활은 치워지며, 적을 깨뜨리고 나면 지혜와 지모가 있는 신하는 죽게 된다.'라고 하더니, 천하가 이미 평정되었으니 내가 삶겨 죽는 것은 당연하구나果若人言, '狡兔死, 良狗亨; 高鳥盡, 良弓藏; 敵國破, 謀臣亡.' 天下已定, 我固當亨!"

한신의 말은 범려의 말을 인용한 것이다.

황제가 말했다.

"당신이 모반했다고 밀고한 사람이 있었소人告公反."

드디어 한신의 손발에 차꼬와 수갑을 채웠다. 낙양에 이른 뒤에야 그는 한신의 죄를 용서하고 회음후로 삼았다.

토포악발吐哺握髮

토할 **토** 먹을 **포** 쥘 **악** 머리털 **발**

'먹던 것을 토하고 머리털을 쥔다'는 말로, 밥을 먹거나 머리를 감을 때 손님이 오면 먹던 밥은 뱉고 감던 머리는 쥐고 바로 나가서 마중한다는 뜻이다. 현사賢士를 얻기 위해 애씀을 비유하는 말이다.

《사기史記》〈노주공세가魯周公世家〉에 나오는 말이다.

은나라를 이어 세워진 주나라는 무왕에 의해 안정을 찾아갔다. 그러다 무왕이 병으로 죽자 나이 어린 성왕이 제위에 올랐고, 성왕의 삼촌인 주공 단이 대신 나랏일을 보며 주 왕조의 기반을 굳건히 다졌다.

주공은 일찍이 아들 백금이 노나라 땅에 봉해져 떠나게 되자 이런 말을 해주었다.

"나는 한 번 머리를 감는데 머리카락을 세 번 움켜쥐었고, 한 번 밥을 먹는데도 세 번을 뱉어내면서 일어나 선비를 우대하고 있지만, 오히려 천하의 어진 사람을 잃을까 두려워했다我一沐三**捉髮**, 一飯三**吐哺**, 起以待士, 猶恐失天下之賢人."

이것은 주공이 어진 선비를 우대했음을 말하며, 나라의 일꾼을 얻으려면 지극한 정성을 다해야 한다는 말이다.

통고금지변通古今之變

통할 **통** 옛 **고** 이제 **금** 어조사 **지** 변할 **변**

'예와 지금의 변화를 통찰한다'는 말로, 고금의 변화의 축을 잡고 역사가 발전하고 변화해온 궤적을 꿰뚫어본다는 뜻이다.

맹목적인 복고復古와 상고尙古를 경계한 사마천의 말로 〈보임소경서報任少卿書〉에 나온다.

"하늘과 인간의 관계를 탐구하고 고금의 변화에 통달하여 일가一家의 말을 이루고자 했다究天人之際, **通古今之變**, 成一家之言."

사마천은 방대한 역사서 《사기史記》를 지으면서 단순히 지나간 역사를 기록하는 것이 아니라 통변通變이라는 시각, 즉 고금의 변화라는 역사의 흐름을 잡아 새로운 역사서로서의 영역을 개척해 일가를 이루려는 의도로 이 거작을 집필한 것이다.

《사기》 저술의 밑그림을 마련한 관점은 역사의 본질에서 변화야말로 역사 존재의 기본 틀이며, 이것이 없다면 역사란 존재할 필요가 없다는 인식이다. 이 다섯 글자는 바로 《사기》의 서문 격인 〈태사공자서太史公自序〉의 "승폐통변承敝通變"과 연관되는데, 이것은 '시대가 다르면 사안도 다르다時異則事異'는 관점으로 확장되어 그가 《사기》를 집필함에 있어서 고대사보다는 당대사를 집중적으로 다루는 이유를 말해준다.

'통고금지변'의 기본 시각은 '순법循法'과 '법고法古'에 대한 비판적 시각에서 나온 것으로 과거 성현의 말씀에 대한 무조건적인 신봉이야말로 오늘을 제대로 바라보지 못하게 하는 걸림돌이란 의미다.

ㅌ

퇴고推敲

밀 퇴 두드릴 고

'밀고 두드린다'는 말로, 시문을 지을 때 글자나 구를 정성껏 다듬고 고치는 것을 가리킨다.

당나라 때의 시인 1151명에 관한 일화와 평론 등을 수록한 책인《당시기사唐詩紀事》〈가도賈島〉편에 나오는 말이다.

당나라 때 시인 가도賈島가 어느 날 노새를 타고 길을 가다가 문득 시상이 떠올라 알 수 없는 손짓을 하며 시를 짓기 시작했는데, 〈이응의 그윽한 거처에 붙인다題李凝幽居〉라는 오언율시였다.

> 한가로이 머무는데 이웃도 없으니
> 풀숲 오솔길은 적막한 정원으로 드는구나.
> 새는 연못가 나무 위에서 잠들고
> 스님은 달 아래 문을 두드리네.
> 閒居隣竝少, 草徑入荒園.
> 鳥宿池邊樹, 僧敲月下門.

그런데 마지막 구에서 '두드린다敲'는 말이 좋은 것 같기도 하고, '민다推'는 표현이 나은 것 같기도 하여 고민이 되었다. 그때 갑자기 큰 소리가 들렸다.

"비켜라! 무례하게 어느 안전이라고 길을 막느냐?"

가도가 얼떨결에 고개를 들어보니 당시 최고의 문장가이면서 유학자로 명성이 높았던 경조윤 한유韓愈가 행차하고 있었다. 가도는 병졸들에 의해 말에서 끌어내려져 한유 앞으로 갔다. 가도는 당황했지만 자신이 길을 비키지 못한 까닭을 상세히 말했다. 그러자 한유는 잠시 생각하더니 이렇게 말했다.

"고敲 자로 하는 게 나을 듯하오作敲字佳矣."

그러고 나서 가도와 함께 나란히 말을 타고 가며 시에 관해 논했다. 그 뒤로 이들은 둘도 없는 시우詩友가 되었다.

한편 당나라의 왕발王勃도 〈등왕각서滕王閣序〉를 지어 문명文名을 날렸는데, 그의 글 버릇은 며칠 동안 사색에 잠겼다가 일필휘지하는 것이어서 세인들은 그가 마치 배 속에 원고를 담고 있다가 쓰는 줄로 알았다. 그래서 복고腹稿 또는 묵고默稿라는 말이 생겼다.

흔히 이백이 술 한 말에 시 100편을 썼다고 찬탄하지만, 글자 한 자 한 자를 세심하게 퇴고하기로 유명했던 두보의 시가 시를 배우려는 자들에게 더 많이 읽히는 데에는 까닭이 있다.

투향偸香

훔칠 투 향 향

'향을 훔친다'는 말로, 남녀가 사사로이 정을 통하는 것을 뜻한다. 비슷한 말로는 투화偸花가 있다.

진晉나라 곽징지郭澄之의 《곽자郭子》라는 책에 이런 이야기가 있다.

진나라 사람 가충賈充은 무제 때 권신으로서 가오賈午라는 딸이 있었다. 그 딸이 향을 훔쳐서 한수韓壽라는 미남에게 보낸 다음 정을 통한 이야기에서 나온 말이다.

한수는 용모가 준수하고 행동거지도 단정한 청년이었다. 가충이 손님들과 있을 때, 그의 딸은 발 사이로 한수를 보고 그를 사모하는 마음이 싹터 상사병이 날 지경이었다.

서역에서 공물로 받은 향을 임금이 가충에게 하사한 적이 있었다. 가충의 딸은 한수의 마음을 얻으려고 향을 훔쳐다 그에게 주었다. 마침내 한수는 마음이 움직여 남몰래 담을 넘어 들어와 가충의 딸과 정을 통하곤 했다. 주위 사람들은 대부분 그것을 알면서도 눈감아주었다. 그리하여 가충은 딸을 한수에게 시집보냈다.

《진서晉書》〈가충전賈充傳〉에도 비슷하게 나온다.

원대元代 왕실보王實寶의 《서상기西廂記》에 이 '투향'이라는 말에 '절옥竊玉'이라는 두 글자가 더해져서 '투향절옥偸香竊玉(향을 훔치고 옥을 훔친다)'이라는 성어가 생겼다고 나온다.

파경破鏡

깨뜨릴 **파** 거울 **경**

'깨진 거울'이라는 말로 파경중원破鏡重圓의 준말이다. 본래는 헤어졌던 부부가 다시 합치는 것을 뜻했으나 앞 두 글자만 따서 부부가 갈라서는 것을 가리키며 파경중합破鏡重合, 파경부합破鏡復合이라고도 한다. 경화작비鏡化鵲飛와 같다.

당나라의 시 비평가 맹계孟棨의《본사시本事詩》〈정감情感〉편과《태평광기太平廣記》166권 '양소楊素'조에 나오는 말이다.《태평광기》에 나오는 내용은 다음과 같다.

남조의 마지막 왕 조진朝陳이 멸망할 무렵 시종을 지낸 서덕언徐德言이라는 이가 있었다. 그 아내는 임금의 누이 악창 공주樂昌公主로 부부 금슬이 좋았다. 서덕언은 수나라 군대가 쳐들어오자 달아나기로 결심하고 아내를 불러 이렇게 말했다.

"이제 일은 끝났소. 당신은 재주와 미모가 빼어나기 때문에 적군에게 끌려가 귀족의 집으로 보내질 게 틀림없소. 우리는 더 이상 함께 있을 수 없으나 하늘의 도움으로 다시 만날 수 있을 것이오."

그러고는 깨진 한 구리거울을 각기 그 반쪽을 잡았다因破一銅鏡, 各執其半.

"훗날에 반드시 정월 보름날이 되면 시장에서 파시오. 만일 내가 그때까지 살아 있으면 이날에 당신을 찾을 것이오他日必以正月望賣于都市. 我當在, 即以是日訪之."

이렇게 하여 부부는 눈물을 흘리며 헤어졌다. 서덕언의 아내는 서덕언이 예상한 대로 수나라의 건국 공신인 양소楊素의 집으로 보내졌다.

서덕언은 몸을 피해 이곳저곳 떠돌다가 정월 보름이 되자 장안의 시장으로 나갔다. 시장 이곳저곳을 기웃거리며 한참 다니다가 예전에 아내에게 주었던 거울을 어떤 이가 팔고 있는 것을 발견했다. 그는 빠른 걸음으로 그쪽으로 가서 자기가 갖고 있던 거울과 맞추어보니 꼭 맞았다. 반쪽

거울을 보는 순간 아내 얼굴이 아른거려 괴로워하며 거울 뒷면에 이런 시를 적어 돌려보냈다.

> 거울은 사람과 함께 갔건만
> 거울만 돌아오고 사람은 돌아오지 않네.
> 항아의 그림자는 없고
> 달빛만 헛되이 머무네.
> 鏡與人俱去, 鏡歸人不歸.
> 無復姮娥影, 空留明月輝.

이 시가 적힌 거울을 받아본 아내는 그 뒤부터 식음을 전폐하고 서덕언만을 그리워했다. 사실을 알게 된 양소는 이 부부의 사랑에 감동하여 아내를 서덕언에게 돌려보냈다.

파과破瓜

깨칠 **파** 오이 **과**

'오이를 깨친다'는 말로, 여자의 나이 열여섯 살을 이른다. 본래 '과瓜' 자를 파자破字하면 '팔八'이 두 개로 16이 되기 때문이다. 또 여자가 처녀를 깨친다는 뜻으로 생리가 시작되는 것을 가리키기도 한다. 파과년기破瓜年己, 파과년破瓜年, 과년瓜年이라고도 쓴다.

이 말은 진晉나라 손작孫綽의 시 〈정인벽옥가情人碧玉歌〉 2수 중 두 번째 시에 나온다.

푸른 구슬이 오이를 깨칠 때
사내는 정 때문에 엎치락뒤치락한다.
낭군에게 마음을 느끼면 부끄러워하지 않고
몸을 돌리면 곧바로 낭군이 껴안는다.
碧玉**破瓜**時, 郎爲情顚倒.
感君不羞赧, 廻身就郎抱.

이것은 연애시다. 여자 나이 열여섯이면 육체적으로 성숙했기 때문에 남자를 그리워하게 된다는 뜻이다.

ㅍ

파죽지세破竹之勢

쪼갤 **파** 대나무 **죽** 어조사 **지** 기세 **세**

'대나무를 쪼개는 기세'라는 말로, 맹렬한 기세로 거침없이 적군을 무찌르는 것을 가리킨다.

《진서晉書》〈두예전杜預傳〉에 나오는 말이다.

촉나라가 위나라에 멸망함으로써 삼국 정립의 시대는 서서히 막을 내리고 위나라와 오나라의 대결 구도가 되었다. 그런데 위나라의 권신 사마염司馬炎이 원제元帝를 폐하고서 스스로 무제武帝라 하고 국호를 진晉으로 고쳤다.

무제는 당시 북방 이민족의 동태에 유의해야 한다는 왕혼王渾의 주장에는 귀를 기울이지 않고 오직 오나라를 치는 데에만 온 힘을 기울였다. 무제는 우선 자신과 의견을 같이해온 두예杜預를 진남대장군鎭南大將軍으로 임명하고 출병을 명했다.

그 이듬해 두예는 무창을 점령한 뒤, 장수들을 모아놓고 일격에 오나라를 공략할 회의를 열었다. 이때 한 장수가 이렇게 건의했다.

"지금 당장 오나라를 치는 것은 무리입니다. 이제 곧 우기가 닥쳐 강물이 범람할 테고, 언제 전염병이 생길지 모릅니다. 일단 철군했다가 다시 공격하는 게 어떻겠습니까?"

두예는 고개를 단호하게 내저으며 말했다.

"지금 우리 군사들의 사기는 이미 진작되어 대나무를 쪼개는 것에 비유할 수 있다. 몇 마디만 쪼개지기만 하면 그다음부터는 칼날을 대기만 해도 쪼개져 다시 손댈 곳조차 없게 된다今兵威已振, 譬如**破竹**. 數節之後, 皆迎刃而解, 無復著手處也."

두예는 병사들을 이끌고 오나라의 도읍 건업을 단숨에 공격하여 함락시켰다. 건업은 바로 손권이 정한 도읍으로 장강의 유리한 입지적 조건이 빼어나고 남방에 이주한 북방 사람들을 안무함으로 한족과 이족 사이의 민족 대융합을 시도한 도시로도 의미가 있다.

팔간八姦

여덟 **팔** 간사할 **간**

'신하가 군주에게 저지르는 여덟 가지 간사한 행동'으로, 동상同床 · 재방在旁 · 부형父兄 · 양앙養殃 · 민맹民萌 · 유행流行 · 위강威強 · 사방四方 등을 뜻한다.

《한비자韓非子》〈팔간八姦〉 편에 나온다.

'팔간八姦'이란 신하가 군주의 권력을 탈취하기 위해 저지르는 여덟 가지 간사한 음모와 수단을 뜻한다. 한비는 〈팔간八姦〉 편에서 신하가 저지르는 여덟 가지 간사한 행동을 열거하면서 측근부터 이웃 나라까지 관리할 필요성과 그 중요성에 대해 엄중하고 단호한 어조로 이야기하고 있다. 한비는 '팔간'에 대처하기에 앞서 근본적으로 문제를 해결하기 위해서는 '팔간'을 막아야 한다는 점을 강조하고 있다.

'동상同床'은 잠자리를 같이하는 자들로서 정실부인과 총애하는 후궁 등이 군주를 현혹시키고, 군주가 편안히 쉬려고 할 때나 만취했을 때를 틈타 원하고자 하는 일을 얻어내려는 것이다. '재방在旁'은 군주의 측근들로 배우 · 난쟁이 · 심부름꾼 등 군주를 가까이 모시는 자들이 입에 발린 소리로 군주의 마음을 움직이는 것을 말한다. 이들은 군주가 명령을 내리기도 전에 군주의 뜻에 영합하고 군주의 낯빛을 살펴 비위를 맞추면서 자신들의 이익을 꾀하는 자다.

'부형父兄'은 친인척들로서 군주의 적자와 그 밖의 자식들은 군주가 사랑하는 골육들이다. 이들이 혈연관계를 이용하여 군주를 이용하는 것을 말한다. '양앙養殃'은 군주의 기호로서 군주가 궁궐과 누각, 연못 등을 가꾸기 좋아하거나, 미녀나 개나 말을 꾸미는 것을 즐거워하게 됨으로써 초래되는 군주의 재앙이다.

'민맹民萌'은 신하가 공적인 재물로 백성의 환심을 사면서 자신의 목적을 달성하는 행동을 말한다. '유행流行'은 교묘한 말로 군주의 마음을 허물고 판단을 흐리게 하는 것을 말하는데, 이는 외부와의 단절이 심한 군주들이 곤잘 당하는 것이다.

'위강威強'은 신하들이 협객이나 무사 등의 위세를 빌려 군주를 위협하고 권력을 휘두르는 것을 말한다. '사방四方'은 주변국들의 위세를 이용하여 군주가 큰 나라를 섬기도록 하면서 군주를 좌지우지하는 것을 말한다.

이러한 '팔간'에 휘둘린 군주는 구설수가 있고, 이목도 가려지고 협박을 받기도 하며, 자신의 권세와 지위의 근간이 흔들리고 자멸하게 되는 경우마저 생긴다. 물론 한비의 경고는 군주가 함부로 자신의 속내를 내보여 그들에게 약점을 드러냈기 때문에 이런 것들에 취약해진다는 것이다. 조직의 어떤 최고경영자도 이 '팔간'에서 자유롭다고 장담할 수 있겠는가.

패군지장불가이언용敗軍之將不可以言勇

—— 질 **패** 군사 **군** 어조사 **지** 장수 **장** 아니 **불** 가할 **가** 써 **이** 말씀 **언** 날쌜 **용** ——

'패한 군대의 장수는 용맹을 말할 수 없다'는 뜻이다. 줄여서 패군지장敗軍之將이라고 한다.

《사기史記》〈회음후열전淮陰侯列傳〉에 나오는 말이다.

한나라의 맹장 한신韓信은 위나라를 쳐서 이긴 다음, 여세를 몰아 조나라로 쳐들어갔다. 그런데 조나라의 정형으로 가는 길이 너무 비좁고 험난하여 대부대가 이동하기에는 충분하지 못했다. 게다가 조나라의 장수 광무군廣武君 이좌거李左車는 지략이 출중한 사람이었다.

당시 광무군은 한신의 군대가 정형 어귀에 들어설 때 공격하면 이길 것이라고 건의했으나, 성안군은 군대는 의로워야 하므로 기습 작전을 쓰지 않겠다며 광무군의 의견을 받아들이지 않았다. 이 소식은 한신이 보낸 첩자에 의해 한신에게 보고되었다.

한신은 자기 걱정이 해결되자 단숨에 쳐들어가 조나라 군대를 무찌를 수 있었다. 한신은 싸움에 앞서 이렇게 명령을 내렸다.

"광무군을 죽이지 마라. 산 채로 잡아오는 자가 있으면 천금으로 사겠다毋殺廣武君. 有能生得者購千金."

그러자 광무군을 묶어 휘하로 끌고 온 사람이 있었다. 한신은 묶은 줄을 풀어주고 그가 동쪽을 보고 앉게 하고 자기는 서쪽을 향하여 마주 보며 그를 스승으로 모셨다.

한신이 광무군에게 이렇게 물었다.

"나는 북쪽으로 연나라를 치고 동쪽으로 제나라를 치려고 하는데, 어떻게 하면 공을 세우겠습니까僕欲北攻燕, 東伐齊, 何若而有功?"

광무군이 사양하여 말했다.

"제가 듣건대 '패한 군대의 장수는 용맹을 말할 수 없고, 망한 나라의 대부는 나라를 존속시키는 일을 말할 수 없다.'라고 합니다. 지금 저는 싸움에서 지고 나라를 망하게 만든 포로에 지나지 않는데, 어떻게 그러한 큰일을 꾀할 수 있겠습니까臣聞'**敗軍之將, 不可以言勇**, 亡國之大夫, 不可以圖存.' 今臣敗亡之虜, 何足以權大事乎!"

그러자 한신은 이렇게 말했다.

"내가 듣기로는 현인 백리해가 우나라에 있자 우나라가 망했으나, 진秦나라에 있자 진나라가 제후들의 우두머리가 되었다고 합니다. 백리해가 우나라에 있을 때는 어리석은 사람이다가 진나라에 있을 때는 지혜로운 사람이 된 게 아닙니다. [그 군주가] 그를 등용했는지 등용하지 않았는지, 또 그의 말을 받아들였는지 받아들이지 않았는지에 달려 있을 뿐입니다. 만일 성안군이 당신의 계책을 들었더라면 나 같은 사람은 이미 포로가 되었을 것입니다. 성안군이 당신을 쓰지 않았기 때문에 내가 당신을 모실 수 있게 되었을 뿐입니다僕聞之, 百里奚居虞而虞亡, 在秦而秦霸. 非愚於虞而智於秦也. 用與不用, 聽與不聽也. 誠令成安君聽足下計, 若信者亦已爲禽矣. 以不用足下, 故信得侍耳."

광무군은 한신의 정성에 감동하여 연나라와 제나라 토벌 방법을 제시했고, 한신은 그것을 받아들여 일을 이룰 수 있었다.

평수상봉萍水相逢

부평초 **평** 물 **수** 서로 **상** 만날 **봉**

'부평초와 물이 서로 만난다'는 말로, 평소 서로 전혀 알지 못하던 사람들이 우연한 기회로 만나게 된다는 뜻이다. 평수상조萍水相遭라고도 한다.

당나라 왕발王勃은 자가 자안子安이고 용문龍門에서 태어났으며, 수나라 말의 유학자 왕통의 손자다. 여섯 살 때부터 문장을 짓는 데 뛰어났으며, 아홉 살 때는 안사고顔師古가 주를 단《한서漢書》를 읽고 그 오류를 지적했다고 한다. 왕발은 노조린盧照鄰, 낙빈왕駱賓王, 양형楊炯 등과 함께 초당사걸로 불린다. 약관의 나이에 과거에 급제하여 괵주참군을 지냈지만 두 차례나 면직당하는 우환을 겪었다. 그는 교지령으로 좌천된 아버지를 찾아가다가 스물일곱 젊은 나이에 물에 빠져 죽었다.

왕발은 〈등왕각서滕王閣序〉라는 글을 지었는데, 스물일곱 살 때 강서 남창에 있는 등왕각의 연회에 우연히 참석했다가 주인의 자만심에 반발하여 즉흥적으로 지었다고 전해진다. 시는 칠언고시이고 머리말은 변려문인데, 둘 다 대표적인 초당의 명문이다.

하늘은 높고 땅은 아득하니
이 우주가 무궁함을 깨닫겠고
흥이 다하면 슬픔이 오니
성쇠가 운수에 있음을 알겠다.
태양 아래에 있는 장안을 바라보기도 하고
구름 사이로 동남 땅을 짚어보기도 한다.
지세가 다하니 남해는 깊고
천주 높으니 북극성은 멀다.
관산은 넘기 어렵다는데
그 누가 길 잃은 자를 슬퍼해줄까.

부평초와 물이 서로 만난 듯하나
모두 우연히 만난 타향의 길손들이네.
제왕의 궁문 그리워해도 보이지 않으니
궁궐에 불려갈 날 언제려나.

天高地迴, 覺宇宙之無窮,

興盡悲來, 識盈虛之有數.

望長安於日下, 指吳會於雲間.

地勢極而南溟深, 天柱高而北辰遠.

關山難越, 誰悲失路之人.

萍水相逢, 盡是他鄉之客.

懷帝閽而不見, 奉宣室以何年.

평지풍파平地風波

평평할 **평** 땅 **지** 바람 **풍** 물결 **파**

'평평한 땅에 바람과 물결이 일어난다'는 말로, 원말은 평지파란平地波瀾이었다. 잘되던 일을 일부러 어렵게 만들거나 분쟁 일으키기를 즐겨 할 때 쓴다. 평지생파平地生波, 풍파평지風波平地라고도 한다.

중당의 대표 시인 유우석劉禹錫은 〈죽지사竹枝詞〉에서 이렇게 읊었다.

구당은 시끄럽게 열두 여울인데
사람들은 길이 예로부터 힘들다고 한다.
사람들 마음이 물과 같지 않음을 길게 한탄하여
한가히 평지에서 파란을 일으킨다.
瞿塘嘈嘈十二灘, 人言道路古來難.
長恨人心不如水, 等閑**平地**起**波瀾**.

이 절구는 시인이 당시의 민가를 바탕으로 흥겹게 지은 시다. '구당'은 장강삼협長江三峽 중 하나로 물살이 세고 빨라 배가 지나가기 어려운 곳으로 장장 8킬로미터에 이른다. 아마 이 시는 그 뱃길을 따라 오르내리는 사람들 사이에서 불리던 노래를 유우석이 가락만 바꾼 듯하다.

포류지질蒲柳之質

부들 **포** 버들 **류** 어조사 **지** 바탕 **질**

'강 버들의 형상'라는 말로, 체질이 쇠약하고 몸이 허약한 것을 뜻한다. 원말은 포류지자蒲柳之姿이며, 포질류자蒲質柳姿 · 포질蒲質이라고도 한다.

《세설신어世說新語》〈언어言語〉 편에 나오는 말이다.

동진 때 간문제는 권신 환온에 의해 제위에 오른 인물로 실제 권한은 별로 없었다. 간문제가 가까이하던 인물 가운데 고열顧悅이라는 이가 있었는데, 그는 간문제와 나이가 같았다. 간문제의 머리카락이 여전히 검은 것과는 달리 고열의 머리카락은 희었다. 그런 고열의 모습을 보고 간문제가 물었다.

"그대는 어찌하여 나보다 먼저 머리가 희어졌소?"

고열은 이렇게 대답했다.

"[저는] 강 버들의 형상처럼 가을이 오는 것을 보고 [잎이] 미리 떨어지나, [주군의 머리는] 소나무와 잣나무의 바탕 같아 서리를 맞으면 더욱 무성해집니다**蒲柳之姿**, 望秋而落, 松柏之質, 經霜彌茂."

포정해우庖丁解牛

부엌 **포** 사내 **정** 풀 **해** 소 **우**

'포정이 소를 잡는다'는 말이다. '포정庖丁'은 소를 잡을 때 능수능란하게 살과 뼈를 가르던 사람의 이름이고, '해우解牛'는 소를 잡아 살코기와 뼈를 구분하는 것을 가리킨다. 따라서 '포정해우'는 기술이 매우 뛰어남을 뜻한다.

《장자莊子》〈양생주養生主〉 편은 자연에 따라 순리대로 살아가는 방식을 언급하고 있는데, 이 편의 중심을 이루는 내용이 포정庖丁의 이야기다.

포정이 문혜군文惠君을 위해 소를 잡은 적이 있었다. 손을 대고 어깨를 기울이고, 발로 짓누르고, 무릎을 구부려 칼을 움직이는 동작이 모두 음률에 맞았다.

문혜군은 그것을 보고 감탄하며 말했다.

"아, 훌륭하구나! 기술이 어찌하면 이런 경지에 이를 수가 있느냐譆, 善哉! 技蓋至此乎?"

포정이 칼을 놓고 말했다.

"제가 좋아하는 것은 도道로서 재주 따위보다 앞섭니다. 처음 제가 소를 잡을 때는 보이는 것이 소 아닌 것이 없었습니다. 3년이 지나자 이미 소의 온 모습은 눈에 안 띄게 되었습니다. 바야흐로 지금 저는 정신으로 [소를] 대하지 눈으로 보지 않습니다. 눈의 기관이 멎으니 정신이 작용하려고 합니다. 큰 틈을 밀치고 큰 공간에 칼을 넣으니 소 몸이 생긴 그대로 따라갑니다. 그 기술의 미묘함은 아직 한 번도 칼질의 실수로 살이나 뼈를 다친 일이 없습니다. 하물며 큰 뼈야 더 말할 게 있겠습니까! 솜씨 좋은 소잡이가 1년 만에 칼을 바꾸는 것은 살을 가르기 때문입니다. 평범한 보통 소잡이는 달마다 칼을 바꾸는데 무리하게 뼈를 가르기 때문입니다. 지금 제 칼은 19년이나 되어 소 수천 마리를 잡았지만 칼날은 방금 숫돌에 간 것 같습니다. 저 뼈마디에는 틈새가 있고 칼날에는 두께가 없습니다. 두께 없는 것을 틈새에 넣으니 널찍하여 칼날을 움직이는 데도 여유가 있습니다. 그러니까 19년이 되었어도 칼날이 방금 숫돌에 간 것 같습니다. 비록 그러하지만 근육과 뼈가 엉긴 곳에 이를 때마다 저는 그 일의 어려움을 알아채고 마음 조리며 조바심합니다. 시선은 그 때문에 고정되고, 움직임은 그 때문에 느려지며, 칼 놀림은 몹시 미세해지면서 획하고 갈라져 흙덩이가 땅에 쌓이듯 합니다. 칼을 든 채 일어나서 사방을 살펴보며 머뭇거리다가 흐뭇해져 칼을 잘 챙겨 감추어둡니다臣之所好者道也, 進乎技矣. 始臣之**解牛**之時, 所見無非牛者. 三年之後, 未嘗見全牛也. 方今之時, 臣以神遇, 而不以目視. 官知止, 而神欲行. 依乎天理, 批大郤道大窾, 因其固然. 技經肯綮之未嘗. 而況大軱乎! 良庖歲更刀, 割也. 族庖月更刀, 折也. 今臣之刀十九年矣, 所解數千牛矣, 而刀刃若新發於硎. 彼節者有間, 而刀刃者無厚. 以無厚入有閒, 恢恢乎其於遊刃, 必有餘地矣. 是以十九年, 而刀刃若新發於硎. 雖然, 每至於族, 吾見其難爲, 怵然爲戒. 視爲止, 行爲遲, 動刀甚微, 謋然已解, 如土委地. 提刀而立, 爲之四顧, 爲之躊躇滿志, 善刀而藏之."

이에 문혜군이 말했다.

"훌륭하구나! 나는 포정의 말을 듣고 양생의 도를 터득했다善哉! 吾聞庖丁之言, 得養生焉."

포호빙하暴虎馮河

사나울 포 범 호 탈 빙 물 하

'사나운 호랑이에게 덤비고 황하를 건넌다'는 말로 만용이나 무모한 행동을 비유한다.

《시경詩經》〈소아小雅 · 소민小旻〉의 "감히 사나운 호랑이에게 덤비지 않고 감히 황하를 건너지도 않는다不敢暴虎, 不敢馮河."에서 나온 말이다.

《논어論語》〈술이述而〉 편을 보면 공자가 생각하는 군자는 마음에 어떠한 집착도 갖지 않고 자기 고집이 없이 전체 상황에 맞추어 무심히 처하는 인물이다. 자기를 알아주는 이에게 등용되면 정치적 역량을 발휘하고, 등용되지 못하면 때를 기다릴 뿐이다. 공자는 이처럼 집착 없이 무심히 살 수 있는 사람은 자신과 안연뿐이라고 생각했다.

하루는 안연에게 이렇게 말했다.

"등용되면 나아가고 버려지면 숨는 것, 오직 나와 너만이 이같이 할 수 있을 것이다用之則行, 舍之則藏, 唯我與爾有是夫."

자로는 자신을 제치고 훨씬 후배인 안연을 인정하는 스승의 말을 듣고 마음이 편치 않았다. 자신도 인정받고 싶은 욕심에 이렇게 말했다.

"선생님께서는 3군三軍을 거느리신다면 누구와 함께하시겠습니까?"

이에 공자는 자로의 기대와는 달리 다음과 같이 말했다.

"사나운 호랑이에게 덤비고 황하를 건너려다 죽어도 후회하지 않을 사람이라면, 나는 [그런 사람과] 함께하지 않을 것이다. [내가 함께할 자는] 반드시 일에 임해서는 두려워할 줄 알고 계획을 잘 세워 성공하는 [그런] 사람이다暴虎馮河, 死而無悔者, 吾不與也. 必也臨事而懼, 好謀而成者也."

공자의 이 대답에는 제자에 대한 깊은 배려가 있다. 먼저 자로의 단점을 지적하고 나서, 보충해야 할 방향을 제시하여 자로의 인격 형성에 도움을 주고자 한 것이다.

풍마우불상급風馬牛不相及

바람 **풍** 말 **마** 소 **우** 아니 **불** 서로 **상** 미칠 **급**

'바람난 말과 소라 할지라도 서로 미치지 못한다'는 말로, 서로 멀리 떨어져 있어 아무런 관계가 없음을 뜻한다. 풍마부접風馬不接, 풍마우風馬牛, 풍마風馬라고도 한다.

《춘추좌씨전春秋左氏傳》 희공 4년조를 보면, 춘추시대 제나라 환공의 부인 가운데 채희蔡姬라는 여자가 있었는데, 그녀는 채蔡 땅에서 바친 공녀였다.

하루는 환공이 채희와 함께 뱃놀이를 나갔다. 채희는 물이 많은 곳에서 자랐으므로 물을 무서워하지 않았다. 그녀는 환공을 놀려주고 싶어서 일부러 배를 흔들었다. 겁에 질린 환공이 말렸지만 채희는 재미있어 더욱더 세게 흔들었다. 이 일로 성이 난 환공은 궁궐로 돌아오자마자 채희를 친정인 채나라로 돌려보냈다.

채나라에서는 그녀를 다른 사람에게 개가시켰고, 환공은 이것을 빌미로 채나라를 공격했다. 채나라를 공략한 환공은 제후들의 나라를 자주 침범한 초나라의 기세를 꺾으려고 초나라 국경과 인접한 소릉召陵까지 진군했다. 이에 놀란 초나라 성왕은 사자를 보내 이렇게 물었다.

"임금은 북해에 있고 과인은 남해에 있습니다. 오직 바람난 말과 소도 서로 미치지 못한다고 하니 임금께서 저희 땅으로 오리라고는 생각지도 못했습니다. 무슨 일이십니까君處北海, 寡人處南海. 唯是**風馬牛不相及**也, 不虞君之涉吾地也. 何故?"

이에 관중이 나서서 공물을 제때 바치지 않은 일과 주나라 소왕이 한수에서 빠져 죽은 일을 알려고 출동했다고 설명했다. 그러자 사자는 공물을 제때 바치지 않은 것은 자기 나라의 잘못이지만, 소왕에 관한 것은 한수가로 가서 알아보라고 했다.

환공은 초나라 땅으로 진군했다가, 초나라가 굴완屈完을 보내 동맹을 요청했으므로 그렇게 하기로 하고 돌아왔다.

풍성학려風聲鶴唳

바람 **풍** 소리 **성** 학 **학** 울 **려**

'바람 소리와 학 울음소리'라는 말로, 겁을 먹으면 하찮은 일이나 작은 소리에도 매우 놀람을 뜻한다. 풍성학경風聲鶴警 · 경문학驚聞鶴 · 학려풍성鶴唳風聲 · 학려심경鶴唳心驚과 같은 말이며, 간단히 풍학風鶴 · 학려鶴唳라고도 한다.

《진서晉書》〈사현전謝玄傳〉에 나오는 말이다.

동진 효무제 때 일이다. 전진前秦의 3대 임금 부견苻堅이 100만 대군을 이끌고 동진으로 쳐들어왔다. 이에 동진에서는 재상 사안의 동생 사석謝石과 조카 사현謝玄에게 군사 8만을 주어 나가 싸우도록 했다.

양쪽 군대는 회수淮水와 비수淝水가 만나는 수양壽陽에서 대치했다. 부견은 동진의 진영이 질서정연하게 움직이고 병사들이 용감한 것을 보고 휘하의 병사들에게 이렇게 말했다.

"전군을 조금 후퇴시켰다가 적군이 강 한복판에 이르면 돌아서서 반격하라."

그런데 일단 후퇴길에 오른 부견의 병사들은 반격하는 일이 쉽지 않았다. 이때 강을 건넌 동진군은 부견의 부대를 재빠르게 쫓았고, 전진의 병사들은 싸움 한 번 제대로 하지 못하고 죽었다. 이런 상황을 이렇게 묘사하고 있다.

"그 달아나는 자들은 바람 소리와 학 울음소리만 들어도 모두 진나라 군대가 장차 온 줄 알고 밤낮으로 감히 쉬지도 못하고 풀숲을 행군하며 이슬을 맞으면서 잠을 자다가 배고픔과 추위가 겹쳐서 죽은 자가 열 명 중에 일고여덟 명이나 되었다其走者聞**風聲鶴唳**, 皆以爲晉兵且至, 晝夜不敢息, 草行露宿, 重以饑凍, 死者什七八."

피지부존모장안부皮之不存毛將安傅

가죽 **피** 어조사 **지** 아니 **부** 있을 **존** 털 **모** 장차 **장** 어찌 **안** 붙을 **부**

'가죽이 존재하지 않는데 털이 어찌 붙을 수 있겠느냐'는 말이다. 평소 친분이 없으면 조금도 도움을 받을 수 없다는 뜻이다. 또 근본이 없으면 지엽적인 노력은 효과가 없음을 뜻한다. 간단히 피진모안부皮盡毛安傅라고도 한다.

《춘추좌씨전春秋左氏傳》 희공 14년조에 나오는 말이다.

희공 14년 겨울, 진秦나라에 기근이 들었다. 진나라는 평소 사이가 좋지 않던 진晉나라에 사자를 보내 곡식을 내어 팔라고 요청했으나 거절당했다.

그러자 진晉나라의 사신 경정慶鄭이 말했다.

"은혜를 배반함은 친선 관계를 버리는 것이고, 남의 재앙을 다행스럽게 여기는 것은 어질지 못한 일이며, 사랑을 탐하는 것은 상서롭지 못한 것이고, 이웃을 노하게 함은 의롭지 못한 일입니다. 이 네 가지 덕을 모두 잃고서 어찌 나라를 지킬 수 있겠습니까背施無親, 幸災不仁, 貪愛不祥, 怒鄰不義. 四德皆失, 何以守國?"

이에 진晉나라 신하 괵석虢射이 이렇게 대답했다.

"가죽이 존재하지 않는데 털이 어찌 붙을 수 있겠는가皮之不存毛將安傅?"

경정이 말했다.

"신의를 버리고 이웃을 배반한다면 재앙이 있을 때 누가 이를 돕겠습니까? 신의가 없으면 근심이 생기게 마련이고, 후원後援을 잃으면 반드시 쓰러집니다. 이것[진秦나라에 곡식을 주는 것]이 바로 그와 같은 것입니다棄信背鄰, 患孰恤之? 無信患作, 失援必斃. 是則然矣."

괵석이 말했다.

"원한이 줄어들 리 없고, 도리어 적의 힘을 길러주게 될 뿐이니 주지 않는 게 좋을 것이오無損於怨, 而厚於寇, 不如勿與."

경정이 말했다.

"은혜를 배반하고 [남의] 재앙을 다행스럽게 여기는 것은 백성에게 버림을 받는 길입니다. 가까운 그를[백성을] 원수처럼 하니 하물며 원한을 품은 그 적이야 [어떠하겠습니까]背施幸災, 民所棄也. 近猶讎之, 況怨敵乎?"

그러나 진晉나라 조정에서는 끝내 경정의 말을 받아들이지 않았다.

필부무죄匹夫無罪

짝 **필** 지아비 **부** 없을 **무** 허물 **죄**

'보통 사람은 죄가 없다'는 말이다. 착한 사람일지라도 그 신분에 어울리지 않는 물건을 지니고 있으면 재앙을 부르게 된다는 역설적인 뜻도 담고 있다.

《춘추좌씨전春秋左氏傳》 환공 10년조에 나오는 말이다.

춘추시대 우나라를 다스리던 우공虞公은 동생 우숙虞叔이 지닌 명옥名玉을 갖고 싶었다. 하루는 우숙을 불러 명옥을 자신에게 달라고 했다. 우숙은 자신이 애지중지하는 옥이므로 주고 싶지 않았으나, 우공의 간청이 끈질기게 계속되자 하는 수 없이 그에게 주면서 이렇게 말했다.

"주나라 속담에 '보통 사람은 죄가 없지만, 옥을 지닌 것이 죄다.라는 말이 있습니다. 제가 어찌 이것을 가져서 해침을 당할 까닭이 있겠습니까周諺有之: '**匹夫無罪**, 懷璧其罪.' 吾焉用此, 其以賈害也."

우숙이 말한 주나라 속담은 '보통 사람 신분으로 옥을 지니고 있으면 훗날 화를 부를 수 있다'는 말로, 우공에게 주었으니 바로 화근을 넘겨주었다는 뜻이다.

얼마 후, 우공은 또 우숙에게 보검을 달라고 했다.

"[형님은] 만족하지 않는군요. 만족하지 않으니 결국에는 내게 [그 해가] 미칠 것입니다是無厭也. 無厭, 將及我."

우숙은 나중에는 목숨마저 달라고 할지 모른다고 생각하여 반란을 일으켰다. 그러므로 우공은 홍지洪池로 달아났다.

필부지용匹夫之勇

——— 짝 **필** 지아비 **부** 어조사 **지** 날쌜 **용** ———

'보통 사내의 용기'라는 말로, 하찮은 용기를 뜻하며, 혈기만 믿고 함부로 행동하는 것을 비유한다.

《맹자孟子》〈양혜왕 하梁惠王下〉 편에는 맹자와 제나라 선왕의 대화가 재미있게 이어진다. 패도를 주장한 제나라 선왕이 맹자에게 물었다.

"이웃 나라를 사귀는 데 방법이 있습니까交鄰國有道乎?"

맹자가 대답했다.

"있습니다. 오직 인자仁者만이 대국의 입장에서 소국을 섬길 수 있습니다. 그러므로 탕이 갈葛나라를 섬겼고, 문왕이 곤이昆夷를 섬겼습니다. 오직 지자智者만이 소국의 입장에서 대국을 섬길 수 있습니다. 그러므로 대왕이 훈육獯鬻을 섬겼고, 구천이 오나라를 섬겼습니다. 대국의 입장에서 소국을 섬기는 자는 하늘을 즐거워하는 자이고, 소국의 입장에서 대국을 섬기는 자는 하늘을 두려워하는 자이니, 하늘을 즐거워하는 자는 천하를 보전하고, 하늘을 두려워하는 자는 자기 나라를 보전합니다. 《시경詩經》에 '하늘의 위엄을 두려워하여 이에 보전한다.'라고 했습니다有. 惟仁者爲能以大事小. 是故湯事葛, 文王事昆夷. 惟智者爲能以小事大. 故大王事獯鬻, 句踐事吳. 以大事小者, 樂天者也; 以小事大者, 畏天者也, 樂天者保天下; 畏天者保其國. 詩云: '畏天之威, 于時保之.'"

제나라 선왕이 말했다.

"크도다, 말씀이여! [그러나] 과인은 병통이 있으니 과인은 용기를 좋아합니다大哉言矣! 寡人有疾, 寡人好勇."

선왕은 작은 나라를 받들기보다는 작은 나라를 합병하여 나라를 키워가고 싶고, 큰 나라와 싸워 이김으로써 제후의 맹주가 되고 싶으므로 맹자의 가르침을 따르지 않고 이렇게 말한 것이다.

이에 맹자가 말했다.

"청컨대 왕께서는 작은 용기를 좋아하지 마십시오. 칼을 어루만지고 상대방을 노려보며 '저것이 어찌 감히 나를 당하겠는가!'라고 말하나니, 이는 보통 사내의 용기로 한 사람을 대적하는 것입니다. 청컨대 용기를 크게 가지십시오王請無好小勇. 夫撫劍疾視曰: '彼惡敢當我哉!' 此匹夫之勇, 敵一人者也. 王請大之!"

맹자는 용기를 좋아하는 왕의 마음을 근거로 하여 왕도 정치를 실행하는 방법을 제시한 것이다. 남에게 지기 싫어서 덤비는 것은 작은 용기로서 보잘것없지만, 세상 사람들을 편안하게 하려는 용기는 왕도 정치를 실행할 수 있는 원동력이 되기 때문이다.

하옥瑕玉

——— 티하 구슬옥 ———

'티가 있는 구슬, 즉 옥의 티'라는 말로, 공연한 짓을 하여 사태를 악화시키는 것을 가리킨다.

《회남자淮南子》〈설림훈說林訓〉에 이런 이야기가 나온다.

"쥐구멍이 있다고 하여 그것을 뜯어고치려고 한다면 동네 대문을 부수게 되고, 여드름을 짜면 뾰루지나 종기가 된다. 흠이 있는 진주와 티가 있는 구슬을 그대로 두면 온전할 텐데, 이지러뜨리는 것과 같다治鼠穴而壞里閭, 潰小皰而發痤疽. 若珠之有纇, 玉之有瑕, 置之而全, 去之而虧."

구슬의 티를 없애려고 서투른 솜씨로 나섰다가는 도리어 망가뜨려 전혀 가치 없는 물건으로 만들고 만다는 말이다.

또 이런 글도 보인다.

"표범의 털가죽이라도 알록달록하면 여우 털가죽의 순수함만 못하다. 흰 구슬에 티가 있으면 보배로 만들지 못한다. 순수하기가 매우 어려움을 가리키는 말이다豹裘而雜, 不若狐裘之粹. 白璧有考, 不得爲寶. 言至純之難也."

하필왈리何必曰利

어찌 **하** 반드시 **필** 말할 **왈** 이로울 **리**

'어찌하여 반드시 이익만을 말하느냐'라는 뜻이다. 이익만을 추구하려다가 오히려 역효과가 있음을 비유한 말이다.

맹자가 양혜왕을 만나서 한 말로서 물질적인 이익을 앞세우고 인의를 뒤로 두는 것을 비판한 말이다. 《맹자孟子》의 〈양혜왕 상梁惠王上〉 편에 따르면, "노인장께서 천 리를 멀다 하지 않고 오셨는데 어떻게 우리나라를 이롭게 하시겠습니까?"라고 묻자 맹자가 이렇게 대답했다.

"왕께서는 어찌하여 반드시 이익만을 말하십니까? 역시 인과 의가 있을 뿐입니다王**何必曰利**, 亦有仁義而已矣."

전국시대 중기의 상황은 제후들이 오직 정벌 전쟁으로 천하를 경영하겠다는 목적의식을 가지고 명리名利만을 추구하고 오직 '이익〔利〕'만을 도모하는 풍조가 만연했다. 그러니 형제간에도 반목과 질시가 판을 치고, 아들이 아버지를 버리고 신하 역시 군주를 돌아보지도 않았으며, 약육강식과 혼란이 동탕動蕩할 뿐이었다. 이런 사회 현실을 바꾸고자 한 일성이 바로 인의였다. 인의가 있어야 효친孝親(부모에게 효도하다)과 충군忠君(군주에게 충성을 다하다)할 수 있지만, 이익만을 위하면 '군주를 시해하고〔弑君〕' '윗사람을 범하는〔犯上〕' 병리 현상이 나타날 수 있으니, '선의후리先義後利'해야만 비로소 치국평천하治國平天下로 들어설 수 있다는 것이다.

맹자의 이런 관점은 바로 왕이건 대부건 선비건 백성이건 '상하가 서로 이익을 다투면 나라는 위태롭게 된다上下交征利而國危矣'는 맥락에서 나온 것이다. 천박한 배금주의를 배격하고 왕도 정치가 시대적 과제임을 설파한 맹자의 안목은 국가를 경영하는 자가 갖추고 있어야 하는 기본적인 마음 자세가 바로 덕정임을 보여준다. 물론 이런 맹자의 믿음은 인간의 본성이 선하다는 성선설에 기초를 두고 있다.

학명구고鶴鳴九皐

——— 학 학 울 명 아홉 구 물가 고 ———

'현명한 사람은 반드시 세상에 드러나게 되어 있다'는 뜻으로, 《시경詩經》〈소아小雅 · 학명鶴鳴〉 편에 나오는 말이다.

높은 언덕에서 학 울어 그 소리 하늘까지 들리고
물고기는 물가나 때로는 연못 속에 잠겨 있네.
鶴鳴于**九皐**, 聲聞于天,
魚在于渚, 或潛在淵.

'학명구고'란 말은 시공간을 건너뛰어 사마천의 《사기史記》〈골계열전滑稽列傳〉에 다시 등장한다. 먹줄을 대는 듯한 법과 격식의 시대적 분위기 속에서도 자유로운 지성의 활동은 여전했으니 한 무제의 학궁學宮에 모인 박사들과 골계가들이 그들이었다.

그들 중에서도 동방삭東方朔은 언제든 궁중에서 황제를 모실 수 있는 위치에 있었고, 식사도 함께할 정도로 호사를 누렸다. 그러면서도 그는 날카로운 현실 감각으로 황제들의 언행을 거론하며 비판과 조언을 병행했다. 내용은 때로 무거웠지만 형식은 가볍고 날렵하여 골계가로 불렸다.

그러나 학궁의 박사들은 모두 동방삭을 비난했다. 황제를 섬긴 지 수십 년이 지났건만, 벼슬도 겨우 시랑侍郎이고 직위는 집극執戟에 지나지 않으며, 황제를 위해 제대로 한 일이 무엇이냐는 것이었다. 듣고 있던 동방삭의 일격이 바로 《시경》의 구절을 인용한 이 말이었다.

"궁궐에서 종을 치면 소리는 밖까지 들린다. 학이 깊은 물가에서 울면 소리가 하늘까지 들린다鼓鍾于宮, 聲聞于外. **鶴鳴九皐**, 聲聞于天."

풍자시처럼 들리는 이 말은 당신들보다 내가 훨씬 멀리 보고 사물을 꿰뚫어본다는 것이다. 그러고는 동방삭은 예를 하나 들었다. 태공망 여상이 몸소 인의를 실천하다가 일흔두 살이 되어서야 주나라 문왕을 만나 자신의 포부를 실행하게 되었으며, 제나라에 분봉되어 자손들에게 이르기까지

700년 동안이나 제사가 끊어지지 않았다는 일화다. 결국 동방삭은 그 힘의 원천으로 묵묵히 시세를 관망하며 때를 기다린 여상의 묵직한 선비 정신에 있다고 본 것이다. 《주역周易》 건괘에 '잠룡물용潛龍勿用'이라는 말이 있다. '물에 잠겨 있는 용은 쓰지 말라'는 말이다. 그러나 어둠 속에서 때를 기다리는 것도 잠룡의 자세다.

한단지몽邯鄲之夢

—— 땅 이름 **한** 땅 이름 **단** 어조사 **지** 꿈 **몽** ——

'한단에서 꾼 꿈'이라는 말로, 한바탕 꿈처럼 인생이 덧없음을 뜻한다. 노생지몽盧生之夢이라고도 한다.

중당의 심기제沈旣濟가 지은 전기소설《침중기枕中記》에 나오는 말이다.

당나라 현종 때 여옹呂翁이라는 도사가 한단의 어느 주막에서 쉬고 있는데, 행색이 초라한 젊은이가 옆에 와 앉더니 자신은 산동에 사는 노생盧生이라고 소개했다. 그는 자기 신세를 늘어놓으며 한탄하다가 졸기 시작했다. 여옹이 양쪽이 뚫린 도자기 베개를 꺼내주자, 노생은 그것을 베고 잠이 들었다.

노생은 꿈을 꾸기 시작했다. 자신이 베고 있던 베개의 양쪽 구멍이 커져 그 속으로 들어가 보니 고래 등 같은 집이 있었다. 노생은 그 집 딸과 혼인하여 과거에 급제한 뒤 벼슬길에 나아갔다. 출세 가도를 달려 재상 자리까지 오른 노생은 그 뒤 10년 동안 선정을 베풀어 명성을 얻었지만, 갑자기 모반을 꾀한 역적으로 몰려 포박당하게 되었다. 이때 노생은 아내에게 이렇게 탄식했다.

"내 집은 산동인데 좋은 밭이 다섯 이랑이니 충분히 추위와 굶주림을 막을 수 있을 것이거늘 어찌 고통스럽게 봉록을 구하겠소? 그러나 지금 여기에 이르렀으니 짤막한 베옷을 생각하고 푸른 망아지를 타고 한단으로 가려고 해도 할 수 없을 것이오吾家山東, 有良田五頃, 足以禦寒餒, 何苦求祿? 而今及此, 思短褐, 乘青駒, 行邯鄲道中, 不可得也!"

노생이 말을 마치고 나서 자결하려고 칼을 뽑았지만 아내와 아들이 달려들어 말렸으므로 그렇게 하지 못했다. 그는 가까스로 사형을 면하고 변방으로 유배되었다.

노생의 억울한 누명은 수년 뒤에나 풀렸다. 노생은 다시 조정으로 불려가 높은 벼슬을 지내며 만년을 행복하게 보냈다. 그는 늙어 병들었을 때 환관과 어의의 치료를 받았지만 여든 살에 죽었다.

노생이 눈을 번쩍 떠보니 꿈이었다. 옆에는 여전히 여옹이 앉아 있고 주막집 주인이 짓고 있던 기장밥도 아직 다 되지 않았다. 노생이 꿈이었구나 하고 한숨을 내쉬자 여옹이 이렇게 말했다.

"인생이란 다 그런 것이라네."

노생은 여옹에게 자신의 부질없는 욕망을 막아준 데 대해 감사의 말을 하고는 길을 떠났다.

한단지보邯鄲之步

땅 이름 **한** 땅 이름 **단** 어조사 **지** 걸을 **보**

'한단의 걸음걸이'라는 말로, 자기 분수를 모르고 남을 흉내 내다가 제 것마저 잃어버리는 경우를 빗대어 하는 말이다. 수릉실보壽陵失步, 한단학보邯鄲學步라고도 한다.

《장자莊子》〈추수秋水〉 편에 나오는 말이다.

조나라의 대표적인 논리학자 공손룡公孫龍은 자신의 학문과 변론이 천하제일이라고 생각하고 있었다. 그러던 차에 장자에 관한 이야기를 듣고는 자신의 변론과 지혜가 그에게 미치지 못하는지 아니면 그보다 나은지 알 수가 없었다. 그래서 위나라의 공자 위모魏牟에게 장자의 도를 알고 싶다고 했다. 위모는 안석案席에 기댄 채 한숨을 쉬고는 하늘을 우러러 웃으면서 '우물 안 개구리가 바깥세상을 볼 수 없듯이 가느다란 대롱 구멍으로 하늘을 보고 송곳을 땅에 꽂아 그 깊이를 재는 꼴'이라며 비웃었다. 그러고는 이어서 이렇게 말했다.

"또한 자네는 저 수릉壽陵의 젊은이가 한단에 가서 그곳 걸음걸이를 배웠다는 이야기를 듣지 못했는가? [그는] 그 나라 걸음걸이를 배우기도 전에 옛 걸음걸이마저 잊어버려 단지 기어서 돌아올 수밖에 없었다고 하네. 지금 자네도 [장자에 이끌려 여기를] 떠나지 않고 있다가는 장차 자네 본래의 지혜를 잊어버리고 자네 일마저 잃게 될 걸세且子獨不聞壽陵餘子之學行於邯鄲與? 未得國能, 又失其故行矣, 直匍匐而歸耳. 今子不去, 將忘子之故, 失子之業."

공손룡은 그곳에서 도망치듯 달아났다.

자질구레한 분석에 몰두하는 논리학파가 장자의 철학 앞에서 조롱당한 이야기다.

할계언용우도割鷄焉用牛刀

나눌 **할** 닭 **계** 어찌 **언** 쓸 **용** 소 **우** 칼 **도**

'닭 잡는데 소 잡는 칼을 쓸 필요까지는 없다'는 말로, 작은 일을 처리하는 데에 지나치게 큰 수단을 쓸 필요는 없음을 비유하여 이른다.

《논어論語》〈양화陽貨〉 편에 나오는 이 이야기는 공자의 제자 자유子遊(본명은 언언言偃)가 노나라의 작은 읍 무성武城을 다스릴 때 일이다. 그는 이곳에서 공자에게 배운 예악으로 백성을 교화하는 데 힘을 다했다.

하루는 공자가 제자 두세 명을 데리고 자유를 찾아왔다. 그때 마을 곳곳에서 거문고 연주에 맞추어 노래하는 소리가 들렸다. 공자는 빙그레 웃으며 말했다.

"닭을 잡는데 어찌하여 소 잡는 칼을 쓰느냐割雞焉用牛刀?"

자유가 대답했다.

"예전에 저는 선생님께서 '군자가 도를 배우면 남을 사랑하고, 소인이 도(여기서는 예악을 지칭)를 배우면 [소인을] 부리기 쉽다.'라고 하신 말씀을 들었습니다昔者偃也聞諸夫子曰: '君子學道則愛人, 小人學道則易使也.'"

공자가 말했다.

"제자들아, 언(자유)의 말이 맞는다. 아까 한 말은 농담이었을 뿐이다."

사실 공자가 "닭 잡는데 어찌하여 소 잡는 칼을 쓰느냐?"라고 한 것은 자유가 나라를 다스릴 만한 인재인데도 이런 작은 읍에서 성실하게 일하는 것이 보기 좋다는 뜻으로 한 말이다.

해어화解語花

헤아릴 **해** 말씀 **어** 꽃 **화**

'말을 헤아리는 꽃'이라는 말로, 빼어난 미인을 가리킨다. 기생을 달리 일컫는 말이기도 하다.

한림학자를 역임한 왕인유가 편찬한 《개원천보유사開元天寶遺事》에 의하면, 당나라 현종玄宗이 처음 제위에 올랐을 때는 정사政事에 충실하여 훌륭한 치적을 많이 쌓았다고 한다. 그러나 말년에는 양귀비楊貴妃에게 빠져 사랑놀음을 하다가 결국 안녹산의 반란이 일어났다.

양귀비는 촉주蜀州 사호司戶로 있던 양현담楊玄啖의 딸로서 어릴 때는 옥환玉環이라고 불렸다. 그녀는 일찍이 부모와 사별하여 숙부 밑에서 자랐다. 처음에 양귀비는 현종의 열여덟 번째 아들인 수왕壽王의 아내였다. 그런데 현종이 양귀비의 미모에 반하여 자기 후궁으로 들였다. 양귀비가 수왕과 인연을 끊고 태진太眞이 되었을 때 그녀는 스물두 살이었고, 현종은 쉰여섯 살이었다.

현종과 양귀비가 한창 사랑에 빠진 어느 초여름날 일이다. 현종은 양귀비를 비롯한 여러 궁녀를 이끌고 태액지太液池로 산책을 나갔다. 그때 태액지라는 연못에는 연꽃이 막 피어 아름다운 자태를 뽐내며 연못 가득 향긋한 향기를 내뿜고 있었다. 그곳에 모인 사람들은 아름다운 연꽃에 정신을 잃을 지경이었다. 현종도 즐거운 마음으로 아름다운 연꽃을 한참 동안 바라보더니 양귀비를 바라보며 이렇게 말했다.

"말을 헤아리는 이 꽃과 다툴 수 있겠느냐爭如我**解語花**?"

결국 양귀비는 귀비로 책봉되었으며 현종의 총애를 받고 영화를 누렸으나 안녹산의 난으로 인해 피난을 가다가 목이 졸려 죽었다.

해옹호구海翁好鷗

—— 바다 **해** 늙은이 **옹** 좋아할 **호** 갈매기 **구** ——

'바닷가에 사는 늙은이가 갈매기를 좋아한다'는 말로, 사람에게 딴마음이 있으면 새도 그것을 알고 가까이하지 않는다는 뜻이다.

《열자列子》〈황제黃帝〉 편에 나오는 말이다.

바닷가에 사는 어떤 이가 갈매기를 좋아했다. 그는 매일 아침 바닷가로 나가서 갈매기들과 더불어 놀았는데, 갈매기가 모인 것이 수백 마리에 그치지 않았다.

어느 날 그의 아버지가 말했다.

"나는 갈매기들이 모두 너와 더불어 논다는 말을 들었다. 그 갈매기를 잡아오도록 해라. 내 그걸 갖고 놀고 싶구나."

그는 아버지의 부탁을 들어주기로 하고 다음 날도 바닷가로 나갔다. 그런데 이날 갈매기들은 그 위를 맴돌기만 할 뿐 내려오지 않았다.

이 이야기 뒤에 이런 말이 나온다.

"지극한 말은 말을 떠나는 것이고, 지극한 행위는 작위作爲가 없는 것이다. 보통 지혜 있는 이들이 안다고 하는 것은 곧 천박한 것이다至言去言, 至爲無爲. 齊智之所知, 則淺矣."

지극한 사람[至人]은 무언無言 무위無爲하여야 자연과 융화될 수 있다. 사람들이 어떠한 욕망이나 사심이 없이 갈매기를 대하면 함께 어울려 놀 수 있으나, 일단 갈매기를 잡으려는 마음을 갖고 다가서면 갈매기들은 사람을 가까이하지 않는다.

해의추식解衣推食

―――― 풀 해 옷 의 밀 추 먹을 식 ――――

'옷을 벗어주고 음식을 권한다'는 말로, 남을 각별히 친절하게 대하는 것을 비유한다. 윗사람이 부하와 동고동락하는 것을 비유하기도 한다.

《사기史記》〈회음후열전淮陰侯列傳〉에 나오는 말이다.

진秦나라 말의 난세를 살다 간 한신은 처음에는 항우의 지휘 아래 있었는데, 항우의 앞날에 대한 희망이 점점 사라져가기 시작했다. 결국 야망이 큰 한신은 항우를 떠나 소하의 추천을 받아 한왕 유방의 휘하에 들어갔고, 초나라의 용저龍且도 그의 손에 죽었다.

용저를 잃자 겁을 먹은 항우는 매우 당황하여 무섭武涉이라는 자를 한신에게 보내 자신과 힘을 합쳐 한왕을 물리치면 전국의 땅을 나누어주고 왕이 되게 해주겠다고 설득했다.

"지금 당신은 비록 스스로 한나라 왕과 두텁게 사귀고 있다고 [생각]하여 한나라 왕을 위하여 힘을 다해 군대를 지휘하고 있지만, 결국 그에게 사로잡히고 말 것입니다. 당신이 지금까지 살아남을 수 있었던 것은 항왕이 아직도 살아 있는 덕택입니다. 지금 한나라 왕과 항왕 두 사람의 싸움에서 승리의 저울추는 당신에게 달려 있습니다. 당신이 오른쪽으로 추를 던지면 한나라 왕이 이길 테고, 왼쪽으로 추를 던지면 항왕이 이길 것입니다. 오늘 항왕이 멸망하면 다음번에는 당신이 멸망할 것입니다. 당신은 항왕과는 연고가 있습니다. 어째서 한나라를 배반하고 초나라와 손잡고 천하를 셋으로 나누어 왕이 되지 않습니까? 지금 이 기회를 버리고 스스로 기필코 한나라를 믿고 초나라를 치다니 이것이 어찌 지혜로운 사람이 정녕 할 일이겠습니까今足下雖自以與漢王爲厚交, 爲之盡力用兵, 終爲之所禽矣. 足下所以得須臾至今者, 以項王尚存也. 當今二王之事, 權在足下. 足下右投則漢王勝, 左投則項王勝. 項王今日亡, 則次取足下. 足下與項王有故. 何不反漢與楚連和, 參分天下王之? 今釋此時, 而自必於漢以擊楚, 且爲智者固若此乎!"

그러나 한신은 거절하며 이렇게 말했다.

"내가 [일찍이] 항왕을 섬긴 적이 있지만, 벼슬은 낭중에 지나지 않았고, 지위는 집극에 지나지 않았으며, [생각을] 말해도 들어주지 않고 계책을 세워도 써주지 않았습니다. 그래서 초나라를 저버리고 한나라로 왔습니다. 한나라 왕은 내게 대장군 인수를 주고 대군 수만 명을 주었습니다. [자기] 옷을 벗어 내게 입히고, [자기가] 먹을 것을 내게 먹였으며, [생각을] 말하면 들어주고 계책을 [올리면] 써주었습니다. 그래서 내가 오늘에 이를 수 있었던 것입니다. 대체로 남이 나를 깊이 친근하게 믿는데 내가 그를 배반하는 것은 상서롭지 못한 일입니다. 설령 죽는다 하더라도 [마음을] 바꿀 수 없습니다. 나를 위하여 항왕에게 거절해주시면 좋겠습니다臣事項王, 官不過郎中, 位不過執戟, 言不聽, 畫不用. 故倍楚而歸漢. 漢王授我上將軍印, 予我數萬衆. **解衣**衣我, **推食**食我, 言聽計用. 故吾得以至於此. 夫人深親信我, 我倍之不祥. 雖死不易. 幸爲信謝項王!"

무섭이 떠나간 뒤 제나라 사람 괴통은 천하 대권의 향방이 한신에게 있음을 알고 기발한 계책으로 그의 마음을 움직이려고 했다. 한신은 괴통에게 감사의 예를 표하면서 생각해보겠다고 했다. 그러나 한신은 망설이면서 한나라를 배반하지 않았다. 결국 괴통은 미친 척하고 무당이 되었다.

허허실실虛虛實實

—— 빌 **허** 빌 **허** 가득 찰 **실** 가득 찰 **실** ——

동쪽에서 소리를 내고 서쪽에서 적을 치는 공격법인 성동격서聲東擊西처럼 상대의 심리를 역이용하는 것으로, 상대방을 안심시킨 후 그 틈을 비집고 공략하는 것이다.

적군의 충실한 부분을 피하고 허약한 부분을 공격하는 피실격허避實擊虛 역시 적의 상황에 따른 임기응변의 대응 전략이다. 그러므로 손무는《손자병법孫子兵法》〈허실虛實〉편에서 말한다.

"공격을 잘하는 자는 그 지키는 곳을 적이 알지 못하게 하고, 수비를 잘하는 자는 그 공격하는 곳을 적이 알지 못하게 한다善攻者, 敵不知其所守; 善守者, 敵不知其所攻."

절대적으로 우월한 전력의 전쟁은 없다. 오히려 겉으로 보아 아무런 전력도 없는 듯한 군대가 오히려 속은 꽉 차 있는 경우도 적지 않다. 상대를 분산시키고 아군의 분산을 막아야 하고, 적의 형세를 드러내게 하면서 아군의 형세는 철저히 위장하는 신출귀몰의 형세를 형성해야만 한다. 훌륭한 장수는 전력을 노출해서는 안 되는 법이다. 병사들이 병들어 보이게 한다든지, 국내 정세가 어지러워 보이게 한다든지, 아니면 장수의 신변에 유고가 생긴 것처럼 보이게 하는 속임수도 필요하다. 우리를 살피러온 적진의 탐색병이 오인하고 잘못된 보고를 올리게 하여 상대방이 느슨해지면 바로 그때 공격하라는 것이다.

적을 속이는 데에는 나를 감추는 것으로 충분하지 않다. 적극적으로 미끼를 던져 유인하고 혼란스럽게 하는 방법도 필요하다. 사신을 보내 화친을 청한다든지, 일부러 불리한 곳에 진지를 구축한 것처럼 보이게 하여 적이 선제공격하게 유도한 뒤 적 대열의 허리를 끊는 일이 바로 이것이다.《노자老子》27장에서 "행군을 잘하는 장수는 수레바퀴 자국이 없다善行無轍跡."라는 말도 이런 맥락이다.

《삼국지연의三國志演義》49회에도 나온다.

"어찌 병법에 '허허실실'이라는 이론을 듣지 못했는가豈不聞兵法'虛虛實實'之論?"

헌훤獻暄

바칠 **헌** 따뜻할 **훤**

'따뜻한 것을 바친다'는 말로, 남에게 크게 소용되지 않는 물건을 바치는 것을 뜻한다. 남에게 물건을 줄 때의 겸손한 말이기도 하다.

《열자列子》〈양주楊朱〉 편에 나오는 말이다.

옛날 송나라에 농부가 있었는데, 언제나 해어진 무명옷과 삼베옷을 입고서 어렵사리 겨울을 지냈다. 봄이 되어 농사일이 시작되면 햇볕을 쬐면서 천하에 넓은 집과 따스한 방이나 솜옷과 여우나 담비 갖옷이 있음을 알지 못했다. 그는 아내를 돌아다보면서 말했다.

"햇볕을 쬐면서도 따스함을 아는 사람이 없소. [이런 사실을] 나의 임금님께 바치면 중한 상을 내리실 것이오負日之**暄**, 人莫知者. 以**獻**吾君, 將有重賞."

그 마을의 부자가 그에게 말했다.

"사람 중에 콩나물과 수삼과 미나리와 개구리밥을 맛있다고 고을의 귀한 분에게 추어올리며 말했소. 고을의 귀한 분이 그것들을 가져다 맛보니 입이 쓰고 배만 아팠다 하오. 여러 사람이 웃고 그를 원망하여 그 사람은 크게 부끄러웠다는데 당신도 그런 사람이오."

형설지공螢雪之功

반딧불이 **형** 눈 **설** 어조사 **지** 공 **공**

'반딧불과 눈빛으로 공부하여 얻은 성과'를 이르는 말로, 어렵게 공부하여 학업을 이루는 것을 비유한다. 비슷한 말로는 형창설안螢窓雪案, 손강영설孫康映雪, 차윤성형車胤盛螢, 차윤취형車胤聚螢, 차형손설車螢孫雪이 있다.

《진서晉書》〈차윤전車胤傳〉을 보면, 진晉나라 효무제 때 어렵게 공부하여 크게 된 인물 가운데 차윤車胤이라는 사람이 있었다.

차윤은 본시 성실하고 생각이 깊으며 학문에 뜻을 둔 아이였다. 그러나 집안이 매우 가난하여 그의 학문적 야망을 뒷받침해줄 만한 형편이 되지 못했다. 차윤은 어릴 때부터 집안에 조금이나마 보탬이 되려고 낮에는 밖에 나가 일을 해야 했다. 밤이 되어 하고 싶은 공부를 하려고 했지만 등불을 밝힐 기름이 없어 그것도 여의치 않았다. 그는 무슨 수가 없을까 고민하다가 엷은 명주 주머니를 하나 만들어 반딧불이를 잡아 그 속에 넣어서 그 빛으로 책을 읽었다. 차윤은 이렇게 하여 이부상서까지 오르게 되었다.

〈손강전孫康傳〉에 나오는 손강孫康도 차윤과 마찬가지로 집이 너무 가난하여 밤을 환히 밝힐 기름이 없었다. 그는 겨울이 되면 창가에 앉아 밖에 쌓인 눈빛에 책을 비추며 공부를 했다. 그도 애쓴 보람이 있어 어사대부가 되었다.

호가호위狐假虎威

—— 여우 **호** 빌릴 **가** 범 **호** 위엄 **위** ——

'여우가 호랑이의 위엄을 빌린다'는 말로, 남의 권세를 빌려 허세를 부리는 것을 비유한다. 비슷한 말로는 가호위호假虎威狐, 차호위호借虎威狐가 있다.

《전국책戰國策》〈초책楚策〉에 나오는 말이다.

초나라 선왕宣王 때 일이다. 선왕은 위魏나라에서 사신으로 왔다가 자기 신하가 된 강을江乙을 불러 이렇게 물었다.

"내가 듣건대 북방이 소해휼을 두려워한다는데 과연 어떠한가吾聞北方之畏昭奚恤也, 果誠何如?"

여러 신하는 아무도 대답하지 못했다.

강을은 대답하여 말했다.

"호랑이는 온갖 짐승을 구하여 그것들을 먹다가 여우를 얻었습니다. 여우가 말하기를 '그대는 감히 나를 먹지 못하리라. 천제가 나로 하여금 온갖 짐승의 우두머리가 되게 하셨으니, 이제 그대가 나를 먹는다면 이것은 천제의 명령을 거스르는 것이다. 그대가 나를 믿지 못한다면 내가 그대를 위하여 앞서 갈 것이니, 그대는 내 뒤를 따라오면서 온갖 짐승이 나를 보고 감히 달아나지 않는지를 보아라.' 하니, 호랑이는 그렇다고 생각했습니다. 그러므로 드디어 그와 함께 가니 짐승들이 그를 보고 모두 달아났습니다. 호랑이는 짐승들이 자기를 두려워하여 달아난 것을 알지 못하고 여우를 두려워한다고 생각했습니다虎求百獸而食之, 得狐. 狐曰: '子無敢食我也. 天帝使我長百獸, 今子食我, 是逆天帝命也. 子以我爲不信, 吾爲子先行, 子隨我後, 觀百獸之見我而敢不走乎?' 虎以爲然, 故遂與之行, 獸見之皆走. 虎不知獸畏己而走也, 以爲畏狐也."

강을이 이렇게 말한 이유는 소해휼보다는 선왕이 두렵다는 의미였다.

호구지계狐丘之戒

여우 **호** 언덕 **구** 어조사 **지** 경계할 **계**

'호구의 경계'라는 말로, 다른 사람에게 원망을 사는 일이 없도록 하라는 경계를 뜻한다.

《열자列子》〈설부說符〉 편에 나오는 말이다.

춘추전국시대 초나라 호구狐丘에 사는 한 영감이 대부 손숙오孫叔敖에게 말했다.

"사람들에게는 원망의 대상이 세 가지 있는데, 선생께서는 그것을 아십니까人有三怨, 子之知乎?"

손숙오가 말했다.

"무슨 말씀인가요何謂也?"

그가 대답했다.

"작위가 높은 사람은 사람들이 그를 투기하고, 벼슬이 큰 사람은 임금이 그를 미워하며, 녹을 두터이 받는 사람은 원망이 그에게 미치게 됩니다爵高者人妬之, 官大者主惡之, 祿厚者怨逮之."

손숙오가 말했다.

"제 작위가 더욱 높아질수록 제 뜻을 더욱 낮추고, 제 벼슬이 더욱 커질수록 제 마음은 더욱 작게 가지며, 제 녹이 두터워질수록 제가 베푸는 것을 더욱 넓게 한다면 이것으로써 세 가지 원망을 면할 수 있겠습니까吾爵益高, 吾志益下; 吾官益大, 吾心益小; 吾祿益厚, 吾施益博, 以是免於三怨, 可乎?"

손숙오가 병이 들어 죽어갈 적에 그 아들에게 훈계하여 말했다.

"임금님은 자주 나를 봉하려 했지만 나는 받지 않았다. 내가 죽게 되면 임금님께서 곧 네게 땅을 봉해주려 할 텐데 너는 반드시 이로운 땅을 받지 마라! 초나라와 월나라 사이에 침구寢丘라는 지방이 있는데 그 땅은 이롭지도 않거니와 명성이 매우 나쁘다. 초나라 사람들은 귀신을 믿고 월나라 사람들은 상서를 잘 믿으니, 오래도록 차지할 수 있는 곳은 오직 이곳뿐이다王亟封我矣, 吾不受也. 爲我死, 王則封汝, 汝必無受利地! 楚越之間有寢丘者, 此地

不利而名甚惡. 楚人鬼而越人機, 可長有者唯此也."

손숙오가 죽자 임금은 정말로 아름다운 지방을 그의 아들에게 봉해주려 했다. 그 아들은 사양하여 받지 않고 침구 지방을 요청했다. 임금은 그곳을 그에게 주었고, 손숙오의 자손들은 그 땅을 오래도록 잃지 않고 차지할 수 있었다.

호사유피인사유명虎死留皮人死留名

범 **호** 죽을 **사** 남길 **류** 가죽 **피** 사람 **인** 죽을 **사** 남길 **류** 이름 **명**

'호랑이는 죽어 가죽을 남기고, 사람은 죽어 이름을 남긴다'는 말이다. 사람에게는 재물보다 명예가 소중함을 비유한 말이다. 원말은 '표사유피인사유명豹死留皮人死留名'이다.

송나라 때 설거정薛居正 등이 편찬한 정사正史《오대사五代史》〈왕언장전王彦章傳〉에 나오는 말이다.

당나라가 멸망하고 나서 오대五代가 교체되던 때 양나라에 왕언장王彦章이라는 장수가 있었다. 그는 우직하고 솔직한 성격으로 늘 쇠창을 들고 싸워서 왕철창王鐵槍이라고 불렸다.

산서에 위치한 진晉나라가 국호를 다시 당唐(후당)으로 고치고 양나라로 쳐들어왔다. 이때 왕언장도 출전했으나 크게 져서 파면되었다. 그 뒤 당나라 군사가 다시 쳐들어왔을 때 또다시 기용되었지만 포로가 되고 말았다. 당나라 임금이 왕언장의 용맹을 아까워하여 귀순하도록 종용하자, 그는 이렇게 말했다.

"아침에는 양나라를 섬기고 저녁에는 진나라를 섬기는 일은 할 수 없소."

끝내 그는 사형을 당했다.

왕언장은 평소 속담을 통해 자기 생각을 말하기를 좋아했다. 그가 늘 입버릇처럼 하던 말은 이러했다.

"표범은 죽어 가죽을 남기고, 사람은 죽어 이름을 남긴다**豹死留皮, 人死留名**."

왕언장은 비록 학문을 하지는 않았지만 한 나라의 장수로서 지켜야 할 명예만은 소중히 여겼다.

호시탐탐虎視耽耽

범 호 볼 시 즐길 탐 즐길 탐

'호랑이가 눈을 부릅뜨고 먹이를 노려본다'는 말로, 날카로운 눈빛으로 형세를 바라보며 기회를 노린다는 뜻이다. 어떤 일에 대비하여 방심하지 않는 모습을 가리킨다.

《주역周易》〈경문經文〉에 나오는 말인데, 여기서 경문이란 주나라 문왕과 무왕이 덧붙인 주석이라는 뜻이다.

《주역》64괘에 '이괘頤卦'가 있는데, '이頤'란 아래턱을 가리키는 말로 기른다는 뜻이 있다. 괘형은 두 양陽이 위아래로 있고 사음四陰이 가운데에 끼어 있는 형상으로 마치 사람이 입을 벌린 모습과 비슷하다. 따라서 괘덕卦德으로 보더라도 이것은 음식을 먹을 때 턱이 위아래로 움직이는 것과 비슷하여 음식을 먹음으로써 사람의 몸이 길러진다는 뜻이 생겨났다.

'이괘'의 효사爻辭에 이렇게 되어 있다.

"거꾸로 길러지는 것도 길하다. 호시탐탐하여 그 욕심을 좇아가면 허물이 없다顚頤吉. **虎視耽耽**, 其欲逐逐, 無咎."

'이괘'는 인간 세상의 계급에 비유하면 위로는 천자를 보좌하고 아래로는 백성을 기르는 위치인 대신에 해당한다. 따라서 혼자 힘으로는 천자를 보좌하고 백성을 기르는 일은 물론이고 자기 몸조차 추스르기 어렵다. 천자와 백성의 도움이 반드시 있어야만 한다. 그러므로 위에 있는 사람이 호랑이가 눈을 부릅뜨고 노려보는 것처럼 하여 위엄을 갖추고 행동하면 아랫사람들도 그를 받들게 될 것이다.

호연지기浩然之氣

넓을 **호** 그럴 **연** 어조사 **지** 기운 **기**

'하늘과 땅 사이에 가득 찬 넓고 큰 원기'를 말하며, 정대지기正大之氣라고도 하고, 호연정기浩然正氣라고도 한다.

《맹자孟子》〈공손추 상公孫丑上〉 편에 나오는 말이다.

맹자는 제자 공손추公孫丑와 함께 진정한 용기와 부동심不動心에 대해 문답했는데, 그 대화가 거의 끝날 무렵 공손추가 이렇게 물었다.

"감히 묻겠는데 선생님께서는 어디에 장점이 있으십니까?"

"나는 말을 알고, 나는 나의 호연지기를 잘 기른다我知言, 我善養吾浩然之氣."

"감히 묻겠습니다. 무엇을 호연지기라고 합니까?"

"말하기가 어렵다. 그 기氣의 양상은 지극히 크고 굳세니, 바르게 하는 것으로써 길러서 해가 없으면 하늘과 땅 사이에 꽉 차게 된다. 그 기의 양상은 의와 도에 짝이 되는 것이니, 이것이 없으면 쭈그러진다. 이는 거듭되는 의가 만들어내는 것이니 하나의 의가 엄습하여 취하는 게 아니다. 행한 것이 마음에 만족스럽지 않은 점이 있으면 쭈그러진다. 그러므로 나는 '고자告子는 애당초 의를 알지 못한다.'라고 말했으니, 그 의를 바깥에 있는 것으로 여기기 때문이다. 반드시 그것을 일삼되 기대하지 말고, 마음에 잊지도 말며, 조장하지도 마라. 송나라 사람처럼 하지 말아야 하는데, 송나라 사람 가운데 볏모가 자라지 못함을 안타깝게 여겨 뽑아놓은 이가 있었다. 아무것도 모르고 돌아와서 그는 자기 식구들에게 '오늘은 매우 피곤하다. 내가 볏모가 자라도록 도왔다.'라고 말했다. [놀란] 그 아들이 논에 달려가 보니 볏모는 말라 죽어 있었다. 천하에는 볏모를 도와서 자라게 하는 이가 적지 않다. 유익하지 않다고 생각해서 내버려두는 이는 볏모에 김을 매지 아니하는 자이고, 도와서 자라게 하는 이는 볏모를 뽑는 자다. 이는 유익하지 않을 뿐만 아니라 그것을 해치는 것이다難言也. 其爲氣也, 至大至剛, 以直養而無害, 則塞于天地之間. 其爲氣也, 配義與道; 無是, 餒也. 是集義所生者, 非義襲

而取之也. 行有不慊於心, 則餒矣. 我故曰: '告子未嘗知義.' 以其外之也. 必有事焉而勿正, 心勿忘, 勿助長也. 無若宋人然, 宋人有閔其苗之不長而揠之者. 芒芒然歸. 謂其人曰: '今日病矣. 予助苗長矣.' 其子趨而往視之, 苗則槁矣. 天下之不助苗長者寡矣. 以爲無益而舍之者, 不耘苗者也, 助之長者, 揠苗者也. 非徒無益, 而又害之."

호연지기란 인간의 본래 모습을 실현할 수 있는 넓고 큰 기운을 말한다. 호연지기를 잘 기르기 위해서는 인간의 본성 그 자체가 얼마나 고귀하고 가치 있는가를 인식하는 게 중요하다. 호연지기를 기르는 방법은 곧은 마음을 계속 가지는 것과 의를 계속 실천하는 것인데, 이 두 가지를 조금도 게을리하지 말고 늘 하되 성급하면 안 된다.

호접몽胡蝶夢

오랑캐 **호** 나비 **접** 꿈 **몽**

'나비가 된 꿈'이라는 말로, 인생의 덧없음을 가리킨다. 원말은 호접지몽胡蝶之夢이며, 물아일체物我一體의 경지를 뜻한다.

장자는 전국시대 전쟁이 끊이지 않던 때에 살았다. 특히 그가 태어난 송宋나라는 당시 약소국이었고, 지형적으로도 사방으로 적을 맞아 싸워야만 했다. 그래서 장자의 주위에는 늘 슬픔과 고통, 굶주림, 비애, 전쟁, 유민 등이 가득했다.

장자는 이런 환경 속에서 인간의 참 자유가 무엇인지를 고민하게 되었고, 그 자유를 추구하는 데 평생을 바쳤다. 그 결과 시비是非, 선악善惡, 미추美醜, 화복禍福 등을 구분하는 것은 매우 어리석은 일이며, 만물은 결국 '하나'의 세계로 돌아간다고 보았다. '호접몽'이라는 이야기도 그의 이러한 사고를 비유적으로 나타낸 것으로,《장자莊子》〈제물론齊物論〉 편의 백미인 그 내용은 다음과 같다.

"언젠가 장주는 나비가 된 꿈을 꾸었다. 훨훨 날아다니는 나비가 되어 유쾌하게 즐기면서도 자기가 장주라는 것을 깨닫지 못했다. 그러나 문득 깨어나 보니 틀림없는 장주가 아닌가. [도대체] 장주가 꿈에 나비가 되었을까, [아니면] 나비가 꿈에 장주가 되었던 것일까 알지 못하겠다. 장주와 나비는 [겉보기에는] 반드시 구별이 있다. 이를 만물의 변화라고 한다昔者莊周夢爲胡蝶. 栩栩然胡蝶也, 自喩適志與, 不知周也. 俄然覺, 則蘧蘧然周也. 不知周之夢爲胡蝶與, **胡蝶之夢**爲周與. 周與胡蝶, 則必有分矣. 此之謂物化."

장주와 나비 사이에는 피상적인 분별, 차이는 있어도 절대적인 변화는 없다. 장주가 곧 나비이고 나비가 곧 장주라는 경지, 그것이 여기서 강조하는 세계다. 상대가 없는 세계, 차별이 없는 세계, 이것이 바로 장자가 그린 이상향이다.

홍일점紅一點

—— 붉을 홍 한 일 점 점 ——

'붉은 꽃 한 점'이라는 말로, 여럿 가운데에서 오직 하나가 이채를 띠는 것을 뜻한다. 많은 남자 틈에 여자가 끼어 있는 경우를 비유하기도 한다.

당송팔대가 중 한 명인 왕안석王安石은 어려서부터 시문에 두드러진 재능을 보였고, 같은 고향 출신인 증공曾鞏의 소개로 구양수에게 작품을 보여 진사에 급제했다. 그는 초기에는 지방관을 역임했으나 어머니가 돌아가시자 복상을 이유로 수년 동안 강녕江寧에서 지냈다.

그 뒤 신종神宗이 즉위하면서 그의 식견을 알아보고 요직에 앉혔다. 그는 예부시랑禮部侍郎에 취임하면서 청묘법靑苗法과 균륜법均輪法 등 신법을 시행하고 정치 개혁을 단행했다. 이것은 지주와 호족 등 보수파들의 맹렬한 반대에 부딪히기도 했다. 만년에는 강녕에 은거하면서 시문을 창작하고 학문을 연구하는 데 일생을 바쳤다. 그가 은둔한 곳은 남경南京과 종산鍾山의 중간이므로 그곳을 반산半山이라 하고, 그를 왕반산王半山이라고 불렀다.

왕안석의 시 〈영석류詠石榴〉에 다음과 같은 구절이 있다.

> 온통 푸른 잎 가운데 붉은 꽃 한 점
> 사람을 움직이는 봄빛이 많을 필요 없네.
> 萬綠叢中**紅一點**, 動人春色不須多.

위 시구를 보면 알 수 있듯이, 왕안석의 시는 문학성이 뛰어나서 정치적으로 대립하던 구양수와 소식蘇軾조차 높이 평가했다. 왕안석은 평생 주색이나 잡기를 가까이하지 않았다. 현실주의 풍격을 지닌 왕안석은 대부분 백성의 힘겨운 삶을 묘사한 시를 창작했으며, 두보의 시를 학습하는 데 온 정력을 기울여 그의 시는 '침울'하다는 평을 함께 받는다. 그리고 그는 개시改詩하기를 좋아하여 끊임없이 시를 고치는 노력을 했다.

화룡점정畫龍點睛

——— 그림 **화** 용 **룡** 점 **점** 눈동자 **정** ———

'용의 눈동자를 그린다'는 말로, 문장이나 그림에서 약간의 어구나 사물을 그려 넣어 전체가 활기를 띠거나 일을 완전히 성취하여 유종의 미를 거둔다는 뜻이며, 줄여서 점정點睛으로도 쓴다.

《수형기水衡記》라는 책을 보면, 남조 양나라에 장승요張僧繇라는 유명한 화가가 있었다. 그는 산수화와 불화는 물론이고 온갖 것을 마치 살아 있는 것처럼 그려내는 남다른 재능이 있었다.

하루는 금릉金陵에 있는 안락사安樂寺의 주지에게서 그 사찰의 벽면에 용을 그려달라는 부탁을 받았다. 그는 먹구름을 뚫고 하늘로 치올라가려는 용 한 쌍을 비늘 하나하나까지 생명력이 넘치게 그렸다. 그런데 이상하게도 용의 눈은 눈동자를 그리지 않아 퀭한 모습을 하고 있었다. 사람들은 아무리 생각해도 그 까닭을 알 수가 없었다. 궁금증을 참다못한 어떤 사람이 그 까닭을 집요하게 묻자, 장승요는 이렇게 대답했다.

"만일 눈동자를 그려 넣는다면 용이 하늘로 올라갈 것이기 때문이오."

그러나 사람들은 그의 말을 믿으려 하지 않고, 계속하여 용의 눈동자를 그려 넣으라고 졸랐다. 이에 장승요는 붓에 먹을 찍어 용 한 마리에만 눈동자를 그려 넣었다. 그 순간 갑자기 우렛소리가 들리고 번개가 치더니, 그 용이 벽을 부수고 뛰쳐나와 구름을 타고 하늘로 올라갔다. 조금 뒤 사람들이 놀란 마음을 진정시키고 벽을 살펴보니 눈동자를 그려 넣지 않은 용만이 벽에 남아 있었다.

이런 고사의 내용은 바로 《역대명화기歷代名畫記》〈장승요張僧繇〉에도 나와 있다.

"장승요가 금릉 안락사에서 벽에 네 개의 용을 그렸는데 눈동자를 그려 넣지 않았다. 매번 말하기를, '그것을[눈동자를] 찍으면 곧바로 날아간다.' 하니 다른 사람들이 거짓이라 여겨 한 마리에 [눈동자를] 그려 넣었다. 그러자 천둥이 울려 벽을 깨뜨리고 한 마리의 용이 구름을 타고 하늘로 올라갔다. 눈동자를 찍지 않은 것은 남아 있었다張僧繇於金陵安樂寺, **畫四龍**於壁, 不**點睛**. 每曰: '點之即飛去.' 人以爲誕, 因點其一. 須臾, 雷電破壁, 一龍乘雲上天. 未點睛者皆在."

화서지몽華胥之夢

빛날 **화** 서로 **서** 어조사 **지** 꿈 **몽**

중국 전설상의 임금인 황제黃帝가 낮잠을 자다가 화서라는 나라에 갔던 꿈으로, 좋은 꿈을 이른다.

《열자列子》〈황제黃帝〉 편에 나오는 말이다.

중국의 옛 성왕들 가운데 황제黃帝가 있었다. 그는 도가에서 주장하는 가장 이상적인 정치를 행한 임금으로, 도가에서는 노자와 함께 그를 존경한다.

황제는 천하 사람들이 자기가 제위에 오른 것을 기뻐했을 때 귀와 눈을 즐겁게 하고 코와 입에 좋은 음식만을 들었고, 반대로 잘 다스려지지 않았을 때는 자기 지혜를 다 발휘하여 백성을 보살폈다. 그러나 두 경우 모두 살갗이 까칠해지고 점점 야위었으며 정신이 멍해졌다. 황제는 이에 한숨을 쉬며 말했다.

"내 잘못이 지나치다. 자기 한 몸을 보양해보아도 그 환난이 이와 같고, 만물을 다스려보아도 그 환난이 이와 같구나."

이에 모든 정사政事에서 물러나 궁전 깊숙한 곳에서 마음을 재계하고 몸을 닦기를 석 달 동안이나 했다.

"황제는 낮잠을 자다가 화서씨華胥氏의 나라에서 노니는 꿈을 꾸게 되었다. 화서씨의 나라는 엄주弇州의 서쪽, 태주台州의 북쪽에 있었는데, 이 제 나라에서 몇천만 리나 떨어져 있는지는 알지 못했다. [그곳은] 대개 배나 수레 또는 다리의 힘을 빌려 갈 수 있는 곳이 아니라 정신만이 노닐 수 있는 곳이었다黃帝晝寢, 而夢遊於華胥氏之國. 華胥氏之國在弇州之西, 台州之北, 不知斯齊國幾千萬里. 蓋非舟車足力之所及, 神遊而已."

바로 그 나라는 다스리는 이가 없지만 저절로 다스려졌고, 백성은 욕망이 없어 되는대로 살아갈 따름이었다. 삶을 즐길 줄도 죽음을 싫어할 줄도 모르므로 일찍 죽는 일이 없었다. 자기를 친애할 줄도 모르고 외물을 소원할 줄도 모르기 때문에 사랑과 미움이 없었다. 반역할 줄도 순종할 줄도 모르므로 이롭고 해로운 게 없었다. 사랑하고 애석하게 여기는 것도 없으며 두려워하고 꺼리는 것도 없었다. 물에 들어가도 빠져 죽지 않고, 불에 들어가도 뜨거워하지 않으며, 찍고 매질해도 상함과 아파함이 없고, 찌르고 긁어도 아파하고 간지러워함이 없었다. 공중을 다니는 것이 땅을 밟고 다니는 것 같고 허공에서 잠자는 것이 침대 위에 누워 있는 것과 같았다. 구름과 안개도 그의 눈을 가리지 아니하고 벼락 치는 소리도 그의 귀를 어지럽히지 않았다. 아름다움과 흉함도 그의 마음을 어지럽히지 않았고, 산과 골짜기도 그의 걸음을 멈추게 하지 못했으며, 정신적으로 다닐 따름이었다. 황제는 잠을 깬 다음 기쁜 듯이 스스로 깨달았다.

천로天老와 역목力牧, 태산계太山稽를 불러 이렇게 말했다.

"나는 한가롭게 지내는 석 달 동안 마음을 재계하고 몸을 닦으면서 스스로를 보양하고 만물을 다스리는 도를 얻기를 바랐으나 그 술법은 얻지 못했소. 피곤하여 잠을 자다가 꿈을 꾼 게 이러했소. 이제야 지극한 도는 정情으로 구할 수 없는 것임을 알았소. 나는 그것을 알았소. 나는 그것을 터득했소. 그러나 그것을 당신들에게 얘기해줄 수는 없소."

그 뒤 황제는 28년 동안 천하를 크게 다스려 거의 화서씨의 나라처럼 만들었다.

화씨지벽和氏之璧

화할 **화** 성 **씨** 어조사 **지** 둥근 옥 **벽**

'화씨의 구슬'이라는 말로, 천하의 보옥을 가리킨다. 어떤 난관도 참고 견디면서 자신의 의지를 관철하는 것을 비유하기도 한다. 변화지벽卞和之璧, 화벽和璧이라고도 한다.

설화를 통해 부국의 핵심이 법술에 있음을 강조한《한비자韓非子》〈화씨和氏〉편 첫머리에 초나라 사람 화씨和氏가 초산楚山에서 옥돌을 발견하여 여왕厲王에게 바치는 이야기가 나온다. 여왕은 옥을 다듬는 사람에게 감정하게 했다.

옥을 다듬는 사람이 말했다.

"돌입니다."

왕은 화씨가 자기를 속이려 했다고 생각하고는 그의 왼쪽 발을 자르는 벌을 내렸다.

여왕이 죽고 무왕이 즉위하자 화씨는 또 그 옥돌을 무왕에게 바쳤다. 무왕이 옥을 다듬는 사람을 시켜 감정하게 했는데, 또 이렇게 말했다.

"돌입니다."

그러자 무왕 또한 화씨가 자기를 속이려 했다고 여기고 오른쪽 발을 자르는 벌을 내렸다.

무왕이 죽고 문왕이 즉위하자 화씨는 초산 아래에서 그 옥돌을 끌어안고 사흘 밤낮을 울었고, 나중에는 피눈물을 흘렸다. 왕이 이 소식을 듣고 사람을 시켜 그 까닭을 물었다.

"천하에 발 잘리는 벌을 받은 이가 많은데, 그대는 어찌 그리 슬피 우는가?"

화씨가 말했다.

"저는 발이 잘리는 벌을 받아 슬퍼하는 것이 아닙니다. 무릇 보배로운 옥을 돌이라 하고, 정직한 인사를 거짓말쟁이라고 지칭하는 것이 슬픕니다. 이것이 제가 슬퍼하는 까닭입니다吾非悲刖也. 悲夫寶玉而題之以石, 貞士而

名之以誑. 此吾所以悲也."

그러자 문왕은 옥을 다듬는 사람에게 다듬게 하여 보배를 얻어 마침내 이를 '화씨지벽和氏之璧'이라고 이름 붙이게 되었다.

이 고사는 한비가 전국시대의 어리석은 군주들을 깨우치려고 유능한 법술가들이 얼마나 고생하는지를 화씨의 구슬을 비유로 들어 설파한 것이다. 사실 구슬은 처음에 알아보아야 한다. 그것이 빛을 발하면 이미 차지하기 어렵다. 한비는 우매한 군주가 인물을 알아보는 데 어려움이 있고 지조 있는 선비들이 처신하기 어렵다는 것을 화씨의 구슬에 빗대어 이야기한 것이다.

화호유구畫虎類狗

그릴 화 범 호 비슷할 류 개 구

'호랑이를 그린 것이 개와 비슷한 모습이 되었다'는 말로, 잘된 것을 무리해서 본받으려다 도리어 경박하게 되는 경우를 비유한다. 각곡유목刻鵠類鶩이라고도 한다.

《후한서後漢書》〈마원전馬援傳〉에 의하면, 마원馬援은 후한 때 맹장으로 징측徵側과 징이徵貳의 반란을 토벌하러 갔을 때, 형의 아들 마엄馬嚴과 마돈馬敦에게 이런 편지를 보냈다.

"용백고龍伯高는 중후하고 신중하며 겸손하고 검소한 분이다. 너희는 이분을 본받도록 해라. 두계량杜季良은 호걸로 의협심이 강하고 남의 근심과 즐거움을 함께 나눈다. 너희는 이분도 본받아라. 만일 너희가 용백고를 본받으려고 힘쓴다면 그에게 미치지는 못할지라도 신중하고 강직한 인물은 될 수 있을 것이다. 이것은 따오기를 그리려고 하다가 거위와 비슷하게 되는 것에 비유할 수 있다. 그러나 두계량을 본받으려다가 그 뜻을 이루지 못한다면 경박한 인물이 될 뿐이다. 이른바 호랑이를 그리려고 하다가 완성하지 못하고 도리어 개와 비슷한 것이 되는 일이다所謂畫虎不成, 反類狗也."

마원은 마엄과 마돈이 의義를 중시한 나머지 자신의 목숨을 너무 가볍게 여기는 것을 경계하려고 비유를 들어 편지를 써 보낸 것이다. 그래서 마원의 두 조카는 용백고를 본받으려고 애썼다고 한다.

확금자불견인攫金者不見人

움킬 확 쇠 금 놈 자 아니 불 볼 견 사람 인

'돈을 움켜쥐려는 사람에게는 돈 말고는 아무것도 보이지 않는다'는 말로, 물욕에 눈이 멀면 의리나 염치를 모른다는 뜻이다.

《열자列子》〈설부說符〉 편에 나오는 말이다.

옛날 제나라 사람 중에 금이 욕심나는 사람이 있었다. 이른 아침 옷을 입고 시장에 가서 금 파는 곳을 찾아가 그곳 금을 훔쳤다. 관리가 그를 체포하고 나서 그에게 물었다.

"사람들이 모두 있는데도 남의 금을 훔친 것은 어째서인가人皆在焉, 子攫人之金何?"

그 사람이 대답했다.

"금을 가지고 갈 적에는 사람은 보이지 않고 금만 보였습니다取金之時, 不見人, 徒見金."

사람이 자기 목적만을 성취하려다 보면 주위 여건을 고려하지 않고 무모해지기 쉽다. 너무 자신을 내세우지 말고 때와 장소에 따라 알맞게 처신하라는 당부다.

환골탈태換骨奪胎

바꿀 **환** 뼈 **골** 빼앗을 **탈** 아이 밸 **태**

'뼈를 바꾸고 태(태아)를 빼앗는다'는 말로, 옛사람의 시문의 뜻은 따르고 그 어구만 고쳐 자기의 시문으로 삼는 것을 말한다. 환골탈태換骨脫胎라고도 한다. 간단히 탈태脫胎 또는 환골換骨이라고도 한다.

황정견黃庭堅은 소동파와 함께 북송을 대표하는 시인으로 시구를 다듬어 세련되게 하는 데 온 힘을 기울인 시인이다. 남송의 혜홍惠洪은《냉재야화冷齋夜話》라는 시 평론서에서 황정견의 말을 인용하여 이런 말을 한 적이 있다.

"시의 뜻은 그 끝이 없지만 사람의 재주는 한계가 있다. 한계가 있는 재주로 무궁한 뜻을 추구하려 든다면 도연명이나 두보라 할지라도 그 교묘함을 잘 얻지 못할 것이다. 그 뜻을 바꾸지 않고 자기 말을 만드는 것을 환골법이라 하고, 그 뜻을 잡아 그것을 형용하는 것을 탈태법이라고 한다不易其意而造其語, 謂之換骨法; 窺入其意而形容之, 謂之奪胎法."

환골은 도가에서 영단靈丹을 먹어 보통 사람의 뼈를 선골仙骨로 만드는 것을 말하며, 탈태는 시인의 시상이 어머니의 자궁 속에 아기가 있는 것과 같아서 그 자궁을 자기 것으로 삼아 시적 경지로 변화시키는 것을 뜻한다. 그러므로 환골탈태는 옛 시인들이 지은 시구를 자기 시에 그대로 끌어다 쓰는 방법을 뜻한다고 할 수 있다. 이것은 작시의 한 기법이다.

환골탈태를 제대로 하려면 옛 시인의 시를 많이 읽고 전해 내려오는 자료를 널리 섭렵해야 하며, 자구字句를 다듬는 일을 쉬지 않고 계속해야 한다. 이러한 노력이 없으면 자칫 모방이나 표절로 기울어지기 쉽다.

회사후소繪事後素

그림 회 일 사 뒤 후 흴 소

'그림 그리는 일은 흰 바탕이 있고 난 뒤에 한다'는 말로, 본질이 있고 나서 꾸밈이 있음을 뜻한다.

《논어論語》〈팔일八佾〉 편을 보면 공자와 자하의 대화가 실려 있다.

자하가 물었다.

"'고운 미소에 파인 보조개, 아름다운 눈에 또렷한 눈동자를 그리고, 흰 바탕에 여러 가지 색깔을 칠했구나.'라는 말은 무슨 뜻입니까'巧笑倩兮, 美目盼兮, 素以爲絢兮.' 何謂也?"

공자가 말했다.

"그림 그리는 일은 흰 바탕을 만든 이후의 일이다繪事後素."

[자하가] 물었다.

"예는 [인의] 다음에 온다는 것입니까禮後乎?"

공자가 말했다.

"나를 일깨우는 자는 상商이로구나. 비로소 [너와] 더불어 《시》를 이야기할 수 있게 되었구나起予者商也. 始可與言詩已矣."

동양화에서 하얀 바탕이 없으면 그림을 그릴 수 없는 것과 마찬가지로, 소박한 마음의 바탕 없이 눈과 코와 입의 아름다움만으로는 여인의 아름다움이 표현되지 않는다는 말이다. 이에 자하는 밖으로 드러난 형식적인 예보다는 그 예의 본질인 '인'의 마음이 중요하므로 형식으로서의 예는 본질이 있고 난 후라야 의미가 있는 것임을 알게 되었다.

회자인구膾炙人口

회 회 구울 자 사람 인 입 구

'사람 입에 오르내린다'는 말이다. '회'는 본래 가늘게 썬 고기이고 '자'는 구운 고기로서 이 성어의 원뜻은 '아름다운 맛은 사람마다 즐겨 먹는다'는 것인데, 지금은 사람마다 찬미하는 사물이나 전송되는 시문을 뜻한다.

《맹자孟子》〈진심 하盡心下〉 편에 이런 말이 있다.

증석曾晳(증삼의 아버지)이 양조羊棗(대추나무 열매)를 즐겨 먹었기 때문에 증자는 차마 양조를 먹을 수가 없었다. 공손추가 이 일을 물었다.

"회자膾炙(회와 구운 고기)와 양조 중 어느 것이 맛있습니까膾炙與羊棗孰美?"

맹자가 말했다.

"회자가 맛있지膾炙哉!"

공손추가 다시 물었다.

"그렇다면 증자는 어찌 회자를 먹으면서 양조는 먹지 않았습니까然則曾子何爲食膾炙而不食羊棗?"

맹자가 설명했다.

"회자는 누구나 한결같이 [좋아]하는 것이지만 양조는 홀로 [좋아]하기 때문이다. [비유컨대] 이름은 휘諱하나 성姓은 휘하지 않는 것은, 성은 [누구나] 같지만 이름은 유독 그 사람만의 것이다膾炙所同也, 羊棗所獨也. 諱名不諱姓, 姓所同也, 名所獨也."

양조는 열매가 작고 검으며 동그랗다. 양시조羊矢棗라고도 부르는데, 증자는 아버지가 이를 좋아했으므로 아버지가 돌아가신 뒤 이것을 먹을 때마다 꼭 아버지 생각이 나서 차마 먹지 못한 것이다.

전국시대에 이르러 맹자의 제자 공손추가 이 일이 이해가 안 되어 스승 맹자에게 가르침을 청한 것이다. 공손추는 맹자의 말을 듣고서야 비로소 그 뜻을 이해했다. 맹자가 말한 '회자소동膾炙所同'을 훗날 사람들이 '회자인구'라고 바꾸어버린 것이다.

회자정리會者定離

모일 **회** 놈 **자** 정할 **정** 떼놓을 **리**

'만나면 반드시 헤어지게 된다'는 말로, 생자필멸生者必滅과 비슷한 말이며, 사람의 삶도 죽음을 염두에 두고 있음을 가리킨다.

'회會'의 머리 부분은 '사람 인人' 사이에 '한 일一' 모양이 그어져 있다. 사람이 서로 끈을 이어 만나고 모이는 모습을 연상케 한다. 그리고 밑부분은 '증曾'의 약자이므로, '회'는 사람이 만나 모이는 일이 점점 많아진다는 뜻을 담고 있다.

우리는 인생에 집착하고 사물에 집착하고 세상만사에 집착하며 살아간다. 석가모니는 사람들이 이런 집착에서 벗어나도록 하려고 자신의 임종을 지켜보는 제자들에게 훈계했다. 그 마지막 훈계가 《유교경遺教經》에 담겨 있는데, 여기에 "세상에는 모두 영원한 것이 없으니 만나면 반드시 헤어지게 된다世皆無常, **會必有離**."라는 말이 나온다. 이로부터 '회자정리'라는 말이 발전되어 나왔다.

효시嚆矢

울릴 효 화살 시

'우는 화살'이라는 말이다. 옛날에 먼저 우는 화살을 쏘아 병사들에게 전쟁의 시작을 알린 데서 비롯되어 사물의 시초 또는 최초의 선례를 뜻하는 말이 되었다. 시초始初와 비슷한 말이다.

사물에 구속되지 않고 자연에 맡긴다는 뜻을 강조한 《장자莊子》〈재유在宥〉 편에 나오는 말이다.

노자의 제자 최구崔瞿는 천하를 다스리지 않는다면 어떻게 사람들의 마음이 좋아지는지를 노자에게 물었다. 이때 노자는 이렇게 대답했다.

"자네, [공연히] 사람의 마음을 묶지 않도록 삼가게. 사람의 마음을 억누르면 가라앉고 추어올리면 올라가는데, 오르락내리락하다가는 쇠잔해지네. 부드러움으로 굳센 것을 유연하게 만들고, 날카로운 것으로 파고 새겨 상처를 내지. [또] 뜨거워지면 불길같이 타오르고 차가워지면 얼음처럼 뭉친다네汝愼無攖人心. 人心排下而進上, 上下囚殺. 淖約柔乎剛強. 廉劌彫琢. 其熱焦火, 其寒凝冰."

여기서 사람의 마음을 묶는다는 말은 유가에서 말하는 인의와 같은 것으로 구속을 뜻한다. 노자는 인간의 마음은 인위적인 방법으로 다스려지는 게 아니라 자연 그대로 놓아두면 다스려진다고 주장했다. 이에 대해 장자도 동의하고 이렇게 말했다.

"이에 자귀나 톱 같은 처형 방법으로 사람을 억누르고 오랏줄이나 묵죄墨罪(묵형에 해당한 죄) 같은 법률로 사람을 죽이며 몽치나 끌로 사람 목숨을 끊게 되어 세상은 더욱더 크게 어지러워졌다. 그 죄는 사람의 마음을 인의로 묶은 데에 있다. 그러므로 어진 이는 높은 산이나 험준한 바위 아래에 숨어 살고, 큰 나라의 군주는 조정의 훌륭한 건물에서 두려움에 떨게 되었다. 지금 세상에서는 처형된 자가 베개를 나란히 하고, 칼을 쓰고 차꼬를 찬 자가 비좁아 서로 밀치며, 형벌로 죽은 자가 멀리까지 바라보인다. 유가나 묵가는 이렇게 되자 죄인들 사이에서 기세를 부리게 된 것이다. 아, 심한 짓이다! 그들이 부끄러운 줄 모르고 수치스러움을 알지 못하는 꼴이란 참 너무하구나! 나는 성인이나 지혜가 칼과 차꼬를 죄는 쐐기가 되지는 않는지, 인의가 수갑과 차꼬를 단단하게 하는 형구가 되지 않는지 알 수 없다. 증삼과 사추史鰌가 걸왕과 도척의 효시가 된 게 아닌지 어찌 알겠는가! 그러므로 성인을 근절하고 지혜를 버리면 천하가 잘 다스려진다於是乎釿鋸制焉, 繩墨殺焉, 椎鑿決焉, 天下脊脊大亂. 罪在攖人心. 故賢者伏處大山嵁巖之下, 而萬乘之君憂慄乎廟堂之上. 今世殊死者相枕也, 桁楊者相推也, 刑戮者相望也. 而儒, 墨乃始離跂攘臂乎桎梏之間. 意, 甚矣哉! 其無愧而不知恥也甚矣! 吾未知聖知之不爲桁楊椄槢也, 仁義之不爲桎梏, 鑿枘也. 焉知曾史之不爲桀跖嚆矢也! 絕聖棄知而天下大治."

이것은 난세를 산 장자의 날카로운 경고다. 이때부터 '효시'는 모든 일의 맨 처음을 가리키는 말로 쓰이게 되었다.

후생가외後生可畏

—— 뒤 **후** 날 **생** 가할 **가** 두려워할 **외** ——

'뒤에 태어난 사람은 두려워할 만하다'는 말로, 후배나 제자가 선배나 스승보다 두려운 존재가 될 수 있으므로 그들에게 자극받아 더욱 분발한다는 뜻이다. 가외후생可畏後生이라고도 한다.

본래 먼저 태어나 지식과 덕망이 나중에 태어난 사람보다 뛰어난 사람이 선생先生이고, 후배에 해당하는 사람이 후생後生이다. 그러나 그 후생은 바로 무한한 가능성을 가지고 있으므로 어느 방향으로 발전하게 될지 예측하기 어렵다는 경계의 말이다.

공자는《논어論語》〈자한子罕〉 편에서 말했다.

"뒤에 태어난 사람이 두렵다. [뒤따라]오는 자들이 지금 사람만 못할 거라는 사실을 어찌 알겠는가? [그러나] 마흔이나 쉰이 되어도 [이름이] 알려지지 않으면 이 또한 두려워할 만한 사람이 못 된다**後生可畏**. 焉知來者之不如今也? 四十五十而無聞焉, 斯亦不足畏也已."

여기서 '외畏'란 좋은 뜻으로 '주목할 만하다'는 말이다. 즉, 후배들에 대한 무한한 기대가 내포되어 있고, 자신에 대한 다짐도 담겨 있다. 스승과 제자는 한쪽은 가르치기만 하고 다른 한쪽은 배우기만 하는 상하 관계가 아니라, 스승은 제자를 가르침으로써 성장하고 제자 역시 배움으로써 나아진다는 말이다. 노력하는 제자는 스승이 두려워할 만큼 성장 가능성이 높다. 공자는 '이름이 알져지는 것(聞)'의 중요성을 언급하면서 나이 마흔까지 학문적 명성을 떨쳐야 한다고 강조했다. 그 나이가 넘어서면 아무래도 발전 가능성이 없다는 말이다.

흑우생백독黑牛生白犢

검을 흑 소 우 날 생 흰 백 송아지 독

'검은 소가 흰 송아지를 낳았다'는 말로, 재앙이 복이 되기도 하고 복이 재앙이 되기도 한다는 뜻이다. 예측하기 어려운 길흉화복을 일컫는 말이다.

《회남자淮南子》〈인간훈人間訓〉 편에 송나라 사람 가운데 어질고 의로운 행동을 좋아한 사람 이야기가 나온다.

어느 날이었다. 그 집에서 [기르던] 검은 소가 까닭도 없이 흰 송아지를 낳자 그것을 공자에게 물었다家無故**黑牛生白犢**, 以問孔子.

이에 공자는 다음과 같이 대답했다.

"이것은 길한 징조이니 [그것을] 상제께 바치시오此吉祥也, 以薦上帝."

그로부터 1년 뒤, 그의 아버지가 까닭도 없이 눈이 멀었다.

그런데 그 집 소가 또다시 흰 송아지를 낳았다. 그 아버지는 또다시 아들을 시켜 공자에게 물어보도록 했다. 이때 아들이 말했다.

"먼젓번에 그분에게 물어보고 눈이 멀었는데 또 무엇 때문에 물으려 하십니까前問之而失明, 又何問乎?"

아버지가 말했다.

"성인의 말씀은 먼저는 어긋나다가도 뒤에는 들어맞는다. 이 일을 끝까지 궁구한 것은 아니니, 잠시 그분께 다시 여쭈어보거라聖人之言先迕後合. 其事未究, 姑復問之."

아들이 또다시 공자에게 물어보니 공자가 말했다.

"길한 조짐이로다吉祥也."

그리고 다시 그 송아지로 제사를 지내라고 했다. 아들이 돌아와 말을 전하니 아버지가 말했다.

"공자님의 말씀대로 행하거라行孔子之言也."

그로부터 1년이 지나자 그 아들이 또 까닭 없이 눈이 멀었다.

그 뒤 초나라가 송나라를 공격하여 그들이 사는 성까지 포위했다. 백성은 자식을 바꾸어 잡아먹고 유해를 쪼개어 밥을 지었다. 장정은 모두 성위로 올라가 싸우다가 죽은 자가 태반이었다. 하지만 이들 부자는 모두 병이 있으므로 화를 면할 수 있었다. 포위가 풀리자 그들은 눈이 회복되어 다시 사물을 볼 수 있게 되었다.

참고 문헌

중국 문헌

賈誼,《賈誼集》, 上海人民出版社, 1975.

康有爲,《大同書》, 北京古籍出版社, 1956.

顧炎武, 黃汝成 集釋,《日知錄集釋》, 上海古籍出版社, 1985.

郭茂倩 編,《樂府詩集》, 上海古籍出版社, 1982.

歐陽修,《歐陽修全集》, 北京市中國書店, 1986.

歐陽修,《新五代史》, 中華書局, 1974.

屈萬里,《尙書今註今譯》, 商務印書館, 1980.

_____,《詩經釋義》, 文化大學出版部, 1980.

屈原,《楚辭》, 中華書局, 1957.

段玉裁,《說文解字注》, 黎明文化公司, 1986.

董仲舒,《春秋繁露》, 中華書局, 1975.

杜甫,《杜詩詳注》, 中華書局, 1979.

孫子, 郭化若,《孫子今譯》, 上海人民出版社, 1977.

董重書,《春秋繁露》, 中華書局, 1975.

韓愈, 馬通伯 校注,《韓昌黎文集校注》, 上海古典文學出版社, 1957.

白居易,《白居易集》, 中華書局, 1979.

范曄,《後漢書》, 中華書局, 1965.

司馬光,《資治通鑒》, 中華書局, 1986.

司馬遷,《史記》, 北京中華書局 點校本, 2013.

荀況, 賜詩同注,《荀子》, 上海人民出版社, 1974.

徐陵,《玉臺新咏》, 北京文學古籍刊行社, 1955.

蘇軾,《東坡樂府》, 上海古典文學出版社, 1957.

_____,《蘇東坡全集》, 中國書店, 1986.

邵增樺,《韓非子今注今譯》, 商務印書館, 1987.

孫武,《孫子兵法》, 中華書局, 1977.

荀況, 賜詩同 注,《荀子》, 上海人民出版社, 1974.

沈德潛,《古詩源》, 中華書局, 1977.

沈約,《宋書》, 中華書局, 1974.

顏之推 撰, 王利器 集解, 《顏氏家訓集解》, 上海古籍出版社, 1980.
楊伯峻, 《論語譯註》, 中華書局, 1992.
_____, 《孟子譯註》, 中華書局, 1992.
_____, 《春秋左傳詞典》, 中華書局, 1985.
_____, 《春秋左傳注》, 中華書局, 1981.
楊樹達, 《論語疏證》, 科學出版社, 1955.
嚴可均 編, 《全漢文》, 中華書局, 1958.
_____, 《前後魏文》, 中華書局, 1958.
吳兢, 《貞觀政要》, 上海古籍出版社, 1978.
吳楚材, 吳調侯 選, 《古文觀止》, 中華書局, 1959.
王夫之, 《楚辭通釋》, 上海人民出版社, 1975.
王引之, 《經傳釋詞》, 華聯出版部, 1980.
顏之推 撰, 王利器 集解, 《顏氏家訓集解》, 上海古籍出版社, 1980.
王充, 《論衡》, 上海人民出版社, 1974.
袁珂, 《山海經校注》, 上海古籍出版社, 1983.
阮元 校刻, 《十三經注疏》(上 · 下), 中華書局, 1980.
劉昫, 《舊唐書》, 中華書局, 1975.
劉淇, 《助字辨略》, 開明書店, 1985.
劉寶楠, 《論語正義》(上 · 下), 中華書局, 1990.
劉向 集錄, 《戰國策》, 上海古籍出版社, 1985.
李白, 李琦 輯注, 《李太白全集》, 中華書局, 1977.
李零, 《孫子譯註》, 中華書局, 2007.
_____, 《孫子十三編綜合研究》, 中華書局, 2006.
_____, 《去聖乃得眞孔子: 論語縱橫讀》, 三聯書店, 2008.
李百藥, 《北齊書》, 中華書局, 1974.
李延壽, 《南史》, 中華書局, 1975.
_____, 《北史》, 中華書局, 1974.
李誼 校注, 《尉繚子》, 四川省社會科學出版社, 1986.
李贄, 《焚書》, 中華書局, 1975.
李澤厚, 《論語今讀》, 三聯書店, 2004.
張大可, 《史記新注》, 華文出版社, 2000.
張廷玉 外, 《明史》, 中華書局, 1974.
錢穆, 《論語新解》, 三聯書店, 2002.
程樹德, 《論語集釋》(全4冊), 中華書局, 2011.
趙紀彬, 《論語新探》, 人民出版社, 1976.

曹操,《曹操集》, 中華書局, 1974.

左丘明,《國語》, 中國書店, 1985.

朱熹,《論語集注》, 中華書局, 1983.

_____,《論語 大學 中庸》, 上海古籍出版社, 2017.

_____,《朱子語類》, 中華書局, 1986.

呂不韋, 陳奇猷 校釋,《呂氏春秋校釋》, 學林出版社, 1984.

韓非, 陳奇猷 校注,《韓非子集釋》, 華正書局, 1987.

陳壽,《三國志》, 中華書局, 1959.

陳與義,《陳與義集》, 中華書局, 1982.

陳廷敬,《詞譜》, 中國書店, 1979.

劉知幾 撰, 浦起龍 釋,《史通通釋》, 上海古籍出版社, 1978.

何晏,《論語注疏》(《十三經注疏》 下冊), 中華書局, 1980.

漢語大詞典編輯委員會,《漢語大詞典》, 漢語大詞典出版社, 2000.

韓愈, 馬通伯 校注,《韓昌黎文集校注》, 上海古典文學出版社, 1957.

韓兆琦 譯,《史記》, 中華書局, 2011.

許愼,《說文解字》, 中華書局, 1977.

玄奘,《大唐西域記》, 上海人民出版社, 1977.

刑昺,《論語義疏》, 中華書局, 1980.

嵇康,《嵇康集》, 北京文學古籍刊行社, 1956.

桓寬,《鹽鐵論》, 上海人民出版社, 1974.

桓譚,《新論》, 上海人民出版社, 1977.

黃庭堅,《黃庭堅詩選》, 上海古典文學出版社, 1957.

국내 문헌

고전 도서

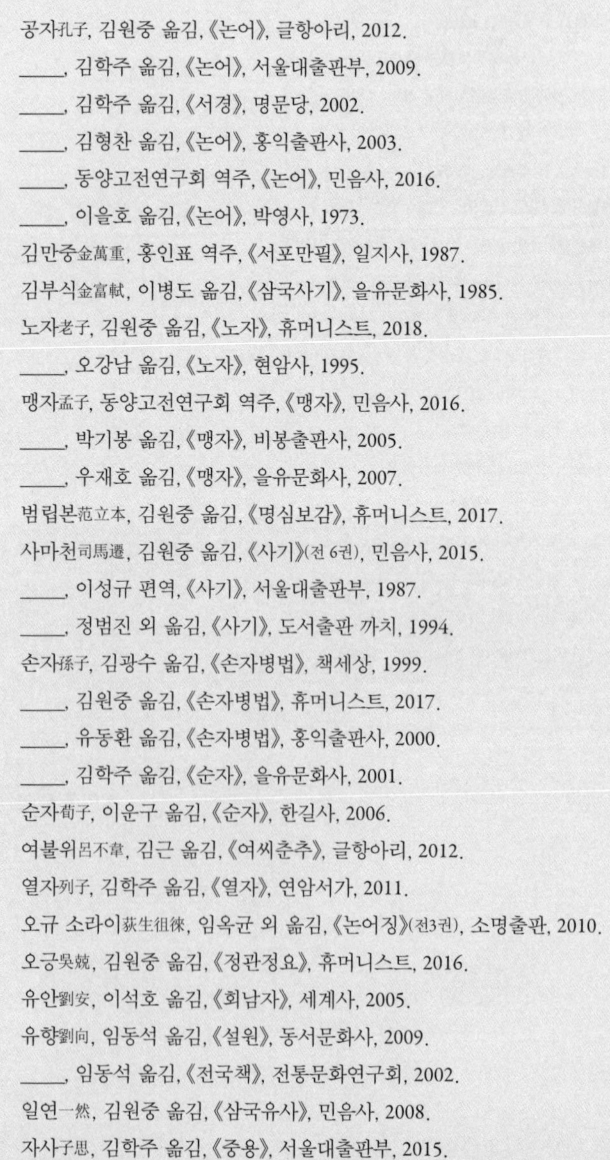

공자孔子, 김원중 옮김, 《논어》, 글항아리, 2012.

____, 김학주 옮김, 《논어》, 서울대출판부, 2009.

____, 김학주 옮김, 《서경》, 명문당, 2002.

____, 김형찬 옮김, 《논어》, 홍익출판사, 2003.

____, 동양고전연구회 역주, 《논어》, 민음사, 2016.

____, 이을호 옮김, 《논어》, 박영사, 1973.

김만중金萬重, 홍인표 역주, 《서포만필》, 일지사, 1987.

김부식金富軾, 이병도 옮김, 《삼국사기》, 을유문화사, 1985.

노자老子, 김원중 옮김, 《노자》, 휴머니스트, 2018.

____, 오강남 옮김, 《노자》, 현암사, 1995.

맹자孟子, 동양고전연구회 역주, 《맹자》, 민음사, 2016.

____, 박기봉 옮김, 《맹자》, 비봉출판사, 2005.

____, 우재호 옮김, 《맹자》, 을유문화사, 2007.

범립본范立本, 김원중 옮김, 《명심보감》, 휴머니스트, 2017.

사마천司馬遷, 김원중 옮김, 《사기》(전 6권), 민음사, 2015.

____, 이성규 편역, 《사기》, 서울대출판부, 1987.

____, 정범진 외 옮김, 《사기》, 도서출판 까치, 1994.

손자孫子, 김광수 옮김, 《손자병법》, 책세상, 1999.

____, 김원중 옮김, 《손자병법》, 휴머니스트, 2017.

____, 유동환 옮김, 《손자병법》, 홍익출판사, 2000.

____, 김학주 옮김, 《순자》, 을유문화사, 2001.

순자荀子, 이운구 옮김, 《순자》, 한길사, 2006.

여불위呂不韋, 김근 옮김, 《여씨춘추》, 글항아리, 2012.

열자列子, 김학주 옮김, 《열자》, 연암서가, 2011.

오규 소라이荻生徂徠, 임옥균 외 옮김, 《논어징》(전3권), 소명출판, 2010.

오긍吳兢, 김원중 옮김, 《정관정요》, 휴머니스트, 2016.

유안劉安, 이석호 옮김, 《회남자》, 세계사, 2005.

유향劉向, 임동석 옮김, 《설원》, 동서문화사, 2009.

____, 임동석 옮김, 《전국책》, 전통문화연구회, 2002.

일연一然, 김원중 옮김, 《삼국유사》, 민음사, 2008.

자사子思, 김학주 옮김, 《중용》, 서울대출판부, 2015.

____, 동양고전연구회 역주, 《중용》, 민음사, 2016.

____, 주희朱熹, 최영갑 옮김, 《대학 · 중용》, 펭귄클래식코리아, 2012.

장자莊子, 김학주 옮김, 《장자》, 연암서가, 2010.

____, 안동림 옮김, 《장자》, 현암사, 2004.

____, 오강남 옮김, 《장자》, 현암사, 1999.

좌구명左丘明, 신동준 옮김, 《춘추좌전》, 한길사, 2006.

주희朱熹, 성백효 역주, 《논어집주》, 전통문화연구회, 2011.

____, 성백효 역주, 《맹자집주》, 전통문화연구회, 2010.

____, 성백효 역주, 《시경집전》(상 · 하), 전통문화연구회, 1993.

____, 최석기 옮김, 《대학》, 한길사, 2014.

____, 최석기 옮김, 《중용》, 한길사, 2014.

진수陳壽, 김원중 옮김, 《정사 삼국지》, 휴머니스트, 2018.

한비자韓非子, 김원중 옮김, 《한비자》, 휴머니스트, 2016.

황견黃堅, 성백효 역주, 《고문진보》(전집), 전통문화연구회, 1991.

____, 이장우 외 옮김, 《고문진보》, 을유문화사, 2007.

현대 도서

김원중, 〈김원중의 한자로 읽는 고전〉, 《동아일보》, 2012.

____, 〈중국 고전 인물열전〉, 《한국경제신문》, 2010~2011.

____, 《당시》, 민음사, 2008.

____, 《사기 성공학》, 민음사, 2012.

____, 《송시》, 민음사, 2009.

____, 《일일백독》, 민음사, 2013.

____, 《중국 문화사》, 을유문화사, 2001.

김종무, 《논어신해》, 민음사, 1989.

____, 《맹자신해》, 민음사, 1994.

김충렬, 《김충열 교수의 노장철학강의》, 예문서원, 1995.

김학주, 《시경》, 명문당, 2002.

동양고전연구회 역주, 《대학》, 민음사, 2016.

류종목, 《논어의 문법적 이해》, 문학과지성사, 2000.

리링, 황종원 옮김, 《논어, 세 번 찢다》, 글항아리, 2011.

박이문, 《노장사상》, 문학과지성사, 1985.

박재희, 《3분 고전》(1, 2), 작은씨앗, 2011, 2013.

성백효, 《주역전의》(상 · 하), 전통문화연구회, 1998.

____,《현토신역 부 안설 논어집주》(천 · 지 · 인), 한국인문고전연구소, 2013.
____,《현토신역 부 안설 대학 · 중용집주》, 한국인문고전연구소, 2016.
____,《현토신역 부 안설 맹자집주》, 한국인문고전연구소, 2014.
수이청빙, 허유영 옮김,《지키는 기술: 중용, 난세에 빛나는 궁극의 전략》, 웅진지식하우스, 2009.
신영복,《강의—나의 동양고전 독법》, 돌베개, 2004.
이세동 옮김,《대학 · 중용》, 을유문화사, 2018.
이중톈, 심규호 옮김,《백가쟁명》, 에버리치홀딩스, 2010.
____, 심규호 옮김,《사람을 말하다》, 중앙북스, 2013.
____, 유소영 옮김,《정치를 말하다》, 중앙북스, 2013.
임동석 옮김,《안자춘추》, 동문선, 1997.
정세근,《노장철학》, 철학과 현실사, 2002.
정이천 주해, 심의용 옮김,《주역》, 글항아리, 2015.
정태현,《춘추좌씨전》, 전통문화연구회, 2001.
차주환,《동양의 지혜—논어》, 을유문화사, 1972.
최진석,《노자의 목소리로 듣는 도덕경》, 소나무, 2008.

찾아보기

ㄱ

ㅂ ―――

ㅅ ―――

ㅇ

ㅊ

ㅌ

ㅍ

ㅎ

한마디의 인문학

고사성어 사전

김원중 편저

1판 1쇄 발행일 2020년 2월 3일

발행인 | 김학원
편집주간 | 김민기 황서현
기획 | 문성환 김보희 김나윤 김주원 전두현 최인영 김소정 이문경 임재희 하빛 이화령
디자인 | 김태형 유주현 박인규 한예슬
마케팅 | 김창규 김한밀 윤민영 김규빈 송희진 김수아
제작 | 이정수
저자·독자서비스 | 조다영 윤경희 이현주 이령은(humanist@humanistbooks.com)
조판 | 이희수 com.
용지 | 화인페이퍼
인쇄 | 삼조인쇄
제본 | 정민문화사

발행처 | (주) 휴머니스트 출판그룹
출판등록 | 제313-2007-000007호(2007년 1월 5일)
주소 | (03991) 서울시 마포구 동교로23길 76(연남동)
전화 | 02-335-4422 팩스 | 02-334-3427
홈페이지 | www.humanistbooks.com

ISBN 979-11-6080-330-3 03190

* 이 도서의 국립중앙도서관 출판예정도서목록(CIP)은 서지정보유통지원시스템 홈페이지(http://seoji.nl.go.kr)와 국가자료공동목록시스템(http://www.nl.go.kr/kolisnet)에서 이용하실 수 있습니다.(CIP제어번호: CIP2019051779)

만든 사람들

편집주간 | 황서현
편집 | 임미영
디자인 | 박인규